現行支那行政
【大正15年初版】

宇髙　寧　著

地方自治法研究
復刊大系〔第三六〇巻〕

現行支那行政

〔大正十五年初版〕

日本立法資料全集　別巻
1570

信山社

宇高寧著

現行支那行政

吳興王震書

巻頭に

内容概略

本書は著者が在支九年の間産業界に從事の傍ら寸暇を利用して支那の行政狀態を法規と實際の上から觀察して研究したもので、著者の如き實業界に在る者が此の如き書を執筆するに至つたのは一見奇なるがやうにも見へるがそれは以前の職業が斯くあらしめたと云つても差支ない、著者は渡支前帝都讀賣、報知兩新聞社に在勤前后八年の間（各省担任）行政記者としての經驗と智識が此の趣味を作らしめたもので决して此書の出たのは偶然ではないのである從つて著者は專問家でないから行政とは名づけてゐるものゝ行政法理を論述するのが目的でない、唯民國の法令全部に亘り研究を列記しその中から主要な部分を一々描出し之を實際と比較し且つ民國政府が行政に關して發表したものを加へたものである、若し強いて之を名づけたならば民國行政法令要項とでも稱すべきか適當であつたかも知れない。

書中一、二編は自國行政として中央及地方行政に分け中央は現在政治の狀況から內閣各省（各部）及各局課に亘つて一々其組織と權限を記し過去と現在の比較を試み、地方部は中央との關係各省及蒙藏部に至るまで其行政的關係を同じく比較研究して省長、道尹、知事、省會議員等夫々その組織と權限を研究し、更に第三編は他國行政として一般開市場 居留地の行政關係を日本及各國に就て略述し特に日本在留民の行政關係は一々法規を例示して置いた、その居留地の法理解釋に至つては主として專問學者の說を引用した此書を出版するに至つて特に附言したいのは內地出版物と支那に關する書物とを比較すると一般に支那に關する書物が高いやうである是は需用の關係で斯く定まるものと思はれるが、その需用が尠いと云ふことは支那研究者が多くないと云ふことに歸着する是は種々の原因もあらふが第一に日本の子弟教育の根本方針が惡いからである、例へば中等學校で英語を一週八時間も教へてゐる其れが中學を卒業した結果何が出來る會話にも用ゐなければ本も譯せない、洵に勞多くして効尠く徒らに精力と時間を消耗してゐる、然して今政治經濟上日本人全體から考へて邦人が接する方面に支那方面に關係する人と英米方面に關係する人と何れか多いがを比較しても如何に支那語が英語よりも重要であるかが明かである又研究方面から見ても英米人の支那に關する書物を見ると實にその研究が行屆いてゐるのに喫驚するのである、之に比して地理的には一衣帶水で同文同種である邦人の書物は多く是等歐米人の糟粕を窘めてゐるものが多いそれは歐米人は支那に對して自發的に研究してゐるが日本人の支那に對する態度は未だ自發的の時代に至つてゐないからである、從つて今日の場合政府は中等學校時代から支那語を課し且つ支那趣味を鼓吹し更に社會教育としては支那專門の圖書館を建設し或は富豪大原氏の如き篤志家が出て支那研究所の如き機關を設立して比較的廉價に支那を紹介しなければ何時まで經つても日本人は歐米人に比して燈台下暗しでゐなければならない。

本書は四十四字詰十六行とし又六號活字を多く用ゐて詰めたのはなるべく安く且つ多くの人に支那を紹介したい微心に出たものである。

在支邦人と公民教育

著者は又在支邦人の公民としての無智に驚いてゐる一人である、一例を擧げるとこれは上海の事であるが邦人の中一月に二三人位惡車夫の爲めに勝手の知らぬ路に引込まれて懷中の有金を殘らず取られたり、又た歐米人に比して何倍もの賃銀を要求されて致方なく拂つてゐるものが多い是等の人が偶々訴へる事が在つても何時も取調べの際車體の番號すら覺へてゐないので泣寢入りになつて仕舞ふのである、其所へ行くと歐米人は例へ婦人子供で在つても一々番號を覺へてゐて其旨を工部局警察へ報告するのであるから、惡車夫達は歐米人を恐れて決して迫害を加へないが日本人は這んなことに對しては權利を飽迄主張しない面倒臭いとか行政的無智から全く放任して置くので何時まで經つても支那人は日本人與し易しと見て此トラブルは絶えない。更に悲慘な例は過般の上海事件の際でも隨分各所に日本婦人が暴漢のために手込みにされたが一二の者の他は訴へて出るものはすらなかつた、又その方法も知らない、而して偶然にも著者は其事件后共同租界の近郊に移轉した所或人は予に住所を問ふたから大東街と答へるとハヽアーあのチヤンチー街ですかと、予は再三此のチヤンチー街の意味を聞かうとしたが其友は笑つて答へない後に種々聞いて見ると上海事件當時暴徒の一群が其近郊に住む一部日本婦人に凌辱を加へた、從つてその日本婦人達に出來るその子は皆チヤンの血が混つてゐるからチヤンチーだと、是れ何たる侮辱の言葉であらう、斯く同胞の一部は此の情けなき名前まで附しても尙は且つ之を忍びつつあるのである、以上は卑近の一例に過ぎないが堂々たる民團議員が民團とは私法人であるとか又或る著者は其書籍に民團とはクラブの如きものであるなどと云つてゐる、民團が私法人でありクラブならば納税に對する滯納者に法の强制力を用ゐる事も出來ない筈である、著者は益々在支邦人に公民教育の必要なことを痛感した。公民教育は歐米では男子も女子も等しく之を施さればならぬことは隨分以前から唱へられてゐるが、我日本では女子どころか未だ男子にも公民教育論が馬耳東風である、是は畢竟文化の相違に起因するのであらうが日本に於ける公民教育の解說者は此教育を以て單に市民又は公人として倫理的養成を意味してゐると考へてゐる、歐米でも昔は之を以て滿足した時代もあつたやうであるが此の如きは丁度哲學の教授を以て教育の全部と心得、宗教の講話を以て教育の全體であるやうに妄信したのと同じで極めて幼稚な時代の現象である。

市民又は公人としての倫理的養成が緊急切實の事業であり公民教育が此事業を以て其主要の目的としてゐるのは固より論のない所であるが地方自治團體殊に海外に在る列國環視の民團の公民としては更に科學的智識の涵養を必要とするのである、玆に科學的智識と云ふのは行政經濟學の智識である之を以て公民教育の目的とするのは一見一般教育乃至職業教育と混同するの觀があるが公民教育と一般教育とは全然切離することが出來ぬものである、國家は或る時代に於ては只管忠君愛國主義のみに依つて其所謂義務教育を施すことが出來たが然し乍ら今日では帝國臣民であると共に進んでは世界の公人であり退いては自治團の團體員である、支那開市場在留民に在つては更に一定の收入と社會的地步を確保し且つ自治團體の行政と施設を解決するの能力を養成しなければならない、專門教育又は職業教育の當事者及び學生中には學理や機械や物品の賣買利益以外何事をも閑却してゐる人がある卽ち是等の人々に取つては修身倫理教育殊に公德に關する教育を先づ必要とするから聽て之が公民教育の一部とされる譯である、アダムスミス以前の經濟論者は各學者的詮索に腐心する以外に何事をも顧慮しなかつたのである當時王及王の政廳は事物一切の中心であつて工業も商業も勞働も勞銀も擧げて彼等の支配に委せられた結果經濟論者があつても如何ともする事が出來なかつた、唯經濟論者ばかりでない、此の如き時代に在つては政治家は唯政治的空論に耽り商業家は唯制令の認許する範圍內に於て個々其利益を拾得する以上に能事がなかつたのである、今は決して然うでない、經濟論者や政治家は各々其議論を實行せしめてゐる、商業家や工業家は自ら勞働や勞銀を支配してゐる、彼此因緣連絡、利害は相關係して悉く皆自治體の人である卽ち彼等は一身一家の處理と共に租界政及民團政を不問にすることが出來なくなつた、一身一家の獨立と共に所屬團體の繁榮を計らなければならなくなつた切言すれば一身一家一國の收入と名譽を保證し又增大せんがために一定の技能を有つて一自治團體を改善進步せしめるために要する智識と義務責任の觀念とを養成しなければならぬ、併して後如何にしたならば租界市政及民團が自治の本義に副ひ自治の精神に適合するの働きが出來るかを硏究しなければならぬ、是れ聽て邦人發展の根本を爲すものである。勿論我々は自治の本義に對する學問上の意義に立入つて硏究する必要はないが、少くとも民團規則の改正を外務省や領事館に草稿を作つて貰はない程度に自治でやつて行く丈けの頭は有つてゐなければならぬ、自治と云へば一言にして自分の事を他人のお世話にならずして自ら治めて行くことであるが是は餘り廣義の解釋かも知れないが根本は其處にあるのである、即ち自治は國家のお世話にならぬといふ觀念と他の一面は自治は名譽職を以て國家の行政を代表して處理する、換言すると名譽職を置いて其名譽職の仕事として國家の行政事務を行ふのであると云つてよい、尙ほ卑近に云へば團體が自ら選任した人に依つて自己の費用を以て團體の事務を處理して行く斯る觀念を養ふて行くのが所謂公民敎育である、是等を講話會其他の方法を以て公民敎育の實施を圖るのも一方法である、民團の選擧法改正問題の如きは自治の根本義を究めたならば立ち所に明かであるが今日の居留民に對しては選擧法の更改と共に市民敎育も併せて緊要とせねばならぬ、夫は他日民團を普選とし更に上海の如き共同租界では工部局の市參事會委員選擧に於て九名中英六、米二、最も人口の多き我邦人が僅か一名選出さるゝ如きを將來に普選とせしむる前提として更に緊要とされるのである。

上海工部局の看板

著者大正十一年當時菊地恭三氏の社長であつた上海康泰絨布會社の支配人として在勤中、上海の邦字紙上海日報(七月十六日)紙上で不都合なる獨占の題下に工部局の開放を叫び其幹部が英人のみに依つて占領されその施設の如き英人の爲めの施設であることことを攻擊し更にそれを表示證明するものは數十年來揭げてある大英工部局の看板であると其不當を鳴し共同租界は各國人平等であるべき筈だと述べたが流石の彼等も英國人の襟度を示して之を不可とし三週間の中に現在の市政總務處の看板と取替へた、當時之を見た某々要路の人は著者を私設公使だなどと煽て上げたが、著者の滿足は決して這んなものではないのである寧ろ其外形よりも內容の改革に努力せんことを一意希望してゐる、例へ外形が變つても其實質が異らないならば折角の看板も羊頭狗肉に終るのである、之と共に吾々邦人に對して著者の希望する所は在上海の各邦人會社洋行等が一致し其所有とする不動產(約六〇パーセント)の外人名義を稅金手數料の關係はあらうがなるべく外人名義とせず之を一票でも邦人名義として公民權の獲得に努力されたいことを望むものである。

結論

以上に鑑み本書は主として支那の行政を說く目的であつたが、三編即ち他國行政編を添ゆるに至つたのは支那に於ける行政の一部として內地に在る支那硏究者に資すると共に一面には在支邦人の爲めに硏究資料として設けられたものである、幸に本書が在支邦人の硏究に資せらるるに至るならば此目的に叶ふものとして著者は滿足するものである、更に支那に在住の邦人は尠くとも先づ自分は如何なる環境(支那)の行政に在るか又如何なる行政治下(租界及び民國)に在るかを知らなければならないのである。

凡例

最后に凡例として二三附加したいのは第一二編に於ては民國十三年迄の法令を殘らず擧け其公布時を列記して引用に便にした。又索引の代りに、頁の上欄に註を附して一見して見易いやうにし、第三編では二段六號を用ゐた場所には下段にあるものも共に上欄に記入したから其積りにて注意されたい。

本書の術語はなるべく原文の意義を失はないやうに日本文語に近きもの又は固有名詞は原文の儘用ゐた。支那行政史等凡て記述的のものはピラミッド式に古きを項點として近代から現在に至る底邊程詳細に認めた。

孫傳芳の叛亂

（一）最後に本書第一編政治の章段政府成立前后の項に本稿印刷後の變化として特に此處に附加したいのは既記浙江督辦孫傳芳の叛亂は某要路支那通の談に依ると遠因としては彼の奉直戰直後張作霖は勝ちに乘じて孫傳芳をも討伐せんと主張したが、段執政の制止に依つて思ひ止まつた事情もあり其後江蘇督辦として南京に來任した楊宇廷の行動が孫傳芳をして安恕たらしめないのみか、曾て執政々府成立の際吳光新と取極めた浙江督辦の職も脅かされさうになり彼として將來に多大の不安を覺えたので、何れ遲かれ早かれやられるものであれば、奉天軍が準備せざる中こそよき機會であるとして事を擧げたのであつた、張作霖に斯ることは寢耳に水で彼は其前何時に無く湯崗子の温泉に悠々自適するなどの泰平樂を極め込んでゐた位である從つて周章狼狽して上海を退却した邢司令の行動も無理からぬ事である、此報を聞いて驚いたのは日本に機動演習見學中の郭松齡であつた彼は六ヶ月の見學予定も打棄て、急遽歸支した、此奉天軍側の狼狽さ可滅を見ても彼等が全然豫想しなかつた事は明かであつた、此郭松齡は張作霖の曹子張學良の副長で學良の行く所影の如く此郭が添ふてゐたのであつた從つて彼は張作霖からも多大の信頼を受け、士官の採用任命さへも殆んど彼一人に依つて支配されてゐた位であつた、

郭松齡の謀叛

又奉天軍は馮の國民軍と戰ふべく常に郭の下に張の精鋭なる武器と軍隊を以て集中用意されてゐた、然るに意外にも十二月末となつて此信頼せる郭が現主張作霖に弓を引くやうになつた、それには郭としては大なる理由はないでもないが、其發意の有力なる原因は郭が日本滯在中に於ける張作霖の評判が意外にも惡しく此樣な日本の信望ならば事を擧げても恐らく日本は張を援助しないであらうとの自信を得たこと、元來彼は國民大學法科出身で（同大學は王正廷現校長純國民黨系）曾ては廣東軍に在つたこともあつて國民黨とは因緣餘り淺くなく、之に加ふるに國民黨と關係深き馮玉祥の誘惑提携に愈々決心の臍を堅め此際事を起せば彼自身の野心を滿たすは易々たるのみならず、奉天には僅かに兵を殘すのみであるを知り、張作霖の死命を制するのは此時であると謀叛するに至つたのである、流石の張作霖も此意外の出來事には茫然自失萬事休すと

見て一時は下野亡命せんとさへ意を決したのであつたが、部下の勸めに依り再び思ひ返し郭の叛亂は人道上許すべからざるものであることを盛んに宣傳通電し最后に決死的戰鬪を試みんとしたので、遂に人心を得結局再三戰つた後郭夫妻を捕へて斬罪に處し辛くも虎口を逃れたのであつた、

國民黨の態度

又現在の國民黨としては無力であるから本書第三編第一章に國民黨自ら之を表明せるやうに軍閥の撲滅と帝國主義打破を主義方針とするのであるから郭松齡や馮玉祥を籠絡し張作霖を打たしめて所謂毒を以て制するに毒を以てして漸次軍閥を自滅せしめ最后に馮も此運命に至らしむる方策を採つたものと信じられる、從つて此記事執筆の際は段及馮の下野が傳へられたが、是は一方張作霖の下野をも誘發せしめんとする手段ではないかとも思はれる、假りに馮が下野しても張は下野するの意志なく十五日着電に依れば寧ろ郭の謀叛以來東三省治下に意外にも自己に反對するもの多くあるに鑑み此際民心を得んものと

東三省憲法起草

一月十二日省議會を開かしめて之に憲法を制定せしむる意嚮で目下起草中であると云ふ其主旨は東三省の實情に鑑み本書中に在る湖南省の憲法のやうな進歩的のものでなく努めて理想に走るを避け民情に添ふ現實的のものを作り先づお膝下である奉天省單獨のものを制定して其成績に依つて吉、黑兩省に及ぼし三省共通の事項は聯省會議の議決に依つて決する方針としたのを見ても下野などは思もよらぬことであらう。尙ほ中央政局は許世英内閣の出現說傳へられたが三週間を過ぐるも閣員の就任するものなく、段執政自身も下野せんとして山西督辦閻錫山其他に留任の勸告を受けてゐるなど此處暫く北京の政局は混沌とした狀態を續けるであらう。斯くして支那國家の將來は如何になり行くか南方の廣東は廣東で別に廣東政府を樹立してゐる、北方は北方で今國民軍と奉天軍が盛んに火花を散らして戰つてゐるし、ハルビンでは東支鐵道の運輸問題で露支の國交急を告げる、斯くして中央は慢性的に政權の爭奪で何時果つべしとい思はれない、結局共和制であつても行政組織から見て一頭制による方が利益であらう、近世軍事上行政上の大天才ナポレオン一世も左の如く其眞理を言ひ表してゐる

To give advice is the province to several, to minister, that of individuals.

即ち「一人の惡將は二人の良將にまさつてゐる」と云ふやうに、建議は數人の職掌にして管理は一人の職掌にしなければ何時まで經つても支那は治まるまい

現在の狀況であれば猶ほ袁世凱時代の方がより統一がついてよかつたと云へる、

一月十六日　著者識

目次

第一編　中央行政

◉自國行政之部（中央行政／地方行政）

第一章　政治概要

第一節　總論……一
一、支那問題解決の鍵

第二節　政治の沿革……三
一、清國時代　三、第一革命
二、遲き覺醒

第三節　最近政治……七
一、臨時約法の大總統制限　五、張勳の復辟
二、第二革命　六、上海和平會議
三、修正約法　七、奉直戰爭
四、袁の野望　八、憲法發布

第四節　段內閣成立前後……一七
一、露支交涉　七、吳の公式引退
二、江浙戰爭　八、奉軍南下
三、第二奉直戰爭　九、善後會議
四、反直派抬頭　一〇、上海事件
五、段の入京　一一、關稅問題
六、執政々府令

第五節　現政府の將來……三一
一、國民會議と各階級　二、結論

第二章　行政史及憲法

第一節　序論……四八
一、官廳官制

第二節　中央行政史……五一
一、輔弼の官　九、六部及各部
二、三省　一〇、新制度
三、六部　一一、都察院
四、督兵及樞密院　一二、翰林院
五、糾察官　一三、大理院
六、諫官　一四、會議政務廳
七、大學士　一五、提學使
八、軍機所

第三節　立法部及三憲法……六八
一、議會　三、新約法概要
二、舊約法と大總統の權限比較　四、中華民國憲法

第三章　機關及各部行政狀況

第一節　政府官制……八八
一、內閣　一一、將軍行署
二、大總統府國務院　一二、都統府
三、法制局　一三、審計院
四、秘書廳　一四、審查決算委員會
五、銓敍局　一五、各部官制通則
六、統計局　一六、段政府閣員
七、印鑄局　一七、督辦省長
八、司務所　一八、本省屬外國顧問
九、大元師統率辦事處　一九、中央所屬諸法令
一〇、將軍府　二〇、所屬官規

第二節　外交部……………一一四
一、總務廳　四、交際司
二、政務司　五、交渉使
三、通商司　六、外交官
第三節　外務行政概況……………一一七
一、現在職員及其所在地　三、外務行政法規
二、駐外外交官
第四節　內務部……………一二一
一、總務廳　六、考績司
二、民治司　七、編訂禮制會
三、警察司　八、京師警察廳
四、職方司　九、地方警察廳
五、典禮司
第五節　內務行政概況……………一二六
一、地方行政會　四、衛生行政
二、警察行政　五、步軍統領衙門
三、土地行政　六、內務行政法規
第六節　財政部……………一三三
一、總務廳　九、造幣廠
二、賦稅司　一〇、各稅徵收局
三、會計司　一一、稅關監督
四、泉幣司　一二、各省財政廳
五、公債司　一三、雜稅督理處
六、庫藏司　一四、造紙廠
七、中國銀行　一五、籌辦公債所
八、監督銀行
第七節　財務行政概況……………一四〇

一、段政府豫算　二、各稅制改革の結果
三、內國公債局　五、財務行政法規
四、鹽務行政
第八節　陸軍部……………一六七
一、總務廳　八、軍法司
二、軍衡司　九、軍牧司
三、軍務司　一〇、陸軍監獄
四、軍械司　一一、陸海軍會計審查所
五、軍學司　一二、直轄學校
六、軍需司　一三、軍機局兵工廠
七、軍醫司
第九節　海軍部……………一七三
一、總務廳　七、軍法司
二、軍衡司　八、海軍總司令所
三、軍務司　九、海軍軍港司令所
四、軍械司　一〇、直轄各學校
五、軍學司　一一、所轄局廠
六、軍需司
第十節　陸海軍務行政概況……………一七六
一、陸軍講武堂　三、軍務行政法規
二、參謀本部
第十一節　司法部……………一八〇
一、總務廳　四、監獄司
二、民事司　五、司法公報處
三、刑事司　六、法律館
第十二節　司法行政概況……………一八二
一、現在京外高等以下司法行政機關表
二、法院の編制法　三、司法官の任用

四、司法官薦任資格　八、商事公斷所
五、監獄職員　九、外人訴訟事件
六、律師　一〇、不動産の登記
七、民事々件　一一、司法行政法規

第十三節　教育部……一九四
一、總務廳　五、編纂所
二、普通教育司　六、中央氣象臺
三、專門教育司　七、直轄學校
四、社會教育司

第十四節　教育行政概況……一九六
一、教育調査會　四、華僑兒教育
二、視察委員會　五、社會教育
三、師範學校　六、教育行政法規

第十五節　農商部……二〇四
一、總務廳　六、石油監督所
二、鑛政司　七、農事試驗所
三、農林司　八、東三省林務局
四、工商司　九、鑛務監督署
五、漁牧司　一〇、全國水利局

第十六節　農商行政概況……二〇七
一、商業　三、漁業
イ、度量衡　四、礦業
ロ、貨幣　五、森林
ハ、交易所　六、狩獵
二、農業　七、牧蓄
イ、勸農員　八、經濟行政法規
ロ、農事試驗所
ハ、棉業試驗所

七　交通行政……二一五
一、總務廳　六、郵傳會計司
二、路政司　七、統計委員會
三、郵傳司　八、製圖所
四、總核司　九、各鐵路總局
五、鐵路會計司

第十八節　交通行政概況……二一八
一、鐵道　五、郵便線路
二、電政　六、交通教育
三、航政　七、日支郵便新條約
四、郵務行政　八、交通行政法規

第十九節　中央部所屬官廳……二二一
一、蒙藏院　三、國史館
二、平政院

第二編　地方行政

第一章　地方行政史及行政組織

第一節　地方行政史……二二三
一、清時代　九、幕友
二、總督　一〇、吏胥
三、布政使按察使　一一、總督巡撫
四、道台　一二、巡撫
五、分守分巡　一三、布政使
六、直隸府　一四、按察使
七、正印官　一五、道台
八、佐貳佐雜

第二節 現行地方制度……三四六
一、各省の官制系統　七、縣佐
二、各省屬道及縣　八、特別行政區域
三、省長　九、京兆尹
四、道尹　一〇、都統
五、縣知事　一一、川邊鎭守使
六、設置委員

第二章 行政區域
第一節 京兆地方及直隷……二五六
第二節 奉天及吉林……二五八
第三節 黑龍江及山東……二五九
第四節 河南、山西、江蘇……二六一
第五節 安徽及江西……二六五
第六節 浙江及福建……二六七
第七節 湖北及湖南……二六九
第八節 廣東及廣西……二七一
第九節 四川及雲南……二七四
第十節 貴州及陝西……二七八
第十一節 甘肅及新疆……二八〇
第十二節 特別區域……二八三

第三章 土司
第一節 土司概說……二八四

一、土司細表―甘肅―四川―川邊―廣西
二、雲南　三、貴州

第四章 地方自治
第一節 省議會……二九一
一、省議員選擧法　八、當選票額
二、初選擧　九、覆選擧
三、當選人數　一〇、選擧無效
四、通告　一一、當選無效
五、投票及開票所　一二、改選及補選
六、投票紙　一三、選擧訴訟
七、開票及檢票　一四、罰則
第二節 省議會法……三〇三
一、暫行省議會法　四、會議
二、組織及選任　五、議決
三、職權　六、各省々議員
第三節 官治組織と自治……三〇六
一、城鎭鄕及府州縣　三、督辦の名
二、聯省自治　四、地方行政法規

第五章 蒙藏部行政
第一節 蒙藏行政史……三一三
一、內蒙古　六、蒙古の行政狀態
二、外蒙古　七、最近の內蒙古
三、西藏　八、最近の外蒙古
四、淸との交通　九、後藏
五、外交問題の端

第二節　蒙藏部現行制度 …… …… ……三二

一、蒙古
　ロ、盟
　ハ、旗
　ニ、札薩克
　ホ、印務梅倫　協理台
　ヘ、閑散梅倫
　ト、印務札藍
　チ、閑務札藍
　リ、閑散札藍　筆且齊
二、蒙古王公の爵位俸祿
三、内蒙法廷組織章程
四、察哈爾各旗群翼等審判所組織章程

第三節　蒙古各部落首長の譜系… …… ……三九
一、博爾濟吉特姓
二、烏梁罕姓
三、綽羅斯姓
四、伊克明安姓
五、無姓

第四節　隸屬關係… …… …… ……三二
一、各部と地方官及特派官との關係
二、隸屬關係圖示
三、蒙古領地內設治各縣

第五節　内外蒙古行政區劃… …… ……三八
甲、内蒙古
　イ、哲里木盟
　ロ、卓索圖盟
　ハ、昭烏達盟
　ニ、錫林郭勒盟
　ホ、伊克明安
　ヘ、烏蘭察布盟
　ト、伊克昭盟
　チ、呼倫貝爾
　リ、布特哈打牲
　ヌ、游牧喇嘛等
乙、外蒙古
　イ、土什業圖汗部
　ロ、車臣汗部
　ハ、札薩克圖汗部
　二、三音諾顏部
丙、額魯特蒙古
　イ、阿拉善及額濟納
　ロ、科布多
　ハ、阿爾泰
　二、唐努烏梁海
　ホ、伊犁
　ヘ、塔爾巴哈台
　ト、青海等
丁、回部
　イ、吐魯番回部
　ロ、哈密回部
　ハ、南部各回城
　二、内屬布魯特
　ホ、西藏

第六節　地方行政改良法如何… …… ……三五五
地方事務―地方官の權限

第三編　開市場行政

●他國行政之部（一般開市場居留地及鐵道沿線等）

第一章　沿革及利權回收風潮

第一節　排外主義… …… …… ……三五九
帝國主義の定義―世界上に於ける勢力―支那に於ける勢力

第二節　鴉片戰爭より日清役迄… …… ……三六七
割地―賠償―外國居留地の設定―領事裁判の取締―關稅の協定

第三節　日清役より團匪事件迄… …… ……三六〇
割地―賠償―庚子軍の役―賠償金五千万兩―北京公使館區域―各國との關係―門戶開放―機會均等―投資

第四節　團匪事件より歐洲戰迄… …… ……三六四
各國の進取政策放棄

第五節　歐洲戰より華府會議… …… ……三九五
日本對獨宣戰―二十一ヶ條問題―日本の借欸及軍事協定―

パリー講和會議と日本―米國大統領對日本―各國關係
第六節　華府會議より今日迄 …… …… ……四〇九
臨城事件―英國の內政干涉―日紡事件―支那國民革命と帝國主義―有力なる聲援者―露支協約內容―露國の利權放棄は主義一端―帝國主義打破の理由―提案理由
第七節　華府會議の議決九國條約 …… ……四二八

第二章　開市場及居留地行政の一般關係
第一節　一般通商埠地と行政關係 …… ……四三〇
教育―衛生―交通―警察納稅義務問題―青島の行政的性質―青島居留民取締規則
第二節　居留地 …… …… …… …… ……四三八
他國行政範圍―在支領事官の行政的性質―領事官の認可―許可―命令―處分―決定―指揮―領事官の職務に關する件

第三章　專管居留地
第一節　行政的性質 …… …… …… ……四六三
一、屬地的單獨行政　七、警察行政
二、土地私有と居住　八、稅務行政
三、裁判權との關係　九、戰爭事變關係
四、行政の範圍　一〇、各國の狀況
五、專管自治行政　一一、自治執行機關の權限
六、民團法
第二節　專管居留地各行政法規…… …… ……四九〇
一、警察行政法規　二、佛國警察道路取締
三、漢口諸法規　四、天津の行政概況
イ、日本居留地取極書　イ、天津租界狀況
ロ、在漢日本商業者組合規則　ロ、各國稅源
ハ、地區拂下規則　ハ、不動產行政
ニ、土地及工作場規則　ニ、天津衛生行政
ホ、醫師取締規則

第四章　共同居留地
第一節　行政關係…… …… …… ……五〇六
一、共管居留地の特色
イ、外國の共管　ハ、法的關係は平等
ロ、獨立の體面を保てること　ニ、自治體が被告の場合
第二節　支那人の他國行政參與問題…… ……五一三
第三節　上海他國行政概況…… …… ……五一五
一、上海の沿革　三、過去四年間工部局の歲入出額
二、現行上海租界行政　四、各國人口及支那人數
第四節　他國の司法行政 …… …… ……五二三
一、他國の司法權
二、會審衙門
イ、組織　ハ、用語及法律
ロ、訴訟手續
第五節　共同租界法規及警察 …… …… ……五三〇
一、工部局法規
二、共同租界警察行政
三、工部局警察取締規則
四、工部局衛生規則
五、義勇隊の性質
イ、沿革　ロ、義勇團規程

六、上海日本領事館令

イ、教員職務規定
ロ、宿屋營業取締規則
ハ、藝妓營業取締規則
ニ、料理屋營業取締規則
ホ、賣藥行商取締規則
ヘ、賣藥取締規則
ト、警察犯處罰令
チ、賴母子講及類似ノモノ取締規則
リ、在　留　規　則
ヌ、日本高等女學校職員規程

A、上海居留民會規則
B、墓地火葬場規則
C、救濟基金條例
D、獎學資金條例
E、課金調査委員
F、課金手數料ニ關スル規程
G、同上等級並ニ金額

第五章　外支共同居留地及鐵道

沿線行政

第一節　外支共管居留地 …………………五九六

一、芝罘の概況　　　三、歳入捐額規程
二、芝罘万國委員會規則

第二節　鐵道附屬地の行政…………………六〇〇

一、哈爾賓制度　　　四、反帝國主義に對して
二、南滿鐵附屬地の行政關係五、他國財務行政管理問題
三、最近の商租權問題　六、在支外人課稅問題

現行支那行政

宇高寧著

自國行政之部（中央行政・地方行政）

第一編　中央行政

第一章　政治概要

第一節　總論

支那は四百餘州と云はれ、人口四億を有し其統治さへうまく行けば世界に冠たることも得るのであるが不幸にして國土も廣く人民も多いけれ共未だ國家としての完全な體面を保つことが出來ない然らば中央集權や潘屬統一は何時完全に行へるか、對外問題としては利權の回收熱も相等高まつてゐるが、今日のやうに統一が充分行へないで、益々中心に壓力が全くなくなつた以上は、段祺瑞のやうに生温い統一策の實行と共に緊肅政策を成功させやうとすることは甚だ覺束ない次第である、支那と直接關係ある列國とこの形勢と政策が何處まで一致するかを詳細に觀察する必要があると思ふ、世界の政治上、經濟上、其他の變遷は近世に至つて、人間の力を超越して來た、殊に文明の普及は人間の能力を平均させる一方に傾いて來て異常の天才の世出が見られなくなり、如何なる國家如何なる人民でも一の偉才を型に熔れて新しく鑄造することは困難となつて來てゐる、斯る際に支那のやうに特に數千年前から、已に國土人民の廣大な自然的發動力が、有名な治者の能力を超越して仕舞ふた此國が今日其の自然に趣いて行く惰力に順つて政策を立てるより他、何人が之を爲し得るであらうか、然らば政府正當の目的は何かと云ふ、疑問も起り政治的原則の議論も起るであらうが政府の正當なる目的如何と云ふ問題夫れ自身に種々の解釋說があつて其の是非を斷定するのは頗る困難である、而して此問題の最も困難なのは正當の解釋を之に下さうと欲することである、然して最も廣く古今の政治及行政史を研究し、政治上の經驗を總括して得た智識を以て判斷するの必要があるのである、此の如き完全な智識を得るのは世の政治學者及び政治家の到底なし得ない所である、此處に於て支那の政治問題に就ても君主制か共和制か、又之に伴ふて聯省自治とか種々唱へられてゐるが、之を言ひ換へると國家の事務に關し政府の所管は何うであるかと云ふ事になる、是れ又現代支那の論爭の標的とする問題である、更に云へば政府の職掌は如何なるものを要するかの問題である、此問題に就ても現在三派の說がある、其一派は放任主義を唱へるものであつて、常に政府に對して、「其手を放せ」「放任せよ」と云ふ自治論者である、即ち政府を以て必要なる機關と爲すと同時に之を以て必要なる害惡と見做すものである、苟も人民に放任して出來る丈け政府の職務を減じやうとするものである、他の一派は極端なる政府干涉主義を唱へるものである、其言ふ所を見ると、政府は總て人民の生活上に於ける一切の事務に於て、教導者となり、監督者となり補助者となるべきものであつて社會は全く政府に依頼して其生存を逐ぐべきものである、此干渉論者は主として國民黨であつて彼等は理想國家を夢み國家の權力及び其恩惠に眩惑し、若しくは共產主義の幻影に迷ふて、民主的國家は人民の乳母であると信じてゐるやうである、此外無政府主義其他其中間に位する干渉是非論者があるが此處には省略するとして。

結局最善の政治は、其國情の惰力、其國土人民の自然的發動力の歸嚮が何處に向つて進んでゐるかと云ふことを見極めて、其れに依つて國家百年の計を樹てるより他に道はあるまい此の惰力、自然的發動の潜在默移は、現下のやうに眩しいまでに急轉直下して居る際に在つても絶ねず、其表面は兎も角順逆流水の底の眞下には必ず一定の方向に向つて重く鈍く流れてゐる一脈の潮流あることを知らねばならない、此潮流を透見するのが即ち支那諸問題を解決すべき鍵ではあるまいか。

第二節　政治の沿革

支那の政治史は革命の天下であつたとも云へる堯舜時代の政治は民主共和の政治である、湯に至つて復た革命を行ひ殷の時代に六百四十九年を保ち、周は最も永くして八百六十七年に亘つた、秦は二世十五年で亡び前漢代つて立ち、二百十四年後漢百九十六年、正統漸く絶ねて世は亂れて三國となり、其から、南北朝、隋となり、唐は二百八十九年間繼續した、其後宋三百二十年、元八十六年、明二百七十年清二百六十餘年を經て中華民國に至つた、然して前后一代を通算すると平均一代二百五十六年毎に天下を取り變へてゐる、此の如く變轉極りのない支那の政治的現象を研究しやうとするのは先づ政治の史的觀察を基礎として考へなければならない、殊に清朝末期の政治狀態は支那三千年來行はれた制度と歐米が近世に作り出した法則とを混合し延いては先頃迄の三次革命を惹起したものである清朝時代の政治を略述すると。

清國時代

清國時代、清朝時代は愛親覺羅が松河江沿岸に起つてから、太宗の世、清と改め世祖の代に至つて都を燕京に遷し、更に康熙大帝が即位するに及んで所謂藩部を鎭定し專ら意を北方に注ぎ露國と結び西藏を鎭定して喇嘛を服し回教を綜統せしめた、世宗、雍帝の時代となつて回部を征服し乾隆帝は又更に力を南方征伐に意を用ゐて清の威勢は中外に振ふた、乾隆の末年苗族亂を起して天下やうやく亂兆を呈した、一八四二年阿片戰爭に大敗して西歐民族のために一大打擊を蒙つた、此の戰役から以來歐洲强國に苦められること五十年餘にして日清戰爭となり、支那の國勢は益々衰へ覺醒の機運も起つたやうであつたが極めて部分的に起つたので却つて之が爲めに義和團事件を起し列强の爲めに侵略さるゝに至つた、その齎として支那をして今日の排外熱と利權回收、國權保持の思想を生せしめ變法自疆立憲豫備の急務であることを悟らしめた、殊に日淸役后露國の東淸鐵道敷設權を得ると共に各國競ふて利權及土地の割讓を强制したので光緒皇帝の心痛から康有爲の上書となり遂に一八九七年國是會議となり、革新開始の旨を天下に公示した、貢擧を改正し科擧の制を廢し教育制度を改め軍制の改革等に從事したけれ共、中央地方共に要路の大官は多く其國權西太后の

革新開始

手に在るのを知つてゐるから皇帝の威信は行はれない、殊に保守派の奸臣等は西太后に勸めて改革禁止を迫つた、皇帝も亦た之に策應したが保守派の畫策其効を奏して西太后は再び執政の權を握り、光緒帝を瀛台に幽閉し一切の新政を破つて士民の上書を禁じ官報局を廢し、各省中外學堂の設立を中止し、農工商總局を廢し、革新派は多く左遷され又獄に下され甚しきは斬罪に處せられ横暴極まりなかつた、康梁の二氏は僅かに身を以て逃れ得たので此の立派な改革は水泡に歸して仕舞つた。

遲き覺醒

然しながら其後清國と列强との間關係次第に密接となり光緒二十六年團匪の亂山東に起り、列國聯合軍が北京に亂入してから城下の盟をなさしめて、國勢日に衰へて又收拾することが出來なくなつた、其處で先に光緒帝が唱へた變法自强の思想は勃然として支那四百餘州に漲り、革新の機運がやうやく熟せんとした、折柄日露の役となり世界陸軍の最强を以て任じた露國が東洋一小孤島である我日本軍のために大敗をしてからと云ふものは、東洋諸國は之に依りて黃色人種必ずしも白人種に劣つてゐるものでないことを覺醒すると共に日本がかゝる大勝を得たのは全く明治維新の結果であると支那に自覺を與へた、此自覺は支那四千年の長夢から目醒めた大なるものであつた、世を擧げて相携へ政治革新を唱へないものはなかつたので清國朝廷も亦た大に感ずる所があつて、遂に當路の秀才を海外に派遣し其政治の情況を考察せしめた、考察して歸つた具眼の士達は復命して「富國强兵變法自强の實を擧げやうとするならば憲政を採用するに如かず」と云つた、清朝も之を嘉納して光緒三十二年七月立憲準備の上諭を下した、更に同年九月政治革新の上諭を下し、中央官制の大改變を行ひ、從來の六部を變じて十一部とし、立法司法行政の三權分立の限界を明かにした、支那朝野殊に新聞は日本が立憲政治をやつたので國が興つた、朝鮮は立憲政治をやらなかつたつで國が亡んだ、斯う云つて、非常に簡單に判斷し立憲政治さへやつたならば支那は分割もなく、救はれるであらうと考へたやうだ、立憲政治も色々の型があるが、英國流か、獨逸流か何れにした所で一度に國運が盛んになつて一躍强大國にもなれなかつた、結局國の盛衰の根本は必ずしも政體丈けにもよらないことが判つた。

兎に角淸朝としては國會開設、立憲政採用の準備として中央官制の改革を始めとして或は財政に軍備に敎育に或は交通に實業に夫々着々其步を進め次には地方自治の基礎を固める爲めに諮議局を設け城鎭鄕の自治章程を發布する等お膳立ては出來上つてゐた、此間列强は從來の侵略主義を見合はして、平和なる經濟方面から侵入しやうとしてゐたが、彼の利權回收權が高潮に達して輿論は再發して國會速開となり朝令暮改、一度は支那の將來に對して樂觀せしめたが、遂に周圍の外國人をして悲觀の念を抱かしむるやうになつた、輿論は鼎の湧くやうになり明治四十四年五月八日初めて責任內閣を成立したのであつたがその事の全く成らない中に鐵道國有問題に反對して武昌に突如反旗が飜り孫及び黃等の一味は此機會に乘じて革命を起し遂に淸帝を廢すまでに至つた之が所謂第一革命であつたのである。

第三節　最近政治

清帝退位

臨時約法の大總統制限

清朝は新共和國から毎年四百萬元の扶助と恩惠的の待遇を保障されて一九一二年遂に退位した、皇帝と稱してから二百九十七年を經た清朝はこゝに終りを告げたのであつた、孫文以下の極めて少數の人は初めから共和を目的としたとしても革命黨の大多數は只革命の爲めに共和を便宜と考へたまで、眞底は滿族對漢族の種族爭ひであつたことは云ふまでもない、清帝退位后三日を經て南京では袁氏を臨時大總統に選擧して愈々袁の南下を促す爲めに特使を北京に派遣した、然るに其一行が着后間もなく北京軍隊の暴動となり特使の一行にも危險が迫つたやうであつた袁が北京を去ることは不得策のやうに見ねたので、南京政府は一歩を讓つて袁の南下を求めず北京で就任させ北京で共和政府を組織さすことに承認した、袁は三月北京で就任式を行ひ同月末には唐紹儀を國務總理とした、同時に參議院が南京から北京に引移つて來た、之が假國會とでも云ふべきであらう、正式國會は臨時約法施行後十ヶ月以内に召集される筈であつた、袁の策動に障害となり殊に其野心を遂げる上に最も煩しいものとしては此の臨時約法であつた、其約法には、參議院に絕大の權限を與へて大總統の行動を束縛してゐた(五十六條)内容は官制の制定にも國務院の任命でも宣戰講和及び條約の締結に就ても大總統は一々參議院の同意を經なければならなかつた、又法律案の議決、豫算案の議決、大總統の謀叛行爲の彈劾、國務員の違法行爲の彈劾等が皆參議院の權限に屬してゐた袁の如き野心家が此の如き約法の束縛に甘んずる筈がなかつたのと、他は袁と舊革命黨との反目が遂に第二革命を招來するやうになつた、舊革命黨の中でも穩健派は共和黨を作り、章炳麟、張謇が其中心であつて黎元洪を推して總理としてゐた、共和黨は國家主義を唱へ御用黨であつた、唐紹儀の組織してゐた內閣には同盟會に屬する（理事宋敎仁、汪兆銘）大臣（國務員）が四人加つてゐた、唐も革命家側に近く其他の國務員は袁系統に屬してゐたから內部の不統一となり借款問題で袁唐が態度一致しなかつたので僅か二個月半で內閣は瓦解し陸徵祥が代つて總理大臣となつた之も永く續かず趙秉鈞が內閣を作つた、同盟會は其后國民黨と改名して袁の反對黨として對立した、共和黨の他に林長民、孫洪伊等の民主黨があつて共和黨を分離して章炳麟等は統一黨と稱して袁の與黨であつた、其後正式國會開設より選擧することとなり選擧の結果は國民黨が多數を占めた、四月國會の開院式が行はれ國會は參議院と衆議院の兩院から成立し參議院は二百八十一名衆議院の五百七十三名合せて八百五十四名になつたが其約半數は國民黨員であつた、政府としては此狀態では樂觀を許さないので一面には買收に依つて國民黨を切り崩すと共に他面には梁士詒等の策士が暗中飛躍して共和黨統一黨民主黨の三黨を合同して進步黨を作つた、その首領は黎元洪で政府の擁護を目的とする者であつた、一方國民黨は將來何人を大總統に擧ぐ可きかを協議したが適材なく結局內外の事情として袁世凱を推戴する外方法がなかつた、其代り國民黨として臨時約法に依つて袁世凱の專斷行爲を制射するやうな憲法を制定する事を一の手段として考へた、民國二年三月六國借款問題起り米國が突然六國借款國から脫退したので一時瓦解の形勢を示した、然るに袁は舊革命派の反感に顧み平和の測り難き事情を考へ其際如何なる方法を取つても此外國借款を纏め之に依つて財力を豊かにするのが急務であつたから袁は急速に他の五ヶ國に對し交渉を進め四月二十七日二千五百萬ポンドの借款に調印をして了つた、その際袁が國會の同意を得ないで專横にも調印したと云ふので國民黨議員は違法呼はりをして猛烈に攻撃の火の手を向けたので兩者の間に不穩の形勢を表して來た、袁は借款に成功して自信を得たので南方派李烈鈞の職を免じ次で胡漢民柏文蔚都督の職を免じたので南北の決烈は愈々此處に其火蓋を切つたのであつた、其處で李烈鈞は十月江西省湖口に依つて討袁軍を興した、岑春煊が上海から討袁軍の大元帥となつた、遂に第二革命が起つたのであつた然し討袁軍は僅か二ヶ月の間に全く北方軍隊の爲めに壓倒されて仕舞つた、舊革命黨の幹部は一時上海に逃げて來たが后皆夫々海外に亡命した、所謂急進派の國民黨が居なくなり北京に居殘れるものは穩和派であつたので愈々袁は大總統選擧の準備にかゝつた、所謂袁の制定に依る選擧法に依つて十月國會に於て共和國の正式大總統に擧げられた翌日の副總統選擧には黎元洪が選ばれた、條約各國は支那共和國を承認するやうになり北京各國外交團は袁世凱の大總統就任式に列席した、是より先六月には憲法起草委員の六十名の任命があつたが、其半數は國民黨であつたので、袁は此委員會に依つて作られた憲法は自己に取つて不利であると豫測してゐたが果して十月に成立した所謂天壇憲法なるものは、大總統の權限を束縛すること甚しいものであつた、若し之れが國會に提出されて愈々決定された場合は袁は國民黨に頭が上からなくなるので、遂に非常手段に訴へて此難關を切り拔くことに苦心した

修正約法

即ち十一月四日袁は突如、國民黨は執政上障害ある私黨であるとして解散令を下し其議員四百三十八名の議員資格を褫奪して仕舞つた、新に出來上つたものは袁に忠實な味方で七十八名から成る中央政治會議が設けられ議政機關に似たものであつた、民國三年一月に至つて其會議に依つて約法會議條例が作られた、其條例に依つて六十名の議員か選擧され三月約法會議が開かれた、國會が中止されてゐるのであるから正式の憲法を作る譯には行かぬので先づ此會議の手で從來の臨時約法を大總統に有利なものに修正し其修正約法精神と規定に基いて正式の憲法を作り出さうとする方法を取つたのであつた、五月修正約法が發布されたが、其根本は立法府卽ち國會の權限縮少と大總統の權限擴大とにあつた、(三憲法比較の項參照)舊約法に依ると國務院卽ち內閣は國民に對しては行政上の責任を負ふやうにあつたが此新約法に依ると大總統が直接其責に任ずることゝなつたので國務院は廢止され一切の政治は大總統府の政治堂で處理される事となつた、徐世昌が國務總理となり夫々各部總長が任命された、大總統は又陸海軍の大元帥となし、大元師の諮問機關として將軍府が置かれ段祺瑞が其事務を管理した、第一革命以來設置された都督は廢止され將軍が各省の軍務を掌ることゝなつた、各省の行政長官を巡按使と云つて警察と民政を掌り、司法と財政とは中央政府に直屬することゝなつた、從來の各省議會や地方自治機關は廢止されて仕舞つた。

其后袁は專制政治を更に進めて帝政運動に移り修正約法に依つて其權限が著しく增大したと同時に此鋭鋒を表はして來た、時恰も歐州大戰で歐米各國が支那を顧る暇ない時を睨つて先づそのコテ試しに祀孔令を發布して孔子の尊崇を奬勵したが此孔子は君權尊重の思想として歷代の帝王が之を利用したものである、之に依つて國民に皇帝たるべき暗示を與へたものであつた、袁の股肱の者楊度外六名は籌安會を組織して帝制贊成の氣運を作ることに怠りなかつた、而してその具體的計畫に奔走したのは梁士詒の一派であつた、袁は參政院を道具に使つて帝制の計劃を進めた、全國請願聯合會を作つて各地から帝制請願書を參政院に出させ又參政院の意見として國民代表大會を催して其大會で帝制賛否の投票を行はせる仕組であつた、政府で有ゆる干渉を加へた爲めに其投票が全部二千名の帝政贊成に一致したのは偶然でなかつた、輿論が皆斯く一致した以上はと云ふので袁推戴書を參政院から出させたのは十二月初旬であつた、袁は表面之を辭退したが重ねて推戴書を出されたので已むを得ず民意に從ふと云ふ風を裝ひながら翌日皇帝として承諾の布告を發表した、然して翌年は卽位式を行ふ準備中であつたが、日本及各國は四圍の情勢から見て帝位に卽くことの不可であることを警告したが、之を婉曲に拒絕した其後再度も勸告を試みたが其時は確定後であつた爲め袁は夢中に帝制へと押し進んだ、果して民國四年十二月唐繼堯、蔡鍔等に依つて雲南に暴動が勃發した、之と相應して南方廣西の陸榮廷も此謀方に加入した、又馮國璋からも帝制中止の勸告を受ける浙江陝西四川湖南が獨立する蒙匪が起る滿州の張作霖が背きかけると云ふ形勢であつたので、袁は遲蒔ながら最早自分の野心の遂げられないのを知つて帝制建設を放棄し間もなく民國五年六月逝去した、其直後舊約法に依つて黎元洪が大總統に昇任して馮國璋が副總統となつた、新しい大總統黎は舊議會を再び召集せんとしたので、當時の議會は新憲法を起草すると云ふ理由で解散した、而して六月舊約法復活の件を公布し八月舊國會を復興することに定めたが其議會の多數は舊國民黨に屬するもので多數を占めてゐた九月には憲法制定會議が開かれた、然るに民黨に內訌が起つた又總統府と國務院の權限爭ひが起つた一方張勳（安徽督軍）は徐州に大會議を開いて十三省の督軍省長の代表者が會合した（督軍は五年七月各省將軍を督軍と改め各督巡按使を省長と改めた）此會議で舊國會解散、舊約法廢止民黨閣員排斥などを決議した、是は民黨に對して多大の打擊を與へたに違ひない民國六年二月米國が獨逸と斷交し翌日民國政府に對して對獨國交斷絕を勸めに來たに就て段と國會の衝突が近いた、段は斷交に贊成して黎總統に同意を乞ふたが黎は先づ國會の贊否を問はなければならぬと答へたので段は國務總理を辭して天津に去つたが結局馮副總統の仲裁で段は再び總理の職に復歸し對獨斷交を實施するに決した、段は國會に向つて其決行を報告したのみであつた、五月二十三日黎が突然段を免職した之が爲め安徽、河南、奉天、陝西、直隸、福建、山東の各省督軍は獨立を宣言した此時仲裁と稱して北上したのが張勳であつた黎は張の壓迫を受けて國會を解散した

張勳の復辟

七月張勳は突然清朝の復辟を斷行した黎は狼狽して日本公使館へ逃れて保護を求めた、其翌日張勳討伐を宣言したのが段及副總統の馮であつた七月十二日段軍は北京に入城して張勳は和蘭公使館へ逃げ込んだ、結局馮國璋が大總統となつて、馮の直隸系は北京でも亦長江方面でも頻りに段の武力解決方針を攻擊する計劃を廻らし南方派は勿論段に對する反感を加へた、加ふるに段が鐵石炭に關

する或利權を與へて借款を求め其れに由つて日本より武器を買入れて段派の爲めに軍隊を編成してゐるとの風評は段攻擊の有力なる口實となつた段は武力解決の方針が多大の妨害を受けて實行の望みのないのに失望して十一月辭職して仕舞つた、其后段一派勢力意外に強く馮總統は奉天張作霖等の爲めに常に脅されてゐた、民國七年三月段は再び國務總理の職に就いた此時寺內內閣は支那の政治的統一を助け經濟發展を進めると云ふ意味で借款に應じて之が所謂西原借款なのである此爲め南方派は援段政策と見て最も日本を恨んだものであつた其處で聯馮倒段策を巡らしたのが南方派であつた、馮は大總統であつたがそれは曩に張勳が復辟事件の際に大總統黎逃亡となつて馮が代つて職務を執行してゐたのであるから正式の選擧を經なければならぬことゝなり結局徐世昌が大總統に當選した、副總統は軍閥の勢力爭の爲めに空位を持續することゝなつた、十二月二日在北京日英米佛伊公使團から民國政府に對して南方と妥協の勸告書を送つた八年二月南北の會議が開かれた、其開會中巴里會議で民國の要求を容れなくなつたと云ふ報導が傳はつた五四運動は此時に起つた、又會議は種々のいきさつから破れて仕舞つた、其后徐總統は段の要求に依つて曹錕經略使と吳佩孚の第三師長を免職することゝなつた、段派と直隷派が戰を交ゆることゝなり、結局段派は不利となつて敗北した、徐樹錚以下九名我公使館に逃れて直隷派は其後奉天派に警戒しなければならないやうになつた、一方段に反抗して起つた廣東政府が改造され兩廣巡閱使陸榮廷と政學會が結束して民黨の首領孫文を軍政府から追ひ出して仕舞つたのは民國七年五月であつた、民國八年に上海和平會議が

上海和平會議

開かれ之で政學會は南北妥協を成立させて一勢力を得んとしたが唐紹儀の反對に會つて總崩れとなつた、其後上海に在つた孫文唐紹儀等が北方代表王揖唐を通じて段祺瑞に接近するやうになつた、陸榮廷が又曹錕や張作霖と聯絡するやうになつてから形勢は刻々に變化して來た。

其後南方では民國十年四月廣東國會で反對議員が退席したにも拘らず大多數の御用議員が選擧を實行して孫文を大總統に推戴して仕舞つた、勿論憲法に依ると大總統の選擧と云ふものは兩院全部員の三分の二出席を要するのであるが這は兩院全數八百七十人中僅か二百十三票であつて眞の立憲的即位と認むる事が出來ないものであつた、其後北京では日本借欵問題からして段が其位置を保つことが出來なかつたのは前述の通りであるが段政府に對する一般の敵意は民國八年五月の五四運動に依つて著しく表はれた、曹汝霖は終に退職の止むなきに至つた民國九年に至つて段一派の勢力は殆んど地に墜ちてゐた、吳佩孚と曹錕の反對の結果として安福派の反對に遭ひ吳を追ひ出して曹錕を樹てしめた。

曹錕は段祺瑞の命令を受け容れ又た奉天將軍張作霖は安徽と共同して政府を助けることにした、安福派主腦の力と云ふものは數回の戰爭に依つて勢ひ衰へてゐたので吳佩孚に依つて打敗られた、安福派は九年七月日本の公使館に逃げ込んだ、其處で行政權は段祺瑞から張作霖と曹錕に移つた、兩人は最高督軍として知られた、そして所謂督軍の議會は解散した曹錕は再び統一を計り新しい選擧を命令したが此プログラムの實現は進行しなかつたのみならず政令は首都北京の城壁から外に及ぼ

奉直戰爭

されなかつた民國十年四月と五月に張曹二人は天津北京に會議して其當時勢力を持つた王占元を會議に呼んだ、そして內閣の改造に着手した殊に財政の行詰り問題が主題となつた、其後王占元は武昌に歸るや否や武昌と宜昌に在る彼の兵隊が謀反の結果その立場に窮しその職から止めさゝれた、民國十年後半に自分の事件を整理する爲めと稱して張作霖は再び滿洲から北京にやつて來たが實際は梁士詒內閣の設立であつた、張作霖の勢力擴大と共に吳佩孚との軋轢は民國十年四月から起つた結果戰爭となつた、結局張は長辛店附近の戰に敗北して滿洲に逃げた、又南方廣東では陳炯明に攻められ孫逸仙は敗北した、夫れに次で大總統徐世昌が辭職して天津にやつて來たその代り天津に引籠つてゐた黎元洪が再び北京に戻つて來て大總統に就任したがその即位の前に條件として黎は吳に督軍制に就て猛烈な恐喝をした、其結果吳も廢督裁兵に贊成し黎の欲する顏惠慶を國務總理とした、彼は即位すると直ぐに曾て民國七年に軍閥の爲めに壓迫された議員を議會に召集した民國十一年北京により集まつた多くの政黨間に睨み合ひの暗鬪の結果參議院として議長を撰ぶことが出來なかつた、民國九年內閣は著しく更迭して最も長くその職に在つたのは王寵惠であつたが王と同僚各部の總長も職を退いた、其理由は財政總長羅文幹に對する嫌疑の建議であつた、それは借款整理問題に就いて多大の嫌疑を受けたが證據不充分であつた、羅は數ケ月投獄の後に免出された、然しなが內閣は此暴風を防ぐことが出來なかつた、曹錕の誕生日には故鄉の保定府に北方の軍閥其他有力者を集めて相談した結果張紹曾が首相として選ばれたのであるから殆んど兩院にも異議なしに任命された、民

憲法の發布及內容

國十二年直隸派は實際に於て基礎を固めた結果地方も四川湖南福建を正式の配下とした、民國十二年五月から十月迄曹錕即ち前の直隸軍閥派の支持に依つて組閣の運動が繼いた其目的は黎元洪の大總統を止めさすことであつた、そして曹錕を大總統に上げると云ふ目的のために千五百萬元以上莫大なる金を遣ふて全議員を買收しやうとした、そして黎元洪を止めさすと云ふことに就て大分陰謀が行はれた、其結果北京警衛軍である馮玉璋の軍隊に依つて示威運動が起された、其所で六月十三日大總統黎元洪は天津に逃げた彼は天津に着くや否や監獄に投せられ遂に大總統の位を退いた曹錕が民國十二年十月七日に位に卽いた、そして首相である張紹曾は六月六日に北京から追ひ出されて其代り孫寶琦が立法府の承認に依つて民國十三年一月九日に首相となつた、此時の大總統選擧會は出席五百九十二名中曹錕に投票したのが四百八十名で選擧法に據ると議員總數の三分の二出席者中四分の三の得票があつたので先づ合法の大總統となつた譯である、而して吳佩孚は直魯豫巡閱使に、王承斌は副使に任命された、然して大總統問題と同時に十一年草案の憲法が發布された民國六年の原案に國權と地方制度とに關する二章を加へたが十二年十二月下旬曹錕の大總統就任と共に發布されたものである、十三章百四十一條から成立つてゐるのは別記の通りである、國會と大總統の權衡が重大な問題であるが新憲法は參議院と衆議院とに分れ衆議院は大總統副總統を彈劾することが出來るが參議院で之を審判することにして、國務總理は衆議員の同意を得て大總統が任命し國務院に對して責任を負ふてゐる、國會は國體變更の件を除いて憲法の修正を發議することが出來る、大總統は國會に於て選擧され任期五年であるが一回丈け重任を許される又大總統は國會の同意を得て宣戰講和を決し又立法事項を定める參議院の同意を得れば大總統は衆議院を解散する事が出來る、此憲法の特徵は地方制度と徵兵に關することである地方は省と二級に分たれる、省は自治とするが省自治は本憲法並に國法と抵觸してはならない若し抵觸すれば最高法院で判決する又省と中央との衝突問題は參議院で裁決する、省は政治に關する盟約を締結する事は出來ない、省には省務院を設けて行政を實施し省議會を置くが縣も亦た縣議會が開かれ縣長は民選に依る、省稅と縣稅の區別も省議會で議決される、國軍は徵兵制に依つて編成されるのを原則としてゐる其兵數も國家が之を定める。

大總統も定まり憲法も制定されて後の國內政策は依然多論であつた、官制は大體に於て民國元年のもの予算は民國三年のものに復舊させて緊縮方針を取つた。

第四節　段政府成立前后

民國十三年(一九二四年)となつて直隸派の反間政策は增々巧妙となり反直派の勢力は殆んど結束困難に見ねた一月十二日衆議院を通過した孫寶琦內閣は愈々公然任命せられることになり施政方針として和平統一、國民敎育の實施、裁兵廢督、財政整理の四大政綱を看板として輿論に迎合し、國會に基礎を有つた立憲內閣にしやうとした結果、自然吳佩孚の武力統一策と衝突を來し、又軍費捻出の爲め金フラン案、獨逸債券案等を解決しやうとする財政總長王克敏とも爭執を重ねるに至つた、王克敏は再三辭表を提出したが、曹吳の支持する所となつた王は此の二巨頭の背景を利用して愈々金フラン案、獨債案の解決に努力し尚ほ其他對米無電借欵、英美煙草會社との一千萬元借欵を策することゝなつたが、國會は輿論を盾として猛烈に反對した、又偶々起つて來た副總統問題で齊燮元一派が之に運動して、吳佩孚と反對側に立つた天津派王承斌、吳景濂及び馮玉祥一派と結んで國會派に好意を持つやうになつた爲め、王克敏の立塲は愈々困窮するやうになつた、剩へ吳佩孚が西南政畧の爲め廣東海軍温樹德を買收して北歸せしめて之を青島に駐めたことから海軍總司令杜錫珪と温との内爭を惹起し、延いては齊燮元と吳佩孚との睨み合ひとなり、かた〳〵齊は吳に對して事毎に反對するに至つた、是等が又王克敏に影響する事になつたのである、此の爲め二月十三日王が顧維鈞顏惠慶と共に折角組織した關稅會議促進會は遂に進渉することが出來なくなつた、尤も吳佩孚が財政交通農商等重要の職を自派の手に奪つた事も亦た天津派の反感を買ふ原因となつたのである、斯くて直隷派の内訌は日を追ふて激甚となり國會又た此隙に乘じて事を計らうとすると云ふ風で政府の政務運行は一として阻止されないものはない狀態となつた、此間王正廷代表とカラハンの間に着々進行しつゝあつた露支交渉は愈々具體的に進行して、王は閣議に露支交渉案を提出し十一日の閣議で露國を承認するに決定したが、前述のやうな政界の有樣であるが爲め此案も亦た政爭の具に供せらるゝに至つた加ふるに外交團の阻止運動や、廣東國民の妨害運動等あつて進行益々困難となつた之がため東支鐵道問題外蒙古問題は愈々面倒となつて來た、以上のやうな狀態で孫寶琦内閣も愈々投げ出しの決意を示し、王克敏も亦辭表を提出するに至つて組閣競爭が加はり、益々紛糾して來た卽ち保定派は王克敏を支持しやうとするし、谷芝端の頭髮胡圖黨及び牟琳の民治社議員は孫洪伊を昇ぎ出し、李載賡の法治共進會、及び民憲同志會等は孫寶琦を保持しやうとし、閣員に就ても洛陽保定派天津派の爭ひ益々滋く紛糾を重ねた、此間外交總長顧維鈞は此政爭の隙に乘じて王正廷が困難しつゝある露支交涉を三月二十日外交部に移し、外交團や反對派の氣付かない中に突如五月三十一日露支協定の正式調印を了し大總統令を以て公布せしめたのであつた、之に對し張作霖も不滿もあつたが、王正廷の緩和策に依つて兎も角も此問題は曲なりにも進行する段取りとなつた次で六月五日の閣議で王克敏苦心の傑作である獨支協約締結が決定され、國會の協賛を經る要なしとして直ちに六日正式發表された、卽夜外交部と獨逸銀行代表とは署名を終了して獨債問題も愈々完成を告げたが、さて收入問題で又復王と孫との間に議論が激しくなり、剩へ國會側では獨債案は國會の協賛を經ないで決定したものであるから違法であると呼號し始め、遂に七月一日孫內閣は總辭職して顧維鈞の代理內閣が任命さるるに至つた、勿論王克敏は留任したのである、然るに國會側では顧維鈞の代理內閣を違法であると彈劾案を通過したので顧は非常に憤慨して以來國會と斷交せんと公文書の發送まで停止して威嚇する等の大騷ぎを演じてゐた一方吳佩孚の西南武力統一策は着々進行して來たので此時東南浙江に唯一の反直派として對立の狀態に在つた盧永祥は益々恐慌を來しつゝあつた恰も八月中旬浙江邊境土匪討伐を名として、福建から敗走して來た臧致平、楊化昭の軍隊を收容するに至つたので、之を機會として豫て上海問題に由つて折があれば盧を驅逐しやうと窺つてゐた江蘇の齊燮元は呉佩孚と相談して愈々浙江を攻撃することゝなつた、斯くて九月三日全國的大動亂の原因となつた江浙戰爭は遂に勃發したのである。

江浙戰爭が勃發するに至つて、全國の反直派は一時相呼應して並び立つた、孫文は六日廣東から討曹通電を發して北伐軍を出し、湖南及江西に兵を進むることゝなり、張作霖亦た武力調停を通告し次で六日討曹通電を發し七日愈々軍隊を南下せしむるに至つた、當初閣員中には非戰論を主張する者多く殊に顧維均内閣では何うすることも出來ないので呉佩孚は戰時内閣を作成することに焦慮し卽ち純直隷系内閣に依つて處理しやうと遂に九月三日江浙戰開始と同時に又もや高凌尉の代理内閣を出現せしめ、七日正式に浙江討伐令が出た譯であるが同内閣では軍費の調達に困難であるため、卽ち金フラン案の解決を決行すべく呉佩孚は又顏惠慶内閣を主張し、呉は普通の場合でないのを看取して反對派を彈壓し遂に九月十二日顏内閣同意案をして衆議院を通過せしむるに至つた、此時金フラン案の作製者である黃郛が入閣したのは云ふまでもない、かくて顏内閣は呉の金作内閣として完全に呉佩孚の傀儡と化して仕舞ふたが、其後列國は直隷派の遣り方に慊らないとして、一切の外交問題の交渉を延期し又佛蘭西は此戰時内閣に信を措かなくなり遂に期待してゐた金フラン案も交渉停頓するの已むなきに至つたので、折角出來上つた此金作内閣も徒らに命令を發する以外無用の内閣となつてしまつた。

斯る間に呉佩孚は九月十二日入京して對奉戰備行動を圖るに至り、政府は奉天討伐命令を發して呉を總司令馮玉祥を副司令王承斌、謀王懷慶を左右司令に任命して愈々十五日奉天直隷二軍は山海關で再び砲火を交ゆるに至つた次第である。

一方江浙戰は激戰四十余日に亘り容易に勝敗が決しなかつたが其内福建の孫傳芳杭州に迫つて來たので盧は杭州を放棄して上海に來り、左右に孫齊の敵を受けて抗戰したが遂に支持することを得ずして十一月十一日、何豐林、陳樂山等と共に日本別府に亡命するに至つた、其直後安福派の謀將徐樹錚が敗兵を纒めて一戰を試みやうとしたが工部局の干渉に會つて失敗に終つた、當時上海は江蘇援助の爲め派遣されてゐた湖北第五旅の張允明と白寶山が入城して治安を維持してゐた。

此間北京政府は九月二十日孫傳芳を浙江督理、夏超を省長に、同二十五日齊爕元を上海護軍使兼任に、二十三日張作霖の官位褫奪等の命令を出し尙ほ十月二日大總統令を以て舊督軍舊國務院を起用して討逆政事合辦に任命して、一意是等人物を反對派に走らせないやうにしやうとした、斯うして江浙戰爭に次で奉直戰を勃發し多年對立して來つた軍閥の二巨僻は茲に愈々總決戰を行ふことゝなつた、武力統一に有ゆる横暴を行ふた呉佩孚に對し輿論は一齊に喚起して、反直派を聲援した此風潮を見て取つた狡猾なる馮玉祥は孫岳、胡景翼等と共同して北京の黃郛を加へ王正廷を通じて反直派と欵を通じ、遂に十月二十二日夜半突如北京に軍を引返してクーデーターを斷行し、國民軍を組織して横暴なる直隷派を討伐する旨通電を發するに至つた、是と同時に曹錕始め直派の重要人物を逮捕監禁し、曹に迫つて呉佩孚に停戰を命じたのである、其當時北京は數日の間混亂狀態となり消息不通謠言は至る所に喧傳され全國的に多大なる動搖を來すに至つた、就中最も驚いたのは山海關の戰線にあつた吳佩孚であつた、彼は直ちに兵を纏めて天津に下り、討馮通電を發して北京古復の軍を向けるに至つた、吳佩孚の通電全國に達すると、折角江浙戰に勝てゐた齊燮元、孫傳芳及び蕭耀南等は馮の行爲を憤るの餘り直ちに贊成の通電を發して吳に援兵を送ることにした、然しながら吳は天津で馮の國民軍と奉天軍に挾擊され十一月三日塘沽に落ち、同地に立籠つて馮及び反直派の顧問段祺瑞に對し妥協を申込んだが聞き入れられないで遂に涙を呑んで南下することゝなつた、一方北京では十月三十一日顏內閣總辭職して、馮玉祥王正廷は直ちに黃郛代理內閣を組織し十一月二日大總統曹錕に迫つて大總統を辭職せしめ、印授を黃郛に引渡さしめ、更めて二日黃郛の攝政內閣が出來上つたのである、この時馮玉祥の勢は大したもので吳佩孚を破つて北京に引返すや、五日宣統帝を淸室から追ひ出し其財產を掠奪し、カラハンと通じて勞農制度に倣つて共產制を布き一切の對外條約を破棄しやうと企劃した程であつた、斯くて前回の奉直戰以來中央政權を壟斷し橫暴の限りを盡した直隷派は遂に崩壞するに至つた。

反直派の抬頭

反直派は之に代つて抬頭し十月二十六日段祺瑞は天津から武力統一の非であること及び爲政者は民意を尊重しなければならないことを通電して暗に出盧を仄めかした、之に依つて先づ三十日に張作霖が段擁戴の通電を發し、次で內訌やら陳炯明との戰爭やらで北伐軍を進めることが出來なかつた廣東の孫文亦之に贊成の通電を發し、雲南の唐繼堯も亦た同樣の通電を發するに至つた、輿論は

吳佩孚逃亡

一齊に段の世出を希望した、斯くして段祺瑞は全く擧國一致の推戴に依つて出台することになつた、直隷派即ち長江一帶の各督軍も大勢の趨く所に順應するの外なく、馮玉祥には反對するが段を擁戴する事には賛成するといふやうな態度をとり、齊燮元、孫傳芳、蕭耀南、馬聯甲、黃成勳、周蔭人及び廣東陳炯明までが前后して段擁戴の通電を發するに至つた、此處に於て段は愈々出蘆することに決意し、先づ天津に反直派の巨頭會議を開いて豫め善後策を講ずることゝなり、十一日張作霖、馮玉祥は相前后して天津に下り、孫文亦た代表を派遣して參與せしむることゝなつた、是が有名なる天津會議である、日本に亡命してゐた盧永祥は形勢を看望してゐたが直ちに天津に趨いた該會議で段は愈々二十四日孫文の北上を待つて入京することに決定し此旨通電を發した、一方敗軍の將吳佩孚は其后塘沽から汽船數隻に五千餘の殘兵を引連れて南下し、八日芝罘に到着し、愈々長江落をすることゝなつた、吳は敵側の視線を避けて十五日難なく南京に着き齊と今後の方策を打ち合せ、十八日漢口に到着し蕭耀南等を召集して直ちに長江直派の代表會議を開催し、武昌に護憲軍政府を組織するに決し此旨通電したが、豫て斯くなるべしと考へてゐた張作霖は長江各督軍に打電して長江を進擊すべしと威嚇してゐた、且つ馮玉祥の如きは胡景翼を河南に入れて長江を脅したので、各督軍の中殊に蕭耀南等は是の政府組織に强硬に反對するに至つたので吳の政府設立計畫は失敗に終つたので吳は止むなく即ち敗兵を率ゐて河南の洛陽に入り當分陰忍することになつた。

斯る間にも北京の政局は刻々に進展しつゝあつた、さりながら段張派は固から總統制の主張者で

段の入京

執政政府令

あつて孫馮等の勞農制度を採用して執行委員制を施行しやうとするには反對であつた、況して孫馮のやうに對外條約一切を破棄して、共產制を採用せんとするには大反對であつたので、自然張段對孫馮の兩派は反目するに至つたのである、折角天津會議を開き善後の方策を略定して孫文の入京を待つて入京しやうとしてゐる段祺瑞は突如十一月二十一日奉天軍を護衛兵として入京して仕舞つた、這は馮玉祥王正廷等の北京に於ける陰謀が進涉しつゝある氣配もあり、加ふるに孫文入京したならば時局愈々面倒となると觀たからであつた、當時孫文は上海まで來てゐたが北京の形勢を看て到底段と融和することは困難であることを悟り、故意に入京期日を遲らすべく日本視察の名を藉つて日本へ迂回することにした、段祺瑞は入京すると直ちに廿四日執政の職に就任したことを通電した、繼いで馮玉祥も入京したが、馮は段の不意入京に尠からず不滿を懷き而も張作霖の大兵を率ゐて入京したことは益々憤慨せしめた爲め、遂に國民軍總司令の辭表を呈出し、西山に穩退して仕舞つた、段は馮の引退を寧ろ幸ひとして奉天軍の援助に依つて北京の秩序を恢復し、愈々二十四日臨時執政に就任し同時に曹錕は賄選で大總統になつたものであるから彼が發した僞令は悉く撤去する旨を聲明し(一)中華民國臨時執政政府制(二)善後會議を一ヶ月以内に開き三ヶ以内に國民會議を召集して、建國制即ち總統制か委員制か、中央集權か、聯省自治かを決定すること、裁兵廢督財政整理憲法制定の問題を協定すべき旨通電を發した、同時に公使團に對しても右の通電を發したが、公使團は段の執政就任が直派の制定した憲法に違反するのは致方がないとしても中華民國の大憲章で

呉の公式引退

ある約法にまで違背するのは革命的行爲であると見て、對外關係に大影響を及ぼすであらうとし殊に此對外關係に就て明答を迫つた、當時孫文、馮玉祥、王正廷等に不穩の言議行動があつたので外交團は多少躊躇したのであつた、之に對し段は直ちに臨時執政制度と抵觸してゐない一切の條約及契約は有効であると宣明し、且つ外交團には特に使者を遣つて其了解を求めた、斯て公使團は二十八日段執政を訪問して承認したと同様の待遇を與へることにした、唯露使カラハン氏丈けは單獨正式に承認した、此間西山に隱退してゐた馮玉祥は尙ほ數萬の大兵を擁して不穩の行動があつて、宣統帝は日本公使館に避難するに至つた程である、張作霖は事面倒なりと見て十一月五日天津に引揚げてしまつた、以來北京は馮の自由となつたが、氣受のよくない馮は段を伺ふすることも出來ず、又奉天軍が天津に居つて監視してゐるので大した亂暴も出來なかつたが憤滿に堪へない彼は盛んに増兵して事あらばと虎視眈々隙を睨んでゐた、前に日本を迂回して北上することになつてゐた孫文は十二月四日漸く天津に到着した、張作霖は此の際孫を入京せしめて、馮と提携させては自分に多大の不利を招くものと考へ親ら孫を迎へて要領よく天津に止め歡待を盡して一方監視を怠らなかつたさて之から愈々段張對孫馮の爭ひの場面となるのであるが、其前に洛陽に歸つた呉佩孚のことを記して置かねばならない、呉は洛陽にゐても猶ほ野心を捨てず張福來及び李濟臣などと共に再擧の計劃に沒頭してゐたが、河南に入つた胡景翼の爲め十二月三日不意に洛陽を攻められ、漢口に落ちることもならず部軍の大半を解散し、已むを得ず雞公山に入つて蟄居するに至り、遂に四日引退する旨段執政に打電するに至つた、然し長江附近の空氣險惡なのを見た張作霖は輿論に迎合すべく五日巡閲使の辭職通電を發し、馮及び齊爕元蕭耀南等にも亦た辭職電を發せしめやうとした、果して輿論は一時に之を囃し立て馮玉祥、孫傳芳、蕭耀南も遂に贊成電を發せざるを得ない有樣となつた、さて此の間段張對孫馮派の暗鬪は日を追ふて激甚となつて來た、國民黨は善後會議を軍閥官僚のみの會議であると云つて國民預備會議を開くべしと絕叫し宣傳して、輿論を煽るに努めた、偶ま司法總長章士釗が賄選議員の逮捕令及び曹錕の查辨令を出した際、執政政府は革命的革命を斷行するものである以上、國會も約法も憲法も取消すべしと聲明し、二三日の中に該取消令を發布せんとするに至つて、所謂非常議員(非賄選議員)は孫文派が多いので躍氣となつて反對し、法統論を呼號し執政政府は國會を解散して金フラン案を獨裁的に解決し其窮乏せる財政を彌縫せんとするものであると宣傳して民論を盛んに煽り立てたので、民間でも喧しく論議せらるゝに至つた、執政政府は形勢非と見て遂に之を徹回し、同議員等に歲費を支給して沈默せしめた、天津に在つた孫文は病氣に罹つて活動するを得なくなつたけれ共、如何にしても此際段派と融和することが出來ないと見た廣東の胡漢民譚延闓等は、前に湖南に入つてゐる程潛軍、江西に入つてゐる北伐軍が着々として成功してゐるのを見て其處をうまく奪取し得たならば、此處を根據として長江の地盤を確取し實力を以て善後會議なり國民會議に臨み段派と爭ふべしと企謀し、孫文を通じて段執政に李烈鈞を江西督辦に任命すべしと要求したが彼等に此計劃あるを豫測してゐる段派は此要求を拒絕し、却つて江西に勢力を有する方本仁を十三日附督理に任命した、之を憤慨した廣東政府は然らば實力を以て江西を奪取すべしと意氣込み、北伐軍を江西に進攻せしむるに至つた、當初北伐軍は到る處で連勝したが、段派は廣東陳烱明と林虎方本仁等を連絡させて北伐軍を挾撃せしむる計を樹て二十四日吉安の戰で遂に北伐軍は打ち破られ空しく廣東に引楊げるやうになつた、廣東は一時内訌の爲めに弱つてゐた陳烱明が再度林虎と妥協して二十九日廣東軍總司令の職に就任し、廣東を進攻することゝなり、廣東政府は北伐所の騷ぎでなく實に手も足も出せなくなつて仕舞ふた、財政は窮迫して來る、孫文の重症に依つて又復急進派對保守派の内訌を生じ到底段派に當ることが出來なくなつた、馮玉祥も亦同樣に影響を受けるやうになつた、馮は孫派の北伐軍が漢口武昌に出たならば直ちに河南から胡景翼軍を南下せしめて南北より武漢を攻め、孫文派と共に長江の地盤を堅めて段一派を倒さうと圖つてゐたけれ共、孫文は病氣重症ではあるし國民黨は右の如き有樣であるから遂に現狀維持の外方法なしと考へ緩和的態度を取るに至つたのである、孫馮一派は斯の如き狀態であるので段派も當分門江方面の地盤固めに力を盡すことが出來る譯となつた次第である、來るべき善後會議に於て實力を以て正式政府に居直らんとするには何うしても長江に勢力を扶殖しなければならない、長江に勢力を扶殖しやうとせば先づ江浙の地盤を堅めなげればならない、斯ては先づ江蘇の齊燮元を驅逐すべく十二月十一日罷免令を出し盧永祥を安徽江蘇宣撫使に命じて江蘇に入らしめやうとしたが齊は仲々頑强に腰を据ゑて動かないので遂に奉天軍の南下となり殆めて齊は十八日上海に落ち、江蘇政策はやうやく進渉を見るに至つたのである。

此間長江地方の形勢は又大なる變化を伴ふた、それは云ふまでもなく直隷派各督軍の失脚から來たものであつて段派に取つては有利な形勢となつた譯である、今大體督軍に就て云ふと、江西の蔡成勛は方本仁に追はれ安徽の馬聯甲も亦た同樣王普に態よく辭職せしめられたが後又王普失脚して政府の任命した王揖唐が入るに至つた、陝西劉鎭華は陝西人の自治軍に驅逐され、河南の張福來は固より吳佩孚の腹臣であるから已に亡命し此後は胡景翼が督理として同省を治める、湖南趙恒惕は廣東軍の程潛軍と雲貴聯合軍の熊克武に攻められて明日の日も分らない狀勢にあつた、湖北蕭耀南は其後段政府に歸服して督理兼省長に任命せられた程である、福建周蔭人、浙江孫傳芳も亦た同樣の態度を取るに至つた。

段執政は就任後財源を得る爲め懸案である金フラン案を解決する事に決し三月二日佛大使と會見した其後一時解決便法として進渉してゐたが又復停頓して公債發行の方有望のやうに見ゐたが結局佛支雙方讓步の結果四月十三日正式調印した、一方段執政の生命とする善後會議は豫定の通り二月十三日開會して正副議長の選擧も終り愈々プログラムを進行することゝなつたが第三次會議から提案百出議論紛然として會議は纏り附かず政府の提出案である軍事整理案大綱、國民會議條令は一向進まず甚だ心細い狀態となつた、即ち全國の形勢は河南の出兵問題と共に長江一帶に直隷派勢力抬頭せんとする氣配があり是に關係して東南問題益々擴大せんとし兩廣の戰爭も加はり地方は紛然として羈束することが出來なくなり全國は東北、西北、西南、東南の四大勢力に分割されむとする狀態であつた、善後會議も此四大勢力と疎通し融和しない限りは如何ともすることの出來なくなつた、第四會議には熊希齡から河南問題の質問が出る西南側からは聯省自治の運動が起る段祺瑞の宣言した會期三ヶ月も過ぎかけたが一の成案すらなかつた、軍事財政整理案の解決は頗る困難とされ陸軍總長吳光新は辭表さへ呈出した程であつた、形勢非と見た段は四月十七日から休會を宣して休會中に縱操して仕舞ふと考へたが容易でなかつた、然し國民會議條例は先づその効を奏して通過した此間西南聯治派と民黨の反政府運動は日を追ふて激甚となり遂に先づ民黨各自引揚げるに決した政府は臨時參政議員を餌に釣つて見たが効果はなく西南代表も亦た十五日南下して仕舞つた、以上の如く聯治派及び國民黨の脫退並びに奉天安福派の暗鬪に由つて頗る危ぶまれた善後會議も八十日間二十數回開催して國憲起草委員案、國民會議條例案財政委員會案等を通過して四月二十一日閉會した、愈々國民會議の結果に依つて執政々府が正式政府に居直る段取りとなるのであるが、それより前に政府は先づ同條例に依つて軍事財政委員會を組織し軍事財政委員會を組織しなければならない、其間民黨及共產黨の連中は地方を攪亂して現政府を轉覆せんと邦人紡績に大罷業を起し形勢益々重大を加へ逐に上海事件を惹起し第二の匪團事件を現出するやうに見ゐた其間、地方は殆んど無政府狀態となり殊に上海の如き松滬軍使署が撤廢されてからは一時行政官廳と云ふものなく阿片事件罷業事件等續出の狀態で共產派の活動は極めて自由であつた。

上海事件の交涉は上海に於ける局部的交涉では成立せず北京政府對外交團の交涉となり、英佛公使衝突事件などあつて佛公使の交涉委員辭任となり倫敦會議を各國が寄つて開催することになり其結果日英米の司法調査員を設けることゝなつて十月三委員上海に會合した其間英支爭執となつて支那は再調査反對を聲明したが三國は之に頓着なく調査を開始して十一月に引揚げたが、交涉は依然として停頓し結果は未だ發表されなかつた。尚ほ之が緩和策として外交團から會審衙門回收の會議開催を支那外交部に申入れ略承諾を得た。

關稅問題

一方上海事件の爲め延期となつてゐた、八月五日華府會議協約が八ヶ國及米國の批准を得たので愈々開催する順序となつたが十月廿六日開會式を擧行し翌日は關稅自主權問題審議委員會(一)自主權恢復に到る迄の過渡稅及時期問題審査委員會(二)各種關係附則審議委員會の三委員會を組織したが其會議も次第に進行した、日本は是に就てステートメントを發表し釐金其他制限撤廢と同時に支那政府に完全な自主權を認むることを述べると共に二分五厘の增率を認めた、米國は之に贊成し十一月十七日の委員會では釐金は支那側が自發的に撤廢し自主案の日本提出案は通過した、王正廷は自主權回復は日本案に依り各國が要求を容れなげればトルコの例に習つて一切の關稅條約を廢棄すると述べた又支那全權黃郛は自主權を實行しても不當な稅率を課したり極端な保護政策を取ることはない國論は無條件で自主權を叫んでゐるではないかと云つた、此關稅問題も一方馮張の間に次第

馮張の決裂

に離隔し北京政府は之が提携を計つて直隸派及反政府派各軍の叛亂を鎭壓しやうと北京に馮張兩派

の代表を集めて同盟會議を開くことになつたが其后馮派國民軍側の要求過大である爲め奉天派内急進派の反感を買ひ逐に交渉は決裂し奉國兩軍は十一月十日通州地方に衝突したために北京は混亂狀態に陷り段は馮張和しなければ下野の意志を表示する等關稅會議の前途に暗雲を漂はせたが十一月十六日張馮代表は直隷督辦所で會議の結果和平條約八個條を調印した結果奉天軍は保定大名を國民軍で讓り京漢線以東百里の地點に退き京奉線と雖も天津には駐屯せしめないことになり、調印直後北京に國鎭兩軍辦公署を設立して(一)執政の下に國務總理を設け且つ内閣の改造を行ふこと(二)法統問題に就て協議することゝなつた。

然し此兩者の平和は决して永久と見るべきでない馮張兩者共段に迭つた電報に依ると關稅會議の爲めに兩者北京附近で砲火を交へなかつたのであつた、即ち張作霖が江蘇と山東の兩督辦をして孫傳芳に對して無抵抗で終始させたが南京の放棄に次ぐに徐州の放棄を厭はなかつたが之が爲めであり、馮も亦た奉天軍が京畿と東、西南の三方面に十萬の兵を增したのを穩忍した云々と云つたやうに何も皆關稅會議の爲めであつたのだ、其後奉天軍首將郭松齡の反旗から内訌を起し再度形勢は混沌となつたが關稅會議丈けは進行さす事になつた、然らば此關稅會議が終了した后は更めて、雨となるか風となるか豫測することが出來ない狀態で常に支那の現代史は之を繰返さうとしてゐる。

第五節　現政府の將來

以上の如く中華民國となつた新支那は宛然封建時代の軍閥跋扈でまだ舊事情を以て充たされてあ

る、今日の狀態で果して共和政治の實を擧げ得るであらうか何うか疑問である、例へ外國の學位を有つた數萬の學生に依つて如何に新機運を鼓吹しても、支那自身に此舊事實を覆すことは困難である、畢竟新支那は新印度と同じく鳴物入りで音聲的である、其吹聽と事實とに大なる差異がある風呂の上層のみの熱を見て全支那の熱と見る人は風呂の湯が對流作用をしてゐる物理的原則を知らないのと同じである。此問題は世界の大勢が一大變化するのでなければ大なる變化は見ないであらう。

今日の列國對策は經濟的侵略で其利權を得ることにのみ汲々としてゐる、關稅會議の結果二分五厘增收すればとて年約三千萬兩內外增收で直ちに中央政府の基礎が確立するとも見ねない今日の現狀では支那共管論が或は實現するかも知れないがそれにしても經濟的共管であるから此の爲めに支那は滅亡すると云ふ論は寧ろ杞憂に終るであらう、國民黨一派も動もすれば第三次革命を夢みてゐるやうであるが、何時是も實現せぬとも限られない。

最近に至つて早くも段內閣の余命を豫斷して第二の運動に移らむとする形勢を示し、加ふるに中央部支那に於ける吳佩孚の屈起と思想團體の活動は段政府に不利なる結果を齎しつゝある、此際段が英斷に出でなければ初期の希望は到底實現されそうでない、悲觀の情勢に傾いてゐる、此意味で關稅會議通過后の成績は實に段の生命を左右するに至るであらう、支那政局の前途は純理の推測と豫斷を許さない、全く支那の時局を論ずることは猫の眼玉を見て竟見を樹てるやうで動もすれば、其推定が當らない爲めに支那事情に通じた人でも今日では徹底的意見を云ふ人は尠なくなつた、試に觀て直ぐ明かなのは例もその巨頭連が洞ヶ峠に立つて日和見をしてゐることである、目下勢力の中心である段祺瑞其人も當初特に一貫した政策を持つてゐるやうに期待されたが、其政策も遂行し得るか何うかは、實際現下の疑問であるのみならず、段祺瑞の政策は前段內閣時代に考へたものを今日に於ても其の儘やつて見やうとするやうに見ゐる、唯馮玉祥を包容し張作霖と結び此兩者の權力を利用して平和的に諸問題を解決しやうとして、次第に中央集權の實を擧げやうとし、藩部の統一に就ても可なり意を用ゐてゐるやうである、が兎に角段政府が成立してから已に一年餘、其間善後會議丈は完成した、繼いて來る國民會議、參政院、國憲起草委員會、外交委員會も執政令で之を公布して準備には着手してゐるやうであるが、未だ之と云ふて適確に其成蹟を擧げたやうでもない、殊に十四年六月三十日附を以て國民會議の召集に關した段執政令に國民一致の努力を求めた文中に「本執政就任の初めに宣言したのは、善後會議を以て時局の紛糾を解決するが爲めであつた、而して國民會議は國家の根本を謀らんとするにあつた、現に善後會議は幸ひに成功したが、國民會議は未だ召集するまでに至らない、大法久しく懸隔する云々」と云つてゐる、然し代表議員選擧も十月末に至つたならば廣東を除いて全部終了する筈であつたが、廣東では國民黨中央執行委員會は已に五月二十三日に段政府とは主義が背馳してゐるし主張が根本に相容れぬと稱して中央政府と關係を絕つてゐる、單に廣東丈けならばそれでよいか、長江一帶と云ひ四川の鼎沸、直隷派の殘黨、關稅會議後の馮張の間柄等容易に樂觀を許さぬものがある、殊に廣東の戰爭が何うなる事であるか、國民會議の召集も參政列席の上閣議の結果豫定のやうに召集が出來ないでゐる、選擧期會は同第二條に八月十六日から同三十一日までに擧行すると定め、單選及び復選が九月一日から同二十日迄として行はるゝ手續であるが既に其時期も過ぎた現狀である、然らば通電聲明の最大目的たる時局收拾の第一義に立つ國民會議は來春行はれると言ふが之が如何なる輿論を以て各界が之に接せんとしつゝあるか興味ある問題であるのみならず支那の前途に重大なる關係と將來の影響を與ふべき性質を有つてゐる。以下は各界代表者會議席上で發表したものである。

一、國民會議と各階級

イ、國民會議と農民階級

農民は中國人口の十分の七以上を占むる大多數の現況である、中國の政治、經濟、社會問題を解決するには當然農民の意見を除外し之を圖る事は絕對不可能である、中華民國を人民の國家とせば、人民の大多數を占むる所の農民を除外して如何にして民國が成立しやうか、是は單に農民の統計から言つても將又農と國家との關係から論じても充分に了解され得る所である、殊に中央政府が其領土權を行使する全土只農あるのみである、故に吾々は農民を參加せしめて國民會議の根本義を說き、以て國事を解決せんとする希望と主張をなすものである、會議の諸堂亦農民の聲を傾聽し其に要求を答ふる可きである、故に段執政の最大理想たる國民會議の進行に農民階級の聲が如何に緊要にして重大なる意義を有し、中國百年の大方針を計畫するために極力主張するものである。

將に開かれんとする國民會議に臨んで吾人の自ら蹶起し自己の力量を以て突進し僞政家或は蜃氣樓に等しき權勢家に賴る所なく農民の結束と其處に表れ來る所の不拔の精神を以て對內的には軍閥對外的には帝國主義國等より二重に支配を受けつゝある混亂の時局を解決する事に努め甘じて彼等の奴隸的國民となる勿れと主張するものである。

現在支那全土に於ける各種階級中農民は最も甚だしき壓迫を受け最も困苦しつゝある國民である、之の一事よりしても自己生活難の解決を促進し能ふ國民會議の意義を了解し得るならば自然雀躍して參加す可きである、農民の現勢より見れば農民は帝國主義と軍閥の兩方面より壓迫を受ける事重く生活困難に陷つて居る爲めに今日迄農民結束運動開始の機會を得る暇なく只自己が如何にして生きんかと言ふ當面の問題に遭合して他を顧見る暇なく、爲めに此の風習が支那農民の一つの個性的現象かの如く屢々他界に紹介されて居たのである、商人階級又然り如斯きは永年虐げられた官僚勢力、軍閥勢力下に於て斯くして生きるより他に自己生活の安定が無き事に起因する、總ての方面に於て自己生活の改良に自己の地位向上を要求する自己慾が熾烈となつて變態的の發達を遂げて來たのである、言換ふれば自己の利益の爲めに克く奮鬪を續けて來たのである。

然るに絶好機會は到來したのである、反帝國主義の氣勢を煽り軍閥今や倒れんとする、國民會議に於て裁兵を實行せんとする此の秋に當つて極力吾人の實際的要求を達成せしむる爲に農民級は自覺よく中國の大方針を建設する爲めに献身之を努力し生活問題を解決しなければならぬ絶好機は吾人の眼前に展開して居るのである、第二には國家全體より見たる國家の獨立、中華民族の解放は必ずや國民最大多數たる農民の覺醒協力に俟たなければ其實果を擧げ能はざるは勿論國家の獨立、民族の解放には極めて重要なる構成分子である、若し國民會議に於て農民の參加を歡迎せず實力ある國本義たる農民の實際要求を拒絶するが如き段ならば其は會議の失敗を意味し、其の意義を喪失するのみである。結局農民の生計問題の改造は百年清河の撤を覆すばかりである。

現在農民が耕しつゝある土地は軍火により土匪により或は各種の團體運動により影響を受けて適宜に耕植する能はず徒らに荒無地と化して行くのみである、中國の財政頻死の境にあるも之等の原因たる所か多い、而も農民の負担する租税は年々歳々重税を徵收せられ、其の收獲する穀物は自家用にすら不足を感ずるに至る、又之れあつても市場に輸送する交通は總て軍閥の專用となり加ふるに輸送の途中に於て種々の口實の下に苛酷なる徵發を受けつゝあるも又如何とも施すに策なき情態である、耕農は每年其の土地を襲ひ小作農と小作人には地主の橫暴なる納額を課せられ、「剝ぎ取り」の如き殘酷さが年每に增長し又農界の負債重復するのみ。

紡績、織布、染布、榨油、製粉等以前の副業的は漸次大資本家に吸併され其結果從來一弗にて裁縫し得た衣服類は現在二三弗に嵩み、銅貨三錢の鹽は十錢に七八錢の砂糖は二十錢以上に斯く農家の日用品は一として騰貴せざるものなく、而も之等の品物は農家の生產したるものに非ず殆んど海外より輸入品である、支那は三億の農民と世界無比の富饒なる土地を有し乍ら年々輸入率超過せんとする傾向を來したのは之れ等しく軍閥の鬪爭と帝國主義より受けたる壓迫によりて農家衰退したる結果であらればならぬ。

支那の產出する穀物は現時江西省南昌附近を以て唯一とせるも其は土地柄によりて產出せらるゝに非ずして該地方は比較的軍閥の鬪爭が少なく農民の爲めに安堵して生業に就き得た爲めに外ならず、實に平和の爲めに得た所である。

支那に於ける米穀物產は單に江西省のみならず全省皆其れに勝る富饒なる耕地を有す然るに米穀物の產出江西に劣れるは多年兵火絕へざるが爲めにして千九百二十四年の江蘇省の農民は細民級の鈍底生活を余儀なくせしめらるに至つた。

以上は單なる兵火の禍ひを例したるに過ぎざるも、支那を通じて此の情態にあるのである、故に農民の生活は日に增し困難となり、不當となり、從つて生產力の減退する又無理からぬ所である、如斯き情態は單に農家の衰退を意味するもののみならず思想惡化し遊民續出、盜賊猖獗、娼妓乞食增加し農村の空氣は益々荒退しつゝあるのである。

如斯して其の荒廢に委せんか日每に農民の生命を短縮し死線に彷徨ふ民衆の秩序安寧は望んで得られざる所である。

國民會議は能く如斯き農村の情態を諒察して農民の痛苦を除去し國本義を建設する事に專念留意せざるに於ては遂には中國々民は滅亡するより他に途なし。段の主唱する國民會議は責任益々重かる可し。

然るに最近に於ける段執政の態度甚だ飽き足らざる所あるのみならず、軍力を擁せずして一步も改造の途に入り能はざる事を知る、然し乍ら國民會議其のものの意義は吾人の充分了解する所なれば要は農民の精神の如何に依つて吾人の主張を達成せしむる爲め農團國民革命の隊伍に加はり結束事に當らざる可からず、之の意味に於て國民會議は國民革命に到達する第一階級に與るのである、故に吾人が一致團結大事に當る前提として先づ農民に與へつゝあるに其の苦痛の由來と其の眞相を詳細に說明

代表の主張

を加へ農民級に知らしめ、而して農民の覺醒を促がし彼等自ら其の痛苦の由來と眞相を知るに於ては必ずや農民革命の勢力と範圍とを擴大して中華民族解放の加速度を一層速かならしむに至るであらう。

但し農民代表が國民大會に臨んで一般國民の贊成する解放條件以外に次の如き條を主張せしむる事を忘る可からず、即ち

イ、賦税輕減して總ての土地附加税を廢止する事

ロ、土地の兼併を制限し價格を規定し小作人の地租を輕減する事

ハ、國庫補助を以て農產銀行、農業倉庫、農事試驗場、農業教育機關を設立し及其他農業を發達せしむる技術上、經濟上、總ての事項を補顧せしむる事

ニ、物價を調節し農產品公定相場、工業品公定相場をして釣合保持しめ得る樣に政府自ら之を公定して保護實行せしむる事

ホ、農團自衛軍を組織し自衛實行する事

ヘ、其他農民に有利なる金融及生業方法を適宜に辦組する事

之れを要するに國民會議の成功と否とは國民の誠意の有無によりて會議の意義は左右せらるゝものにして國民自ら外交を以て任じ國民の國家を以て自認する以上國民自ら之の會議を有効たらしむる責任と國民の義務があるのである。最早中央の政治家のみに任じて自己利に熾烈なる排他的行動をなす時に非ず、吾人相互の信用は國際的信用であり國民會議は吾人の會議である段、孫、張の會議に非ざる事を考へなければならない。

工人階級

ロ、國民會議と工人階級

仰も中國工業の發展は啻に資金階級に有利であると共に工人階級にも亦有利であられればならぬ、工人階級は最終の目的を工業國有とし共產制の社會が生產を管理するにあるので若し工業發展せずば如何なる國有產業が共產を有利ならしむるや、故に工人階級も亦工業の發達を必要とするのは勿論である、況んや支那の現勢は一種の社會生產力衰退し全社會は將に失業の狀態に變ぜんとしつゝある時に於ておや。工人方面の問題としては廣く工場を設けて彼等を收容し彼等に生計の途を謀らしむるに在

るが、工場の增設によつて產業的無產階級も亦增加を來し得て一致團結して起てば彼等の戰鬪力は旺盛となる譯である。國民會議の目的が達成するに於ては政治上に於て工人階級に一般的人民と同じく言論、出版、結社、集合、罷工等の自由と主張を有し得らるゝに至る、如斯き自由は皆工人階級の組織と共勢力の發展上に絕大なる幇助となる、若し支那在留の外人の政治上の特權を取消し得るならば支那の工業勞働者は現在上海に於て受けつゝある如く、外國軍警の殘酷極る禁壓や工人運動に對する壓迫手段等を聊も受けずして自由の生存をなし得る事となるのである、故に此等反帝國主義と反軍閥運動に於て工人階級と其各階級とは一種共同の目標と、聯合せる戰線とを共有し此共同目標の背面に於ては各階級は各階級が取得すべき利益があるに過ぎず、資產階級の利益と工人階級の利益とは其の性質に於て衝突するものであるが、彼等は此等の衝突に因つて此の種の共同目標を失つてはならぬ、併し又現在の共同目標の爲めに中間に於ける階級鬪爭を阻止さるゝものではない。國民會議の目的は如斯くして、工人階級の目前の政治運動の目標又は上述の如くである、故に工人團は協力一致孫文の國民會議に臨む可く之を擁護するのが必要である、現時孫文を除きて工人の意を遺憾なく會議に於て陳述し、決定的方針を圖り得る人他に無く、孫文の國民の會議に於て發する第一砲は國際的帝國主義と國內の軍閥に對する總攻擊である、而して中國の實業を發展せしめ人民の獨立と自由とを享有する第一步である、以上は工人階級が彼等の最後の目的たる共產社會に向つて進行するには必ず經過しなければならぬ道程である。

ハ、國民會議と商人階級

北京の政變は實に軍閥內部の崩壞である、軍閥の壓迫と列强の侵略とを二重に受ける國民が自動的に解放の實を擧げ得るに至らないのは中華國民の大恥辱である、何ぞ況んや軍閥其れ自身が敗壞せる秋に當り尙消極的態度を持して冷然として人の支配を待つの觀あらんやである、故に今回の政變は當然社會各階級及各界の運動を誘起せしめて自動自發的に奮鬪克く中國平民仇敵たる帝國主義と軍閥とを絕滅する目的に達すべきである。

中國の商界は最近十年來實に日增しに其勢力を漸增したる觀あるも悲哉今日迄中國が建設せる商業勢力は却つて各地の野心商

社によりて其の勢力を利用せられ軍閥或は政治家と妥協をなさしめ外來帝國主義者の走狗とならしめて中國の商業的勢力を逆用されて彼等の餌に供せられ大部の小商人より農工の犠牲に至る迄を悉く洋奴の犠牲たらしめたのである、例令ば「紳商」と稱ふるもの常に督軍省長に諂ひ民櫨或は商業的地勢を軍閥に捧げて歡心を買ひ以て其の勢力を背景として中流商人を壓迫し倒産せしめ總ての方面に於て資本集中を露骨に行つたのである、之れ中國紳商の態度である、今や軍閥倒れたり、此の秋に於て軍閥を絶滅せしむると共に之等の不正商人を葬るに非ざれば何時の日かに之の弊害を絶つに至るや、軍閥即ち金閥、金閥即ち軍閥である、兩者合體の暴虐である、爲政家又同じである、而も動亂ある毎に此種の大商人は財を携へて帝國侵略者の專管地帶に自己の安命を得るに吸々たる情態である、換言すれば紳商に中國商人の財產を軍閥に提供せしむる一つの周旋屋の形式になつて居る。例令ば一二の商人が督軍省長の寵を得たりとするも其の爲めに商人全體に限りなく苦痛を與て居る、如斯く中國の商業は偏則な發達を來して居るのである、最も交通の便少なからず困難なる地方に至りては之の缺點も多くあるが之の交通不利なる地方程商人と軍閥の結託が甚だしき次第である、故に大局から見て中國商業の發達に其の方針を大約二途に區分する事が最も適當であると思料す。即ち外商のある所大都會或は開港地に於ては成る可く外人は支那に適用せんとする勢力を逆用して中國產業の發展に資し地方にありては地方商農結束して生產、賣買等の金融を豐富ならしめたるために其機關を設置して外資に對抗する方法を講ずる事が急である卽ち對內的には金融の途を對外的には外資を驅逐して純中國自獨の業を營み得る迄に勢力しなければならぬ。

然るに政府の從來の方法は全く中國の利益に相反するもののみを以て形成せられて居る觀がある、卽ち協商關稅は外商を保護して華商を保護せず、就中厘毛位取引は中國の商業のみ之を起用して外商に之を除外して居る事等は根本問題として國民會議に抗議す可き所である、國內の市場如斯く衰退し全國人の購買力衰退し工民の生活程度同じく低下し商品の販路杜絕の情態にある故に商業發展を畫する前提として農工民の生活を水平線上に引戻す事は先决であるが商界の發達又此處に基礎を置く事に留意しなければならぬ、國民會議其れ國民自身が國是を解決し不平等條約を撤廢して關稅を回收し厘毛取引を廢止して農工の權利を保障し以て中國商業發展をせしめ實業興振の實が初めて現る、所以である。

段政府が起用せる國民會議の構成分子は農、工、商團代表の參加を除外し居るも、孫文は以上三團は國民會議の基調であり且又南北統一策最善のものであるとて之を構成分子の主幹とする事を主張して居る、而して之を進行せしむる前決として準備會を開き少なく共現有の各界團體によりて農工商界職合の運動を開始する必要があり、亦孫文の意嚮も之の點にある。之れ要するに商界の希望としては官辦國民會議の構成分子を破壞して國民の國民會議を召集されん事を希望するものである。

二、國民會議と智識階級

凡そ一國の智識階級を發達せしむるには教育の普及を保つて農工商界の發達を誘致しむる所に基礎あるは勿論なるも、就中國民智識の發達を標とする工業を發達せしむるには幾多專門學術の人材を要する其人材たるや皆智識階級である、故に工業が發達するには智識の發達を要し、學校には教員を要し茲に智識階級の活動となり、又地位の安定を與へしむる事となる、工業の發達は即ち國民經濟を充實せしめ、國民經濟の充實は一般國民の智識を向上するの要あらしめ教育普及の必要を感ぜしめ、茲に於て多數小學校員の增員となる、辯護士等の業務も亦工商業の發達に伴ふて發達する工業の發達と智識階級の關係は如斯くである。

然らば中國智識階級の現況は如何と見るに、每年社會に送り出さるゝ國內大學、高等專問校、師範校、實業校等の學生も少なからざるが、工商業の發達し居らざる中國の實業界に於ては之等の卒業生を收容し卒業生又專問技術をよく發達する機會である爲めに思想的惡化と相俟つて寄生的の食住に流れ或は學生運動等に熱中して不正なる方面よりの惠金(運動費)を以て食に代へて居る浮浪的のもの近年無數に上る、之れ彼等を活用せしむる余地が無き爲めである、亦年々歸國する海外留學生に於ても又同じく其の多くは外人商社に職を求め職務上我商の走狗的作業を續け何等中國の資材にならざる觀がある、數年前に於ては海外留學生の數も少なかりし爲め實業或は教育機關に職を得る余地ありしが近年彼等の活用途なく空しく失業の恐慌に遭つて居る、故に彼等が多年研究の結果得たる優秀なる技術も其の活用する途なきために、團體の幹部となり或は智識詐僞的行爲に走り不正代言人の如きものに代りつゝある情態である、故に彼等が唯一の生活を圖る方法としては官吏となるにあるが之れとて就任の範圍極めて狹く、よし少數を收容する余地ありとするも軍閥政治の破產期に際し地位の安定を得られざるのみならず官俸支給確實とならず止むなく外人商社に入るより他に途が無いのである如斯くして智識階級の要求を委く滿足せしむる事不可能にして海外國に於ける學校卒業生の過剰とは其の趣きを異にして居る、然るに現時の教育廳或は內務廳其他各部總長之に對する何等の方針も抱負も有せざる有樣である、之を小中學校に見るに每年卒業する師範校、實業校、乃至は中學生にしても教育、實業界發達せずして彼等の活用する余地なく、此の如き狀態數年を繰返したる中國の學生は進んで修學する望み殆んど絕へ、年々專門校或は大學入學生の減退し行くは又止むを得ざる事である、亦教職員方面を觀るに軍閥政治閥の破產に際し教育費は勿論教員の俸給も數ヶ年不渡りの情態あり、良教育を得んとするも至難の事で中國の教育界は實に前途由々敷き狀態に陷つて居るのである。

此斯くして中國の學界が時を空ふする間に外人宗教學校等續設され經常費を惜まず設備又完全にして學生の收容に甚だ便ならしめ中國良家の子弟進んで外人學校に通學する希望を有し外人と接觸する事を望み却つて中國の爲めに不利を蒔く事應々にして身心共に外國化し好んで支那より脫せんと希望するもの多き現象を來した、之れ中國智識階級の甚だ苦痛とする所であり、精神的に中國の滅亡を誘致する原因となる實に吾人の痛歎に不堪る所である、故に今にして此種軍閥或は帝國主義的洋奴より支那の主權と支配權を剝還せざるに於ては智識階級の發達を志すも又得べけんやである。

抑も國民會議の主旨は國民が自働的に蹶起して中國をして各國と同等地位に復せしめ、軍閥を除去して政權を人民に交還せしめんとするのである、智識階級の問題は僅に中國總問題中の一部分に過ぎざるも中國の前途に重積する諸問題は當然智識階級によりて解決さる可き重大任務を有して居るのである。

之れを要するに文化及教育問題は先づ中國の國際的地位の平等の上に國民經濟及一切の生產力を發展せしめ得られ茲に必然の結果として智識能力の需要起り國家を益して文化事業及教育の經費を完全に調達せしめ、始めて一切の智識階級の失業、失學問題を解決せしむる端緒を得るのである、然も今次召集されんとする國民會議の構分分子改造論盛になる秋に當り改造準備會として教育會、學生會、大學の三智識階級を加へん事に努力する事は智識階級の主張する所である。

ホ、國民會議と兵匪及遊民

古き言葉に「良鐵は釘に用ひず善男は兵士に入らず」と云ふ語は過去の社會眞相を物語つて充分である、然るに此語の由來を探求し之を究意するに同じく殺人を任務とせる兵にして何故歐米日本の兵と相違せる所があるか、外國の國家を保護する兵は善き男であつて、獨り中國の兵のみが國民から嫌はれるのは何故であるか。

徵兵制度を募集制度に改め軍費の調達を厘金に求むるに至つてより中國の軍隊は敗壞して收拾し難きに至つた、之を兵の出身より見るに募兵制度實施後は兵に志望を抱く者の十中九率は社會の游離分子即ち失業者である之等の遊民中には土匪生活をなしたる分子も多數混じて居る今日の馬賊土匪は明日の正規軍となる例にある常の變態し行く動機は、兎に角として、斯く兵の素質が劣惡となつて以來、殊に地方の壯年達は彼等の行動を嫌忌して募集に釣込まれなくなつたのである、概して見るに此種の兵隊は不逞漢に等しき群集の團結したるものに過ぎず。

如斯くして軍人の出身が土匪馬賊或は遊民等の群に募集せらるゝ、以上勢ひ良兵の有る筈なく、經濟及社會生活の兩方面より見ても良民の應募する道理なく、全然別社會相を形成して居るのである、但し斯くの如く數多の土匪遊民を作り出したる責任は政府の當を得なかつた所に基因して居る、卽ち農業國として人口の蕃殖し易い情境にありて、國家は是等の人口增加に對する何等の方策を講じなつた爲めに、農產增加政策等と云ふものは全々今日迄見る能ざる儘に放任されて來たのであるのみならず、增加し行く人口の調節として一地方官より上請して耕地の案分を圖る者無きにしもあらざりしも前清室は之を以て一地方の勢力と見做し、故意に其の計畫を妨壓するが如き言語同斷なる處置を採つたのである、故に個人にして地方の當該官署に曠野開發の出願するものある場合にも同じく上長官は之を許可せず、却つて反逆者の如き制裁を加へられたのである、故に一地域に於て殊に交通未開の地方に於ては、失業者日每に增加し彼等は自己の生活問題の爲めに遊民となり又已を得ず馬賊或は土匪の團に引込み漸く其の生活を辦ずるに至つたのである、斯く論斷し來れば中國兵の敗壞したる理由として兵の操行のみを責むる事が出來ない、實際から之を責むるれば寧ろ其の責任は制度の改正と政府の誤れる方針にあるのである。

由來支那の地方にあつては人口の增加に連れて曠野の開拓を要しつゝあるにも拘らず政府は之を抑壓し只管清朝の威に慴れて何事もなし得ず、少なく共皇室或は政府に向つて對抗する性質を帶べる事業或は地方の勢力消長は斷然之を許可せず、或は解散放逐を命じたのである、故に農民をして余儀なく浮浪せしめ彼等の生活を驅つて土匪たらしめたのである。

如斯にして時代を經過する時此種の遊民は大團體となり武器を手に得て住民を襲ひ家財を掠奪して生活の資料を得るに至つたのである、然も募兵制度は軍閥の財力によりて其の勢力の消長を甲乙するに至り、各軍閥爭つて其の配下を集むる事に腐心し政府は亦軍閥の勢力に壓倒されて軍閥の資金を提供し、益々軍閥を横暴ならしむるに至つたのである、政府は軍閥に悉く其の資材を搾取されて外債、借欵を山積し、內に對しては信望と威力なくして農民の野倒餓死を放棄して顧みず、斯くして畢竟すゐに國家は誰人の支配にあるものであるや、雜然として色別し得られざる混鈍たる情態に陷つたのである。

募兵傭兵制度より國家の行爲を論難するならば一面に於て募兵により遊離分子を養ひ辛ふじて帝制時代の安泰と其の𨤲領を維持して來たに過ぎず、實に國家は一般農民の生活に對しては何等の考慮を拂はなかつたのである。

國民會議は國家の對外對內一切の重大問題を解决せんとして居る大多數の民衆が前述の如き悲境に彷徨しつゝある事は國民會議として其の重要構成分子となるものである、然し乍ら他の階級と其の性質を異にして會議に代表を送りて希望を陳述するが如きは絕對望まれざる所である。

馬賊土匪として團結あれ共使を中央に送るが如きは至難であり、又彼等の各團體間に於ける連絡一致等に至りても全然望まれざる事である、但し此問題は中國將來の大問題である、如何に中央の權勢を逐ふとも彼等を絕滅する事能はず、又之を放任する事能はず、日々に被害を蒙りつゝあるは農民のみならず、やがて發達せしめんとする農業、工業に於ても土匪馬賊を有する以上誰人とて奥地の開拓曠野の耕作に從事するものなかるべく、刑法の威嚇、秩序取締、行政上の制裁何一つとして彼等に痛傷を感ぜざる團體として內外人を問はず、之を虐殺、掠奪して當然なりと心得て居る別世界の種類であるが其の行動地は皆中央政府の統治管下にあるのである、故に中國の產業振興を圖ると同時に速刻處置せざる可からざる當面の大問題である。

而も失業者、遊民、匪兵は經濟制度や生產方法や國際地位から形成せられた同一運命にある危險階級であり、該問題によつて來る所の國家の損害は對內對外共に其の範圍と影響を蒙る所頗る多く、近來外人の奥地に入込む者多き時にありては國際問題を惹起して中國の死活に關する交涉問題の原因となるものなれば、國民會議の附帶問題とせず、重要構成分子として愼重討議を要する大問題である。

へ、國民會議と婦女

中國幾千年來の政令制度、禮教、風俗、習慣は女子を束縛し、只男子の統御下にありて家事を管理し能ふのみであつて政治に參與するを得なかつた、若し女子は男子と同樣な身分を以て生れ來れりなば謂はば社會は卽ち「牝雞の晨を司る家の索なり」と

婦人の要求

した、斯かる傳統的思想は民國十三年にも依然全國に蔓延して居る、奇怪千萬なるは湖南省會議員程子樞である、彼は議席に女議員あり、議員内に剪髪の女子が男子と同席せるのを見て直に議場の神聖を汚すものとして努號し、女議員が最上席を占むるのを見て憤然色をなして「湖南百幾十名の議員は王昌國（卽ち首席にある女議員の氏名）の子息ではない」と云つた、茲に於て稍進歩せる湖南人は皆程子樞を目して老怪物としたが、斯かる老怪物は決して少なくはない、彼は卽ち幾千年來の中國の政令、制度、禮教、風俗、習慣の產兒である、原來中國の政體は名義上專制から共和に改まつたが、實際に全國の政權を掌握する者は依然として封建の軍閥前淸の餘孽共である、彼等に互に外國の帝國主義と結托して爭奪を事とし、循環にて今日に至り眞正なる人民は反つて政權外に驅斥されて居る、故に民國となり十三年を經たるも獨り社會上禮教風俗習慣等は堯舜文武時代と大差なきのみならず一般國民は實に一碗の飯さへも喫し得ず憐むべき境遇にあつて、一縷の殘喘を保ち難い有樣にある、殊に婦女に至ては普通一般に擄掠され殺伐せれた上に更に慘毒な奸淫に遇ふのは最も憐れむべき極みである。

今や國民會議によりて中國の死命を決せられんとする時に於て人民團體が蹶起して民權を行ふべく奮鬪せずば軍閥と帝國主義の彼等は遠慮なく民權を代行し御用黨たる國民會議を以て人民團體の國民會議の替玉となすであろう、而して分贓割據し、定期の屠殺を繰返して遂に局面を打破し得ないのは民國十三年來の事實が明白に吾人に示教して居に、故に事茲に至らば只國民は男女を論ぜず人民團體の國民會議を一齊に主張するにあるのみである、こは如何なる理由であるか。

一、婦女と男子とは性の區別に過ぎずして國民たる身分に變りはない、故に婦女が國民會議に參加するのは當然である、而して各職業團體各政黨及學生團體等は決して性的區別を標準として居らぬ所から、婦女は各團體內に於て奮鬪す、國民會議に參加する機會を獲得するを何故に不可とし別に性を標識させる婦女團體を參加せしめよと主張するのか、之には兩方面の理由がある、卽ち一般の婦女は歷史上の制限を受くる所から、各團體內では奮鬪するとも當選し得る能力ある迄には進步して居らぬ、且又事實上各團體內には婦女分子が極めて少なく、甚だしきは一人の婦女すら無きものもある、若し婦女團體が國民會議に參加しなければ、婦女は全然該會議の席上では政見を發表する機會がなく、而して國民會議も全般の人民を代表する會議とはならぬ、夫れ故全國民の會議たらしむる爲め婦女團體を參加せしめよと主張せざるを得ぬ。

二、婦女としての要求卽ち母性保護權、結婚離脫の自由權、財產繼承と職業平等權、教育平等權、參政權等より總て社會上の地位に於ける男女平等の權利を要求する理由は民衆のよく知る所である、國是を根本的に解決せんとする此國民會議に若し婦女團體が參加せずして、將來婦女自身の要求を人をして提出せしむるならば出席には之が要求者たる主體なく、從つて之を力爭する實力を缺ぎ婦女群衆の擁護と奮鬪とを激發せしむる事が出來ず、故に婦女としての利益の要求を貫徹するために國民會議に婦女團體を參加せしめねばならぬと主張するものである、之は只に女性に有利なるのみでなく、且又男性と國家に有利である。

二、結論

國民會議に對する中國諸階級意嚮と其の主張點は大畧前述の通りであるが、總じて之を見るに第一次革命より今日に至る十數年の政局は始終帝國主義の列國が封建の餘孽たる軍閥と結托して中國民を支配して居る、併し斯かる政局も軍閥が一系一領に限らず、各帝國主義國の支那に於ける利益も一致せず、從つて此の局面支配が自然に支配者の利害衝突となつて居る。

然し此等の一時的衝突は程なく均衡され恢復の狀態に戻るが但し此間に醞釀しつゝある發酵素はやがて勃發の機を待ちつゝあるのである、譬へば十三年來の復辟、安直、奉直、諸戰役及今年の反直戰の如き皆此れ支配者中間の利害衝突に因つて惹起された混亂の表現でないものはない、此の如く均衡して、混亂し、混亂しては均衡する循環的局面が愈々繼續して益々收拾し難くなり、此の狀態を長く續けたならば必ずや支配者の素志に戻り支配者をして遂に均衡せる局面を恢復する事も不可能に至らしめるであらう、是は必然的結果であつて被支配者たる中國人民が混亂中に拂ふ犧牲は勿論平時よりは大きいが、併し斯かる混亂狀態の起ると同時に實は却つて人民に對し解放に努力する機會を與ふるものである、即ち舊均衡が破壞されて新均衡が未だ恢復せぬ以前は支配者は時局收拾に忙はしいため、是等が人民を束縛せる手綱や桎梏が往々一時の弛みから起るもので被支配者たる人民が果して巧みに此の一刹那の弛緩を利用し得たならば特殊情況の下に於て實際に支配者の死命を制する事が出來やう。

但し今次の國内戰の結果國内の形勢は更に紊亂を重ね來つたので一時に政局の均衡を恢復せんとするには必ずや已往の諸役に比して頗る困難でもあり、而かも又從前に比し長時間を要するであらう是が今次の混亂狀態を復辟、安直、奉直反直の諸戰役と區別する所以の一根本要點であり、此外に尙一個の根本要點がある、則ち中國人民は之を藉りて今次の政局に對應すべきもので現に改組後の國民黨は堂々軍閥と奮鬪すべく聲明してゐるが、今日迄の此等の機會を利用し、起つて軍閥の壓迫から脫出し得なかつたのは直に中國人民を經濟的政治的に解放すべき條件が未だ成熟せぬためであつたと想像せらるゝも支那の國民全體が此等の機會を利用して立つ經濟、政治上の利益を代表し能ふ中心人物が欠けて居た爲めである。

今や此を指導する有力なる團體運動をなすことが出來るやうになつたのは國民革命運動の一轉換點である、第一次革命以來續々軍閥官僚が召集した幾多の國民大會、國是會議等の如きものもあつた、又一部分の人民團體も響應し或は此の會議に參加したが畢竟是等の會議は支配者が局面均衡を恢復せんとする一種の手段に過ぎないので之に響應し或は參加した人民團體の勢力は實に微々たるものであり、代つて中原に現るゝ者は軍閥の看板を塗替へるに過ぎなかつたのである、然るに今次國民革命運動の要素は遂に抽象的絶叫の時期から發展して具體的に提出する時期と進み、政局は已に各支配者間の對抗形勢から展開して人民と帝國主義及軍閥の對抗形勢となるに至つたのである然して吾々が此間に於て輕視す可からざる一事は國民勢力が官辦國民會議を容易に實現せぬ事である、又全國人民が起つて奮闘する機會であると絶叫して居る事である、此呼號の實現すると否やは尚客觀的條件に注意を要するが、之を簡單に言へば卽ち政變後の國民は政治を國民の手に返す可く大團結を作り所謂國民の國民會議として之を成功せしめんと努力してゐる、而して革命運動發展の運命も亦繫つて此に在ると言つて居る、最近の消息によれば北京執政々府と長江流域の護憲運動とは妥協し易からざるものあることが知れる卽ち帝國主義は依然として所々に短兵相接する底の陣勢にある。

國民會議が將來實現し能ふと否とは全く中國民の自決にあり國民を指導する黨の努力と團體が時に及んで奮起する所に右相別かるゝものと見らるゝのである。

要するに國民會議の結果は豫測し難い又此會議を召集し能ふや否やも亦た確言し難いが然も帝國主義及軍閥推倒を宣言せる國民黨自身が其初國民會議召集を提議したのを見れば中國民の思想が奈何なる程度までに進んだかを想見し得らるゝのである。

段政府は來る十五年二月には國民會議の召集が可能であると云つてゐるが假りに國民會議が成立

したとしても憲法起草委員が現役軍人は大總統に被選される資格なしと委員會を通過した點は有力なる軍閥連の到底許容する所ではなく、段政府は之を如何に切拔けるか將來決して樂觀が出來ない次第である。

第二章　行政史及憲法

第一節　序論

廣義に云へば行政とは法律に依つて發表せられた國家の意志を施行する謂である又三權分立の主旨から云ふと國家機關の作用であつて立法でもなく裁判でもないのを謂ふのである、本書では主として行政組織の機關に就て述べる考へである。

君主國體と共和國體とは行政組織に多大の差異がある支那は堯舜及禹の時代は共和國體で夏以來は君主國となり、其後淸朝末となり民主思想が勝を制したといふよりも淸朝に反感を持つ者や又從來の暴政に厭いた結果革命は偶然効を奏して共和國とはなつた、共和國の行政が往々委員制であり又君主的の國家は統一主義であるが何れが可であるか、支那は實際行政上から見ると純然たる共和國の行政でもなければ又國家統一主義の君主國の行政でもない、中途半端なものと觀られる、然し行政上から見た各國の成績から見ると行政組織は一頭制に依るものが良好を示してゐる、卽ち議事には多數の意見を加へても、其責任は一人に集中するのが理想のやうに考へられる、行政部の組織と立法部の組織は其原則に全然異らなければならない、法律を制定するには社會の各方面の利害得失を審議することが肝要である故に立法部は其大部分は人民から選擧せられてゐるのを見ても明かである、然しながらそれを行ふ行政部が一定の規則に依つて仕事をしなければ何も出來ない清朝の或時代のやうに同じやうな冗官を置いては規律は亂れ秩序が保たない從つて行政の實は擧らなかつたのである、共和國としての行政の弊は選擧制であるから大總統の更迭毎に行政の一部又は大部に變更を生じて往々國家行政の行使を停止することがある、又大總統の選擧制を見ても民選に依つて實力ある者を行政長官とするのが理想であるけれ共選擧の結果反對で却つて第一流の人物又は實力あるものが大總統に選擧されない傾向がある、多數の支那人物は第一流の人物とか實力ある人を知らない、又第一流の人物は政敵が多く選擧競爭上候補となつても不利益である、多くは甲の勢力と乙の勢力のバランス上偶像をかつぎ上ぐか又は自薦のやうである、大總統の行政長官として眞の人物が選ばれないならば之を補弼する人がよければよい、支那は今形式上行政各部を任命制としてゐるのは當を得てゐる唯その實行に於て任命の目的が適任者を拔擢して行政の統一と効力とを保全すると云ふことを知らない爲めに動もすれば統一出來ず其効果も擧らないのは遺憾である。

又或二三省の中には新奇を好んで省長を民選と規定した所もあるが、選擧された人が行政的手腕と知識を有せざる爲めに有名無實となつた例もある、支那の行政制度は各上級官と屬僚との關係が合理的でなく又實際的でない、彼等は内亂のため常に其位置に安んじて仕事をしてゐない從つて忠實に其行政的事務を行ふことも尠く、又著しく行政の効果が擧らないのである、官吏が收賄することも珍らしくない否收賄するのが因習的常態であるのである、行政の統一と効力を表す爲に各長官に其屬僚を任免するの權力を與へてゐるのはよいが、從來之を惡用したものも尠くない、支那の行政に一大刷新を加へんとするには今日の軍閥の跋扈を防がなければならない、然らざれば大總統の位置も定らず常に改變著しく、ために政府の大動搖、全國軍閥の蜂起、人心の不安等常に內亂革命相次ぐやうになるからである。

官廳と官制、中央官廳と地方廳との權限が明かでないので動もすれば中央と地方との間に紛爭が起り易い、又政府の變る每に或一部では中央地方の管區劃を異にするやうな事があるので人民は朝令暮改に苦しめられてゐる、比較的明かとされるのは中央の大總統、副總統、國務院各部總長(大臣)陸海軍大元帥統率辦事所、將軍府、將軍行署、都統府審計院(我會計檢查院)蒙藏院、平政院、國史館淸史館の各長であり地方官廳は各省各縣の長である、行政の統一上、官廳に上下の階級を立てゐるが其權限の區域が明かでないものが尠くない、又特別官廳として最近稅務所、鑛務局、京兆警衞の軍隊(我近衞師團長と警視總監を兼ねたもの)がある、上級官廳と下級官廳との秩序も整ふてゐない、或時代の政府は北京の城內から外に指揮命令が下級官廳に直接効力を生じない事も往々あつた地方の督辦なり省長は之を人民に傳達する場合もあり又ない場合もある、要するに支那の行政官廳の統一は目下の急務であつて現在では紊亂を極めてゐる、從て命令が二途に出たり、官廳の代理と委任とを混同したり常に紛爭が堪えない狀態である。

官制とは官廳の組織及權限であるが其組織も其中央の官廳は時と人とに依つて多少の變更を加へてゐるが其補助機關は廳、司、科、課に分れてゐる、尙ほ法律を以て定められてゐるものと命令を以て定められてゐるものと二通りあるのは日本と形式が略ぼ相似てゐる。

第二節　中央行政史

支那でも三權分立の形體は文、武、糾察と云ふ風に歷代の宰相は皇帝を輔弼して六部を率ゐて行政總轄を行ふてゐた、而して兵權、糾察及駁正の權は皇帝に直屬してゐたのである、明の太祖が首相を廢して六部都督府都察院を皇帝に直隷せしめた例の如き、淸朝が始めて內閣及軍機處を其輔弼機關として六部及都察院八旗(都統將軍)を皇帝に直隷せしめた如きはその例である、然しながら何れも皆實際に於ては劃然とした三權の分立でなく混亂狀態であつた、從つて中央の威は各地方に徹底して行はれないで、唯一の重大なる仕事として行れてゐた政務と云ふのは地方から送つて來る稅物を中央武文官吏に支給することであつた、中央は地方官を任免する權威なく唯辛うじて大官を任命してゐたに過ぎない。

軍隊も京兆の直轄國に於てのみ其統率權があつて地方は固々別であつた、裁判も京兆地方は司法權が獨立してゐるやうであるが地方との關係は其所屬長官が報告するのを受理する丈けである、道路、河川土木、營繕の如きも京兆に限られて行はれ、其他殆んど地方官の專斷に任して顧みられなかつた、故に支那の中央政府は古來京畿の政府であつて貢賦地の政府としては頗る微弱なものであつた。

輔弼の官

一、輔弼の任、に當る者には三公、四輔、丞相、相國、宰相等種々あつた、三公と云ふのは大師、大傅、太保を云ふのである、天子に參して政を議すと唱へ少師、小傅、少保は之が副となつて之を三孤又は三少と云つてゐた、四輔と云ふのは尙書大傅の說に依ると疑、丞、輔、弼、の四官として ゐる、秦の武王始めて丞相の名を作り漢の高祖に至つて相國と改めた。

前漢は丞相を參政輔弼の任として太師、太保、太尉、司徒、司馬等の官を置いてはゐたが實權を與へなかつた、後漢の時、太尉、司徒、司空を三公として丞相の官を設けなかつたから實權は勢ひ尙書及び宦官に移つた、北魏は太師、大傅、太保を三師と云つて太尉、司徒、司空を三公と稱し、大司馬、大將軍を二丈と云つた、隋唐宋以來三師三公の名はあつたけれ共此時代では功臣に對する榮爵のやうなものであつた、唐宋の間には中書令、尙書令、又は參知、政事、同平、章事と云つて時宜に依つて其名を作り元は中書尙書の二省に左右の二丞相を置いた明の初め中書省に左右丞相を設けたが次で內閣大學士と云ふのが出來た。

三省

二、三省、と云ふのは中書と尙書、門下を云ふのであるが其權限は歷代同じでなかつた漢唐以來最高の議政機關であつた、六部は之に屬して專ら行政を統率したものである、唐には三省が並立して中書が君主の旨を奉じて門下が之を審查覆奏する尙書は之を施行するのを原則とした同平及び章事は中書省に屬し僕射は尙書省に侍中は門下省に屬して長官となつて三者合議して政令を議決してゐた事もあつた、而して六部は常に尙書省の下に屬してゐた、元の時代は門下省を設けなかつたが明は内閣を中尙二省に代えた清は又た軍機處を内閣とした、中書の名は漢の中書から始まつたのであるが秘書の意味である尙書は秦の時代に出來た名で官書を掌つてゐた、門下省は晉の時代に出來たもので漢時代では侍中に當り侍從を兼ねてゐた、其官には侍中諫議太夫、散騎侍郎結事中等であつた、唐時代には中玉が諭旨を奉りて門下が駁正して論爭を起して決しなかつたので合議裁決し、其處で宰相と云ふ役が出來た。

六部

三、六部、は周禮の時代から出來たものであるが漢時代から六部の形式が稍や表はれて隋唐に定めたものは最近の清朝に至るまで行はれたのである、漢成帝時代、常侍曹、二千石曹、民曹、客曹、の四曹があつた後に至つて三公曹を加へて五曹と云つてゐた、後漢も亦た此五曹を置いた、魏に吏部古民、客曹、五兵、度支等があつた又晉には吏、殿中、五兵、四曹、度支、左民の六曹があり隋に至つて吏、禮、兵、刑、工、都官、度支、の六部唐は都官を刑部、度支を戸部と改めた、茲に六部の範例を作つて清末に至つた。

督兵及樞密院

四、督兵官、文武二權の分立は今日でも容易に行はれてないやうに其始め大司馬大尉、大將軍の名で宰相と手行して同格であるのを主義としてゐたが常に人に依つて宰相の權が重くなれば武將を兼ねるし又武人が重くなれば宰相となつたりした、殊に唐の時代に至つて宰相である尙書、中書門下の長官に文武を兼ねしめた將軍の名は十六衞六軍の長官に過ぎなかつた、樞密院が設けられ宦官が之に任ぜられてからは又文武は之に統轄せられ五代には宦官を用ゐなかつたが樞密院の權限は唐と異らない宋時代は中書文を樞密院として武を統率したか中書長官である同平章は樞密院使を兼任した之は中書の宰相と相並んで樞密院を置いて表面上二權分立したやうであつたが結局混一した。

明清は樞密院を設けなかつた、明の初五軍都督府の節制を受けてゐたが彼の總督巡撫が出來て二者地方文武の權を執ることゝなり都指揮使は之に服屬するに至つた。

軍機處起源

淸の軍機處の起源は唐宋時代の樞密院を繼承したものと云へる、唯樞密院と軍機處と違つてゐる所は其發達に於て前者は宰相となつて兵權を採り、軍機所は兵權を先にして宰相となつた點である、淸の兵制明時代の五軍都督府のやうな總轄的の官省でなく八旗綠營の二軍を置いて皇室股肱の臣として武職を世襲した、八旗は京畿では都統に分屬せしめ人民から應募の綠營は地方を主として總督巡撫が統べてゐた、別に地方駐屯の八旗は將軍又は都統に率ゐしめてゐた是等の都統將軍は皆獨立して六部と相並んで帝王に直屬してゐる制度であつた。

糾察官

五、糾察官、は政治の善惡を考察し文武百官の成績功過を監視し、及び綱紀を肅淸する爲めに廳代諫官及び台官を置いた、諫官と云ふのは門下省にあつて皇帝に侍從し糾正納諫の責に任ずるのである、臺諫と云ふのは御史台にあつて中央地方行政官吏の正邪及政治の得失を考察する責に當るものを云ふ、兩者の權限は漠然としてゐて明確に區別されてゐなかつた一例は諫官も官吏を彈劾することが出來れば臺官も政令得失を論議し得るからである。

六、諫官、は秦漢以來門下省に在つた諫正進御の權を有してゐた唐宋も同じく此制であつたが元明は門下省を置かないで侍從諫正には六科給事中なるのを設けた六科といふのは吏、禮、兵、刑、工の六部を監督するの意味であつて政務の監察には各科分掌してゐたか駁正諫正に於ては皆同じ權限を有つてゐた、淸に至つて給事中を都察院に併合し皇帝侍從の職を除いて專ら糾察のみを掌つた、御史が糾察の權を有するのは秦漢に始まつて、秦に御史太夫が出來、漢に至つて御史府、御史台と云はれ唐では肅政台と稱した事がある、明淸は都察院と改めた、漢の初め御史府を御史太夫と稱し成帝の時から中丞を以て其長とし侍御史は之に次ぎ、地方には御史に此權利を與へた、隋唐又御史太夫の名を用ゐた中丞侍御史監察御史等は之に次ぐ役であつた、則天武后の時代に左右の肅政台を置き他は中央政府を察し、右は郡縣を視てゐた、其后合一して台院殿察院として台院は台內の總務を統べ殿院は宮中を監察し察院は中央の文武官を糾正すると定め、地方巡察のために十道巡察使、十道按察使等を派遣した。

宋元は唐制に倣つたが後に至つて提點刑獄司及地方長官がその職掌を取ることゝなつた、元は地方を三分して御史台を三ヶ處に置き此下に二十二道の肅政廉訪司を分屬せしめた形式上地方の監察機關を整備した。

明朝は御史台を都察院と改めた左右都御史、左右副御史、左右僉都御史及十三道監察御史等を置

諫官

台院、察院

いて、中央に在つて監察の仕事をせしめ各省には提刑按察使を作つて糾察の任を兼ねしめてゐたが後に至つて總督巡撫が設けられないから其職を行ふやうになつた、清朝は都察院と六科給事中とを合一し地方は督撫に糾察の任を有たしめた。

清朝と内閣の起源

明の太祖は大臣專權の弊に懲り政務は一に之を親裁し政務に關する書は大祖自ら裁決し天子が裁否を與ふる書類は凡て大臣を召して目のあたりを傳へて書を筆記せしめた、後永樂帝の時に至つて翰林院を官外から宮中に移した事があつた、その次から内閣の名稱が起つた、後翰林院侍讀胡廣專は大學士に進み依然機務に與かつてゐた、内閣の大學士は機務に參與してゐたけれ共實は天子の諮問機關であつて中外の奏章などは皇帝自ら大臣と共に之を檢するのであつて、仁宗帝の時に楊士奇等は禮部侍郎殿閣大學士を兼ねて文淵閣に入つた直して機務に參與した、英宗の時代本官は侍郎であつて内閣に入つたものがあつたが其后大學士の地位愈々高くなり侍郎尙書から榮進することとなつた、嘉請以後になつて朝廷の席次は大學士は文部尙書の上に位するに至つた、英宗帝は内閣の權威を殺かうと努めて章奏に對する批判は天子自ら手を下した事もあつたが其後再び内閣の權が益々重くなつて明末に至つた、清朝は明朝の滅亡に鑑みる所があつて始め内閣を置かないで、文館を置いて八大臣及び十六大臣を設けた、内國史院、内科書院、内弘文院等は此官廳であつた、專ら文章の撰定歴史の編纂などの事を掌らしめて之を明の内閣に擬せしめた、一六四四年（順治元年）前記三院に學士各一名を增設し翌年翰林院官を以て之に分屬せしめ九年更に典籍を設けた、其後六部の組織が完成に近いて、一六五八年前記三院を改めて內閣とした學士には明時代制と同じやうに國字の機務に參與せしめた(一六六〇年)內閣を改めて內閣史院內秘書院及內弘文院の舊制に還り翰林院を廢止した。

康熙九年十月再び內三院を改めて內閣とし翰林院を復活した、之が最近までの內閣の基礎となつた、殿閣大學士の人數と資格に制限を加へたのは一七四八年であつた、康熙年間滿漢大學士は四人を用ゐてゐたが雍正年間に至つて六人を用ゐ更に一、二人の協辦を增員した。

大學士

七、大學士、は依然殿閣の榮號を兼ねてゐたけれ共會典にある中和、保和、文華、武英、の四殿、文淵、東淵の二閣にはまだ出來てゐなかつた殊に中和の名は實際に用ゐられた事もなかつたため會典から除き更に禮に仁閣の名をかへることに定め殿閣の名は併せて三として漸く整ふて來た、右のやうに成立した閣は時代の變遷と共に他の官府との間に權限爭奪の爭ひを常に起し時に名のみ存在するに止まつたことさへあつた、殊に從來の制度に附加した上に附加したのであるから複雜極まりなかつたので實權は次第に衰へて來た、清朝の末官制の改革があつて(一九一一年)責任內閣の詔勅が下つて聊か最近文明國の內閣制度に近いたものであつた。

新制內閣

當時の內閣は合議制であつて大學士滿漢から各二人、協辦大學士滿漢各一人、內閣學士滿六人、漢四人、侍讀學士滿四人漢二人蒙二人侍讀十六人其他典籍中書筆帖式等の官を置いた、大學士は閣務を總轄し、協辦大學士は之を輔佐する役であつた、其任命は大學士は皇帝から直接で協辦は尙書の中から特任される例であつた、然して內閣も皇帝と他の官廳との間に在つて其意志の疎通を圖る機關に過ぎなかつた、我が宮內省の文書科の權限を少し大きくした位のもので職權の重なものは(一)上諭の立案及宣布(二)批答(三)祝辭賀表の撰定(四)典令の執行(五)御寶の保管(六)諡號の撰定(七)上奏の檢閱及發表(八)史志詩書編纂、今當時の權限を見ると內閣學士以下は皆內閣の事務を取つて典籍は圖書文書の保管、等帖式は書記に當ることであつた。

軍機處

八、軍機處、始め內閣の一官房であつたが、世祖の時に內閣諸政を統轄したが特に軍事に關することは別に議政王大臣に附して議奏せしめたけれ共軍機處は未だ設けられてゐなかつた雍正年間に至つて邊境鎮壓のため兵を用ゐるやうになつて軍需房を宮中に設け皇帝に親近して執務した後軍機處と名づけて大臣を置いた、元の時代に軍事は皆中書省に歸してゐたが明の大祖の時洪武十三年丞相胡惟庸が罪を得て丞相を置かなくなり中書省も廢せられた結果六部を以て政事を奏せしめた、雍正以來內閣の大權も軍機大臣が掌握するやうになつた、清朝の始め內閣の一分局として設けた軍機處は後獨立の官廳となり御前會議に列して輔弼の任に當つたのは歷代の弊に鑑みて文武兩者を平等にせんとしたるためであつた。

軍機處には大臣數人を置き定員もなく滿漢大學士尙書侍郞中から親任される合議制であつて長官を設けなかつた、章京に滿漢各十六名の書記があつて事務を掌つてゐた今軍機處の權限を擧げると(一)皇帝の諮詢に應ずる(二)軍國大事を劃策する(三)諭旨及批答の案を審議する(四)文武官任免の時其名簿を奉呈する（五）國字緊要の政務を議決する（六）文武官の勳功を考察する（七）大獄を審議する（八）各部を統率する、若し之を詳細に其性質を識別するときは我樞密院のやうであり參謀本部にも似てゐるし又總理衙門のやうにもあり立法行政司法の三大機關も備へた點もあると云ふ風に權限は廣大で他國に其例がない、軍機處の議事に依つて國事の大事は決せられ又之に依つて左右せられた不文の最高機關であつたが宣統帝三年責任內閣が出來上ると詔勅に依つて廢止された。

六部及各部

九、六部及各部、六部は既に概略述べたものであるが明に至つて官制一變して清の制度の基を作つた初め中書省を置いて左右丞相以下の官を設けて宰相が執政として政務を統べてゐたが六部尚書は之に屬した漢武十三年丞相胡惟德罪あつて誅せられ帝は一人に政權を委することの非を悟つて政務は六部尚書をして分任せしめて周代の六制に當てた、從來尚書省若くは中書省內の部であつたから六部と云つてゐたが此處に於て獨立して天子に直屬するやうになつた、位も低かつたが正一品に進められ各部の組織は尚書一人左右侍郎各一人あつて政務を總理し其屬に司務廳司務があつた、又各部に司を分けて各郎中、員外郎、主事をして其事を分掌せしめた、司の區分は吏郎に文選驗封稽勳考功の四清吏司を置き戶部に浙江、江西、湖廣、陝西、廣東、山東、福建、河南、四川、廣西、雲南の十三清吏を置き、刑部には戶部と同じやうに十三清吏司と工部には營繕、虞衡都水屯田の四清吏司を置いて分掌せしめ各部にはその所屬の事務に依つて官を設けた、清朝は大體此制から來たものである、但し滿漢の關係から尚書を二人とした雍正以降各部に管理事務を置き繙譯官として筆帖式を與へたに過ぎない、洪武帝は政權を自ら統べ庶政を親裁したのであつたが成祖永樂以后內閣を置いたから政權は內閣に歸つて內閣大學士遂に眞の宰相となり六部尙書は其下に屬するやうになつた、淸朝に至つて內閣の權は再び軍機大臣の手に移つたから六部尙書も宰相の權がなくなり明朝と同じやうになつた、淸時代の六部は(一)吏部(二)戶部(三)禮部(四)兵部(五)刑部(六)工部であつた歷代中央行政の總攬する所の府であつた、世祖北京に入つて順治五年に各部滿漢の二長官を並設し其屬官も亦皆滿漢を併用し時に蒙古を加へてゐた、其主要な部には皇族或は重臣を特命し管理事務大臣と稱した時代もあつた、六部の長官を尙書と云ひ侍郎之を輔佐してゐた、その下に淸吏司を設けて事務を分掌した、司には郞中、長となり員郞主事、筆帖式等を屬とした、尙書侍郎は各單獨に上奏權を有してゐた尙書は侍郎に合議し意見合はない塲合は互に上奏して裁決を請ふの制度であつた六部の各尙書及び都察院の都察史、通政使司の通政使大理事の鄕を合はすと凡て九名となり之を九鄕合議と云つてゐた。

六部は全國の行政を統べるもであるが各部長官は地方長官に命令を發するの權利なく其必要な時に上奏し君主から督撫に命ずる形式を用ゐてゐた又軍機內閣のやうなものも、六部尙書及督撫に命令する塲合に必ず君主を經て之を行つた、今各部の權限を略述すると。

吏部の權限

イ、吏部、は文職官吏の政令を掌り四司を置く、文選淸吏司は文官の品級選任を掌り、考功淸吏司は處分議欽京察大計を掌り、驗封淸吏司は爵位封典卹恩廕を掌り、稽勳淸吏司は守制修養入籍改姓を掌り、爵には公侯伯子男、輕車都尉、騎都尉、雲騎尉、恩騎尉の九等あつた、封典は本人及配偶者、父母曾祖父に授くる封號であつて恩䘏は功臣の歿後授くる恩典を云ひ、恩廕とは功臣の子孫に特に官を授くるのを云ふのである品級は正一品から從七品に至る十八階級に分ち官に從ふて之を授けた。

戸部の權限

ロ、戸部、は地政と版籍を司り淸吏司は一省又は數省の事務を分掌し總て十四司を置き其主なる事務は各省の中央に送る賦税を納め之を中央諸經費に充つることゝし附屬官府として倉場衙門と稱するのがあつて南方から京畿に送る漕米の出納を掌つてゐた、又錢法堂と云ふのがあつて鑄錢局を置いて近畿流通の貨幣を作つてゐた。

禮部

ハ、禮部、は五禮の用を考ふることを掌り其下に四司を置き、議制淸吏司は朝廷府署及地方の禮を掌り敎育(學校)貢擧のことを管し主客淸吏司は四方貢献のことを、精膳淸吏司は燕饗廩餼牲牢の事を、祀察淸吏司は祭祀の儀式を掌つてゐた、五禮と云ふのは吉凶軍賓嘉と云ひ吉とは天神地祇先祖等の祭祀、嘉とは卽位冊立朝會等の禮典を云ふのである。

兵部

ニ、兵部、は中外武職の政令を掌り四司を置いてゐる、武選淸吏司は武官の品級選任封典の事を又職方淸吏司は處分議敍恩䘏詮考簡閲巡防の事を、車駕淸吏司は馬政及驛遞車輿のことを、武庫淸吏司は兵籍軍器武科のことを掌る。

刑部

ホ、刑部、は刑罰の政令を掌り、淸吏司は十八各省により其職を分ち又報先報に依つて裁判判決の當否を檢する、本部は死罪あるときは、九郷と共に夜朝二審の裁判權を有つてゐる、皇族八旗官吏に對して特殊の裁判を行ふた其他附屬の官府である律令館は判決令を編纂した。

工部

へ、工部、は營繕造作の政令を掌り四司を置いた、營繕清吏司は皇城官衙の營造のことを、虞衡清吏司は宮廷の器具度量衡軍器のことを、都水清吏司は河渠堤防水利のことを、屯田清吏司は陵寢の修理宮中用度のことを掌る、本部も亦た戶部と共に鑄錢を行ふて木材產地に稅關を置いて本稅を徵收した。

新制度

一〇、新制度日支の役後政治革新の論盛んとなり團匪の亂後更に其聲を高くし遂に立憲政を建てやうと計劃するに至つて一九一一年中央政府の組織を變更し軍機處內閣政務所等を廢止し各部尙書を大臣と改稱し之を國務大臣とし、新たに內閣總理大臣の名を設け諸般の事を文明先進國に倣つた然しそれは官制上の名目を改めたに過ぎないで實質の改革は到底望み得なかつた團匪の亂後六部に加ふるに商務部を設け、總理各國事務衙門を外務部と改め更に學部民政部（元と巡警部）を加へ戶部を度支部に改め兵部を陸軍部、刑部を法部と改め更に民政部、農工商部、郵電部（此二者は商務部より）理藩院を改めて學部理藩部、吏部禮部を役典禮院と改めた其他海軍部等以上十二部制を立て終りに內閣官制が出來て吏部禮部を廢し其他十部の大臣を國務大臣として內閣を組織した。

都察院

一一、都察院、は崇德元年（一六三六年）に設けられたもので各國に其例尠く行政官吏監督機關である、其起源は遠く三代からであつて夫の御史の如き又秦の御史大夫の如き皆淸まの御史と同じやうな仕事を掌つてゐた、漢、後漢、三國、晋、宋、齊、梁、陳、北魏、北齊、後周、隋唐、五代、宋、遼、金、元、明と何れも其名稱こそ異つてゐたが實際に於ては淸の都察院に相當する機關であつたのである。

崇德元年の都察院は承政及參政の官であつたが順治元年になつて承政を改めて左都御史とし參政を左副都御史と改め更に漢左簽都御史一名を加へ右都は史右副都御史、右簽都御史は共に督撫を兼任してゐた、左都御史及左副都御史は滿漢各二名宛とし五年に至つて左都御史は滿漢各一名宛と定め乾隆十一年に至つて更に右都御史は總督の兼任であること右副都御史は巡撫の兼任であることを明にした、又其分局である六科給事中は應正年間之を都察院に合したものである、給事中と云ふ名は政事に給事するの意であつて天子に待して顧問の任に當つたものである、其名が初めて制度として著はれたのは秦の時代である、然し秦が始めて給事中を置いたが未だ曹官とはしないで單に他官の加官として天子の特に親任するものに與へる榮官に過ぎなかつた。

漢の時代は主柏を置いたが章奏は皆尙書がやつて仕舞つて天子の裁決して後尙書から之を下すのを原則とした故に給事中が章奏を見ると云ふのは即ち尙書の掌る章奏と見るの意味であつた、東漢の章帝以後は又給事中を置かなかつたが魏の時代になつて、之を設け晋に至つて正員となり後世官制の基礎となつた。

後北齊に至つて其制を完成し又梁は給事中を集書省に隷し常に天子を輔弼して得失を献言し中外

六科給仕中

の章奏を觀てゐた、隋は以上の制を合せて一つとし唐は隋の制を受けて門下省に屬せしめて秩正五品上、定員を四人とした、五代に於ては給事中の官制及職制は別に變更しなかつたが、宋の時又多少の更改を見た、卽ち門下省に六房を設けて之を尙書省の六部に對し凡そ中外奏章は各其事に從ひ區別して六房に歸する事となつた、此處に於て給事中四人をして六房を分治せしめ各々其所管の房に歸する章奏を反駁せしめた之が後に六科給事中の濫觴である、元豐の時從來の門下省の外に門下後省を增設して左散騎掌侍、左諫太夫、左司左正言及給仕中に其官を兼ねしめた其後建與三年改めて門下後省は專ら給事中を以て長官を兼ねしめた、金の初め門下省を廢したが給事中は殘存してゐた、承安四年に至つて給事中から審官院を組織した、元の時には給仕事中を以て起居住を兼修せしめたが專ら封駁を掌る官ではなかつた當時獨立した一曹をなしてゐた、明に至つて元の舊に依つて無所屬の一曹とし、職制は專ら宋の制に依つた卽ち給事中を、吏、戸、禮、刑、兵、工の六科に分けて各科若干人を置いて六科給事中一人を以て統べしめた又副として左給事中各給事中一人を當てた、其職は內閣より受けた詔書を封駁し又其封行の手續をすること中外章奏の批答を各部に交附して奉行せしむる等であつた、國家の大事に關するときは給事中は九鄉及翰林院詹事府の官並に監察御史と共に廷議する。

淸の初明制に依つたが應正二年逐に都察院に隷屬せしめ都御史の監督を受けることゝした、大淸會典の定むる所に依ると給事中は禁中に入直し章奏の批答終了のもの及び勅諭を內閣から受けて之

清末新制度

を公布することを掌り若し其中に封駁するやうな事があれば之を駁べ又政治の得失民政の利害百官の行動については御史と同じく其理に侍して稽察糾彈の責に任ずるものである、清末には此會典と其趣を異にしてゐた其最も著しき例としては章奏及勅諭の公布は内閣で手續して仕舞ひ給事中は公布前に一度之を内閣から受けて檢閲するに過ぎなかつたのである、光緒末年新制度を採用して從來の吏、戸、禮、兵、刑、工科で六部所管行政事務を監督したものを官制を改めて六科を合併して六科給事中は改めて單に給事中として其人員も增加した、其組織を見ると都御史一人全院を統率し副都御史二人之を輔佐し給事中二十人監察御史四十四人を置き、給事中は中央政府の成績を稽察するもので、外務科、民政科、度支科、法科、農工商科、理藩科、陸海軍科、學科、郵傳科、吏科の十科に分担することゝなつた、監察御史は直省各行政衙門を稽察するものであつて左の二十道に分つた。

京畿道、江蘇道、山東道、河南道、甘肅道、福建道、江西道、湖南道、廣東道、雲南道、遼瀋道安徽道、山西道、陝西道、新疆道、浙江道、湖北道、四川道、廣西道、貴州道、等定務は各官府の報告書の點檢及び裁判事務に關してのみ設けられたやうなものであつた又都察院は行政の得失を監察し官吏の邪正を糾明彈劾し又裁判に干與するもので清國獨特の行政機關であつたがその職權を擧げると。

(一)行政事務の檢閲(二)官吏彈劾の權(三)封駁の權(四)勅書公布の權(五)官吏考覈の權(六)朝儀

監察の權(七)上奏代奏の權(八)會計檢査の權(九)寃枉伸張の權(一〇)裁判に參與するの權等である

翰林院

一二、翰林院、唐時代に文學者を以て君主の顧問としたのに始まり玄宗の時に翰林院侍詔の名で皇帝に從ふて文章を掌つてゐた後に文學の士を撰んで翰林院供奉と稱し次で學士と改稱し重任となし遂に內相と稱し內命を掌り政治に干渉するに至つた宋に至つて純然たる一官府となり官制らしくなつて明淸が之を繼いだものである、初め文學顧問から變じて內府に在つて政治に關係するに至つたが明以來內閣が出來上つてからは唯修史及人才の養成を掌るに過ぎないものとなつたので行政上必要なものでもない、今組織を云ふと掌院學士二人、內閣大學士及各部の尙書中から轉任して兼任するもの學士二人、侍讀五人、侍講學士五人、侍讀六人、侍講七人、撰文四人、修撰編修檢討各若干人があつた、官廳としては(一)典簿廳(二)侍沼廳(三)起居望館(四)庶常館(五)國史館、職權は(一)國史の編輯(二)經書の進講(三)式文の撰定等である。

大理院

一三、大理院、は刑部、都察院、大理寺三者並立して重罪の裁判權を執つたのであつたが、淸末に至つて司法權獨立の論が盛んとなり刑部都察院二省の裁判權を除き大理寺を大理院と改め我が大審院の如き地位に置いた院內には二科六庭を設けた。

一、刑科第一庭、(國事犯及重罪犯の審判)二、刑科第二庭、(皇族及官吏の犯罪審判)三、刑科第三庭、(北京高等審判廳の上告官廳)四、刑科第四庭、(各省の審判に對し不服の上告五)、民科第一庭、(皇族の民事及高等審判廳の上告廳)六、民科第二庭、(各省高等審判廳不服控訴)

正郷一人を長官として小郷一人之を輔佐し各庭には推函一人(裁判長)推事五人(裁判官)檢察廳は檢事務取を聽り函一人檢察官六人を置いたが、清末司法の獨立を試みて舊習を改むることが出來ず結局實行を見ずにして滅亡した。

其他皇族所屬官府として宗人府、內務府、欽天監等があつて、宗人府には宗令一人、左右宗正各一人、左右宗人各一人を置き主として皇族の義務を掌つてゐた(一)皇族の戸籍(二)皇族の封爵、封號及び溢號(三)大廟の祭祀(四)貧困皇族の救濟孝子貞節者の取調(五)皇族授爵の試驗(六)皇族の監督處罰(七)皇族の敎育(八)皇族の封錄給與、內務府は宮中用の衣食皇室の整備、皇室の祭祀、皇室財産の保管、宮殿の營造又は宮中官吏の監督、等宗人府は主として皇族、內務は主として宮中に關することを掌つた、欽天監、監務大臣一人監正二人、左右監副各二人を置き時憲、天文、漏刻の三科に分れ測候、整時、製暦などに關することを掌り古くから外人を使用した、大常寺は初壇、廟社等君主親祭に係る祭祀のことを支祿寺は宮中の膳羞饗宴のことを、大僕寺は宮中の馬正牧廠のことを、鴻臚寺は朝會、賜宴、內外臣謁見の事を、大醫院は宮中の醫事を國子監は敎育の事を夫々掌つてゐた光緒末年に至つて光祿鴻臚大常大儀國子監等は廢せられ禮部陸軍部學部となつた。

會議

一四、會議政務廳、光緒二十七年義和團事件後設けられた諮問機關である當時清國は內憂外患交交起つて國事多端殆んど收集出來ない狀態であつたので變法自强の論は滔々として諸所に起つた、清朝も之に顧みる所あつて政事改革の第一歩を踏み出す一方法として會議政務所を置くやうになつた、是は軍機處よりも更に大きなもので軍機處のやうに行政に干與するばかりでなく其職權は國家の方針並に新政を議決することゝ中央地方官上奏文の審議等であつた、之に與るものは軍機大臣內閣大學士、各部尚書等の會議制である、宣統三年四月新に內閣成るに及んで之を廢止した。

提學使

一五、提學使、又從來各省に學政一人を置いて學務及び文官任用試驗をなし歲試と鄉試を掌らしめて各府に教授一人直隸州及び州には學正一人直廳及各廳には教諭一人を置いて地方教育を掌しめてゐた、然しながら支那古來の教育は官吏教成が本旨のやうであつたから普通教育は全く之を行ふ意志がなかつた團匪事件後教育の革新論隨所に唱へられ教育制度を設け提學使を置いて其長官とし教育を管理せしめた。

提學使は督撫の下に置いたけれ共中央學部との關係を密接にし、一面督撫を經て學務を學部に報告せしめると共に一面には直接に學部に報告せしめ其監督も亦た學部間接に行ふとの規定があつた又其權限は教育行政及教育に關する財政各學校教職員の任命一般下級官吏の監督を爲すと云ふのである今は教育司の名に改めた。

第三節　立法部及三憲法

議會

一、議會、支那の憲法に依ると立法部と行政との關係は行政機關に命令制定權を認めてゐる故に支那の立法と行政の關係は別々に上下の關係はない支那は此外に大總統の教令を發布することを認めてゐる、さて政府の立法部である議會は、參議院と衆議院との二つから成り、衆議員は人口八十萬人に對し一人の割合で五百九十六人、任期は三年である、參議院は日本の貴族院と樞密院とを兼ねたやうなもので、現任官吏及各省議會、蒙藏部、中央學會、華僑選擧會等から選出する、總數二百七十四人で毎年二年目毎にその三分の一宛改選して行く第六年目に全部改選となる。

衆議員の主なる權能は(1)財政を討議する權、(2)大總統副總統及內閣員・(國務員)を彈劾す權(3)不信認案を投票する權等

參議院は(1)裁判權を以てゐる大審院長の判決に關してその諮問に答ふること(2)衆議院より提出された議案の審議及建議權(3)衆議院の解散に就て大總統の諮問に應ずること(4)地方自治の監察整理(5)審計院長を任命する權限(6)政府の大總統が謀反の行爲あるとき總員四分の三以上出席彈劾を可決すること等。

一九一二年の憲法では國務總理大臣の任命は兩院の贊成裁可を得なければ、任命されない規定であつたが、現在では衆議院の贊成に依つて任命され各部大臣は兩院に相談なしに選ばれることになつてゐる、尙ほ民國五年の國會は華僑則ち海外在住の支那人に對して議員選擧法を議決し同十二月總統令を以て公布されたが政府の許可を得た在外各商業會議所、中華會館、中華公所及書報社より各選擧人一名を選擧して之を組織することになつてゐる。

二、舊約法と大總統權限比較、民國元年(一九一二年)春三月南北の合一となつて、袁世凱が大總統に擧げられてから臨時約法五十六條を天下に公布して共和政府組織の根本法となすと宣言したが

是の臨時約法たるや元來袁の志に出でたるものでなく全く南方革命派の手に成つたもので民國主義に基き總統の權限を制限すること甚しいので袁は當初から之を喜ばなかつた日を經ると共に改修の意固く幾多の曲折を經て三年（一九一四年）五月一日遂に君主主義から成る新約法の發布を見るに至つたことは政治論で述べた通りである新約法は一面から見れば袁世凱の野心の結晶であつて他の一面から見ればまた時勢の反映である、又民國十二年曹錕の憲法も議會を通過したものであるけれ共段執政は之を取消してたが新舊約法及び憲法の比較研究は革命以來支那政界の局面轉回を知るに最も趣味ある資料であるが今少しく新舊三法を比較して論述することにした。

舊約法概要

立法の權限

（一）大總統の立法に於ける權限として臨時約法により其立法に於ける權限を考へると、

（イ）臨時約法增修案提出の件　大總統は其增修案を參議院に提出し議員五分の四以上出席を以て出席議員四分の三の可決を經れば之を增修するを得。（ロ）立法の發案權　大總統は法律を參議院に提出することを得。（ハ）議決せる法律再考を求むる權　大總統は參議院の議決せる事項に對し若し之を否認する時は其理由を說明し再議せしむる事を得但し參議院再議の時出席議員三分の二以上尚前議を執る時は大總統は之を公布施行す。（ニ）法律公布の權　大總統は參議院の議決したる法律を公布す。

內治の權限

（二）大總統の內治に於ける權限、

(イ)命令發布の權　法律を施行する爲め或は法律の委任に基き命令を發布し並に之を發布せしむるを得。(ロ)官制官規制定の權　大總統は官制官規を制定し得、但し參議院に提出して議決せしむるを要す。(ハ)文武職員任免の權　大總統は文武職員を任免す但し國務員及大使公使の任免は參議院の同意を經べし。(ニ)陸海軍統率の權　大總統は陸海軍を統率す。(ホ)戒嚴宣告の權　大總統は法律の定むる所に依り戒嚴を宣告する事を得。(ヘ)勳章榮典を授くる權　大總統は勳章並に其他の榮典を授くるを得。(ト)行政に關する無責任　大總統は立法部に對して行政につきては凡て責任を負はざるものとすこれ大總統特權の一である。

外交の權限

(三)大總統の外交に於ける權限、

(イ)宣戰の權　大總統は參議院の同意を經て宣戰することを得。(ロ)媾和及條約締結の權　大總統は參議院の同意を經て此權を行ひ得。(ハ)大使公使の任免權　大總統は參議院の同意を經て之を任免す。

司法の權限

(四)大總統の司法に於ける權限

(イ)大赦、特赦、減刑、復權の權　此中大赦に就ては參議院の同意を經べしと制限す。(ロ)謀叛以外の犯罪に對し無責任なること、これ大總統特權の一たるものであつて佛國の規定を其儘用ひたものである、又た大總統に對し認めて謀叛行爲ありとなす時は參議院議員五分の四以上の出席を以て出席議員四分の三以上の可決によりこれを彈劾するを得と定む、但し其彈劾せらるる時には大總統は免職せらるゝに止まる。

如此臨時約法に於ける大總統の權限は頗る縮少せられたるものであつたから袁世凱の不滿日に甚しく遂に意を決し民國二年(一九一三年)十月二十一日增修を議會に提出するに至つた、彼は臨時約法第五十五條に大總統の約法增修提議權あるを理由として參議院に左の案を提出した。

一、官制官規制定に關する參議院の議決權を削除すること。
一、國務院及外交大使任命に對する參議院の同意權を削除すること。
一、宣戰媾和及條約の締結に關する參議院の同意權を削除すること。
一、緊急命令の發布權及財政の緊急所分權を大總統に與ふること。

是の提案國民黨の爲めに遮られて失敗に終つた、そこで袁は穩和手段の到底局面を開展するに足らないことを感じて十一月四日敢然クーデターを行ふて當の敵手たる、國民黨を倒ほしたるのみならず憲法起草委員會が數ヶ月の苦心を重ねて作りあげた憲法草案を闇中に葬り兩議院をも事實上潰滅に歸せしめた、然るに一方反動的思想は一代を風靡し憲法問題も議會問題も最早人心を刺戟するの力無く憲法制定の說は何時しか政界の輿論となるに至つた、加ふるに黎元洪を筆頭とせる、二十二省の都省は早くも袁の心事を忖度して約法改修の連帶建議をした、これ民國二年十二月二十一日のことである、次で袁は政治會議に諮詢して一月約法會議々員選擧細則を發布し直ちに議員の選擧を行ひ總員六十名の議員は三月十八日北京に會し再三審議の末遂に新約法の發布を見るに至つた。

新約法と比較

三、新約法概要、舊約法は七章五十六條から成つてゐる新約法は舊約法の總則と國家、參議院を立法、大總統副總統と大總統、國務員を行政と改めたる外、參政院會計及憲法制定順序の三章を加へて都合十章六十八條とした。

是中最も法意すべきは大總統及立法部の權限の消長に關する事であつて今左に是等權限の變化を對比して見ると。

大總統の權限

一、大總統の權限

舊約法第四條に　中華民國は參議院臨時大總統國務院、法院を以て其統治權を行使せしむとあり、同第三十條に、臨時大總統は臨時政府を代表し政務を總攬し法律を公布す、とあつて臨時大總統の權能を明かに國家政務の首長たるに限定してゐる新約法は之に反し大總統は國民の全體に淵源せる中華民國の主權を代表す、即國民の元首にして統治權を綜攬す(第十四條)と規定してゐる又大總統の權限に關し舊約法は。

(一)法律の委任に依る命令の發布(二)、陸海軍の統帥(三)文武官吏の任免(四)法律案の提出、(五)外國大公使を受くるの權(六)勳章榮典の附與(七)特赦減形及復權の宣告を無條件にて附與せる外(八)官制官規の制定(九)國務院及外交大使の任命(一〇)宣戰媾和條約の締結(一一)大赦令の發布は皆參議院の同意を要すとし(一二)戒嚴の宣告、は法律の規定によつて其拘束を受くる事となつて居る、然るに新約法は大に之と趣を異にし大總統は一項乃至七項の權能を無條件にて賦與せられてゐるのは勿論第八第九項も亦無條件で賦與せられ第十項は領土の變更及國民の負擔を增す條約の外自由に之を裁量し得るのみならず新たに左記各項の權能を賦與せられた。

（一）議會開會停會及閉會の宣告（二）立法院の解散（參政院の同意を要す）（三）緊急命令の發布及財政緊急處分權（事前參政院の同意を得、事後立法院の追認を要す）（四）大元帥の稱號及陸海軍の編制並に兵力の決定。

二、立法部の權限

立法上の權限

舊約法に於ける參議院の權限は新約法に於ける大總統と均しく廣大無邊のものであつた立法部の權限中新約法の爲めに消滅せられたものは。

（一）官制官規の制定、國務員大公使の任命宣戰媾和及條約締結に對する同意權、（二）國務員に對する彈劾權、（三）開會及閉會の自行權、（四）再び議會を通過せる覆議案は舊約法では大總統之を發布施行するの義務があつたが、新約法では大總統の意見によつて之を保留する事を得、則ち大總統は議會の決議に對し事實上の不認可權を得たのである、（五）舊約法では大總統は議會を解散する事出來なかつたが新約法では停會を命じ及參政院の同意を得て解散する事を得とある、尙議會の大總統彈劾權に就て云へば、議會は新舊約法共彈劾權を有し總員五分の四以上出席四分の三以上の同意を要する事又同樣であるが議會の內容が全然袁派を以て組成せられて出來上つたものであるから彈劾權は全く空文に等しいと見ることが出來る。

大總統の權限擴大して議會の權限削小せられ、且つ大總統が行政首長として直接政務を統轄するに至つたから國家の行政機關に大變化を生じたのは自然の數である、其結果總統府秘書廳と國務院とは共に廢止せられて大總統の政務處なる政事堂之れに代り國務卿は政事堂の首班として上大總統を贊襄し下九部の總長を董督する組織となり、國務員彈劾權を剝奪せられて議會は狹隘なる立法權を楯として政事堂の諸院に莅む外之を拘束し監督するの途なく、國務卿各部總長は只大總統にのみ責任を有し違法の行爲ある時は肅政廳の彈劾を受け平政院の審判に附せらるゝ外議會に對しては何等顧慮する必要がなくなつた。

新約法によつて與へられた民國の統治組織は以上述べた通りであるが更に之を約述すると、(一)大總統は民國の主權者であつて兼ねて行政部の首長である立法、司法、行政の三權は勿論主權中から分派するものであるが總統自身行政權を綜攬し此權獨り高大であつて立法司法兩權は過度に縮小せられたからこの二部は其貧弱なる權能を以て適當に行政部の行動を監督する事が出來ない。

一、新約法十六條に大總統は人民に對し責任を負ふと明記してあるが畢竟空文に過ぎない(人民が如何なる形式で總統の責任を匡し得べきかは想像する事が出來ない結局民國の行政部は其首長たる大總統と共に事實上何處よりも何等拘束を受けることはない)斯くの如く新約法によれば名は共和國であるけれ共其實專制君主國である本法が黎總統によつて廢棄せられたのは當然であるが舊約法も亦缺點多く之が改正は急務であるけれ共適法の實行を見るは尙ほ前途遼遠であらう。

殊に十二年の憲法は再び舊約法に還つたやうに殆ど似て最も民權を尊重したもので總て國令によ

り之を諮らなければならない即ち大總統を束縛したものであるのは政治論で述べた通りである。

唯新憲法の特徴は徽細に且つて行政上のことを成文してゐる點である、目下段政府の委員會が起草中のものと略ぼ似てゐるから特に全文を示すことにした。

四、中華民國憲法（大正十二年十二月）（最近政治の項參照）

國體

第一章　國體

第一條　中華民國は永遠に統一民主國と爲す。

主權

第二章　主權

第二條　中華民國の主權は國民全體に屬す。

國土

第三章　國土

第三條　中華民國の國土は其固有の疆域國土及其區劃に依る法律を以てするに非られざれば之を變更することを得す。

國民

第四章　國民

第四條　凡て法律の定むる所に依り中華民國國籍に屬するものは中華民國人民と爲す。

第五條　中華民國人民は法律上に於て種族階級宗教の別なく均しく平等と爲す。

第六條　中華民國人民は法律に依るに非らざれば逮捕監禁審問或は處罰することを得す。

人民は羈絆せらるゝ時は法律に依り保護狀を以て法院に請求し法廷に提示して其理由を審査することを得。

第七條　中華民國人民の住居は法律に依るに非ざれば侵入或は捜索を受けす。

第八條　中華民國人民は通信の秘密は法律に依るに非ざれば侵犯を受けす。

第九條　中華民國人民は居住及職業を選擇する自由を有す法律に依るに非ざれば制限を受けす。

第十條　中華民國人民は集合結社の自由を有す法律に依るに非ざれば制限を受けす。

第十一條　中華民國人民は言論著作及刊行の自由を有す法律に依るに非ざれば制限を受けす。

第十二條　中華民國人民は孔子を尊崇し及宗教を信仰する自由を有す法律に依るに非ざれば制限を受けず。
第十三條　中華民國人民の財産所有權は侵犯を受けず但し公益上必要なる處分は法律の定むる所に依る。
第十四條　中華民國人民の自由權は本章に規定するを除く外憲政の原則に背くことなきものは皆之を承認す。
第十五條　中華民國人民は法律に依り法院に訴訟する權を有す。
第十六條　中華民國人民は法律に依り請願及陳訴の權を有す。
第十七條　中華民國人民は法律に依り選擧權及被選權を有す。
第十八條　中華民國人民は法律に依り公職に從事する權を有す。
第十九條　中華民國人民は法律に依り租税を納むる義務を有す。
第二十條　中華民國人民は法律に依り兵役に服する義務を有す。
第二十一條　中華民國人民は法律に依り初等教育を受くる義務を有す。

第五章　國權

第二十二條　中華民國の國權にして國家に屬する事項は本憲法の規定に依りて之を行使す地方に屬する事項は本憲法及各省自治法の規定に依り之を行使す。
第二十三條　左列の事項は國家より立法し並に之を執行す。
一、外交　二、國防　三、國籍法　四、刑事民事及商事の法律　五、監獄制度　六、度量衡　七、幣制及國立銀行　八、關税、監税、印花税、煙酒税、其他消費税及全國の税率にして應に劃一を行ふべき租税　九、郵政、電報及航空　十、國有鐵道及國道　十一、國有財産　十二、國債　十三、專賣及特許　十四、國家文武官吏の銓試任用糾察及保障　十五、其他本憲法の定むる所に依り國家に屬する事項。
第二十四條　左列の事項は國家より立法し並に執行し或は地方をして執行せしむ。
一、農工礦業及森林　二、學制　三、銀行及交易所制度　四、航政及沿海漁業　五、兩省以上の水利及河道　六、市制通則　七、公用徵收　八、戸口調査及統計全國　九、移民及懇植　十、警察制度　十一、公共衞生　十二、救恤及遊民の管理　十

三、文化に關係ある古籍古物及古蹟の保存上各欵に就き省は國家法律に牴觸せざる範圍に於て單行法を制定することを得、十四、本條に列する處の第一第四第十第十一第十二第十三各欵は國家が未だ立法せざる以前に在ては省は其立法權を行使することを得。

第二十五條　左列の事項は省より立法し並に執行し或は縣をして之を執行せしむ。

一、省教育、實業及交通　二、省財産の經營及所分　三、省市政　四、省水利及工程　五、田契賦税及其他省税　六、省債　七、省銀行　八、省警察及保安事項　九、省慈善及公益事項　十、下級自治　十一、其他國家法律に依り賦與せられたる事項。

前記定むる所の各欵にして二省以上に渉及するものは法律に、別に規定あるを除くの外共同に辦理することを得其經費足らざる時は國會の議決を經て國庫より之を補助す。

第二十六條　第廿三條第廿四條第廿五條に列擧せる事項を除く外若し未だ列擧せざる事項發生するときは其性質が國家に關係するものは之を國家に屬し各省に關係するときは之を各省に屬す爭議ある場合は最高法院より之を決す。

第二十七條　國家は各省課税の種類及其徵收方法に對し左列諸弊を免るゝ爲め或は公共の利益を維持する必要に因るときは法律を以て之を制限することを得。

一、國家の收入或は通商を妨害するもの　二、二重課税　三、公共道路或は其他交通施設の利用に對して課するに過重或は交通を妨碍するの規費を以てするもの　四、各省及各地方間にて其産物を保護するに因りて輸入商品に對し不利益の課税を爲すもの　五、各省及各地方間物品通過の課税。

第二十八條　省法律にして國家法律と抵觸するものは無効とす省法律にして國家法律と抵觸の疑義を發生するときは最高法院より之を解釋す前項解釋の規定は省自治法が國家法律に抵觸する時に於て適用することを得。

第二十九條　國家豫算の不足或は財政緊急に因る處分は國會の議決を經て各省歳の額數を比較し累進率を用ゐ其負擔を分配することを得。

第三十條　財力の不足或は非常災變に遇ふの地方は國會の議決を經て國庫より之を補助することを得。

第卅一條　省と省との爭は參議院より之を裁決す。

第卅二條　國軍の組織は義務民兵制を以て基礎と爲す各省兵は役法に規定する所の事項を執行するを除く外、平時は其他軍事上の義務を負はず。

義務民兵は全國徵募區に依り期を分ちて召集し之を訓練す但し常備軍の駐在地は國防地帶を以て限と爲す國家軍備費は歲出の四分の一を逾ゆるを得す、但し對外戰爭の時は此限にあらず國軍の額數は國會より之を議定す。

第卅三條　省は政治に關係ある盟約を締結することを得ず省は他省或は其他地方利益を防害するの行爲あるを得ず。

第卅四條　省は自ら常備軍を置くことを得ず並に軍官學校及び軍械製造廠を設立することを得ず。

第卅五條　省は國法上の義務を履行せざるに因り政府の告誡を經て仍ほ服從せざるものは國家の權力を以て之を强制することを得。

前項の處置は國會の否認を經るときは應に之を中止すべし。

第卅六條　省が武力を以て相侵犯するものあれば政府は前條の規定に依り之を制止することを得。

第卅七條　國體が變動を發生し或は憲法上の根本組織が破壞されたるときは省は應に聯合して憲法上規定の組織を維持し原狀の回復に至りて止むと爲すべし。

第卅八條　本省に關するの規定は未だ省を設けざるも既に縣を設くるの地方に均しく之を適用す。

第六章　國會

第卅九條　中華民國の立法權は國會により之を行ふ。

第四十條　國會は參議院衆議院を以て之を構成す。

第四十一條　參議院は法定の最高級地方議會及其他選擧團體の議員を以て之を組織す。

第四十二條　衆議院は各選擧區が人口に比例して選出せる議員を以て之を組織す。

第四十三條　兩院議員の選擧は法律を以て之を定む。

第四十四條　何人に論無く同時に兩院議員たることを得ず。

第四十五條　兩院議員は文武官吏を兼任することを得す。
第四十六條　兩院議員の資格は各院自ら之が審定を行ふを得。
第四十七條　參議院議員の任期は六年とし二年毎に三分の一を改選す。
第四十八條　衆議院議員の任期は三年とす。
第四十九條　第四十七條第四十八條の議員の職務は應に次期選擧完成し法に依つて開會する前一日を經て之を解除すべし。
第五十條　兩院に各議長副議長一名を設け兩院議員より之を互選す。
第五十一條　國會は自ら集合開會閉會を行ふ但し臨時會は左列事情のあるとき之を行ふ。
一、兩院議員各三分の一以上の聯名通告あること、二、大總統の牒集、
第五十二條　國會常會は每年八月一日開會す。
第五十三條　國會常會の會期は四個月とし之を延長することを得但し常會の會期を逾ゆることを得す。
第五十四條　國會の開會閉會は兩院同時に之を行ふ。
一院停會する時は他院は同時に休會す、衆議院解散せられたるときは參議院は同時に休會す、
第五十五條　國會の議事は兩院各別に行ふ。同一議案を同時に兩院に提出することを得す、
第五十六條　兩院の各議員總數の過半數の列席あるに非ざれば開議することを得す。
第五十七條　兩院の議事は列席議員の過半數の同意を以て之を決す可否同數なれば決を議長に取る。
第五十八條　國會の議定は兩院の一致を以て成す。
第五十九條　兩院の議事は之を公開す但し政府の請求或は院議に依り之を秘密にすることを得。
第六十條　衆議員が大總統副總統に謀叛行爲あると認められるときは議員總數の三分の二以上列席、列席員三分の二以上の同意を以て之を彈劾することを得。
第六十一條　衆議院が國務員に違法行爲あると認めたるときは同列席員の三分の二以上の同意を以て之を彈劾することを得。
第六十二條　衆議院は國務員に對して不信認の決議をなすことを得。

第六十三條　參議院は彈劾せられたる大總統副總統國務員を審判す。
前項の審判は列席員三分の二以上の同意を以てするに非ざれば判決して有罪或は違法と爲すを得ず大總統副總統を有罪と判決したるときは應に其職を黜くべく其罪の所刑は最高法院に之を定む。
國務員を違法と判決せるときは應に其職を黜くべく並に其公權を奪ふことを得若し餘罪有らば法院に附して之を審判す。
第六十四條　兩院は官吏の違法或は失職行爲に對し各政府に咨請して之を查辦せしむることを得。
第六十五條　兩院は各政府に建議することを得。
第六十六條　兩院は各國民の請願を受理することを得。
第六十七條　兩院議員は質問書を國務員に提出し或は其到院を請求し之を質問することを得。
第六十八條　兩院議員の院內に於ける言論及表決は院外に對して責任を負はず。
第六十九條　兩院議員は會期中に在りては現行犯を除く外各本院の許可を得るに非らざれば逮捕或は監視することを得ず。
兩院議員が現行犯に依り逮捕せられたるときは政府は應さに理由を各本院に報告すべし但し各本院は院議を以て會期內に於て暫く訴訟の進行を停止するを請ひ被捕議員を各本院に交回せんことを要求することを得。
第七十條　兩院議員の歲費及び其他の公費は法律を以て之を定む。

第七章　大總統

第七十一條　中華民國の行政權は大總統より國務員の贊襄を以て之を行ふ。
第七十二條　中華民國の人民にして完全に公權を享有し年滿四十歲以上並に國內に居住すること滿十年以上なる者は選擧せられて大總統たることを得。
第七十三條　大總統は國會議員より總統選擧會を組織して之を選擧す。
前項の選擧は選擧人總數三分の二以上の列席を以て無記名投票を用ゐて之を行ひ得票が投票人數の四分の三以上に滿つる者を當選と爲す但し兩次投票して人の當選する無きときは第二次得票の比較的多き者二名に就き之を決選し得票が投票人數の半を過ぐる者を以て當選と爲す。

第七十四條　總統の任期は五年とす若し再び選ばるゝ時は連任一次なるを得。

大總統任期滿了前三ヶ月國會議員は須く自ら集會を行ひ總統選擧會を組織し次任大總統の選擧を行ふべし。

第七十五條　大總統は就職の時須く左列の宣誓を爲すべし。

余は誓つて至誠を以て憲法を遵守し大總統の職務を執行す謹で誓ふ。

第七十六條　大總統缺位の時は副總統繼任し本任大總統滿期の日に至りて止む。

大總統故に因り職務を執行する能はざるときは副總統を以て代理せしむ、

副總統同時に缺位なれば國務院其職務を攝行す同時に國會議員は三個月內に自ら集會を行ひ總統選擧會を組織して次任大總統の選擧を行ふ。

第七十七條　大總統は應に任滿の日に於て解職すべし若し期に至り次任大總統尙選出せられず或は選出せられたる後尙ほ未だ就職せず次任副總統亦代理する能はざるときは國務院より其職務を攝行す。

第七十八條　副總統の選擧は大總統の規定に依り大總統の選擧と同時に行ふ。但し副總統缺位の時は應に之を補選すべし。

第七十九條　大總統は法律を公布し並に執行を監督確保す。

第八十條　大總統は法律を執行する爲めに又法律の委任に依り命令を發布することを得。

第八十一條　大總統は文武官吏を任免す但し憲法法律に特別規定あるものは其規程に依る。

第八十二條　大總統は民國陸海軍大元帥となり陸海軍を統帥す陸海軍の編制は法律を以て之を定む。

第八十三條　大總統は外國に對し民國の代表と爲る。

第八十四條　大總統は國會の同意を經て宣戰することを得但し外國の攻擊を防禦することきは宣戰後に於て國會の追認を請求することを得。

第八十五條　大總統は條約を締結す但し講和及立法事項に關係する條約は國會の同意を經るに非ざれば効力を生せず。

第八十六條　大總統は法律に依り戒嚴を宣告することを得。

但し國會が認めて戒嚴の必要無しと爲したるときは應に解嚴の宣告を爲すべし。

第八十七條　大總統は最高法院の同意を經て免刑及復權を宣告することを得但し彈劾事件の判決に對しては參議院の同意を經るに非ざれば復權の宣告を爲すことを得ず。
第八十八條　大總統は衆議院の會議を停止することを得。但し每一會停會二次を超ゆることを得ず每次の期間は十日を超ゆることを得ず。
第八十九條　大總統は國務員が不信認の決議を受けたるときは國務員の職を免ずるに非ざれば卽ち衆議院を解散す但し衆議院を解散するには參議院の同意を經べし、原國務員在職、或は同一會期に第二次の解散を爲すことを得ず大總統衆議院を解散したるときは應に卽ち選擧を行はしめ五ヶ月內に於て期を定め繼續開會せしむべし。
第九十條　大總統は叛逆罪を除く外解職後に非ざれば刑事上の訴究を受けず。
第九十一條　大總統副總統の歲俸は法律を以て之を定む。

第八章　國務院

第九十二條　國務院は國務員を以て組織す。
第九十三條　國務總理の及各部總長は均しく國務員と爲す。
第九十四條　國務總理の任命は須く衆議院の同意を經べし國務總理の國會閉會期內に出缺するときは大總統は署理の任命となすことを得但し繼任の國務總理は須く次期國會開會後七日間に於て衆議院に提出し同意を經べし。
第九十五條　國務員は大總統を贊襄し衆議院に對して責任を負ふ。
大總統の發する所の命令其他國務關係の文書は國務員の副署を經るに非ざれば効力を生ぜず但し國務總理を任命する場合は此限にあらず。
第九十六條　國務員は兩院に列席し及發言することを得。但し政府提案の說明を爲すときは委員を以て代理せしむることを得

第九章　法　院

第九十七條　中華民國の司法權は法院に依り之を行ふ。
第九十八條　法院の編制及法官の資格は法律を以て之を定む最高法院長の任命は須く參議院の同意を經べし。

第九十九條　法院は法律に依り民事行政及其他一切の訴訟を受理す但し憲法及法律に特別規定あるものは此限りに在らず。
第　百　條　法院の審判は之を公開す、但し認めて公安を妨害し或は風敎に害ありと爲すときは之を秘密にすることを得。
第百一條　法官は獨立審判し何人に論無く之に干渉することを得ず。
第百二條　法官在任中は法律に依るに非ざれば減俸停職或は轉職することを得ず、法官在任中は刑法の宣告或は懲戒處分を受くるに非ざれば免職することを得ず但し法院の編制．法官資格を改定するときは此限に非らず法官の懲戒處分は法律を以て之を定む。

第十章　法　律

第百三條　兩院議員政府は各法律案を提出することを得但し一院の否決を經たるものは同一會期に於て再び提出を行ふことを得ず。
第百四條　國會議定の法律案は大總統に於て須く送達后十五日内に於て之を公布すべし。
第百五條　國會議定の法律案は大總統若し異議あるときは公布期内に於て理由を聲明し國會の覆議を請求することを得、若し兩院仍ほ前議を執るときは即ち應に之を公布すべし。
未だ覆議の請求を經ざるの法律案は公布期限を超ゆれば即ち法律案と成る但し公布期滿つるも國會閉會或は衆議院解散后に在るものは此限りにあらず。
第百六條　法律は法律を以てするに非ざれば之を變更し或は廢止する事を得ず。
第百七條　國會議定の决議案を覆議に交附するときは法律の規定を適用す。
第百八條　法律が憲法と抵觸するものは無効とす。

第十一章　會　計

第百九條　租税を新課し及税率を變更するには法律を以て之を定む。
第百十條　國債を募集し及國庫負擔を增加するの可ゐを契約締結するには須らく國會の議定を經べし。
第百十一條　凡そ直接に國民の負擔に關係ある財政案は衆議院に先議權あり。

法律
會計

第百十二條　國家の歳出歳入は毎年政府より豫算案を編成し國會開會後十五日內に先づ衆議院に提出す。參議院は衆議院議決の豫算案に對して修正又は否決するときは須く衆議院の同意を求むべし若し同意を得ざれば原决議案は卽ち豫算となる。
第百十三條　政府は特別事業に因り豫算案內に於て年限を豫定し繼續費を設くることを得。
第百十四條　政府は豫算の不足或は豫算の未だ及ばざる所に備ふる爲め豫算案內に於て豫備費を設くることを得。豫算費の支出は次會期に於て衆議院の追認を請求すべし。
第百十五條　左列各欵の支出は政府の同意を經るに非ざれば國會は之を廢除し或は削減することを得ず。
一、法律上國家の義務に屬するもの　二、條約を履行するに必要なる所のもの　三、法律の規定に必需する所のもの　四、繼續費。
第百十六條　國會は豫算案に對して歳出の增加の爲す事を得。
第百十七條　會計年度開始し豫算未だ成立せざるときは政府は每月前年豫算の十二分の一に依りて施行す
第百十八條　對外防禦戰爭或は內亂を鎭定し非常災變を救濟する爲め時機緊急にして國會を牒集し能はざるときは政府は財政緊急處分を爲すことを但し須らく次期國會開會後七日內に衆議院の追認を請求すべし。
第百十九條　國家歳出の支付命令は須らく先づ審計院の核準を經べし。
第百二十條　國家歳出歳入の决算案は每年審計院の審定を經て政府より國會に報告す、衆議院が决算案或は追認案に對し否認するときは國務員は應に其責を負ふべし。

審計院

第百廿一條　審計院の組織及審計員の資格は法律を以て定む。
審計員在任中は法律に依るに非ざれば減俸停職或は轉職することを得ず。
審計員の懲戒處分は法律を以て之を定む。
第百廿二條　審計院長は參議院より之を選擧す審計院長は决算報告に關し兩院に列席し及發言することを得。
第百廿三條　國會議定の豫算及追認案は大總統は應に送達後に於て之を分布すべし。

第十二章　地方制度

第百廿四條　地方は劃分して省縣兩級と爲す。

第百廿五條　省は本憲法第五章第二十二條の規定に依り自ら省自治法を制定することを得但し本憲法及國家法律と相抵觸することを得ず。

第百廿六條　省自治は省議會縣議會及全省各法定の職業團體選出の代表に由り省自治法會議を組織し之を制定す。

前項代表は縣議會より各一人を選出するを除く外省議會より選出するものは縣議會より選出する所の代表額の半數を超ゆるを得ず其各法定の職業團體より選出するも亦同じ但し省議會縣議會より選出の代表は各該議會の議員を以て限と爲す、其選擧法は省法律に由り之を定む。

第二十七條　左列各規定は各省均しく之を適用す。

一、省に省議會を設け單一制の代議機關と爲す、其議員は直接選擧方法に依り之を選出す　二、省に省務院を設け省自治行政を執行す、省民直接選擧の省務員五人乃至九名を以て之を組織す、任期四年、未だ直接選擧する能はざる以前に在りては前條の規定を適用し選擧會を組織して之を選擧することを得、但し現役軍人は解職一年の後にあらざれば選ばるゝことを得ず　三、省務院に院長一人を設く省務員より之を互選す　四、省内に一年以上住居する中華民國人民は省の法律上に於て一律平等完全に公民權利を享受す。

第百廿八條　左列各規定は各縣均しく之を適用す。

一、縣に縣議會を設け縣以内の自治事項に於て立法權を有す　二、縣に縣長を設け縣民より直接之れを選擧し縣參事會の贊襄に依り縣自治行政を執行す、但し同法が未だ獨立せず及下級自治が尙ほ未だ完成せざる以前は之を適用せず　三、縣は負擔する省稅總額内に於て保留權あり但し總額十分の四を超ゆることを得ず　四、縣有財產及自治經費は省政府之を所分することを得ず　五、縣は天災事變に因り或は自治經費足らざるときは省務院に請求し省議會の議決を經て省庫より之を補助することを得　六、縣は國家法令及省法令を奉行する義務あり。

第百廿九條　省稅と縣稅と劃分は省議會は之を議決す。

第百三十條　省は一縣或は數縣に對し特別法律を施行することを得ず但し一省の共同利害に關係あるものは此限りに在らず。
第百卅一條　縣の自治事項は完全なる執行權あり省法律に規定の懲戒處分を除く外省は之に干渉することを得ず。
第百卅二條　省及縣以內の國家行政は國家より官吏を分置して執行を除く外同省縣自治行政機關に委任し之を執行することを得。
第百卅三條　省縣自治行政機關が國家行政を執行して法令に違背ある時は國家は法律の規定に依り之を懲戒することを得。
第百卅四條　未だ省を設けざるも已に縣を設くるの地方は本章の規定を適用す。
第百卅五條　內外蒙古西藏靑海は地方人民の公意に因り劃分して省縣兩級と爲し本章各規定を適用することを得但し未だ省縣を設けざる以前は其行政制度は法律を以て定む。

憲法の修正及効力

第十三章　憲法の修正解釋及効力

第百卅六條　國會は憲法を修正する發議を爲すことを得。
前項の發議は兩院各列席三分の二以上の同意を得るに非ざれば成立することを得ず兩院議院は各本院議員總額四分の一以上の連署あるに非ざれば憲法修正の提議と爲すことを得ず。
第百卅七條　憲法の修正は憲法會議より之を行ふ。
第百卅八條　國體は修正の議題と爲すことを得ず。
第百卅九條　憲法に疑義あるときは憲法會議より之を解釋す。
第百四十條　憲法會議は國家議員より之を組織す前項の會議は總員三分の二以上の列席に非ざれば開議することを得ず列席四分の三以上の同意に非ざれば議決する事と得ず、但し疑義の解釋に關しては列席三分の二以上の同意を以て之を決することを得
第四十一條　憲法は本章に規定する所の修正程序に依るに非ざれば何種の事變を經るに論無く永く其効力を失はず。

第三章　機關及各部行政狀況

第一節　政府官制

各部總長の職權

一、內閣、民國三年七月十日を以て官制が發布された、其組織は各部(外交、內務、財政、陸軍海軍、司法、敎育、農商、交通）の九部に分れ各部に總長(大臣)を置き責任を以て全部事務の總理たらしめ次長一人(但し內務財政の兩部は二人を置くことを得)は之を輔佐し參事は三人乃至四人あつて法律命令案の擬撰に從事する、各部總長の職權は、(一)主管事務に關し部令を發するの權、(二)主管事務に關し地方長官に訓令及指令を發する權、(三)主管權限の爭議を國務會議に提出し得る權、(四)地方長官監督權、右の中所屬職員監督の權中にも、(二)の主管事務に就ては各省の長官容易に中央各部總長の命令を聞かない所がある。國務院、政府と云ふ名稱は民國五年四月二十一日公布の政府組織會に始つて、國務院を以て之を組織し、國務卿及各九部總長を以て國務員とし、國務員は大總統を輔弼して其責任を負ひ國務卿は大總統の委任により國務を總理するものとす、而して法律の公布及其他國務に關する文書には國務員之れに副署し、國務は國務會議に依つて議決し尙ほ國務會議には國務卿を以つて議長とする。

國務院

二、大總統府國務院

職員

國務總理	一
左丞	一
右丞	一
局長	五
參議	八

職權　行政統一の機關で國務總理（元國務卿と稱したが舊約法復活の結果自然國務總理の名稱を用ふるに至つた）は、大總統の政務を贊襄し大總統の命を受けて國務院の事務を監督し大總統發布の命令に副署する。（新約法時代は政事堂と稱した）

尙ほ內閣の直屬廳及局は大正五年五月改正され司務所と機要局は秘書廳と改め修正された。

三、法制局

職員

局長	一
參事	一二
僉事	六
主事	一〇
編譯	六
調查員 辦事員	若干

職權　は（一）法律命令案の制定、（二）各部院制定の法律命令案審查、（三）禮制案撰定及び審定、（四）各國法制の調查編譯、（五）法律命令の正本保存。

四、秘書廳

秘書長	一
秘書	六
僉事	二〇
主事	若干

職權　(一)命令を頒布し鈐章を恭請す、(二)命令及び各項文電の撰議、(三)京外各署の文牘電信收發、(四)印信典守(五)各部事務の審核、(六)請願總統府との往來文件、(七)議院との往來文件、(八)各部院との接洽文件、(九)本堂各局所人員との接洽事務(一〇)圖書保管(一一)文案の分類編輯。

五、銓敍局

局長	一
參事	二
僉事	一
主事	一二
辦事員	若干

職權　(一)文官の任免(二)文官の陞轉(三)文官の資格審査(四)存託人員の記名登錄(五)文官試驗(六)勳績調査(七)恩給及撫卹(八)爵位勳章及其他榮典授與(九)外國勳章受領及佩用。

六、統計局

局長	一
參事	四
僉事	一〇
主事	若干

主計局と稱して財政關係事項を籌議し豫算關係等の稽核をなしてゐたるも財政部と重複するを以て大正五年修正された。

職權　(一)各部院統計統一事項(二)財政關係事項籌議(三)專屬せざる各部院の統計事項(四)刊行統計報告事項(五)財政關係文件の擬定及編輯保存(六)交換各統計事項及各官署統計會議事項。

七、印鑄局

局長	一
參事	二
僉事	四
技正	二
技士	六
主事	一〇
辦事員	若干

職權　(一)官文書其他用紙の製造印刷(二)公館法令全書及職員錄の刊行(三)勳章徽章印信圖記及其他物品の鑄造。

八、司務所

所長	一
僉事	二
主事	若干
辦事	若干

職權　(一)本堂人員の進退登記(二)官產官物の保管及購置(三)本堂工事及工役(四)本堂の經費豫算決算(五)其他各局に屬せざる事項。

九、陸海軍大元帥統率辦事處

民國三年五月八日公布敎令第六十一號に依り設置されたもので陸海軍大元帥である大總統全國陸海軍を統率する處の機關である、然れども袁總統逝去后黎總統就任後、舊約法を復活したので舊約法に於ては總統を以て大元帥とはしたけれ共本辦事所も亦自然廢止されたものであるが、今參考の爲め其組織及職權等を畧記する。

組織　一、參謀總長、陸軍總長、海軍總長、大元帥特命の高級軍官、總務廳長を以て組織し尙ほ參議八名を置きて一切計畫に協贊せしむ。

二、本處に總務廳を設けて其下に第一所、第二所、第三所の分課を設け軍務を分掌せしめ總務廳長一名各所主任一名助理員若干人を置く。

職權　一、大總統が陸海軍大元帥として全國陸海軍を總轄する處。

二、本處承發の軍令は陸海軍大元帥の命令を以て行ふ。

三、本處の會議事件にして外交、內務、財政、交通の各部と相關係ある時は令して該部總長を議席に列せしむ。

一〇、將軍府

將軍府は民國三年七月十八日公布敎令第百號に依つて設けられた所であつて大總統に直隷する軍事上の最高等顧問機關である、然るに黎總統就任後將軍は之を改めて督軍に任命したから將軍府亦自然に廢止された形となつて其后段執政となつて督辦と其名稱を變へた。

權限　一、將軍府には將軍を置き右將軍は大總統に於て陸海軍上將中將中より特任す、但し將軍の稱號も大總統之を特定す。

二、大總統の命により軍政を會議し陸海軍を授閲す

三、將軍府事務は大總統特任の上將軍一人之を管理す

組織
一、將軍　若干
二、參軍　若干
三、參謀　四
四、副官　四
五、事務廳、廳長一、事務員四、書記若干

因に組織當時將軍府に列したる將軍は次の通りである

建威上將軍　段祺瑞　照威將軍　蔡鍔
揚威上將軍　張鳳翽　宣威將軍　蔣尊簋
奮威　將軍　丁槐　綏遠將軍　那彥圖
靖威　將軍　蔣雁行

一一、將軍行署

民國三年七月十八日公布敎令第百一號に依つて設けられた處であつたが先頃將軍名の廢せられたと共に自然に消滅した。

職權　(一)將軍府將軍にして大總統より督理軍務の命を受けたるものは地方に駐在して將軍行署を設く(二)將軍の軍政事務に關しては大總統の命を受け陸軍部の監察指揮を受く(三)軍事の計畫及命令に關しては大總統の命により參謀本部の監督指示を受く(四)該管地方の治安維持上按使の請求ある時は軍隊を派遣することを得尚ほ急變の場合には臨機の措置をなし得。

組織

將軍	（上中將）	一
參謀長	（少將）	一
參謀	（上中少校上尉）	四—六
副官長	（上中校）	一
副官	（中少校上中尉）	三—六
書記官		二
雇員		若干

分課

軍務課	課長	一	（上中校）
	課員	二—四	（上少校、上中尉）
軍需課	課長	一	（右相當軍需官）
	課員	二—四	
軍法課	課長	一	（右相當文官）
	課員	二—四	
軍醫課	課長	一	（右相當軍醫官）
	課員	二—四	

袁總統の逝去前に於ける各將軍名及其駐在省を擧げると次の通りである、

奉天省	鎭安上將軍	張作霖	吉林省	鎭安左將軍	孟恩遠
黑龍省	鎭安右將軍	朱慶瀾	山東省	泰武將軍	靳雲鵬
河南省	德武將軍	趙倜	山西省	同武將軍	閻錫山
江蘇省	宣武上將軍	馮國璋	安徽省	安武將軍	倪嗣冲
江西省	昌武將軍	李純	浙江省	興武將軍	朱瑞
湖南省	靖武將軍	馮薌銘	湖北省	彰武上將軍	王占元
陝西省	咸威將軍	陸建章	四川省	成武將軍	胡景伊
廣東省	振武將軍	龍濟光	廣西省	寧武將軍	陸榮廷
雲南省	開武將軍	唐繼堯			

二、都統府

組織

都統	一	參謀長	一
參謀	二	副官	二
書記官	三	雇員	若干

軍務處　處長　一、參謀長兼任

總務處　處長　一、書記官兼任

職權　（イ）都統は熱河、察哈爾、綏遠の三ヶ所に置く（ロ）都統は所屬軍隊を統轄し該管區域內の軍政民政事務を管理す（ハ）都統は所屬軍隊の整旅計畫並に該軍區內徵兵及調遣事務を司る（ニ）都統は所屬軍隊の訓練を督務し軍紀を維持す（ホ）都統は軍政事務に關しては大總統の命を受け陸軍部の監督を受く（ヘ）都統は軍事の計畫及命令に關しては大總統の命を受け參謀本部の監督を受く（ト）都統は所屬區域內民政各官及巡防警備隊等を管理し並に政府の特別委任を受けて財政司法行政及其他特別官署の行政事務を監督す（チ）都統は管轄區域內の安寧維持の責任あり、若し特別事變ある時は之が爲めに兵力を使用することを得。

管轄區域

管轄區域（各都統の管轄區域次の通り）

熱河都統―所在地、承德（熱河道、卓索圖盟、昭烏達盟）

綏遠都統―所在地、歸化城（綏遠道、烏蘭察布盟、伊古昭盟）

察哈爾都統―所在地、張家口（興和道、錫林郭勒盟、察哈爾左翼四旗、察哈爾右翼四旗、各旗牧廠、達里岡厓商都名牧廠）

審計院

一三、審計院

組織

院長	一	副院長	一
審計官	一五	協審官	二七
書記官長	一	書記官	五
事務官	若干	核算官（院長兼任）	

審計院に三廳を設け各廳に廳長一人、審計官三人以上協審官四人以上を置く

（第一股）

第一廳
- 第一股 イ、財政部主管の全國收支計算事項の審查
- 第二股 ロ、外交部主管の一切收支計算事項の審查
- 第三股 ハ、教育部主管の全國收支計算事項の審查
- 第四股

第二廳
- 第一股 イ、陸軍部主管の全國收支計算事項の審查
- 第二股 ロ、海軍部主管の全國收支計算事項の審查
- 第三股 ハ、交通部主管の全國收支計算事項の審查
- 第四股

第三廳
- 第一股 イ、內務部主管の全國收支計算事項の審查
- 第二股 ロ、司法部主管の全國收支計算事項の審查
- 第三股 ハ、農商部主管の全國收支計算事項の審查
- 第四股

書記室
- 機要科—收發處(イ)機要文書の撰定及保管(ロ)院飭の宣達(ハ)印信の典守
- 會計科—本院經費の收支、簿冊の登錄、豫算決算表冊の編製
- 庶務科—物品の講買及保存、房屋の修膳、工役警衛の管理、衛生
- 繙譯科
  - 編纂處 各國文牘法及各項書報の繙譯
  - 繙譯處 案卷の編錄　統計の編制

外債室（支那人及外國人各一名の室長を置き外債事務を稽核す）

一四、審查決算委員會

職權 審計院は大總統に直轄し審計法に依り國家の歲出歲入の決算を審定す審計院は每會計年度の終に審計成績を大總統に呈報す。

各廳の審查報告を復審し審查決算總報告書、審計報告書及審計成績報告書を編製す。

一五、各部官制通則

民國二年十二月二十二日を以て各部官制通則を制定公布せらる、外交部、內務部其他の各部は此通則に從つて其組織をするもので通則次の如きものである。

第一條 本通則は外交、內務、財政、陸軍、海軍、司法、教育、農商、交通、各部に適用す。

第二條 各部總長は主管事務に付其責任を負ふ事務の主管明かでなく二部以上に關涉するものは國務會議に提出して其主管を定む。

第三條 各部總長は主管事務に付其職權或は特別の委任に依り部會を發することを得。

第四條 各部總長は主管事務に付地方長官の命令及處分にして法令に違背し或は權限を越ゆると認むるものは之を停止し或は取消すことを得。

第五條 各部總長は所屬職員を統轄し簡任官薦任官の進退は國務總理を經由し大總統に申請して之を行ひ委任官の進退は總長專ら之を行ふ。

第六條 各部總長事故ある時は副署及部令を發布するの外は次官をして其職務を代理せしむることを得。

第七條 各部に總務廳を設く其職務左の如し

審查決議委員會

各部官制通則

（一）、官印の管守（二）、統計及報告の編製（三）、職員進退の記錄（四）、各種公文書類の撰輯保存及接受發送（五）、本部經費並に各種收入の予算及會計の管理（六）、直轄各官署會計の審査（七）、本部所管の官有財產及物品の管理（八）、本部庶務の管理（九）、其他各局司に屬せざる事項

前項第三欵第五欵第六欵第七欵の事項は陸軍部海軍部に於ては司を以て之を處理することを得第五欵より第七欵に至る事項は交通部に於ては或は局司を以て之を處理することを得。

第八條　各部に局司を設けて部務を分掌し其分掌事務は各部官制に於て之を定む

第九條　各部總務廳及各局司の分科は各部總長より部令を以て之を定む

第十條　各部に左の職員を置く

次長、參事、局長、司長、秘書、僉事、主事、各部に於て前項職員の外專門技術官及其他の特別職員を置くへきものあれば各部官制に之を定む各部は公文書の寫及其他の特別事務の爲めに雇員を用ゆることを得

第十一條　次長は一人として總長を補助し部務を整理し各職員を監督す、但し內務部財政部にては次長二人を置くことを得

第十二條　參事は二人乃至四人として長官の命令を承けて本部各局司の法律命令案の撰定及審議事務を分當す

第十三條　各局長は一人として長官の命を承けて一局の事務を總理す

第十四條　各司長は一人として長官の命を承けて一司の事務を總理す

第十五條　秘書は二人乃至四人として總長の命を承けて機要の事務を掌管す

第十六條　僉事は長官の命令を承けて總務廳及各局司の事務を分掌す

第十七條　主事は長官の命を承けて總務廳及各局の事務を助理す

第十八條　各部の僉事の定員は多くも五十人を超ゆることを得ず

第十九條　各部の主事の定員は多くも八十人を逾ゆることを得ず

第二十條　各部參事、僉事、及主事の定員は各部官制に於て之を定む

第廿一條　本通則は公布の日より之を施行す

現閣員

一六、段政府閣員 十四年十一月末を現在として例示すれば左の通しである

段祺瑞	國務執政	
沈瑞麟	外交部長	曾宗鑑（次長）
龔心湛	內務部長	王來（同）
楊庶堪	農商部長	劉治洲（同）
王九齡	教育部長	呂復（同）
葉恭綽	交通部長	鄭洪年（同）
吳光新	陸軍部長	賈德耀 張厚琬（同）
林建章	海軍部長	徐振鵬 王文豹（同）
李思浩	財政部長	劉訓欽 鍾世銘（同）
章士釗	司法部長	王文豹（同）
蔡廷幹	稅務所長	汪士元（同）
貢桑諾爾布	蒙藏院長	思華 沈學范（同）

地方長官

一七、督辦省長 十一月末を現在として例示すると左の通りである

	各地督辦	省長		督辦	省長
安徽	姜登選	王揖唐	廣東	—	葉擧
浙江	孫傳芳	夏超	廣西	—	張其鍠
直隸	李景林	楊以德	新疆	楊增新	同上
奉天	張作霖	王永江	四川	楊森	賴心輝

本省外國顧問

黒龍江	呉俊陞	史紀常
福建	周蔭人	薩鎮氷
湖南	趙恒惕	同上
湖北	蕭耀南	同上
甘粛	馮玉祥（兼）陸洪濤	同上
江蘇	楊宇廷	鄭謙
吉林	張作相	同上
貴州	王天培	彭漢章
綏安	李鳴鐘	
雲南	唐繼堯	同上
山西	閻錫山	同上
山東	張宗昌	龔積柄
江西	方本仁	胡思義
河南	岳維峻	孫岳
陝西	呉新田	
察哈爾	張之江	
熱河	闞朝璽	

一八、本省屬外國顧問

大總統府—ゼイ、シイ、フアグソン（米人）
同　ピ、レノックスシンプソン（英人）
同　萬歳氏（日人）
國務院—アンドレ、ホーモン（佛人）
同　ダブリユ、エッチ、ドナルド（英人）
審計院—ジー、パドウクス（佛人）
同　エム、コノボロフ（露人）
財政部—シー、エル、エスウイリヤム（米人）
司法部—ジヤン、エスカラーア（佛人）
農商都—エフ、シアーフエシー（米人）
同　ジエ、ジ、アンダーソン（スエデン人）
農商部—エー、グラパアウ（米人）
交通部—中山氏（日人）
同　平井氏（日人）
同　ジエ、イ、ペイカー（米人）
同　エッチ、バン、ダーヴイン（オランダ人）
同　エル、ダーテエン（白耳義人）
同　大村氏（日人）
同　エフ、エッチ、クラーク（米人）
同　アイ、ヴイ、ギリス（米人）
同　エ、エッチ、エリクセン（丁人）

一九、中央所屬諸法令

憲法 國會

中華民國臨時約法（元年三月）
（附）關於大淸皇帝辭位後優待之條件（辛亥十二月）
（附）關於淸皇族待遇之條件（辛亥十二月）
（附）關於滿蒙回藏各族待遇之條件（辛亥十二月）
（附）優待蒙回藏各族條件等令（元年十一月）
（附）蒙古待遇條件（元年八月）
鞏固淸皇室優待條件善後辦法（三年十二月）
蒙古王公等年班事宜（元年十二月）
喇嘛等洞里經班事宜（元年十二月）
大總統選擧法（二年十二月）
中華民國國會組織法（元年八月）
議院法（二年九月）
修正議院法第二十條（八年一月）
參議院議員選擧法（元年八月）
參議院議員選擧法施行細則（元年十二月）
修正參議院議員選擧法施行細則第十三條（二年一月）
參議院議事細則（二年十月）
修正參議院議事細則（七年八月）
參議院委員會規則（二年一月）
修正參議院委員會規則（七年八月）
參議院秘書廳組織規則（二年九月）
修正參議院秘書廳組織規則（六年一月）
參議院警衛處組織規則（二年九月）
參議院警衛處辦事規則（二年九月）
參議院旁聽規則（二年六月）
衆議院議員選擧法（元年八月）
衆議院議員各省複選區表（元年八月）
修正衆議院議員選擧法施行細則（九年十二月）
蒙古四部西藏第二屆衆議院議員選擧施行法（七年二月）
蒙古四部西藏第二屆衆議院議員選擧辦事細則（七年四月）

官制

政府組織令（五年四月）
修正政府組織令第五條第六條（五年五月）
修正政府直屬官制（五年五月）
國務院秘書廳官制（五年五月）
法制局官制（三年五月）
銓敍局官制（三年五月）
國務院統計局官制（五年五月）
印鑄局官制（三年五月）
修正外交部官制（十年五月）
外交官領事官々制（五年三月）
駐外使領各館暫行組織章程（元年十一月）
設立英國倫敦法國巴黎各總事館文（八年一月）
擬設比國昂稚斯領事館員缺文（九年四月）
增設駐墨古瑞那玻各使館文（九年五月）
設立義國脫利斯脫領館員缺文（九年七月）
駐古巴公使改爲專任文（十年四月）

交涉員職務通則（二年五月）
內務部暫用元年官制文（六年一月）
內務部官制（元年八月）
修正內務部編譯處規程（六年十一月）
自治制度編查委員會規則（六年二月）
選舉審查委員會規則（六年三月）
全國經界局暫行編制（九年三月）
國道委員會章程（九年十月）
籌議賑災臨時委員會章程（九年九月）
賑務處暫行條例（十年十月）
全國防災委員會章程（十年五月）
中央防疫處暫行編制（八年一月）
衞生陳列所章程（三年四月）
衞生試驗所規程（八年四月）
修正衞生試驗所規程第七條（八年六月）
中央衞生會組織章程（十年二月）
地方行政會組織規則（十年四月）
京師河道管理處規程（六年八月）
京師警察廳官制（三年八月）
京師警察廳分區規則（三年八月）
修正財政部官制（三年七月）
修正內國公債局章程（十一年八月）
償還內外短債委員會章程（十一年二月）
全國財政討論委員會章程（十一年七月）
銀行法規修訂會簡章（九年三月）

印花稅處章程（五年十一月）
改正監督京師稅務名稱文（六年八月）
修正陸軍部官制（三年七月）
陸軍部兩翼懇務局暫行編制簡章（十年三月）
陸軍監獄官制（三年二月）
修正海軍部官制（三年七月）
海軍總司令公署編制令（七年七月）
海軍艦隊司令處編制令（七年七月）
海軍艦艇職員令（三年十月）
修正海軍艦艇職員令第五條第六條（七年九月）
海軍吉黑江防司令公署編制令（九年五月）
官用輪船檢查處規則（九年三月）
參謀本部官制（元年十月）
陸軍測量官制（元年十一月）
各省軍測量局編制大綱（元年十二月）
修正司法部官制（三年七月）
司法部編譯處規程（三年十月）
司法例規編纂處章程（六年十一月）
修訂法律館條例（七年七月）
特種司法事務委員會章程（十年十月）
通令司法部設立文官普通懲戒委員會文（十年七月）
監獄官制（三年九月）
修正教育部官制（三年七月）
教育基金委員會條例（十一年十一月）
教育部編審處規程（三年五月）

第一節 政府

教育調查會規程（七年十二月）
專門以上學校視察委員會規程（九年十二月）
國有教育財產處規程（十年一月）
教育資料採集委員會規程（九年十月）
學術評定委員會組織令（三年七月）
學術審定會條例（七年三月）
中央觀象臺官制（元年十一月）
修正農商部官制（三年七月）
觀測所官制（三年四月）
權度委員會章程（四年三月）
修正地質調查局章程（五年十月）
修訂棉業處規則（五年十一月）
採金局暫行章程（七年十二月）
改訂林務局章程（六年十一月）
交通部官制仍照元年分爲四司文（五年八月）
交通部官制（元年八月）
路員職工保障法規會議章程（十一年九月）
路員職工保障法規會議議事規則（十一年九月）
交通研究會章程（六年九月）
國際交通審查會規則（九年八月）
交通部賑災委員會章程（九年九月）
交通部防疫事務處章程（七年一月）
審訂鐵路法規會簡章（六年八月）
修正交通部交通史編纂委員會簡章（十一年九月）
國有鐵路局編制（五年八月）
京漢鐵路管理局編制專章（五年十月）
京奉鐵路管理局編制專章（五年十月）
津浦鐵路管理局編制專章（五年十月）
株萍鐵路管理局編制專章（六年二月）
廣三鐵路管理局編制專章（六年二月）
吉長鐵路管理局編制專章（六年十月）
膠濟鐵路管理局編制專章（十一年十二月）
膠濟鐵路理事會章程（十一年十一月）
修正京綏鐵路管理局編制專章（十一年十月）
廣九鐵路管理局編制專章（十年二月）
東省鐵路委員會簡章（九年十一月）
修正東省鐵路督辦公所編制專章（十年十月）
交通部西北汽車處編制規則（九年十一月）
煙濰汽車處暫行編制專章（十一年九月）
編訂電信法規會簡章（七年二月）
（裁）兼理電政監督職務章程 民國十一年十一月十四日大總統指令（五年八月）
（裁）修正兼理電政監督職務章程第三條同上（十一年六月）
（裁）兼理電政監督管轄區域及名稱表同上（五年八月）
文官懲戒委員會編制令（三年一月）
僑務局組織條例（十年十二月）
修訂禮制處簡章（九年四月）
國史編纂處簡章（八年八月）
全國水利局官制（三年一月）
將軍府編制令（三年七月）
修改將軍府編制文（三年八月）

京畿衛戍總司令部組織令（八年十一月）
航空署組織條例（十年三月）
航空署技術委員會簡章（十年四月）
航空署繙譯委員會簡章（十年五月）
國有航空線管理局編制通則（十年五月）
京滬航空線管理局編制專章（十年五月）
京漢航空線管理局編制專章（十一年十二月）
平政院編制令（三年三月）
審計院編制令（三年六月）
審計院核算官員額令（三年八月）
幣制局官制（七年八月）
修正幣制局官制第二條（九年二月）
幣制局貨幣檢查委員會章程（九年三月）
造幣廠官制（三年一月）
劃一造幣廠名稱文（九年八月）
鹽務署官制（三年五月）
鹽務署顧問辦事章程（三年二月）
鹽務調查委員會章程（九年九月）
鹽務署稽核總分所章程（三年二月）
全國菸酒事務署官制（九年二月）
全國菸酒事務署檢查委員會簡章（九年三月）
改各省區菸酒事務局長爲簡任文（九年三月）
蒙藏院官制（三年五月）
修正蒙藏院制第五條（九年二月）
蒙藏院呈請設翊衛處文（四年二月）

東省特別區域法院繙譯官條例（十年七月）
阿爾泰現行官廳組織暫行章程文（三年八月）
修正熱河警察廳職掌規則（七年九月）
熱河警察廳勤務督察長辦事規則（七年九月）
熱河警察廳所轄各區署辦事規則（七年九月）
京兆熱河等財政廳長改爲簡任文（六年四月）
庫烏科唐鎭撫使暨所屬各官署組織暫行條例（九年九月）
庫烏科唐鎭撫使公署編制章程（九年九月）
烏科唐各參贊公署編制章程（九年九月）
恰克圖民政員公署編制章程（九年九月）
庫烏科唐各種事官公署編制章程（九年九月）
都統府官制（三年七月）
京兆伊官制（三年十月）
護軍使暫行條例（二年十二月）
鎭守使署條例（二年九月）
直魯豫巡閱使署組織令（九年十月）
省官制（三年五月）
修正省官制第十四條（六年十一月）
各省水利委員會組織條例（三年十一月）
鹽運使公署章程（三年九月）
運副公署章程（三年十月）
財政廳官制（三年九月）
改定各省區印花稅處名稱文（九年十二月）
敎育廳暫行條例（六年九月）
實業廳暫行條例（六年九月）

各省警務處組織章程（七年一月）
地方警察廳官制（三年八月）
地方警察局組織章程（八年十月）
水上警察廳官制（四年三月）
水上警察局適用地方警察局組織章程文（九年一月）
道官制（三年五月）
縣官制（三年五月）
縣警察所官制（三年八月）
縣佐官制（三年八月）
修改福建暨南局章程（七年十月）
揚子江水道討論委員會章程（十年十二月）
揚子江水道討論委員會々議規則（十一年二月）
司法收入委員會簡章（十一年四月）
醫師醫士資格審查會組織大綱（十一年五月）
交通部查賬委員會簡章（十一年六月）
督辦魯案善後事宜公署編制（十一年八月）
修正全國菸酒事務署官制各條（十一年六月）
修正法權討論委員會條例（十二年五月）
陸軍部清理營產委員會規則（十一年九月）
蒙古宣慰使公署暫行組織條例（十一年十月）
蒙疆善後委員會條例（十一年十月）
國際聯合會全權代表辦事處組織章程（十一年九月）

二〇、所屬官規

陸軍官佐士兵等級表（元年八月）
修正陸軍獸醫官階文（六年九月）
海軍官佐士兵等級表（元年十月）
修正海軍軍官進級條例（七年十月）
海軍佐進級條例（四年十一月）
修正海軍々官佐進級條例施行細則（七年十月）
海軍々士長副軍士長及同等官任用進級條例（四年六月）
海軍士兵進級規則（四年十一月）
司法官官等條例（七年七月）
法院書記官官等條例（七年八月）
廳所職員官等法（八年九月）
東省特別區域法院繙譯官官等條例（十年七月）
中央行政官俸法（元年十月）
中央政行官官俸給細則（元年十二月）
修正中央行政官官俸發給細則（二年五月）
技術官官俸法（元年十一月）
中央防疫處職員薪給規則（八年五月）
外交官領事官使領館主事官俸暫行章程（二年一月）
外交領事官官等官俸令（五年三月）
內務部雇員薪給令（三年一月）
修正內務部雇員薪給令第三條（五年十月）
內務部文官考試分部人員津貼暫行規則（十一年九月）
海軍總司令公署暨艦隊司令處職員俸給呈文（七年九月）
駐外海軍武官俸給經費章程（七年八月）
陸軍測量官官俸法（元年十一月）
司法官官俸條例（七年七月）
司法官官俸發給細則（七年八月）

鹽所職員官俸法（八年九月）
承發吏等級薪金章程（九年五月）
京師暨各省區廳處長公費辦法文（七年七月）
修正視學公費規則（六年二月）
教育部直轄專門以上學校職員薪俸暫行章程（三年七月）
國立大學職員任用及俸薪規則（六年五月）
（裁）兼理電政督暨職員薪費增給表　十一年十一月十四日大總統指令（五年九月）
國有鐵路局局員月薪分級章程（五年十月）
審計院辦事員月薪規則（三年九月）
國有航空線管理局員司月薪暫行規則（十年五月）
東省特別區域法院繙譯官官俸條例（十年七月）
各鎮守使薪公數目（三年三月）
內務部編譯處職員津貼支給規則（八年十一月）
法院學習候補書記官津貼規則（七年九月）
修正法院學習候補書記官津貼規則第二表（十一年十一月）
學習候補推事檢察官貼規則（七年八月）
東省特特區域法院候補學習繙譯官津貼規則（十年七月）
陸軍旅費規則（二年十月）
修正海軍旅費規則（三年七月）
陸軍測量人員作業旅費規則（三年六月）
財政部官吏出差旅費規則（四年四月）
交通部電政洋員出差旅費規則（十一年七月）
文職任用令（四年九月）
文職任用令施行令（四年九月）
簡任文職任用程序令（四年九月）

薦任文職任用程序令（四年九月）
分發各省任用薦任職人員依照縣知事到省甄別辦法文（六年八月）
申明薦任職任用程序文（六年十二月）
釐定薦任依類序補條例文（九年十月）
委用文職任用程序令（四年九月）
變通秘書用辦法文（六年二月）
外交官領事官任用暫行章程（元年十一月）
內務部委任職敘補暫行規則（十一年九月）
各省區薦任警察官准予轉任其他薦任文職文（九年四月）
各省警務處及省會警察廳處長廳長歸一人兼任文（六年一月）
徵收官任用條例（九年四月廢）
海軍軍職任用暫行規則（四年十二月）
陸軍官佐補官令（三年九月）
陸軍軍官佐補官令施行細則（四年八月）
陸軍軍職平時補充規則（九年四月）
陸軍監獄官任用條例（三年二月）
收錄無職軍人暫行規則（五年十月）
司法部委任文職輪補辦法（十年八月）
司法部僱員規則（九年八月）
修正京外高等廳以下各法院書記官輪補辦法（十一年十一月）
教育部委任文職序補辦法（十年九月）
教育部錄事僱用反服務規則（二年三月）
遴補視學不照敘補辦法文（六年八月）
教育部直轄專門以上學校職員任用暫行規程（三年七月）

修正教育部直轄專門以上學校職員任用暫行規程第十條（六年十二月）
農商部薦委各職暨附屬各機關任用人員暫行辦法（六年八月）
農商部暨附屬各機關人員非實缺者任用辦法（六年八月）
農商部僱員規則（十一年十二月）
農商部技監職掌細則（十一年十二月）
實職保奬升階及保薦人才與停奬實職案分別辦理文（五年十月）
實業廳廳長預保及任用辦法（九年三月）
交通部委任職序補章程（八年八月）
電報電話局長任用規則（九年九月）
電政例行文件處理規則（十一年十一月）
鐵路監督管理工程局任用專門人員函約式樣（三年五月）
修正河務官吏任用暫行辦法（八年三月）
航空署測候員任章程（十年十月）
大理院僱員規則（九年五月）
察哈爾各旗羣翼等審判處蒙古審理員兼任行政旗職文（九年五月）
東省特別區域法院外國諮議調查員任免暨辦事章程（九年十月）
錄屬升用辦法（七年十月）
法官升轉暫行規則（十一年五月）
知事任用暫行條例（二年十二月）
變通縣知事任命辦法文（六年五月）
知事任用暫行條例施行細則（二年十二月）
知事指分令（三年三月）
停止任用期滿各縣知事任用辦法文（八年八月）

塲知事任用條例（三年十二月）
承辦司法印紙事務人員懲奬規則（十一年九月）
縣佐任用條例（三年十二月）
徵收官交代條例（三年九月）
保奬條例（八年七月）
解釋保奬條例第六條辦法文（八年十一月）
保奬條例增加第十一二條（九年四月）
保送錄屬審查劃一辦法（八年七月）
停止各項改職保案文（十年五月）
限制保奬保升各項辦法文（十年七月）
令附是各機關限制請奬文（九年四月）
陸軍部限制奬案辦法（九年七月）
各广處呈請薦署人員應送成績文（十年五月）
呈薦應員辦法（十年八月）
外交官領事官資格審查規則（四年五月）
外交官領事官資格審查施行細則（四年二月）
嚴定審查外交官資格文（九年十二月）
嚴定各省警察處處長資格並預保辦法（四年八月）
陸軍法官補官資格（四年一月）
薦任法官資格（十年八月）
限定審承查員資格文（六年四月）
修正審查塲知事法條文（六年四月）
文官甄用令（四年九月）
文官甄用令施行細則（五年三月）
變通文官甄用令及施行細則（六年十二月）

釐區文官甄用辦法文（八年四月）
文官甄用令暫行適用文（八年七月）
文官甄別程序條例（三年一月）
司法部文官普通甄別委員會細則（三年八月）
甄拔特種司法人員委員會章程（九年十月）
縣知事甄員章程（四年一月）
文官普通考試法（八年八月）
文官普通考試法細則（八年八月）
文官高等考試法（八年八月）
文官高等考試法細則（八年八月）
外交官領事官考試令（四年九月）
外交官領事官考試細則（四年一月）
外交官領事官考試法（八年八月）
外交官領事官考試甄錄規則（四年九月）
推廣法院續請舉行司法官考試文（八年六月）
修正司法官考試令（八年五月）
司法官考試令細則（六年十二月）
司法官考試規則（六年十二月）
縣司法公署審判官考試任用章程（六年五月）
司法官考試及格人員任用辦法文（六年三月）
法院書記官考試暫行章程（八年六月）
各縣承審員考試暫行章程（八年六月）
監獄官考試暫行章程（八年六月）
監獄看守考試規則（元年十二月）
承發吏考試任用章程（九年五月）

司法官再試典試委員會審議免試規則（六年十二月）
法院書記官考試事務章程（九年七月）
各縣承審員考試事務處章程（九年七月）
監獄官考試事務處章程（九年七月）
修正知事試驗條例（三年四月）
修正知事試驗條例細則（三年四月）
文職學習員員額令（四年四月）
遴派駐外使館學習員章程（四年一月）
司法官初試合格人員學習規則（十年十二月）
教育部學習員定習部務細則（三年九月）
交通部派往各局學習員定習簡章（五年七月）
委任警察官考績升用暫行辦法文（八年七月）
徵收田賦考成條例（三年九月）
常關徵收考成條例（三年五月）
徵收鹽稅考成條例（三年九月）
改訂常關鹽稅各考成辦法文（六年二月）
徵收所得考成條例（十年十一月）
修訂海軍官佐考績規則文（七年九月）
考覈法官成績條例（十年五月）
考覈法官成績條例細則（十年五月）
考覈法官成績委員會規則（十年五月）
司法官考成績規則（三年二月）
審檢事務成績表編制細則（三年二月）
頒布管獄員考核表子（六年三月）
修正察哈爾清查餘荒夾荒考成條例（四年十二月）

知事辦學考成條例（四年二月）
各省區縣知事辦理印花稅考成辦法文（六年十二月）
官吏違令懲罰令（三年八月）
官吏犯賍治罪條例（九年十月）
官吏懲戒條例（七年一月）
辦賑懲獎暫行條例（九年十月）
河務官吏獎懲條例（十年七月）
司法官懲戒法（四年十月）
司法官懲戒法第三章懲戒委員會施行令（四年十一月）
司法官懲戒委員會審查規則（四年十二月）
司法部文官普通懲戒委員會施行規則（十年八月）
司法部文官普通懲戒委員議會規則（十年八月）
司法官懲戒法適用條例文（十年二月）
司法官懲戒處分執行令（七年五月）
監所職員獎懲暫行章程（八年四月）
承發吏懲獎章程（九年五月）
司法共助事務懲獎條例（五年三月）
各省區處理官產人員懲戒章程（六年十一月）
審計官懲戒法（四年十月）
緝私官弁獎懲戒條例（三年十二月）
地方官協助監務獎勵懲戒條例（三年十二月）
蒙藏世爵世爵暨喇嘛懲戒條例（十年二月）
知事獎勵條例（二年十二月）
縣知事疏脫人犯扣修監章程（元年一月）
餘知事兼理司法事務獎懲文（六年四月）

修正縣知事辦理命盜案限期及懲獎規則（八年十一月）
縣知事兼理司法犯贓辦法文（十年四月）
領發任命狀規則（三年十月）
各省薦任以上文官赴任憑限規則（三年二月）
海軍軍官充任商船職員服務證書暫行規則（十一年十一月）
在公人員淫結四季節假文（三年一月）
陸軍部員請假規則（三年）
農商部請假規則（三年四月）
官吏服務令（二年一月）
修正本部總務廳及各司分科職掌（十年五月）
本部總務廳電報科職掌（十年八月）
外交部條約司編譯章程（十年六月）
部務會議章程（八年十一月）
變通駐外使領各館任職期限文（九年十一月）
使館人員服務條例（六年十二月）
領館人員服務條例（六年十二月）
領事館職務條例（四年一月）
領事館經理華僑學務規程（二年十二月）
駐外公使館海軍武官管理留學員生規則（七年十一月）
內務廳司分科規則（十一年九月）
內務部民司變更分科職掌辦法（六年三月）
內務部編譯處編譯規則（六年十月）
內務部圖書室規則（六年十一月）
內務部錄事服務規則（元年九月）
內務部部務會議規則（十一年八月）

選舉審查委員會規則（六年三月）
各省區籌賑辦法大綱（九年九月）
地方行政會議議事細則（十年五月）
京師河道管理所辦事規則（六年八月）
全國河務會務章程（七年二月）
全國河務會議細則（七年四月）
中央防疫處辦事細則（八年七月）
中央防疫分辦事細則（八年五月）
中央防疫處檢查收費規則（八年十月）
衛生試驗所辦事規則（八年七月）
衛生試驗所試驗收費規則（八年五月）
警務公議規則（六年二月）
修正警務會議規則（六年四月）
京師警察廳分科職掌規則（三年八月）
京師警察廳重訂區署辦事規則（三年十二月）
各省關於警務處組織應行聲明各節文（七年二月）
財政部次長辦事章程（三年二月）
修正公債司分科辦事細則（六年六月）
財政部錄事服務規則（元年十二月）
財政部財政會議章程（六年一月）
財政淸理處辦事章程（十一年七月）
財政會議議事細則（元年三月）
釐訂財政法規辦法（元年十一月）
掌司公欵人員徵繳保證金條例（三年六月）
掌司公欵人員徵繳保證金條例施行細則暨書式（三年十月）

所得稅調查及審查委員會議事規程（十年一月）
改訂本部分科規程（七年十二月）
陸軍部値日規則（三年八月）
陸軍部門禁規則（三年九月）
修正陸軍衛生材料廠條例草案（七年一月）
陸軍部兩翼墾務局放荒暫行章程（十年三月）
平時軍隊參謀服務條規（二年八月）
修正海軍部辦事細則（七年十二月）
海軍部各廳司分科職掌（七年十二月）
海軍官佐服役條例（三年十二月）
海軍總司令公署辦事細則（七年九月）
海軍艦隊司令辦事處細則（八年七月）
司法部總務廳第三科辦事細則（九年六月）
修正司法部廳司分科規則（六年三月）
修正司法部廳司分科規則第三條（十年三月）
修訂法律館處務規則（七年七月）
司法會議章程（五年十月）
修正司法會議々事規則（五年十一月）
司法機關保管公欵辦法（五年十二月）
平政院釋訓令文（六年二月）
平政院裁決執行條例（三年六月）
修正平政院裁決執行條例（六元十二月）
審理特別行政訴訟及訴願辦法文（十年一月）
各省司法人員每日勤務時間令（二年三月）
大理院辦事章程（九年十二月）

大理院値宿規則（八年二月）
大理院案件報告規則（七年八月）
修正教育部總務廳會計科出納規程（三年九月）
教育行政會議規則（五年十月）
令各省區設立教育行政人員講習會文（九年三月）
視學規程（二年一月）
視學處務細則（二年三月）
視學室規則（三年十二月）
視學留部辦事規程（二年十二月）
省視學規程（七年四月）
縣視學規程（七年四月）
咨各省區縣視學應准列入縣教育行政會議文（七年五月）
專門以上學視察委員會視察細則（十年二月）
教育部直轄專門以上學校職員任務暫行章程（三年七月）
學術審定會條例施行細則（七年四月）
學術評定委員會辦事規程（三年八月）
學術評定委員會分科評定規程（三年八月）
學術評定委員會軍務員職務規程（三年八月）
獎學金出納細則（三年）
中央觀象臺辦事規則（二年九月）
農商部工商司分科辦事細則（五年十月）
修正農商部圖書室規則（六年三月）
鐵礦公司監督權限章程（七年二月）
修正交通部辦事規則（五年九月）
交通部技術官辦事細則（五年十月）
交通部部務會議章程（十一年八月）
交通會議章程（五年十月）
交通會議々事規則（五年十一月）
交通研究會分類規則（六年九月）
修正運輸會議章程（七年四月）
運輸會議專任會員辦事規則（七年七月）
國有鐵路局辦事通則（十年一月）
交通部漢粵川鐵路辦事處通則（九年八月）
電話局會計事務暫行規程（二年九月）
交通部交通行政講習所簡章（九年十二月）
修正交通部視察職務規程（五年十月）
經濟調查會辦事規則（九年四月）
修正全國水利局分科暫行規程（六年十月）
修正全國水利局辦事通則（六年十月）
全國水利局練習員服務規則（七年五月）
全國菸酒事務署辦事職掌規則（九年三月）
各省區菸酒事務局辦事職掌規則（九年三月）
各省菸酒事務局及分局交代章程（九年七月）
鹽務署派員調查鹽務通則（三年三月）
修正権運局稽查員辦事規則（三年八月）
緝私條例（三年十二月）
幣制局員司分處職掌（七年十二月）
審計院分掌事務規程（三年八月）
審計院辦事細則（三年八月）
審計院各廳辦事細則（三年八月）

審計院書記室職掌綱要（三年八月）
審計院書記室會計科辦事細則（三年八月）
審計院書記室庶務科辦事細則（三年八月）
審計院書記室編譯科編纂處辦事細則（三年八月）
審計院書記室編譯科繙譯處辦事細則（三年八月）
審計院辦事員服務規則（三年八月）
審計院聲明職權文（六年十二月）
審計院續行聲明職權文（七年二月）
平政院處務規則（三年八月）
平政院各庭辦事細則（三年十一月）
平政院各庭評事兼代辦法（三年六月）
航空署執掌通則（十年三月）
航空署廳分科規則（十年三月）
航空署辦事通則（十年三月）
航空署案卷規則（十年四月）
航空署文件處理規則（十年四月）
航空材料廠條例（十年四月）
航空署航站測候所辦事規則（十年十月）
航空教練所飛行初級訓練隊編制簡章（十年五月）
航空署暨附屬機關造送職員表簡章（十年五月）
蒙藏院辦事規程（十年）
修正台站條例（七年三月）
東省特別區視察員辦事細則（十年五月）
各省民長官管轄軍隊權限條例（三年六月）
各省鹽運使運副及緝私營辦事權限章程（四年十月）
廈門運副職權簡章（九年七月）
修正鄂湘西皖四岸及宣沙権運々銷各局稽核員辦事規則（三年八月）
酌定各省道缺經費文（三年八月）
航空署監工簡章（十年六月）
陸軍部修正部務會議規則（十一年九月）
大理院書記官任用規則（十一年六月）
修正監所職員任用暫行章程（十一年九月）
修正京外地方審檢廳法官員缺序補辦法（十一年九月）
修正交通部廳司分科章程（十一年九月）
交通部修正練習員規則（十一年九月）
電務員任用章程（十一年十月）
電務生任用章程（十一年十月）
中華民國憲法（十二年）
修正國會組織法廿一條（十二年四月）
司法法規審查委員會條例（十二年四月）
整理內債委員會章程（十二年五月）
修正蒙疆善後委員會條例（十二年一月）
陸軍統計調查委員會條例（十二年三月）
將軍府各級將軍參軍任用暫行條例（十二年四月）
給獎勳章限制辦法（十二年四月）
修正本部編審處規則第四條（十二年三月）
修正本部廳司分科章程各條（十二年三月）
外交次長呈修正國際聯合會盟約議定文海軍測量標條例（十二年三月）
修正縣知事審理訴訟暫行章程（十二年三月）

修正縣司法公署組織章程（十二年四月）　商標法（十二年五月）
修正縣知事兼理司法事務暫行條例二條（十二年三月）　商標法施行細則（十二年五月）
縣教育局規程（十二年三月）　全國國貨展覽會條例（十二年四月）

第二節　外交部

前清朝時代咸豐年間に始めて外交事務專掌の爲め總理各國事務衙門を置き、奉匪事變後光緒二十七年六月之を外交部と稱し、六部の前に列せしめたが後ち民國に至つて各部の制度を設けるに方つて同じく外交部を設けた、修正外交部官制は民國三年七月十日の敎令を以て公布せられ、更に十年五月七日外交部令で修正したものが左記の通りである。

外交總長は大總統に直隷し國際交渉、及居留外人並に在外僑民に關する事務を管理し對外商業を保護する。

分掌及職掌

本部に總長一、次長一、參事四、司長四、秘書四、僉事四〇、主事八〇、雇員若干を置く。

一、總務廳

文書科
統計科
會計科
庶務科
出納科

一、條約及國際互換文件の收藏
二、交渉案件の調査編纂
三、文書の撰輯保存收發或は公布
四、本部所管の官產官物の管理
五、本部經費及各項收入豫算決算及會計の管理
六、直轄各官署會計の稽核

電報科
圖書科
擋案所

七、統計及報告の編制
八、職員進退の記錄及外交官領事官試驗甄錄事宜
九、印信の典守及本部所屬人員敍勳事宜
十、本部庶務及其他各司に屬せざる事項の管理

政務局各課

二、政務司

界務科
詞訟科
禁令科
敎務科
公約科
私法科
繪圖處

一、政治交涉に關する事項
二、土地國境の交涉に關する事項
三、公約及保和會赤十字會に關する事項
四、禁令裁判訴訟犯人引渡しに關する事項
五、在外本國人の民刑法律に關する事項
六、外人の傳導遊歷及保護賞罰に關する事項
七、出籍入籍調査に關する事項

通商局各課

三、通商司

商約科
商務科
控算科
實業科
保惠科
會務科

一、開埠領事の設置開商行船に關する件
二、在外僑民工商の保護
三、路鑛郵電の交涉
四、關稅外債の交涉
五、外人の延聘及遊學遊歷に關する件
六、外國公會博覽會に關する件
七、其他商務の交涉に關する事項

交際局各課

四、交際司
　圖書科　一、圖書赴任文憑及國際禮儀に關する事項
　禮儀科　二、外交官員の覲見及外賓接待
　接待科　三、本國官民の外國勳章收受許可及本國駐在の各國外交官領事官僑民等の敍勳に關する事項
　勳章科

各省交渉使署

五、交渉署

各省に交渉署を設け外交總長の命を受けて外交行政事務を掌らせ、尙該省行政長官の監督を受けさす。

其組織は特派交渉員一人、科長四人以下、科員八人以下、雇員若干を置き第一科（總務）第二科（交渉）第三科（外政）第四科（通商の分科を設く尙ほ交渉署の下に交渉分署を設け交渉員一人、科長三人以下、科員七人以下を置き、第一科、第二科、第三科の分科を設く。

各省特派交渉署所在地次の通り（×印は税關監督又は道尹の兼官に係るもの）

×直隷	天津	奉天	瀋陽	×吉林	黑龍江
察哈爾	×江蘇	上海	×安徽	蕪湖	江西
南昌	×浙江	杭縣	福建	福州	×湖北
漢口	×湖南	長沙	山東	濟南	河南
開封	×陝西	長安	×四川	成都	新疆
廸化	×廣東	廣東	×廣西	梧州	雲南
雲南					

各省各埠交渉分置所分在は次の通りである（×印は税關監或は道員の兼任とす）

（奉天）	×漢口	安東	（吉林）	×長春
×哈爾賓	×延吉	×三姓	（黑龍江）	×愛暉
（江蘇）	×江寧	×蘇州	×鎭江	（江西）
九江	（浙江）	寧波	×温州	（福建）
厦門	（湖北）	×宣昌兼沙市	×（山東）	×煙台
（四川）	×重慶	（新疆）	×喀什喀爾	×伊犁
（廣東）	×汕頭	×瓊州兼北海		

外交官官制

六、外交官

外務行政の機關としては、外交總長及大使公使領事官であるが此中最も外務行政の職務を行ふてゐるものは領事官である今其領事官の外交官を全權大使、全權公使、大使館參事、大使館參贊、公使館參贊、大使館隨員、公使館隨員を云ひ、大使館に、全權大使一人、參事一人、參贊一人乃至三人、隨員二人、公使館に、全權公使一人參員一人乃至三人、隨員一人乃至二人、領事は、總領事、領事、副領事隨習領事、通商領事等で各領事館に、總領事一人又は領事副領事一人を置くことになり之に隨習領事を加へる場所と否らざる所がある。

外務行政概況

第三節　外務行政概況

內務行政と區別すべきは外交上の大總統權の作用である、外國に對し戰を宣し和を講じ條約を締結することは外國に對する國務の一つであるが、總統自ら行ふ所のものであつて行政官廳の權限に屬する外務行政の作用ではない、外務行政の範圍に屬する所は以上に記したやうに外國に在る國民を保護扶助し其他外國の商工業を調査報告し且つ本國の商工業を保護奬勵するのである、從つて外務大臣卽ち外交總長大使公使の行ふ事務でも外務行政の機關として行ふ事務と外交上の總統權作用を補助する官として行ふ事務とに區別があるのである。

外務行政の準則となるものは則ち法律命令の他に尙ほ條約がある、此條約に就て支那は曾てトルコが取つた例のやうに條約は國民を拘束しないと解して北京の海關稅會議當時の如く破棄しやうとしたことは注意すべきである（利權回收問題等は他國行政の項參照）

一、現在職員及其所在地（民國十四年十一月調）

本部

科長　張澤嘉　同　張瑞璉
總長　顧維鈞　同　宗鶴年　同　黃承壽
次長　曾宗鑒　同　方元熙

通商司

參事　唐在章　司　黃豫鼎　司長　周傳經
同　張煜全　科長　李殿璋　科長　程學鑾
同　陳恩厚　同　田樹藩　同　關霽

政務司

同　朱鶴章　同　陳海超
秘書　黃宗法　司長　施紹常　同　張肇棻
同　熊垓　科長　趙泉　同　崇鈺
同　魏文彬　同　江華本　同　許同莘
同　劉錫昌　同　李琛

交際司

總務廳

同　區諶　司長　王廷璋

行長　于得濬
同　吳葆誠
同　劉廼蕃
同　謝永炘

條約司
司長　錢泰
科長　汪延年
同　范緒良

同　陳斯鋭
同　趙沆年
編擂處
汪毅

二、駐外外交官

△英國駐在
公使　朱兆莘
總領事　賈文燕
同　周國賢
同　魏子京
同　桂埴
同　蘇鋭釗
同　劉毅
領事　陸震
同　何纘
同　李光亨
副領事　戴培元
領事　李照松

△佛蘭西駐在
公使　陳籙
總領事　超詒燾

△伊太利駐在
公使　唐在復

領事　沈以復

△米國駐在
公使　施肇基
總領事　葉可樟
總領事　王麟閣
同　張祥麟
領事　譚學徐

△西班牙駐在
公使　劉崇傑

△葡牙駐在
公使　劉崇傑

△和蘭陀駐在
公使　王廣圻
總領事　歐陽祺
領事　路濬
同　林保恒
同　施紹曾
同　張步青

△獨逸駐在
公使　魏宸組

△墺太利亞駐在
公使　黃榮良

△白耳義駐在
公使　王景岐

△丁抹駐在
公使　戴陳霖

△スヱーデン駐在
公使　戴陳霖

△ノーウルエイ駐在
公使　戴陳霖

△スイッアランド駐在
公使　陸徵祥

△ブラジル駐在
公使　夏詒霆

△ペルユ駐在

公使　夏詒霆

△メキシコ駐在

公使　岳昭燏
領事　王天木

△キューバ駐在

公使　刁作謙
總領事　章守默

△パナマ駐在

公使　刁作謙
總領事　張國威

△智利駐在

公使　張孝若

△露西亞駐在

公使　李家鏊
總領事　伍璜
領事　傳仰賢
總領事　裘汾齡
同　鄭延禧
同　張瑋
領事　申作霖
同　許同范

△日本駐在

公使　汪榮寶
總領事　周珏（横浜）
領事　柯鴻烈（神戸）
領事　郭則濟（長崎）
總領事　王守善（京城）
領事　率實慈（釜山）
同　孫蔭闓（新義州）
同　陳箴（鎭南浦）
同　吳台
副領事　馬永發（元山）

三、外務行政法規

外交部行政事務として次の法規がある。

吉會鐵路借欵預備合同（七年六月）
英屬北波羅州招殖華民條類（二年九月）
九國間關於中國事件應適用各原則條約（十一年二月）
九國間關於中國關税則條約（同　上）
解決山東懸案條約（十一年十一月）
山東懸案細同協定（同　上）
外交部呈報中美改税種則補約互換日期文（十一年四月）
中俄條約失効令（十一年一月）
海牙禁煙公會訂立鴉片公約（元年四月）
局外中立條規（三年八月）
中日議訂條約請批准用璽文（四年六月）
中日條約（四年五月）
簽訂中波條約（八年十月）
呈報中瑞通好互換條約文（九年五月）
中波議訂通好條約文（九年九月）
中墨條約展限及禁工辦法（十年九月）

僑工出洋條例（七年四月）
募工承攬人取締規則（七年四月）
僑工合同綱要（七年五月）
外交部新定請領出洋經商護照章程（五年三月）
領署給發護照簡章（元年七月）
管理無約國人民章程（八年六月）
前記施行細則（八年十二月）
外交次長呈修正國條聯合會監約議定（十一年十月）

呈報中德協約互換照會文（十年七月）
協商文及參戰各國與奧國間之和平條約（九年六月）
善後借欵合同（二年四月）
五國借欵合同（二年四月）
僑商回國請領護照簡章（元年七月）
僑務局調査事項（十一年二月）
國內僑務調査事項（十一年四月）

第四節　內務部

內務部は前淸時代民政部と稱したもので更に其先に溯れば前淸の末中央官制改革に際し此の巡警部を改稱したもので舊來の巡警部及戶部の掌つた事務を合せて司る處である現在の內務部官制は民國三年七月十四日公布に關るものである

內務部は大總統に直隸し地方行政及選擧、賑卹、救濟、慈善、感化、戶口、土地警察著作出版、土木工程、禮俗、宗敎、衞生等の行政事務を管理し、總長一人、次長二人、參事四人、司長五人、秘書四人、僉事四十四人、主事九十八人、技正四人、技士十八人、雇員若干名を置く。

文書科
會計科

一、本部所管の官產官物の管理
二、本部經費及各項收入の豫算決算及會計の管理
三、直轄各官署の會計の稽核
四、文書の撰輯保存收發

総務局

一、總務廳
- 統計科
- 庶務科

五、統計及報告の編製
六、職員の進退
七、印信の典守
八、本部庶務及其他各司に屬せざる事項の管理

民治局

二、民治司
- 第一科
- 第二科
- 第三科
- 第四科
- 第五科

一、地方行政及經費
二、地方自治團體及其他公共團體の行政及經費
三、選擧關係事項
四、救濟及慈善
五、國籍及人口戶籍
六、徵兵及徵發
七、節義の褒物及其他風化の整飭
八、古物保存

警察局

三、警察司
- 第一科
- 第二科
- 第三科
- 第四科
- 第五科
- 第六科

一、警察に關する事項
二、著作權に關する事項
三、衛生に屬する事項

職方局
典禮局
考績局

督察禁煙所　處長（司長兼任）評議員、審査員、調査員
事務員を置き、禁煙事務を取扱ふ

四、職方司
第一科　一、行政區劃に關する事項
第二科　二、土地の調査測量に關する事項
第三科　三、土地收用及官地の收放に關する事項
第四科　四、河防水利に關する事項
　　　　五、道路橋梁に關する事項
土地調査籌備處　處長一人　評議員、技術員、事務員若干を置き土地請丈の準備を
為す、民國三年二月の設置である

五、典禮司
第一科　一、禮制樂制に關する件
第二科　二、祀典行政
第三科　三、祠廟に關する事項
　　　　四、宗教に關する事項

六、考績司
第一科　一、巡按使及地方最高級行政長官所轄地方官吏の懲戒の提付に關す
　　　　る事項
第二科　二、巡按使及各地方最高級行政長官所轄の地方官吏の將卹請給に關
　　　　する事項
第三科　三、各縣知事の敍等進級
　　　　四、各地方行政公署の機屬の敍等註冊
　　　　五、土司の承襲

編訂禮制局

七、編訂禮制會

民國三年二月十七日內務部令により設けられた處のもので、內務部の管轄に屬し、禮制のことを司り會長一人、會員事務員若干名を置く

京師警察廳

八、京師警察廳

民國三年八月二十九日公布の同組織令により設けられたもので京師市內の警察衛生及消防事務を掌る、總監一人、都尉一人、警正三十九人、警佐百二十人、技正二人、技士四人、を置く

總務處（第一科・第二科・第三科）機要事項、文書の收發保存、職員の進退、記錄、印信の典守統計、會計、庶務、各處に屬せざる事項を掌る

行政處（第一科・第二科・第三科）保安、正俗、外事、交通、戶籍、警衛、營業建築に關する事項を司る

司法處（第一科・第二科・第三科）刑事事項、偵查、違警處分を司る

衛生處（第一科・第二科・第三科）道路溝渠の清潔、保健防疫、醫術、化驗に關する事項を司る

一、消防處　消防器の管理、消防員等の配置、進退、賞罰、消防區域、機關の設置、廢止を司る尙

ほ警察廳の下に警察隊及各分區署がある

九、地方警察廳　各地方商埠或は省會地方に設け同じく警察衛生消防等の事務を司る處で、巡按使或は道尹の指揮監督を受く其組織は廳長一人、警正四人乃至八人、警佐十乃至二十人、勤務督察長一人、技正一人、技士一乃至二人（技正及技士は事務の必要に依り設く）雇員、警察隊若干を設く、各省地方警察廳所在地次の如し（所在地は廳名と異るものは括弧内に所在地を掲ぐ）

直隸　天津、保定、熱河、熱河（承德）
奉天　省城（奉天）營口、安東
　　　鴨、渾、兩江水上（安東）
　　　遼河、水上（營口）
黑龍江　省城兼商埠（齊齊哈爾）
河南　省城（開封）
安徽　省城（安慶）蕪湖　長江水上
蕪湖　長淮水上（鳳陽）
綏安　綏遠（歸化城）
厦門　水上（厦門）
湖北　省城（武昌）
湖南　省城（長沙）
甘肅　省城（蘭州）
四川　省城（成都）
察哈爾　察哈爾（張家口）
吉林　省城（吉林）
山東　濟南、煙台水上（煙台）
山西　省城（太原）
江蘇　省城（南京）蘇州
　　　鎭江、淞滬（上海）
　　　水上第一（上海）
　　　水上第二（南京）
江西　省城（南昌）水上（九江）
福建　省城（福州）
浙江　省城（杭縣）內河水上（杭縣）外海水上（寧波）
漢口　水上（漢口）
陝西　省城（長安）
新疆　省城（迪化）塔城（塔爾巴哈台）

廣西省城（南寧）　廣東省城（廣州）　水上（廣州）
貴州省城（貴陽）　雲南省城（昆明）
川邊（未設）

第五節　内務行政概況

地方行政會

一、地方行政會、自治の實際研究機關として地方行政會がある。是は民國十年四月設立されたもので地方行政に就て討論を爲すもので會員は各省區長官、各省々議會推擧者、内務部遴派者、各部署遴派者等で會長副會長各一人を置いてゐる内務部提出案及會員十名以上賛同の提出せるものを討議するのである、決議事項は内務部から大總統に呈請して後施行さるゝことになつてゐる。

警察行政

二、警察行政、警察は内務行政の一部であるが或意味に於て、鐵道、思想、道路、港灣、衛生、鑛山警察等内務行政の全般に亘つて行動してゐる。

支那國内の治安を保持する機關は軍隊警察團練、保甲又は保衛の四者を以て主要なものとされてゐる、支那の軍隊は外國に對しては其實力全く振はない（保甲は自治の項參照）ので專ら内亂の平定及土匪討伐其他警察の補助機關として使用されてゐる、團練保甲保衛團も警察の補助機關として地方人が自衛上自ら設置したものである。

司法警察としての巡察は司法權の行動を補助する所のものであるが犯罪人の搜索逮捕及證據の蒐集等の作用極めて緩慢である、銃劍附で警衛してゐる所は嚴めしいけれど深夜所持の銃器や刀劍を枕に街上に眠り眠覺めて盜み去られたのに氣附き狼狽するが如きが常態である、喧嘩、强盜の來襲あれば之を避けて他に行くか、知らぬ風をして默過するが如き無能も此上ない、行政及保安警察としては結社集會等の取締一般の公安も維持することも出來ず其作用多く云ふに足らない、高等警察の如きは誠に低級で國家に危險を及ぼす如き行爲を防ぎ得たことはない、從つて警察上の强制手段として戒告執行罰等の方法も極めて幼稚を免れない。

團練及保衛團は警察の補助機關であるが北支那方面では團練淸鄕、聯防、保衛團と稱し南支那では保衛團と呼んでゐる各地方に設けられてゐる其大なるものは數百人から二千に至る壯丁を備へてゐる是等の組織は數十ヶ町又は數十ケ村、聯合して各村から壯丁を出して之に銃器を與へ之に要する費用は各町村で負担するのが原則であるが時には他地方から壯丁を雇入れることもあれば地方廳で經費の補助、軍器の貸與等をしてゐる所もある淸鄕、聯防の如き彼等の目的は土匪の襲來を防ぐのであるけれ共又管內の警察事勢を掌つてゐる、罪人は之を仲間に所罰するが、刑情の重いものは地方官に押送するのを例としてゐる、但し團練保衛團を志願する者の多くは地方の無頼漢であるから管內の民家に對しては掠奪をしないが一歩管外に出ると强盜掠奪を敢てするものである、若し來襲する土匪が自分より勢力旺盛であるときは決して敵對しないと云ふ賴りない警察であるが今の支那としては寧ろ無いよりも增である、保衛團は稍や之に似てゐる、事件ある場合は良家の壯丁も之に加つて臨時に防禦し主として商阜地附地に多い、政府でも夫々團練保衛團を設立せしめて自衛の途を構せしめてゐる經費も町村でやつてゐるのであるから最も良策の治安維持法である現警察狀態としては縣治戸口編查現則（民國四年八月）に依つて戸口調查を爲し游民習藝所章程に依つて京兆地方の少年感化事業を行ひ又行政官署が公共の安寧を維持する爲めに豫戒令を發せられてゐるそして此命令は警察廳と縣知事が發し得る規定である治安警察法も民國三年勅令二十八號を以て發布してゐる之に依つて一定の場所を限つて集合すること及び公安を害し風俗を亂す者の請談論議を禁じてゐる、違警罰法（四年十一月）を以て十二歲以上の犯者を所罰してゐる警官の養成は高等警察學校及地方警官傳習所を設けて養成してゐる、是れなぞ九牛の一毛に過ぎない、地方は巡查又は（保甲）村長等が檢事の補助機關として存在してゐるが奧地に行くと巡查と普通人との權限か明瞭でない。

要するに南滿洲及び其他各地方は軍警混同制を廢し警察專務の機關を十餘年前から改善して今日では形式上は進歩を示してゐるやうに見ゐるが其內部に至つてはまだ意を強くするに足りないそれは何れの官もであるか就中警察長官は情實で任用されるのでその多くは經驗なく一二の小數者を除くと軍人官吏の古手か甚しいのは曾て馬賊であつたものなどを採用し中流所では警察學校出身者又は曾て警察事務に從事してゐたもの、下級になると巡警（巡長）目に一丁字のない者約三十パーセント乃至四十パーセントである、其結果、上級官吏は單に名を列ねてゐるのであるから事務の進歩改良を圖ることは出來ない、中流は稍や希望を囑するとのがあるけれ共經驗か淺い、下級官吏は前述のやうに無能である爲めに訓練するに困難である、中には土匪であつたものを採用した爲めに往々土匪と好を通ずるものがある、以上のやうであるから一般に警官の品性は下劣で賄賂を受けて犯人を逃走せしめたり阿片密用者を曲庇したりすることは常態である、中には幽靈巡警を作つて給與手當を着服したものもあつた、加ふるに上級警官を更迭することが頻繁である爲めに自己服心の者を採用する爲め往々その經驗を問はぬやうになる、又その職務に規律なく地方の游民と共に官服を着けたまゝ雜談に耽り路傍で飲食を貪り中には白中惰眠を事とする者がある而して職務に對し極めて不忠實になのは前述の如きもので支那警察制度の改良は緊急を要すると思ふ。

土地行政

三、土地行政、公共の利益となるべき事業の爲めには支那でも土地の所有權若しくは使用權を行政所分を以て一方から他の一方に移轉してゐる。民國四年十月發布の土地法收用法はそれである該法及民國九年勅令修治道路收用土地暫行章程民國八年十一月修治道路條例及九年の施行細則を見ると(一)收用土地の範圍(二)損失の補償(三)收用の時期等記載されてある、道路に於て軌道を布設しやうとする件も該收法法に明に記載されてある、猶ほ河川及土路に就ては民國六年三月內務部に依つて全國河務研究會を作り河務の根本計畫及び將來次第に興革すべき事務を研究してゐる砂防工事に至つては成文として法律の規定が出來てゐない。

衛生行政

四、衛生行政國民の保健を目的とする行政としては水道も北京其他商阜地に在つて多くは私設會社が經營してゐる、飲食器及物品の衛生上危害を生ずるものに對する取締も殆んど行はれてゐない、烟草は未成年者と雖も喫烟してゐる、下水汚物掃除も諸細則はあるが行はれてゐない、牛羊豚馬の屠場に對する設備も外國人又は私人で勝手に行ふてゐる、埋葬に就ても土葬火葬は自由であるが、傳染病に對しては民國七年一月内務部公布の清潔方法消毒法に依つて傳染病死者體は火葬とすることになつてゐるが地方などでは實行してゐない、醫療行政として民國五年傳染病預防條例に依つて我國と同じく八種傳染病を指定して其屆出でをなさしむることにしてゐる又檢疫委員設置規則（七月一日）に依つて檢疫預防に專門學校人員を以て從事せしめてゐるが充分でない、醫師に對しては管理醫士暫行法及實施規則を民國十一年に内務部令で出してゐるが暫行であるから未だ普及的に實現してゐない、藥劑師、產婆等も完全な規定がない藥劑師は唯民國四年、管理藥商章程に依つて官公私學校を卒業者及病院に調劑三年以上の者藥店配劑に從事五年以上の者とある頗る幼稚な資格である、尙ほ藥品の取扱に就ては限制藥用鴉片嗎啡等品營業章程に依つて其賣買授與を制限してゐる。

更に衛生試驗所は民國八年設置され、檢定科藥品科とあつて（一）一切の衛生試驗（二）及警察上の裁判及上化學試驗（三）衛生調查（四）病源調查等を行ふてゐる。

中央衛生會は十年二月設立され公衆衛生及獸畜衛生事項を審議してゐる尙ほ阿片に對し左の訓令を發してゐる

阿片禁止訓令（大正六年四月）

中英禁煙條約は本年滿期となりたれば各省の禁煙事務は關係至つて重大なり本章は歷年嚴重に督促勵行し來りしが各省中には辦理宜しきを得て實際に禁絕せしものあるも中には充分實行し能はずして運送販賣し又は罌粟を栽培する者ある由の風聞盛に

して幾何か去る事實ある模樣なり、今日まで外人が印度阿片の輸入禁止を承認したる十餘省を除き江蘇、江西、廣東、陝西、雲南、貴州の六省は均しく既に本部より委員を任命し英國の委員と協同、速に出張して切實に調査せしめたり又江蘇、江西、廣東、の三省に關し昨年締結せる上納金契約は滿期の後直ちに之を取消し近日各開港地に貯藏せる印度阿片二千餘箱は國務會議の議決を經て再び輸入販賣することを許さずこれ政府の禁煙に對して斷乎たる決心を有する事を表明する者にして決して毫も延緩するの理なし。

各省長官京兆尹及同尹縣知事は皆禁煙實行の責任を有するが故に煙害を一日にても除かざる時は疾痛の身にあるが如く蛇蝎の手にあるが如き思をなし所屬を督促して此期內に悉く弊風を一掃し盡す事に努力すべし縣知事は地方行政を司るものなれば時に親ら各鄕を巡視し民間の疾苦を察すると同時に嚴密に調査を行ひ毎月報告書を作りて省に送付すべし、又各長官は隨時才幹ある委員を各縣に分遣して調査を行ひ已に禁絕せざる者は更に嚴重なる取締を爲し決して粗怠することなかれ始めて期限に達したる地方は特に調査を勵行し情實に泥むことなかれ、斯くして本年內に全國の禁煙を實行して再燃を防遏し人民に口實を與へず友邦の厚意に背かざらん事を期すべし。

中央は禁煙事務に關して迅に罌粟栽培禁止條例を公布し且各種の特殊規則を制定し立法嚴密なり今後各長官及道尹は各所管を嚴査し禁煙に有效なる者には奬勵を與へ不熱心なる者には懲戒を加ふべし此千鈞一髮の時に當りては宜しく懲前改悛の計を爲し一簣の功を缺く事なきを期せざるべからず。

五、步軍統領衙門、前淸舊制の殘留したもので、元步軍營と稱し、八旗步軍、守衛巡警のことを掌り並に旗人に對する裁判權を有してゐたが、民國成立後になつても尚殘存して居るが其京師各審判廳及京師警察廳、京兆尹との權限關係、並に其職責等は明でない、其組織は參事廳であつて其下に秘書科、軍事科、執法科、監察科、會計科、庶務科があつて步軍兩翼、步軍五營其管轄に歸する。

六、內務行政法規

地方行政講習所章程（二年十二月）
地方行政講習所校外修業章程（三年九月）
行政執行法（二年四月）
修正行政執行法（三年八月）
國　籍　法（元年十一月）
修正國籍法施行規則（四年二月）
發給關於國籍許可執照簡章（四年三月）
總治戶口編查規則（四年八月）
縣治戶口編查准由各省自定期限文（六年八月）
游民習藝所章程（四年十二月）
統計講習所章程（九年三月）
內務統計查報規則（十一年一月）
變更發給護照辦法文（十年五月）
豫戒條例（三年三月）
煙案罰金及賭案沒收錢財充賞辦法（三年五月）
護軍執行清廷警察章程（四年二月）
改組護軍辦法（四年二月）
治安警察條例（三年三月）
警械使用條例（三年三月）
警察廳戶口調查規則（四年八月）
縣治編查戶口暨警察廳調查戶口書類程式（四年八月）
違警罰法（四年十一月）
通咨各省塡報違警處分調查表式文（六年三月）
擬就拘留所調冊式（六年一月）
警察職員新任長官不得任意更易文（八年九月）

地方警察局分區編隊通則（九年二月）
縣警察隊章程（七年二月）
修正縣警察隊章程第七條（九年二月）
商埠未設警局地方暫行辦法文（九年六月）
東省特別區警察編制大綱（九年十二月）
東省特別區警察總管理處組織章程（十年一月）
警官高等學校章程（六年二月）
警官高等學校添設技術各專科文（九年九月）
警官高等學校入學試驗規則（六年三月）
警官高等學校技術專科學員畢業任用規則（十一年七月）
地方警察傳習所章程（四年一月）
地方警察傳習所學員畢業分發辦法（六年一月）
地方警察傳習所學員畢業獎勵規則（六年一月）
各省警察傳習所章程（五年十一月）
各省警察傳習所畢業後推行辦法（七年七月）
巡警教練所章程（六年十一月）
招募巡警章程（六年十一月）
警察現調查表式（五年十一月）
各省警備隊調查表暨說明書（五年十一月）
編制警務一覽辦法（六年九月）
聲明警察犯罪通用運法文（八年二月）
各省區警察儲金試辦方法（六年十月）
設立津漢特別區市政管理局文（六年九月）
津漢特別區市政局章程（九年十二月）
督辦漢口建築商場事宜處暫行編制章程（九年四月）

人民私產契約內塡有河心爲界字樣者均應作爲河邊文（六年四月）
全國河川測驗辦法（七年十月）
禁止私放蒙荒通則（四年十一月）
修治道路條例（八年十一月）
修治道路條例施行細則（九年十月）
修治道路收用土地暫行章程（九年十月）
土地收用法（四年十月）
修訂北京房地收用暫行章程（七年一月）
管理寺廟條例（四年十月）
各省遇有關於宗教事件應遵照管理寺廟條例辦理文（六年三月）
管理雍和宮規則（七年九月）
管理隆福護國妙應三寺規則（七年九月）
釋藏經典頒給規則（九年十月）
釋藏經典印刷規則（九年十月）
釋藏經版保管規則（九年十月）
古物陳列所章程（二年十二月）
保存古物協進會章程（二年）
通咨各省調查古物列表報部文（五年十月）
保存古物暫行辦法（五年十月）
呈請編輯古物清冊以資保存文（九年三月）
天壇管理規則（九年八月）
著作權法（四年十一月）
著作權法註冊程序及規費施行細則（五年二月）

出版法（三年十二月）
管理印刷營業規則（八年十月）
管理醫師士暫行規則實施手續（十一年四月）
管理醫師暫行規則（十一年三月）
管理醫士暫行規則（十一年三月）
解剖規則（二年十一月）
解剖規則施行細則（三年四月）
管理藥商程（四年十月）
限制藥用鴉片嗎啡等品營業章程（四年）
傳染病預防條例（五年三月）
檢疫委員設置規則（七年一月）
清潔方法消毒方法（七年一月）
火車檢疫規則（七年一月）
管理公立廁所規則（六年三月）
管理飲食物營業規則（六年）
衛生試驗所化驗合格發給封簽規則（十一年十一月）
各省結社集會呈報程序文（五年十一月）
令各省區飭屬查塡雨雪量數表文（九年十月）
嚴禁巫術令（二年十月）
禁種罌粟條例（三年五月）
勸誡剪髮條規（三年六月）
報紙批評圖書廣告等項時涉淫褻應設法勸戒文（五年十月）
禁止採用舊歷文（八年二月）
嚴禁販賣書猥褻畫文（五年十月）

第六節　財政部

前清時代古くは戸部と稱してゐた、後度支部と稱したもので大總統に直隷し會計、出納、租稅、公債、泉幣、政府專賣、儲金、銀行、及其他一切の財政を管し、並に地方公共團體の財政を監督する、總長は一人、次長二人、參事四人、司長五人、秘書四人、僉事四十人、主事七十八人、技正一人技士貳人、雇員若干名を置く。

總務局

一、總務廳
- 機要科
  - 監印課
  - 電務課
- 文書科
  - 編輯課
  - 收發課
  - 謄錄課
  - 擋案課
- 司會科
  - 收支課
  - 庶務課

一、本部官產官物の管理
二、本部經費各種收入の豫算及會計の管理
三、直轄各官署の會計の稽核
四、文件の撰輳保存收發
五、統計及報告の編製
六、職員進退の記錄
七、印信の典守
八、本部庶務及其他各司に應屬せざる事項の管理

賦稅局

二、賦稅司
- 第一科
- 第二科
- 第三科
- 第四科

一、國稅の賦課及徵收
二、國稅の管理及監督
三、土地清丹に關する事項
四、賦稅の調査稽核計算
五、財政部所管の稅外一切の收入に關する事項

第五科
六、地方公共團體の收入に關する事項

印花稅發行所
七、其他賦稅に關する一切の事項

會計局

三、會計司

第一科
第二科
第三科
第四科
第五科

一、總豫算決算
二、特別會計の豫算決算
三、主計簿の登記及各種計算書の檢查
四、歲入歲出現計書の編製
五、豫算支出
六、豫備金の支出
七、金錢及物品合計
八、公共團體の歲計
九、其他會計に關する一切の事項

泉幣局

四、泉幣司

第一科
第二科
第三科
第四科
化驗所

一、幣制整理
二、貨幣調查
三、貨幣計算
四、金屬貨幣及生金銀出入
五、造幣廠監督
六、銀行監督
七、紙幣發行
八、準備金稽核
九、國內外の金融
十、其他幣制及銀行に關する件

公債局

五、公債司

第一科
第二科
編譯處
借欵綜核處

一、公債の募集發行
二、公債の出納管理
三、公債の債本付息
四、公債の註冊更名
五、公債簿記及公債計算書の調製
六、公債の整理
七、地方公債の稽核
八、財政部證券に關する事項
九、其他公債に關する一切の事項

庫藏局

六、庫藏司

- 第一科
  - 一、國資の運用出納　二、發欵命令の稽核
  - 三、國庫の出納管理　四、國庫の出納計算書
- 第二科
  - 五、國庫簿の登記　六、金庫監督
  - 七、出納官吏監督　八、財政官吏監督
- 第三科
  - 九、儲金保管物に關する事項　十、其他一切出納事項

以上の外財政部の管理に屬するものに駐外財政員事務處、整理賦税所、淸査官産局、公估局等がある。

中國銀行

七、中國銀行　支那の中央銀行であつて、民國二年四月十五日公布の法律に依つて設立されたものである、總裁一人、副總裁一人、董事九人、監事五人ある、以上は各株主總會に於て選任する處に係り此外財政部からは特派監理管一人を派して其業務を監督してゐる、其本店を北京に置き左記各地に支店を設けてゐる。

上海	天津	漢口	開封	長春	濟南	太原	杭州
南京	福州	廣州	貴陽	營口	青島	奉天	揚州
吉林	大連	周家口	鎭江	煙台	信陽	漯河	彰德
蘇州	蕪湖	安慶	運城	福州	宜昌	寧波	滕縣
淸江浦	周村	南昌	濟寧	黑龍江	錦縣	哈爾賓	沙市
無錫	安東	鐵嶺	保定	大通	益都	臨沂	臨淸
惠民	歸綏	蘭谿	温州	嘉興	紹興	潮州	江門

八、監督銀行、左記三銀行は本部に於て直接に之を監督す

交通銀行　殖邊銀行　勸業銀行

又左記各銀行は監理官を以て之を監督す

安徽中華銀行	湖南銀行	四川銀行
四川濬川銀行	廣西銀行	吉林銀行
東三省官銀號	廣東官錢莊	山西官錢局
山西晉勝銀行	河南官錢號	陝西泰豐銀行
陝西富秦錢局	甘肅官銀錢局	江蘇銀行
福建銀號	浙江銀行	雲南富鎮銀行
貴州官錢局	熱河官銀號	直隷銀行
江西民國銀行	山東銀行	黑龍江廣信公司
黑龍江官銀號		

九、造幣廠

造廠總廠は財政部に直隷し、貨幣の鑄造、銷燬、生金銀の錬精、分析、徽章の製造、金屬鑛產の試驗等を司り、天津に設けられてゐる、其組織は監督一人、秘書一人、總稽查四人、技師四人、技士四人、科長三人、科員十八人、司事雇員各若干から成り、總務科、鑄造科、化驗科の三科を分設してゐる。

造幣廠の分廠として奉天（瀋陽）江南（南京）湖北（漢陽）四川（成都）廣東（廣州）雲南（昆明）の六造幣

廠がある、其事務官人員は總廠監督の管理に屬するものであつて、廳長一人、技師二人、技士四人科長三人、科員十二人、司事、雇員各若干を置き、總務科、鑄造科、化驗科の三科を設けてゐる。

此外河南銅圓局も造幣總廠の管轄に屬してゐる。

各稅徵收局

一〇、各稅徵收局

財政部の管轄に屬する各稅徵收局に次の數者がある

北京商稅徵收局　左右翼商稅徵收局
張家口貨稅徵收局　殺虎口貨稅徵收局
塞北稅釐徵收局

稅關監督

一一稅關監督

財政部は海關、常關等の稅關を監督してゐる其稅關名は次のやうである。

（×印は常關）

江海關　東海關　閩海關（兼管福海關）　津海關
江漢關　鎭江關　金陵關　蘇州關　蕪湖關
杭州關　浙海關　甌海關　粤海關（兼管三水、江門、九龍拱北等關）
潮海關　山海關　長沙關（兼管岳州關）廈門關
宜昌關（兼管沙市關荊州常關）　重慶關　九江關　安東關
濱江關　瓊海關（兼管北海關）　蒙自關　思茅關
騰越關　梧州關　南寧關　龍州關　琿春關

×鳳陽關　臨清關　×淮安關（清江浦）　×太平關（大通）
×武昌關　×漢陽關　×贛　關　×蕪　關

各省財政廳

一二、各省財政廳

各省には財政廳を分置し各該全省の財政を管理させる處としてゐる、財政部に直隷するも特別委任に依り巡按使の監督を受けさしてゐる、各廳に廳長一人、科長三人、一二三等科員、事務員各若干宛を置き、總務科、徵權科、制用科を分設する。

財政廳は二十二行省全部に之を置き、尚ほ京兆、熱河、察哈爾、歸綏、川邊の五特別行政區域財政分廳を設けてゐる。

雜稅督理所

一三、雜稅督理處

菸、酒、契、牲畜の四稅を監理する所で、總辦一人、書記、辦事員各若干を置く、尚各省に雜稅督理分處を置き、財政廳内に附設し幇辦一人、書記一人、辦事員若干を置いてゐる。

造紙廠

一四、造紙廠

紙幣發行のため原料紙を製造する處で光緒三十二年設立されたもの、爾來財政部の管轄に歸したが民國成立後同じく財政部の管轄に歸した（武昌にある）

籌辦公債所

一五、籌辦公債所

財政部に直屬し、内國公債の籌募辦理事宜を管轄し、所長一人、辦事員書記若干名を置いてゐる本所の所管事務は次の通りである。

（一）金融狀況及債劵募集時期の調査（二）公債發行方法發行機關及定期發行の籌定（三）利子支拂元金償還及登記方法の改良經理（四）公債用途の擴充方法（五）公借の買賣移轉機關の籌設（六）募集公債金の用途を研究し公衆に報告す（七）保險利子の欵項を籌定す（八）人民の公債に對する信用を增長せしむる方法の考究

第七節　財務行政概況

支那の財政は昔から紊亂を極め淸末には日淸戰爭團匪事件で巨額の賠償を負つたものであるから財政部は窘迫して行政官吏又は兵士の給料さへ渡さなことは屢々ある、民國始まつてからも經費は膨張する許りで收入は各省の年々納付する解欵も停止され歷代政府は維持困難に陷入つてゐる財政整理の聲は各所に起つて喧しい。

其方法として各省國稅廳及び財政廳を設けて地方財政機關に改革を加へ、又財政會を設けて全國豫算の編製を協議せしめた、又租稅は國費に充つる爲めに徵收せられてゐるのであるから、先づ稅制の改良を計つてゐる、革命以來各省舊有の稅制殆んど破壞せられた就中其積弊の甚しいものは田賦と釐金の二つである、財政部專ら之が改革に從事して來たやうであるか未だ地方では租稅義務の發生も法律に依つて發せられないことは往々見受けられる、また審計法に依つて其收支を明かにしなければならないやうに出來てゐるが實行は動もすれば亂れ勝である、徵稅法も直接に收稅せしむる

段政府豫算

者地方に義務を負はしむるもの、印紙税との區別はあるが地方に義務を負はしめる分は前に述べたやうに督辦省長等に依つて左右せられゝことがある、民國六年財政部整頓税收辦法を出して税制の整理をやつたが未だ出來上つてゐない、然し海關税か二分五厘上げられると年收は三千萬兩增加するが釐金税の廢止も亦問題となつてゐる今豫算を略記すると次の通りである。

一、執政政府の歳出入豫算表

總豫算	一、〇二六、四五六千元
不足額	一〇六、五三六千元

左表は段執政々府が三月開會したる、善後會議に提出した中央政府最近の查定に係る全國歳出入豫算表で、歳入は經常、臨時を合し四億五千九百九十六萬〇百三十四元、歳出は經常、臨時を合し五億六千六百四十九萬六千二百六十元、總豫算十億二千六百四十五萬六千三百九十四元、歳入不足一億六百五十三萬六千百二十六元を算し、國債元償還が其唯一理由なる事が首肯されるのである。

▲全國歳入豫算表

●(甲)經常部

(一)田賦　八六、五六八、五一七元

各省最近の豫算及び民國八年度豫算によつて查定。

(二)關税　一一七、六九〇、四〇一元

民國十三年度海關及常關の税收幷びに西南各省常關税の既往收入額によつて查定。

(三)鹽稅　九八、五一三、二六四元

鹽務署の調査に係る最近の收入によつて査定。

(四)貨物稅　四六、六九八、一八二元

(五)正雜各稅　二八、八五五、八一三元

(六)正雜各捐　四、七五四、一六二元

(七)官業收入　二、四一四、九六五元

(八)雜收入　六、〇八九、〇一一元

以上五項は各省最近の豫算及び民國八年度豫算によつて査定。

(九)中央直接收入　四六、六三四、三一〇元

本欵は印紙煙酒等の諸稅を包括し其の數額は報告書提出者の各收入と報告書未提出者の收入豫定額を參酌し得たるもの之でを煙酒印花稅處等の實收額に比較して增加の嫌ないとは云へぬ。

(十)中央各機關收入　三、〇七五、三四〇元

民國八年度豫算によつて査定。

合計　四四一、三〇三、九六三元

(乙)臨時部

(一)田賦　一、七〇七、七〇九元

(二)貨物稅　六九、二一四元

(三)正雜各稅　二八、五一六元

(四)官業收入　一〇五、四七七元

(五)雜收入　二、二二〇、八七四元

以上五項は各省最近の豫算及び民國八年度豫算によつて査定。

(六)中央直接收入　一四、四三九、三四三元

(七)中央各機關收入　八五、〇三八元

以上二項は民國八年度豫算によつて査定。

合計　一八、六五六、一七一元

▲全國歲出豫算表

●(甲)經常部

(一)中央各機關經費　二二、八八一、二一七元

▲是は民國八年度豫算に根據し昨年十月各機關を增減したる當時の狀況に照して査定。

(二)外交經費　四、六〇二、五三八元

(三)內務經費　四八、三五九、五四二元

(四)財政經費　三九、三四六、五七三元

(五)陸軍經費　二四二、五二八、九九六元

(六)海軍經費　一五、〇三〇、八一〇元

(七)司法經費　一三、七八三、一一四元

(八)教育經費　六、六六一、七二三元

(九)農商經費　四、五七一、〇四四元

(十)交通經費　四、五三六、三一五元

以上九項は總て民國八年度豫算及び各部最近の豫算によつて査定

合計　四〇二、三〇一、八七二元

●(乙)臨時部

(一)中央各機關經費　一、三六九、六五二元

民國八年度豫算によつて查定。

(二)外交經費	一、五四四、三四二元
(三)內務經費	三、六五三、六四九元
(四)財政經費	一四、一七一、七二〇元
(五)陸軍經費	一三、三九四、九三五元
(六)海軍經費	三、九〇七、三一七元
(七)司法經費	二一五、六一九元
(八)教育經費	六五七、一二九元
(九)農商經費	八二九、一一九元
(十)交通經費	一、一七六、五六九元

以上九項は總て民國八年度豫算及び各部最近の豫算によつて查定。

(十一)債欵經費	一二三、二七四、三三七元

▲現在確實なる抵當物件を有する國債の支拂ふべき元利及び確實なる抵當物件なき國債に對し支拂ふべき利息の合計

合計	一六四、一九四、三三八元

二、各稅制改革の結果

賦稅田賦

(A)田賦　とは地租の事で清朝時代は主たる國家收入の一であつたが革命と共に一時收入急に減じたが后復た舊に還り兩計算を銀元計算と改め最近民國八年の查定計算として十四年二月段政府の提出したる豫算は經常部八千六百五十六萬八千五十七元臨時部百七十萬七千〇九元である。

關稅

(B)關稅　關稅に二種あつて一は海關稅で他は常關稅である、海關稅の收入は稅務司に屬し海關所在地を距る五十里以内の常關稅も辛丑條約に依つて稅務司に屬する、通商開始以來海關稅の增收日に加はつてゐる戰前民國二年頃は四千三百九十餘萬兩であつて、增大したと云はれてゐたが歐洲戰で一時激減し民國十四年末財政整理委員の發表に依ると十三年度總收入實に一億四百卅九萬二千六百九十六元の巨額に昇つてゐる。民國十四年末支那の海關稅は自主權を得た、常關は一名鈔關と云つ沿江沿海の地方と其他に論なく水陸の衢合船軍の輻湊する所商旅の集まる所には皆關を設けて通過の貨物に對して稅を徵收するのである。

釐金

(C)釐金　は前淸咸豐の初年に局を揚州に設けたのが初まりで其后各省に設けられ殊に各地方に國稅廳設けられてからは釐金に對しては稅則を釐定し檢査を嚴重に行ふやうになつた收入は增加したが同時に釐金廢止問題も民國二年頃から起り十四年の關稅會議にも問題の一となつた現在收入額は財政整理會發表に依ると總六千八百六十一萬八千六百四十八元である。

驗契

(D)驗契　は人民の財產の保護を目的として民國三年一月之に關する規定を公布した、此規定に依ると一枚每に實價三十元以上檢定費一元登記科一角を徵し三十元以下のものは徵收しない、民國四年には合計四千八百餘萬元を得たと云ふ。

契稅

牙稅

(E)契稅　は東晋時代に起つたものであるが土地家屋の賣買に其價格の賣契は百分の九、典齊は百分の六と定めた(民國三年一月)尙ほ此外當稅と云ふのがあつて質屋に科する稅である其他牙稅と云つて賣買の間に在つて手數料卽ち牙錢を得るのである更に之を云へばブローカーに對する課稅

牲畜屠殺税

である。又牲畜屠宰税は豚牛羊の三種に限り豚一頭三角牛一元羊二角である。

印花税

（F）印花税は　和蘭から起つたもので英佛も相次で此制を擇つたのであるが、印紙税のことで外國の輸入したもの、送狀其他の證書等に帖付するのである、民國十三年度末の各省區總額三百〇四萬七千六百十八元餘であつた。（本税は烟酒税と共に十四年十二月末關税委員會で在支外人にも課せんと聲明した）

烟酒税

（G）烟酒税　一種の奢侈税であつて民國四年には官督商銷の方法を施行した（即ち全國酒煙專賣計畫である）民國十三年末の統計に依ると煙酒税捐及特許牌照税の三項合計千五百八十三萬七千八百三十五元である。

其他郵政收入として十三年末一千三百二十五萬七千百十四元、鐵道收入同年末調國有各收入總額一億一千八百廿八萬八千九百九十四元。

尚ほ財政調査に依ると内外債の確定の担保なるものは十四年度末財政部所管外債合計三億八千八百十九萬八千五百七十四元一角四分で、內債は元利合計二億六千二十五萬三千二百八十元六角二分で交通所管の分に五億九千七百餘萬元あるが其內償還の方法なく整理に屬するもの四億五千三十餘萬元である。

內國公債局

三、內國公債局

又民國十一年八月設立されたもので內國公債局がある政府の舊債を整理して且つ新債を起す內債一切の機關である（一）總裁は中國銀行總裁副總裁（二）交通銀行總理協理（三）總稅務司（四）財政部公

債司司長(五)華商殷實銀錢商號重役又は支配人を以て組織してゐる。

其他債還内外短債委員會、全國財政討論委員會等があつて、前者は内外債短期の見積りを立て償還を計り後者は全國の財政を整理する計畫を樹て之を討論するもので兩者共民國十一年に組織されものである。

印花稅處

大正五年十一月印花稅處を財政部内に設け全國の印花稅に關して各地方の繁盛地に收稅處を置き地方に應じて旺衰を比較し又隨時に各所監察して其情形を酌量して收稅を決定してゐる。

四、鹽務行政

支那の鹽專賣と管轄する鹽政なるものは歷史は隨分古いが今は淸朝時代の時より云へば、直隷兩湖では各總督をして兼任せしめて其他の督撫は鹽政の名はなかつたが各省の內務を總轄した、製鹽地を有する各省には都轉均運司を設けて之を長官とし通常之を運使と呼んでゐた、運使は督撫の命を受けて鹽の專賣に關する一切の事務を管理するものである、直隷山東兩淮江南廣東の五ケ所に之を設けた、山西、四川、福建、甘肅の如きは製鹽所はあつたけれ共運司を設けなかつた、鹽運使の下には鹽法道を置くのを例としたが普通鹽運司は鹽法道を兼ねるものとして山西四川兩省の如きは鹽法道のみをして鹽の專賣を管理せしめた、現在の官制に依ると(民國三年五月)

鹽政官制

一　督辦一財政總長一(全國)五僉事八

二　署長一簡任(全國一切鹽務)六主事二〇

三　參事二薦任署長を助く

四　廳長二薦任署長の命に依り各廳事務を掌る

五　秘書二薦任同右

イ、鹽政整理

支那政府は民國の初鹽稅を以て第一次大借欵の擔保に供し、更に外人を入れて是の改革をすることを諾したので、英人サー、リチャーデ、ドーン鹽務總顧問となり、更に其下に多數の內外人を雇聘して此の整理に着手した。而して鹽政整理の要領は塲產の整理と運銷の變通とに在つた、即ち鹽場を整理し、產鹽を改良し、運搬及銷賣の方法を變通するのである。かくすれば鹽務の成績自に擧るべきを以て此方針によつて整理に着手した。

鹽場は鹽の生產地であるから精確な測量を行はなければ、整理を爲すことは出來ぬ、民國元年長蘆(直隸)先づ測量を行ひ、數月で完成し、二年上海に塲產整理處を設立し、吏員を淮北(江蘇北部)福建浙江等に分遣して測量を行はせ、淮北の四場、福建の七場、兩浙（浙江省の東西の兩區に分けて併せて斯く呼稱す）の五場は、何れも民國三年に完成し、更に廣東に赴いて測量を行ひ、これも完成した。此種の鹽場地圖は、悉く新式の製圖法に依つたもので更に次第に全國に推及ぼし、場區の狀態を明確にする事を期した。

近年各省の鹽場を改置したもの少なくない、例へば浙江では、民國元年に岱山の一場を增設し、石堰を餘姚に併合し長蘆はもと場を置いたが、民國三年併合を行つて豐財、蘆台、石碑の三場とし河東(山西)の中、東西三場を改めて解池の一場とし東三省の莊河、安鳳を改めて莊安の一場とし四年山東の玉岡、官臺、二場を併合して玉官の一場とし、且つ石島及登寧の二場を増設せんとして居る。兩廣では烏石の一場を増設し、且つ招收、河西を併せて一場とし、上川、雙思を併せて一場になさんとして居る。

然も場區廣廓で監視周密に出來ず、私鹽窩であるから場警(鹽場警察)を編制して、逋脱を杜けた從前の緝私營隊(鹽務警察)は、消費地に重きを置いて、產鹽地の警備を怠つたが、各場產額の不足の原因一半は、實に竈戶(鹽製者)の脱税に在つた。民國二年に長蘆(鹽田)場の整理が完成したから、先づ石碑、豐財蘆台の三場に於て、試驗的に場警を設置し、其後東三省、營蓋場、山東の玉岡場、兩浙の松江場等三四年來次第に之に倣つて成績著はれ、場私の弊漸く減つて來た。

鹽を鹽場に貯ふるに、場員之を管理すると云ふが、監視嚴密にすことが出來ずして、脱税盜員の弊害到る所に行はれてゐる、長蘆及山東の從來の坨垣(貯鹽所)は、規模狹隘で產鹽を收容するに足らず、因つて二年の春長蘆先づ漢沽、塘沽、鄧沽、東沽の四所を新式に改築し、山東、東三省、淮北等も亦三四年中に之に倣つて築造の計畫を立て、其建設點は夫々圖設をして、鹽務署の裁許を得た、竣工の上は消耗盜脱の患がなくなるだらう。

鹽の產地には海あり、陸あり、池あり、井があつて、隨て品質に厚薄上下があり、製法に煎(煎熬）曬（天日）の別あつて、難易寡の差を生じ、取締の方法に就て、深く研究を加へる必要がある、故に三年三月製鹽條例を公布し、鹽製造者は凡て政府の特許を受ける可く、又製鹽の範圍を分別して、規則を遵奉し、紛岐を免れさせんとした、かくすれば鹽質の不良なもの生產費の過多なものを隨時に淘汰し得るであらう、法を立てるのは易くして人を得る事は難い、從前場員は凡て戶部から選任したが、民國以來各省が場長を任命し、管理に當らせ、玉石混淆の狀態であつたから、四年場長を改めて知事とし鹽務署から資格を具備したものを選んで、各省に分遣し刷新統一に便じた。

運銷改良

次に運銷の方法に對して改良を加へたことは、從來官運には弊害が多かつたから、長蘆鹽區の七十餘縣山東鹽區の五十餘縣、山西兩淮兩廣雲南の鹽區の內四五十縣、四川の夥多の縣の官運は、民國二、三、四年中に次第に停止して、請負に附し、且つ運鹽公司の設立を許可して運搬に當らせた、尙ほ商辨に改めないものは陝西省中渭水以北の各縣、安徽の滁、來安、全椒の三縣、雲南の龍騰、文山等の縣だけである。

官運と商運

官運を商運に改めて國家の冗費を省いたが、道路遼遠で運搬困難だから、私人の力に及ばぬ虞がある故に運道の變通を行つて、此困難を除去しなければならない、往時淮北の鹽は、場から壩（大運河卸地）に運んで、皖北（安徽北部）に運送販賣せられ、多く時日を費した、依つて民國三年板浦から海に出し又た津浦鐵道に依つて蚌埠に送る事を許可し、時間と經費とを節減し得た、吉蘭泰の鹽は曾て陸運であつたが道遠くて費用多く、河套下流の各縣に充分の供給が出來ないから、三年其舊制を復し水運で磧口で搬出する事を許可した。

鹽商の鹽運搬に用ふる許可証には弊害生じ易いから、三年五月執照を規定し、鹽務署から印刷して各鹽運使に渡し、鹽の斤量地方の遠近を按じて、夫々記入の上交付し、運搬を終れば、鹽運使に返納し、鹽稅報告の際取纏めて鹽務署に送付する事とした、かくすれば運送數量を明確にする事が出來るであらう。商人の鹽運送中の目減を補ふために、從來加耗の規定があつたが、弊害が多いため三年鹽務署から各省に通令して、一切滷耗の添加を廢止し、且つ包裝重量も確實に規定させ、各其地方の習慣に則つて、一包の正味若干斤風袋若干斤と規定し、斤量を盜む弊を杜絶する事を期した。各省の秤は一樣でない、因つて三年公布した鹽稅條例第九條に、鹽の秤量は司碼秤(官秤)十六兩八錢を一斤とし、百斤を一擔とし、十六擔を英斤一噸と規定し、鹽務署より秤を各省に渡して悉く之に據らせる事とした。

鹽船の沈沒した時は、事實調査の上追加運送を許す例であつたが、狡猾な船員は往々虛報して、欺瞞を謀る弊があるから、三年五月一切之を廢止した。

行鹽引地は多く相連接し、鄰私と浸蝕されるがため、其販路に大きな打擊を蒙る例が多い、而も幅員廣濶であつて監視行屆かないから、引地の開放を行つて私鹽を杜絶させようとして三年一月從來淮鹽を消費した汝光十四縣(河南)皖北十九縣は、商人が長蘆、西壩(淮鹽の集散地)に於て最寄り購賣する事を許し、又潞鹽(山西池鹽)を需用した鞏、猛津縣の八縣(河南)、山東鹽を需用した商邱虞城等の九縣(同上)、及安徽の宿、渦陽の二縣、山西鹽區の安邑、霍縣の四縣、山西省の舊平定州及遼州管内七縣及楡次、陽曲の二縣、長蘆鹽區中官運の商運に歸した、各縣を凡て開放して自由營業とし廣東の八埠はもと商人の請負であつたが、これ亦四年に自由運銷を許した。

又消費地は各事情を異にし、且つ税率同じでないから、民國三、四年中、各省夫々税率を規定し引鹽、食鹽、土鹽は各消費地の事情を斟酌して、定税の標準とした、目下は改革草創の際であるから税率の增加は漸進的を必要とするである。

官鹽需要の盛衰は私鹽の有無に關係がある、因つて民國三年運私條例を公布し、鹽務署の特許を得ずして製造販賣し又は販賣の意志を以て藏するものは、緝私營隊之を檢擧する事及緝私營隊の職務私鹽を押收した時は、最寄官署に送致し、拂下を行ひ、營隊に賞與を給する事等を規定した、逮捕した犯人に關しては、別に治罪條例を制定し、人民でもつて畏憚する所を知らしめたのである、近來又鹽務署から緝私成績考核規則を公布して、係員を督勵した、かくの如く立法が密であるから私鹽を杜絶し官鹽の需要自ら增加した、各鹽運使副使權運局運銷局は、何れも官鹽の運銷に關して責任があるから、民國三年銷鹽考成條例を公布し、最近十年中販賣高最大であつた、三年の平均數を標準年格として、其數を各季の消長に按じて、毎月の標準を定め、四年六月一日から實行した、其後各省の成績を見るに超過した者多く、不足した者は少ない、次にリチャードデーンの鹽政改革意見を附記すれば次の樣である。

収入増加法

ロ、デーン顧問鹽政改革意見

一、鹽務の收入を增加せんと欲せば、必ずしも製造を獨占するを要せず、又必ずしも製鹽者より直買して商人に賣下ぐるを要せず、若民間に於て適宜の地を選みて良鹽を製造し、需用に應じ得て缺乏の憂なく、また公平の價を以て、商人に賣らば、政府は之を放任して可なり、民製鹽の性質好からず、或は價格高きに過ぐる時は、政府は製造所を起して之を矯制し得べく民製鹽の供給充分ならざる時も。亦官設製造所に於て之を補足し、市價を調節するを得べし、專賣論者は政府が製鹽を獨占する時は、種々の課稅を鹽價中に含め得るの便ありと雖へども、支那、印度等の如き地廣く人多き國にありては、放任主義に依るを得策とすべく、且つ改革は民間に反對を惹起し易きものなるが故に、成るべくこれを避くるの必要あるべし。

二、民業製鹽所の內、地位僻遠にして、監督の行屆き兼ぬる地、及產額少なく鹽督費用を上ぐるに足らざる地は、之を閉鎖せしむ、閉鎖には許可證を引上げて再び給與せず、相當代價を賠償するか、或は規定以外に稅課を增して、鹽督の費用に充て自然に其消滅を待つかの方法を用ふべし製造所は出來得る限に集合せしむべし、集合すれば競爭すべきか、適度の競爭は事に害なければ國家は宜しく之を奬勵して、鹽價の低減、鹽質の改良を圖るべきなり、距離遠き時は監督費を繁くし、有力なる製造所の一所に集團し大に經費を省き得るに如かざるなり、特許を受けて製造所を開設するものはすべて鐵條綱を以て其鹽田を圍みて、愼密を圖らしむべし、凡ての鹽田を政府の管理に歸する時は、種々の弊起り發賣する鹽質惡ければ、皆は政府に集まらん、若し製造費嵩まらば安價に賣らんとするも意のまゝならず、鹽價の昂騰を避けんとせば課稅を減ずるの外に途なく、市價も亦劃一する事能はず、縱令產鹽地の定價を一律ならしむるも、販賣地に於ける小賣値段は、運搬費の影響を受ること大なり、

三、鹽政を辦理するに最も緊要なる點は、地稅以外の全稅目は其幾何なるに論なく、運送する以前產地に於て悉く徵收し製鹽所は官設と民設とに論なく、すべて同樣に納稅せしむべし。

四、規定の納税を終り、産地より搬出した鹽に對しては、極力之を保護し、其の營業の發達を期せしむべし、有らゆる釐金及一切の地方雜捐は、盡く之を免除すべし、利益を壟斷するものである時は、亦極力禁止すべし、營業の專占壟斷は目前の利を期し得べきも、日久しければ弊害生じ、鹽政にも課税にも人民にも惡影響を及ぼすべきものなり、但し改革の初期に於ては、其の力を借りて運搬の便利を圖るの要あるべければ、適宜の地を選びて鹽問屋を設け、政府より資金を給し各地に運搬して賣捌かしめ、或は仲賣人を指定し、地區を指定し價格を定めて賣捌かしめ、官鹽には口錢を支給すべし、印度は鹽を鹽田より各地に運搬販賣すること、皆商人の手に依れり、支那人は商事に敏捷なるが故に、此の方法を採用するは決して困難の事にあらざるべし、各地の産鹽其の性質を異にせるもの、市場に集らば、必ず競爭起るべきを以て、政府は啻に之を制限せざるのみならず、宜しく之を奬勵すべし、産鹽を各地に販賣する事は、政府人民の權利にして、之を制限する時は多くの損害あり且つ鹽の製造費、運搬費及販賣費愈々廉なれば、販賣區域益々増加し、人民は政府を利してまた自ら利するを得べし。

五、鹽の産地を離れざる以前に税課を完納せしむる時は、收入自然増加すべく、産鹽區に税局を設けまた國庫分局を開いて税金を保管せば、鹽税收入は鹽務機關より直ちに中央政府に達し、各省より間接に納付するの不便を除く事を得、天津等の地方は直ちに銀行に預入して、中央の用に供すべし、産鹽各省の沿海地方にして、私鹽を製造し或は私運するものある時は鹽務豫算中より該地方適當の者に費用を給し、政府と協力して之を禁遏せしむべし。

六、各鹽務分局の雇外人を産鹽地に派遣して、實地を調査せしめ、産地の名稱、經營者の良否、毎年の産額、販賣の價格其他重要事項を報告せしめ、不可なるものは改良の方法を講じ、支那鹽務員は雇外人を扶けて其實行を圖らしむべし、私曲取締方法の第一は、巡兵の駐在區域と、其員數を定め、徵税地及税金保管處等も、亦愼重に之を選擇すべし、各省の鹽務分局は凡て中央總局の節制に歸し、分局總局間の權限を明定すべし、如何に改良するも、尙ほ不良鹽を杜絶し能はざる時に於て、政府は始めて自ら手を下して製造し、良鹽の供給を謀るの要を生ず、されど余が印度に於ける經驗に徵するに、恐らく此必要を感ずる事あらざるべし、徵收稅率は百斤三元とす、但し當分は二元と定むべし、現印度の稅率は一元七錢にして、往時は三元二十二錢に當りしが、近年來收稅額大に增加するの傾向あり。

八、鹽務機關系統

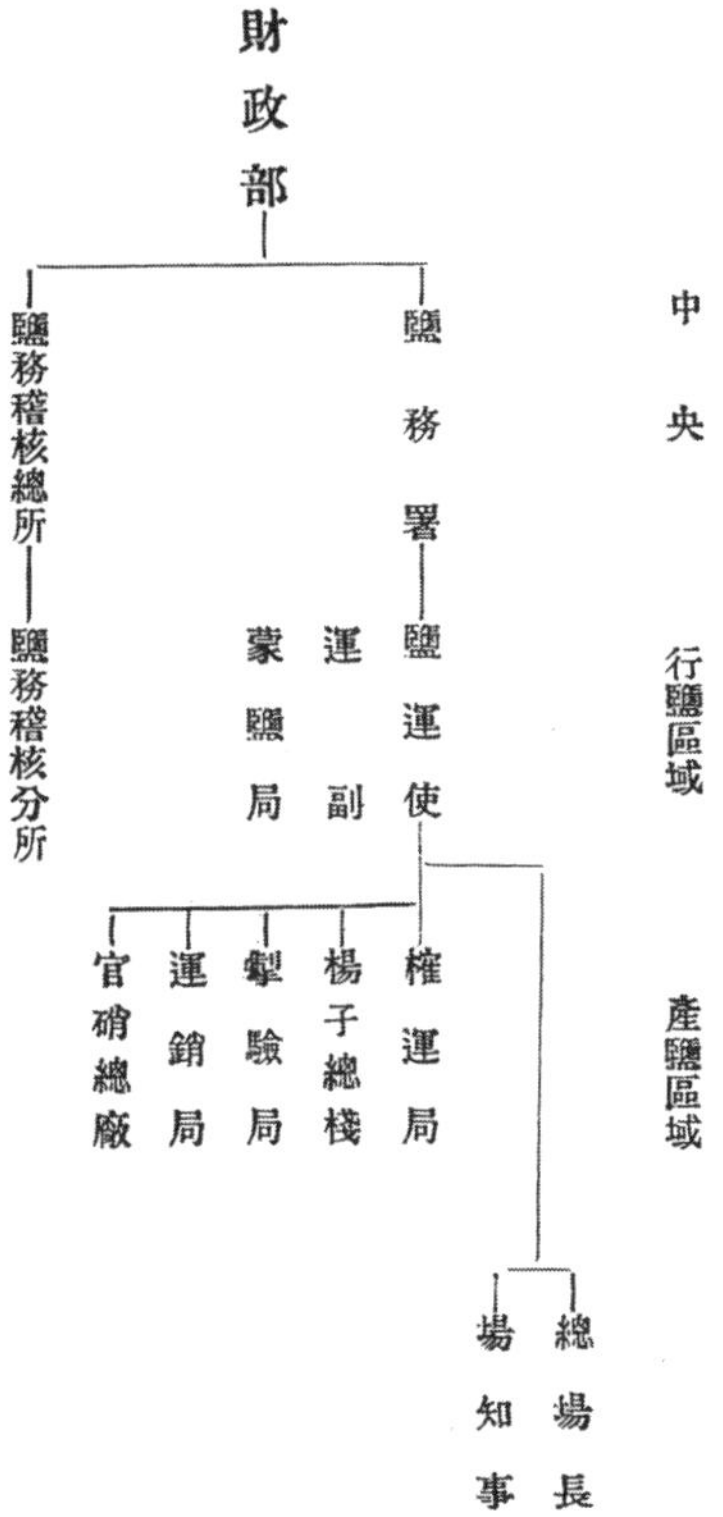

二、各省鹽務行政機關表

	民國元年	民國二年	民國三年	民國四年	摘要
鹽運使	七	一〇	一〇	一〇	長蘆、東三省、山東、河東、兩淮、福建、兩浙、四川、兩廣、雲南
運副	—	—	二	四	淮北、松江、潮橋、廣東、川北
總場長	二	三	二	二	通州、泰興(江蘇)

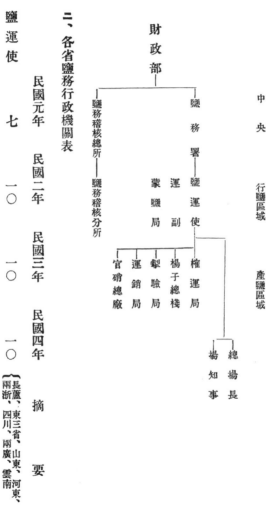

鹽場	一三六	一三六	一二八	一二七	長官を場知事と名く
榷運使	—	一五	一一	九	（吉林、黑龍江、湖北、湖南、江西、安徽、宜昌、晉北、定(甘肅)廣西）
楊子總	一	一	一	一	
掣驗局	—	一	二	二	下關(南京)楚西
運銷局	—	一	一	一	沙市
蒙鹽局	—	—	—	一	口北蒙鹽局
官硝總局	—	—	—	一	天津縣

ホ、備考

一、民國二年中に福建、兩廣、河東(山西)四川、雲南の各省は各自に機關を設け四川省は鹽務局と稱し其他の各省は鹽處と稱し其名稱一定せず、又民國元年に長蘆、東三省、山東、兩淮、福建、兩浙、兩廣に各鹽運使を任命し同二年には河東、四川、雲南に各鹽運使を任命す現在鹽運使十名である。

淮北

一、淮北、松江の兩運副は民國三年に設置し、潮橋、川北の兩運副は同四年に增設す、民國三年原設の海州屬總場長を撤して淮北運副と爲し、蘇五屬榷運局を撤して淞江分司の舊制を復興して淞江運副と爲す、現在の副運は四である。

鹽場

一、鹽場百二十七の內福建の十二場は該省鹽運使から當分場知事の任命を見合すことゝなつてゐる

一、榷運局の設置は民國二年に始まる、此年吉林、黑龍江、鄂(湖北)湘西、皖宜昌、河南、正陽、江寧、建昌、蘇五屬、熱河、口北、晉北の十五局を設け同三年熱河、口北、河南、正陽、江寧、蘇五屬の六局を撤し黔岸(貴州)花定、廣西の三局を增設し、同四年吉林、黑龍江の二局を併合して一局となし、又建昌、黔岸の二局を撤す、現在の局は九である。

へ、各省現在鹽場名稱位置及製鹽法

場所及製造法		鹽場及名稱位置				
鹽別		場名	縣名	道名	製法	摘要
海鹽區	長蘆	豐財	天津	津海	曬法	原八場ありしが民國三年海豐嚴鎭を豐財に越子を蘆台に濟名鄉化を石碑に合併して三場とした。
		蘆台	寧河		同	
		石碑	灤縣		同	
		計三場				
	東三省	營蓋	營口	遼瀋	曬法	
		錦縣	錦西		同	原八場ありしが三年莊河安鳳を合併して莊安と改稱した。
		興綏	興城		同	
		北鎭	北鎭		同	
		盤山	盤山		同	
		復縣	復縣		同	
		莊安	莊河	東邊		
		計七場			同	

海鹽區

山東省	王官	廣饒	膠東	曬法
	濤雒	日照		同
	西繇	掖縣		同
	石河	即墨		同
	富國	昌邑		同
	永利	霑化	濟南	同
	計六塲			
兩淮	呂日	南通	蘇常	曬法又煎法
	豐堀	如皋		
	餘中	南通		煎法
	柳角	東台		同
	東河	東台		同
	安梁	東台		同
	丁溪	東台		同
	伍祐	鹽場		煎法
	草堰	東台		同
	新興	鹽塲		同
	廟灣	阜寧		同
	板浦	灌雲		曬法
	中正	灌雲		同
	臨興	灌雲		同

玉岡、官台、を合併して王官と改稱し又石島登寧の二塲を新設する事となつてゐるが尙其運に至らず。

海鹽區

場名	所在縣		製法	備考
濟南	灌雲		同	
計十五場				
福建				
福清	福清	閩海	曬法	
江陰	福淸		同	
梧州	思明	廈門	同	
莆田	莆田		同	
下里	莆田		同	
前江	莆田		曬法	
潯美	晋江		同	
蓮河	南安		同	
惠安	惠安		同	
祥豊	同安		同	
浦南	漳浦	江漳	同	
詔安	詔安		同	
計十二場				
仁和	杭縣	錢塘	煎法	岱山場は元年の新設に係る
許村	海寧		同	
黄灣	海寧		同	
蘆瀝	平湖		曬法又は煎法	
鮑郎	海鹽		同	

兩浙海鹽區

海沙	海鹽	同
金山	上虞　會稽	同
三江	紹興	同
餘姚	餘姚	同
錢清	蕭山	曬法
東江	紹興	煎法
曹娥	紹興	同
大嵩	鄞縣	曬法
鳴鶴	慈谿	同
穿長	鎭海	曬法或は煎法
清泉	鎭海	曬法
玉泉	象山	曬法或は煎法
岱山	定海	曬法
黃巖	温嶺	曬法或は煎法
長亭	寧海	同
杜瀆	臨海	曬法或は煎法
永嘉	永嘉　甌海	曬法
長村	樂清	曬法或は煎法
雙穗	瑞安	廉法
青村	奉賢　滬海	曬法

	袁浦	奉賢		同
	兩津	金山		同
	崇明	崇明		煎法
	下砂	南匯		下砂
	計二十九			
兩廣	椒白	海豊	湖循	曬法
	大洲	惠陽		同
	淡水	惠陽		同
	碧甲	惠陽		同
	石橋	陸豊		同
	小靖	陸豊		同
	海甲	陸豊		同
	東界	饒平		同
	海山	饒平		同
	隆井	潮陽		同
	河西	潮陽		同
	招收	潮陽		同
	惠來	惠來		同
	上川	台山	粤海	同
	雙思	陽江		同

招收を河西に、上川を雙思に併入し烏石の一場を新設する計畫を立てたり

	電茂	電白	高雷	同	
	博茂	電白		同	
	烏石			同	
	白石	合浦	欽廉	同	
	計十九場				
河東 地鹽區	解池	解縣	河東	同	原と、中、東、西の三場ありしが民國三年合併して解池と稱す。
	計一場				
四川 井鹽區	資中	資中	永寧	煎法	民國四年、二十三場とす。
	井仁	井研		同	
	富榮東路	富順		同	
	富榮東路	榮縣	建昌	同	
	犍爲	犍爲		同	
	樂山	樂山		同	
	鹽源	鹽源		同	
	南閬	南部	嘉陵	同	
	射蓬	射洪		同	
	三台	三台		同	
	西鹽	西光		同	
	蓬中	蓬溪		同	
	蓬遂	射遂		同	

	樂、至	樂至		煎法
	射洪	射洪		同
	胖鎮	中江		同
	雲陽	雲陽	東川	同
	大寧	巫溪		同
	郁山	彭水		同
	開縣	開縣		同
	奉節	奉節		同
	綿陽	綿陽	西川	同
	簡陽	簡陽		同
	計二十三場			
井鹽區 雲南	黑井	鹽興	鎮中	井水煎熬製
	元永井	鹽興		同
	阿陋井	鹽興		同
	白水	鹽豊	騰越	同
	喬後井	劍川		同
	喇雞鳴水	蘭坪		同
	雲龍水	雲龍		同
	麗黑井	蘭坪		同
	磨黑井	寧洱	普洱	同

石膏井　寧洱　同
按抱井　鎭元　同
香盆井　景谷　同
計十二塲

五、財務行政法規

會計法（十月）
大總統布告會計年度（六年一月）
整理預算編制方法（五年七月）
呈擬各省區中央解欵專欵內撥抵欵項辦法文（五年五月）
回疆等班王公經班喇嘛來往沿途支應章程（　　）
審計法（元年十月）
審計法施行規則（三年十二月）
審計院修訂普通官廳用簿記（三年十一月）
財政部訂定考察各機關每月計算關辦法文（四年五月）
審計院支出單據證明規則（四年六月）
發結核准狀規則（四年三月）
管理官產規則（二年十一月）
清查公欵章程（二年十一月）
官產所分條例（三年七月）
平市官錢局定期兌換銀元券董事會章程（十一年六月）
釐訂拍賣特種動產給照收費辦法文（九年一月）
官營業員司奬勵章程（四年七月）
辦理所加賑欵票專處章程（十年十二月）
國定關稅條例（六年十二月）

財政部整頓稅收辦法（六年二月）
整頓京師稅務辦法文（八年三月）
實行新修進口稅則文（八年七月）
宜沙改行統稅裁併局所辦理情形文（九年五月）
屠宰稅簡章（四年一月）
變通屠宰稅文（五年十一月）
實行中俄交界百里內按章徵稅令（三年五月）
發給機製士麵粉領用空白運單辦法簡章（五年十一月）
購運無煙火藥免稅原料仍照章徵收文（五年十一月）
各省商人報運本地硝礦驗照辦法文（五年十一月）
訂定柴炭兩項稅率限期實行文（五年十一月）
准利用機製洋式貨物復轉口免徵執照文（六年）
機製各種洋式棉花徵稅辦法文（六年四月）
改訂國內機製洋式棉花現行納稅辦法文（八年十月）
財政部呈請將原有遇閏加徵一律免除文（六年八月）
整頓山東繭綢文（九年三月）
華商機製貨物運銷國外免徵出口正稅文（九年五月）
核議處置商稅三分加一一欵（四年七月）
各省徵收田賦報告表冊程式例言（　　）
整理京兆所屬租籽地章程（四年十一月）

整理蒙租辦法文（九年四月）
浙省漕糧抵補金各縣一律平均改徵并將大綱第二第六兩條重加修正文（三年二月）
勘報災歉條例（四年一月）
財政部核准變通糧額辦法（四年十月）
修正鹽稅條例（七年三月）
製鹽特許條例（三年三月）
製鹽特許條例施行細則（三年九月）
均一鹽務稅率劃定區域分期推行文（二年十二月）
沒收私鹽變價辦法文（六年十二月）
收買蒙鹽合同（五年八月）
販賣鹽酒特許牌照稅條例（三年一月）
販賣煙酒特許牌照稅條例施行細則（三年一月）
全國菸酒公賣暫行簡章（四年五月）
修正全國菸酒分賣暫行簡章文（六年十月）
契稅條例（三年一月）
契稅條例施行細則（三年一月）
補訂契稅條例施行細則（四年一月）
清查官有財產章程（二年七月）
特別區契稅規則（八年十二月）
特種財產契稅規則（八年十二月）
印花稅法（元年十月）
印花稅法施行細則（元年十二月）
修正關於人事證憑貼用花條例（四年一月）
印花稅法罰金執行規則（四年一月）
懲處承印花人員虧挪舞弊文（六年五月）
稽核印花稅辦法大綱（五年十二月）
改定印花稅檢查時期文（九年九月）
租界內華人貼用印花辦法文（九年一月）
發給割付度牒貼用印花規則（四年八月）
各校修業文憑貼用印花文（元年一月）
田房契據及納糧完釐券票等不得貼用印花文（五年十月）
人民投遞呈文須令貼用印花文（六年二月）
銀錢支票貼用印花并更定憑摺帳簿稅額文（九年九月）
公司股票貼用花切實推行辦法文（六年五月）
司法部通令人民本部投遞呈文貼用印花辦法文（六年三月）
平政院通告人民向本院投遞訴狀呈文貼用印花辦法文
所得稅條例（三年一月）
所得稅條例施行細則（十年一月）
所得稅分別先後徵收稅目（十年一月）
所得稅徵收規則（十年一月）
所得稅款儲撥章程（十年一月）
辦理所得稅分別專管兼理文（十年一月）
中國銀行則例（二年四月）
修正中國銀行則例（四年九月）
修正中國銀行則例各條（六年十一月）
中國銀行章程（七年一月）
中國銀行兌換券暫行章程（　）
交通銀行則例（三年四月）
交通銀行代理國庫章程（二年五月）
民國實業銀行章程及招股辦法（四年八月）

第一編　中央行政　第三章　機關及各部行政狀態　一六五

修正中國實業銀行章程各條	（八年十月）
修正中國實業銀行招股章程各條	（八年十月）
新華儲蓄銀行修正章程	（八年四月）
新華儲蓄銀行修正招股章程	（八年四月）
新華儲蓄銀行儲蓄章程	（三年十一月）
勸業銀行條例	（三年四月）
修正勸業銀行	（十年六月）
變通勸業銀行發行債票辦法文	（九年六月）
勸業銀行發行鈔票限辦法	（十年二月）
農工銀行條例	（四年十月）
全國農工銀行事務局章程	（十年二月）
邊業銀行章程	（八年七月）
蒙藏銀行章程	（十年十一月）
蒙藏銀行招股章程	（十年十一月）
修正農商銀行章程	（十一年四月）
限止農商銀行發行紙幣辦法文	（九年六月）
中華銀行公司章程	（八年八月）
改訂銀行公會章程	（七年八月）
銀行稽查章程	（五年十二月）
取締紙幣條例	（四年十月）
取締銀行職員章程	（四年八月）
金庫條例	（二年五月）
金庫經理所得稅欵章程	（　　）
國庫計算暫行章程	（元年九月）
定期有利國庫劵章程	（八年六月）
定期有利國劵添印中圜文	（八年八月）
金劵條例	（七年八月）
國幣條例	（三年二月）
國幣條例施行細則	（三年二月）
修正造幣廠章程	（三年六月）
咨各省檢行三種新銀輔幣文	（六年一月）
鑄一分乃五釐兩種銅輔幣發行暨兌換辦法文	（六年二月）
民國元年六釐公債條例	（二年二月）
民國元年六釐公債施行細則	（二年三月）
民國三年內國公債條例	（三年八月）
擴充民國三年內國公債債額條例	（三年十二月）
四年內國公債條例	（四年四月）
修改民國四年內國公債條例抽籤償本日期文	（四年三月）
民國五年六釐內國公債條例	（五年三月）
民國七年六釐短期公債條例	（七年四月）
民國七年六釐公債條例	（七年四月）
發行民國七年短期六釐公債規則	（七年四月）
民國八年短期公債條例	（八年二月）
民國八年公債條例	（八年九月）
民國八年公債條例	（九年二月）
民國十年八釐公債條例	（十年七月）
民國十一年八釐短期公債條例	（十一年九月）
京綏鐵路第五次短期借欵簡章	（七年六月）
京綏鐵路募集綏包展線公債簡章	（十年三月）
京綏鐵路募集債欵簡章	（十年九月）

交通部八釐實業公債條例（九年二月）
賑災公債條例（九年十一月）
整理金融期公債條例（九年九月）
整理金融短期公債添印五元票文（九年十一月）
整理金融短期公債添印一元票文（十年三月）
呈報發行整理金融短期公債依期完結文（十年三月）
整理金融短期公債萬元票掉換十元票辦法文（十一年二月）
償還內外短期八釐債券條例（十一年二月）
五年內國公債換發新票辦法文（十一年六月）
結束七年短期公債六釐公債情形文（九年十一月）
整理內國公債辦法（十年三月）
續籌抵押債票整理辦法並指定還本基金文（十一年五月）
修正審查國債支出規則（十年三月）
交通部八釐實業公債條例施行細則（九年四月）
交通部八釐短期購車公債條例（十年一月）
交通部八釐短期購車公債條例施行細則（十年八月）
蒙古實業銀行章細（十一年十二月）

第八節　陸軍部

前清朝の兵制は元兵部の管掌に屬し、軍馬は太撲寺の管掌に歸したが新式軍隊起るに及んで光緒二十九年練兵處を設け、其軍務を統べたが、後官制政革に際し兵部、練兵處、太撲寺を合併して陸軍部と稱した、而して後民國に至つても亦た其名を襲ふてゐる、大總統に直隷し陸軍々政を管理する處であつて、總長一人、次長二人、參事四人、秘書四人、副官六人、纂譯官四人、司長八人、科長五十八人以下科員二百人以下、技正四人、技士八人、雇員若干名を置いてゐる。

總務廳

一、總務廳

一、機密及陸軍文庫に關する事項　二、印信典等
三、部內軍官軍佐、軍用文官任用　四、公文函電の纂輯保存及收發
五、本部內の會計　六、各統計及報告
七、徵發物件表及徵發報告　八、部內の風紀
九、本部官產官物の管理　十其他各司に屬せざる事項

軍衡局

二、軍衡司
- 任官科
- 考績科
- 賞資科

一、陸軍官佐及軍用交官の任命　二、各兵科人員の調査
三、考績表典藉戰時各簿及(軍用文官名簿)　四、軍官軍佐文官及戰時職員表保管
五、賞資敍勳記章褒章及賞給　六、軍格名簿編纂
七、休暇に關する事項　八、陸軍軍人結婚に關する事項
九、廢兵の處置　十、養贍に關する事項

軍務局

三、軍務司
- 軍事科
- 步兵科
- 騎兵科
- 砲兵科
- 工兵科

一、陸軍建制編制及訓練に關する事項　二、軍隊配置に關する事項
三、陸軍軍旗に關する事項　四、整旅計畫の準備執行に關する事項
五、陸軍體節服制徽章に關する事項　六、各軍隊の軍紀風紀に關する事項
七、戰時各項規則編定に關する事項　八、戒嚴及徵發に關する事項
九、徵募召集及解兵退伍に關する事項　十、操練場所に關する事項
十一、軍隊內務衛戍勤務及憲兵服務に關する事項　十二、各兵科及軍樂隊に關する事項
十三、各兵科軍官軍士以下人員の調用及其補充に關する事項
十四、要塞建築及其用地並に要塞地帶に關する事項
十五、要塞兵備に關する事項　十六、重砲兵の設置及分配に關する事項
十七、軍輸、通信、電氣、電信、電燈、輕氣球、飛行機に關する事項
十八、要塞司令處陸軍測量部及交通各隊に關する事項
十九、水陸交通に關する事項

軍械局

四、軍械司
- 槍砲科
- 材具科

一、軍用銃砲彈藥の制式籌畫支給交換及檢查に關する事項
二、軍火調令に關する事項
三、各項器具材料の經理及檢查に關する事項
四、軍用器具材料の制式籌畫支給交換に關する事項
五、要塞備砲に關する事項
六、軍隊通信用及鐵道氣球飛行機用の器具材料の支給交換に關する事項
七、技術審檢院兵工廠軍器局に關する事項

軍學局

五、軍學司

教育科
步兵科
騎兵科
砲兵科
工兵科
輜重兵科

一、軍隊教育及訓練改良に關する事項　二、各兵科操典及教範擬定に關する事項
三、軍學校閱及特種兵演習に關する事項
四、所轄各學校教育綱領及計畫の擬定並に各教科書審查に關する事項
五、所轄各學校一切章程及其器辦に關する事項　六、所轄各學校職員奬罰に關する事項
七、所轄各學校學生奬罰及考試に關する事項
八、軍語軍隊符號及各軍用の圖籍表編訂に關する事項
九、軍學の編輯及印刷に關する事項
十、留外學生一切事件並に高等專門學員選派に關する事項
十一、其他軍事教育及訓練等一切に關する事項

軍需局

六、軍需司

會計科
糧服科

一、軍需運用に關する事項　二、各軍需處に關する事項
三、各軍需官勤務に關する事項　四、各軍需處人員の教育考績及其補充に關する事項
五、軍政經費出納並に豫算決算一切に關する事項　六、軍政會計稽核に關する事項
七、出納管掌の官吏等に關する事項　八、各種給與及軍需規定に關する事項
九、俸給及旅費一切の規定に關する事項　十、軍服の經理檢查に關する事項
十一、軍服糧秣の製造購買に關する事項
十二、平時戰時軍服裝具糧秣等の給與規定及準備に關する事項
十三、整旅の豫算編制に關する事項　十四、戰時裝具及洗馬器具に關する事項
十五、軍隊用具消耗品及埋葬用科物等の準備に關する事項
十六、陸軍用地及建築に關する事項　十七、陸軍所屬官產官物管理に關する事項
十八、軍人嗣宇及軍用墳地に關する事項　十九、軍用金錢箱櫃及行受規定に關する事項

軍醫局

七、軍醫司

衞生科

一、軍醫獸醫各種診療機に關する事項　二、傷病等の診斷に關する事項
三、體格檢查に關する事項　四、戰時衞生勤務各種規則に關する事項
五、衞生材料及歸鬻に關する事項　六、防疫及衞生試驗に關する事項
七、衞生報告統計及調查に關する事項

醫務科
八、軍醫司薬獸醫所屬各項人員の勤務教育考績及其補充に關する事項
九、赤十字會及恤兵團體に關する事項

軍法局

八、軍法司

一、陸軍々法に關する事項
二、陸軍監獄に關する事項
三、赦免及罪人の處置に關する事項
四、陸軍司法官及監獄職員考績及其補充に關する事項
五、高等軍法會議に關する事項

軍牧司

九、軍牧司

一、軍馬監督及牧場の管理
二、軍馬の供給餵養保存及徵發
三、馬種改良及軍馬購買
四、蹄鐵術の教育
五、軍牧人員の教育考績及其補充

陸軍監獄

一〇、陸軍監獄

陸軍附屬の監獄で中央にあるものは陸軍總長に屬して地方にあるものは各該省の長官に屬するものとして、次の官吏を置いてゐる。

典獄一人、書記二人―四人、看守長一人―四人、技士一人、二人、分監長（兼任守長）醫士若干、看守若干。

會計審査所

一一、陸海軍會計審査處

陸海軍に屬する會計審査の機關で其職員及分科は次の通りである、

職員
- 處長 一（陸軍軍需監技長）八
- 副官 三　科員 若干名
- 技士 四　雇員 若干

分科
- 第一科——文書、庶務、人事、法規
- 第二科——陸軍學校局廠の會計審査
- 第三科——近畿同上
- 第四科——東三省、、山西、山東、、河南、直隷同上
- 第五科——湖南、湖北、安徽、江蘇、江西、福建、浙江同上
- 第六科——廣東、廣西、雲南、貴州、陝西、四川、甘肅、新疆同上
- 第七科——海軍學校、營、局、院、所同上
- 第八科——海軍各艦隊

此外各省に陸軍會計審査分處を設け、各軍港に海軍會計審査分處を設く。

直轄學校

一二、直轄諸學校

陸軍部直轄の諸學校には陸軍第一豫備學校、陸軍第二豫備學校、陸軍軍官學校、陸軍軍需學校、陸軍獸醫學校、陸軍憲兵學校等がある。

軍機局

一三、軍機局兵工廠

各地に設置してゐる軍機製造も亦陸軍部の管轄に歸してゐる、其主なるもの次の通りである。

軍實庫

北京軍實庫　保定軍械局　三家店軍械局　上海製造局　漢陽鋼藥廠　漢陽兵工廠
四川兵工廠　德州兵工廠　廣東兵工廠

第九節　海軍部

支那の海軍は前清時代日清戰爭に於て殆んど全滅したので、爾來海軍衙門は遂に廢絶せられてゐた。後練兵所が置かれて軍學司、水師司の兩科に於て海軍のことを司つてゐたが、陸軍部新設と共に海軍處なる特別官廳を設け後、籌辦海軍事務所と改稱して陸軍部から獨立し、次いで海軍部を設置せられ他の各部と併稱せらるゝに至つて今日に及んだものである。海軍部は大總統に直隷し、海軍軍政を管理する處で次の各員を置く

總長一人、次長一人、參事四人、秘書四人、副官十人、視察八人、司長六人、科長五十人、以下科員百人以下、技正四人、技士八人

其分科及分掌事務次の通りである。

一、總務廳

- 機要科
- 編纂科
- 統計科
- 庶務科

一、機密及海軍文庫に關する事項　二、印信典守に關する事項
三、徵發物件表報告統計に關する事項
四、公文函件の纂輯保存及收發に關する事項
五、部內軍官軍佐及用文官任用に關する事項
六、部內風紀に關する事項
七、其他各司に屬せざる事項

- 任官科

一、海軍軍官軍佐及軍用文官の進退任免に關する事項
二、海軍各項人員調査に關する事項
三、考績表兵籍戰時名簿及軍用文官名簿に關する事項
四、軍官軍佐軍用文官及戰時職員表保管に關する事項

軍衡局

二、軍衡司

賞資科
五、年格名簿編纂に關する事項
六、恩賚叙勳記章褒章及賞給に關する事項
七、休暇に關する事項
八、廢兵處置に關する事項

考核科
九、海軍軍人結婚に關する事項

軍務局

三、軍務司

典制科
一、海軍建制及編制に關する事項
二、戒嚴に關する事項
三、艦隊配置に關する事項
四、艦隊操演校閲に關する事項
五、戰時各項規則に關する事項
六、各艦隊軍紀風紀に關する事項
七、海軍禮節服制徽章に關する事項
八、海軍軍旗に關する事項
九、海軍航路及海軍の運船義勇船に屬する航路に關する事項

軍事科
十、江海各線路軍港要港等測爲に關する事項
十一、航路圖誌及航路通則等調製配給に關する事項
十二、領署權限に關する事項
十三、萬口航行通語に關する事項

測繪科
十四、沿江海燈塔桿浮標調査に關する事項
十五、航海の保安及航路警告等頒布に關する事項
十六、航行應用時表測器圖籍の置備分配に關する事項
十七、航路人員の考績に關する事項
十八、海軍醫院及海軍紅十字會に關する事項
十九、身體檢査に關する事項
二十、傷病兵役免除診斷に關する事項

醫務科
廿一、防疫衞生に關する事項
廿二、衞生人員の考績に關する事項
廿三、衞生報告統計及船員衞生學術研究に關する事項

兵器科
一、沿江海水雷魚雷要塞砲及各艦隊銃砲配置に關する事項
二、海軍臺疊廳隝營庫礄梁碼頭燈塔燈桿浮標等の建築修理及び管理に關する事項
三、海軍の銃砲水雷魚雷火薬及其他一切軍機の制式支給交換檢査に關する事項
四、海軍所要機械用具材料の制式支給交換に關する事項

軍械局

四、軍械司

- 艦政科
- 機器科
- 設備科

五、海軍通信用氣球用器具材料及其支給交換に關する事項
六、各種器具材料の經理及檢査に關する事項
七、造船の塢設配及管理に關する事項
八、艦船の製造修理に關する事項
九、艦船の購買監察等に關する事項
十、海軍各軍械の製造修理購買等に關する事項
十一、海軍各項器具材料の製造修理購買等に關する事項
十二、軍械人員の考績に關する事項

軍學局

五、軍學司

- 航海科
- 輪機科
- 士兵科
- 編譯科

一、所轄各學校一切の章程制定及其籌辦に關する事項
二、所轄各學校教育綱領及計畫の擬訂並に教科書審査に關する事項
三、所轄各學校職員賞罰に關する事項　四、所轄各學校學生奬罰及考試に關する事項
五、留學生に關する一切事件並に高等專門學校派遣に關する事項
六、練習艦隊並に練習章程規定に關する事項
七、海軍練習魚雷營訓練管理等の規則制定に關する事項
八、艦隊操演に關する事項　九、計畫訓練改良に關する事項
十、編輯及印刷に關する事項　十一、軍學人員の考試に關する事項
十二、其他教育訓練等に關する事項

軍需局

六、軍需司

- 司計科
- 經理科
- 稽核科

一、軍服の經理檢査に關する事項　二、軍服等種類給與の規定に關事する事項
三、平時戰時糧炭の給與及戰用糧炭の準備に關する事項
四、經費出納並に豫算決算に關する事項　五、會計稽核に關する事項
六、海軍官地に關する事項　七、水雷運用に關する事項
八、各軍需處人員の考績に關する事項　九、俸給及其旅費規定に關する一切の事項
十、各種給與及軍需規定の審査に關する事項　十一、出納管掌の官吏に關する事項
十二、財政官署と關係ある事項に關するもの

軍法局

七、軍法司

一、海軍に軍々法に關する事項
二、海軍司法官及軍事監及職員の考績に關する事項
三、戰時捕獲審檢所に關する事項
四、軍事監司に關する事項
五、赫免及在監人の處置に關する事項

海軍總司令處

八、海軍總司令處

海軍司令部であつて海軍部に屬し、各艦隊每に司令處を設け、司令一、參謀一、副官二、輪機長一、軍需官一を置いてゐる。

海軍第一艦隊司令處—所屬艦艇 海折、海容、海籌、海琛、飛霆、南琛、永豐、永翔、長風、伏波、飛雲、聯鯨、舞鳳

海軍第二艦隊司令處—所屬艦艇 建安、建威、江元、江亨、江利、江貞、楚泰、楚藏、楚謙、楚同、楚有、楚綠、飛鷹、江屏、江鯤、湖鷹、湖隼、湖鶚、湖鵬、辰艇、宿艇、列艇、張艇、甘泉

海軍練習艦隊司令處—所屬艦艇 肇和、應瑞、飛鴻、通濟

軍港局令所

九、海軍軍港司令所

海軍軍港には海軍軍港司令處を設け司令一、參謀長一、參謀四、副官二、秘書二、輪機官五、軍醫官三、軍需官五、軍法官三、枝正、技士其他若干を置く。尚ほ軍港司令處の下に各軍港に海軍港務

局があり、局長一、局員四、文牘員一、軍需官一を置き軍港司令に隷屬する軍港には海軍々港監獄を附設してゐる

直轄學校

一〇、直轄各學校

海軍部の直轄に屬する學校は次の通りである。

南京海軍々官學校　　烟台海軍學校　　福州海軍製造學校

各局廠

一一、所轄局廠

海軍部の所管に屬する各局廠次の通りである。

江南造船所　　大沽造船所　　福州船政局

第十節、陸海軍務行政概況

支那は一國の中で軍隊は中央と地方の二重の設備を要してゐる財産の負担としては常に內亂ある毎に强制的に財産を徵收されてゐる又時には徵發と號して掠奪されてゐる、徵發と云へば軍事上の目的に出る人民の負担のやうであるが內亂の爲めに强奪するのであるから聊か文明國の云ふ徵發なるものと其趣を異にする、要塞地帶の制限も定めてゐるが其効果は上つてゐない、殊に要塞地帶內の据砲が腐蝕してゐて看視兵も外國人が其地帶內で寫眞を撮影することあつても充分の取締をしてゐない。

支那陸軍の將校の豫備は無職無給の者夥しく是等が國家の穩患となつてゐるのであるが舊式軍人

陸軍講武堂

には時勢の進運に遲れたるもの及革命の内亂に乘じて能力に似合はぬ階級を得てゐるものが多い是等に教育を施さなければ實職に充てることが出來ない、且つ現役將校の能力も一般に不足不統一であるからと云ふので之を急に補足匡正する爲めに陸軍講武堂と云ふのを民國六年二月に設けられた(一)陸軍軍官の學術を補習する爲め陸軍講武堂を設く(二)講武堂の定員を六百名とし陸軍々部より差遣せる候補將校を分期收容す(三)學員は學術の程度に依つて甲乙の二班に分ち各班共一年半卒業期とす(四)學員の入堂には試驗を要し試驗に合格せず又衰老者は退休人員と爲す退休人員中已に任官せる者は官階の高下に依つて原俸の三分の一以上四分の一以下の退休金を與ふ、退休金支給期限は五年以下三年以上とす退休金支給細則は陸軍總長令を以て之を定む、其他入學後も成績劣等なるものを淘汰する規定及卒業試驗合格者は軍隊に於て相等の官職を與へる規定があつた、此處に注意すべきは無能軍官の淘汰及退休金支給のことであるが、是は大分改革を見たやうである。

又兵卒の兵役の義務は將來徵兵制に改める筈であるが現在では戶籍制度が確立しない雇兵制である從來は多く無頼漢などの志望者を募集してゐたが最近奉奉天其他各地徵兵制を施き又た雇兵でも軍事教育を痛感して或一定の期間教育を受けさすと云ふ風潮になつて來た。

現在では志望者は十六歲以上の者は屆出でれば身體檢査の上此教育を受けるこになつてゐる、奉天軍の如きは。

下士に對しても學校を設け教育を用ゐてゐる尙ほ將校は學校出身者及下士の優秀者を採用せしめ

てゐる。

民國十年三月陸軍部兩翼墾務局と云ふのが出來て陸軍の事業として兩翼牧場暨模範牧場及淸丈兩翼界荒夾荒一切を掌つてゐる。

參謀本部及海軍

一、參謀本部、全國の國防用兵を掌る所として元年十月設けられ參謀總長は大總統に直屬してゐる陸海軍測量局參謀部に隷屬してゐる。

海軍は吉黑江防司令公署を大正九年五月に設けて哈爾賓に設けられることになつた、又官用輪船檢査處は海軍部に屬して官用汽船の檢査を行ふてゐる、海軍軍醫學校は民國五年二月北洋醫學校の附屬病院を海軍部の管轄に移してから海軍々醫學校と改名した。

二、軍務行政法規

陸海軍大元帥宣令第二號　（三年十一月）
大總統整頓陸防軍隊令　（五年八月）
陸軍軍隊校閱條例　（二年五月）
陸軍軍隊校門規則　（二年八月）
海軍校閱條例　（三年十二月）
戒嚴法　（元年十二月）
修正陸軍統計條例　（五年九月）
陸軍統計調査員派定細則　（五年十月）
陸軍兵工廠編制條例　（六年四月）
中國紅十字會條例　（三年九月）

中國紅十字會條例施行細則　（四年十月）
陸軍學校衛生員服務規則　（二年十月）
陸軍學校軍馬衛生員服務規則　（二年十月）
行軍衛生事務規定　（三年六月）
戰場收拾及戰死者埋葬規則　（二年八月）
陸軍見習醫藥官教育規則　（三年六月）
陸車醫院規則　（十二月）
陸軍獸醫院規則　（二年十二月）
修正海軍養病所暫行簡章　（七年十月）
軍隊內務規則　（六年一月）
陸軍體格查規則　（三年六月）
軍官候補生在隊規則　（三年六月）

保存火藥章程（五年九月）
檢查火藥章程（五年九月）
陸軍測量標條例（三年一月）
陸軍測量標條例施行細則（三年四月）
陸軍電信教導營條例（二年七月）
擔架術教育令（二年五月）
修正軍艦職員勤務令（七年十一月）
殲滅水雷獎勵章程（八年十月）
海軍練習艦隊暫行訓練章程（八年七月）
水路測量所條例（六年二月）
修正各地方調用軍艦條例（七年十月）
非關軍事防務不得請調海軍軍艦文（六年一月）
修正海軍艦艇警備規程（五年十月）
修正海軍艦隊分隊操防規則（八年三月）
海軍艦艇修理規則（四年十一月）
擬編各省官用輪船航行法規文（八年五月）
官用輪船檢條例（九年一月）
軍人附搭輪船執照暫行條例（八年十一月）
軍艦當値規則（三年八月）
海軍訪候規則（三年八月）
修正海軍無線電報納費規則（七年十二月）
修正海軍無線電臺通信細則（七年十二月）
修正海軍無線電機保管細則（七年十二月）
陸軍懲罰令（二年四月）
陸軍法規編輯條例（四年十一月）

陸軍審判條例（四年三月）
陸軍審判條例施行細則（九年十二月）
陸軍刑事條例（四年三月）
海軍懲罰例（三年七月）
海軍審判條例（七年五月）
海軍刑事條例（七年五月）
憲兵學校條例（三年四月）
憲兵學校教育綱領（三年五月）
陸軍預備學校條例（元年九月）
陸軍騎兵專門學校條例（三年三月）
陸軍軍醫學校條例（元年九月）
陸軍軍醫學校教育綱領（元年九月）
陸軍獸醫學校條例（元年十二月）
陸軍軍需學校條例（二年三月）
中央陸軍測量學校章程（元年十二月）
修改中央陸軍測量學校章程文（六年十二月）
各省陸軍測量學校章程（二年三月）
選取陸軍測量高等科學員規則（三年十月）
派遣陸軍測量留學生章程（六年十二月）
改訂陸軍軍官學校條例（八年五月）
陸軍軍官學校教育綱領（八年五月）
陸軍軍官學校教育細則（八年五月）
陸軍軍官學生畢業試驗監臨規則（三年六月）
修正陸軍大學校條例（八年十一月）
陸軍大學校畢業徽章規則（二年八月）

陸軍學生試驗委員會組織及辦事規則（三年六月）
海軍醫學校規則（五年七月）
修正海軍醫學校規則第二十一三五條條文（十年一月）
海軍醫學校内規（六年二月）
海軍醫學校評定操行規則（十年一月）
海軍練習艦見習生暫行規則（八年十一月）
修生海軍學生考選章程（七年十月）
修正海軍學生奬勵規則（七年十一月）
修訂航空學校條例（五年十月）
航空管理講習所簡章（十年五月）
航空教練所奬勵飛行暫行規則（十年九月）
航空署航站測候所簡章（十年十月）
航空學校畢業學員技工待遇條例（三年一月）
國有航空站收用土地規則（十年三月）
國有航空站收用土地規則施行細則（十年三月）
航空倉庫機件保管規則（十年九月）
航空警察編制章程（十年八月）
航空站警察教練隊暫行編制（十年五月）

自用飛機飛航員考試暫行規則（十年五月）
飛行保安規則（十年六月）
飛行場手作信號規則（十年五月）
修正清查營産規則（十一年十一月）
陸軍統計調查委員會條例（十二年三月）
將軍府名級將軍參軍任用暫行條例（十三年四月）
海軍測量標條例（十二年三月）
海軍近港測量船暫行編制（十二年五月）
陸軍部發給運輸照規則（十二年一月）
陸軍部發給運輸護照執行規則細則（十二年一月）
修改陸軍部發給運輸護照規則（十二年一月）
陸軍部所管歳入收納章程（十二年一月）
航空工廠條例（十二年一月）
陸軍部軍事教育行政會議條例（十二年二月）
陸軍部牧政條例（十二年二月）
陸軍部勳奬章暨執照暫時牧費規則（十二年一月）
海軍部勳奬章暨執照收費暫行規則（十二年一月）

第十一節　司法部

支那には昔から六部の一として刑部があつて、司法事務を取扱つてゐたが前清の光緒三十二年九月從來の刑部を法部と改稱、後民國に至つて更に司法部と改めた、大總統に直隷し民事、刑事、訴訟事件、戶籍、書記、監獄、出獄人保護事務及其他一切の司法行政を管理し、總長一、次長一、參事四、司長三、秘書四、僉事十九、主事六十、技正一、技士二、雇員若干を置いてゐる。

其分科及分掌事務は次の通りである

總務廳

一、總務廳 第一科 第二科 第三科 第四科

一、法院の設置廢止及其管轄區域の分劃變更に關する事項
二、司法官及其他職員の考試任員に關する事項
三、法律に關する事項　四、罰金贓物稽核に關する事項
五、本部經費並に各項收入の預金決算及會計に關する事項
六、司法經費及直轄各官署の會計事項　七、本部所管の官産官物の管理
八、文件の撰輯存收廢　九、統計及報告の編制　十、職員の進退記錄
十一、印信の典守　十二、本部庶務及其他各司に屬せざる事項を管理す

民事局

二、民事司 第一科 第二科 第三科

一、民事に關する事項　二、非訟事件に關する事項
三、民事訴訟の審判に關する事項　四、公證に關する事項
五、人戸登記に關する事項

刑事局

三、刑事司 第一科 第二科 第三科 第四科

一、刑事に關する事項
二、刑事訴訟審判及檢察に關する行政事項
三、赦免減刑復權及刑罰執行に關する事項
四、國際支付の犯罪に關する事項

監獄局

四、監獄司 第一科 第二科 第三科

一、監獄の設置廢止及管理に關する事項
二、監獄を監督する事項
三、假釋緩刑及出獄人保護に關する事項
四、犯罪人の異同識別に關する事項

司法公報處

五、司法公報處｛編纂科　發行科

法律館其他

六、法律館、

法律編査會を民國七年七月修正したもので民刑事各法典附屬法慣習等の法律調査を目的とするものであつて、總裁一、（大總統の特派に依る）同上副總裁二、編査員二、纂修六、中外顧問若干、事務員若干、以下（内事務長一名）雇員若干を置く。

尙ほ監獄は京師及各省城其他に分設し、典獄長一、看守長三（分監長を含む）技士一、看守、敎誨師、醫士、藥劑士各若干を置く。

第十二節　司法行政概況

現支那の司法制度は前淸法院編制法を襲用したもので四級三審制となつてゐる、京師に大理院及び總檢察廳を設けて全國の上訴最高機關とし高等以下各級廳を設けて京兆屬縣及び京師に於ける訴訟を總轄してゐる各省に在つては省城に高等廳、縣、鄉、鎭には地方廳及初級廳を設け尙ほ地方の情況に因つて高等又は地方分廳を設置することになつてゐる。

甘肅高等廳は民國二年から臯蘭地方廳は民國三年から開廳した此地方は邊避で財力も乏しく恢復も亦大困難なのに因つてゐる其餘の各省高等廳は皆前淸の舊廳を繼續して之に多少の改革を施して事務を開始してゐるに過ぎない、直隷の高等分廳二ヶ所は二年に一ヶ所三年に一ヶ所を廢し江蘇の二箇所山東の一箇所は共に三年中之を廢し現在の高等分廳は湖北二、江西四川各一あるばかりで地方分廳は四川の七ヶ箇所廣東の三ヶ所、江蘇の二ヶ所、福建の一ヶ所等を二三年中相次で撤廢して今日に及んだ。

民國になつて地方廳及初級廳は設置の數も多く又た變遷も甚しかつた京師外省地方廳は元年に百二十四ヶ所、二年百三ヶ所であつて二十一ヶ所を減じ初級廳は元年に百七十九、二年に百三十四ヶ所であつて四十五ヶ所を減じた、何れも經費の關係上減少を止むなくされた、民國三年政治會議に決議されて地方廳の撤廢せらるゝもの三分の二であつて初級廳は全廢された、撤廢の結果實際上障碍があつて實行することの出來ない者に對しては別に方法を講じた卽ち高等分廷、及び地方簡易廷の制度を採用した、高等分廷は道尹駐在地に設け道屬の各縣を其管轄區域とした、又各省高等分廷成立前には三年十二月から道尹衙門に承審機關を附設し上訴を受理した然し、是も一時的機關であつて山西の河東、雁門兩道及陝西の漢中道の如きは分廷開設と同時に之を撤廢した、新疆は面積廣大で法院を設立完成すること容易でなかつたから當分此機關を置いた、此外奉天、浙江、廣東の三地方分廷は從來の初級廳を改造したものであつて京師、直隸吉林、江蘇、福建の各省を合して七ヶ箇所とし江蘇の一ヶ所は事務閑散のため四年之を廢止した、地方簡易廷は地方廳内に附設して專ら微罪事件を受理し三年五月京師地方廳に之を創設し其後成績良好であつたから四年五月各省に命じて一律に實施せしめたが、裁判官の不足の爲め臨機の方法として輪番出廷して事務を執ることを許した尚ほ法院を設けない各縣には審檢所を開いて幇審員を置き訴訟事件を受理せしめて縣知事に檢察事務を兼理せしめた、此規定に依つて審檢所が九百五六十に及んだが三年四月縣知事司法兼理章程發表と同時に廢止された、又地方廳を廢合してから各縣の初級案件は上訴に困難を來し人民に不便多き爲め鄕縣を以て上訴機關とするの法を採つた、高等分廷及道尹衙門附設承審機關の設置次第に增加して來たので支系か多くなり其管轄繁雜を極めたから四年三月系統表を作つ準據規定を示して劃一を計つた、熱河、綏遠、察哈爾等の如き特別行區域では都統區內に審判所を設けて上訴事件を受理した察哈爾所屬各旗は名つけて各旗審判所と云ひ都統審判所を以て上級審判機關とし統屬を明にした、今現在京外高等以下各司法機關を見ると左の通りである。

（一）現在京外高等以下司法行政機關表

機關別／數別／地方別	高等審檢廳	高等審檢分廳	高等分廷	各道尹署附設承審機關	地方審檢廳	地方分廷	司法籌備所	審判廷	合計
京師	一	―	―	―	一	二	―	―	四
直隷	一	―	―	―	二	一	―	―	四
奉天	一	―	―	一	四	―	―	―	六
吉林	一	―	―	―	三	二	―	―	六
黑龍江	一	―	―	―	一	―	―	―	三
山東	一	―	―	―	二	―	―	―	三

河南	一	—	—	—	一	—	—	—	二
山西	一	—	二	—	一	—	—	—	四
安徽	一	—	一	—	二	—	—	—	四
江蘇	一	—	—	—	二	—	—	—	三
江西	一	一	—	—	二				四
福建	一	—	—	—	一	一	—	—	三
浙江	一	—	一	一	二	—	—	—	五
湖北	一	二	—	—	二	—	—	—	五
湖南	一	—	—	—	二	—	—	—	三
陝西	一	—	一	一	一	一	—	—	四
甘肅	一	—	一	—	一	—	—	—	三
四川	一	一	三	—	二				七
廣東	一	—	—	四	二	—	—	—	七
廣西	一	—	—	—	一	—	—	—	二
雲南	一	—	—	—	二	—	—	—	三
貴州	一	—	二	—	一	—	—	—	四
新疆	—	—	—	—	—	—	一	一	一
熱河	—	—	—	—	—	—	—	一	一
歸綏	—	—	—	—	—	—	—	一	一
察哈爾	—	—	—	—	—	—	—	一	一
合計	二二	四	一一	七	三八	六	一	三	九二

以上の如く光緒三十二年官制の大刷新に依つて刑部を改めて法部として司法行政を管理せしめ大理を改めて大理院として裁判事務を總轄せしむる事は以上大理院の項で述べた通りであるが、今大理院審判制限辦法に據つて觀ると新設の裁判所は分つて大理院、高等審判廳、地方審判廳及初級審判廳の四級に別れ各一定の土地及事件を管理せしめることゝしてゐる、大理院は我國の大審院に相當し高等審判廳は控訴院に地方審判廳は地方裁判所、卿讞局(即初級審判廳)は區裁判所に相當してゐる、然し最初大理院審判編制法を見ると唯北京に於ける各裁判所の構成と權限を定めたに止まつて全國一般に施行してゐない、何れ全國に及ぼするものとして着手したものらしい。

法院編制法

二、法院の編制法、は我が裁判所構成法を根據として酌定せるものであつて各裁判所の構成及び權限は略ほ清朝時代大理院審判編制法と同じである唯異つてゐる所は(一)城讞局又は卿讞局の稱を改めて初級審判廳とした(二)地方審審判廳は第二審裁判所として審判する場合に限つて合議制を用ゐること(三)大理院以下地方審判廳に至るまで分院若くは分廳を設けることが出來る(四)登記事件及非訟事件を以て審判廳の管轄に屬さしめた事等である。

其管轄區域も大理院は京畿に設け全國を總轄する、高等審判廳は京畿及各省省域に各一ヶ所を設け、其管轄區域は京師廳は順天府管內、各省廳は各該省內の管內とする、省域を距る事遠い繁盛の商埠では督撫及邊疆大員を駐在する地方には分廳を設けることが出來る。地方審判廳は京兆及直省府直隷州に各一ヶ所を設ける、管轄區域は京兆廳は京兆內外城及京營地とし府州廳は各行政區域を

準ずる（地方行政の項參照）

司法官の任用

三、司法官の任用、司法權はまだ獨立したと云へない、地方では知事は審判兼理して從來の弊を矯めやうと司法權の獨立を許り各縣幇審員辦事暫行章程を公布して將來司法獨立の基礎を作らうとしたが經費の關係上廢せられた民國三年司法官選拔試驗を行ふて一千百餘名の中百七十一人の合格者を選んで四月各審檢廳に配して實習せしめた、又各省審檢衙門廢合の結果休職免職となつた司法官を講習所を設けて教科を授けて實習の法を取つたこともある、民國三年以來司法官の任用は有資格者の外總て選拔試驗を要することゝし休職免職人員であつて曾て任命を受けた者は其成績の如何に依つて選拔採用した、斯の如く此制度を實施してから任用した司法官は合計三百八十名であつた、中にも試驗合格者を各廳に配置して實習せしめたもので其成績良好なものは派署（事務見習として）六ヶ月の後薦者（代理）とし更に一箇年を經て薦補（本官）とするやうな順序である。

司法官薦任文官任用との比較

四、司法官薦任資格、は四年四月に公布した簡任法官推薦辦法及簡任資格に明かであるが這は司法官の將來採用方針を定めたものである、又文官任用令には試署（試補）の制度があるけれ共司法官任用令にはまだ公布されてゐなかつたから五年十一月文官任用令施行規則第一條に規定せる試署の制に準じて司法官考試令第三條規定の資格人員中から試署を命ずることゝなつた、各廳々員任用推薦に對しては三年部令を以て施行を公布し五年の部令で修補した。

監獄

五、監獄職員、の任用試格は民國二年四月管獄員考試暫行章程中に（一）監獄事務に滿一ヶ年以上經驗あり成績良好なる者(二)新監獄に於て二年以上看守たり其成績良好なる者、(三)各縣地方幇審查考試章程により第五章記載の各項資格の一を有する者は管審員考試に應ずることを得と規定し第二條(一)監獄又は警察學校を滿一ヶ年以上修業せし者(二)監獄學科を有する法律學校に在學二年以上を修業せし者(三)新監獄に在つて半年以上看守長たりし者等である、各省の監獄狀況を見ると何れもその地方の財政狀態に依つて同じでない奉天江西の縣監獄は凡て縣知事之を管してゐるし吉林の縣監は長春を除いて皆知事兼管してゐる其他の各省は大抵管獄員を置いてゐる、民國三年九月司法部が監獄官制を制定してから管獄員は官制第十四條に依つて省制の規定に從つて各縣知事から該省高等審判廳長を經て申請の上任命して司法部に報告することになつてゐる。

六、律師、は民國元年律師暫行章程第三十八條律師登錄暫行章程七條を制定し九月之を施行した二年度に京內外各高等檢察廳から登錄を申請して證書下附した者二千七百九十六人に及び其中登錄九百八十二人であつた、其後律師の數次第に增加すと共に法廷及び訴訟當事者に對する行爲動もすれば法律の範圍外に出ると云ふ弊害が生じたので二年十二月司法部は律師暫行章程第七章中懲戒に關する箇條を更に修正した、其後四年に至つて大理院附設の覆審查會は京內外高等以下の各法院內に初審會を設けて二月律師甄別審查規則を制定して其實施を嚴命した、尙ほ登錄に對する制限廻避の成行と結託の防止に就ても各該長官をして責任を以て隨時查察を行はしめた、更に報酬の制限と等務の規定を辦法四ヶ條及び公費額數表等を規定して從來の公費及謝禮金は一切廢止せしめた、若

辯護士

し律師委任間て公費に關する訴訟起事件起るときは該管審衙門に命じて請願事件として之を審理清算せしめ且つ司法部に於て請願核算辦法核算準則及費用計算書方式を制定して實施してゐる、又律師には享くる權利あれば義務もありとして律師暫行章程第五章外更に五欵を酌定して之を施行した

民事事件

七、民事事件、は審判よりも其執行に困難が多い支那は之に關する法規の不備、手續の複雜、補助機關の不備等は人民の非難甚しく五年審級を改革して積案の整理を遂げてからは審判事項は漸時整頓して來たが其執行に至つてはまだ幼稚を免れない、各省、司法衙門が執行の請求に對し一々監督を勵行して夫々審査を行ひ事件既に決定しても執行機關がその執行を遲延することが往々あつたそこで四年十月京師地方審判廳執行案件報部辦法を參酌して定式を制定し各省に遵奉せしむることとなつたその定式と云ふのは(一)强制(二)假差押(三)假處分である。

商事公斷處

八、商事公斷處、民國元年河南衛輝及四川成都重慶の各商業會議所は相前后して商事公斷處の設立を申請した、司法部は農商部と協議して商事公斷處章程を制定し二年一月之を公布し九月該辦事細則を會訂した、現に各公斷所は商人間の紛爭を處理して頗る成績良好であつた、三年新商會法の領布以來各商會は其組織を改正した。

(一)商事公斷所を各商會に附設す(二)公斷所は商人間の爭議に對し仲裁の地位に立ちて息訟和解せしむるを主とす(三)公斷所は下記の職員を以て組織す、公斷處長、評議員、調査員、書記員(四)公斷處長は一人とし事務の繁簡に應じて評議員九名乃至二十名調査員二名乃至六名書記二名乃至六

外人訴訟事件

名を置く(五)評議員及調査員商會會員中より互選し處長は評議員中より互選す(六)公斷處の受理すべき商事爭議案件は、起訴前兩造商人の合意に依り自ら聲請する件、起訴后法院より委托處理する件(七)評議員の判斷は兩造の同意を經て効力を生ず兩造にして評議員の公斷に不服ある時は起訴することを得。

九、外人訴訟事件、民事事件は外人が原告である場合は條約國支那の審判衙門の審判に附すのであるが司法の改良は目下喧しい問題とされてゐる領事裁判權の回收熱と共にその基礎を作りつゝある、先づ外人訴訟案件の審理狀況、判決の期間、執行の効果等に就て調査の歩を進めてゐる又例國は支那に對して委員を派し治外法權撤廢に就てその可否を調査せしめてから決すると云つてゐる。

一〇、其他不動産の登記、商業註冊規則は四年六月以來實施してゐる又大赦令は元年三月暫行新刑律と同時に公布して眞正人命犯及强盜犯を除いて大總統の批准を經て各省司法衙門に訓令施行せしめる、又死刑の執行は民國四年七月大總統諭旨に依り死刑案件呈報辦法を制定して施行してゐる

一一、司法行政法規

法院編制法　(四年六月)
解釋法院編制法第一一八條第欵文　(十年八月)
各省城商埠各級審判廳檢察廳編制大綱　(元年七月)
各級審判廳章程　(三十三年十月)
補訂高等以下各級審判廳章程　(元年七月)
修正各級審判廳試辦章程三條　(二年九月)

修改各級審判廳試辦章程關於預審各條條文　(四年十月)
刑事缺席判決限制過嚴請改審判廳試辦章程　(四年一月)
修訂各級審判廳試辦章程第一百十一條文　(四年十二月)
修改高等以下各級審判廳試辦章程第六十條六十一條　(九年一月)
解釋各級審判廳試辦章程第九十二條疑義文　(六年一月)
增訂檢察廳調度司法警察章程　(三年四月)
檢察廳指揮司法警察證暫行細則　(元年十二月)

總檢察廳辦事章程（九年四月）
高等檢察廳辦事章程（八年八月）
高等審判廳辦事章程（八年八月）
解釋高審廳高檢廳權限責任文（三年六月）
地方審判廳暨兼理司法縣公署登記處規則（十一年五月）
暫行各縣地方分廷組織法（六年四月）
縣司法公署組織章程（六年五月）
熱河都統署歸綏都署審判處暫行條例（三年七月）
庫烏科唐鎮撫使署審判處組織暫行條例（九年十一月）
烏庫唐恰審判處組織暫行條例（九年十一月）
東省特別區域法院編制條例（九年十月）
察哈爾各旗羣翼等審判處組織章程文（六年四月）
變通東省特別區域地方分庭事務管轄範圍文（十年五月）
大理院增設刑事一庭文（三年六月）
大理院增設民庭辦法文（六年九月）
大理院增設民事第四庭文（八年一月）
委任省長監督司法行政文（六年四月）
司法講習所規程（三年十月）
違令罰法（三年七月）
違令罰法第二條罰則令（三年十一月）
法律適用條例（七年八月）
繙譯法律規則（九年十一月）
清室當差人役犯罪處罰章程（四年二月）
民刑事訴訟律草案管轄各節（元年五月）
民事簡易程序暫行條例（十一年一月）

刑事簡易程序暫行條例（十一年一月）
民刑事訴訟律草案迴避拒却引避各條准暫行援用文（八年四月）
刑事再理辦法暫用刑事訴訟律草案各條文（四年八月）
民事訴訟法草案（十年七月）
民事訴訟法案施行條例（十年七月）
解釋民事訴訟法草案一九七條條文（十年八月）
刑事訴訟條例（十年十一月）
刑事訴訟條例施行條例（十年十一月）
民事訴訟法草案施行日期令（十年七月）
刑事訴訟條例施行日期及民事訴訟草案改稱民事訴訟條例令（十年十一月）
審理無領事裁判權國人民刑事訴訟章程（八年五月）
審理無領事裁判權國人民犯罪變通處刑辦法文（九年十二月）
修正民事訴訟辦法（四年三月）
修正民事管轄最法（四年二月）
修正覆判章程（十一年六月）
民事非常上告暫行條例（三年四月）
科刑標準條例文（九年十月）
處刑命令暫行條例（九年十月）
令各省試辦指紋文（五年十二月）
京兆各縣司法事務暫行章程（八年三月）
縣知事審理訴訟暫行章程（三年四月）
縣知事判決刑事案件須兼用牌示及宣示文（六年四月）
縣知事兼理司法事務暫行條例（三年四月）
准兼理司法各縣知事援用民事訴訟執行規則文（十年七月）
審查收受民刑訴訟辦法（十年八月）

整理司法收入規則（九年六月）
司法收入仍作特別會計文（九年五月）
訴訟月報規則（元年十二月）
變通民刑事訴訟案件摘由彙報辦法（五年七月）
令各庭制主管案件比較表文（九年四月）
司法官吏及縣知事訴訟成績書造報規則（五年十一月）
民事訴訟案報部辦法文（十年六月）
删併統計報告表冊文（十年三月）
華洋訴訟案件報部辦法（十年七月）
法庭旁聽暫行規則（元年六月）
甄拔律師委員會章程（十年九月）
修正律師懲戒會暫行規則（五年十月）
覆審查律懲戒會審查細則（五年十二月）
律師暫行章程（元年九月）
修正律師暫行章程第三五九條（十年九月）
修正律師登錄暫行章程（六年十一月）
律師考試令（六年十月）
律師考試令施行細則（六年十二月）
律師考試規則（六年十二月）
律師應守義務（四年七月）
修正律師應守義務第五欵（五十年月）
未設審判廳地方訴訟暫不用律師制度令（二年二月）
無領事裁判權國律師出庭暫行章程（九年十二月）
修正無領事裁判權國律師出庭暫行章程第一條（十一年二月）
民事訴訟執行規則（九年八月）

司法印紙規則（十一年六月）
司法印紙規則施行細則（十一年六月）
貼用司法印紙辦法文（十一年七月）
頒發司法用紙式樣文（十一年七月）
登記通例（十一年五月）
不動產登記條例（十一年五月）
登記通例不動產登記條例地方審判廳暨兼理司法縣公署登記處規則施行日期文（十一年八月）
解釋民事訴訟標的價額文（十年八月）
清理不動產典當辦法（四年十月）
私訴暫行規則（三年九月）
修正訴訟費用規則（十一年六月）
改訂京師各級審檢廳加徵狀訟兩費文（九年七月）
徵收訴訟費用注意事項（十一年七月）
刑事訴訟費用負擔準則（十一年九月）
訴訟當事人傳票到庭期限分別塡寫辦法文（元年十月）
民刑案內交案財物保管辦法文（十年六月）
東省特別區域法院證據物品處理規則（十年四月）
民事公斷暫行條例（十年八月）
暫行新刑律施行細則
暫行刑律補充條例（三年十二月）
刑事訴訟律草案執行編（七年五月）
刑事訴訟審限規則（七年六月）
不准除免條欵（元年三月）
懲治盜匪法（三年十一月）
修正懲治盜匪法第十一條（八年十一月）

懲治盜匪法施行法（三年十二月）
引用刑律及懲治盜匪法須辯明罪質文（五年八月）
令各廳縣愼重辦理盜匪案件文（十年五月）
愼重殺人犯案文（九年十月）
審理擄人勒贖案件必詳查過付財物者是不善意文（九年九月）
解釋僞造貨幣罪範圍（四年十一月）
僞造儲蓄票治罪辦法及發掘墳墓加重罪刑條議均予廢止文（六年二月）
大理院議決關於買賣人口適用法律各問題（二年四月）
辦賑犯罪懲治暫行條例（九年十月）
妨害內債信用懲罰令（三年十二月）
私鹽治罪法（三年十二月）
嗎啡治罪法草案（三年四月）
通飭嚴辦翻版案件（三年六月）
沒收物品處分規則（三年四月）
頒布判決刑事案件一覽表格式（十年五月）
視察監獄規則（二年一月）
監獄處務規則（二年一月）
監獄看守服務規則（二年十月）
監獄教誨師醫士藥劑士處務規則（二年一月）
監獄協會章程（元年十二月）
監獄學校規程（二年六月）
獄務研究所章程（十年四月）
管獄員補習所章程（十年四月）
監獄規則（二年十二月）
各慶監獄看守所規則（八年五月）

監獄看守點檢規則（二年五月）
監獄看守教練規則（元年十二月）
監獄看守使用公物規則（元年十二月）
監獄鈐記定式（三年九月）
參觀監獄規則（二年一月）
監獄會議案議決事項（四年七月）
調查監所辦法（十年七月）
改良全國監獄方針文（五年十二月）
改良監獄訓條（四年七月）
通飭填報監獄教誨情形（四年三月）
監獄作業調查表（二年九月）
監獄作業規則（九年四月）
假釋管理規則（二年二月）
監犯保釋暫行條例（九年十二月）
變通監犯保釋暫行條例文（十年二月）
頒發覆核保釋人犯報告書表式文（九年十二月）
出獄人保護事業獎勵規則（二年一月）
看守所暫行規則（二年一月）
管收所暫行章程（三年八月）
修訂東省特別區域監所暫行辦法（十一年二月）
感化學校暫行章程（十一年二月）
地方審判廳刑事簡易庭暫行規則（八年九月）
審檢廳處理簡易案件暫行規則（八年九月）
行政訴訟法（三年七月）
訴願法（三年七月）

第十三節　教育部

教育部は前清時代に學部と稱せられたもので、前清の學部は中央官制の改革に先ち光緒三十一年に新設せられたが、民國に至つて之を教育部と改稱した。

大總統に直隷して教育學藝及歷象事務を管理し、總長一、次長一、參事三、司長三、秘書四、視學一六、僉事二四、主事四二、技正一、技士二、雇員若干を置いてゐる。

其分科及分掌事務は次の通りである。

總務廳

一、總務廳

- 文書科
- 會計科
- 庶務科

一、直轄學校及公立學校職員に關する事項
二、學校衛生に關する事項
三、學校圖書館博物館等修建に關する事項
四、教育會議及教育博覽會に關する事項
五、本部經費並に各項收入の豫算決算及會計に關する事項
六、學校經費及直轄各官署の會計稽核に關する事項
七、本部所管官產官物の管理
八、文件の撰輯保存收發
九、職員の進退記錄
十、印信の典守
十一、本部庶務及其他各司に屬せざる事項の管理

普通學務局

二、普通教育司

- 第一科
- 第二科
- 第三科
- 第四科

一、師範學校に關する事項
二、中學校に關する事項
三、小學校及蒙養園に關する事項
四、盲啞學校其他殘廢等の特殊學校に關する事項
五、第一款より第四款に至る各學校相當の各種學校に關する事項
六、學齡兒童就學に關する事項
七、教員檢定に關する事項
八、私塾整理に關する事項
九、小學校基本金に關する事項
十、地方學務機司設立變更に關する事

専門學務局

三、専門教育司

- 第一科
  - 一、大學校に關する事項
  - 二、高等専門學校に關する事項
  - 三、第一欵第二欵各學校相當の各種學校に關する事項
- 第二科
  - 四、實業教育に關する事項
  - 五、外國留學生に關する事項
  - 六、曆象に關する事項
  - 七、博士會に關する事項
- 第三科
  - 八、國語統一に關する事項
  - 九、醫士藥劑士考試委員會に關るす事項
  - 十、各種學術會に關する事項
  - 十一、學位授與に關する事項

社會教育局

四、社會教育司

- 第一科
  - 一、通俗教育及講演會に關する事項
  - 二、感化に關する事項
  - 三、通俗禮儀に關する事項
  - 四、文藝音樂演劇に關する事項
- 第二科
  - 五、美術館及美術展覽會に關する事項
  - 六、動植物園等の學術に關する事項
  - 七、博物館圖書館に關する事項
- 第三科
  - 八、通俗各種博物館通俗圖書館に關する事項
  - 九、公衆體育遊戯に關する事項

尚ほ教育部に編纂處を附設し處長一、股主任二八、編纂員若干を置く。其分科及主管事務は次の通りである。

編纂處

五、編纂處

- 編纂股
  - 一、教育上必要圖書の撰擇
  - 二、本國教育法令の纂輯
  - 三、外國法令、學校章程及教育に關する書報の飜譯編輯
- 審査股
  - 四、教育用圖書、教育用品、理科の器械審査

中央氣象台

六、中央氣象台も亦教育部の管轄に屬するもので、天文觀測、曆書纂修、觀象用器械の鑑定等を司り、台長一、技正四、技士二十、主事五、雇員若干を置いてゐる、其分科は次の通りである。

中央氣象台
- 天文科
- 曆數科
- 氣象科
- 磁力科

直轄學校

七、尙ほ敎育部直轄の各學校は次の通りである。

北京大學校　北京高等師範學校　北京師範學校　北京女子師範學校

北京法制專門學校　北京實業專門學校　北京工業專門學校　北京醫學專門學校

武昌高等師範學校　青島特別高等學堂

第十四節、敎育行政概况

內亂相亞ぎ匪徒跋扈し財政困難なるにも拘らず支那に於ける敎育は進步の道程に在つて特に外人宗敎團體に依る支那人敎育は近時著しく効蹟を擧げてゐる然かも學生連は政治運動に狂奔し敎師達は給料不拂に憤慨して同盟休業を爲す等面白くない狀態を繼續してゐるのは遺憾である、北京大學の如きは資金の缺乏と有數の敎授連は政府と政見を異にする理由を以て連袂退職し校運日々に衰へつゝある、又地方の學校に於て敎育費は軍隊の爲めに押領され閉校相次ぐ有樣である、右は暗黑の方面のみを見たものであつて今支那國民協會の學事報告に依ると以下述べるがやうに、頗る好成績を擧けてゐると云ふ。

支那全國の學生總數は六百八十一萬六千四百八十六名に達したと言ふが尙之れに對し羅馬加督力學校の生徒數十三萬九千九百六十名を加へなければならない同協會調査の學生總數の中には新敎宗敎學校の生徒數を含んでゐるが靑年會學校の生徒數を含んでゐるか否やは疑問であるから同生徒數二萬二百九十二名を別に擧げなければならない大體支那の學校に於ける欠點は高等敎育程度の學校

數のみ徒らに多く初等敎育程度學校數の不足してゐるに在ると稱してゐるが以下擧ぐる所を見ると必すしも然うとは斷言出來ない。

初等學校生徒數	六、六〇一、八〇二
中等學校生徒數	一八二、八〇四
大學專門學校學生數	三四、八八〇

尙同協會書記長は附言して云ふに支那に於て因襲的敎育を施す幾多の私立學校は在るが正確なる調査は無いから本統計より除外したと例へば南京の如きは人口四十萬程度なるに此種の學校は約五百程在つて生徒數は一萬二千を算し又廣東は人口八十萬位なるに此種の學校は千を算し二萬人を收容してゐる、故に支那の人口を四億と見て學生總數は千五百萬を算するであらう、卽ち全人口の約四分は學籍に在る勘定である、支那の學校は資金に不足してゐるから其設備及敎育等に幾多の欠陷あるを免れない例へば小學校は十六萬七千七十九校あつて收容生徒數五百八十一萬四千三百七十九名である一校の收容能力は僅かに三十四人・八の比例である。大學は稍々收容能力を有して一校に二百七十九名と云ふ勘定である全國の學校數十七萬八千九百八十一校に敎鞭を採れる敎師の數は二十八萬八千百四十二名であつて敎育費總額は五千九百四十二萬四千五百六十七弗に達してゐる學生數三萬四千八百八十名を收容する、大學の經費は千三百九十五萬四百二十四弗であつて學生一人に對し三百九十九弗九十五仙に相當してゐる然るに小學校の經費は二千七十五萬九千七百六十二弗であつて生徒一人に對し三弗七十五仙に相當し中學に於ては生徒一人に對する經費は百三十七弗三仙

に當つてゐる女學生の數は男學生の六百二十萬一千六百二十二名に對し四十一萬八千百七十名であつて全體の六分三厘一毛に相當してゐる女學生の最も多いのは師範學校に全生徒の六分七厘二毛乃至一割七分五厘六毛に相當してゐる女子大學生の數は甚だ少く全體の二分四厘一毛に過ぎない女生高等教育の方面を示すと次の通りである。

國立專門學校	四〇五
省立專門學校	七
私立專門學校	一二五
ミッション及外人經營專門學校	三五〇

女子大學生の研究方面を見ると種々雜多であるが特に面白いのは無秩序の支那に於て法律を研究する者十三名あり、藥學研究者十七名其他商學研究者三名等注目に値する女子大學生の最も多いのは北京であつて全體の四分七厘八毛に當つてゐる以下示すのは各地に於ける人口と小學生の比較對照である。

省及特別地名	人口	小學生徒の數	對全人口割合
北京地方	四、〇七一、四二三	八九、九五八	二・二一
直隷	二三、二四一、二五〇	五六一、九三一	二・四二
奉天黑龍江及吉林地方	一九、九九八、九八九	四四一、五九四	二・二一
山東	三〇、九五五、三〇七	七九〇、五五八	二・五五
河南	三二、五四七、三六六	二八九、四二一	〇・八九

山西	一〇、八九一、八七八	七八四、九三六	七・一〇
江蘇	三三、六七八、六一一	四〇三、七七〇	一・一九
安徽	二〇、〇〇二、一六六	九七、三〇四	〇・四九
江西	二四、四九〇、六八七	二一三、七〇九	〇・八七
福建	一七、〇六七、二七七	一七五、六六三	一・〇三
浙江	二二、九〇九、八二二	四二一、〇二四	一・八四
湖北	六、五七四、三二二	二一六、八四三	〇・七六
湖南	二九、五一九、二七二	三三二、八五九	一・〇九
陝西	九、〇八七、二八八	二〇九、〇四三	二・三一
甘肅	六、〇八三、五六五	一一四、四七八	一・八八
新疆	一、七五〇、〇〇〇	三、六〇八	〇・一二
四川	六一、四四四、六九九	五九二、九三九	〇・九七
廣東	三五、一九五、〇三六	四〇〇、二九二	一・一四
廣西	一〇、八七二、三〇〇	一八五、二三三	一・七〇
雲南	八、八二四、四七九	一八一、六一一	二・〇六
貴州	一一、四七〇、〇九九	六七、一五七	〇・五九

該統計に於いては山西及雲南が他省に比して著しく小學敎育の普及してゐるのは注目に値する。

敎育調査會

一、敎育調査會は民國七年十二月設置され文部大臣の直屬であつて敎育上の重要事項を審議するのが目的である又敎育調査會は大臣即ち敎育總長の諮問に應じて意見を陳述し敎育上の重大事項を總長に建言するものであるその組織は會長一、副會長一、會員六十名以内である會員の資格は現在高級教育行政の職務を持ち或は其經驗者、專門の學識又は敎育の研究に從事する者から敎育總長より任命することになつてゐる。

視學視察委員

二、專門以上學校視察委員會、は(民國九年十二月設立)文部大臣に隷屬して專門學校以上の學校を視察區域と定め視察して報告せしめてゐる又敎育基金を計畫する目的で敎育基金委員會は民國十一年十二月大總令を以て設けられた委員敎育界聞望ある者から文部大臣が選んで大總統に呈請して任命することになつてゐる。

師範學校其他

三、其他北京の高等師範及び武昌の高師は官立であるが其他省立では直隷、四川、山東、湖南、廣東、河南、江西等である又普通師範學校は民國四年の調査に依ると一四一校あつて卒業生男女約四千名と稱せられてゐる、尙ほ小學校に當る私塾の整理は着々行はれ敎育部は全國優良小學校に對して勳章を與へなどして奬勵してゐる。全國實業學校甲種は約百餘校であつて卒業生數は三千と云はれてゐる乙種に在つては二百五十餘校で卒業生數千五百餘名。(以上民國五年調)

華僑兒敎育

四、海外在住支那人に對する敎育もその校數は日本三、朝鮮二、米六、加奈太三、英領南洋五、米領南洋二、蘭領南洋九、英領濠州二等で何れも本國敎育部所定の學制に準據し敎育してゐる。

義務敎育は着々準備中であるが第一期は本國小學校令を修正し地方學事通則を公布し小學基金及補助規程、小學校敎員任用待遇及俸給等地方官及興學人員考成法、師範學校規程の修正、私立小學校認許及代用小學規程等で夫々着手し第二期第三期に分つて計劃を進めてゐる。

五、社會教育、としては圖書館を各地に設立し又北京では通俗圖書館を設け一般人民の普通必要の智識を啓發してゐる各省でも次第に新設され現在では二百十八ヶ所に設けられてゐる。此外北京では通俗教育會を各所で開催し露天學校等も設けられてゐる。

六、教育行政法規

学校系統改革令 (十一年十一月)

學校系統改革令	(十一年十一月)
專門學校令	(元年十月)
公立私立專門學校規程	(元年十一月)
工業專門學校規程	(元年十一月)
法政專門學校規程	(元年十二月)
商船專門學校規程	(元年十二月)
外國語專門學校規程	(元年十二月)
商業專門學校規程	(元年十二月)
農業專門學校規程	(元年十二月)
醫學專門學校規程	(元年十一月)
藥學專門學校規程	(元年十二月)
河海工程測繪養成所章程	(四年八月)
實業學校令	(二年八月)
實業學校規程	(二年八月)
實業教員養成所規程	(四年十月)
大學令	(六年九月)
大學規程令	(二年一月)
私立大學規程	(二年一月)
交通部直轄大學通則	(十一年九月)
大學分科外國學生入學規程	(五年九月)
籌備清華學校基本金章程	(六年九月)
清華學校基金保管委員會章程	(十年四月)
清華學校董事會章程	(六年十月)
清華學校董事會辦事細則	(九年九月)
學校學年學期及休業日期規程	(元年九月)
教育部通咨各省得於春節前後酌放寒暇文	(四年十二月)
學校徵收學費規程	(元年九月)
徵收學費令	(元年十二月)
學校儀式規程	(元年九月)
學校制服規程	(元年九月)
國民學校學生不必一律著用制服文	(八年六月)
專門學校以上學生均應遵著制服文	(四年十一月)
學校管理規程	(元年九月)
在校學生不准加入政黨文	(六年二月)
學生操行成績考查規程	(元年十月)
學生學成績考查規程	(元年十月)

假期修學辦法文（六年四月）
實業學校學生暑假期內應輪流實習或實地調查文（八年二月）
學生遊覽雍和宮收費減價章程（九年四月）
學校發給證書條例（二年八月）
嚴定師範生服務及推廣任用文（六年二月）
規定農業教員養成所畢業生服務年限及待遇辦法文（六年七月）
專門以上學校畢業生處置方法文（八年五月）
收受轉學學生規則（二年十二月）
修正收受轉學學生規則第一條（十一年七月）
中等學校招生務須確核程度文（六年三月）
改定限制專門學校招生辦法文（八年三月）
限制更改姓名年齡劃一辦法（十一年十月）
學術評定委員會受驗畢業證書細則（三年八月）
學術評定委員會特獎規程（三年八月）
學術評定委員會除資及停資規程（三年八月）
獎學基金條例（三年七月）
所得稅撥充教育經費酌定分成辦法文（九年十二月）
各校得承領附近官荒山地以收入作基本金文（四年八月）
保存固有學校資產文（四年十月）
各省省欵設立之學校仍應改爲區立縣立作爲省預補助文（四年十二月）
教育部咨各省區咨送調查小學校暨私塾各種表式及事項文（五年二月）
請飭各實業廳特設實業教育教科調查員文（七年一月）
修正中等學校週年概況報告程式（八年三月）
修正專門以上學校週年概況報告程式（八年三月）

教育部制定師範報告條目（六年十一月）
私立各種學校考核待遇法文（六年五月）
外國人設立學校須如法部案文（九年十一月）
教會所設中等學校請求立案辦法（十年四月）
修正教育統計暫行規則（六年五月）
教育部擬定修正審查教科書規程（五年四月）
重行修正審查教科書各條（五年十二月）
各學校不得擇用已失審定效力之教科書文（六年一月）
檢定小學教員辦法（五年四月）
施行檢定小學教育規程第十四條第四欵疑義文（六年一年）
變通檢定小學教員辦法文（六年十二月）
小學教員身體檢查准援照成案辦理師範講習所畢業生滿規定年限以後者應予以無試驗檢定文（八年一月）
給予教員許可狀規程（九年三月）
小學教員俸給規程（六年二月）
各學校校長不得兼充他職文（六年二月）
學校主要科目敎員不得兼任文（六年二月）
解釋限制校長兼職各疑義文（六年三月）
教育行政會議議決校務分掌案文（六年四月）
令各省召集小學會議文（十年四月）
組織全國中等學校聯合會辦法文（八年一月）
教育部採錄中學校校長會議議決體育諮詢案辦法推廣體育計畫文（八年四月）
令各省改進學校體育文（九年三月）
咨各省設法提倡各學校廣興樹藝文（四年十一月）
令各省推廣蒙養園文（十年七月）
通咨各省區童子軍之組織辦法應彙集報部備核文（八年二月）

令國民學校組織國語研究會文（十年十月）
國民學校改國文爲語體文文（九年一月）
女子高小學校得酌設補習科文（八年五月）
中等以下各校採用練習語言辦法文（九年一月）
令中等以下教育注重工藝文（九年三月）
各中學校添授簿記文（五年十一月）
中學校增設第二部辦法文（六年三月）
中學校得酌量情形增減科目及時間文（八年四月）
中等學校洋制經濟科中增加國際教材文（八年六月）
女子中學可附設簡易職業科文（八年五月）
女子學家事科注重實習文（八年五月）
整頓實業學校辦法並乙種各校畢業毋庸先期報部文（四年十一月）
各省甲乙種工校實習工場應照普通工廠組織文（六年三月）
增設師範二部文（四年七月）
改小學教員講習所曁師範講習所文（四年十一月）
師範學校加授國語文（十年三月）
學務委員會規程（四年八月）
學務委員會規程施行細則（五年四月）
籌辦退欵興學委員會規程（十一年三月）
修正教育會規程（八年十一月）
勸學所規程（四年十二月）
修正勸學所規程（七年一月）
勸學所規程施行細則（五年四月）
修正勸學所規程施行細則（七年一月）
變通勸學所規程第二條文（六年二月）
解釋勸學所規程文（六年四月）
勸學所辦理各項表冊逾限懲戒辦法文（十年六月）
派勸學專員視察地方情形及實業教育互調聯絡文（九年三月）
國語統一籌備會規（七年十二月）
修正國語統一籌備會規程第十條（八年十二月）
修正國語統一籌備會規定（十一年三月）
推行國語教育奬勵辦法（十一年十月）
地方學事通則（四年八月）
地方學事通則施行細則（五年一月）
通俗教育研究會章程文（四年七月）
社會教育各項規定（四年十月）
令各省區設立實施義務教育研究分會文（九年十一月）
令各省限期籌辦義務教育文（九年四月）
咨各省圖書館注意搜集保存鄉土藝文文（五年十一月）
講演機關採用審定文講演參考用書文（五年十一月）
半日學校規定（三年二月）
半日學社應予立案文（四年十月）
試辦註音字母傳習所文（四年十二月）
飭各學校組織課外運動併於省城內籌設公衆運動場文（四年十月）
頒發曆書條例（二年九月）
翻印曆書條例（二年九月）
地方興學人員考成條例（五年一月）
管理留美學生事務規程（五年三月）
選派留學外國學生規程（五年十月）
留學外國存記生考試法文（六年一月）

留學外國學生畢業註冊須呈驗在學證書文（十年八月）
留學生須帶文憑及母校証明書文（十年八月）
留日高等師範畢業生應考察該國教育狀況文（六年一月）
留日自費生對於各項手續應切實辦理文（六年九月）
國民學校令（四年七月）
國民學校令施行細則（四年七月）
高等小學校令（四年七月）
調查蒙回藏籌備教育事宜文（四年四月）
蒙藏教育應注重國語文（九年三月）
令各省區毎年派員考察國外教育文（七年十二月）
考察國外教育旅費支給標準表（八年三月）
僑民子弟回國就學規程（三年二月）
令駐外各領事倡導僑民教育文（八年二月）
管理留學日本自費生暫行規程（三年一月）
管理留日學生事務規程（三年十一月）
留日官費生實習暫行規則（七年十一月）
修正留日官自費生奬勵暫行章程（七年九月）
留日學生巡歷暫行規則（七年十一月）
管理留歐學生事務規程（四年八月）
高等小學令施行細則（五年一月）
中學校令（元年九月）
中學校令施行細則（元年十二月）
中學校課程標準令（二年三月）
師範教育令（元年九月）
修正師範學校規程（五年一月）
規定女子中學課程及女子師範文（八年五月）
女子師範學校規程（二年二月）
女子高等師範學校規定（八年三月）
留歐學生須帶畢業証書及學績証明書文（九年十月）
高等師範學校課程標準（二年四月）
實施新學制中小學校進行及補定辦法（十二年五月）
教育部咨各區鈔送全國教育聯合會決議文（十二年四月）
縣教育局規定（十二年三月）
特別市教育規程（十二年三月）

第十五節　農商部

農商部は前清の光緒三十二年古くから工部と稱せられた六部の一と商部とを合併して、農工商部と稱したもの、民國に至つて改稱せられたもので、大總統に直隸し農林、水産、牧蓄、工商、礦務を管理し、總長一、次長一、參事四、司長四、秘書四、僉事三二、主事五〇、技監二、技正一六、技士三二、雇員若干を置いてゐる。

其分課及事務の分掌は次の通りである。

總務廳

一、總務廳
- 文書科
- 統計科
- 會計科
- 庶務科

一、本部所管の官產官物を管理す
二、本部經費並に各項收入の豫算決算及會計の管理
三、直轄各官署の會計の稽核 四、文件の撰輯保存收發
五、統計及報告の編制
六、職員進退記錄 七、印信の典守
八、本部庶務及其他各司に屬せざる事項の管理

鑛政局

二、鑛政司
- 第一科
- 第二科
- 第三科
- 地質調査所

一、鑛業の提倡獎勵に關する事項 二、鑛業特許及撤消に關する事項
三、鑛業稅に關する事項 四、礦業訴願に關する事項 五、鑛業監督に關する事項
六、鑛業警察に關する事項 七、官營鑛業に關する事項 八、鑛區勘定に關る事項
九、鑛業調查に關する事項 十、地質調查に關する事項 十一、官營鍊廠に關する事項
十二、鑛業用地に關する事項 十三、冶業監督に關する事項
十四、鑛質分拆に關する事項 十五、其他鑛業に關する一切の事項

農林局

三、農林司
- 第一科
- 第二科
- 第三科
- 第四科

一、農業林業の保護監督獎勵及改良に關する事項
二、農產物及蠶絲に關する事項 三、耕地整理及水利に關する事項
四、氣候の測驗及天災害蟲の豫防善後に關する事項
五、官有荒地の處分に關する事項 六、官有林及保安林に關する事項
七、狩獵に關する事項 八、農會及農業林業等各團體に關する事項
九、萬國農會及外國農業考察に關する事項 十、其他農林に關する一切の事項

工商局

四、工商司
- 第一科
- 第二科
- 第三科

一、工商業の保護監督獎勵改良に關する事項
二、官辦工商業に關する事項 三、工商團體に關する事項
四、工廠の監督及檢查に關する事項 五、工人の保護及敎育に關する事項
六、工商業の調查及商品陳列檢查試驗に關する事項

第四科
- 七、度量衡の製造檢査及推行に關する事項
- 八、交易場及各種公司設立認可及監督に關する事項
- 九、商標特許及專賣に關する事項
- 十、保險運送貿易に關する事項

第五科
- 十一、其他工商業に關する事項

漁牧局

五、漁牧司

第一科
- 一、水產監督保護に關する事項
- 二、漁業の監督保護に關する事項

第二科
- 三、公海漁業奬勵に關する事項
- 四、漁業團體に關する事項

第三科
- 五、牧畜改良に關する事項
- 六、種畜檢査及獸類に關する事項
- 七、其他水產牧畜に關する一切の事項

此外農商部に附設せらるゝものは次の通りである。

石油監督所

六、籌備全國油鑛所（總務處、技術股、編譯股）全國の石油鑛を所管するものであるが陝西延長油鑛採掘の爲め米國より借欵したのに始まる。

幫辦一、秘書一—二。

農事試驗所

七、農事試驗場（園藝科　蠶絲科、化驗科、病蟲科。庶務科　會計科）

林務所

八、東三省林務局（第一科（林技科、林業科）、第二科（立計課、庶務課））東三省國有林の調査、管理、經營、發放を專管す。

鑛務監督署

九、鑛務監督署

鑛務監督署は各省に分設し、鑛政司に隷屬し其管轄區域內の一切の鑛務を司る各署に署長一、僉事一、技正一—四、立事一—四、技工二—八を置く、尙ほ鑛務監督の所在地及其管轄區域を示すと左の通りである。

第一區鑛務監督署（北京農商部附設）	直隷、熱河、山西、山東、河南
第二區鑛務監督署（長春）	奉天、吉林、黑龍江
第三區鑛務監督署（南京）	安徽、江蘇、浙江
第四區鑛務監督署（漢口）	湖北、湖南、江西
第五區鑛務監督署（長安敷設）	陝西、甘肅、新疆
第六區鑛務監督署（廣東）	廣東、廣西、福建
第七區鑛務監督署（雲南）	雲南、貴州
第八區鑛務監督署（成都）	四川

其他の所屬各局所（林藝試驗所、模範墾牧場觀河所、機器製造所、商品陳列所、農政專門學校、地質研究所）

全國水利局

一〇、全國水利局

全國水利局も亦農商部總長の下にある、全國水利沿岸墾闢事務を司り、總裁一、副總裁一、視察二、僉事二—六、立事八—一二、技正二—六、技士一〇—一六、顧問雇員各若干。

經濟行政

第十六節　農商行政概況

一、商業

度量衡

イ、度量衡制、は商業の取引を便利にする爲めと且又取引上の不正行爲を防ぐ爲めに之を確實にする必要がある、其結果として度量衡の製造販賣は農商部の許可を得るを必要としてゐる、然して之を檢査することとなつてゐる(民國四年一月一日法律第一號權度法參照)。

貨幣

ロ、貨幣、は法律が認めて辦濟の手段となす所のものであるとして支那では其製造發行の權は政府並に指定の銀行で鑄造又は發行することになつてゐる。

交易所

ハ、交易所、は日本の取引所と同樣のもので民國十年三月物品交易所條例が發布され賣買取引頻繁な土地又は大埠にして農商部の免許を受けて設けらるべき事を規定し其組織には支那人ばかりの株式會社に限られて農商部の許可を受ける事になつてゐる從つて法人として財產を所有し之を所分することが出來るので有限責任である、此外證劵取引所(三年十二月)があつて公債其他有價證劵の賣買をしてゐる、同じく商業の繁盛地に之を設けることゝして株式組織であることと農商部の許可を得ること等は物品交易所同樣である、唯日本と異つてゐるのは組合の設立は許可しないことである。

商會

ニ、商業會議所、は民國四年十二月十四日商會法に依るもゝ均しく法人であつて各地方最高行政長官所在地又は大商埠地に商總會を設立するを得とある又商會は工商業繁盛地に設立することを得るものであつて、被選擧權を有する者五十五名以上發起人となり農商部の認可を得て商總會を作り三十名以上は商會を組織することが出來る。

總商會の權限は(一)工商業の改良進步(二)工商業に關する法規の制定改廢施行に關して意見を地

方行政長官に開申し商工業の利害に關する意見を表示すること(四)商工業に關し行政長官の諮問及調査に應すること(五)工商業の狀況及統計調査(六)工商業業者の委託に依り商工業に關する調査又は商品産地價格の證明を爲すこと(七)關係人の請求に依つて商工業に關する紛議を仲裁すること(八)農商部の許可を得て商品陳列所、工商學校其他工商に關する公共事業を設立することを得(九)地方長官の請求に依つてはパニック等の事がある場合市場の相場を維持する責任がある等である。

勸農員

二、農業、民國元年九月農會暫行規程に依つて農會は農事の發達改良を計る爲めに設立するものであつて其農會を分つて全國聯合會、省農會、府縣農會、市鄉農會とする、農會は法人とし農會員の資格は農業に關し合議者、農業に經驗ある者、平地原野又は牧場の所有者、農業經營者を以て之を組織し年齡滿二十歲以上で品行端正なる者及凡て農會に對し熱心贊成事業の爲めに盡す者は名譽會員とする。

イ、勸農員、は質素堅實であつて二十五歲以上の者を名譽職として任命する、勸農員の職務は(一)巡回講演(二)分種苗(三)教用農具(四)蟲害の調査(五)改良農事一切の事項。

農事試驗場

ロ、農事試驗場、中央農事試驗場は農商部直轄である。職員は場長、技術員、事務員で、場長は總長の命に依つて全場の事務を監督する、總務科、樹藝科、園藝科、蠶糸科、化驗科、病蟲害科に分設されてゐる。

棉業試驗場

ハ、棉業試驗場、民國六年農商部令を以て本場の規則を改正した、棉業試驗場は農商部に直屬する其職務は、(一)選種及傳布事項(二)植綿試驗に關する事項(三)害蟲の驅除及豫防事項(四)紡織に關する事項(五)氣侯土壤肥料の測驗に關する事項等職員は(一)場長(二)技術員(三)事務員。

其他茶業糖業試驗場等何れも民國六年に設立された。

漁業

三、漁業、漁業とは營利の目的を以て水產動植物を捕獲採收又は養殖するを業とするものであるが、之に就て民國三年四月公海漁業獎勵條例がある、凡て民國人であつて會社又は個人名義で漁船を買ひ公海漁船檢查規則に依つて檢查に合格したものは每年五萬元以內の獎勵金を給與するとある獎勵の種類は(一)漁業獎勵(二)漁員獎勵であつて、漁業の區域、漁業權若くは入漁權の範圍又は漁業の方法に付き漁業者の間に爭ある時は關係者は行政長官に其裁判を請求することが出來る。

漁業組合

尙ほ漁會暫行章程は民國十一年九月發布されたが漁業の改良發達を主旨として沿海の直隸、奉天山東、江蘇、浙江、福建、廣東省等で之を組織する、漁會は法人であつて營利事業とすることが出來ない但し漁民漁商の共同利益の爲めに計るものは此限りでない、組織は漁業繁盛の地に之を設けること同縣內ならば重要港埠で漁會から五十里(支那里)を距つた所へ之を建てること及分會を設立することを得る、會員は漁民漁商で品行端正二十歲以上の者とある。

其他定海漁業技術傳習所があつて漁業技術の改良、漁業法漁具の改良等を傳習してゐる。

鑛業

四、礦業、民國三年三月公布の鑛業條例に依ると礦業權は中華人民及法人は此規則に依つて礦業權を取得するのであるが、外人でも支人と合同で事業をすることが出來る、但し株數は十分の五を起えてはならない、礦業權は不可分の物權で不動產法に關する規定を準用する（第三章）礦業權は分割することが出來ない。礦業警察に對しては工作物の保全及衞生の保護、危害の豫防其他公益の保護に就ては農商部總長及礦務監督署之を行ふものである、又礦業權は相讓渡し抵當權滯納所分又た强制執行の目的たる他權利の目的とすることは出來ない。

五、森林、民國三年十一月法律を以て發布した森林法に依ると森林を分ちて國有公有私有林と爲し其內中央行政廳の取締を受けるものは國有林で其他は地方行政廳の管理に屬してゐる。

水防、風防、水源涵養、航行目標、漁業者の利便とするものは公有私有林を論せず保安林とする保安林に編入せられた場合は種々の制限を受けるから其編入の處分に對して地方長官を經て農商部に其損害を補償せしむる、尙ほ民國四年三月造林獎勵條例を發布して左の方式により地方行政長官より農商務獎勵を稟請し得るとある、林場所在地、面積及區域、樹種及株數、施業計劃の要領經過の年數を記し滿五年以上二百畝以上のものに夫々廣さに應じ等奬章を授けることになつてゐる、又民國二年十一月に作られた林業試驗所に依つて樹稱の檢定分配、育苗に關する事項、造林施業事項氣候土壤之測驗事項、森林工藝及製材事項、森林業試驗事項を掌つてゐる。

其他國有荒地墾條例を民國三年三月發布して、荒地江海、山林等舊廢無主未だ開墾せざるものに對して開墾を獎勵して其年數に應じて保證金を遞減して貸與してゐる。

六、狩獵、民國三年九月公布に法律獵狩法に依ると野生の鳥獸は總て無主物と認むる故に狩獵權と云ふのは無主物の鳥獸を捕護して自已の所有にする權利を云ふのであつて、毎年一元を納入して狩獵證書を得たもの、尚ほ獵具、獵法、時間場所等に就て規定してゐる。

牧畜

七、牧畜　民國六年十月改訂種畜試驗場章程に依ると其職掌として(一)家畜繁殖改良事項(二)純種家養保護事項(三)蓄種比較試驗(四)配種發賣畜産事項(五)畜産製造事項(六)飼料栽培事項(七)種畜品評會事項を掌り一定の職員として(一)場長(二)技術員(三)事務員を置いてゐる、尚ほ民國三年の植棉製糖牧羊奬勵條例を公布して牧羊を奬勵し前年度よりも改良されたものに奬勵金を與へてゐる。

最近問題

更に最近農商部としては支那全國實業會議の議題となつてゐる主なるものを擧げると地方農業銀行の設置、農商統計整理案農會規定改修案、統稅貨物課稅評價方法改正案、絲業維持案、粗糖輸入稅改正案、漁業辦法改正案、西北墾牧籌辦案、外國小麥增稅、國有鐵道の運賃遞減、生糸改良所設立案、棉花輸出附加稅自徵收案等經濟行政上多事であるが就中農業銀行設立は農業の發展上、交通の不便、金融の滯塞、災害の頻發、農夫の輟耕等の爲めに市場金融常に逼迫して恐慌の虞れがあると云ふのでる、又農民の資金融通上之を設けのないのは全く活動の餘地を無からしめ徒らに農期を過しつゝあつて農業經濟上一日も放任すべきでないと云ふ理由で多數決で通過してゐるが不日實現するであらう。

八、經濟行政法規

農會暫行規程（元年九月）
農會規定施行細則（元年九月）
農會調查規則（元年九月）
全國農會聯合會章程（元年十一月）
勸農員章程（三年十二月）
改訂中央農事試驗場章程（六年十一月）
農商部直轄各試驗場查察規則（四年七月）
通令及時提倡畜牧文（五年九月）
改訂種畜試驗場章程（六年十一月）
植綿製糖牧羊獎勵條例（三年四月）
植綿製糖牧羊獎勵條例施行細則（三年七月）
改訂棉業試驗場章程（六年十一月）
茶業試驗場章程（六年十一月）
糖業試驗場章程（六年十一月）
農產品評會章程（三年十二月）
農產品評會審查規則（三年十二月）
農商部物產品評會章程（四年九月）
改訂農林傳習所章程（六年十一月）
農商部經濟調查會調查細目（六年十一月）
全國農商統計調查報告規則（七年一月）
市鎮鄉農林漁牧調查報告規則（七年一月）
市鎮鄉工產物調查報告規則（七年一月）
各縣農商統計調查報告規則（七年一月）
各省農商統計調查報告規則（七年一月）
森林法（三年十一月）

森林法施行細則（四年六月）
造林獎勵條例（四年六月）
改訂林業試驗場章程（六年十一月）
規定林業公會辦法文（五年十二月）
飭各縣迅辦林業公會文（六年三月）
籌議森林辦法提倡造林情形文（四年七月）
東三省國有林發放規則（元年十二月）
轉送省會教育團公有林章程細則等文（六年十月）
定清明爲植樹節文（四年七月）
實業協進會章程（六年二月）
蒙旗地方與外人合辦實業註冊手續文（九年十月）
外國貨國產證明章程（四年七月）
國有荒地承墾條例（三年三月）
國有荒地承墾條例施行細則（三年七月）
呈擬長蘆棉墾局放墾辦法文（九年三月）
權度法（四年一月）
權度法施行細則（五年九月）
權度法施行細則變通辦理文（五年九月）
官用權度器具頒發條例（四年二月）
招商外理分售權度器具規則（四年八月）
北京市權度檢查執行規則（四年十二月）
改訂權度製造所章程（六年十一月）
改訂權度檢定所章程（六年十一月）
權度營業特許法（四年一月）
實行權度營業特許法文（五年十一月）

外國博覽會中國出品通行簡章	(二年三月)
京師第一勸業場事務所章程	(六年十一月)
勸業場工程處章程	(七年七月)
獎勵工藝品暫行章程	(元年十二月)
改訂工業試驗所章程	(六年十一月)
工業試驗所試驗章程	(四年十二月)
改訂商品陳列所章程	(六年十一月)
商品陳列所會計辦事細則	(六年十一月)
商品陳列所徵品規則	(四年三月)
商人通例	(三年三月)
商人通例施行細則	(三年七月)
商業註冊規則	(三年七月)
商業註冊規則施行細則	(三年八月)
公司條例	(三年一月)
公司條例施行細則	(三年一月)
公司保息條例	(三年一月)
公司條例所定利息股分等項變通辦理文	(四年十二月)
檢查補助公司章程	(四年十月)
公司註冊規則	(三年七月)
公司註冊規則施行細則	(三年八月)
會計師暫行章程	(七年九月)
商會法	(四年十二月)
商會法施行細則	(五年二月)
商事公斷所章程	(二年一月)
商事公斷所辦事細則	(三年九月)

修正商事公斷所辦事細則	(八年六月)
同上	
工商訪問所簡章	(十一年九月)
修正工商同業公會規則	(七年四月)
工商同業公會規則施行辦法	(七年四月)
中華貿易公司章程	(七年八月)
証券交易所法	(三年十二月)
証券交易所法施行細則	(四年五月)
証券交易所法附屬規則	(四年五月)
証券交易所課稅條例	(十年三月)
改定證券交易所及經紀人執照規費文	(十年五月)
物品交易所條例	(十年三月)
物品交易所條例施行細則	(十年四月)
解釋物品交易所施行細則第二條條文	(十年八月)
物品交易所條例附屬規則	(十年四月)
有獎實業債券條例	(四年十月)
有獎實業債券條例施行細則	(十年四月)
農商部第一期實業証券規則	(十年四月)
農商部實業證券通則	(十一年二月)
漁輪護洋緝盜獎勵條例	(三年四月)
修正漁輪護洋緝盜獎勵條例施行細則	(四年四月)
公海漁業獎勵條例	(三年四月)
修正公海漁業獎勵條例施行細則	(四年四月)
修正公海漁船檢查規則	(四年四月)
漁會暫行章程	(十一年九月)

咨沿海各省請籌設水產試驗場文（五年十一月）
漁業技術傳習所章程（六年十一月）
定海漁業技術傳習所傳習規程（七年二月）
定海漁業技術傳習所辦事細則（七年二月）
查各省漁捐及漁稅鹽稅情形文（六年二月）
令按月塡送漁牧兩項進出數目表文（五年十月）
礦業條例（三年三月）
礦業條例施行細則（三年三月）
礦業註冊條例（三年五月）
礦業註冊條例施行細則（三年五月）
礦業呈文圖表程式
礦業簿冊程式（三年五月）
農商部制定礦業簿及鑛工名簿程式文（六年二月）
小礦業暫行條例（四年七月）
延展小礦業暫行條例註冊期限文（五年十月）

調査礦業規則（四年六月）
查勘礦區規則（六年一月）
稽核礦業呈請案規條（十年三月）
審査礦商資格規則（四年五月）
各礦務公司認繳統稅暫行簡章（八年六月）
取消變通礦區稅辦法仍照礦業條例徵收文（八年九月）
實業廳及兼理礦務財政廳徵收礦區稅章程（九年八月）
修改徵收礦稅簡章第七條文（九年七月）
鐵礦公司監督權限章程（七年二月）
礦業警察組織條例（七年四月）
修正礦業警察組織條例第六條第七條（九年二月）
督辦湖北官礦公署編制章程（十年一月）
蒙旗地內辦礦暫行簡章（十年十二月）
狩獵法（三年九月）
狩獵法施行細則（十年九月）

第十七節　交通行政

前清の末光緒三十二年の官制改革に際し新設せられた郵傳部を民國に至つて改稱したもので、大總統に直隷し路政、郵政、電政、航政を管理し、水陸運及電氣に關する事業を監督し、全國路、郵、航、電各事項を計劃する、總長一、次長二、參事四、秘書四、司長六、僉事三二、主事七〇技監二、技正一二、技士二二、雇員若干を置き其分課の主管事務は次の通りである。

（總務局）

一、總務廳

- 機要科
- 文書科
- 庶務科

一、文件の撰輯保存收發　二、統計報告の編製

三、職員進退の記錄　四、印信典守

五、本部庶務其他各司に屬せざる事項の管理

六、本部經費の豫算及會計事項

（路政局）

二、路政司

- 總務科
- 運輸科
- 監理科
- 編查科
- 交涉科

一、鐵路建設籌畫に關する事項

二、國有鐵路業務及附屬營業管理に關する事項

三、地方公共團經營及民業鐵路の監督

四、陸上運輸業監督に關する事項

（郵傳局）

三、郵傳司

- 總務科
- 電務科
- 郵務科
- 航務科
- 考工科
- 材料科

一、郵務に關する事項

二、郵務爲替及儲金に關する事項

三、電報電信及其他電氣業に關する事項

四、地方公共團體及民業電氣監督に關する事項

五、航路業及標識に關する事項

六、造船船舶員及水上運輸業監督に關する事項

（綜核局）

四、總核司

- 總務科
- 主計科

一、本部所管路電航各官署會計及一切經費出入冊報監督に關する事項

二、路電郵航の豫算決算彙核に關する事項

會計局

- 公債科
  - 三、本部及所輔路電郵航各官署の公産公物經理に關する事項
- 出納科
  - 四、本部內外國債經理に關する事項

傳傳會計局

五、鐵路會計司
- 總務科
- 稽核科
- 計理科
- 編訂科
  - 一、各路進出欵目冊報に關する事項
  - 二、各路豫算決算稽核に關する事項
  - 三、各路公産公物管理に關する事項
  - 四、其他鐵道所屬一切欵目出入に關する事項

六、郵傳會計司
- 總務科
- 稽核科
- 計理科
- 編部科
  - 一、電郵航各項進出欵目冊報に關する事項
  - 二、郵航各項豫算決算稽核に關する事項
  - 三、郵電各項公産公物管理に關する事項
  - 四、其他電郵航所屬一切欵目出入に關する事項

尙交通部の管轄に屬する各局所は次の通りである。

統計委員局

七、統計委員會——交通に關する各事項の統計を作製するを任とす
- 總務股
- 路政股
- 郵傳股
  - 委員長一（交通總長兼任）
  - 副委員長一——二　總纂一
  - 編輯員若干　檢算二

製圖所

八、製圖所——交通關係の地圖を作製
- 與地科
- 器械科
- 建築科
  - 所長　一
  - 主任　二
  - 製圖員、雇員、書記若干、

九、各鐵路總局

各國有鐵道の鐵路總局も亦交通部の管轄に歸す、其名稱及所在地次の通り。

京漢鐵路管理局（北京）	津浦鐵路管理局（天津）	京奉鐵路管理局（天津）
京張張綏鐵路管理局（北京）	滬寧鐵路管理局（上海）	廣九鐵道管理局（廣東）
萍株鐵路管理局（醴陵）	滬杭甬鐵路管理局（上海）	吉長鐵路管理局（長春）
道清鐵路監督局（新鄉）	正太鐵道監督局（石家莊）	廣三鐵路管理局（廣東）
漳厦鐵道管理處（厦門）	川粤漢路總公所（漢口）	浦信鐵路總公所（北京）
隴秦豫海鐵路總公所（北京）	同成鐵路總公所（北京）	寧湘鐵路工程局（蕪湖）

此外北京に在る郵政總局各地に在る郵政管理局、電政管理局、電話局の如きも共同管理に屬し、直轄諸學校としては次の數者がある。

上海工業專門學校、呉淞商船學校、唐山鐵路學校、成都鐵路學校、交通傳習所

第十八節　交通行政概況

凡そ運輸交通の發達は河川の利用から道路運河、鐵道の順序に普及して行くものである現在支那交通は主として河船其他水路で行はれてるが今鐵道に就て云へば。

一鐵道、交通部は中國人をして鐵道に關する國人の普通智識を增進せしむる目的で交通博物館を設立した、又末項の如き諸種の法規を制定して其統一を許り、敎育品及穀類運賃の輕減を實施してゐ

る既設及未設共鐵道計劃としては主として借欵に依つてゐる今予定線を擧げると左の通り。

（イ）滿蒙五鐵道（一）四洮鐵道（四平街—洮南）二三三哩（二）長洮鐵道（長春—洮南）一八〇哩（三）洮熱鐵道（洮南—熱河）四七〇哩（四）吉海鐵道（吉林—海龍）一一〇哩（五）開海鐵道（開原—海龍）一二三哩　（ロ）吉林豫定鐵道（吉林—會寧）二七〇哩　（ハ）賓黑豫定鐵道（對靑山大黑川）四六〇哩　（ニ）錦璦豫定鐵道（錦州璦琿）九六三哩　（ホ）洮齊予定鐵道　（ヘ）洮興興予定鐵道　（ト）奉吉予定鐵道　（チ）金州貉子窩間予定鐵道　（リ）高除予定鐵道　（ヌ）濟順予定鐵道　（ル）滄石予定鐵道　（ヲ）烟濰予定鐵道　（ワ）同成予定鐵道　（カ）浦信予定鐵道　（ヨ）寧湘予定鐵道　（タ）安正予定鐵道　（レ）川漢予定鐵道　（ソ）沙興予定鐵道　（ツ）周襄予定鐵道　（ネ）南昌予州間予定鐵道　（ナ）廣溴予定鐵道　（ラ）滇緬予定鐵道　（ム）欽渝予定鐵道　（ウ）新疆予定鐵道

等の外に數多の豫定線例へば成都、札什倫布間、蘭州拉薩間等の如く記畫されてゐるが何れも重要でないから省略することにした、既成鐵道七千哩の中五分の四は外債に依つて建設され支那政府及人民の經營せるものは僅か五分の一に過ぎない。

既設のものでも支那の鐵道は營業資本に乏しく未成のものは工事費の不足に苦しんでゐた、政府は民國元年から民營鐵道を買收して國有に歸せしむるに決して四川、湖南、湖北、安徽、江蘇、浙江、河南、山西等各省の鐵道は皆買收されたが、各省線路の株金は其名目の多樣であることと各其の株式を募集したが成績佳良でないので利息を期限通り支拂ふことの出來ないものもあつた之を株金に繰入れて利息なるものが生じた、而して國有になつても中央の財政裕かでないので普通株も利息も卽時に償還することが出來ない、因つて財政部と商議した結果株劵と引換に有期證券を交附して年賦償還する事にした、此爲め政府は株金六千七百四十五萬四千四百三十七圓を負担することゝなつたと云ふ。

電政

二、電政　民國元年の電報收入五百五十萬餘元であつて電話收入も毎年增加し民國四年下半期六ヶ月間の收入七百三十餘萬元に上つた、營業の發達は資本金の增加を促すばかりでなく作業費用例へば保線人員の增加も之に伴ふ筈であるが清朝時代よりも寧ろ減少してゐる、全國の電信線十餘萬里電信局六百餘ヶ所民國二年行政區域に基いて線路の便利に就いて電政管理局十三ヶ所を設けた。

名稱	管理區域	閩浙　同	福建浙江　同
直魯電政管理局	直隷山東各電信局	贛皖　同	江西安徽　同
奉吉黑　同	東三省各電信局	雲貴　同	雲南貴州　同
江蘇　同	江蘇省各電信局	川藏　同	四川西藏　同
鄂湘　同	湖南湖北各電信局	陝甘　同	陝西甘肅　同
粤桂電政管理局	廣東廣西各電信局	蒙疆　同	蒙古　同
晉豫　同	山西河南　同	新青　同	新疆青海　同

日支海底電線

日支海底電線は元來丁抹大北會社の敷設したものであつて日本との條約は大正元年を以て滿期となつた、條約更新の議が起つてから交通部では設線の一端は上海に陸揚せられてゐるのであるから日丁兩國の新條約は豫め支那の同意を得べき事を聲明した元年六月、日本は外交部に對して上海長崎線は日支丁三國に於て一定期間內加入し共同分擔すべきこと及び日本では上海各地に海底電線の陸上延長部分を敷設し海底線を陸揚しやうと要求した、此要求に對し主權を傷ふと云ふ理由で拒絕した、丁抹公使は外務部に對し若し支那が日本に海底線の上海陸場を許可するならば大北會社は其權利を放棄するであらうと聲明した、日本が長崎線を敷設することは大北會社の權利に大なる影響があるのにも拘らず同會社は其權利を支持することが出來ないと云ふ以上は支那も亦た日本の要求を無視することが出來ないと云ふので結局日本が長崎から一條の海底電線を敷設し上海に陸揚することを許容した。

三、航政、招商局は同治十一年冬の創立であつて該局は以前民間の株金を以て成立したもので開業の初め政府から補助を受けたが光緒六年に官金を返還してから純然たる民營會社となつた其後元年七月株主大會で別に會社を設立しやうと建議したものがあつて各株主各團體から異議紛出して或は董事會が(重役會)が航權を盜賣するのだとか又は新會社に外人の黒幕が在るからだとも謂ふので交通部は專員を任命して上海に遣はし秘密に調査せしめたが間もなく參議院の决議を以て航權を盜賣するものと認められ、嚴禁を請ふ旨の建議等を提出したので大總統は江蘇都督に電命して調査せしめた結果其復命に依ると新會社の組織には不都合の點更にない但し資本家の姓氏來歴等不明な爲めに世人の疑惑を招いたものであると、其眞相は株主の議論が三派に別れて甲派は政府の手で改革すべしと唱へ乙派は新會社で改革すべしと云ひ丙は兩者に論なく兎も角も八百萬元現金を必要とすると謂ふので、三派の中最后の丙説最も多數であつた、外人資本調査の件は政府より引受を欲せざる旨の回答を得たる後に着手すべしと云ふのであつた、其后交通部も中央財政窮迫せる際に國有とすることが出來ないので會社は新會社と交渉を繼續して紛爭してゐた、實際は當時の招商局として政爭の渦中から逃るゝことは出來なかつたのである、國民黨は自己の手中に收めやうとし袁一派は之に對抗し結局前者の失敗に歸した。

航政管理局

從來航政專門の官署はなかつたが船舶管理の事務を各海關に委託代理せしめ又內陸諸港の船舶に對して各省地方官廳で局所を設け自由に管理し各自混淆制度復雜で、登錄、檢查に統一なく徵收、責罰往々にして煩苛に流れ易く載積貨物の制限停泊の指定に注意を拂はない爲めに衝突沈沒の事多く且つ官設公所の他に商會公會と云ふものがあつて其規定所置妥當を缺き名は船業者の自治機關であつても實は行政の範圍を犯してゐると云ふので交通部は沿江沿海の各要港に航政管理局を設立することにした、支那は又萬國船舶會に加入してゐる他、航政規則を設け汽船登記及證書下附章程（其后船舶證書章程）とし最后に修正輪船註冊檢照暫行章程二十一條を公布した。

郵務行政

四、郵務行政　郵便事務管理の方法は從來水陸交通の利便に依つて區域を分割し各區內に一郵務局又は郵務分局なるものを設け區內支局を管理し中央郵便總局が之を總轄してゐた、其后郵便事務日に隆盛となつて管理區域が行政區域と同じでない時は不便が多いと云ふので行政區域に準據し一省を以て一區とした、但し例外は東三省であつて三省を合して一區とし又上海は一ヶ所を以て一區とした全國を二十一區に區劃した、北京（北京）直隸（天津）山東（濟南）山西（太原）陝西（西安）甘肅（蘭州）新疆（廸化）河南（開封）四川（成都）湖北（漢口）湖南（長沙）江西（南昌）安徽（安慶）江蘇（南京）浙江

郵便四路

（杭州）雲南（雲南府）貴州（貴陽）廣東（廣州）廣西（南南）福建（福州）南滿（奉天）上海區（上海）北滿（哈爾賓）西藏（喇薩）

以上の各所に管理局を設立し各市町に支局を分設し管理局に直屬せしめ支局の下に代辦局を置いた、其后四年支局は千四百六十二ヶ所代辦支局は六千八百四十一となつた。

尙ほ辦法は現在郵便局設置の爲め殆んど撤廢されたのであるが西北邊の數ヶ所にはまだその昔の名殘を止めてゐる、郵便收入も次第に增加し、總計（切手、爲替料、小包其他）は民國元年三、五八七、〇八九、四七、か三年に至つて、六、一三七、二七一、八五となつた。（十四年十一月支那內地郵便料を約三分の一値上げした）

五、郵便線路、は汽車郵便路、（火車郵路）汽船郵便路（輪船郵路）遞送郵便路（郵差郵路）帆船郵便路（民船郵路）の四であるが、火車郵便は鐵道の敷設せられた所を指し、汽船の溯航航海し得る所は輪船郵路である又高山平野で飛脚で行くのが遞送郵便路で更に帆船の通ず河港を往復するものを民船郵路と云ふのである、支那は交通最も不便であるから郵差郵路は以上の三者に比較して距離も長く管理も困難であるが毎年順調に其線路を擴張して居る民國元年に、火車郵路一八、〇〇〇里が四年になつて一九〇〇〇里、輪船郵路、二九〇〇〇里が四年になつて二九五〇〇里民船郵路二七〇〇〇里が四年には二九五〇〇〇里、郵差郵路三二五、〇〇〇里が、四八八、〇〇〇里の增加を示した。

尙ほ歐洲各國と郵便事務を共にすべく光緒二十二年に萬國郵便聯合に加入し民國三年九月十日萬國聯合郵便協議大會が西班牙に開かれた時各國は支那の加入を承認した、是より外國郵便局と往來の郵便物を相互に交換し各遞送の責任を負ふ事となつた、從つて奉天、天津、上海、廣東、の四箇所を直接交換局に指定し外國來往の郵便物は右四局で直接交換することゝなつた、又該會加入後歐洲各國行郵便物は西伯利亞急行車に間に合はず必要があるので交換局では選別封裝する爲めに遲滯する恐れがあるので特に京奉、津浦兩鐵道汽車中に行動郵便局三箇所を設けて敏活なる局員を派遣して專ら郵便事務を處理せしむることゝなつた、民國三年末には更に天津停車場内に一局を新設して津浦、京奉兩鐵道の交換郵便物を專管せしむるやうになつた。

六、交通敎育、上海工業專門學校は民國元年に五百三十四名同二年五百廿二名同三年四百三名同四年四百八十二名の卒業生を出し爾來毎年五百名内外の卒業生を出して政府は毎年十萬元前後を支給してゐる唐山工業專門學校も元年十九名同二年十六名同三年十名同四年十二名で毎年八萬元の經費を要してゐる此二校の外北京交通傳習所があつて毎年百名内外の卒業生を出し各地に分遣してゐる。

七、日支郵便新協約概要

通常郵便物

（1）通常郵便物

郵便物の種類及料金は日支兩國の内國郵便物の種類及び料金を其儘承認することゝなれり、故に支那より日本に郵便物を送る場合に於ては郵便物の種類により支那の内國料金を納むべきものとす（郵便物料金表通常郵便の部内國に同じ）反對に日本より支那に郵便物を送る場合に於ても日本に於ける郵便物の種類に從ひ日本の内國料金を納むべきものとす。

例外として支那に於ける總包新聞紙日本に於ける集金便は兩國間の關係に於ては之を認めず、又盲人の特別使用に供せらる

小包郵便物

、點字の印刷物は聯合の郵便條約に定むる料金率に從ひ之を徴收す、約束郵便切手別納等の記號ある郵便物は兩國の關係に於ては正當に料金を納入したるものとして取扱はる但し第三國に輕送することを得す、代金引換書留郵便物を取扱ふ局は支那に於て制限あり。

代金引換金額は兩國とも日本國通貨にて之を表示す其最高限は郵便物一個に付一千圓とす、代金引換書留郵便物の代金引換料（一〇サンチーム）及取立料（一五サンチーム）に關しては聯合の郵便條約の規定を適用す。

故に支那に於ける料金は之を支那通貨に換算して定めらるべし但し爲替料は日支爲替に依る、代金引換郵便物には名宛面に「代金引換」又は「代物主收償」なる文字を明瞭に記載し其次に代金引換金額を表示すべし尙該郵便物の名宛面には赤色の横線二條を畫すことを要す。

書留郵便物亡失の場合に於て業務中に於て亡失を生ぜしめたる國は聯合の郵便條約の規定に從ひ其の責に任すべし但し賠償金は二十五金「フラン」とす。

（2）小包郵便物

重量は十「キログラム」迄とす（二貫六百六十六匁）

寸尺の制限は一面の寸尺一「メートル」二十五「センチメートル」及容積の制限は五十五立方「デシメートル」とす、汽車又は汽船の通する支那各地に發着するものは一面の寸尺一「メートル」二十五「センチメートル」にして容積二百十六立方「デシメートル」（二尺四方）を超過せざるときは之を引受くべし。

料金は左の如し。

一「キログラム」を超過せざるもの	円(銭)・四五	二「キログラム」を超過せざるもの	円(銭)・六〇
四「キログラム」を超過せざるもの	・九〇	六「キログラム」を超過せざるもの	一・二〇
八「キログラム」を超過せざるもの	一・五〇	一〇「キログラム」迄	一・八〇

但し接近せる地方間に交換する小包に付ては兩郵政廳間の協議を以て低下なる料金を採用することを得又汽車汽船の通せざる支那各地に發着するもの若くは第三國郵政廳の媒介に依り到達すべき支那國各地宛小包に付ては名宛人より追加料金

を徴收することを得

價格表記及び代金引換小包は支那に在りては其取扱局を制限す。

價格表記小包の表記金額は差出國の通貨にて之を表示す其の最高限は代金引換郵便物取扱局に發着する小包一個に付一千圓（弗）とす然れ共代金引換事務の取扱を爲さゞる郵便局に發着する價格表記小包に付ては表記金額は小包一個に付五百圓（弗）を超過することを得す。

價格表記小包の表記料は金額百二十圓（弗）迄二十錢（仙）とし以上表記金額百二十圓（弗）又は其端數毎に二十錢（仙）を加ふるものとす。

代金引換小包の引換金額は日本國通貨にて之を表示す一千圓最高限とす。

各代金引換小包に付差出人より徴收する特別料金の最低額は二十錢（仙）とす。

代金引換小包には名宛面に「代金引換」又は「代物主收償」なる文字及代金引換金額を明瞭に表示すへし、尚該小包の名宛面に赤色の横線二條を畫することを要す。

各別配達小包に付差出人より徴收する特別の料金は二十錢（仙）とす。

小包の轉送又は返送に付ては小包料金又は必要なるときは價格表記料を場合に依り名宛人又は差出人より徴收すへし、然れとも同一郵便業務内に於て轉送せらるゝ場合は聯合の小包郵便條約の規定を適用す。各小包に添附すへき包有品の名稱數量重量及價格を表示する税關告知書は日本語又は支那語にて記載することを得。

價格表記又は非價格表記小包が亡失若くは毀損し又は其包有品が盜取せられたる場合に於ては業務中に於て亡失毀損又は盜取を生せしめたる郵政廳は聯合の小包郵便條約の規定に從ひ其の責に任す。

代金引換小包の交付後に於ては關係郵政廳は前記條約に定むる條件に從ひ代金引換金額に付其の責に任す。

小包郵便物の第三國への轉送は其小包が轉送を爲す國と新名宛國との間に存する郵便關係の條件に適合する場合に限り之を許す又新遞送に要する費用は名宛人に於て之が支拂拒絶又は其の他の事由に因り差出國に返送せらるゝ場合に要する一切の費用は差出人に於て支拂ふものとす。

（3）價格表記書狀及び箱物

支那に於ては價格表記書狀及び箱物を取扱ふ局に制限あり。

表記金額は差出國の通貨に之を表示す其の最高額は郵便物一個に付一千圓（弗）とす。

價格表記書狀の料金は書留書狀に適用すべき內國郵便料（日本三錢支那四仙）及書留料（日本七錢支那七仙）と表記金額百二十圓（弗）又は其端數每十錢（仙）の率に依る價格表記料とを加へたるものとす。

箱物に付きては聯合の價格表記書狀及び箱物交換約定に定むる郵便料（六十六匁迄）「フラン」以上十三匁三分每に二〇「サンチーム」及內國書留料と價格表記料とを加へたるものとす。

代金引換の價格表記書狀及び箱物に付ては通常郵便中代金引換に關し記載したるものに準す。

價格表記箱物の稅關告知書に付ては小包郵便に付きて記載したるものに準す。

責任に付きては聯合の價格表記書狀及び箱物交換約定及其の施行規則の規定を適用す。

（4）郵便爲替

郵便爲替の金額は雙方とも日本國通貨圓及び錢を以て之を表示すべし。

通貨相互の換算は交換局所在地に在りては郵便爲替振出の場合は銀行賣相場郵便爲替拂渡の場合は銀行賣相場に依りて之を爲すべし、交換局なき地の換算割合は各郵政廳當該地の通貨と交換局所在地の通貨との差異を斟酌し內國郵便爲替料を超過せさる範圍內の打步を附して之を定むることを得。

郵便爲替一口の最高額は日本國通貨四百圓とす、但し代金引換郵便物の取立金に對する郵便爲替に在りては最高額を一千圓とす但し一定の小郵便局に於ては爲替の內拂を爲すの權利を留保す。

郵便爲替の金額には一錢未滿の端數を附することを得す。

郵便爲替の料金は左の如し。

五　圓迄	五　錢（仙）	一〇圓迄	一〇錢（仙）	二〇圓迄	一五錢（仙）
三〇圓迄	二〇錢（仙）	四〇圓迄	二五錢（仙）	五〇圓迄	五〇錢（仙）

六　○圓迄	三五錢(仙)	九　○圓迄	四○錢(仙)	一二○圓迄	四五錢(仙)
一五○圓迄	五○錢(仙)	一八○圓迄	五五錢(仙)	二一○圓迄	六○錢(仙)
二四○圓迄	六五錢(仙)	二七○圓迄	七○錢(仙)	三○○圓迄	七五錢(仙)
三三○圓迄	八○錢(仙)	三六○圓迄	八五錢(仙)	四○○圓迄	九○錢(仙)

小包郵便物以外の代金引換郵便物の取立金に對する郵便爲替の料金は四百圓迄は前項の割合に依り之を徴收し以上八百圓迄は四十圓又は其端數毎に五錢(仙)八百圓を超過する金額に付ては五十圓又は其の端數毎に五錢(仙)を加徴す。

郵便爲替の拂渡通知書及び取戻又は名宛變更の料金は日本及支那間通常郵便業務に於ける類似の取扱に對する料金と同一とす。

郵便爲替振出請求書は一般外國爲替と同一なるが日本人と支那人との間日本人又は支那人相互間を交換する爲替の振出請求書は數字を以て記入すへき金額欄に亞剌比亞數字を以て金額を記入するの外爲替の細項は日本文字又は支那文字を以て之を表示することを得。

爲替劵は內國爲替の如く差出人に交付せず封皮に納め直ちに名宛地の郵便局に書留郵便にて送り其郵便局より名宛人に送達す。

各郵政廳は公衆より他方の郵政廳と爲替業務を施行する第三國に宛つる爲替振出の請求を受けたるときは他方の郵政廳の媒介に依り之を振出すことを得。

日支兩國は成る可く速に電信爲替業務を開始すべきことを約せり。

八、交通行政法規

製圖所規則　（二年十二月）
交通博物館章程　（九年十二月）
交通博物館徴集陳列物品規則　（十年二月）
鐵路防疫聯合會規則　（七年三月）
鐵路衛生材料所規則　（十年七月）
鐵路聯運事務所規則　（七年七月）
京綏鐵路局路務審查委員會章程　（十年三月）
修正漢粤川鐵路湘鄂綫警察處暫行編制規則　（十年十一月）
修正漢粤川鐵路湘鄂綫警察處暫行規則　（十年十月）
津浦鐵路警察署編制規則　（十年八月）

京鐵鐵路濼灘地務處編制規則（九年十一月）
提倡中華工程師學會文（八年二月）
交通部名學証書給與規則（七年八月）
頒布車站賬目則例及格式文（九年十月）
交通部附收工賬會計規則（九年十一月）
國有鐵路會計條例（十年一月）
鐵路人員資歷証明書規則（三年五月）
國有鐵路職員徵繳特別保證會規則（四年一月）
國有鐵路職員徵繳特別保證會規則施行細則（四年四月）
國有鐵路職員值日規則（十年七月）
京奉鐵路軍事運輸臨時站務助理員服務規則（八年四月）
京奉鐵路員役養老儲金試辦章程（十一年一月）
令路員監察路警文（六年六月）
交通部派赴外國修習實務員章程（二年八月）
頒發調查各局所服務車門畢業生簡明履歷表文（六年七月）
鐵路實習生試驗暫行章程（五年十一月）
令各路設立技手養成所文（七年八月）
鐵路旗式（八年五月）
民業鐵路法（四年十一月）
膠濟鐵路永爲民有令（十一年一月）
膠濟鐵路定爲民有辦法大綱（十一年三月）
專用鐵路暫行規則（四年八月）
路電郵航貼用附加賑欵票施行細則（十一年三月）
中華國有鐵路發售國內週遊劵章程（六年四月）
中華國有鐵路發售定期乘車票規則（八年九月）

交通部直轄各路購料條例（十年八月）
交通部直轄鐵路輸運教育特別減價條例（二年六月）
鐵路運送電料減價規程（三年七月）
國有鐵路運送振濟物品平糶糧食減價條例（九年二月）
津浦鐵路賬運貨章程（五年十二月）
改正聯運專價麵粉算給特別回扣暫行專章（六年八月）
規定各路售票收用小洋辦法（三年五月）
各路局所用材料應互相酌劑文（六年八月）
各令路局注意廣告事項文（六年九月）
令各路注意造林文（九年八月）
編造路政大事記文（十年二月）
頒發各路地畝報告表文（十年十月）
交通部接收商辦蘇省鐵路合約（二年六月）
交通部接收商辦湘省鐵路合約（二年六月）
管理東省鐵路續訂合同暨附件（九年十月）
長途汽車公司條例（七年七月）
長途汽車公司營業規則（七年八月）
郵旗令（八年二月）
郵政條例（十年十月）
改組郵區辦法文（二年十一月）
聲明中國政府加入萬國郵政包裹公約文（三年五月）
國際郵政公約（十年十月）
萬國郵政公會施行詳細規則（十年十月）
國際郵政互換包裹協約（十年十月）
萬國郵政公會互寄包裹施行詳細規則（十年十月）

國際保險信函及箱匣協約（十年十月）
互換保險信函及筐隻章程之施行詳細規則（十年十月）
國際郵政代收欵項協約（十年十月）
代追欵項章程施行詳細規則（十年十月）
國際郵政滙兌協約（十年十月）
萬國郵政公會互換匯票章程施行詳細規則（十年十月）
郵局寄遞軍隊及衙署公件公電章程（三年六月）
郵務局代轉國內電報章程（八年十一月）
郵政儲金條例（八年七月）
郵政儲金條例施行規則（八年五月）
郵政儲金監理會辦事規則（八年七月）
郵政總局經理郵政儲金章程（八年六月）
郵局代匯膠濟鐵路股銀及贖路儲金辦法（十一年九月）
交通部頒布郵電學校章程（六年八月）
郵電學校職員任務規程（六年八月）
電報傳習所通則（九年七月）
一等電報綫路工人僱用規則（九年二月）
一等電報綫路工人服務規則（九年二月）
各電報局辦理收支報告暫行規則（二年九月）
電信條例（四年四月）
公電規則（十一年七月）
檢查電報規則（八年十月）
劃一收發電報辦法（二年九月）
電報收發規則（十一年一月）
譯發通電辦法（七年一月）

推廣電報綫路調查簡章（六年四月）
查勘電報綫路規則（二年八月）
電報綫路測驗規則（八年八月）
一等電報綫路修養規則（九年二月）
修正架空電報綫路建築規則（九年十一月）
鐵路發電減費章程（三年七月）
賑務電報免費章程（二年八月）
無綫電報收發規則（三年十二月）
電氣事業取締條例（七年四月）
頒給民有電氣事業執照規則（七年七月）
電話局技術員任用規則（十年三月）
電話局僱用工匠暫行章程（十年四月）
私設電話規則（八年四月）
電話收發電報規則（十年四月）
交通部公布電政借欵合同及用途（七年四月）
航業公會暫行章程（十一年六月）
修正輪船註冊暫行章程（三年五月）
變通輪船公司領照辦法文（三年十二月）
起除沈船章程（四年六月）
中國汽船船員資格及配額暫行章程（八年三月）
商船職員證書施行細則（十一年十月）
航業獎勵條例（九年十一月）
郵轉電報辦法（九年六月）
修正郵政儲金條例施行細則各條條文（十一年十二月）
交通部會計規則（十一年九月）

清理舊賬及施行新規則辦法（十一年九月）　國有鐵路公務乘車證規則（十一年十二月）
鐵路警察股務規則（十一年十月）

第十九節　中央部所屬官廳

一、蒙藏院、前清朝の頃理藩院（後理藩部と改稱した）と稱し二十二行省以外の藩屬である蒙古、西藏等の政務を管理するものがあつたが、現時の蒙藏院は恰も之に當り、大總統に直隷して蒙古、西藏の事務を管理し、總裁一、副總裁一、參事二、司長二、秘書二、僉事一二、編纂四、譯官一〇主事若干を置いてゐる。

尙ほ分課は次の通りである

總務廳――統計科、編纂科、文牘科、會計科、庶務科、出納科

秘書廳――機要科、繙譯科、承値科

第一司――民治科、勸業科　第二司――封敍科、宗教科、典禮科

二、平政院、平政院は前清時代の都察院と同じもので、大總統に直隷し法令を以て特別機關の管轄に委ねたもの以外の行政官吏の違法不正行爲を察理するのを任とする。

但し平政院の審理糾彈事件は司法官署の職權行使を妨げないものであつて、本院に院長一、評事五、都肅政史一、肅政史一六、書記官若干を置いてゐる。

其分科は次の通りである

平政院　記錄科　文牘科　會計科　庶務科　問事科　收發科

尙ほ第一庭、第二庭、第三庭、を以て、各案件を審理す其組織は次の通りである。

一、每庭評事五人を以て組織し、內司法官出身のもの一名又は二名を加へる

二、每庭評事一人を以て庭長とす

三、肅政史の行政訴訟事件及糾彈事件の審理を任とする

尙ほ政院に附設して肅政廳がある、都肅政史一、肅政史一六、を以て組織し、記錄科、文牘科會計科、庶務科の分科がある、平政院と對して獨立して職務を行ふものであつて、人民の陳訴しない事件に關し行政訴訟條件により平政院に對して行政訴訟を提起し、又各法令に依る糾彈を提起する

三、國史館　國史館は民國史、歷代通史の纂輯及史に關する一切の材料の儲藏を司る處であつて館長(特任)一、秘書一、纂修四、協修八、主事二、及雇員若干を置いてゐる。

四、淸史館、淸史館は前朝史の編輯及歷史に關する一切の材料を儲藏する事を掌り、總裁一、秘書一、纂修四協修八、主事二、雇員若干を置く、

第二編　地方行政

第一章　地方行政史及行政組織

第一節　地方行政史

地方行政は秦の時代では天下を三十六郡に分ち唐の時代は十道としたなどと殆んど一定してゐなかつた近代に至つては元は行中書省十一ヶ所を設けて地方行政を統轄せしめた、河南、浙江、江西、湖北、陝西、四川、甘粛、雲南、嶺北、遼陽、征東等が省と稱せられこの省の名は地方官廳の名で明及清時代の省の字語は此意義から轉じたものである、又省の下に路、路の下に州、州の下に縣があつて各省には亟相一人、平章一人、左右亟各一人、參知政事二人或は一人を置いた、錢量兵甲遞運なども皆管轄してゐた、中央政府の指揮監督に從ふことなく中央と相並んで皇帝直屬の形であつた、明の初め元の制を用ゐ行中書は後其名を止めて地方官廳として左右布政使司を設けた、布政使司と云つてゐるが元に習つたものであるから中央官廳の各部と同じやうに皇帝に直屬してゐた、布政使司に十三あつて山東、山西、陝西、河南、浙江、江西、湖廣、四川、福建、廣東、廣西、雲南、貴州等である是等各種布政司には左右亟各一人（貴州のみ一人）左右參政左右參議各之に屬してゐた、此十三布政司は一省の政令を掌り朝廷の德恩を宣傳し部下の官吏を監督し財政行政を主管した、此十三布政使の外に北京南京の二大行政區域があつて中央政府の直轄としてゐた。

布政使は地方重要の地位に在つて其權限は廣大であつたが元時代の行省長官であつた丞相平章に比べると猶ほ狹小であつた、明の時代は布政使の外、各省に提刑按察使と都指揮使を置き前者は刑律を後者は軍事を掌らしてゐたから布政使の權限は主として財政行政に限られてゐたからである、思ふに財政とか司法とか軍事は地方政治の最大權であるから一人に專管せしめるのは危險であるのを免れない加ふるに前代の弊にも鑑みて三省に權限を分けて鼎立せしめ且つ布政使には二人を置いて互に索制せしめたものである。

淸時代

一、淸時代、は明に習つて承宣布政使司提刑按察二使都指揮使司を改め提督と稱し布政按察二使を其儘とし更に巡撫を置き之を總督が統轄した、地方官に總督巡撫の名を作つたのは淸時代で明時代にも其名はあつたが職權は大分違つてゐた、淸朝は明の北直隸を直隸とし南直隸を江蘇安徽二省とし又湖廣を湖南湖北に分け光緒の始めに新疆を加へ十年には台灣の一省及滿洲三省を特別行政區に改めて普通省とした各省には一人の巡撫を置き二省三省を合併して總督を置くのを原則としたが時に依つて存廢行はれて其後變化もあつた、總督巡撫の場所を見ると總督が巡撫を兼た所もあり又單に巡撫のみ置く所もあつて其方針が一定してゐなかつた、淸末には直轄、兩江（江蘇、安徽、江西）兩湖（湖北、湖南）陝甘（陝西、甘肅、新疆）四川、周浙（福建、浙江）雲貴（雲南、貴州）兩廣（廣東、廣西）東三省（盛京、吉林、奉天、黑龍江）に九人の總督を置き又山東（濟南）江蘇（蘇州）安徽（安慶)山西(太原)湖南(長沙)貴州(貴陽)陝西(西安)浙江(杭州)吉林(吉林)廣西(桂林)河南(開封)新疆(迪化)江西(南昌)黑龍江(齊々哈爾)に十四人の巡撫を置いた、而して直隸、四川、福建、湖北、廣東などには巡撫を置かないで總督ばかりを置いた、又是等總督は管巡撫事務と云ふ職名を有つてゐるのを常とした、提督は從來各省の常備軍である綠營を統轄して兵權を掌つてゐるものであつて水師の方にも亦た之を置いてゐた。

總督

二、總督、は是等の提督を制御するの權があつて提督事務の職名を有つてゐた、總督のない省の巡撫は元來兵馬の權を有つてゐないのであるけれ共提督と並立する恐れがあるので提督巡撫の名を與へて其地方の提督を節制せしめた。

布政使、按察使

三、布政使按察使、總督巡撫の下に省內全部に亘る事務を掌るものに布政使、按察使(後提法使と改む)提學使及び特定の道官とする、布政使は一省一人で江蘇省には江寧に一人蘇州に一人を置き江寧布政使は江寧、淮安、揚州、徐州の四府と通海二州を管轄し蘇州布政使は蘇州、松江、常州、鎭江の四府と太倉州とを管轄せしめた。

按察使は亦た各省一人として江蘇には江寧に一人蘇州には置かない又新疆は道台をして兼任せしめて專任官を設けないのを例外とする提學士は又各省一人、江蘇は布政使と同じやうに二人を置いた。

四、道台、道台中の勸業道、鹽茶道、巡警道、鹽法道などは省內全部の所管事務を取つてはそれが分守、分巡、兵備などの如きは道台は省內に特別の區域を設け多くは二府州以上を合して其管轄區域とした、而して是等道台は其區劃に就て府州縣の如き特有の名稱を有してゐない、其官衙は所管府州の頭字を連ぬるを例としてゐる例へば上海に駐在してゐた分巡道は蘇州松江の二府及太倉の一州を所管し又兵備道を兼任してゐたので分巡蘇松大兵備道と云ふやうなものである。

分守分巡

五、分守分巡、二道の下に在つて監督を受けた行政區劃は州府、直隷州直隷府及び州縣府であつた府には知府を長官とし直隷府には周知を直隷州には知州を長官とした、此三省は位置同じく共に道台を經て、布政按察の管轄に直屬してゐた故に直隷州と府は普通府の下にある州縣府と同じではなかつたのである。

府の下に州、縣、府があり州の長官を知州といひ縣の長官を知縣と云ひ府の長官を同知又は通判と云つた。府と並定する直隷州の下にも縣或は府を置くのを普通とした、府と直隷州と區別は府が主であつて附郭を有してゐたのに反して直隷州は之を有してゐなかつた、例へば兩江の道府である江寧府は上元、漂水、向容、江浦、高溶、江寧、六合七縣を欲し、江寧府城は上元江寧二縣に城の合したものを以てするやうに府と縣と同一城に在るものであつて此の兩縣を府の附郭と稱したが之に反して江蘇省の直隷通州は如皐、泰興二縣を欲して、縣城と州城とは城を同じくしない卽ち府郭を有してゐないのである、故に府が管轄區域を統治するには皆縣を通じて行つたものである、府は自身の管轄區域を有してゐないから府は人民と直接に關係はない之に反して直隷州は自身の管轄區

直隷府

正印官

域を有つて之を直接に支配すると共に併せて其領縣を管轄するのである、但し直隷省の豊化府承德府及び廣西の思恩の如き貴州府の大定府、道義府の如きものは附廓を有してゐないから直隷州と同形である。又府城の附廓を有してゐたものであつても必しも二縣に定まつてゐない一縣であるものも往々あつた、例へば昌府城が江夏一縣を附廓としたものや保定府が清苑一縣を附廓としてゐるやうなものである。

六、直隷府は其下に縣を有してゐないのを通則として全部を自身の直轄地としてゐた、又之の例外として盛京府の鳳凰城や興京府があり四川省の叙永府の如きは錠縣を有して直隷州と同形であつた又黑龍江吉林の兩省などには府州の名をなしてゐない其下に州縣を有して特別の形をなすものに黑龍江省の墨爾根、吉林省の寧古塔渾春のやうなものもある、今地方行政官の管轄を略示すると

總督……巡撫
- 布政使
- 按察使
- 提學使
- 提督

道台
- 府……州縣
- 直州……府
- 道府

府……府縣

七、正印官、とは主任官の意味で佐貳、雜職と云ふのは之を補助する役名であつた、凡て督撫以下の地方官であると、各衙門を有つてゐて自己の名で職務を實行するものが正印官である。

然し通常督撫は正印官と稱しない、是は單獨機關であつて形式上唯一人で事務を處理し別に補助

官を置かないのを以て佐貳雜職と區別してゐる、然し乍ら知府以下知縣に至るまでの官は皆多數の補助官を有つてゐるから之を區別する必要があつたのである、知府以下正印官の補助機關は各々必ずしも一定しない順天府の佐貳に治中、通判があり、外府の佐貳に同知同判があり、直隷州の佐貳に州同州判があり、州の佐貳にも州同州判であつて順天府内の縣には縣丞があり、外縣にも縣丞及び主簿と云ふのがあつたが皆此佐貳である。

佐貳佐雜

八、布按二使及び府、廳の經歷、理同、都事、知事、州の吏同、縣の典史は又佐貳であるけれ共特に首領と云ひ布政使、鹽法道、鹽藥道の庫大使、布政使及首府倉大使、府州縣の稅課大使、按察使及府廳の司獄、巡檢は之を雜職と云ふ、是等は各地方に依つて設置は異つてゐる、又佐貳雜職首領を總稱して佐雜と呼んでゐた。

幕友

九、幕友、地方官の補助機關として尙ほ幕友と云ふのがある元來は顧問の意味を云ふものであるが地方官は若干の幕友を置いてその職務を補助せしめてゐた、故に幕友は賓客として待遇され、佐雜のやうに主從關係ではない、從つて是に對する報酬も俸給だとか、薪水と云はずして束修と云つてゐた、知縣は此費用を私財を以て拂つてゐたので高きは年五百兩以上一千兩に上るものもあつたが肝腎の知府は四十兩に過ぎないと云ふやうな所もあつた、又裁判財政に關する幕友には特稱かあつて、前者を刑名師爺、後者錢穀師爺と云つてゐた。

吏胥

一〇、吏胥、と云ふのは督撫衙門から州縣衙門に至るまでの官省に在つて事務を分担する屬吏と云ふのである或は之を書吏とか吏とも云つてゐた、此吏は州縣衙門のやうな小い所にもあつて其受くる所の給料も至つて少いので其職權を濫用して私慾を充たしてゐた。

吏胥の任用は民間の志望者から試驗で採用し五年の後之を免じて又新に募集するもので任期中成績の良好なものは再試驗又は抽籤で再採用するのを例とした、中には自己の職を賣買するものすらあつた又地方に依り此規則に依らず數代世襲するものが在つて事務慣例に精通するものも尠からずあつた、と云ふ。

二、總督、 總督は制軍、制、臺、或は帥と呼んだ又中央部行政の尙書と相並んでゐたので又部堂とも云つてゐた、總督は既に述べたやうに純然たる獨任制の機關であつて一人でその事務を處して行き官制上には何等補助機關を置かないやうになつてゐるが實際には其事務を分掌する各房の書吏及び幕友を置いて補助する外尙ほ一定の職員を備へてゐた、是等は總督の便宜上事務を委托するのであつて官制上の機關でない事は明瞭である、總督衙門に設くる職員には、大體書吏、幕友の外に一、中軍副將（總督部下の司令官）二、文武巡捕（衙門の秩序維持を掌る官）三、戈什哈（總督の左右に侍する武官）四、監事委員（總督の印の保管を掌る官）五、收呈委員（管内人民の訴狀受理を掌る官）等の五種類あつて總督の權限は文武百般の事務に亘つて一省内の凡ての行政事務は悉く之を管理したものであつた又此外に兼銜を有してゐるのを常とした、銜と云ふのは一定官職の任にあるものに對して其格式を高むる爲めに特に附與する官名であつて一種の虛官に過ぎない、其職權の主なものを擧げると一、奏摺咨請の權、二、省例制定の權、三、文武官の任免及び陞調の權、四、文武官監督の權、五、軍隊統率の權、六、財政情況上奏及藩庫監督の權、七、裁判の權、八、敎育監督の權、九、鹽政及釐金監督の權、其他或地方の總督で特別職務を持つてゐるものもあつた、例へば直隸總督で北洋通商大臣を兼ねたり、兩江總督が南洋通商大臣を兼ね、專ら北清及南清の外國貿易に對する事務を處理し、又併せて南北二水師を率ゐたやうなものである、又特に直隸兩江總督が河道總督の銜を有して官内の河工堤防水工事を掌つてゐたのも此一例である。

尙ほ中央各部は地方の督撫を監督指揮するのでなく督撫に各大臣と併立して君主に直屬したのであるから地方への報告でも皆上奏の形式で命令も亦た諭旨の形式で出てゐた。

督撫に管內の財政、幣制、裁判、軍政、外交、敎育、警察等殆んど全部管理して每年定額の稅銀を送つてさへ置けば中央に對して義務を果したことになつてゐた。

巡撫

一二、巡撫、巡撫は一名撫院、撫臺、撫軍と云つてゐたが、通稱は中亟と云つた又陸軍部侍郎の銜を持つてゐる所から部院とも云つた、巡撫衙門にも總督と同じやうに成文上何等の補助機關を設けてゐなかつた、唯中軍參將即ち巡撫が自ら率ゐる軍隊の司令官以下書吏幕友を置く所などは總督とよく似てゐる、其職務は總督と區別する事は甚だ困難であつて二者併設の地方では少しは變つてゐるが巡撫が一省の最高長官である場合は殆んどその職權總督と似てゐる。

巡撫にも亦た都察院副都御史陸軍部侍郎其他地方に依つて種々の銜があつたことは前述の通りで

布政使

ある、然らば職權上督撫の區別は何うかと云ふに、淸廷の公文上には總督は文武を統轄し軍政民政併せて之を管理する、巡撫は之に反して民政を掌る事を主とすると云ふ規定であつたが、其後督撫併設の地方でも必しも巡撫は總督に從ふて民政ばかしをするのではなくなつた、例へば重要な地方直隸、兩江、陝西、雲貴、兩廣の如き處では三省以上總督を置いて軍政民政を統轄したが其間總督を置く省には特に巡撫を設ける必要がないとして次第に總督と巡撫とが併立する省の巡撫を廢し總督が自己の直轄地を存し巡撫と相並んで兩省の區別がなくなつたのである、元來二者は始めから主從關係を有してゐたのではなかつた、共に地方の最高長官として丁度中央部で尙書と侍郞が對立してゐたと同じ形式であつた、從つて職務上は巡撫は總督の命を受けて職權を行ふものでなかつた、各自其管轄地の政治を獨斷で處理し共通の事務丈け會議して之を決してゐた、且つ總督が都御史を兼ねると共に巡撫も亦副都御史を兼ね互に監督し互に彈劾することが出來た、又一省の民政に關して上奏する時には事件の種類によつて或は合議し或は單獨にするやうに一定してゐない。

今巡撫特有の職權を調べて見ると、(一)稅關の監督(二)鹽政、但し兩江四川直隸の如きは總督全省の鹽政を見たが山東山西浙江などでは巡撫が掌つてゐた、(三)釐金局、原則として巡撫の管理したもので後總督も亦た關係するに至つた。

一三、布政使、布政使は藩司、藩台、方伯などと稱してゐた、各省には必ず布政使司を設け例へば布政使を以てその長官とした、明制には督撫を置かなかつたから布政使は一省の省命を統轄したが清朝に至つても其權限大に縮少し督撫監督の下にあつて主として財政を管理し併せて一般行政に關與することを規定した、其職權の主なものは(一)一省の財政を掌る、凡て租税の賦課徵收、金穀の管理出納などである、州縣廳で徵收する、一切の税金は其一部を地方に止めて地方經費とし其他は全部布政使に送ると布政使は又此を督撫に上申税金の中から一部を藩庫に止めて殘餘を中央の度支部に送つてゐた、(二)皇帝の命を宣布すること(三)一般行政に關與する(四)下級官吏の監督(五)裁判事務に關與する(六)戸口調査(七)田部の統計(八)税率の考定(九)新税の審議(一〇)兌換券の發行(一一)貨幣の鑄造等である、光緒末から布政司の名を度支司と改めて革命の後は各省都督府は財政司の名で繼承してゐる。

按察使

一四、按察使、各省に提刑按察使司を置き按察使をその長官とした、其後名を改めて提法使と唱へた補助機關として經廳知事司獄など種々あるけれ共各省一定しない、其職權は(一)刑名條件、上奏事件下級審の監督、督撫の命による案件の審査、刑の審擬(二)一般政務にも關與す(三)官吏の監督(四)驛傳事務

以上のやうに按察使は司法及司法行政兩權を掌握してゐたが清末に司法權の獨立が喧しくなつて專ら司法行政を握ることゝなり其名も提法使となつた。

道台

一五、道臺、道臺は道或は觀察又は道員とも云つてゐたが、其職權に依つて各々異つてゐる、巡警道、勸業道、兵備道、海關道、分守道、分巡道等である職務の性質から分けると凡そ二種となる、

鹽法道
鹽茶道

(一)一般の職務を有つてゐるもの、其管轄區域内に於ける一切の政務に關するものであつて前記の分巡分守二道のやうなものである(二)特種の職務としては、政務一切に亘らないで巡警、勸業、鹽政、茶政などのやうに一種又は數種の特定事務を掌るもので卽ち巡警道、勸業道、鹽法道、鹽茶道、河工道、海關道、兵備道、督糧道、驛傳道などのやうなものである、又之を管轄區域に依つて分けると一、全省を管轄するもの(督糧道鹽法道の如き)二、一區域を管轄するもの(分守巡道の如き)等道台の種類は數多いが一人必ずしも一種の職務を持つものに定つてゐない多くは雙方兼務である。

一般職務を有つてゐる道台は前述のやうに分守分巡であるが管轄區域内の一般政務を掌り概して補助機關を設けないが唯幕友書吏を置いてゐた分守分巡は清末には區別がなかつたのであるが其國初から康熙年間に至るまでは區別明かであつた、二者共に管轄區域内の財政裁判を掌り、其下級官廳である府廳州縣の管轄する事務を監視し、時に官吏の能否を考察して布按二使に報告し尙ほ軍隊の命令權を有つてゐる。

特種の職務を持つてゐる道台として同じく補助機關を持つてゐない唯兵備道鹽法道のやうなものは二三の補助機關を備へてゐた事もあつた、(一)糧道卽ち糧儲道は督撫の命を受けて糟米(南方から北京及道州に毎年送つて京官及八旗などの俸給に當てた米穀)の事を掌る、又新疆雲南福建に置くものゝ如きは其地方軍隊の兵餉を掌る仕事をしてゐた、(二)鹽法道及鹽茶道、鹽法道は鹽稅に關する事務を掌り、後者は鹽稅及茶稅の事に當るものであつて鹽運使と共に鹽の專賣を掌るものである、但し鹽運道司で鹽法道を兼ねた所もあり鹽運司を設けずして鹽法道ばかりを置く所もあつた其他道台をして兼任せしむる所も在つて一定してゐない、(三)河工道、一に河道とも云つて分守分巡が掌務する時は之を兼管水利又は河務などゝ云つてゐた其職務は水利堤防などの事を掌る、直隷、江蘇では河道總督の下にあつて其指揮を受け其他の地方では督撫に直屬してゐる、凡て特種の職務を有する道台は省城に在るのを常としたけれ共河道は之に反して多くは河川の要所に駐在した、例へば直隷省では同安縣、保定府、大名府、通州に各一人を置き江蘇省では淮安徐州に各一人を置くやうなものである、是等道台は時としては同知通判などの補助機關を有つものもあつた、(四)驛傳道、通常分守分巡道が兼務するのを例としてゐる凡て分守分巡及び其所屬の各州縣は當然驛傳を司るものがあつて此の兼官を有すると否とに拘らず皆其職を有してゐた、(五)海關道海關及常關を管理して關税の受理を掌るものであつて開市場又は内地税關所在地を管轄し分守分巡の兼任である但し天津には專官を置いてゐた(六)兵權を有つて其地方の安寧を維持するのを職とするものであつて後分守分巡に兼任せしむるに至つて殆んど同一となつた(七)屯田道は開墾屯田の事を掌るものであつて甘肅雲南等に之を置いたが專官ではなかつた(八)茶馬道、甘肅の蘭州秦州に駐在する分巡道は茶馬事務の兼官を有つてゐた清朝の初めに邊彊に茶馬御史と云ふものを置いて所屬國の入貢の際附帶して來る馬と茶とを交換することを監督せしめるのを云ふ、茶馬道と云ふのは之に次いで置れた官であつて殆んど不用の官であつたが清朝末まで置かれてあつた、(九)巡警道及び勸業道は光緒三十

土官土司

三年東三省の行政組織を改めた時に始めて此二道を設けて次で內地各省にも之を置くべき事を布告した又新に施行した警察事務農工商事務を掌らしめたものである。

以上の如く支那の行政區域は清代に在つては、大體明の舊制に倣ひ、全國を分けて省とし省を分けて府とし、府を分けて州縣及廳とし、別に直隸州及直隸廳を設け府と同じく省に直隸するものとした要するに省を上級行政區域とし、府及直隸州廳を中級行政區域とし、州縣廳を下級行政區域とするものであつて、省には總督將軍又は巡撫を置き之を統轄し、布政使、按察使及道員（二府又は三府を管轄する）之を輔佐し、府には知府がある直隸州には知州がある、直隸廳には同知があり、其所屬を治め司道に隸してゐる又州に知州あり縣に知縣があり、廳に道判があり、親しく民政を掌理した、其他特設官廳として北京に於ては順天府尹、奉天に於ては奉天府尹（奉天尹は清朝の末年之を廢止した）貴州、雲南、廣西、四川等の諸省に於ける土官土司等がある是れ北京は全國の道府であるのと、奉天は清朝の舊都である爲であつて、該府尹は一般知府に比べて高級で總督巡撫と略ば同格である者を以て之に任せられた、又土官土司とは苗族其他未開の種族の居住する地方に對し設置した官廳で、是等の地方には一般州縣制度を施行することが出來ない爲めであつた、而して清朝の末年に於ては東三省の將軍を廢し各省と同じく總督又は巡撫とし、又各省には督撫の輔佐として提學使及交涉使を新設し按察使を提法使と改めた如き、多少の改正をしたが大綱に於て變更する所がなかつた。

第二節　現行地方制度

然るに其後明治四十四年革命事件が起り、共和政府成立すると、悉く總督巡撫を廢し、各省に都督及び民政長各一名を置き、道員を勸察使に改め、府州廳及直隷州、直隷廳を廢して一樣に縣とし各縣を全く同列階級とし、知縣を縣知事に改め、觀察使を道尹として、一省を數區に分け、各縣を管轄させ、又都督を將軍とし、民政長を巡按使に改め、全省を統轄することゝした、其後前清順天府に府尹を置いた例に倣ひ、北京地方を京兆と稱し。京兆尹を置き、又熱河、察哈爾、綏遠及川邊を特別行政區域として所屬各縣を管轄することとした然るに其後袁世凱逝去後將軍を改めて督軍と稱し、巡按使を省長と改稱した、

今現制に就き少しく詳細に述べて見ると、共和政府は民國二年一月八日大總統令を以て劃一現行各縣地方行政官廳組織令を公布し『從來の府、直隷廳、直隷州、廳及州の名稱は均しく縣に改め現在の外直轄の府直隷廳等の縣に改めたものは前管轄地方を以て其管轄區域となす』と規定したのは、實に從來の府廳州縣制度に一大變革を加へたものであつて、右變更の結果支那全國を通じて二縣同名となるもの四、五縣同名となるもの三三、六縣同名となるもの一となり頗る紛はしく不便が多いから、此重複縣名の改廢を內務部から擬定し、大總統の裁可を經、同年二月五日から八日までの政府公報に之を公布したが、同年五月二十三日敎令を以て、始めて省官制、道官制、縣官制を公布した。

「省に巡按使を置き全省の民政各官及巡防隊警備隊等を管轄し、且つ政府の特別委任を受け財政司法行政及其他の特別の官廳の行政事務を監督すること、及道に道尹を置き巡按使に隷屬させ道尹は一般行政長官として法律命令に依り道內の行政事務を執行し、巡按使の委任を受け財政司法行政及其他の特別官廳の行政事務を監督すること、及縣に縣知事を置き道尹に隷屬させ、知事は一縣の行政長官として法律命令に依り縣內の行政事務を執行することを規定し、同年六月二日大總統申令を以て、各省所屬管轄區域表を公布したが、以上各令には內蒙古各屬に對して、何等言及する所がなかつたが、同年七月六日大總統申令を以て都統府官制を分布し、熱河、綏遠、察哈爾に都統を置き都統は所屬の軍隊を統轄し管轄區域內の軍政民政事務を管理することを定め、同時に熱河都統の下には熱河道尹、綏遠都統の下には綏遠道尹、察哈爾都統の下には興和道尹を置き各道尹の職權及公署の組織は皆道官制に照して、民政を法理し、且つ蒙旗事務を兼官することを定め、各都統の管轄區域と前記三道尹の管轄區域に屬する各縣名を公布した、其後各省の都督を廢し將軍を置く事とし四年七月十九日敎令を以て將軍行署編制令を公布し「大總統より軍務督理の命令を受けたものは駐在地に於て將軍行署を設け、將軍は大總統の命を承け軍政事務に就ては陸軍部、軍事の計劃及命令に就ては參謀本部の監督指示を受け、巡按使にして將軍銜を加へ、軍政の督理する者の職掌權限は將軍に準ずること」を規定し、同年十月五日京兆尹官制を公布し「中央政府所在地を京兆と稱し、京兆尹を置き京兆地方の行政長官として、法律命令に依り該管區域內の行政事務を執行し、所屬各縣知事、を指揮監督し河江巡防警備等の隊を管轄し並に政府の特別委任を受け財政及其他の特別官署の行政事務を監督す」と規定し同時に京兆地方の管轄區域縣名を公布し其結果支那全國を通じて二十二行省九十道千七百三十四縣を算するに至つた。

一、各省、各省の官制系統を略示すると次の通りである。

省の巡按使……道……道尹
- 縣……縣知事
  - 佐治機關…縣佐
  - 縣内要津に置く
- 設治區域
  - 縣を新設すべき豫備機關を置く地方にして
  - 設置委員を以て其長とする

二、各省屬道及縣

直隷省	四道	百十九縣	湖北省	三道	六十九縣
奉天省	三道	五十五縣	湖南省	四道	八十縣
吉林省	四道	三十七縣	四川省	五道	百四十縣及土司
黑龍江省	三道	廿三縣及七設法局	福建省	四道	六十二縣
山東省	四道	百〇七縣	廣東省	六道	九十四縣
山西省	三道	百〇五縣	廣西省	六道	七十九縣及土州土司
河南省	四道	百〇八縣	雲南省	四道	九十六縣及土司

陝西省	三道	九十縣	貴州省	三道	八十縣及土司
甘肅省	七道	七十六縣	新彊省	四道	三十九縣
安徽省	三道	五十九縣	江蘇省	五道	六十縣
浙江省	四道	七十五縣	江西省	四道	八十一縣
特別區					
京兆		二十縣	熱河道		七縣
綏遠道		八縣			

三、省長、民國三年五月二十三日公布の省官制に於ては、各省の長官を巡按使と稱したが、其後民國五年六月袁世凱歿後巡按使の名を廢して省長を以て之に代へた、然れ共單に各稱を改めたのみで其他の省に就ては改正がないから民國三年五月發布の省官制は單に巡按使の名を改めたのみで其儘存續するものと謂ふのである。

其組織は省長の外に廳長一、科長四、科員雇員若干ある、其分科は次の通りである。

[illegible] 省長公署……政務廳 { 總務科 內務科 / 教育科 實業科 }

尙ほ權限は次の通りである。

一、全省の民政各官及巡防、警備隊等を管轄し、且つ政府の特別委任を受け、財政、司法、行政

及其他特別官廳の衆政事務を監督す
二、法律敎令の執行をなし專ら法律敎令の委任により省內單行の章程を發行するを得
三、所部の地方官吏の命令又は處分にして法令に反し公益を害し又は權限を犯するものありと認むる時は停止し又は撤廢せしむることを得
四、各縣知事の任免は之を大總統に上申し且亦た內務部に具狀すべし
五、政府の特別委員を受け省の財政を監督して租稅の出納を檢査し且つ收稅官吏を監督す
六、政府特別委任を受け司法行政を監督す
七、非常事變の塲合に臨み兵力を要し、又は防衛の爲め兵備を要する時は附近に駐屯する軍隊又は軍艦の長官に出兵を請求することを得
八、督軍を兼署するものは軍務を督理す
而して督軍を兼署するものは別に軍務廳を設く其組織は次の通りである。

軍務廳 ｛軍務科・軍需科・軍法科｝ 廳長一人を設く其他の分股及定員は適宜とす

民國五年七月六日現在に於て督軍の省長を兼ぬるものは奉天、浙江、湖南、陝西、四川の五省で省長で督軍を兼署するものは直隸、黑龍江、甘肅、新疆の四省であつたが其後變化したのは別記の

通《とほ》りである。

四、道尹、道に道尹を置き、省長に隷屬して道內の行政事務を司らしめる、道員の下に科員若干を置て事務を辦理せしめる、其權限は左の通りである。

一、法律命令に依り道內の行政事務を執行し、且つ省長の委任を受け財政、司法、行政及其他の特別官廳の行政事務を監督す

二、法律、敎令、省章程の執行をなし、或は法律敎令省章程の委任に依り道內單行の章程を發布することを得

三、部の各縣知事の命令又は處分にして法令に反し公益を害し又は權限を犯すものありと認めたる時は其命令又は處分を停止し又は取消すことを得

四、省長の命令を受け本道駐屯の巡防警備各隊を指揮命令する事を得

五、非常急變の場合兵力を要し又は防衛のために兵備を要する時は省長に具申の上附近に駐屯せる陸軍又は軍艦の長官に出兵を請求して之を辦理することを得

六、非常急變又は特別重要の事件ありたる時は省長に報告するの外直接大總統に上申することを得

五、縣知事、縣の長官を知事とし、道尹に隷屬せしめ、知事の下に科員、雇員各若干を置く、其權限は次の通りである

一、一縣の行政長官として法律命令に依り縣內の行政事務を執行す
二、法律、敎令、省、道章程の執行を司り或は法律敎令省道章程の委任により縣內單行章程を發布することを得
三、縣內の警察、監獄及補名各員の處分にして、法令に反し公益を害し又は權限を犯すものありと認めたる時は之を停止し又は取消すことを得
四、特別重要事件ある時は、道尹に報告するの外直接省長に具報することを得
五、本縣駐屯の警備隊を使用することを得
六、非常事變の場合に臨み兵力を要し又は防備を要する時は巡按使又は道尹に具申の上附近駐屯の陸軍又は軍艦の長官に出兵を請求し之を處理することを得
六、設置委員、縣を新設する豫備區域たる設治地域に置くもので、縣知事公署設置の豫備機關の長官である、其權限は縣知事と同じである。
七、縣佐、縣佐は縣內の要地に設置せらるゝもので、縣知事と同城內に置くことを得ず、而して之を置くには該省省長より其必要欠くべからざることを內務部に諮陳し大總統に請願して之にを選定するものである、其職務權限は次の通り。
一、知事の命令を承けて巡羅彈壓を掌り、其他勘災、捕蝗、催科、堤防、水利並に知事の委任事務を處理す

二、縣佐駐在地方の警察事務は該縣佐に於て知事の命を承け最寄に就て指揮監督するものとす

三、縣佐駐在地方の違警事件は縣佐之を處斷したる後該縣知事に詳報するものとす、但民刑訴訟事件を受理することを得ず

特別行政區域

八、特別行政區域、特別行政區域官制の系統は次の通りである

- 特別行政區域
  - 京兆 ｛京師の地／京兆尹｝……縣　各省に同じ
  - 熱河・察哈爾・綏遠 都統……道 ｛縣／設置區域（以下各省に同じ）｝
  - 川邊：川邊鎮守使……道……縣

京兆尹

九、京兆尹、中央政府所在地を特に京兆と稱し、京兆には京兆尹一名を置き地方長官とし、其下に屬官若干を置く、其分科は次の通りである。

- 京兆尹公署 ｛內務科、財政科／敎育科、實業科｝ 科員及分科は適宜とす

次に京兆尹の職務權限は左の通りである

一、法律命令により該管區域内の行政事務を執行し、所屬各縣知事を指揮監督し、河工及巡防警

備の諸隊を管轄す

二、其他政府の特別委任を受け財政の監督をなし、又特別官署の行政事務に任ず

三、法律敎令の執行を爲し、或は法律命令の委任により京兆地方單行章程を發布することを得

四、所轄各縣知事の命令或は處分にして法令違反或は公益に害あり或は權限以外なりと認むるものは停止又は撤廢せしむることを得

五、大總統に申請して各縣知事を任免す

六、政府の特別委任を受け京兆地方の財政を監督する時の、賦課稅出納の檢査、輕微官吏の考査を爲すの權限を有す

七、非常事變發生し、兵力を要するか、或は豫め防衞を爲すの見地より軍隊を要する場合には、最寄駐紮軍隊の長官に出兵を請求し協力處辦することを得

其下にある縣知事及署長は各署の部と同じく、其直屬の機關としては京兆財政分廳にあるのみである。

都統

一〇、都統、都統は熱河、綏遠、察哈爾の三地方に之を設けて、是等各地を特別行政區域とす、都統署には都統一、參謀長一、參謀二、副官二、書記官三、雇員若干を置く、其分課は次の通りである。

都統署
- 軍務處
  - 處長一（參謀長兼任）
- 總務處
  - 處長一（書記官兼任）

處內の分科並に科員は都統に於て便宜規定す

尚ほ都統の職權次の通りである

一、所屬軍隊を統轄し該管區域內の軍政民政事務を管理す

二、所屬軍隊の整旅計劃並に該軍區內徵兵及調遣事務を司る

三、所屬軍隊の訓練を督飭し軍規維持の責任あり

四、軍務に關しては大總統の命を承け陸軍部の監督を受く

五、軍事の命令及計畫に關しては大總統の命を承け參謀本部の監督を受く

六、所屬區域內民政各官及巡防警備隊を管轄し、並に政府の特別委任を受けて財政及司法、行政及其他特別官署の行政事務を監督す

七、所管道尹の命令處分にして法令に違反し公益を妨害し或は其權限を侵越するものと認めたる時は之を停止或は取消することを得

八、管轄區域內に於て地方安寧維持の責任あり若し特別事變なる時は所轄道、道員の請求に依り必要と認むる時は兵力を使用することを得

一一、川邊鎭守使、四川西藏交界地方の從來土司と稱したものを改めたもの二十三縣を管轄するもので、是等地方の軍政、民政を管するものであるも、其鎭守使署の組織の如きは明かでない。

第二章　行政區域

第一節　京兆地方及直隷

京兆尹

一、京兆尹（北京に駐在し二十縣を管轄す）

大興縣（舊順天府附郭道縣、今、黄村に移る）、宛平縣（舊順天府附郭道縣、今、蘆溝橋に移る）、良鄕縣、固安縣、永清縣、安次縣、（元東安縣、湖南四川廣東三省の縣名と重複するに依り名を改む）、香河縣、三河縣、覇縣（舊覇州）、涿縣（舊涿州）、通縣（舊通州）、薊縣（舊薊州）、昌平縣（舊昌平州）、武淸縣、寶坻縣、順義縣、密雲縣、懷柔縣、房山縣、平谷縣

直隷

二、直隷省（四道を管轄す）

イ、津海道（元渤海道〔舊天津河間道通永道〕の管轄區域に依る）

天津縣（元天津府道縣、二年二月府を廢し縣となす）、青縣、滄縣（元滄州二年二月縣に改む）、鹽山縣、慶雲縣、南皮縣、靜海縣、河間縣、（元河間府道縣、二年二月府を廢し縣と爲す）、獻縣、肅寧縣、任邱縣、阜城縣、交河縣、寧津縣、景縣（元景州、二年二月縣に改む）、吳橋縣、故城縣、東光縣、盧龍縣（元永平府道縣、二年二月府を廢し縣に改む）、遷安縣、撫寧縣、昌黎縣、灤縣（元灤州、二年二月縣に改む）樂亭縣、臨楡縣、遵化縣（元遵化隸州、二年二月縣に改む）、豐潤縣、玉田縣、文安縣（元順天府所轄、三年五月直隷省に移す）、大城縣（元順天府所轄、三年五月直隷省に移す）、寧河縣（元順天府所轄、三年五月直隷省に移す）、新鎭縣（元保定縣、順天府所轄、三年五月直隷省に移して名を改む）

ロ、保定道（元范陽道〔舊淸河道〕の管轄區域に依る）

清苑縣(元保定府道縣、三年二月府を廢し縣となす)、滿城縣、徐永縣(元安肅縣、三年六月名を改む)、定興縣、新城縣、唐縣、博野縣、望都縣、容城縣、完縣、蠡縣、雄縣、安國縣(元祁縣卽舊祁州、二年二月縣に改む三年一月山西省の縣名と重復するに因り名を改む)、安新縣(元安州、二年二月縣に改む)。東鹿縣、高陽縣、正定縣(元正定府道縣二年二月府を廢し縣と爲す)、獲鹿縣、井陘縣、阜平縣、欒城縣、行唐縣、靈壽縣、平山縣、元氏縣、贊皇縣、晋縣(元晋州、二年二月縣に改む)、無極縣、藁城縣、新樂縣、易縣(元易州、直隷州、二年二月縣に改む)、淶水縣・淶源縣(元廣昌縣三年一月江西省の縣名と重復するに因り名を改む)、定縣(元定州直隷州、二年二月縣に改む)、曲陽縣・深澤縣・深縣(元深州正隷州、二年二月縣に改む)、武强縣、饒陽縣、安平縣

ハ、大名道(元冀南道「舊大順廣道淸河道」の管轄區域に依る)

大名縣(元大名縣魏縣・卽舊大名府道縣、二年一月府を廢し縣と爲し三年一月魏縣を併せて一縣とす)、南樂縣、淸豐縣、東明縣、濮陽縣(元開縣卽舊開州、二年二月縣に改め三年一月四川省貴州省と重復するに因り名を改む)、長垣縣、邢台縣(元順德村道縣、二年二月府を廢じ縣と爲す)、沙河縣、南和縣、平鄉縣、廣宗縣、鉅鹿縣、唐山縣、內邱縣、任縣、永年縣(元廣平府道縣二年二月府を廢し縣と爲す)曲周縣、肥鄉縣、鷄澤縣、廣平縣、邯鄲縣、成安縣、威縣、淸河縣、磁縣(元磁州二年二月縣と改む)、冀縣(元冀州直隷州二年二月縣と爲す)、衡水縣、南宮縣、新河縣、棗强縣、武邑縣、趙縣(元趙州直隷州二年二月縣に改む)、柏鄉縣、隆平縣、臨城縣、高邑縣、寧晋縣

ニ、口北道(元口北道管轄區域に依る)

宣化縣、(元宣化府道縣、二年二月府を廢して縣と爲す)、赤城縣、龍關縣(元龍門縣、三年一月廣東省と重復するに因り名を改む)、萬全縣、懷來縣、陽原縣(元西寧縣三年一月廣東甘肅二省と重復するに因り改稱)、懷安縣、蔚縣(元蔚州二年二月縣に改む)、延慶縣(元延慶州、二年二月縣に改む)、涿鹿縣(元保安縣卽舊保安州、二年二月縣に改む三年一月陝西省と重復するに因り名を改む)

第二節　奉天省及吉林省

一、奉　天　省

イ、遼瀋道（元南路道の管轄區域に依る）

瀋陽縣（二年一月奉天府を承德縣に改め四年五月今の名に改む）、鐵嶺縣、開原縣、東豐縣（元東平縣、三年一月山東省と重復するに依り名を改む）、西豐縣、西安縣、營口縣（元營口直隸廳二年二月縣に改む）、遼陽縣（元遼陽州二年二月縣に改む）、遼中縣、台安縣、蓋平縣、海城縣、錦縣（元錦州府三年二月縣に改む）、新民縣、（元新民府二年二月縣に改む）、彰武縣、黑山縣（元鎭安縣三年一月陝西省と重復するに依り名を改む）、盤山縣（元盤山廳二年二月縣に改む）、北鎭縣（元廣寧縣、三年一月廣東省と重復するに依り名を改む）、義縣（元義州二年二月縣に改む）、綏中縣、興城縣（元寧遠縣、三年三月山西甘肅湖南新疆四省と重復するに因り名を改む）、錦西縣（元錦西廳二年二月縣に改む）

ロ、東邊道（元東路道管轄區域に依る）

安東縣、興京縣（元興京府二年二月縣に改む）、通化縣、寬甸縣、鳳城縣（元鳳凰廳、二年二月縣となし三年一月湖南省と重復するに因り名を改む）、桓仁縣、（元懷仁縣三年一月山西省と重復するに因り名を改む）、臨江縣、輯安縣、長白縣（元長白府二年二月縣に改む）、安圖縣、撫松縣、撫順縣、本溪縣、海龍縣（元海龍村二年二月縣に改む）、輝南縣（元輝南直隸廳二年二月縣に改む）、柳河縣、金縣（元金州二年二月縣に改む本縣は關東州租借地内に在るを以て知事を置かず）、復縣（元復州、二年二月縣に改む）、岫巖縣（岫巖州二年二月縣に改む）、莊河縣（元莊河廳、二年二月縣に改む）

ハ、洮昌道（元北路道の管轄區域に依る）

遼源縣（元遼源州二年二月縣に改む）、洮南縣（元洮南府、二年二月縣に改む）、昌圖縣（元昌圖府、二年二月縣に改む）、康平縣、開通縣、洮安縣（元靖安縣三年一月江西省と重復するに依り改稱）、安廣縣、梨樹縣（元奉化縣三年一月浙江省と重復するに依り改稱）懷德縣、鎭東縣、突泉縣（元醴泉縣三年一月陝西省と重復するに依り改稱）、法庫縣（元法庫廳、二年二月改稱）、

雙山縣（三年十月遼源縣より分ち新設す）

二、吉林省（四道を管轄す）

イ、吉長道（元西南路道の管轄區域に依る）

吉林縣（元吉林府、二年二月縣に改む）、長春縣（元長春府、二年二月改稱）、伊通縣（元伊通直隸州二年二月改稱）、濛江縣（元濛江州二年二月縣に改稱）、農安縣、長嶺縣、舒蘭縣、樺甸縣、磐石縣、雙陽縣、德惠縣

ロ、濱江道（元西北路道の管轄區域に依る）

濱江縣（元濱江廳、二年三月縣に改む）、扶餘縣（元新城縣卽舊新城府二年三月縣に改稱三年一月直隸山東江西浙江貴州五省と重複するに依り名を改む）、雙城縣（元雙城府二年三月縣に改む）、賓縣（元賓州府二年三月縣に改む）、五常縣（元五府二年三月縣に改む）、楡樹縣（元楡樹直隸廳、二年三月縣に改む）、同賓縣（元長壽縣三年六月改稱）、阿城縣

ハ、延吉道（元東南路道の管轄區域に依る）

延吉縣（元延吉府二年三月縣に改稱）、寧安縣（元寧安府、二年三月縣に改稱）琿春縣（元琿春廳、二年三月縣に改む）、東寧縣（元東寧廳二年三月縣に改む）、敦化縣、額穆縣、汪淸縣、和龍縣

ニ、依蘭道（元東北路道の管轄區域に依る）

依蘭縣（元依蘭府、二年三月改稱）、同江縣（元臨江縣卽舊臨江府二年三月縣に改む三年一月奉天省と重複するに依り名を改む）、密山縣（元密山府二年三月縣に改む）、虎林縣（元虎林廳二年三月縣に改稱）、綏遠縣（綏遠州二年二月縣に改稱）、樺川縣、富靜縣、饒河縣、方正縣、穆稜縣

第三節　黑龍江及山東省

一、黑龍江省（三道を管轄す）

イ、龍江道（舊綏蘭海道呼倫道の管轄區域に依つたが三年六月改正す）

龍江縣（元龍江府、二年三月縣に改む）、嫩江縣（元嫩江府二年三月縣に改む）、大賚縣（元大賚廳、二年三月縣に改む）、肇州縣（元肇州廳、二年三月縣に改む）、安達縣（元安達廳、二年三月縣に改む）、訥河縣（元訥河江直隷廳、二年三月改稱）、青岡縣、拜泉縣、肇東縣（二年十一月設治局を縣に改む）、泰來鎭設局所轄地方、吉拉林設治局所轄地方、西布特哈地方

ロ、綏蘭道（元龍江道の管轄區域に依つたか内三年六月改正す）

綏化縣（元綏化府二年三月縣に改稱）、呼蘭縣（元呼蘭府二年三月縣に改稱）、海倫縣（元海倫府、二年三月縣に改稱）、巴彦縣（元巴彦州、二年三月縣に改稱）、慶城縣（元餘慶縣三年一月貴州省と重復するに依り改稱）、蘭西縣、木蘭縣、通河縣（元大通縣三年一月甘肅省と重復するとに依り改稱す）、陽原縣、龍門鎭設治局所轄地方、鐵山包協鎭所轄地方、東興鎭協鎭所轄地方

ハ、黑河道（元黑河道卽舊璦琿道及前興東道の管轄區域に依る）

璦琿縣（元黑河府璦琿直隷廳、元年十一月府を廢し廳とし二年三月縣に改稱）、呼瑪縣（元呼瑪設治局、二年十二月縣を置く）、

蘿北縣（元蘿北設治局、二年十二月縣を置く）、漠河設治局

二、山東省（四道を管轄す）

イ、濟南道（元岱北道「舊濟東泰武臨道登萊青膠道」の管轄區域に依る）

歴城縣（元濟南府道縣二年二月府を廢して縣とす）、章邱縣、鄒平縣、淄川縣、長山縣、桓臺縣（元旈水縣卽舊新城縣）、齊河縣、齊東縣、濟陽縣、長清縣、泰安縣（元泰平府道縣、二年二月府を廢し縣となす）、新泰縣、萊蕪縣、肥城縣、惠民縣（元武定府道縣、二年二月府を廢して縣とす）、陽信縣、無棣縣（元海豊縣、三年一月廣東省と重復するに依り改稱）、濱縣（元濱州、二年二月縣に改稱）、利根縣、樂陵縣、霑化縣、蒲台縣、商河縣、青城縣、博興縣、高苑縣、博山縣

ロ、濟寧道（元岱南道「舊兗沂曹濟道」の管轄區域に依る）

滋陽縣（元兗州府首縣、二年二月府を廢し縣に改む）、曲阜縣、寧陽縣、鄒縣、滕縣、泗水縣、汶上縣、嶧縣、濟寧縣（元濟

寧直隷州二年二月改稱)、金鄕縣、嘉祥縣、魚台縣、臨沂縣、(元蘭山縣卽舊沂州府首縣、二年二月府を廢し縣に改め三年六月名を改む)、郯城縣、費縣、蒙陰縣、莒縣(元莒州二年二月縣に改む)、沂水縣、荷澤縣(元曹州府靑縣二年二月府を廢し縣に改む)、曹縣、單縣、城武縣、定陶縣、鉅野縣、鄆城縣

ハ、東臨道(元濟西道「舊濟東泰武臨道」の管轄區域に依る)

聊城縣(元東昌府首縣、二年二月府を廢し縣と改む)、堂邑縣、博平縣、茌平縣、淸平縣、莘縣、冠縣、館陶縣、高唐縣、(元高唐州、二年二月縣に改稱)、恩縣、臨淸縣(元臨淸直隷州、二年二月縣に改む)、武城縣、夏津縣、邱縣、德縣(元德州、二年二月縣に改む)、德平縣、平原縣、陵縣、臨邑縣、禹城縣、東平縣(元東平州、二年二月縣に改む)、東阿縣、平陰縣、陽穀縣、壽張縣、濮縣(元濮州、二年二月縣に改む)、朝城縣、觀城縣、范縣

ニ、膠東道(元膠東道「舊登萊靑膠道」の管轄區域に依る)

福山縣、蓬萊縣(元登州府首縣、二年二月府を廢し縣に改む)、黃縣、棲霞縣、招遠縣、來陽縣、牟平縣(元寧海縣卽舊寧海州、二年二月縣とし三年一月浙江省と重復するにより改名)、文登縣、榮成縣、海陽縣、掖縣(元萊州府首縣、二年二月府を廢して縣に改む)、平度縣(元平度州、二年二月縣に改む)、濰縣、昌邑縣、膠縣(元膠州直隷州、二年二月縣に改む)、高密縣、卽墨縣、益都縣、臨淄縣、廣饒縣(元樂安縣、三年一月江西省と重復するに依り改稱)、壽光縣、昌樂縣、臨朐縣、安邱縣、諸城縣、日照縣

第四節　河南、山西、江蘇

一、河南省(四道を管轄す)

イ、開封道(元豫東道「舊開歸陳鄭道」の管轄區域に依る)

開封縣(元祥符縣卽舊開封府首縣、二年府を廢し縣と爲し名を改む)、陳留縣、杞縣、通許縣、尉氏縣、洧川縣、鄢陵縣、中牟縣、蘭封縣、禹縣(元禹州、二年二月縣に改稱)、密縣、新鄭縣、商邱縣、寧陵縣、鹿邑縣、夏邑縣、永城縣、虞城縣、睢縣

（元睢州、二年二月縣に改む）、老城縣、柘城縣、淮陽縣（元淮寧縣卽舊陳州府首縣、二年二月府を廢し縣に名を改む）、商水縣西華縣、項城縣、沈邱縣、太康縣、扶溝縣、許昌縣（元許州直隷州、二年二月縣に改む）、臨穎縣、襄城縣、郾城縣、長葛縣、鄭縣（元鄭州直隷州、二年二月縣に改む）、滎陽縣、河陰縣（元年六月滎澤縣より分て設置す）、滎澤縣、汜水縣

ロ、河北道（元豫北道「舊彰衛懷道」の管轄區域に依る）

安陽縣（元彰德府首縣、二年二月府を廢し縣に改稱）、陽陰縣、臨漳縣、林縣、內黃縣、武安縣、涉縣、汲縣（元衛輝府首縣、二年二月府を廢し縣に改む）、新鄉縣、獲嘉縣、洪縣、輝縣、延津縣、濬縣、滑縣、封邱縣、泌陽縣（元河南縣卽舊懷慶府首縣二年二月府を廢し縣となし名を改む）、濟源縣、原武縣、修武縣、武涉縣、孟縣、温縣、陽武縣

ハ、河路道（元豫西道「舊河陝汝道」の管轄區域に依る）

洛陽縣（元河南府首縣、二年二月府を廢し縣に改む）、偃師縣、鞏縣、孟津縣、宜陽縣、登封縣、洛寧縣（元永寧縣、三年六月名を改む）、新安縣、澠池縣、嵩縣、陝縣（元陝州直隷州、二年二月縣に改む）、靈寶縣、閿鄉縣、盧氏縣、晉山縣、臨汝縣（元汝州直隷州、二年二月縣とし名を改む）、郟縣、寶豊縣、伊陽縣

ニ、汝陽道（元豫南道「舊南汝光淅道」の管轄區域內に依る）

南陽縣（元南陽縣府首縣、二年二月府を廢し縣に改む）、南召縣、鎭平縣、泌陽縣、沌源縣（元唐縣、三年一月直隷省と重復するに依り改稱）、相柏縣、鄧縣（元鄭州二年二月縣に改む）、內鄕縣、新野縣、方城縣（元營州、二年二月縣とし名を改む）、舞陽縣、葉縣、汝南縣（元汝陽縣、二年二月府を廢し縣とし名を改む）、正陽縣、上蔡縣、新蔡縣、西平縣、遂平縣、確山縣、信陽縣（元信陽州、二年二月縣に改む）、羅山縣、潢川縣（元光州直隷州、二年二月縣とし名を改む）、光山縣、回婚縣、息縣、商城縣、淅川縣（元淅川直隷廳、二年二月縣に改む）、

二、山西省（三道を管轄す）

イ、冀寧道（元中路道「舊冀寧道」の管轄區域に依る）

陽曲縣（元太原府首縣、二年二月府を廢し縣に改正）、太原縣、楡次縣、太谷縣、祁縣、交城縣、交水縣、嵐縣、興縣、徐溝縣、岢嵐縣（岢嵐州、元年五月縣に改む）、汾陽縣（元汾州府首縣、元年五月府を廢し縣に改む）、孝義縣、平遙縣、介休縣、石樓縣、臨縣、長治縣（元名安府首縣、元年五月府を廢し縣に改む）、中陽縣（元寧鄉縣、三年一月湖南省と重復するに依り名を改む）、離石縣（元永寧吳郎舊永寧州、元年五月縣に改め三年一月河南廣西江西貴州四省と重復するに依り名を改む）、長子縣、屯留縣、襄垣縣、潞城縣、晉城縣（元鳳台縣卽澤州府首縣、元年五月府を廢し縣に改む三年一月安徽省と重復するに依り名を改む）壺關縣、黎城縣、高平縣、陽城縣、陵川縣、沁水縣、遼縣（元遼州直隷州、元年五月縣に改む）、和順縣、楡社縣、沁縣（元沁州直隷州、元年五月縣に改む）、沁源縣、武鄉縣、平定縣（元平定直隷州、元年五月縣に改む）、昔陽縣（元樂平縣、三年一月江西省と重復するに依り名を改む）、盂縣、壽陽縣

ロ、厦門道（元北路道「鴈雁平道」の管轄區域に依る）

大同縣（元大同府首縣、元年五月府を廢し縣に改む）、懷仁縣、山陰縣、陽高縣、天鎭縣、廣靈縣、靈邱縣、渾源縣（元渾源州、元朔平府首縣、元年五月府を廢し縣に改む）、左雲縣、平魯縣、朔縣（元朔州元年五月縣に改む）、偏關縣、神池縣、寧武縣（元寧武府首縣、元年五月府を廢し縣に改む）、五寨縣、所縣（元忻州直隷州元年五月縣に改む）、定襄縣、靜樂縣、代縣（元代州直隷州、元年五月縣に改む）、五臺縣、崞縣、繁峙縣、保德縣、（元保德直隷州、元年五月縣に改む）、河曲縣

ハ、河東道（元河東道の管轄區域に依る）

臨汾縣（元平陽府首縣、元年五月縣に改む）、洪洞縣、浮山縣、鄉寧縣、安澤縣（元丘陽縣、三年六月名を改む）、曲沃縣、翼城縣、陵襄縣、汾城縣（元太平縣、三年一月安徽浙江四川江蘇四省と重復するに依り名を改む）、吉縣（元吉州元年五月縣に改む）臨晉縣、虞鄉縣、榮河縣、萬泉縣、猗氏縣、解縣（元解州直隷州元年五月縣に改む）、安定縣、夏縣、平陸縣、芮城縣、新絳縣（絳州直隷州、元年五月縣に改む）、垣曲縣、聞喜縣、絳縣、稷山縣、河津縣、霍縣（元霍州直隷州、元年五月縣に改む）、汾西縣、靈石縣、趙城縣、隰縣（元隰州直隷州、元年五月縣に改む）、大寧縣、蒲縣、永和縣、

三、江蘇省（五道を管轄す）

イ、金陵道（元江寧鎭江兩府の管轄區域に依る）

江寧縣（元江寧縣上元縣縣卽舊江寧府首縣、元年一月府を廢し縣に改む）、句容縣、溧水縣、高淳縣、江浦縣、六合縣、丹徒縣（元鎭江府首縣、元年一月府を廢し縣に改む）、丹陽縣、金壇縣、揚中縣（元太平縣卽舊太平廳、元年一月縣に改め三年一月山西、安徽、浙江、四川と重復するに依り名を改む）、溧陽縣

ロ、滬海道（元松江府、太倉直隸州、海門直隸廳管轄區域に依る）

上海縣、松江縣（元華亭縣、元年一月松江府附郭の華亭縣婁縣を合して華亭縣と爲し三年一月甘肅省と重復するに依り名を改む）、南匯縣、青浦縣、奉賢縣、金山縣、川沙縣（元川沙廳、元年一月縣に改む）、太倉縣（元太倉直隸州）鎭洋縣、（元年一月縣に改め鎭洋縣を併合す）、嘉定縣、寶山縣、崇明縣、海門縣（元海門直隸廳、元年一月縣に改む）

ハ、蘇常道（元蘇州常州兩府、通州直隸州管轄區域に依る）

吳縣（元長州縣元和縣吳縣太湖靖湖兩廳、元年一月蘇州府を廢し縣に改め四月兩廳を合併す）、常熟縣（元常熟照文兩縣、元年一月照文縣を合併す）、崑山縣（元崑山新陽兩縣、元年一月新陽縣を合併す）、吳江縣（元吳江震澤兩縣、元年一月震澤縣を合併す）武進縣（元常州附郭の武進陽湖兩縣、元年一月府を廢し陽湖縣を合併す）、無錫縣（元無錫金匱兩縣、元年一月金匱縣を併合す）宜興縣（元宜興荊溪兩縣、元年一月荊溪縣を併合す）、江陰縣、靖江縣、南通縣（元通州直隸州、元年一月縣に改め名を改む）、如臯縣、泰興縣

ニ、淮揚道（元淮安揚州兩府管轄區域に依る）

淮陰縣（元淸河縣、三年一月直隸省と重復するに依り改名）、淮安縣（元山陽縣卽淮安府首縣、元年一月府を廢し縣に改め三年一月陝西省と重復するに依り改名）、泗陽縣（元桃源縣、三年一月湖南省と重復するに依り改名）、阜寧縣、鹽城縣、江都縣（元揚州府附郭の江都甘泉兩縣、元年一月府を廢し甘泉縣を併合す）、儀徵縣、東臺縣、興化縣、泰縣（元泰州元年一月縣に改む）、高郵縣、寶應縣

ホ、徐海道（元徐州府、海州直隷州管轄區域に依る）

銅山縣（元徐州府首縣、元年一月府を廢し縣に改む）、豐縣、沛縣、蕭縣、碭山縣、邳縣（元邳州、元年一月縣に改む）、宿遷縣
睢寧縣、東海縣（元海州直隷州、元年一月縣に改め改名）、灌雲縣（元海州直隷州、元年一月縣に改め改名）、沭縣、贛楡縣

第五節　安徽及江西

一、安徽省（三道を管轄す）

イ、安慶道（元安廬滁和道管轄區域に依る）

懷寧縣（元安慶府首縣、元年一月府を廢し縣に改む）、六安縣（元六安直隷州、元年四月縣に改め三年十月淮泗道管下より移す）、英山縣（三年十月淮泗道管下より移す）、霍山縣（三年十月淮泗道管下より移す）、桐城縣、宿松縣、太湖縣、潛山縣、望江縣、廬江縣、合肥縣（元廬州府首縣、元年一月府を廢し縣に改む）、舒城縣、巢縣、無爲縣（元無爲州元年四月縣に改む）、和縣（元和州直隷州、元年四月縣に改む）、含山縣

ロ、蕪湖道（元徽寧池太廣道管轄區域に依る）

蕪湖縣、當塗縣（元太平府首縣、元年一月府を廢し縣に改む）、繁昌縣、廣德縣（元廣德直隷州、元年四月縣に改む）、郎溪縣（元建平縣三年一月直隷省と重復するに依り改名）、黟縣、歙縣（元徽州府首縣元年一月府を廢し縣に改む）、休寧縣、婺源縣、祁門縣、績溪縣、宣城縣（元寧國府首縣、元年一月府を廢し縣に改む）、南陵縣、涇縣、太平縣、旌德縣、寧國縣、銅陵縣、貴池縣（元池州府首縣、元年一月府を廢し縣に改む）、石埭縣、東流縣、秋浦縣（元建德縣、三年一月浙江省と重復するに因り改名）、青陽縣

ハ、淮泗道（元鳳潁六泗道の管轄區域に依る）

鳳陽縣（元鳳陽府首縣、元年一月府を廢し縣に改む）、滁縣（元滁州直隷州元年四月縣に改め三年十月安慶道管下より移す）、全椒縣（三年十月安慶道管下より移す）、來安縣（三年十月安慶道より移す）、定遠縣、鳳台縣、懷遠縣、靈壁縣、壽縣（元壽州

元年四月縣に改む)、宿縣(元宿州、元年四月縣に改む)、阜陽縣(元穎州府首縣、元年一月府を廢し縣に改む)、穎上縣、太和縣、霍邱縣、蒙埸縣、渦陽縣、亳縣(元亳州、元年四月縣に改む)、泗縣(元泗州直隷州、元年四月縣に改む)、五河縣、盱眙縣、天長縣

二、江西省(四道を管轄す)

イ、豫章道(元贛東道の管轄區域に依る)

南昌縣(元南昌府首縣、元年一月府を廢し縣に改む)、豊城縣、新建縣(元南昌府首縣、元年一月府を廢し縣に改む)、進賢縣南城縣(元建昌府首縣、元年一月府を廢し縣に改む)、黎川縣(元新城縣、三年一月直隷吉林山東浙江貴州五省と重複するに依り名を改む)、南豊縣、廣昌縣、資溪縣(元瀘溪縣、三年一月湖南省と重複するに依り名を改む)、臨川縣(元撫州府首縣、元年十月府を廢し縣に改む、舍溪縣、崇仁縣、宗黃縣、樂安縣、東鄉縣、餘江縣(元安仁縣、三年一月湖南省と重複するに依り名を改む)、上饒縣(元廣信府首縣、元年十月府を廢し縣に改む)、玉山縣、七陽縣、貴溪縣、鉛山縣、廣豊縣、橫峰縣(元廣安縣、三年一月廣西省と重複するに依り名を改む)

ロ、盧陵道(元贛西道、舊吉南贛寧道、瑞袁臨道の管轄區域に依る)

宜春縣(袁州府首縣、元年十月府を縣に改む)、泰和縣、汞縣、永豊縣、安福縣、遂州縣(元龍泉縣、三年一月浙江貴州と重複するに依り改名)、萬安縣、永新縣、寧岡縣(元永寧縣、三年一月、山西廣西河南貴州四川省と重複するに依り改名)、蓮花縣、清江縣、新淦縣、新喩縣、峽江縣、分宜縣、吉安縣(元盧陵縣卽舊吉安府首縣、元年十月府を廢し縣とし改名)、萍鄉縣、萬載縣、高安縣(元瑞州府首縣、元年十月府を廢し縣に改む)、宜豊縣(元新昌縣、三年一月浙江省と重複するに依り改名)、上高縣

ハ、贛南道(元贛南道「舊吉南贛寧道」の管轄區域に依る)

贛縣(元贛州府首縣、元年十月府を廢し縣と改む)、雲都縣、信豊縣、興國縣、會昌縣、安遠縣、尋鄔縣(元長寧縣三年一月四川廣東二省と重複するに依り縣に改む)、虔南縣(元虔南廳、元年一月縣に改む)、大庾縣(元南安府首縣、元年十月府を廢し縣

に改む）、南康縣、上猶縣、崇義縣、寧都縣（元寧都直隷州、元年十月縣に改む）、瑞金縣、石城縣

ニ、潯陽道（元贛北道「舊廣饒南九道」の管轄區域に依る）

九江縣（元德化縣卽九江府首縣、元年府を廢し縣に改め三年一月福建四川二省と重複するに依り名を改む）、德州縣、瑞昌縣、湖口縣、彭澤縣、都昌縣、星子縣（元南康府首縣、元年一月府を廢し縣に改む）、永修縣（元建昌縣）、安義縣、餘干縣、鄱陽縣（元饒州府首縣、元年十月府を廢し縣に改む）、樂平縣、浮梁縣、德興縣、萬年縣、奉新縣、靖安縣、武寧縣、銅鼓縣（元銅鼓廳、元年四月縣に改む）、修水縣（元義寧縣、三年一月廣西省と重複するに依り名を改む）

第六節　浙江及福建

一、浙江省（四道を管轄す）

イ、錢塘道（元杭嘉湖道管轄區域に依る）

杭縣（元杭州府附郭の仁和錢塘兩縣、元年二月府を廢し縣を合せ改名）、海寧縣（元海寧州、元年六月縣に改む）、富陽縣、餘杭縣、臨安縣、於潛縣、昌化縣、浙登縣（元浙城縣、三年一月吉林直隷山東廣西貴州五省と重複するに依り改名）、嘉興縣（嘉興府附郭の嘉興秀水兩縣、元年一月府を廢し縣を合せ改名）、嘉善縣、海鹽縣、崇德縣（元石門縣、三年一月湖南省と重復するに依り改名）、平湖縣、相鄉縣、吳興縣（元湖興府附郭の烏程歸安兩縣元年二月府を廢し縣を合せ名を改む）、長興縣、德清縣、武康縣、安吉縣、孝豐縣

ロ、會稽道（元寧紹台道の管轄區域に依る）

鄞縣（元寧波府首縣、元年二月府を廢し縣に改む）、茲谿縣、奉化縣、鎭海縣、象山縣、南田縣（元石浦南田兩縣、元年二月縣に改め石浦廳を合併す）、定海縣（元定海直隷、元年二月縣に改む、紹興縣（元紹興府附郭の山陰會稽兩縣、元年二月府を廢し縣を合せて改名）、蕭山縣、諸曁縣、餘姚縣、上虞縣、嵊縣、新昌縣、臨海縣（元台州府首縣、元年二月府を廢し縣に改む）黃巖縣、天台縣、仙居縣、寧海縣、温嶺縣（元太平縣三年一月山西安徽四川江蘇四省と重複するに依り改名）

ハ、金華道（元金衢嚴道の管轄區域に依る）

金華縣（元金華府首縣、元年二月府を廢し縣に改む）、蘭谿縣、東陽縣、義烏縣、永康縣、武義縣、浦江縣、湯溪縣、衢縣（元衢州府首縣、元年二月府を廢して縣に改む）、龍游縣、江山縣、常山縣、開化縣、建德縣（元嚴州府首縣、元年二月府を廢し縣に改む）、淳安縣、桐廬縣、遂安縣、壽昌縣、分水縣

ニ、甌海道（温處道の管轄區域に依る）

麗水縣（元處州首縣、元年二月府を廢し縣に改む）、靑田縣、縉雲縣、松陽縣、遂昌縣、龍泉縣、慶元縣、雲和縣、宣平縣、景寧縣、瑞安縣、永嘉縣（元温州府首縣、元年二月縣に改む）、樂淸縣、平陽縣、泰順縣、玉環縣（元玉環廳、元年二月縣に改む）

二、福建省（四道を管轄す）

イ、閩海道（元東路道の管轄區域に依る）

閩侯縣（元閩縣侯官縣卽福州府首縣、二年三月府を廢し縣に改む）、古田縣、屏南縣、閩淸縣、長樂縣、連江縣、羅源縣、永泰縣（元永福縣、三年一月廣西省と重複するに依り改名）、福淸縣、霞浦縣（元福寧府首縣、二年三月府を廢し縣に改む）、福鼎縣、寧德縣、壽寧縣、福安縣、平潭縣（元平潭廳、二年十月縣に改む）

ロ、廈門道（元南路道「舊興泉永道」の管轄區域に依る）

莆田縣（元興化府首縣、二年三月府を廢し縣に改む）、仙游縣、思明縣（元廈門廳、二年三月縣に改む）、晋江縣（元泉州府首縣、二年三月府を廢し縣に改む）、南安縣、惠安縣、安溪縣、同安縣、永春縣（元永春直隸州、三年二月縣に改む）、德化縣、太田縣、金門縣（三年十月制定）、

ハ、汀漳道（元西路道「舊汀漳龍道」の管轄區域に依る）

長汀縣(汀州府首縣、三年三月府を廢し縣に改む)、寧化縣、上杭縣、武平縣、淸流縣、連城縣、歸化縣、永定縣、雲霄縣(元雲霄廳、、二年三月縣に改む)、龍溪縣(元漳州府首縣、二年三月府を廢し縣に改む)、漳浦縣、南靖縣、長泰縣、平和縣、詔安縣、海澄縣、龍巖縣(元龍巖直隸州、二年三月府を廢し縣に改む)漳平縣、寧洋縣

ニ、建安道(元北路道「舊延建邵道」の管轄區域に依る)

南平縣(元延平府首縣、二年三月府を廢し縣に改む)、將樂縣、沙縣、尤溪縣、順昌縣、永安縣、建陽縣、建甌縣(元建寧府附郭の建安甌寧兩縣、二年三月府を廢し縣を合す)、崇安縣、浦城縣、政和縣、松溪縣、邵武縣(元邵武府首縣、二年三月府を廢し縣に改む)、光澤縣、泰寧縣、建寧縣

第七節 湖北及湖南

一、湖北省(三道を管轄す)

イ、江漢道(元鄂東道の管轄區域に依る)

武昌縣(元武昌府首縣江夏縣、元年府を廢し縣に改め二年一月名を改む)、鄂寧縣(元壽昌縣、三年一月名を改む)、嘉魚縣、蒲圻縣、咸寧縣、崇陽縣、通山縣、通城縣、陽新縣(元興國縣、江西省と重複するに依り改名)、大冶縣、漢陽縣(元漢陽府首縣、元年府を廢し縣に改む)、夏口縣(元夏口廳、元年一月縣に改む)、漢川縣、黃陂縣、孝感縣、沔陽縣、黃岡縣(元黃州府首縣、元年一月府を廢し縣に改む)、黃安縣、黃梅縣、蘄春縣(元蘄州、元年一月縣に改め改名)、蘄水縣、麻城縣、羅田縣、廣濟縣、安陸縣(元德安府首縣、元年一月府を廢し縣に改む)、隨縣(元隨州、元年一月縣に改む)、雲夢縣、應山縣、應城縣

ロ、襄陽縣(元鄂北道「舊安襄鄖荊道」の管轄區域に依る)

鍾祥縣(元安陸府首縣、元年一月府を廢し縣に改む)、京山縣、潛江縣、天門縣、荊門縣(元荊門直隸州、元年一月縣に改む)、當陽縣、遠安縣、襄陽縣(元襄陽府首縣、元年一月府を廢し縣に改む)、宜城縣、南漳縣、棗陽縣、穀城縣、光化縣、均縣(元均州、元年一月縣に改む)、鄖縣、房縣、竹谿縣、竹山縣、保康縣、鄖西縣

ハ、荊南道（元鄂西道「舊荊宜施鶴道」の管轄區域に依る）

江陵縣（元荊州府首縣、元年一月府を廢し縣に改む）、公安縣、石首縣、監利縣、松滋縣、枝江縣、宜昌縣（元宜昌府首縣東湖縣、元年一月府を廢し縣となし改名）、宜都縣、長陽縣、興山縣、巴東縣、五峰縣（元長樂縣福建廣東二省と重複するに依り三年一月名を改む）、秭歸縣（元歸州、元年一月に縣に改む）、恩施縣（元施南府首縣、元年一月府を廢し縣に改む）、宣恩縣、建始縣、利川縣、來鳳縣、咸豐縣、鶴峰縣（元鶴峰直隸廳、元年一月縣に改む）、

二、湖南省（四道を管轄す）

イ、湘江道（元長寶首管轄區域に依る）

長沙縣（元長沙府首縣長沙善化二縣、元年四月縣を合せ二年九月府を廢す）、湘陰縣、瀏陽縣、醴陵縣、湘潭縣、寧鄉縣、益陽縣、湘鄉縣、攸縣、安化縣、茶陵縣（元茶陵州、二年九月縣に改む）、寶慶縣（元寶慶府首縣邵陽縣、府を廢し縣に改め二年十月改名）、新化縣、新寧縣、武岡縣（元武岡州、二年九月縣に改む）、城歩縣

ロ、衡陽道（元衡永郴桂道管轄區域に依る）

衡陽縣（元衡州府首縣衡陽淸永二縣元年二月縣を合せ二年九月府を廢し縣に改む）、衡山縣、安仁縣、來陽縣、常寧縣、酃縣

陽縣、零陵縣（永州府首縣、元年六月縣を廢し府となし二年九月府を廢し縣とす）、東安縣、寧遠縣、道縣（元首州、二年九月縣に改む）、永明縣、江華縣、新田縣、郴縣（元郴州直隸州、二年九月縣に改む）、永興縣、宜章縣、資興縣（元興寧縣、廣東省と重複するに依り三年一月改名）、池城縣（元桂陽縣、二年二月名を改む）、桂東縣、桂陽縣（元桂陽直隸州、二年九月縣に改む）、臨武縣、藍山縣、嘉禾縣

ハ、武陵道（元岳常澧道の管轄區域に依る）

岳陽縣（元岳州府首縣巴陵縣、元年二月縣を廢し府に改め二年十月府を廢し縣に改め改名）平江縣、臨湘縣、華客縣、常德縣（元常德府首縣武陵縣、宣統三年縣を廢し府となし民國二年十月府を廢し縣とす）桃源縣、漢壽縣（元龍陽縣、元年二月改名）

沅江縣、澧縣（元澧州直隷州二年九月縣に改む）石門縣、慈利縣、安鄉縣、臨澧縣（元安福縣、江西省と重復するに依り改名）、大庸縣（元永定縣、福建省と重複するに依り三年一月改名）、南縣（元南州直隷廳、二年九月縣に改む）

二、辰沅道（元辰永靖道の管轄區域に依る）

沅陵縣（元辰州府首縣、元年一月縣を廢し府と爲し二年九月府を廢し縣となす）瀘溪縣、辰谿縣、溆浦縣、芷江縣（元沅州府首縣、元年三月縣を廢し府とし三年九月府を廢し縣に改む）、黔陽縣、麻陽縣、永順縣（元永順府首縣元年二月縣を廢し府となし二年九月府を廢し縣と爲す）、保靖縣、龍山縣、桑植縣、古丈縣（元古丈坪廳、二年九月縣に改む）、靖縣（元靖州直隷州二年九月縣に改む）、綏寧縣、會同縣、通道縣、鳳凰縣（元鳳凰直隷廳、二年九月縣に改む）、乾成縣（元乾州直隷廳、二年九月名を乾縣と改め陝西省と重復するに依り今の名に改む）、永綏縣（元永綏直隷廳、二年九月縣に改む）、晃縣（元晃州直隷廳、二年九月縣に改む）

第八節　廣東及廣西

一、廣東省（元廣肇羅道管轄區域に依る）

イ、粤海道（元廣肇羅道管轄區域に依る）

番禺縣（元廣州府首縣、宣統三年九月府を廢し縣と爲す）、南海縣（元廣州府首縣、宣統三年九月府を廢し縣となし佛山鎭に移す）、順德縣、東莞縣、從化縣、龍門縣、增城縣、台山縣（元新寧縣、湖南四川廣西三省と重複するに依りて三年一月改名）、香山縣、新會縣、三水縣、淸遠縣、花縣、寶安縣（元新安縣、河南省と重複するに依り三年一月改名）、佛岡縣（元佛岡直隷廳、三年六月縣に改む）、赤溪縣、高要縣（元肇慶府首縣、宣統三年九月府を廢し縣と爲す）、四會縣、新興縣、高明縣、廣寧縣、開平縣、鶴山縣、德慶縣、封川縣、開建縣、恩平縣、羅定縣（元羅定直隷州、宣統三年九月縣に改む）、雲浮縣（元東安縣、直隷湖南四川三省と重複するに依り三年一月改名）、鬱南縣（元西寧縣、甘肅直隷二省と重複するに依り三年一月改名）

ロ、嶺南道（元南韶連道管轄區域に依る）

南雄縣（元南雄直隸州、宣統三年九月縣に改む）、始興縣、樂昌縣、曲江縣（元韶州府首縣、宣統三年九月府を廢し縣に改む）仁化縣、乳源縣、英德縣、翁源縣、陽山縣、連縣（元連州直隸州、宣統三年九月縣に改む）、連山縣（元連山直隸廳、宣統三年九月縣に改む）

ハ、潮循道（元惠潮嘉道の管轄區域に依る）

惠陽縣（元惠州府首縣歸善縣、宣統三年九月府を廢し縣と爲し改名）、博羅縣、海豐縣、新豐縣（元長寧縣、江西四川二省と重複するに依り三年一月改名）紫金縣（元永安縣、建福廣西二省と重複するに依り三年一月改名）、陸豐縣、龍川縣、河源縣、和平縣、東平縣（元連平州、宣統三年九月縣に改む）、潮安縣（元潮州府首縣海陽縣、宣統三年九月府を廢し縣とし山東省と重複するに依り三年一月改名）、豐順縣、潮陽縣、揭陽縣、饒平縣、惠來縣、大埔縣、澄海縣、普寧縣、南澳縣（元南澳廳、宣統三年九月縣に改む）、梅縣（元嘉應直隸州、宣統三年九月縣に改め改名）、五華縣（元長樂縣、湖北福建二省と重複するに依り三年一月改名）、興樂縣、平遠縣、蕉嶺縣（元鎭平縣河南省と重複するに依り三年一月改名）

ニ、高雷道（元高雷陽道の管轄區域に依る）

茂名縣（元高州府首縣、宣統三年九月縣に改む）、電白縣、信宜縣、化縣（元化州、宣統三年九月縣に改む）吳川縣、遂溪縣、廉江縣（元石城縣、江西省と重複するに依り三年一月改名）、海康縣（元雷州府首縣、宣統三年九月府を廢し縣に改む）、徐聞縣、陽江縣（元陽江直隸州、宣統三年九月縣に改む）、陽春縣

ホ、瓊崖道（瓊崖道の管轄區域に依る）

瓊山縣（元瓊州府首縣、宣統三年九月府を廢し縣に改む）、澄邁縣、定安縣、文昌縣、瓊東縣（元會同縣、湖南省と重複するに依り一月名を改む）、樂會縣、臨高縣、儋縣（元儋州、宣統三年九月縣に改む）、崖縣（元崖州直隸州、宣統三年九月縣に改む）、萬寧縣（元萬縣、四川省と重複するに依り三年一月改名）、陵水縣、感恩縣、昌江縣

ヘ、欽廉道（元廉欽道の管轄區域に依る）

欽縣(元欽州直隸州、宣統三年九月縣に改む)、防城縣、靈山縣、合浦縣(元廉州府首縣、宣統三年九月府を廢し縣に改む)

二、廣西省(六道を管轄す)「廣西省名道屬縣管轄の土司は皆其舊に依る」

イ南寧道(元邕南道の管轄區域に依る)

武鳴縣(元思恩府、元年名を武鳴府と改め二年六月縣に改む)、扶南縣(元新寧縣、湖南四川廣東三省と重複するに依り三年一月改名)、隆安縣、永淳縣、横縣(元横州元年一月縣に改む)、邕寧縣(元南寧縣、三年六月改名)、賓陽縣(元賓州、元年一月縣に改む)、上林縣、上思縣、那禹縣(元那馬廳、元年一月縣に改む)

ロ、蒼梧道(元鬱江道「舊桂平梧道左江道」の管轄區域に依る)

蒼梧縣(元梧州府首縣、二年六月府を廢し縣に改む)、藤縣、容縣、岑溪縣、懷集縣、信都縣(元信都廳、元年一月縣に改む)平南縣、桂平縣(元潯州府首縣、二年六月府を廢し縣に改む)、貴縣、武宣縣、鬱林縣(元鬱林直隸州二年六月縣に改む)、博白縣、北流縣、陸川縣、興業縣

ハ、桂林道(元灕江道「舊桂平梧道右江道」の管轄區域に依る)

桂林縣(元桂林府首縣、臨桂縣二年六月府を廢し縣となし改名)、興安縣、靈川縣、陽朔縣、古化縣(元永寧縣、山西江西河南貴州四省と重複するに依り三年一月改名)、永福縣、義寧縣、全縣(元全州、元年一月縣に改む)、灌陽縣、龍勝縣(元龍勝廳、元年一月縣に改む)、平樂縣(元平樂府首縣、二年六月府を廢し縣に改む)、恭城縣、富川縣、賀縣、荔浦縣、修仁縣、昭平縣、中渡縣(元中渡廳、元年一月縣に改む)、蒙山縣(元永安縣、福建廣東二省と重複するに因り三年一月改名)

ニ、柳江道(元柳江道「田右江道」の管轄區域に依る)

馬平縣(元柳州府首縣、二年六月府を廢し縣に改む)、雒容縣、融縣、羅城縣、柳城縣、三江縣(元懷遠縣、安徽陝西二省と重複するに依り三年一月改名)來賓縣、象縣(元象州、元年一月縣に改む)、宜山縣(元慶遠府首縣、二年六月府を廢し縣に改む)天河縣、思恩縣、河池縣(元河池州、元年一月縣に改む)、宣北縣(元安化縣、湖南甘肅貴州三省と重複するに依り三年一月改

名）、遷江縣

ホ、田南道（南田道「舊右江道太平思順道」の管轄區域に依る）

百色縣（百色直隷廳、二年六月縣に改む）、恩隆縣、恩陽縣、淩雲縣（元泗州府首縣、二年六月府を廢し縣に改む）、西林縣、西隆縣、東蘭縣（元東蘭州、元年一月縣に改む）、天保縣（元鎭安府首縣、二年六月府を廢し縣に改む）、奉議縣（元奉議州、元年一月縣に改む）

ヘ、鎭南道（元鎭南道「舊太平思順道」の管轄區域に依る）

龍州縣（元龍州廳、元年一月縣に改む）、憑祥縣（元憑祥廳元年一月縣に改む）、養利縣（元養利州、元年一月縣に改む）、崇善縣（元太平府首縣、二年六月府を廢し縣に改む）、左縣（元左州元年一月縣に改む）、同正縣（元永康縣、浙江雲南二省と重複するに依り三年一月改名）、寧明縣（元寧明州、元年一月縣に改む）、明江縣（元明江廳、元年一月縣に改む）、靖西縣（元歸順直隷州、二年六月縣に改め改名）、鎭邊縣

第九節　四川及雲南

一、四川省（五道を管轄）「四川省各道屬縣管轄の土司は皆舊に依る」

成都縣（元成都府首縣、二年二月府を廢し縣に改む）、華陽縣（元成都府首縣、二年二月府を廢し縣に改む）、簡陽縣（元簡州、二年二月縣に改め改名）、廣漢縣（元漢州、二年二月縣に改め改名）、崇慶縣（元崇慶州、二年二月縣に改む）、什邡縣、雙流縣、新都縣、温江蘇、新繁縣、金堂縣、郫縣、灌縣、彭縣、崇寧縣、新津縣、平武縣（元龍安府首縣、二年二月府を廢し縣に改む）、江油縣、北川縣（元石泉縣陝西省と重複するに依り三年一月改名）、彰明縣、茂縣（元茂州直隷州、二年二月縣に改む）、汶川縣綿陽縣（元綿州直隷州、二年二月縣に改む）、德陽縣、安縣、綿竹縣、梓潼縣、羅江縣、懋功縣（懋功直隷州、二年二月縣に改む）、松潘縣（元松潘直隷廳、三年六月縣に改む）、理番縣（元理番直隷廳、三年六月縣に改む）

イ、東川道（元川東道の管轄區域に依る）

巴縣(元重慶府首縣二年二月府を廢し縣に改む)、江津縣、長壽縣、永川縣、榮昌縣、綦江縣、南川縣、銅梁縣、大足縣、璧山縣、涪陵縣(元涪州、二年二月縣に改む)、合川縣(元合州、二年二月縣に改め改名)、江北縣(元江北廳、二年二月縣に改む)武勝縣(元定遠縣、陝西安慶雲南省と重複するに依り三年一月改名)、奉節縣(元夔州府首縣、二年二月府を廢し縣に改む)、巫山縣、雲陽縣、萬縣、開縣、巫溪縣(元大寧縣、山西省と重複するに依り改名)、開江縣(元新寧縣、湖南廣東廣西省と重複するに依り縣に改む)、渠縣、大竹縣、城江縣(元城江廳、二年二月縣に改む)、宣漢縣(元東鄉縣、江西省と重複するに依り三年一月改名)、萬源縣(元太平縣、山西安慶浙江江蘇四省と重複するに依り三年一月改名)、忠縣(元忠州直隸州、二年二月縣に改む)、酆都縣、墊江縣、梁山縣、秀山縣、酉陽縣(元酉陽直隸州、二年二月縣に改む)、黔江縣、石砫縣(元石砫直隸廳、二年二月に改む)、彭水縣

ロ、建昌道(元上川南道「舊建昌上南道」の管轄區域に依る)

雅安縣(元雅州府首縣、二年二月府を廢し縣に改む)、名山縣、榮經縣、蘆山縣、漢源縣(元清溪縣、貴州省と重複するに依り三年一月改名)、冕寧縣、西昌縣(元寧遠府首縣、二年二府を廢し縣に改む)、鹽源縣、昭源縣、天全縣(元天全州、二年二月縣に改む)、會理縣(元會理州、二年二月縣に改む)、鹽邊縣(元鹽邊廳、二年二月縣に改む)、越嶲縣(元越嶲廳、三年六月縣に改む)、峨眉縣、樂山縣(元嘉定府首縣、二年二月府を廢し縣に改む)、洪雅縣、峩邊縣(元峨邊廳、三年六月縣に改む)、夾江縣犍爲縣、榮縣、威遠縣、丹稜縣、眉山縣(元眉山州直隸州、二年二月縣に改め改名)、彭山縣、青神縣、大邑縣、邛崍縣(元邛州直隸州、二年二月縣に改め改名)、蒲江縣

ハ、永寧道(元下川南道「舊川南道」の管轄區域に依る)

宣賓縣(元叙州府首縣、二年二月府を廢し縣に改む)、慶符縣、富順縣、南溪縣、長寧縣、高縣、筠連縣、洪縣、興文縣、隆昌縣、屏山縣、馬邊縣(元馬邊廳、三年六月縣に改む)、瀘縣(元瀘州直隸州二年二月縣に改む)、合江縣、納谿縣、江安縣、資中縣(元資中州直隸州、二年六月縣に改め改名)、仁壽縣、資陽縣、井研縣、內江縣、叙永縣(元永寧直隸州二年二月縣に改め改名)、雷波縣(元雷波廳、三年六月縣に改む)、古宋縣、古藺縣

ニ、嘉陵道（元川北道の管轄區域に依る）

南充縣（元順慶府首縣、二年二月府を廢し縣に改む）、西充縣、營山縣、儀隴縣、鄰水縣、岳池縣、蒼溪縣、閬中縣（元保寧府縣、二年二月府を廢し縣に改む）、南部縣、廣元縣、昭化縣、通江縣、南江縣、巴中縣（元巴州、二年二月縣に改め改名）、劍閣縣（元劍州、二年二月縣に改め改名）、蓬安縣（元蓬州、二年二月縣に改め改名）廣安縣（元廣安州、二年二月縣に改む）、三台縣（元潼州府首縣、二年二月府を廢し縣に改む）、射洪縣、鹽亭縣、中江縣、潼南縣（元東安縣直隸湖南廣東三省と重複するに依り三年一月改名）、遂寧縣、蓬溪縣、樂至縣、安岳縣

二、雲南省（四道を管轄す）「雲南省各道屬縣管轄の土司は皆其舊に依る」

イ、滇中道（元滇中道管轄區域に依る）

昆明縣（元雲南府首縣、二年四月府を廢し縣に改む）、富民縣、宜良縣、呈貢縣、羅項縣、祿豐縣、易門縣、嵩明縣（元嵩明州二年四月縣に改む）、晋寧縣（元晋寧州、二年四月縣に改む）、安寧縣（元安寧州二年四月縣に改む）、昆陽縣（元昆陽州、二年四月縣に改む）、武定縣（元武定直隸州、二年四月縣に改む）、元謀縣、祿勸縣、曲靖縣（元曲靖府首縣南寧縣、二年四月府を廢し縣に改め改名）、平彝縣、宜威縣（宜威州、二年四月縣に改む）、霑益縣（霑益州、二年四月縣に改む）、馬龍縣（元馬龍州、二年四月縣に改む）、陸良縣（元陸良州、二年四月縣に改む）、羅平縣（元羅平州、二年四月縣に改む）、尋甸縣（元尋甸州、二年四月縣に改む）、巧家縣（元巧家廳、二年四月縣に改む）、東川縣（元東川府首縣、金澤縣、二年四月府を廢し縣に改めて改名）、永善縣、綏江縣（元靖江縣、江蘇省と重複するに依り三年一月改名）、昝甸縣（元昝甸廳、二年四月縣に改む）、大關縣（元大關廳、二年四月縣に改む）、徵江縣（元徵江府首縣河陽縣、二年四月府を廢し縣に改め改名）、新興縣（元新興州、二年四月縣に改む）、路南縣（元路南州二年四月縣に改む）、江川縣、鎭雄縣（元鎭雄直隸州、二年四月縣に改む）、嶍峩縣、楚雄縣（元楚雄府首縣、二年四月府を廢し縣に改む）、廣通縣、摩芻縣（元南安縣、福建省と重復するに依り三年一月改名）、鹽興縣（元定遠廣通二縣二年四月改設し改名）、

ロ、蒙自道（元臨開廣道の管轄區域に依る）

建水縣(元臨安府首縣臨安縣、二年四月府を廢し縣に改め後改名)、蒙自縣、通海縣、河西縣、嶍峨縣、石屏縣(元石屏州、二年四月縣を改む)、阿迷縣(元阿迷州、二年四月縣に改む)、黎縣(元寧縣、甘肅省と重復するに依り三年一月改名)、個舊縣(元個舊州二年四月縣に改む)、富州縣(元富州廳、二年四月縣に改む)、文山縣(元開化府首縣開化縣、二年府を廢し縣に改め浙江省と重復するに依り三年一月改名)、馬關縣(元安平縣直隷貴州二省と重復するに依り三年一月改名)、廣南縣(元廣南府首縣寶寧縣、二年四月府を廢し縣に改め改名)廣西縣(元廣西直隷州、二年四月縣に改む)、彌勒縣、師宗縣、邱北縣、

ハ、普洱道(元鎭南道「舊迤南道」の管轄區域に依る)

思茅縣(元思茅廳、二年四月縣に改む)、寧洱縣(元普洱縣、三年六月改名)、他郎縣(元他郎廳、元年四月縣に改む)、元江縣(元元江直隷州、二年四月縣に改む)、景谷縣(元威遠縣四川省と重復するに依り三年一月改名)、新平縣、鎭沅縣、(元鎭沅直隷廳、二年四月縣に改む)、瀾滄縣(元鎭邊縣廣西省と重復するに依り三年一月改名)、景東縣(元景東直隷廳、二年四月縣に改む)、緬寧縣(元緬寧廳、二年四月縣に改む)、

ニ、騰越道(元鎭西道「舊迤西道迤南道」の管轄區域に依る)

騰衝縣(元騰越廳、二年四月縣に改め改名)、保山縣(元永昌府首縣、二年四月府を廢し縣に改め甘肅省と重復するに依り三年一月改名)、永平縣、雲南縣、鎭康縣(元永康縣、浙江廣西二省と重復すに依り三年一月改名)、龍陵縣(元龍陵廳、二年四月縣に改む)、大理縣(元大理府首縣太和縣、二年四月府を廢し縣となし改名)、河源縣(元浪穹縣、二年四月改名)、鄧川縣(元鄧川州、二年四月縣に改む)、鳳儀縣(元趙縣、直隷省と重復するに依り三年一月改名)、賓川縣(元賓川州、二年四月縣に改む)、雲龍縣(元雲龍州、二年四月縣に改む)、彌渡縣(元彌渡州、二年四月縣に改む)、麗江縣(元麗江府首縣、二年四月府を廢し縣に改む)、鶴慶縣(元鶴慶州、二年四月縣に改む)、蘭坪縣(元年十二月麗江縣所屬蘭坪二縣を置く)、劍川縣(元劍川州、二年四月縣に改む)、維西縣(元維西廳、二年四月縣に改む)、中甸縣(元中甸廳、二年四月縣に改む)、蒙化縣(元蒙化直隷廳、二年四月縣に改む)漾濞縣(元年六月蒙化直隷廳管下漾濞司に縣を置く)、永化縣(元永化直隷廳、二年四月縣に改む)、華坪縣、姚安縣(元姚州、二年四月縣に改め改名)、鎭南縣、大姚縣、鹽豐縣(二年三月、白鹽井に縣を置く)、順寧縣(元順寧府の首

縣、二年四月府を廢し縣に改む）、雲縣（元雲州、二年四月縣に改む）、

第十節　貴州及陝西

一、貴州省（三道を管轄す）「貴州省各首屬管轄の土司は皆其舊に依る」

イ、黔中道（元黔中道の管轄區域に依る）

貴陽縣（元貴陽府直轄地方、二年九月縣に改む）、修文縣、息烽縣（元貴陽府首縣貴筑縣、元年一月之を廢し二年九月再設し札佐に移し三年十月改名）、龍里縣、貴定縣、紫江縣（元開州、直隷四川二省と重復するに依り三年一月改名）、定番縣（元定番州、二年九月縣に改む）、大塘縣（二年九月定番州を分ち其管下の大塘に縣を置く）、廣順縣（元廣州、二年九月縣に改む）、長寨縣、羅斛縣（元羅斛廳、二年九月縣に改む）、平越縣（元平越直隷州、二年九月縣に改名）、甕安縣、湄潭縣、餘慶縣、綏陽縣、遵義縣（元遵義府首縣、二年九月府を廢し縣に改む）、相梓縣、仁懷縣、正安縣、（元正安州、二年九月縣に改む）、都勻縣（元都勻府直轄地方、二年九月府を廢し縣に改む）、平舟縣（元都勻府首縣、元年之を廢し二年九月平舟に移し縣を置き改名）、鑪山縣（元淸平縣、山東省と重復するに依り三年一月改名）、荔渡縣、麻哈縣（元麻哈州、二年九月縣に改む）、獨山縣（元獨山州二年九月縣に改む）、八寨縣（元八寨廳、二年九月縣に改む）、三合縣（二年九月獨山州を分ち其管下三脚屯に縣を置く）、都江縣（元都江廳、二年九月縣に改む）、丹江縣（元丹江廳、二年九月縣に改む）、

ロ、鎭遠道（元黔東道「舊貴東道」の管轄區域に依る）

鎭遠縣（元鎭遠府首縣、二年九月府を廢に縣に改む）天柱縣、施秉縣、功水縣（二年九月鎭遠縣を分ち其管下功水に縣を置く）、黄平縣（元黄平州、二年九月縣に改む）、台拱縣（元台拱廳、二年九月縣に改む）、劍河縣（元淸江廳、二年九月縣に改め江西省と重復するに依り三年一月改名）、黎平縣（元黎平州、直管地方、二年九月縣に改む）、錦屛縣（元黎平府首縣開泰縣、二年九月錦屛鄕に移し縣を置く）、永從縣、榕江縣（元太州廳、二年九月縣に改め改名）、下江縣（元下江廳、二年九月縣に改む）、銅仁縣（元銅仁、府直隷地方二年九月縣に改む）、江口縣（元銅仁縣、本省と重復するに依り改名）、省溪縣（二年九月銅仁府所屬

省溪司に縣を置く)、思縣(元思州府直轄地方、二年九月縣に改む)、靑溪縣、玉屛縣、思南縣(元思南府直轄地方、二年九月縣に改む)、德江縣(元安化縣・二年九月思南府所屬沿河司に縣を置く)、婺川縣、后坪縣、松桃縣(元松桃直隷廳、二年九月縣に改む)、石阡縣(元石阡府直轄地方、二年九月縣に改む)、鳳泉縣(元龍泉縣、浙江江西二省と重復するに依り三年一月改名)、

ハ、貴西道(元黔西道の管轄區域に依る)

安順縣(元安順府直轄地方、二年九月縣に改む)普定縣(元安順府首縣、二年九月定南に移し縣を置く)、淸鎭縣、鎭寧縣(元鎭寧州、二年九月縣に改む)、朗岱縣(元朗岱廳、二年九月縣に改む)、平壩縣(元安平廳、二年九月縣に改め直隷雲南省と重復するに依り三年一月改名)、普安縣、紫雲縣(元歸化廳、二年九月縣に改め福建山西二省と重復するに依り三年一月改名)、興義縣、南龍縣(元興義府直轄地方、二年九月縣に改め改名)、興仁縣(元新城縣、山東浙江直隷吉林江西五省と重復する依り三年一月改名)、安南縣、關嶺縣(元永寧州、二年九月縣に改め河南山西廣西江西四省と重復するに依り三年一月改名)、貞豐縣(元貞豐州、二年九月縣に改む)、冊亨縣(二年九月貞豐州所屬冊享に縣を置く)盤縣(元盤州廳、二年九月縣に改む)大定縣(元大定府直轄地方、二年九月縣に改む)、畢節縣、威寧縣、(元威寧州、二年九月縣に改む)、黔西縣(元黔西州、二年九月縣に改む)、織金縣(元可遠州、二年九月縣を改め陝西省と重復する依り三年一月改名)水城縣(元水城廳、二年九月縣に改む)、赤水縣(元赤水廳、二年九月縣に改む)、

二、陝西省(三道を管轄す)

イ、關中道(元陝中道「舊陝中道東道陝西道」の管轄區域に依る)

長安縣(元西安府首縣長安咸寧二縣、二年二月府を廢し縣と爲し三年一月咸寧縣を合併す)、咸陽縣、興平縣、臨潼縣、高陵縣、鄠縣、藍田縣、涇陽縣、三原縣、盩厔縣、渭南縣、富平縣、醴泉縣、同官縣、耀縣(元耀邪、二年二月縣に改む)、大荔縣朝邑縣、郃陽縣、澄城縣、白水縣、韓城縣、華陰縣、潼關縣(元潼關廳、三年九月縣に改む)、華縣、商縣(元商州直隷州、二年二月縣に改む)、蒲城縣、雒南縣、柞水縣(元孝義縣、山西省と重復するに依り三年一月改名)、鳳翔縣(元鳳翔府首縣、二年二月縣に改む)、岐山縣、寶鷄縣・扶風縣、郿縣、麟遊縣、汧陽縣、隴縣(元隴河、二年二月縣に改む)、邠縣(元邠洲直隷洲、

二年二月縣に改む)、栒邑縣(元三水縣、廣東省と重復するに依り改名)、淳化縣、長武縣、乾縣(元乾洲、直隷洲二年二月縣に改む)、武功縣、永壽縣

ロ、漢中道(元陝南道「舊陝南道兼陝東道陝西道」の管轄區域に依る)

南鄭縣(元漢中府首縣、山西省と重復するに依り二年二月改名)、褒城縣、城固縣、洋縣、西鄕縣、寧羌縣(元寧羌州、二年二月縣に改む)、沔縣、略陽縣、佛坪縣(元佛坪廳、二年二月縣に改む)、鎭巴縣(元定遠縣、安徽四川雲南三省と重複するに依り三年一月改名)、留壩縣(元留壩廳、二年二月縣に改む)、漢陰縣(元漢陰廳、二年二月縣に改む)、磚坪縣(元磚坪廳、二年二月縣に改む)、安康縣(元興安府首縣、三年二月府を廢し縣に改む)、平利縣、洵陽縣、白河縣、紫陽縣、石泉縣、寧陝縣(元寧陝廳二年二月縣に改む)、山陽縣、鎭安縣、商南縣、鳳縣

ハ、楡林道(元陝北道「舊陝北道兼陝中道陝東道」の管轄區域に依る)

楡林縣(元楡林府首縣、二年二月府を廢し縣に改む)、神木縣、府谷縣、横山縣、葭縣(元葭州二年二月縣に改む)、膚施縣(元延安府首縣、二年二月府を廢し縣に改む)、安塞縣、甘泉縣、保定縣、安定縣、延長縣、延川縣、定邊縣、靖邊縣、綏德縣(元綏德直隷洲、二年二月縣に改む)。米脂縣、淸澗縣、吳堡縣、鄜縣(元鄜州直隷州、二年二月縣に改む)、洛川縣、中部縣、宜君縣、宜川縣

第十二節　甘肅及新疆

一、甘肅省(七道を管轄す)「甘肅各道屬縣管轄の土司は皆其舊に依る」

イ、蘭山道(元蘭山道「舊蘭山道兼鞏秦階道」の管轄區域に依る)

皐蘭縣(元蘭州府首縣、二年四月府を廢し縣に改む)、狄道縣(元狄道州、二年四月縣に改む)、紅水縣(元紅水分縣、二年四月皐蘭縣所屬分縣に縣を置く)、導河縣(元河州、二年四月縣を改め改名太子寺分州を併合す)、靖遠縣、洮沙縣(元沙縣、二年四月河州所屬の沙泥分縣に縣を置き福建省と重復するに依り三年一月改名)、金縣、定西縣(元安定縣、陝西省と重復するに依

り三年一月改名）、渭源縣、隴西縣（元鞏昌府首縣、二年四月府を廢し縣に改む）、臨潭縣（元洮洲廳、二年四月縣に改め改名）、會寧縣、岷縣（元岷洲、二年四月縣に改む）、漳縣（所屬漳縣分縣、二年四月隴西縣に縣を置く）

ロ、渭川道（元隴南道「舊鞏秦階道」の管轄區域に依る）

元水縣（元奏州直隷州、二年四月縣に改め並に三岔分洲を併合す）、秦安縣、清水縣、徽縣、兩省縣、禮縣、通渭縣、武山縣（元寧遠縣、山西奉天新彊湖南四省と重復するに依り三年一月改名）、伏羌縣、西和縣、武都縣（元階洲直隷洲、二年四月縣に改め並に白馬關分州を併合す）、文縣、西固縣（二年四月階洲直隷洲所屬西固分洲に縣を置く）、成縣

ハ、涇原道（元隴東道「舊平慶涇固道」の管理區域に依る）

平凉縣（元平凉府首縣二年四月府を廢し縣に改む）、華亭縣、靜寧縣、隆德縣、莊浪縣（二年四月隆德所屬莊浪分縣に縣を置く）慶陽縣（元慶陽府首縣安化縣、二年四月府を廢して縣に改め貴州廣西湖南三省と重復するに依り三年一月改名）、寧縣（元孝州、二年四月縣に改む）、正寧縣、合水縣、崇信縣、涇川縣（元涇州直隷州、二年四月縣に改め安徽省と重復するに依り三年一月改名）、環縣、鎭原縣、靈臺縣、固原縣（元固源直隷州、二年四月縣に改め並に硝河城分州を併合す）、海原縣（元海城縣、二年四月打拉池分縣を併合す、奉天省と重復するに依り三年一月改名）、化平縣（元化平直隷廳、二年四月縣に改む）

ニ、寧夏道（元朔方道「舊寧夏兼平慶涇固道」の管轄區域に依る）

寧夏縣（寧夏府首縣、二年四月府を廢して縣に改む）、寧朔縣（元寧夏府首縣、二年四月府を廢し縣とす）、靈武縣（元靈州、二年四月縣に改む）、鹽池縣（二年四月靈州所屬花馬池分州に縣を置く）、平羅縣、中衛縣、鎭戎縣（元遠縣、廣東貴州二省と重復するに依り三年一月改名）、金積縣（元寧靈廳、二年四月縣に改む）

ホ、西寧道（元東海道「舊西寧道の管轄區域に依る）

西寧縣（元西寧府首縣、二年四月府を廢し縣に改む）、大通縣、碾伯縣、循化縣（元循化廳、二年四月縣に改む）、貴德縣（元貴德廳、二年四月縣に改む）、巴戎縣（元巴燕戎格廳、二年四月縣に改む）、湟源縣（元丹噶爾廳、二年四月縣に改め改名）

へ、甘涼道（元河西道「舊甘涼道」の管轄區域に依る）

武威縣（元涼州府首縣二年四月府を廢し縣に改む）、永昌縣、鎭番縣、古浪縣、平番縣（二年四月西大道分縣を併合す）、張掖縣（元甘州府首縣、二年四月府を廢し縣に改む）、山丹縣、東樂縣（元張掖縣所屬東樂分縣、二年四月縣を置く）、撫彝縣（元撫彝廳、二年四月縣に改む）

ト、安肅道（元邊關道「舊安肅道」の管轄區域に依る）

酒泉縣（元肅州直隷州、二年四月縣に改め改名）、金塔縣（元肅州直隷州所屬王子莊分州、二年四月縣を置く）、高臺縣、毛目縣（元高臺縣所屬毛目分縣、二年四月縣を置く）、安西縣（元安西直隷州、二年四月縣に改む）、敦煌縣、玉門縣

二、新疆省（四道を管轄す）「新疆省各道屬縣管轄の各旗及各部落は皆舊に依る」

イ、迪化道（元鎭迪道の管轄區域に依る）

迪化縣（元迪化府首縣、二年四月府を廢し縣に改む）奇台縣、昌吉縣、阜康縣、孚遠縣、綏來縣、沙灣縣（四年三月新設）、鎭西縣（元鎭西直隷廳、二年四月縣に改む）、哈蜜縣（元哈密直隷廳、二年四月縣に改む）、吐魯縣（元魯番直隷廳、二年四月縣に改む）、鄯善縣、烏蘇縣（元庫爾哈喇烏蘇直隷廳、二年四月縣に改む）

ロ、伊犁道（元伊犁道「舊伊塔道」の管轄區域に依る）

綏定縣（元伊犁府首縣、二年四月府を廢し縣に改む）、伊寧縣（元寧遠縣、山西奉天甘肅湖南四省と重復するに依り三年一月改名）、精河縣（元精河直隷廳、二年四月縣に改む）、塔城縣（元塔爾巴哈台直隷廳、二年四月縣に改む）、霍爾果斯縣

ハ、阪克蘇道（元阿克蘇道の管轄區域に依る）

阿克蘇縣（元溫宿府首縣、二年四月縣に改め改名）溫宿縣、拜城縣、烏什縣（元烏什直隷廳、二年四月縣に改む）、庫車縣（元庫車直隷州、二年四月縣と改む）、紗雅縣、焉耆縣（元焉耆府、二年四月縣に改む）、輪台縣、尉犁縣（元新平縣、雲南省と重復

するるに依り三年一月改名）婼羌縣、且末縣（元喀什噶爾道管下なりしが四年二月改正）

二、喀什噶爾道（元喀什噶爾道の管轄區域に依る）

疏勒縣（元疏勒府、二年四月縣に改む）、巴楚縣（元巴楚州、二年四月縣に改む）、疏附縣、伽師縣、莎車縣（元莎東府、二年四月縣に改む）、蒲犁縣（元蒲犁廳、二年四月縣に改む）、葉城縣、皮山縣、英吉沙縣（元英吉沙爾直隷廳、二年四月縣に改む）、私闐縣（元和闐直隷州、二年四月縣に改む）、干闐縣、洛浦縣

第十二節　特別區域

一、熱河特別區域（熱河都統は承德縣に駐在し熱河道及内蒙古の卓索圖、昭烏達二盟を管轄す）

イ、熱河道（三年七月六日制定）

承德縣（元承德府、二年二月縣に改む）、灤平縣、豊寧縣、隆化縣、平泉縣（元平泉州、二年二月縣に改む）、凌源縣（元建昌縣、三年一月湖南省と重復するに依り塔溝と改め更に今の名に改む）、朝陽縣（元朝陽府、二年二月縣に改む）、阜新縣、建平縣、綏東縣、開晉縣、赤峰縣（元赤峰直隷州、二年二月縣に改む）、林西縣、圍城縣（元圍城廳、二年二月縣に改む）、經棚設治局所轄地方、（熱河都統管轄の卓索圖、昭烏達二盟の旗名は內蒙古の部に在り）

二、察哈爾《チヤハル》特別區域（察哈爾都統は張化縣に駐在し興和道及內蒙古の錫林郭勒盟及察哈爾左右翼各地方を管轄す）

イ、興和道（三年七月六日制定）

張化縣（元張家口廳、二年二月縣となす）、獨石縣（元獨石口廳二年二月縣となす）、多倫縣（元多倫諾爾廳、二年二月縣となす）、豊鎭縣（元豊鎭廳、元年五月縣となす）、凉城縣（元寧遠廳、元年一月縣となし三年一月改名）、興和縣（元興和廳、元年五月縣となす）、陶林縣（元陶林廳、元年五月縣とす）（察哈爾都統管轄と錫林郭勒盟及察哈爾の旗名は內蒙及內屬蒙古の部に在り）

ロ、綏遠特別區域

（綏遠都統は歸綏縣に駐在し綏遠道及內蒙古の烏蘭察布、伊兒昭二盟及土默特二旗を管轄す）

八、綏遠道（三年七月六日制定）

歸綏縣（元歸化綏遠兩廳、元年五月縣に改む二年四月合併し改名）、薩拉齊《サラチ》縣（元薩拉齊廳、元年五月縣に改む）、清水河縣（元淸水河廳、元年五月縣に改む）、托克托《トクト》縣（元托克托城廳、元年五月縣に改む）、和林格爾《ホリンコル》縣（元和林格爾廳、元年五月縣に改む）、五原縣（元五原廳、元年五月縣に改む）、武川縣（元年五月縣に改む）、東勝縣（元東勝廳、元年五月縣に改む）

（綏遠都統管轄の烏蘭察布、伊克盟二盟及歸化城土默特の旗名は內蒙古及內屬蒙古の部に在り）

三、川邊特別區域（川邊鎭守使は康定縣に駐在し三十三縣に管轄す）

康定縣（舊康定府）、瀘定縣（舊瀘定橋巡檢）、雅江縣（舊河口縣）道孚縣、理化縣（舊理化廳）、懷柔縣、稻城縣、貢噶縣（舊貢噶分縣）、巴安縣（舊巴安府）、義敦縣（舊三壩廳）、鹽井縣、甘孜縣（舊甘孜州）、鑪霍縣、丹巴縣（舊單東巴底巴旺）、定鄉縣、昌都縣（舊昌都府）、德塋縣、武成縣、寧靜縣、察雅縣、貢縣、察陽縣、科麥縣、恩達縣（舊恩達廳）、鄧柯縣（舊鄧柯府）、石渠縣、白玉縣（舊白玉州）、德格縣（舊德化府）、同普縣、嘉黎縣（舊嘉黎府）、碩督縣（舊碩督府）太昭縣（舊太昭府）、安良縣

川邊

第三章　土　司

第一節　土司概説

土司とは邊境未開の地方に在る地方土人の酋長で、淸朝の初め懷柔を旨とし、其所領家臣を依然其自治に任せたが、現今に至るも尙ほ當時の舊態を保つてゐる、然かも土司も同じく地方長官で各省行政長官に隷屬するものである、現に土司の存在するは甘肅、四川、廣西、貴州、雲南の五省及川邊區域である、從來は此外廣東、湖南湖北の各省に存在せしも、後之を全廢して府縣に併合（改土歸流と云ふ）した、現在土司の數は次の通りである。

土司

甘粛省	四二	四川省	一四六
川邊省	一二三	廣西省	四六
貴州省	八一	雲南省	五〇

計四八八、

土司には待遇に依つて階級があり、指揮使、宣慰使より千戸、百戸、長官に至るまで大凡拾四稱類ある、更に又土司で教化を慕俗し其地を以て流官即ち世職でない地方官の管轄に歸したものを改土歸流と稱し、而して其改流したもので尚ほ其所領を世守させ和府、同知、同判、知縣等の世職を與へたものを土官と云ふのである。

一、土司細表（括孤内は舊度地方名とす）

- 甘粛省 四二土司
  - 蘭山道屬 一三土司
    - 狄道（蘭州府狄道州）—臨洮衛
    - 道河（蘭州府河州）—韓家集—河州衛—上六工撒拉—下六土撒拉—癿臧
    - 臨潭（鞏昌府洮州廳）—卓泥—資卜—着遜—
    - 岷縣（同 岷州）—峯崖武坪—麻龍里—攅都溝—林口堡
  - 西寧道屬 一六土司
    - 西寧（西寧州西寧縣）—寄彥才溝—北川—南川—起塔鎮—西川
      - 能迭溝—
    - 碾伯（同 碾伯縣）—上川口—勝番溝—趙家灣—老鴉堡—米喇溝
      - 三川朱家堡—美都溝—三川王家堡—九家巷
    - 大通（同 大通縣）—大通川
  - 甘涼道屬 一三土司
    - 平番（涼州府莊浪廳）—武威番—古浪番—平番番
    - （同 平番廳）—連城—九城—大營灣—大通硤口—紅山堡
      - 古城渠—馬軍堡—四五渠—四六渠

四川

四川省 一四六土司

△印長官司
×印土通判
●印土巡検

- 建昌道屬 四七土司
  - 永昌（同　永昌縣）─西山流水溝弄
  - 越嶲（寧遠府越嶲廳）─邛　部─暖帶密─暖帶田─松林地─白石部
    ─老鴉漩─六　翁─野猪塘─前後山─科林坪
  - 會理（同　會理州）─黎溪州─迷易所─普　隆─紅卜苴
  - 西昌（同　西昌縣）─沙　騾─河　東─河　都─威龍州─普濟州
    ─昌
  - 冕寧（同　冕寧縣）─酥　州─架　州─苗　出─大　部─糯白瓦─大鹽井─熱卽瓦─中　部
    ─三大技─窩　卜─虚　郎─河西地─白　路─阿得橋
  - 鹽源（同　鹽源縣）─木　裏─瓜　別─馬　喇─古柏樹─中　所─左　所─右　所─前　所
    ─後　所
  - 漢源（雅州府清溪縣）─穆　平─松　平─大　田（二土司）
- 永寧道屬 一四土司
  - 馬邊（叙州府馬邊廳）─泥　溪─平　夷─蠻　夷─沐　川─明州樂
    ─油石洞空希─勞阿𢖷─大羊腸晉格─賦乃窩─控黑土
    ─阿　招─幹田壩─麻柳
  - 瀘縣（瀘州直隸州）─△九姓
- 西川道屬 八四土司
  - 平武（龍安府）─△陽地隘溝（三土司）
  - 松潘（松潘廳）六三土司
    ─包子寺寨─麥雜蛇灣寨─毛革門寨─峨嵋喜寨─七布寨
    ─阿思峒─寒盼寨─商　巴─祈命寨─上包坐余灣寨
    ─下包坐竹當寨─川柘寨─谷爾壩那濱寨─雙則紅亞寨─理佑寨
    ─上阿壩甲多寨─中阿壩墨倉寨─下阿咱阿强寨─丟骨寨─雲昌寺
    ─叩竹寺─拈阿革寨─熱務作壩寨─押頓寨─朗　寨

川邊

- 竹貞寨—藏咱寨—東丕五亞寨—達弄阿壩寨—香咱寨
- 杳罵寨—八頓寨—阿 細—巴細蛇任壩—上作革
- 下作革—合壩奪雜—轄慢寨—物藏寨—熱當寨
- 磨下寨—押凹寨—阿革寨—上撒路本路惡寨
- 中撒路殺按楨寨—下撒路等寨—崇路谷謨寨—作路生納寨
- 上勒凹貢按寨—下勒凹卜頓寨—鵲箇寨—郎惰安出寨
- 中郭羅克—上郭羅克車木塘寨—下郭羅克—上阿對艮滗寨
- 中阿標宗箇寨—下阿樹耶達寨—小阿樹寨—中羊峒蹈藏寨
- 上羊峝阿按寨—上羊峝乞藥寨—中岔寨

- 理番(雜谷廳)—梭 磨—卓克基—松 岡—黨 壩
- 懋功(懋功廳)—沃克什—綽斯押布
- 茂縣(茂州)—長 寧—靜 州—△隴 水—岳 希—小 姓
  - 小姓黑水—疊溪大姓—松 坪—疊溪大姓黑水—牟 托
  - ●水草坪—竹木坎

- 東川道屬—石砫(石砫廳)—×石砫

川邊一二三土司—(舊雅州府打箭爐廳屬)—
- △沈 邊—△冷邊—明 正—布拉克底—巴 旺—德爾格特—裏塘(土司)
- 巴塘(土司)—化林坪—阜東革什咱—喇 袞—霍爾緯窩—瓦述餘科—霍爾甘孜孔撒
- 霍爾甘孜麻書—霍爾咱—春 科—林 葱—上納奪(三土司)—下蟾對—瓦述崇喜
- 瓦述毛了—瓦述典登—葱爾納林葱—瓦述更平(二土司)—瓦述色他(二土司)霍爾白利
- 霍爾東科—春科高—上瞻對茹色—蒙葛結—幗 隴—咱 哩—上瞻對峪納
- 瓦述寫達—上瞻對撒墩—中渣壩熱錯—他 咳—上渣壩卓泥—登寅棱布—瓦 七

—那工弄—魯密租卜柏哈—魯密達嫣—魯密達則—木　鯟—魯密結藏—八哩寵壩
—白　桑—下八義—少誤石—吉增卡桑阿籠—魯密格桑—作蘇策
—扒　桑—魯密東谷—沙　卡—上八義—魯密本滚—上渡噶喇住索—格窪卡
—魯密卓籠—樂　褱—姆　朱—惡　落—魯密長結杵尖—魯密堅貞—中渣壩沱
—上渣壩惡疊—下渣壩莫藏—中渡亞出卡—本　噶—惡　拉—入烏籠—魯密普供碟
—魯密初把—魯密拉昌—索窩籠—惡　熱—魯密長結松歸—下渣壩業窪石—魯密白隅
—那　里—瓦述毛述了—來隆石—岡　褱—下蘇河—上臨卡石—下臨卡石
—上蘇阿—郭　布—瓦述更平東撤(二土司)—瓦述墨科—科則護—圖根滿碟
—革　齋—東暑(二土司)—下革齋(土司)—上革齋(四土司)—雜竹黑竹卡
—雜竹卡(二土司)—籠　壩—上納奪黎窩(二土司)—鳳　多—儀　莽—麻　里

廣西

廣西省
四六土司

○印土縣
△印土州
中ハ改流ノ分
●印土巡檢

廣西省—田南道屬　一〇土司
—東蘭(慶遠府東蘭州)——△那地—東　蘭—△鳳山
—百色(百　色　府)——田　州—陽　萬—×上　林—●下　旺
—奉議(金安府奉議州)——△都　康—△上　映
—天保(同　天保縣)——△向　武

—柳江道屬　五土司
—河池(慶遠府河池州)——△南　丹
—宜山(同　宜山縣)——×忻　城—丞　宜—丞　順
—天河(同　天河縣)——丞順副土司

—南寧道屬　一一土司　外二一改流
—武鳴(武鳴對武緣縣)——●白　山—●興　隆—(那　馬)—●舊　城—●安　定
　　●古　零—●定　羅—●都　陽
—扶南(南寧府新寧府)——△忠　州
—上思(舊　上思府)——●遷　隆

雲南

- 鎮南道屬 二〇土司 外二一改流
  - 隆安（同 隆安縣）—△果化—△歸德
  - 龍州（龍州府）—△上下凍—●上龍—金麼寬
  - 養利（太平府養利州）—△下石—△萬承—△全茗—龍英△岩盈
  - 左縣（同 龍州）—△安平—太平—羅白
  - 同正（同 丞康州）—結安—結倫—△都結—△鎮遠—×羅陽
  - 寧明（同 寧明州）—△思州—（憑祥）—△思陵
  - 崇善（同 崇善州）—△江州
  - 靖西（歸順愛隸州）—△下雷

雲南省 五〇土司
△印 土州
●印 長官司
□印 土知府
■印 土司知

- 滇中道屬 三三土司
  - 休納（澂江府新興州）—新興
  - 平彝（曲靖府平彝縣）—平彝
  - 東川（東川府會澤縣）—土朗古
- 蒙自道屬 五土司
  - 建水（臨安府）—納更山—●納樓茶甸—虧容甸
  - 廣南（廣南州）—●廣南—△富州
- 普河道屬 七土司
  - 思茅（普府河思茅廳）—車里
  - 景東（景東直隸廳）—□景東（二土司）—三岔河—保甸—版橋
  - 新平（元江州新平縣）—新平
- 騰越道屬 三五土司
  - 大理（大理府太和縣）—十二關
  - 鳳儀（同 趙州）—定西嶺
  - 雲龍（同 雲龍府）—箭杆場
  - 雲南（同 雲南縣）—雲南（二土司）
  - 河源（大理府浪穹縣）—小浪穹—鳳羽鄉—上江觜—下江觜—蒲沱崆

- 鎮南（楚雄府鎮南州）—鎮南（二土司）
- 順寧（順寧府）—猛々—猛麻—耿馬—孟連
- 保山（永昌府）—□孟定—△灣甸—△鎮康—遮放
- 龍陵（龍陵廳）—芒市—潞江
- 騰衝（同　騰越廳）—南甸—隴川—干崖—盛達—猛卯
  - 戸撒—臘撤
- 蒙化（蒙化直隷廳）—蒙化
- 永北（永北直隷廳）—□永寧—△北勝（二土司）—順州—南澗

貴州

貴州省　八一土司

△印長官司

■印土司知

- 黔上道屬　三八土司
  - 貴陽（貴陽府）—中曹—養龍—白納（二土司）—虎墜
  - 紫江（同　開州）—△乖西（二土司）
  - 定番（同　定番州）—程番—小程番—上馬橋—盧番—五平番
    - 臥龍番—金石番—羅番—△方番—大龍番
    - 小龍番—△木瓜（二土司）—麻響
  - 龍里（同　龍里縣）—大谷龍—小谷龍—△羊場
  - 貴定（同　貴定縣）—平伐—△大平伐—小平伐—新添
  - 都匀（都匀府）—△道匀（二土司）—邦水
  - 麻哈（同　麻哈州）—△平定—樂平
  - 平越（平越直隷州）—△楊義
  - 獨山（都匀府獨山州）—△獨山—爛土—豐寧（二土司）
- 鎮遠道屬　三九土司
  - 思縣（思州府）—△都坪（二土司）—●黄道（二土司）都素（二土司）△施溪
  - 思南（思南州）—蠻夷—朗溪（二土司）△沿河—祐溪

印江（同　沿江縣）──木　邦
鎮遠（鎮　遠　府）──偏　木─△卭　水
黃平（鎮遠府黃平州）──△重　安─巖　門
銅仁（銅　仁　府）──省溪（二土司）─提溪（二土司）
黎平（黎　平　州）──潭溪（二土司）─歐陽（二土司）─龍　里─亮　寨─中　林
──古　州─湖耳（二土司）─八　舟─新　化─洪州（二土司）
松桃（松桃直隸廳）──烏羅（二土司）─平（二土司）

貴西道屬四土司
朗　岱（安順府朗岱廳）─西　堡
紫　雲（同　歸化廳）─康　莊
關　嶺（同　承寧州）─頂　營─沙　營

第四章　地方自治

第一節　省議會

清朝の末期、地方自治の制度を實施し、各省に諮議局と稱する略ぼ我國の府縣會に相當するものを設けたが、其後革命の成るや之を廢して、新に各省に省議會を設けることゝし、之れが爲めに必要なる省議會議員選擧法、省議會暫行法等の公布を見、當時各省共に省議會の組織を見るに至つた該章程は次の通りである。

省議會議員選擧法

第一章　總則

第一節　省議會

第一條　省議會議員は省制第五條規定の人數に依り之を選擧す

第二條　選擧年限は三年を以て一期とし、每期選擧年限七月一日を以て初選期日とし、八月一日を覆選期日とす、臨時選擧期日は本省行政長官より之を定む

第三條　凡て中華民國に國籍を有する男子にして年齡滿二十一、二歲以上及選擧人名簿編製以前選擧區內に滿二ヶ年以上居住し左に列記する資格の一を具ふる者は省議會議員を選擧するの權あり

一、年直接稅二元以上を納むる者

二、價格五百元以上の不動產を有する者

三、小學校以上卒業せる者

四、小學校以上卒業と同等の資格を有する者

第四條　凡て中華民國に國籍を有する男子にして年齡滿二十五才以上の者は省議會議員に選擧さるゝを得

第五條　凡て左に列する事情の一を有する者は選擧權及被選擧權を有するを得ず

一、公權を褫奪され未だ復權せざる者

二、破產の宣告を受け確定後尙ほ未だ撤銷せざる者

三、精神病者

四、鴉片吸煙者

五、文字を識らざる者

第六條　左に列する各人は其選擧權及被選擧權を停止す

一、現役陸海軍人及召集期間に在る豫備軍人

二、現任司法官吏

三、僧侶及其宗敎師

第七條　左に列する各人は其被選擧權を停止す

一、小學校教員
二、各學校在學生
第八條　選擧辦理員は其選擧區內に於ける其被選擧を停止す、但し監察員は此限りに在らず
第九條　本省と工程を承攬する者及び本省工程を承攬する會社辦事人は其被選擧權を停止す
第十條　選擧は縣を以て選擧區とし所轄地方を以て境界とす地方行政區劃及其名稱また改正せざる以前は左に列する各區劃を均しく縣を以て論ず
一、府直隸廳州の直轄地方
二、廳及州
第十一條　覆選擧は若干の初選區を合し選擧區とし其區劃は表を以て之を定む
第十二條　行政區劃の境界變更有る時は選擧區も併せて變更す但し原選議員は其職を失はず
第十三條　各省選擧總監督を設け本省行政長官を以て之に充て全省選擧事項を監督す
第十四條　初選區は初選監督を設け各本區行政長を以て之に充て初選一切の事項を監督す
第十五條　覆選區は覆選監督を設け選擧年限六月一日以前に選擧總監督より之を委任し覆選一切の事項を監督す、覆選監督駐在地は選擧總監督より之を定む
第十六條　初選覆選は均しく投票管理員監察員開票管理員監察員各若干名を設け初選監督覆選監督より分別して之を委任す但し監察員は本區選擧人を以て限りとす
第十七條　投票管理員職務は左の如し
一、投票所の開閉を掌る
二、投票收受の應否を決定す
三、投票箱、投票簿、投票紙及選擧人名簿を掌る
四、投票所の秩序を保持す

第一節　省議會

五、其他本法に定むる所の投票管理員の職務に屬する事項

第十八條　開票管理員の職務は左の如し

一、開票所の開閉を掌る

二、投票數目の計算

三、投票紙眞僞の檢査

四、投票の法式に合へるか合はざるかを決定す

五、選擧票の保存

六、開票所の秩序を保持す

七、其他本法の定むる所の開票管理員の職務に屬する事項

第十九條　投票監察員は管理人の辦理する投票開票を各監視す監察員開票事項にして監察と管理員との意見同じからざる時は選擧監督に呈明して之を決す

第二十條　凡そ選擧辦理員は均しく名譽職とす、但し公費を酌給するを得

第二章　初選擧

第一節　投票區

第廿一條　初選監督は地方情況に照らし本管區域を分割して若干投票區とす

第廿二條　投票區は選擧年限の前年十月一日以前に初選擧監督より取定め總監督に上報す

第二節　選擧人名簿

第廿三條　初選擧監督は本管區域内に就き調査委員を分派し選擧年限の前年十月一日より起り選擧資格に照らして合格者を調査し選擧人名簿を造具す

調査員の執務細則は初選監督より之を定む

第廿四條　選擧人名簿は選擧人の姓名、年齡、戸籍、住所、居住年限及び左に列記する第一欵或は第二欵の事項を載す

一、年納直接稅額或は不動產價額
二、某種校卒業或は某種學校卒業と相當の資格
廿第五條　選擧人名簿は前年十一月三十一日に一切を造り初選監督より總監督に上報す
第廿六條　初選監督は各投票に應じ選擧人名簿を分造し前年二月一日各投票區に頒發して公衆に宣示す
第廿七條　選擧人名簿の宣示は二十日を以て期とす、若し本人が錯誤遺漏ありと爲さば宣示期內に證憑を取揃へ初選監督に上請して更正するを得前項更正の上請は初選監督の受取りたるにより起り二十日以內に之を判定し不服の者は總監督に上請するを得其判定期間亦同じ
第廿八條　凡そ初選監督或は總監督を經て判定更正せば初選監督は選擧人名簿を更正し並に總監督は補報すべし
第廿九條　選擧人名簿は確定后各投票所及開票所に分存す、並に總監督より選擧人總數を內務部に上報す

當選人數

第三節　當選人數

第三十條　初選當選人數は議員數の二十倍とし每期總監督より該覆選區に照し議員數を算出し其二十倍を採り該覆區內の初選當選人數とし各初選區に分配す
第卅一條　初選當選人數の分配は總監督より該覆選區算出の初選當選人數を以て全區選擧人總數を除し得たる數の多寡を視て選擧人若干名より當選人一名を選出し再び此數を以て各初選區選擧數を分除し得たる數の多寡を視て各該初選區の應出初選當選人若干名を定む
初選區選擧人數當選人壹名を選出するに足らず或は若干名を選ふに足るの外卽ち端數ありて當選人の定額に不足を致す時は各初選區端數の多寡に比較し餘數を以て順次端數の較多き區に歸し之を選出し若し兩區以上端數相等しなければ其餘數は何れの區に歸すべきやを抽籤を以て之を定む初選當選人名數分配定りたる後總監督より六月二十日以前二名分選監督に通知す

選擧通告

第四節　選擧通告

第卅二條　初選監督は六月二十日に選擧通告を頒發す記載すべき事項は次の如し
一、投票所及開票所地點

二、投票方法

三、本區初選當選人數

第五節　投票所及開票所

投票所及開票所

第卅三條　投票所は投票區毎に各一處を設け開票所は初選監督所在地に設く其地點は各初選監督より之を定む

第卅四條　投票所及開票所の周圍は臨時巡警を增派して秩序を保持するを得

第卅五條　投票所及開票所は本所職員選擧人及巡警を除く外他人の闖入するを得す開票所か參觀の選擧人過多に因り容るゝ能はざる時管理員は人數を制限するを得

第卅六條　投票所及開票所は投票及開票の完了したる時より起り十五日以內に之を裁撤す

第卅七條　投票所の開閉は午前八時より午後六時迄とし其時間を越ゆる時は內に入るを得ず

第卅八條　投票所及開票所の辦事細則は初選監督より之を定む

第六節　投票紙投票簿及投票箱

投票紙投票簿

第卅九條　投票紙は總監督にて定式を按照して製成し五月一日以前に初選監督に分交し初選監督は六月二十日以前各投票所に分交す

第四十條　初選監督は各投票區所屬選擧人に應じて夫々投票簿を造り具へ並に定式を按照して投票箱を製成し六月二十日以前に各投票所に分交すべし

第四十一條　投票簿には選擧人の姓名年齡籍貫住址を明載すべし

第四十二條　投票箱は投票の時を除く外嚴重に射鎖を加ふべし

第七節　投票開票及檢票

開票及檢票

第四十三條　投票人は投票所の投票簿に列名せる者に限る

第四十四條　投票人は選擧期に屆けなば親しく投票所に赴き自ら投票を行ふべし

第四十五條　投票人が投票紙を受取る時は先づ投票簿に載せある本人姓名の下に捺印すべし

第四十六條　投票人は一名毎に投票紙一枚を受く
第四十七條　投票は無記名單記法を用ゐ毎投票紙に被選擧人一名を書し本人の姓名を自書するを得す
第四十八條　投票人は投票所內に於て投票方法に關し職員と問答するの外他人と對談するを得す
第四十九條　投票終了後投票人は直に退出すべし
第五十條　管理員及監察員は會同して投票始末情形の報告を造り具へ投票箱と共に投票終了の翌日開票所に移交し並に初選監督に呈報すべし
第五十一條　初選監督は各投票箱を送り齊へする翌日より時刻を酌定して先づ宣示し開票所に親臨して開票を督同し即日宣示すべし
第五十三條　檢票の時は投票せし數と投票簿を對照すべし
第五十四條　凡そ選擧票の無効なる者は左の如し
一、式に依らすして書ける者
二、他事を併記せる者、但し被選擧人の職業或は住所を書けるものは此限りに在らず
三、字迹摸糊として認識する能はず
四、投票所の發せる投票紙を用ゐざる者
五、選出の人が選擧人名簿に無き者
第五十五條　開票所管理員及監察員は會同して開票始情形の報告を造り具へ開票終了の翌日初監督に呈報すべし有らゆる選擧票は有効無効を分別し併に本期選擧年限內に呈送し初選監督に依り之を保存すべし

第八節　當選票額

第五十六條　初選は本區の出すべき當選人數を以て投票人數を除し得數の三分の一を當選額とし得票額に滿たざる者は初選當選人と爲るを得す
第五十七條　凡そ當選票額に滿たざるに因り當選人無きか或は當選人が定數に不足する時は初選監督にて得票の多き者の中缺

くる處の當選人名額を按照し之に倍加せる姓を開列し直に掲示を行ひ開票第三日に原投票所に在りて掲示の姓名内に就き決選投票を行ふ

決選投票は得票の多數なる者を以て當選と爲す

第五十八條　當選人名の順序は得票の多寡を以て定め票數同じき者は抽籤にて之を定む被決選擧人名の順序も亦同じ

第五十九條　凡そ得票が當選票額に滿つるも初選人定まりて當選する能はざる者は初選但補當選人とし其人名順は前條の規定に依る

決選投票後被決選人の未だ當選を經ざる者を以て初選候補當選人とし其人名順は前條の規定に依る

當選通知及證書

第九節　當選通知及證書

第六十條　當選人確定後卽時掲示すべく並に初選監督より名を具し夫々各當選人に通知すべし

第六十一條　當選人は通知を接收せる日より十日以内に選に應ずるを欲するや否やを覆答すべく其期を逾へて覆答せざれば選に應ずるを欲せざる者と見做す

第六十二條　凡て選に應ずる者には初選監督より當選證書を給與す

第六十三條　當選證書は總監督より定式を按照して製成し期に先ちて初選監督に分交す

第六十四條　當選證書給與後當選人の姓名を掲示し並に覆選監督及總監督に呈報すべし

第六十五條　初選當選人の證書受後初選監督より覆選投票所に至る距離遠近を按照して旅費を支給す

覆選擧

第二章　覆選擧

第六十六條　覆選擧は初選當選人にて覆選監督駐在地に齊集し之を行ふ

第六十七條　選擧人名簿は初選當選人を以て限りと爲し各初選區の順序に依り之を編列す其名簿内に載すべき事項は第二十四條に依り規定せるを除く外初選當選票數を明載すべし

第六十八條　覆選當選人は初選當選人を以て限りと爲さず

第六十九條　覆選當選人の名額は議員名額に依りて之を定む

第七十條　議員名額の分配は毎總監督より該省議員名額を以て全省選擧人總數を除し得數の多寡を視て毎選擧人若干名が議員一名を選出し得るかを定め再び此數を以て各覆選區選擧人數を除し得數の多寡を視て各該覆選擧區の出すべき議員若干名なるかを定む

覆選區の選擧人數が議員一名を選出するに足らざるか或は若干名を選ふに足る外尙ほ端數ありて議員か定額に足らざる時は各覆選區の端數多寡を比較し餘額を順次端數の多き區に歸して之を選出し若し兩區以上の端數相等しく其餘額を何區に歸すべきかは抽籤を以て之を定む

第七十一條　覆選監督は七月一日に選擧通告を頒發すべく其載すべき事項は左の如し

一、投票所及開票所地址

二、投票の方法

三、覆選當選人名額

第七十二條　覆選投票所開票所の地址及其執務細則は覆選監督にて之を定む投票所、開票所に關する事項は三十四條より第三十七條に至る規定を準用す

第七十三條　覆選の投票紙、投票簿及投票箱の定式は初選と同じ

第七十四條　覆選の投票開票及檢票は第四十三條より第五十四條（第一欵より第四欵に至る）に至る規定及第五十五條の規定を準用す

第七十五條　覆選は本區の出すべき議員名額を以て投票人總數を除し半ばを當選票額と爲し得票か額に滿つるに非ざれば覆選當選人と爲るを得す

第七十六條　凡そ當選票額に滿たざる爲め當選人無きか或は當選人が定額に足らざる時は覆選監督より較々多き者に就き缺くる所の當選人名額を按照して之に倍せる姓名を開列して直ちに掲示し開票後第三日目に原投票所に於て掲示せる姓名に就き再び投票を行ひ額に足るに至りて止む

第七十七條　覆選當選人の額に足りたる後ち並に該區の出すべき議員名額に依り同數の候補當選人を選定す、其當選票額は第

七十五條に依る凡て得票が當選票額に滿つるも覆選當選人の額に足れる爲め當選する能はざる者は直ちに候補當選人と爲す

第七十八條　覆選當選人候補當選人の名次は選出の先後を以て序と爲し同次に選出せる者は得票數の多寡を以て序と爲し票數同じき者は抽籤にて之を定む

第七十九條　覆選當選人は當選通知を接收せる日より二十以內に選に應ずるを欲するや否やを覆答すべく其期間を逾へて覆答せざる者は選に應ずるを欲せざる者と見做す

第八十條　凡て選に應ずる者は省議員と爲し覆選監督より議員證書を給與す

第八十一條　議員證書給與後覆選監督は覆選擧始狀況の報告を造り具へ投票簿並に有効無効の選擧票及議員名簿と共に總監督に呈報し本期選擧年限間之を保存すべく並に總監督より該省議員名簿を彙造して內務部に呈報す

選擧無効

第一節　選擧無効

第八十二條　凡て左に列する各項の事情あるものゝ選擧は無効とす

一、選擧名簿の舞弊に依り全數人員に牽涉し審判を終て確定せる者

二、選擧の辦理か法會に違背し審判を經て確定せる者

第八十三條　前條の規定は初選擧及覆選擧に均しく之を適用す初選擧無効の時は復選擧確定を經るも一樣に無効とす

當選無効

第二節　當選無効

第八十四條　凡て左に列する各項の事情あるものゝ當選は無効とす

一、選に應ずるを欲せざる者

二、死　亡

三、被選擧票格に合せず審判を經て確定せる者

四、當選票數確實ならず審判を經て確定せる者

第八十五條　當選無効の時証書を已に發給せば反還せしめ並に其始名及其理由を宗示すべし

第八十六條　當選無効の時に各該區候器候補選人を以て之を遞補すべし

第三節　改選及補選

改選及補選

第八十七條　改選は毎期選擧年限に於て之を行ふ

選擧無効の時は該選擧區に於て改選を擧行す

第八十八條　議員缺員に於ける補選は該選擧區に候補當選人無き時之を行ふ

第八十九條　改選及補選に關する事項は均しく本法の規定に依り之を行ふ

第五章　選擧訴訟

選擧訴訟

第九十條　選擧人が選擧辦理人員に舞弊及其他法會に違背せる行爲ありたると確認せば選擧日より起り初選は五日内に地方審判廳に向ひ起訴し復選は十日内に高等審判廳に向ひ起訴するを得

未だ審判廳を設けざる處は訴訟を受理する相當の官署に向ひ起訴するを得

第九十一條　選擧人は當選人の資格が符せざるか或は票數確實ならずと確認せば前條の規定に依り起訴するを得

第九十二條　落選人が所得票數當選すべくして選に與らずと確認するか或は候補當選人か姓名順序に錯誤ありと確認せば第九十條の規定に依り起訴するを得

第九十三條　選擧訴訟事件は各種訴訟事件に先ち之を審判すべし

第六章　罰則

罰則

第九十四條　選擧犯罪に關しては刑律に依り處斷す

第九十五條　初選當選人已に選擧旅費を受け選擧日期に復選區に到り投票せざれば旅費を追徵するの外二倍の罰金を加ふ

第七章　附則

附則

第九十六條　本法は公布の日より施行す

第九十七條　本法施行細則は命令を以て定む

第九十八條　本法定る所の選擧事項に關する期日は第一期選擧及び臨時選擧とも本省行政長官より情形を酌量して更に之を定む

省議會法　組織及選任

第二節　省議會法

一、暫行省議會法

第一章　組織及選任

第一條　省議會は省行政長官の駐在地に設く

第二條　各省々議會議員の名額の民國元年九月二十五日各省第一期省議會議員名額表の規定する所に依る

第三條　議員任期は三年を以て限りとす任滿ち改選し再選せらるれば連任するを得

第四條　任期は議員當選の日より起算す

第五條　議員の當選後選擧區に變更あるも任期滿たざれば舊の如く任職す

第六條　議員の任職後省議會の許可を經るに非ざれば解職するを得ず

第七條　議員が故ありて出缺する時は本選擧區候補當選人名、次表の前に列せる者を以て之を遞補す

第八條　補缺議員の其任期は前任未滿の期を補足するを以て限りとす

第九條　省議會議員は同時に國會議員と爲るを得ず

第十條　省議會議長一名、副議長二名は議員より之を互選す

議長、副議長の選擧は項を分ち無記名單記法を用ゐ各々過半數の得票者を以て當選とす

第十一條　議長は秩序を維持し議事を整理し外に對しては省議會の代表と爲る

第十二條　議長事故ある時は副議長にて代理す、議長副議長共に事故ある時は議員中より臨時議長を選擧して代理す

第十三條　議員改選の時議長、副議長と一併に改選す

第十四條　省議會には秘書を置き議長より之を任免す

第十五條　秘書は議長の命を受け文牘、會計及一切の庶務を經理す其員額及執務細則は省議會にて之を定む

職權

第二章　職　權

第十六條　省議會の職權は左の如し

一、本省單行の條例を議決す但し法律命令に抵觸せざるを以て限りとす

二、本省の豫算及決算を議決す

三、省稅及使用費規費の徵收を議決す、但し法律命令に規定し有る者は此限りに在らず

四、省債の募集及省庫の負擔する契約を議決す

五、本省の財產及營造物の處分並に買入れを議決す

六、本省の財產及營造物の管理方法を議決す、但し法律命令に規定ある者は此限りに在らず

七、省行政長官の諮詢事件に回答す

八、本省人民の本省行政に關する請願事件を受理す

九、本省の行政及其他の事件に關する意見を以て省行政長官に建議するを得

十、其他法律命令に依り省會議にて議決すべき事件

第十七條　省議會は本省行政長官に對し違法行爲ありと認むる時は出席議員三分の二以上の可決を以て彈劾案を提出し內務總長を經由し國務會議に提交して之を懲辦せしむる事を得

第十八條　省議會は本省行政に對して本省行政官吏に違法收賄の事情ありと認むれは省行政長官に諮請し之を查辦せしむることを得

第十九條　省議會議員は本省行政事項に對し疑義ある時は十名以上の連署を以て質問書を省行政長官に提出し期を限りて回答を求むることを得

第二十條　省議員の省行政長官の回答に對し不得要領と認むる時は省行政長官が自ら出席するか或は吏員を派遣して出席せしめ答辦せん事を要求する事を得

第三章　會議

第廿一條　省議會は通常會及臨時會の二種に分つ

第二節　省議會法

第廿二條　通常會は毎年一回省行政長官より之を召集し臨時會は特別緊要事件の發生に因り省行政長官より或は議員半數以上の請求ありたる時之を召集す

第廿三條　通常會期は六十日を以て率と爲す其必ず連續開議すべきものあれば會期を二十日以内延長する事を得臨時會期は多くも三十日を逾ゆるを得ず

第廿四條　省議會は議員半數以上の出席あるに非らざれば開議するを得ず

第廿五條　議員は五名以上の贊同あれば議案を提出するを得

第廿六條　議案の表決は出席議員の過半數を以準と爲す可否同數なれば決を議長に取る

第廿七條　議員は本身或は其親屬に涉及する議案に於て省議會の許可を經るに非ざれば議に與るを得ず

第廿八條　議員は現行犯罪及内亂外患に關する犯罪を除く外會期内に於て省議會の許可を經るに非らざれば逮捕するを得ず

第廿九條　會議の時議員の言論及表決は議會外に於て責任を負はず

第三十條　會議の時省行政長官は自ら出席し或は吏員を派遣して出席せしめ發言することを得、但し表決の數に列し或は議員の言論を中止するを得ず

第卅一條　省議會の會議は之を公開す、但し省行政長官の要求或は議員の提出に依り多數の可決を經れば傍聽を禁止する事を得

第卅二條　議員にして議事細則に違背すれば出席を停止し其情節の重き者は除名す

第卅三條　議員が故なくして出席せざる事十日以上に及べば除名す

第卅四條　議員にして省議會の名義を以て外事に干涉すれば出席を停止し其情節の重き者は除名す

第卅五條　出席の停止は多くも十日を以て限りとし出席議員より多數の決議に依り之を行ふ除名は出席議員三分の二以上の決議に依り之を行ふ

第卅六條　議事細則及傍聽規則は省議會にて之を定む

第四章　議　決

議決

第卅七條　省議會の議決事件は省行政長官より十日内に之を公布すべし

第卅八條　省議會の議決事件にして行政長官が若し然りと爲さゞる時は五日以內に理由を聲明して覆議を諮交すべし若し出席議員三分の二以上ありて尙ほ前條を執る時は前條の規定に依るべし

第卅九條　省議會の議決にして省行政長官が若し違法と認むれば省議會に諮して之を撤銷せしむる事を得若し省議會が其撤銷に服せざる時は訴訟を平政院に提起することを得

前條の訴訟は平政院未成立の時に於ては最高法院にて之を受理す

經費

第五章　經費

第四十條　省議會の經費及議員の公費、旅費は省議會にて之を定む

第六章　附則

第四十一條　本法は公布の日より施行す

各省省議員

二、各省々議員

斯くして各省共に省議會の成立を見たが、其後民國二年十一月袁世凱の中央に於て大クーデターを行つて國會を解散するや省議會をも併せて停辨し、遂に省議會は其儘に葬られたが民國五年に至り袁世凱の歿して、舊約法復活し國會を續開するやうになり、省議會亦再開せらるゝに決し、概ね十月一日より再開せらるることとなつた、斯くの如く久しく中絶したことであるから、省議會議員數等も明かでない、各省長より中央政府に報告した處のもので、新聞紙に掲載されたものに依ると各省會議員數は次の通りである。

直隷	一八四	奉天	六四	吉林	四〇
黑龍江	四〇	江蘇	一六〇	安徽	一〇八
江西	一四〇	浙江	一五二	福建	九六
湖北	一〇四	湖南	一〇八	山東	一三二
河南	一二八	山西	一一二	陝西	八四

甘肅	五六	新疆	四〇	四川	一四〇
廣東	一二〇	廣西	七六	雲南	八八
貴州	五二				

合計　二千二百二十四名

第三節　官治組織と自治

支那の行政機關は中央地方共に主として官治組織の形式であつて官廳を設けて行政を爲さしめてゐる、現在の狀態では官治組織を以て行政の統一を保つ方が優つてゐるがそれすら完全に行はれない、民國九年頃から一時地方自治及聯省自治を盛んに唱へた時代もあつたが支那人の從來自治と稱してゐたものは自治にあらずして地方分權であつて實際の自治を意味するのではなかつた全く中央集權に對する分治であつたのである。

尤も清時代から地方は自治制はあつたが眞の自治制ではなかつた卽ち一は社團的公法人であつて會館とか公所と云ふ商業團體であつた他は地域的であつて土地を以て限らるゝもので保甲及び鄉村などと云ふ地方自治制である、保甲制度は既に周時代に其起源を發してゐて歷代幾分かの改革を加へたものである、清末の制度は乾隆年間に定められた者であつて十家を牌と云つて牌には牌頭を置き十牌を甲として甲長を置いた又十甲を保として保正と云ふものを置いた、此保正甲長牌頭は人民の公選係に依る者で地方官の認可を受けるのを原則としてゐる、然し實際の狀況は大抵相等資產あり人望あるものが選擧の法に依らずして推薦に由つて其職に就いてゐた、從來各省に保甲總局又は

城鎮郷及府州縣

分局官などを設けて保甲組織を統轄し總局とか分局は道公以下府縣官を長官と定め一般には知縣が其任につ當て保正以下を統率してゐたのである、保甲の任務は警察、戸籍收稅の三を主なるものとしてゐた、戸籍の如きは警察又は收稅上の必要からするに過ぎない、然し淸末になつてから收稅は大底州縣衙門胥吏の手に移り保甲の職務と離れてゐたが、若し其保甲內に滯納等があつた場合は其責を負ふのを普通としてゐる、故に保甲は自然に變更して警察事務と犯人逮捕を專らとするやうになつた、若し犯罪者などがあつたならば是は保甲の共同責任としてゐる、例へば一家が犯罪人を隱匿して隣家も亦之を報告しない場合は共同罪に處するなどの規定を設けた事がある、此保甲制度の發達は都會及其附近から次第に行はれたものであつてまだ全國に普及したものでなかつた、鄕村は一種の地方自治であつて一村の長として鄕老を設け保正のやうに村民の公選を用ゐるのを原則としてゐる、保甲と同じく州縣衙村の委任を受けて一村內の公共事務警察などを行ふものであつて保甲が都會及其附近に行はれると相對して是は村落で行はれたものである其組織も地方に依つて夫々異つてゐる村長の如きも地方に依つて鄕長、鄕老村正守事などいつてゐる是等の自治が完全に發達しなかつたので淸末になつて文明各國の自治制に倣つて城鎮鄕及府州縣の自治制を定むるに至つた。

是は光緖三十四年十二月民政部が草案を作り憲政編査館の審議を經て裁可されたものである凡て九章一百十二條の規定である今其要點を擧ぐると（一）自治區（府廳州縣の衙門在地を域として其他の市鎭村落は人に五萬以上を鎭として其未滿を鄕とする）（二）自治の範圍として敎育、衛生、土木、殖産、貧民救助、孤養育寡婦救恤、交通事務、惡習打破に關する事務等である、又議決機關として、城鎭郷には各議事會を設けて機關とし議員は凡て選擧とし議員の互選に依つて正副議長を置く議決事項は、自治の範圍、自治規約、自治に關する財政事項、選擧の事務、自治職員の監督等とし地方官に報告し審査の上董事會郷董（執行委員）に交附して實行せしむるといふのであつた。

次に聯省自治に就て一言附言して置きたい

袁世凱總統の時代には中央統一を目標として進んで來た、今から考へると實際的に其後に起つた大總統に比較して統一の實が擧つてゐた故に聯邦のやうな事は問題にならなかつた、袁逝いてからは中央の威令は行はれないやうになり、殊に巴里會議で民國の要求が容れられなかつた事は益々民國國民を失望させ五四運動が起つてから民國改造の叫びが次第に強くなつて來たそして政局の混亂は漸く督軍は私兵を握つて私利の爲めに横暴を働くものであると云ふ聲が大きくなつて督軍廢止と軍隊裁殘との必要が喧しく論議されるやうになつた、それと同時に各省は自治を實施して經濟的發展に力を注いで生活の安定を求めなければならないと云ふのに意見が一致して來た民國九年の秋から十年に亘つて其要求が更に高まつたのは決して偶然でない、先づ湖南省は九年譚延闓の名で廢督自治を宣言した。

「民國の實際は民治の實行でなければならぬ、民治の實際は各省人が地方政府を組織して地方の自治を施行するのである而して後に和平が進み治安を期することが出來る」と述べた此省の自治風潮は雲南、四川、貴州、廣東、浙江、廣西、湖北、江蘇、福建、江西、陝西、山東等の各省に傳播して廣東人は廣東人の廣東であるとか四川人の四川であると云ふやうに感情は熱して來た、そして省憲法の制定に着手したり、或は省長の民選を主張したりした、督軍の中には督軍廢止の要求や各省自治の希望を利用してそれに贊同する風を裝ふて實は自分の野心を滿たす者も尠くなかつた、要するに中央政府に對する體裁のよい分立で「省自治」を名として其支配下から脫れやうとするに他ならなかつた、就中孫文政府の聯省自治は實現までには多大の距離はあつたがその概要は、(一)廣東雲南貴州四川湖南の五省を連ねて聯省自治とする、(二)聯省政府を設ける、(三)省長は民選とする(四)各省に政府を建設する、(五)聯省會議を設ける、(六)各省の公債と借款とは聯省政府の許可に待つとか、(七)省議會の經費は各省の分担とすると云ふのであつた、西南各省は省憲法を造らうといふ機運にまで進んだ、民國十年十二月には湖南省が省憲法を發布した、浙江の盧永祥も是より前に省憲法を公布した、(一)浙江を自治省とする、(二)省の自治權は省民全體に依つて行使される(三)省民の權利義務を定める、(四)省議院を設けて法律を議決させる、(五)省長を民選とする、(六)省政院に政務員を置て政務を分掌する、(七)省法院は裁判を掌る、(八)監察院は官吏議員の違法行爲を監督する、(九)審計院は省の財政を檢査する(十)人口十五萬以上の都會を特別市として市自治を行はせる、(十一)人口一萬以上を市、一萬以下を鄉と稱して各々自治制に由らしむると云ふのであつた、北京政府でも市自治鄉自治に就ては七月三日施行法を公布したくらゐで自治實施に關して先づ初めて規定せねばならない重要件であつた、斯の如く一時の流行として聯省自治の風潮は盛んであつたが流行はやはり流行であつて今日何處に自治が行はれてゐるか、眞に各省が聯省自治の方針に一致するならば聯省會議を設けて民國憲法も作らうし又それに適應する各省憲法を設ける方法を執るのが當然であるがそれ所でなく今日では省憲法を省内に實施すら出來ない狀態である。

省憲法が出來れば其省の督軍は憲法の支配を受けて軍費は省豫算に依つて議決されるわけであるがそんな事を實施する所か督軍達が之を受け容れる筈がない、當時北京では徐大總統や靳總理も此大勢を見て十年六月縣自治施行細則や縣會議員選擧規則を發布してゐる、卽ち中央政府は斷然各省の自治を禁することも出來ずさりとて國家組織の更改に努力するでもなし唯成行に任かせてゐた又督軍に對して非難が續出したので自然督軍の名が、嫌はれ出したので督軍の中には自分で總司令とか、盧永祥の如きは民國十一年省を止めて浙江軍善後督辦などと稱してゐた、要するに支那で聯省自治の聲が盛んであるときは中央の勢力微力なのを表象するものである、群雄割據して北京政府を睨ふもの丶多い結果であると見て差支ない、若し聯省自治の成就の曉は完全に地方が夫々獨立した時に初めて云へる譯で其時は民國は亡んだものと見て差支ない、卽ち國家とは沒交渉で謂はゞ無關係で地力團體が自己の事を自ら治めて行きさへすればそれでよいといふ觀念に陷つてゐた從つて國家との關係を無視して當然中央の管理に歸すべき關稅、交通、幣制、軍事の如きすら各省で自由勝手に處分してゐた就中、廣東雲南の如きは其著しい例である、然し今日の日本及歐米各國の自治の制度とは其意義を異にしてゐる、勿論一面には自治は國家の御世話にならぬといふ觀念はあるが他面に名譽職を以て國家の行政を處理すると云ふ意味がなければならない、換言すれば國民が選擧した名譽職を以て國政に參與することを自治と云ふのでなければならない、民國九年から唱へられた支那の自治は前に云つたやうに分治であつて國家の目的を害するものと混同されてゐた、故に支那が實際に自治を形成しやうとするならば國家の目的の範圍內に於て又憲法政治の準備の爲めに地方自治を作らなければならない、政府は政治の大綱を握つて、唯方針を授けて國家統御の實を擧げ又人民にも眞に自治の責任を分つて專ら地方公益を計るものゝ心が生じなければ中華民國の新生命は到底生れて來ないのである。

地方行政法規

地方行政法規

京兆地方區域表	(三年十月)
各省所屬道區域表	(三年六月)
熱河道綏遠道興和道區域表	(三年七月)
參議院議決省議會暫行法	(二年四月)
參議院議決各省第一屆省議會議員名額表	(九月)
省議會議員各省覆選區表	(十月)
參議院議決省議會議員各省覆選區表施行	(元年十月)
省議會議會議員選擧法	(元年九月)
省議會議員選擧法施行細則	(元年十月)
修正省議會議員選擧法施行細則	(七年七月)
省參事會條例	(十年六月)
縣議會議員選擧規則	(十年六月)
地方自治試行條例	(三年十二月)
縣自治法	(八年九月)
縣自治法施行細則	(十年六月)
市自治制	(十年七月)
修正市自治制第三十六條	
市自治制施行細則	(十一年九月)
鄉自治制	(十年七月)
地方自治制模範講習所章程	(八年十月)
各道地方自治講習分所章程	(八年十一月)
各縣地方自治講習分所章程	(八年十一月)
地方保衛團條例	(三年五月)
京兆地方保衛團施行細則	(八年一月)

奉天洮南道署移駐遼源文（六年四月）
奉天省通遼鎭改設縣治文（七年六月）
奉天康平縣屬後新秋縣佐移設太平門鎭劃歸遼源縣管轄文（九年三月）
吉林省勃利改設縣治文（六年五月）
蒙北縣屬綏東地方准將原設縣佐改爲設治局文（六年四月）
黑龍江省龍門設治局等改爲縣缺文（六年五月）
黑龍江省林甸設治局改設縣缺文（六年八月）
黑龍江省望奎設治局改設縣缺文（七年十一月）
黑龍江呼倫貝爾復設縣缺文（九年三月）
黑龍江呼倫貝爾所屬奇雅河十倫設立奇乾設治局文（九年十二月）
黑龍江省奇乾設治局改爲縣治文（十年十二月）
山西安邑縣知事回駐安邑縣治縣佐移駐運城文（五年十二月）
山西省恢復清源平順縣治文（六年五月）
山西省增設方山縣缺文（七年三月）
陝西省磚砰縣更名嵐皐文（六年五月）
陝西省平利縣屬鎭坪鎭折置縣治文（九年五月）
江西浮梁縣治移設景德鎭文（五年十月）
廣西田南道屬設縣缺向都文（六年二月）
甘肅道河縣屬太子寺地方增設縣治文（八年三月）
甘肅金城縣更名榆中縣文（八年十月）
甘肅省導河寧定兩縣劃分區域文（九年十月）
雲南省他郎縣更名墨江休納縣更名玉溪呈文（五年十二月）
雲南大關縣治分設鹽津縣文（六年一月）
新疆省呼徒壁縣佐改升縣缺文（七年二月）
新疆省和闐西北境設置墨玉縣文（八年五月）
新疆省設布爾津河縣治文（八年七月）
新疆津河縣屬大營盤增設博樂縣治文（九年一月）
新疆省增設焉耆和闐兩道尹缺文（九年四月）
新疆布爾根河暨托古遜地方添設縣佐文（九年十一月）
新疆疏附縣屬烏魯克恰提卡設置縣佐文（九年十二月）
新疆阿山道境增設承化等縣文（十年十一月）
新疆省葉城縣屬坡斯坎地方析置澤普縣治文（十年十一月）
察哈爾商都招墾設治局改爲縣缺文（七年十一月）
察哈爾興和商都兩縣更正劃界另造徵冊文（九年二月）
市自治會々員選擧規則（十年十一月）
青島市施行市自治制令（十一年十一月）
膠澳各鄉施行鄉自治制令（十一年十一月）
膠澳商埠暫行章程（十一年十一月）

第五章　蒙藏部行政

第一節　蒙藏行政史

内蒙古

一、内蒙古、蒙古諸部の酋長は大概元の子孫である、明の太祖が本部を平定して元を北方に驅逐したが之を全滅して版圖とすることが出來なかつた、故に元の子孫で漠南漢北に在つた百餘部は其系統が絶えなくして明末に至つた、然し此間各部落皆獨立して相爭ふばかりで之を統一して大勢を造るものがなかつたので南下して明と圖つて大事業をしやうとする者もなかつたのである。

明代に至つて比部落中强大なもの凡そ三部あつた、(一)察哈爾、(二)チハルヱラト、(三)カルカ等であるチハルは今の直隷山西の長城以北に居り内蒙古の諸部落を征服した、ヱラト内蒙古西部から青海新彊の間を制し、カルカは外蒙古に據つた、淸の太祖が始め滿洲に在つて漸く勃興の兆を示した時、內蒙古東邊に在つた科爾沁と云ふ凡そ九部の兵が東漸して難を始めた、太祖は之を邀へて討ち亡した、其後蒙古東方部落とは同盟し力を合せて明と圖るの計策を採つた、次で太祖は遼東を拓き奉天に都してからは蒙古部落は競ふて之に屬するやうになり嫩江水邊から內蒙古東部の土地は皆太祖の掌中に歸した此處で太祖は西に向ふやうになりチハルを制し西遼河の上流から直隷の北方に出たが間もなく病沒した太宗之に次で蒙古東部十部の兵を率ゐて再びチハルを制して張家口に出で此處に部署を定めて、天聰三年明を攻めて北京に迫つた事もあつたが、之と和して北に歸つた、其後蒙古諸部落續々降服し來た、太宗は是等の力を利用して天聰六年歸化城に至つてチハルを雲河以西に走らし直隷山西の長城以北を悉く略して仕舞ひ九年には蒙古の壯丁を編して旗とした、所謂蒙古八旗の起りは此處から出た、淸朝は滿洲に國基を立て、進み蒙古に入り內蒙古部落を征服し其兵を集めて明に迫つたもので明に勝つた功は蒙古人も負ふ所多いと云はねばならない。

二、外蒙古、外蒙古の四大部落はカルカと總稱して北方に根を据えてゐた明末に至つて南方のチハルと好を通じ天聰九年清兵西征してチハルを悉く平げてカルカの諸部をも次第に清に好を通ずるやうになり其後車臣汗明と貿易したと云ふので清から責められた事もある、後外蒙古は悉く清に服するやうになつたが淸兵は土地遠隔のため奥地に深く入ることなくして唯淸はその酋長等が納めに來る朝貢を以て歸順の意を表するものと見て之に官名を與へ部長として懷從したのである、順治以後時に叛逆を計つて北邊を侵す事もあつたが常に破られて大亂を起すまでには至らなかつた、衛拉特は元四部に分れてゐた。和碩特、スンカル、杜魯伯持、杜爾扈特であつた、和碩特は元の太祖の弟世々部長となり、杜魯伯特及スンカルも亦元の臣孛罕の子孫長となり、杜爾扈特は元の臣翁罕の子孫長となつて初は皆天山の北アルタイの南に游牧してゐた其後和碩特は分れて東に行き青海から北路の東部に移り、杜爾扈特スンカルに分れ西方トルハ台に遷りトルベトは呼蘭河の附近に居り、明末和碩特最も強く恰も衛拉特全部を制するの勢であつた、崇禎二年淸の威勢西方に及んで和碩特先づ通貢した是が淸朝と衛拉特との關係した始めである、康熙の初衛拉特の噶爾丹と云ふ者がズンガルに起り吐魯伯特、杜爾扈特を併せて西藏の達賴喇嘛五世の近臣弟巴桑結と結び又南路のカシユカルの回敎徒か白山、黑山二派に分れて相爭ふたのに乘じて白山派を擁立し威を西方に振ひ進んでは青海を侵さうとし又蒙古のカルカをも侵略し康熙二十九年には更に內蒙古の烏珠穆沁の地にまで入つて來た、そこで大帝は兵を遣し之を西遼河附近に打破り、噶爾丹王を追ふた、先づカルタン降伏の書を奉り再び蒙古に入らないと云ふことを誓ふたので帝は之を許したが淸朝は彼等に僞り多きを知つて張家口、寧夏、西寧などの要地に兵を備へた三十三年に至つてカルタンは果して再び外蒙古を掠めた、帝は科爾沁を遣して之を誘はしめた、カルタンは欺かれて庫倫河に沿ふて東進した、帝は自ら兵を率ゐて西は獨石口で、東は盛京黑龍江などの兵を蒙古から進め西は又歸化城から兵を進め庫倫に向ひカルタンを打破り、逃げるを追ふて蒙古西部を定めた、其後カルタン自殺し其郎族悉く降り是からアルタイ山南伊犁の地悉く淸に歸服したそこで伊犁將軍を置いた。

其後十年ラブタン再びズンガルに據つて兵を起して西藏を侵したが淸朝兵を西藏に出して之を破り次で西藏をも平定した時に康熙五十九年其後乾隆に至つて駐藏大臣を置き雍正に至つてラブタンの子カルタン策零に起り屢々邊境を侵した雍正帝は兩路から兵を進めて挾擊して服せしめた、乾隆帝に至つてカルタン死し國亂れたが其孫達瓦齊其族阿睦爾撒納、淸に降つてズンガルを取るべきことを奏上した帝は兵を兩路から出し達瓦齊を捕へ一時スルカルを定めた、然るに撒納功を賴んで、スルカルを領土することたけでは滿足しない更に其附近を統轄せんことを請ふたが許されなかつたので之を恨み淸兵の來停するのを待つて兵を擧げ伊犁將軍及び駐防の兵を虜にした、帝は再び兵を出して之を討ち撒納、露西亞に逃げカンカル全く鎭定した。

三、西藏は、古吐番と云つてゐた、元明の時代には烏期藏と云ひ其人種は唐古特或は土伯特に屬するものであつた、唐の太宗の時文正公主を吐番に降嫁せしめたこともある之を西藏と支那の交通した始めと云つてゐる、元の世祖西藏の僧八思巴を迎へて帝師とし、大寶法王の號を授けて其地を

清との交通

領せしめた、後嗣其後を世襲した明に至つても大寶法に奉じ其子三人皆國師として待遇し之から每年喇嘛僧來り朝貢し連年絕えなかつた是等の喇嘛は所謂紅敎の僧であつた、黃敎の宗祖宗喀巴は永樂十五年西寧に生れ敎を西藏に受けて後喇嘛の改革を圖つた、明の中頃に至つて紅敎を厭つて大に黃敎を流布したが支那の寶號を受けなかつた正德年間武宗は始めて使を遣り達賴を呼んだが支那に來ることを欲しないので明使に從ふた將士は兵を以て威嚇して却つて西藏人に破られて逃げ歸つた武宗自ら立つて悉く西藏僧を退け又喇嘛敎を遠けた、清の太宗の時(崇德七年)カルカの三汗五世喇嘛に書を送つてから達賴は三汗と共に書を奉り方物を献ずるやうになつた、其翌年清は使を送つて金剛大士の號を授けた、清と西藏との交通は是から始まつた、世宗の九年達賴を北京に迎へて黃寺を建て、之に居らしめ歸る時には西王大善自在佛の號を授けた、康熙二十一年五世達賴沒して弟巴國事を專らにしやうとし喪を秘して發しないで萬事達賴の命と僞り益々ズンガルノカルタンを助けて喀爾喀を侵し、又清と戰はしめた此カルタンは嘗て西藏に入り喇嘛の敎を受けて汗となつたものである、康熙卅六年清兵がカルタンを破つて之を殺したので弟巴大に恐れて其責を謝し五世達賴沒してから十五年になる旨を告げて歸順した、其後新達賴喇嘛と弟巴との間に爭ひを起し容易に決しなかつたが五十九年帝は西寧の達賴を擁して西藏に入り之を第六世とし西藏全部を威服せしめた、雍正帝に至つて又々青海西藏の喇嘛兵を起したが頗羅鼐と云ふ者後藏の兵を率ひて兵を平げた帝は之を具子として西藏を統べしめ同時に西藏大臣を留め四川陝西の兵を配布した、其後年を經るに從ふて喇嘛殆んど入京せず、駐藏大臣も亦拉薩に往かず全く獨立國たる觀を呈して來た且つ其地が印度と隣接するが爲め屢々外交問題を惹起した。

印度北方ヒマラヤ山下に、西金布丹尼保爾の三小國がある、布丹とネパールは西藏人最も多く尼保爾は人種西藏と同じではないが兩國共に喇嘛敎を奉じてよく似てゐるネパールは淸朝に入貢して其屬國となり西金は西藏の屬地となつた嘉慶年間ネパールは其土地の少し大きく武力優つてゐるので西金の弱いのを侮つて兵力を以て之を征服し印度に入つた、印度政府は直ちに西金を助けてネパールを破り其王位を復し他に事あれば西金を助けることを約した。

西金はヒマラヤ山系を越えて西藏內地に通ずる唯一の道路に位するものであるから英國は之を掌中に納めて步を西藏に進めやうと希望してゐたのである、故に印度政府は西金に迫つて國を開放し貿易を許すことを約せしめた、一八七六年(光緒二年)芝罘條約が結ばれたとき其中に英國人の西藏通過を許すと挿入してゐる、一八八四年印度政府の官吏が拉薩に行く旅行劵を北京政府に要求して得た、此旅行は數人の學者を連れて西藏の地理物產などを探險する目的であつたが淸國は固から之を喜ばないし西藏人も激昂して干才に訴へても之を妨害しやうと宣言したりして事面倒に見えた、が偶ま英國がビルマを併呑する事件が起り淸國と交涉を開始したが淸國は英國がビルマを領有することを許し之に代へて西藏には探險隊を派遣せしめないことを約して漸く落着した。

然るに其後西藏人は西金の王を說いて英國の保護を捨てゝ西藏に歸順すべきことを諭し王も之を

聞いて西藏に移住して英國の言を聞入れず西藏に止まること約二年西藏人は統兵を西金に送つて城塞を築き、英國の貿易を遮斷した、英國は一八八八年兵を西金に出して西藏軍を國外に驅逐して王を歸國せしめ英國の駐在官を置くことゝなり是に依つて內治外交を指揮することに定めしめて殆んど領地同樣にした、淸國之を見ても如何ともすることが出來ず一八九〇年駐藏大臣升泰をカルカッタに遣はして印度總督と會見せしめ西藏と西金との境界を定め淸國は西金を保護國であることを承認して續て一八九五年に追加條約を結んで、西藏の亞東を開き西藏印度の通商を許すやうになつた英國が西金から西藏に通商を始めるやうになると共に、露國は北方から喇嘛教徒懷柔策を廻らした元來此喇嘛教は殆んど支那蒙藏全體に奉信せられ其範圍も大きいのであるから露國が之を懷柔すれば西比利亞から蒙古天山を通じ西藏から一擧にして印度に通ずべきことを見出したのであつた、露國は西比利亞の蒙古人種中の勃旦雜克をいふ種族を使つて之を露國や西藏に留學せしめて策を授けて西藏蒙古一帶の喇嘛に露國を信賴せしめやうと圖つた、北淸事件の時聯合軍が北京を陷入れた際露國は私かに淸國大官に西藏を露國に與ふるなれば露國は淸國の保命に全力を注ぐであらうと一方達賴喇嘛に勸めて露都に往かしめ露帝に謁見して其保護を請はしめて西藏を征服する策を計畫した然し事未だ成らざる中に滿洲問題切迫して又西藏に手を下することが出來なくなつた、英國は露國の西藏策と見て大に憂慮し印度政府は兵を出して西藏を略取しやうと謀つて一九〇三年に西藏の境から拉薩に入つた達賴喇嘛大に恐れて蒙古に逃げた、英國は班禪に會議を開き江放及他一ケ所を新に印度貿易の爲めに開き印度國境から拉薩に至る軍備を撤去し又五〇萬磅を印度政府に支拂ふ條約を結んだ、達賴喇嘛は蒙古に走り露國の救を求め英兵を破らんことを謀つたが、丁度日露開戰に合して如何ともすることが出來なかつた、清國政府は極力條約の承認を回避しやうと努めたが西藏を併呑しないこと西藏の內政に干涉しないことを條件として、之を承認した日露役後清國は國政改革を圖ると同時に蒙藏部の經營を重大視して、趙爾豐を駐藏大臣に任じ、專ら對藏策を講究せしめた其後四川西藏の境上に在る巴塘に根據を置いて趙爾巽を總督に任じた一九〇七年英露は西藏に關する協約を結ぶことゝなり二國は凡て西藏と交涉する問題は清國政府を經てしなければならなくなつた其後西藏問題は屢々問題を惹起して今日に至つたものである。

四、蒙古の行政狀態、は完全と云へないが官治と自治に分れてゐる、其一族に屬長を十家に什長一人を置き治安を維持せしめてゐる男子十八歲以上五十歲以下の壯建なものは皆驍騎に編成してゐる每驍騎五十に領催六人驍騎校一人を置き此上に佐領及參領を置いてゐる左領には定員がない騎の大小に依つて之を定め參領は六佐領に一人を置いて札薩克全騎を統一してゐた數騎の上に盟長を置いてゐた、(イ)札薩克と云ふのは會長の意味で旗に一人を置き世襲とし政府に對する義務は、(一)朝賀(二)貢献(三)編丁(四)論功行賞等であつた(ロ)盟長は札薩克中から選定の上政府が之を任命するものである(ハ)派遣官、以上の他理藩部から役人を派遣して各地方を統轄してゐた。

五、最近の內蒙古、(イ)熱河都統は熱河に駐在して長城に近き蒙古を治めてゐた、元來此地方は内地人と蒙古人の混在せる地方であるから以前蒙古の地であつたのを直隷省としたのである常に其都統は獨立の地位を占めてゐたが、一般民治に就ては直隷都統と會議してゐた、（ロ）察哈爾都統は張家口に駐在して内蒙古の大部分を統轄してゐた、張家口の長城に近い地方は熱河と合して直隷省中に編入されたから其地方の事は直隷都督と會議することになつた、（ハ）綏遠城將軍は山西省の綏遠城に駐在して附近の蒙古を管理して山西の事に就ては山西巡撫と會議してゐた。

最近の外蒙古

六、最近の外蒙古、（イ）定邊左副將軍外蒙古の烏里雅蘇台に駐紮し、カルカ全部を統轄し其下に（一）定邊蒙地方參贊大臣（二）烏里雅蘇台等地方參贊大臣（三）科布多等地方參贊大臣（四）科布多辦事大臣、（ロ）庫倫辦事大臣庫倫に駐在して主として露國との交渉を司つてゐた。

新彊省、新疆省は直省の一つであるが其行政組織は聊か他省と異つてゐる、即ち蒙古のやうに自治及官治に別れてゐることと官治は更に民政と軍政とに別れてゐる、部落の自治機關は伯克或は札薩克と云ひ、官治には將軍及大臣巡撫を置いてゐた、（一）伯克と云ふのは回敎徒が酋長と云つた尊稱で其設置は乾隆帝時代に始まつてゐる其職權は蒙古の札薩克と同じである（二）札薩克は哈密吐爾番地方に於ては蒙古地方のやうに旗に別れてゐた從つて蒙古と同じく札薩克を置いた（三）軍政官としては伊犂將軍と副都統がある是は乾隆廿七年頃總管伊犂等處將軍を置き滿洲兵丁を率ゐて屯田せしめたものから始まり將軍は新彊各地に駐在する諸大臣を統べ新疆の軍政を司り邊防の事に從事した其下には次の役人がゐた（イ）參贊大臣（ロ）領隊大臣（ハ）辦事大臣等である（四）民政官としては内地諸省と同樣であつた。

其他青海の各旗には札薩克を置いてゐるが盟長は置かない辨事大臣は甘肅の西寧に在つて之を統べてゐた。

西藏には二大喇嘛があつて政敎二權を掌握して駐藏大臣か之を監督してゐたことは既に述べた通りである。

西藏の自治機關は達賴班禪の下に各種の行政機關があつて一は喇嘛僧でなくして官吏である唐克特官で他は喇嘛僧の行政を兼ねてゐる喇嘛官である。

前藏政府に就て云へば噶倫卜が喇嘛に代つて國政を統督するものであつて、蓋し喇嘛は宗敎政治の統裁であるのは勿論であるが、彼等が宗敎に全身を委するので俗事は他に委任しなければならないので本官を置いてゐる次第である、達賴が若し幼少で十八才未滿である時は此噶倫卜代つて政敎二權を掌つてゐた、此官は最重要のものであるから喇嘛僧以外に授けない四大僧正中から選拔し達賴に忠順裁可を經て任命される原則であつた、噶倫卜には一世達賴が作つたと云ふ憲法がある(一)達賴に忠實なること(二)最高の審判官として訴訟を裁決すること(三)敎旨を恪守すること(四)隣國との戰を避くる方針を採るべきこと(五)魚類獸類の殺生を禁ずること(六)文學を奬勵すること。

其他噶布倫と云つて參議官の役を力め有力なものであつたが貴族中から四人を選任し其三人は唐古特官とし一人を喇嘛官とした喇嘛官主席となつて之を率ゐ行政會議を開いて重要事項を決議した

仔俸及商卓特色は財政を掌つてゐた、業爾倉巴は二人を定員として租稅徵收を掌つた、朗仔轄は二人在つて拉薩市中の警察を司る、協爾幫は裁判を達琫は二人在つて馬廠を掌つた。

以上は中央官吏の主なものであつて其他宮中官及僧官がある、又地方には營官を置き營官は知府のやうなもので駐藏大臣に屬して地方の民治軍政を掌つた。

後藏

七、後藏、の政府組織は前藏に比べると至極簡單である、凡て官吏は喇嘛を用ゐて、歲琫、森琫、卓尼爾などと云ふ官を以て凡ての政務を掌らしめた、是等の任免は班禪喇嘛から達賴と駐藏大臣に圖つて定めた。

官治政治

官治、政府は駐藏大臣を派遣して法王を輔佐し官吏を監督し、兵刑、財、外交などの政務を統べしめ任期を三年とした當時の權限を擧げると(一)兩藏の政務を統理す(二)官吏の任免(三)軍隊の節制(四)貿易事務等で凡て達賴と協議の上決めた。

第二節　蒙藏部現行制度

一、蒙古

盟

イ、盟(チルガン)　蒙古の區劃には盟がある其下に旗がある數旗會盟して盟をなすもので、盟名は會盟の地に依つて冠する、現在の盟數は次の通りである。

內蒙古 ｛東四盟
　　　 ｛西四盟
喀爾喀　四盟

杜爾伯特　二盟　土爾扈特　五盟
私碩特　一盟　青　海　一盟
　其他は盟を設けず
盟には次の諸員を置いてゐる
盟　長　一人　（青海には盟長を設けず。又西土爾扈特盟長は東土爾扈特盟長之を兼ぬ）
副盟長　一人
幇辦盟務　哲里木　二人　卓索圖　一人
　　　　　昭烏達　一人　伊克昭　一人
倫　兵　一人　內蒙古六盟に限つて置かる
盟長は盟內各旗の事務を彙治し、司法、行政に關しては地方長官の監督を受け、覲京、封爵、貢品、俸祿其他蒙古特別の待遇或は事務に關しては蒙藏院の監督を受け、札薩克の決することの能はざるものは盟長に於て之を辦じ、尙ほ決することの能はざるものは更に地方長官又は蒙藏院に於て之を辦ず、而して盟長以下の諸員は盟中の札薩克閑散王公中の賢能なるものから之を補い任期に限りかなく又之れが爲めに別に俸祿を加へない。

ロ、旗（ホショ）　蒙古各部落を旗するものは、元滿洲は旗に準じて、之を名つけたが爲めで、旗名の詳細は後に之を表示する、是等各旗の境界は概ね山河を以てして、山河の目標なきものは鄂博《イーボー》（封堆と譯し土饅頭形なり）を以て之を表してゐるが之を以て越境游牧を嚴禁してゐる。

旗內職員

- 札薩克《ナヤサク》
  - 協理台吉
    - 印務梅倫─邦務札藍─筆且齊
    - 閑散梅楞─閑散札藍
  - 管旗章京─管旗副章京─參領─佐領─驍騎校
    - 領催─什長
    - 屯達
  - 拜生達

札薩克

ハ、札薩克《チヤサク》　旗の長で、旗衆の管轄治理及び司法の權を有し、民國に至つても其原有の特權に異ることはない、札薩克は之を世襲職とし、若し罪あつて削らるゝ時は、族中、他の賢良なものを擇んで之れに補する。

札薩克の事務は王府の傍に設置せられた印務處に於て之を司り、印務處には協理台吉、管旗章京の內孰れか一員宛輪番に値班す。

旗であつて札薩克を設けないものは總管或は協領或は參領等を以て管し、更に副都統、都統、將軍、鎮守使等に隷屬してゐる、尙ほ喇嘛であつて部衆と領土とを有するものは其待遇札薩克と同じてあつて、札薩克の部衆を阿爾巴圖《アルパト》、喇嘛の部衆を沙畢那爾《シヤビナル》と稱してゐる。

協理台吉

ニ、協理台吉《トスラクチノ》　札薩克の補で內蒙古では印君と俗稱してゐる、札薩克事故ある時は旗務を署理し又其幼少な時之を攝し、別に定員旗の大小に依つて一名乃至四名を置き、台吉、及閑散王公中

印務梅倫

閑散梅楞
印務札藍

閑散札藍
筆且齊

から選補する。

ホ、印務梅倫《タマガメーロン》　毎旗に一人を置き旗政を佐理せしむる、其事故ある時は管旗副章京或は閑散梅倫が之を代理する、印務梅倫は台吉出身のものに限り之に任ずる。

ヘ、閑散梅楞《ソラメーロン》　別に定員定職なく、印務梅倫事故ある時に之を代理する。

ト、印務札藍《ダマガチヤーラン》　毎旗に一人を置き、印務梅倫を助けて旗務を理し其事故ある時は管旗札藍又は閑散札藍から之を代理する。

チ、閑散札藍《ソラチヤーラン》　定員定職なく印務札藍事故ある時は之を代理する。

リ、筆且齊　印務處内の文筆一切の事務を司る書記で別に定員なし。

ヌ、管旗章京《チヤカルチー》　毎旗に一人を置き札薩克に直屬し旗衆を總管す台吉王公より補し適任者なければ管旗副章京から補選する。

ル、管旗副章京《キショヨメーロン》　旗の大小に依り定員なく概ね十佐領内外につき一員を置く、台吉より補選し適任者なければ參領中から補選する。

オ、參領《ホショヨメーロン》　旗の大小によつて定員なく概ね五六佐領につき一人を置く、台吉より、補選し、適任者なければ佐領中から任ずる。

ワ、佐領《ソムチレケイ》　佐領は旗を組織する單位となるもので、旗により其數同じでなく、佐領は百五十丁につき一人を置くの定めで、其半數に充たないものは半分佐領と稱し半分佐領一人を置く、但し佐領衆の數は必ずしも一定せず現に熱河地方の名旗の如きは旗衆逸散して本旗殘留者往々半數にも達しないものがある、尚ほ又佐領の種類にも前記半分佐領の外世襲佐領、公中佐領輪管佐領等ある、佐領は之れを台吉より補し、適任者なければ驍騎校中から補する。

カ、驍騎校《コンド》　毎佐領に一人を置き旗衆より補選する。

ヨ、領催《ボシク》　毎佐領六人宛を置き旗衆より補選する。

タ、屯達《タロカ》　村長が札薩克命を受けて村内のことを處理する。

レ、什長《アンペンタロカ》　毎十丁につき一人を置くも官吏として待遇を受けるのでない。

ソ、拜生達《バイシヨンター》　王府内の會計、器物建築物の保管監督、儀仗、取次等を司官で我國の家扶の如きものである。

二、蒙古王公の爵位俸祿

蒙古王公の爵位に次の六等あり

親王、郡王、貝勒、貝子、鎭國公、輔國公

右六等中に入らないものを台吉《ダイヂイ》と云ひ、之れに一等より四等迄に至る區別がある。

次に蒙古王公の俸祿は次の通りである

	俸銀(兩)	俸緞(疋)
汗	二、五〇〇	四〇
科爾沁親王四員	二、五〇〇	四〇
親王(裁撥)	二、〇〇〇	二五
科爾沁郡王一員	一、五〇〇	二〇
郡王	一、二〇〇	一五

貝勒	八〇〇	一三
貝子	五〇〇	一〇
鎭國公	三〇〇	九
輔國公	二〇〇	七
扎哈泌信勇公	二〇〇	七
扎薩克台吉	一〇〇	四
御前乾清門行走一等台吉	一〇〇	｜
同　二等台吉	八〇	｜
同　三等台吉	六〇	｜
同　四等台吉	四〇	｜
有達漢號者	二〇	四
西藏之部	俸銀(兩)	俸緞(疋)
西藏噶布倫	一〇〇	｜

下嫁固倫公主	一、〇〇〇	三〇
同和碩公主	四〇〇	一五
同郡　主	一六〇	一二
同縣　主	一一〇	一〇
同郡　君	六〇	八
同縣　君	五〇	六
同鄉　君	四〇	五
固倫公主額駙	三〇〇	一〇
和碩公主同	二五五	九
郡主同	一〇〇	八
縣主同	六〇	六
郡君同	五〇	五
鄉君同	四〇	四

三、內蒙法廷組織章程

察哈爾各旗群翼等の司法機關はもと理刑衙門と稱し組織簡陋にして事權紛雜なりき曩に察哈爾都統の建議に基き從來の理刑官を審理員と改稱し薦任官とせし事は曾て本部より呈請して大總統の批准を得たり後該部は理刑衙門を審判處と改稱せん事を建議し且察哈爾各旗群翼等審判處組織章程を本部に提出して認可を請へり查するに原案は地に因りて宜しきを制し大抵妥當なり間々政正を要する處は旣に本部より蒙藏院と協議の上修正を加へ且國務會議に提出して議決を經たり該章程十四條は別に抄錄して鈞鑒を仰ぎ裁可の上本部に命じて施行せしめられん事を請ふ(六年四月一日指令)

審判所組織章程

四、察哈爾各旗群翼等審判處組織章程

第一條　本章程は阿桂圖、搭拉、貢果羅、巴音察漢、明安の各審判處に適用す

第二條　各審判處の管轄區域左の如し

一、阿桂圖審判所は鑲黃正白二旗を管轄區域とす

二、搭拉審判處は正黃正紅二旗を管轄區域とす

三、貢果羅審判處は正藍鑲白二旗を管轄區域とす

四、巴音察漢審判處は鑲紅鑲藍二旗を管轄區域とす

五、明安審判處は牛羣達里岡崖を管轄區域とす

第三條　各審判處の管轄訴訟事件左の如し

一、初級案件第一審

二、地方案件第一審

但都統署審判處附設地方廷の管轄と衝突せざる者に限る

第四條　各審判處に監督審理員一人を置く、都統審判處より本籍以外の者を選擇し合格者を都統より司法總長に照會して之を薦任す審理員二人を置く各旗總管より本籍人を選擇して都統署に送り都統審判處に於て合格者の選拔試驗を行ひ都統より司法總長に照會して之を薦任す

第五條　監督審理員及審理は蒙文蒙語に通曉して左記資格ある者を合格とす

一、司法官試驗を受くる資格ある者

二、檢事又は檢察官に一箇年以上在任せし者

三、前二項の資格なくして曾て三年以上審判事務に從事せしもの

四、蒙口區立法官養成所卒業試驗合格者

第六條　監督審理員は本處の事務を指揮監督す、監督審理員事故ある時は審理員席順に依り之を代理す

第七條　各審判處に民事刑事各一廷を置き監督審理員及審理員民事刑事を分掌す司法事務の分配は處務細則を以て定む
第八條　各審判處の審理案件は監督審理員又は審理員單獨に之を行ふ但監督審理員が事件の性質重要なりと認めたる者は三人の合議廷を以て之を行ふ
前項の合議廷監督審理員を以て廷長とす
第九條　各審判處に書記官一人承吏錄事各二人を置き監督審理員之を任用す
第十條　各審判處に司法警察六人以上を置く各該旗總管管轄軍隊の軍人を以て之に充つ
第十一條　各審判處に驗吏一人又は二人を置く但前例に依り鄰縣より借用するを得
第十二條　各審判處の捜査逮捕事務及五里以上に事件を傳達する時は各本旗總管或は直接に各佐督審理員にて立案し都統署審判處を經て司法總長の裁可を受くべし
第十四條　本章程は公布の日より施行す

第三節　蒙古各部落首長の譜系

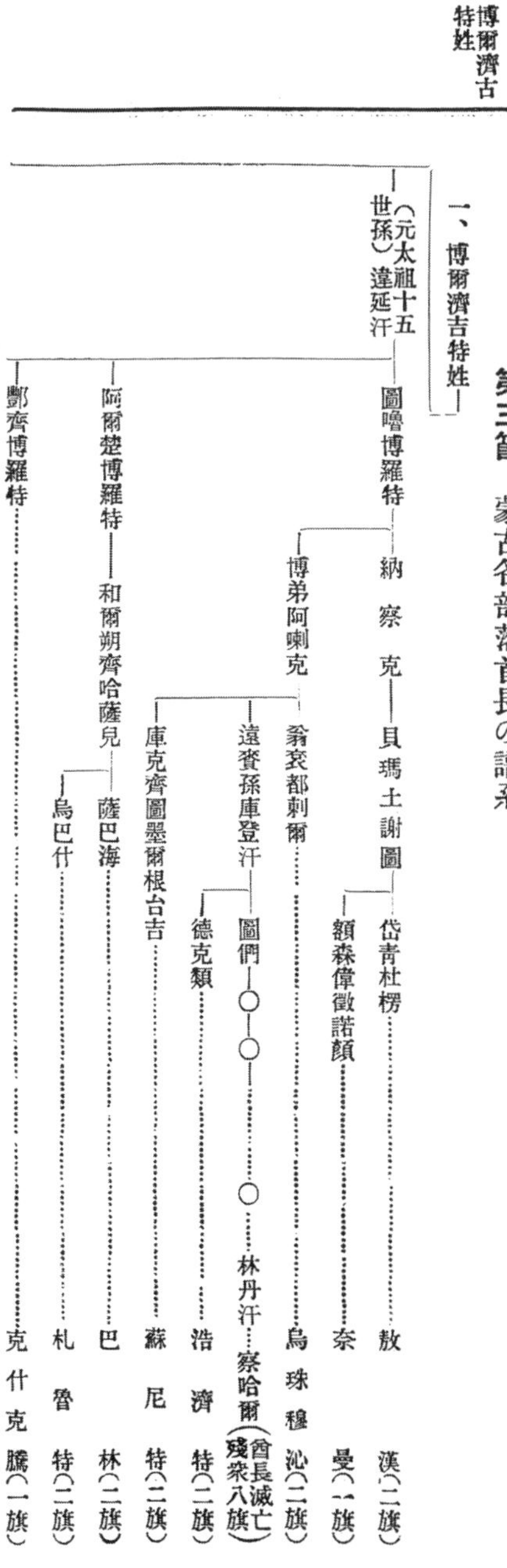
博爾濟古特姓
一、博爾濟吉特姓
(元太祖十五世孫)達延汗
圖嚕博羅特
納察克
貝瑪土謝圖
岱青杜楞
敖漢(一旗)
額森偉徵諾顏
奈曼(一旗)
博弟阿喇克
翁衮都剌爾
烏珠穆沁(二旗)
達賚孫庫登汗
圖們
林丹汗
察哈爾(酋長滅亡殘衆八旗)
德克類
浩濟特(二旗)
庫克齊圖墨爾根台吉
蘇尼特(二旗)
阿爾楚博羅特
和爾朔齊哈薩兒
薩巴海
巴林(二旗)
烏巴什
札魯特(二旗)
鄂齊博羅特
克什克騰(一旗)

- 巴爾斯博羅特
  - 袞弼哩克圖墨爾根……鄂爾多斯（七旗）
  - 阿爾坦
    - 僧格……土默特右翼（一旗）
    - ○—○—○—博碩克圖……歸化城土默特（二旗）
- 格呼森札札賚琿台吉
  - 諾諾和
    - 阿巴岱—○—○—察琿多爾濟……土謝圖汗（二〇旗）
    - 圖蒙肯—○—○—善巴……三音諾顏（二三旗）
    - 阿布和……喀爾喀右翼（一旗）
  - 阿敏都剌勒
    - 謨羅貝瑪—○—○—○—○—烏默克……車臣汗（二三旗）
    - 巴顏達剌—賚瑚爾汁……札薩克圖汗（一八旗）
    - 圖們達拉岱青……喀爾喀左翼（一旗）
  - 鄂特歡諾顏……青海喀爾喀（一旗）
  - （系不明）……巴勒布泳圖……唐克特喀爾喀（一旗）

阿克薩噶勒泰

- （元太祖哈弟布圖八世孫）
- 阿克薩噶勒泰—阿魯古特穆爾—○—○—○—圖美尼雅哈齊—奎蒙克塔斯哈剌
  - 博第達剌
    - 齊齊克—翁果岱
      - 奥巴……科爾沁謝圖（一旗）
      - 布達齊……同札薩克圖（一旗）
    - 納穆賚
      - 莽古斯……同達爾漢（一旗）
      - 洪果爾……同賓圖（一旗）
      - 明安……同博王（一旗）
    - 阿敏—蒙袞……札賚特（一旗）
    - 愛納噶—阿都齊……杜爾伯特（一旗）
    - 烏巴什……郭爾羅斯（二旗）
  - 諾們達剌—○—○—剌麻什布……科爾沁蘇鄂公（一旗）

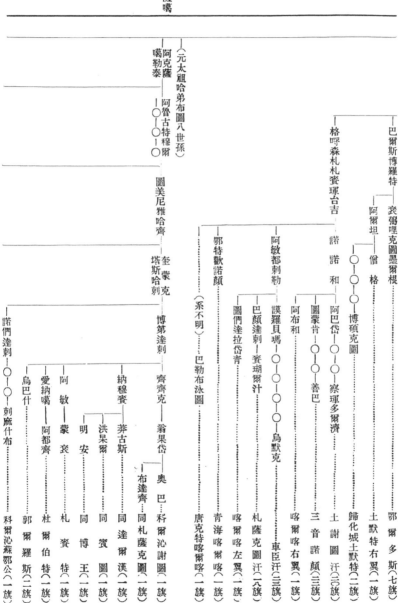

烏梁罕姓　綽羅斯姓

巴袞諾顏—昆都倫岱青—達賚……阿魯科爾沁（一旗）
諾延泰……四子部落（一旗）
布爾海……烏剌特（三旗）
鄂爾圖鼐布延圖—錫剌奇塔特—多爾濟—○—僧格……茂明安（一旗）
（號土謝圖汗）（游牧呼倫貝爾）
烏魯克特穆爾……（哈布圖哈薩爾十七世孫）額魯特汗—○—顧實汗（和碩特祖）—巴延阿布該阿玉什……阿拉善額魯特（一旗）
（餘子）……青海和碩特（二〇旗）
拉藏汗……附牧察哈爾額魯特
（兄）昆都倫烏巴什—多爾濟……珠爾都斯和碩特（三旗）
蒙袞……新和碩特（一旗）
（元太祖弟布格博勒格圖）（十七世孫巴）雅斯湖布爾古特—塔爾尼庫圖……阿巴噶（二旗）
諾密特默克圖……阿巴哈那爾（二旗）
（元太祖弟諤楚圖）（十六世孫）蒙克察罕諾顏—○—○—圖蘭……翁牛特左翼（一旗）
棟岱青……翁牛特右翼（一旗）

二、烏梁罕姓
元臣濟拉瑪……（七世孫）和通—格呼博羅特—格呼勒泰寧桑—莽克岱……土默特左翼（一旗）
思克……喀剌沁右旗及中旗（二旗）
（喀剌沁ノ祖）
圖魯巴圖爾—○—○—色稜……喀剌沁左翼（一旗）

三、綽羅斯姓
元臣孛罕……（六世孫）額森—博羅納哈勒……杜爾伯特（四旗）
（杜爾伯特ノ祖）
額斯墨特達爾汗諾顏……三音諾顏附牧額魯特（二旗）
（準噶爾ノ祖）
（七世孫）巴圖爾琿台吉……青海綽羅斯（二旗）

伊克明安姓

無姓

―（系不明）……駐京綽羅斯
―（系不明）……札　哈　沁（一旗）

四、伊克明安姓
元臣札巴甘墨爾根――（十二世孫）達　什――色布騰――班珠爾――達瑪璘……杜爾伯特附牧輝特下前旗
　　　　　　　　　　　　　　　　　　　　　　　　　――羅布藏――衮　布……同　下　後　旗
（輝特ノ祖）
（系不明）……羅布藏――噶爾丹達爾札……札薩克圖汗附牧輝特（一旗）
（系不明）……納木占……青　海　輝　特（一旗）
（系不明）……巴　桑……黑龍江伊克明安（一旗）

五、無　姓
元臣翁罕……（七世孫）貝杲鄂爾勒克――珠勒札幹鄂爾勒克――○――書庫爾岱青――○――阿玉奇……舊　土　爾　扈　特（一旗）
（土爾扈特ノ祖）　　　　　　　　　　　　　　　　　　　　　　　――納木策凌……額濟納土爾扈特（一旗）
　　　　　　　　　　　　　――衛衮察布察齊……（六世孫）舍稜……新　土　爾　扈　特（二旗）
　　　　　　　　　　　　　――保蘭阿噶勒瑭――○――○――索諾木喇布坦
　　　　　　　　　　　　　――莽　　博――博第蘇克……青海土爾扈特（四旗）

△備　考（一）各部内の王公台吉は皆該部各旗札薩克の一旗とす

第四節　隷屬關係

各部と地方官並に特派官との隷屬關係を云へば

（一）蒙古人に對する行政は各旗札薩克の自治に一任し以て盟長に彙治し、各該管地方巡按使或は之に相當する地方官の監督を受く

（二）蒙古人に對しては各札薩克は司法權を行使す、事小なるときは札薩克に於て决し、大なれば盟長に於て决し、更に大なるときは各主管司法官署に於て决す

（三）札薩克は領地の所有權を有す、既に漢人の爲に開放したる地方は、其行政、司法は之を地方官に委し只規定の地租を徴收

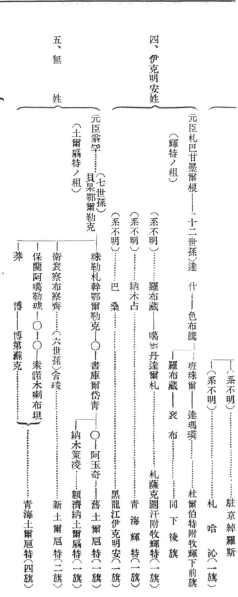

するのみ、但し開放地內と雖も蒙古人に對しては該管札薩克之を管轄す（近來札薩克の勢力愈々微にして事實開放地內非內居住の蒙古人は該管支那地方官の統治を受くる地方多し）

（四）對外交涉、邊防事務は中央政府の各主管官署に於て辦理す但し地方に關係ある重要事件は臨時該地方行政機關を參議せしめたる上施行す

（五）軍事に關して陸軍部、督軍、都統、鎭守使、護軍使等の指揮監督を承く

（六）疆理、封爵、刺麻、入覲、贍品、俸祿、廩餼、錫賚、儀制、會盟、給郵、敘勳、任官、捐輸等に關して蒙藏院の指令を承く

（七）札薩克なき部落は督軍、都統、省長、辦事長官等に並隸す

一、隸屬關係圖示

- 奉天督軍・奉天省長
  - 哲里木盟科爾沁部六旗（外に養息木牧廠）
- 吉林督軍・吉林省長
  - 哲里木盟郭爾羅斯前旗
- 黑龍江督軍・黑龍江省長
  - 哲里木盟郭爾羅斯後旗、杜爾伯特旗、札賚特旗
  - 伊克明安旗
  - 呼倫貝爾各部落（現今、獨立中）
  - 布特哈打牲部落
- 熱河都統
  - 卓索圖盟三部六旗、照烏達盟八部十二旗
  - 錫哷圖倫刺麻旗、達什達瓦額魯特旗
  - （外に舊圍場熱河地方）

- 察哈爾都統
  - 錫林郭勒盟五部十旗
  - 察哈爾左右翼八旗—達里崗崖牧廠—南都達布遜諾爾牧廠
- 綏遠都統
  - 烏蘭札布盟四部六旗、伊克昭盟一部七旗、附牧青吉斯汗部
  - 歸化城土默特二旗
- 甘肅督軍兼省長／隴東護軍使
  - 阿拉善額魯特旗、額濟納舊土爾扈特旗
- 定邊左副將軍（別名烏里雅蘇台將軍）〔現今獨立庫倫活佛の管下にあり、從て本名の官職は空職となれり〕
  - 土什業圖汗部二〇旗、附古羅格沁部落
  - 車臣汗部二三旗
  - 札薩克圖汗部一九旗（內輝特部一旗）附鄂多克五部落
  - 三音諾顏部二四旗（內額魯特部二旗）附烏里雅蘇台屯田地方
  - 庫倫以下游牧剌嘛五旗
  - 唐努烏梁海諸部落
- 科布多參贊
  - 杜爾伯特左右翼二盟一六旗（內輝特部に二旗）附科布多屯田地方
  - 札哈沁旗、附札哈沁信勇公旗
  - 盟阿特旗、額魯特旗
  - 〔庫倫獨立後、庫倫に附す科布多參贊の職名あれども空職となつた〕
- 阿爾泰辦事長官／阿爾泰護軍使
  - 新和碩特一部一旗
  - 新土爾扈特一盟一部二旗
  - 阿爾泰烏梁海二部七旗
  - 阿爾泰諾爾烏梁海一部二旗
  - 〔（一）阿爾泰地方は近時特に劃せられたるもので舊科布多參贊管區の一部分である、外蒙軍との對峙上及露國との關係上有名となれり（二）長官は阿爾泰城に居る、阿爾泰城土名を圖勒塔と曰ふ露人は之を「しやらすめ」と曰ふ蓋し黃寺の意である〕
- 新疆將軍衛巡按使／伊犁鎮守使
  - 舊土爾扈特、南路、東路、西路の三盟三部七旗
  - 伊犁和碩特中路の一盟一部三旗

- 新疆将軍衛巡按使専屬
  - 錫伯、額魯特（附次畢那爾）察哈爾各部落
  - 回部、哈密旗、吐魯番旗
  - 南路回城七、北路屯田回城一
  - 內屬布魯特十九部落
- 塔爾巴哈台參贊／塔爾巴哈台領隊大臣
  - 舊土爾扈特一盟一部三旗
  - 察哈爾、額魯特、哈薩克（又名きろぎす）諸部落
- 青海辦事長官
  - 青海盟二九旗（和海特二〇旗、綽羅斯二旗、土爾扈特四旗、喀爾喀一旗、輝特一旗、喇嘛一旗）
  - 商上堪布游牧二
  - 西番土司三十九部落
- 西藏辦事長官
  - 達木蒙古左右翼二旗
  - 西番土司三十九部落
  - 西藏諸部落（游牧喇嘛二九の領地を含む）

二、蒙古領地內設治各縣

- 奉天省
  - 懷德縣、梨樹縣、双山縣、遼源縣（大部）、康平縣（法庫門外一小部分）巴林愛新荒段……哲里木盟達爾漢旗
  - 昌圖縣、庫平縣（一部）、遼源縣（一小部）……同　博王旗
  - 庫平縣（一部）、法庫縣（一部）……同　賓圖王旗
  - 洮南縣、開通縣、洮安縣、乾安鎮分防照磨……同　札薩克圖旗
  - 安廣縣、鎮東縣……同　蘇鄂公旗
  - 突泉縣……同　土什業圖旗
  - 彰武縣……（舊養息米牧廠地方）

- 吉林省
  - 長春縣、農安縣、德惠縣、長嶺縣……同　郭爾羅斯前旗
- 黑龍江省
  - 肇州縣、肇東縣設治……同　郭爾羅斯後旗
  - 安達縣(大部)、多耐站佐治……同　土爾伯特旗
  - 大賚縣、泰來鎭設治、景星鎭佐治……同　札賚特旗
  - 拜泉縣(一部)……伊克明安旗
  - 呼倫縣、臚濱縣、吉拉林設治……呼倫貝爾(現獨立中)
- 熱河
  - 綏東縣(一部)……錫哷圖庫倫喇嘛旗
  - 綏東縣(一部)……昭烏達盟奈曼旗
  - 開魯縣……同　札魯特左右翼阿魯科爾沁三旗
  - 林西縣……同　巴林右翼旗
  - 經棚縣……同　克什克騰旗
  - 赤峰縣、烏丹城佐治……同　翁牛特左右翼二旗
  - 建平縣(大部)……同　敖漢左右翼二旗
  - 阜新縣(一部)……同　喀爾喀左翼旗
  - 阜新縣(大部)……卓索圖盟土默特左翼旗、唐古特喀爾喀旗
  - 朝陽縣……同　土默特右翼旗
  - 凌源縣……同　喀喇沁左翼旗
  - 平泉縣(大部)、建平縣(一部)……同　同　右翼旗
  - 平泉縣(一部)、建平縣(一部)……同　同　中旗
  - 圍場縣……(舊圍場地方)
  - 承德縣、灤平縣……(舊熱河駐防地方)

熱河

察哈爾　綏遠　陝西　新疆

- 察哈爾
  - 豊寧縣……（舊熱河、屬察哈爾鑲黄旗、鑲白旗地方）
  - 隆化縣……（同　　正白旗、正藍旗地方）
  - 張北縣、獨石縣、多倫縣……察哈爾左翼四旗
  - 豊鎮縣、涼城縣、興和縣、陶林縣……同　右翼四旗
- 綏遠
  - 歸綏縣、薩拉齊縣、清水河縣、托克托縣、和林格爾縣……歸化城土默特二旗
  - 武川縣……烏蘭札布盟四子部落旗
  - 五原縣、東勝縣……同　烏剌特三旗
- 陝西省
  - 神木縣（神木縣城）……伊克昭盟、鄂爾多斯、左旗中旗
  - 安邊廳（定邊縣の安邊鎮）……同、同、右翼前旗、右翼前末旗
  - （此二廳は綏遠との管轄區域に爭議あつて、未だ縣名に改められない）
- 新疆省
  - 哈密縣……四部哈密旗
  - 吐魯番縣、鄯善縣……四部吐魯番旗
  - 焉耆縣（一部、輪台縣（一部）……南路舊土爾扈特、中路和碩特
  - 焉耆縣（一部）、輪台縣（一部）、尉梨縣、婼羌縣……（舊哈剌沙爾地方）
  - 烏蘇縣……東路舊土爾扈特、（舊庫爾哈剌烏蘇地方）
  - 精河縣……西路舊土爾扈特、（舊精河地方）
  - 塔城縣……北路舊土爾扈特、塔爾巴哈台屬諸部落地方
  - 綏定縣、伊寧縣、霍爾果斯縣……伊犁屬、錫伯、察哈爾、額魯特、伊梨屯田地方
  - 迪化縣、奇台縣、昌吉縣、阜康縣、孚遠縣、綏來縣……（舊烏魯木齊地方）
  - 鎮西縣……（舊巴里坤地方）
  - 溫宿縣、阿克蘇縣、拜域縣……（舊阿古蘇地方）
  - 烏什縣……（舊烏什地方）

- 庫倫縣、沙雅縣……(舊庫車地方)
- 疏勒縣、巴楚縣、疏附縣、伽師縣……(舊喀什喀爾地方)
- 莎車縣、蒲梨縣、葉城縣、皮山縣……(舊葉爾羌地方)
- 英吉沙縣……(舊英吉沙爾地方)
- 和闐縣、于闐縣、洛蒲縣、且末縣……(舊和闐地方)

第五節　内外蒙古行政區劃

(甲)内蒙古	札薩克あるもの六盟	二六部五二旗	佐領	一、二九五	世爵札薩克王公	五二	世爵閑散王公	[illegible]
	同なきもの(外喇嘛一旗三部落)	二〇部四二旗	同	三二〇	同	―	同	五
	合計	四六部九四旗	同	一、六一五	同	―	同	三七

内蒙古					
哲里木盟	部	旗	佐領	札薩克	閑散王公俗名…現爵
(1)哲里木盟 盟地八科爾沁左翼中旗の境内に在り 四部　一〇旗 佐領　二三四	科爾沁《コルチン》部 奉天屬	左翼中旗(達爾漢《タルハン》)	四六	世爵(現爵) 和碩達爾漢《ホショタルハン》親王(親双)	×和碩卓里克圖《チョリクト》國…親王 ×輔國公(達公)…貝子 多羅郡王(温都爾王)……親王 多羅貝勒(濟貝勒) 固山貝子(楊貝子)……貝勒 輔國公(呢公)…鎭國公 輔國公(多公)…鎭國公
		左翼前旗(賓圖王《ビントワン》)	三	多羅賓《トロビント》郡王	
		左翼後旗(博王《ボーワン》)	三二	×和碩博多勒噶台《ボトロコタイ》親王(親双)	×多羅貝勒………郡王 輔國公(郡公)……郡王

世襲札薩克王 一〇					
世襲閑散王公 一二					
		右翼中旗(圖什業圖《トンエト》)	二三	和碩土什業圖《トシエト》親王(親双)	輔國公(博公)……貝子
		右翼前旗(札薩克圖《チヤサクト》)	一六	多羅札薩克圖《チヤサクト》郡王(革爵)	多羅貝勒……郡王
		右翼後旗(蘇鄂公《スーオーコン》)	一六	鎭國公(缺)	(現署理札薩克鎭國公一人)(輔國公一人)
	札賚特《チヤライト》部	札賚特旗(黒龍江屬)	一六	多羅貝勒(郡王)	
	杜爾伯特《トルボト》部	杜爾伯特旗(黒龍江屬)	二五	固山貝子(郡王)	
	郭爾羅斯《コルロス》部	後旗(北郭爾羅斯)(黒龍江屬)	二三	一等台吉(貝子)	鎭國公……貝子
		前旗(南郭爾羅斯)或ハ齊公旗(吉林屬)	三四	輔國公(郡王)	
卓索圖盟					
(2)卓索圖盟 盟地ハ土默特右翼旗ノ境内ニ在リ 三部六旗 佐領三二二 世爵札薩克王公六 世爵閑散王公、三	喀喇沁《カラチン》部	中旗(馬公旗)(熱河屬)	五一	一等塔布嚢《タブナン》(貝子)	輔國公……貝子
		左翼旗(吳公旗)(熱河屬)	四八	多羅貝勒(親銜、郡王)	
		右翼旗(喀喇沁王)(熱河屬)	四四	多羅都楞郡王(親双)	輔國公……貝子
	土默特《トムト》部	左翼旗(蒙古鎭王)(熱河屬)	八〇	多羅達爾漢貝勒(郡王)	
		右翼旗(西土默特)(熱河屬)	九七	固山貝子(貝勒)	輔國公銜二等台吉
	喀爾喀《ハルハ》部	喀爾喀旗(唐古特喀爾喀《タンクトハルハ》)(熱河屬)	二	多羅貝勒(親銜、郡王)	
昭烏達盟					
(3)昭烏達《チヤオウタ》盟 盟地は翁牛特左翼旗の境内に在り 八部十二旗 佐領二九八、 世爵札薩克王公一二	敖漢《アオハン》部	左翼旗(札薩克王《チヤサクワン》)(熱河)	三五	多羅郡王(親王)	固山貝子……郡王
		右翼旗(海楞王《ハイリンワン》)(熱河)	二〇	多羅郡王(親王)	
	奈曼《ナイマン》部	奈曼旗(熱河)	五〇	多羅達爾部郡王(親王)	
	巴林《パリン》部	左翼旗(小巴林)或ハ巴賚子(熱河)	一六	固山貝子(貝勒)	固山貝子(海楞貝子)
		右翼旗(大巴林)或ハ巴林王(熱河)	二六	多羅郡王(親王)	
	札魯特《チヤロト》部	左翼旗(東札魯特)(熱河)	一六	多羅貝勒(郡王)	
		右翼旗(西札魯特)(熱河)	一六	多羅達爾漢郡王(郡王)	鎭國公

世爵閑散王公　五

- 阿魯科爾沁部《アロルチン》―阿魯科爾沁旗　五〇
- 翁牛特部《オクニョウト》
  - 左翼旗（東翁牛特）　二〇　多羅達爾罕岱青貝勒　輔國公（達公）
  - 右翼旗（西翁牛特）　三八　多羅都楞郡王（親王）　鎮國公（王公）
- 克什克騰部《クシクトン》―克什克騰旗　一〇　一等台吉（國公）
- 喀爾喀左翼部《ハルハ》―左翼（察哈爾喀爾喀《チャハルハルハ》）　一　多羅貝勒（郡王）

屬

（4）錫林郭勒盟《シリンゴーロ》

盟地は阿巴噶左翼、阿巴哈那爾左翼兩旗境內に在り

五部十旗

佐領一一三、

世爵札薩克王公　一〇

世爵閑散王公　七

- 烏珠穆沁部《ウチウムチン》
  - 左翼旗（東烏珠穆沁）　九　多羅額爾特尼貝勒（親銜、郡王）　鎮國公……貝子銜　輔國公
  - 右翼旗（西烏珠穆沁）　二一　和碩車臣（親王）
- 浩濟特部《ハオチト》
  - 左翼旗（東浩濟特）　七　多羅額爾德尼郡王
  - 右翼旗（西浩濟特）　五　多羅郡王
- 蘇尼特部《スニト》
  - 左翼旗（東蘇尼特）　二〇　多羅郡王（親王）　多羅貝勒
  - 右翼旗（西蘇尼特）　一三　多羅都楞郡王（親王）　輔國公
- 阿巴噶部《アバカ》
  - 左翼旗（大王旗）　一一　多羅郡王　親王　固山達爾漢貝子　輔國公
  - 右翼旗（小阿巴噶）　一一　一等台吉　多羅卓里克圖郡王
- 阿巴哈那爾部《アバカナル》
  - 左翼旗　東阿巴哈那爾　九　貝勒銜固山貝子
  - 右翼旗（西阿巴哈那爾）　七　多羅貝勒

（5）伊克明安《イクミンアン》

伊克明安旗（莽鼐公《マンナイコン》）黑龍江屬　二　輔國公（貝子）

一部一旗、佐領二、世爵札薩克王公一

（6）烏蘭札布盟《ウランチャブ》

盟地は四子部落旗境內に在り

四部六旗

佐領五二

- 四子部落部《スツブロ》―四子部落旗　二〇　多羅達爾漢卓里克圖郡王親王
- 茂明安部《モミンカン》―茂明安旗　四　一等台吉（鎮國公）
- 烏喇特部《ウラト》
  - 中旗（巴公）　六　輔國公（鎮固公）
  - 前旗（克公）　一二　鎮國公（貝子）

綏達屬

錫林郭勒盟　伊克盟安　烏蘭札布盟

世爵札薩克王公六
世爵閑散王公四
後旗（喇公） 六 鎮國公（貝子）
喀爾喀《ハルハ》右翼部—右翼旗（喀爾喀達爾漢貝勒《ハルハタルハンベイロ》） 四 多羅達爾漢貝勒（郡王 固山貝子（明貝子） 固山貝子（沙貝子） 鎮固公

伊克昭盟

（7）伊克昭盟《イクチヤオ》
盟地ハ郭爾多斯、左翼中旗、右翼後旗、右翼前旗三旗接壌間ニ左リ
一部七旗、佐領二七、四世爵札薩克王公七、世爵閑散公一

（7）伊克昭盟《イクチヤオ》—鄂爾多斯部《オルドス》
- 左翼中旗　鄂爾多斯王《オルドスワン》） 一七 多羅郡王（親王）
- 左翼前旗（準噶爾《ジユンカン》） 四二 固山貝子（貝勒）
- 左翼後旗（達拉特《タラト》） 四〇 固山貝子（郡王銜貝勒）
- 右翼中旗（鄂多克《オトク》） 八四 多羅貝勒（郡王） 國公銜一等台吉
- 右翼前旗、五盛《ウーシヨン》） 四二 固山貝子 貝勒）
- 右翼後旗（漢公《ハンコン》） 三六 固山貝子（郡王）
- 右翼前末旗（札薩克《チヤサーク》） 一三 一等台吉（貝子）

綏遠屬

呼倫貝爾

（8）呼倫貝爾《ホーロンボイル》
康熙年間清朝ニ投歸セシ察哈爾ニ附牧セル一部ト乾隆年間投歸セル所謂新巴爾呼全部ヲ含ム總管ヲ以テ佐領ヲ管シ、副都統衙總管ヲ以テ全境ヲ管ス
四部十七旗
佐領五二、

（8）呼倫貝爾《ホーロンボイル》
- 新巴爾呼《シンバルカ》（總管二、副總管四、佐領驍騎校各二四）
  - 鑲黃、正白兩旗 六 呼倫池、東南
  - 正黃、正紅兩旗 六 呼倫池ノ西岸
  - 鑲白旗 三 呼倫池ノ東岸
  - 鑲紅、鑲藍兩旗 六 貝爾池ノ西部
  - 正藍旗 三 貝爾池ノ西北
- 陳巴爾呼《チエンバルカ》
  - 鑲白、正藍兩旗 六 海拉爾河ノ北岸
- 索倫《ソーロン》
  - 鑲黃、正白兩旗 六 海拉爾城ノ西
  - 正白、正紅兩旗 六 海拉爾城ノ南
  - 鑲紅、鑲藍兩旗 六 輝河ノ東岸
- 額魯特《オロト》
  - 鑲黃旗 四 伊敏河ノ東岸

舊黑龍江屬

（一）明治四十四年各總管勝福なる者庫倫に呼應じて獨立し今尚民國の羈絆外に在る
（二）陳巴爾呼索倫を合せて索倫巴爾呼とも云ふ、總管二、副總管四、佐領、驍騎校各二四
（三）額魯特總管一、副總管二、佐領驍騎校各四

布特哈打牲

（9）布特哈打牲《ブトハターシヨン》—達呼爾《タホル》—三旗 一 三九（一）東西布特哈境内及黑龍江屬興安嶺中ニ打牲ヲ本業

游牧喇嘛

達什達瓦

察哈爾

四部十八旗　├索《ラー》倫《ロン》──五　旗
佐領九七、　├鄂《オ》倫《ロ》春《チユン》──八　旗
　　　　　　└畢《ビ》拉《ラ》爾《ル》──二　旗

} 黑龍江屬　四七　九

トスル部落
(二)達呼爾、畢拉爾、ハ漸次農業ニ移リツヽアリ
(三)索倫ノ鄂倫春ハ居所明カデナイモノ多ク、實際ニ於テ、民國ノ政令普及スルカ否ヤハ疑問デアル
(四)黑龍江省鎮安右將軍ニ隷ス

(10)游牧喇嘛──錫呼圖庫倫喇嘛《シレトクーロンラマ》旗　小庫倫)佐領ニ編セズ　　掌印札薩克達剌麻ヲ以テ管ス　　熱河屬

一　旗

(11)達什達瓦《タシタワ》──達什達瓦額魯特──鑲黃旗　熱河屬二、

一部一旗

佐領二

(一)準噶爾達什達瓦部衆ノ來歸者
(二)八旗ニ編シ、鑲黃ノ一旗ヲ除ク外之ヲ塔爾巴哈台ニ移牧セリ
(三)熱河ノ西北獅子溝地方ニ居ル

(12)察《チヤ》哈爾

(一)天聰帝ニ征服セラレシ林丹汗部衆ニシテ初メ義州ニ置キ後張家口外ニ移シテ八旗ニ編シ康熙以後投歸者ヲ附牧セシメタリ
(二)下二各部内ノ佐領數ヲ示ス
(三)札薩克ナシ察哈爾都統ニ屬ス閑散王公三人アリ輔國公二人札薩克衛一等台吉一人九部八旗佐領一二〇

	鑲黃旗	正黃旗	正白旗	鑲白旗	正紅旗	鑲紅旗	正藍旗	鑲藍旗	計
察哈爾《チヤトル》	一〇	九	六	八	六	九	六	八	六二
科爾沁《コルチン》	二	—	四	—	—	—	一	—	七
烏喇特《ウラト》	—	三(茂明安)	二	—(茂明安)	二	—	—	—	七
伊蘇特《イソト》	—	一	—	—	—	—	—	—	一
蘇尼特《スニト》	—	—	—	—	—	—	—	一	一
陳巴爾呼《チエンパルホ》	二	二	一	二	二	二	二	二	一五
喀爾喀《ハルハ》	二	—	一	—	—	—	—	—	三
陳額魯特《チエンオロト》	四	二	二	一	二	二	四	一	一八
新額魯特《シンオロー》	二	—	—	—	一	一	二	—	六
計九部	二二	一七	一六	一一	一三	一四	一五	一三	一二〇

達里崗《タリカンガイ》牧廠　車臣汗ノ西南端、察哈爾ノ東北
商都達布遜諾爾《シヤントタブソンノール》牧廠　多倫諾爾ノ西、察哈爾ノ東北端
} 錦州ノ大淩河牧廠廢スルト合セ内務府三大牧廠ト稱セリ馬君羊、牛君羊、羊君羊、二分ノ十總管ヲ以テ管シ察哈爾部統ニ隷ス

歸化城土默特	(13)歸化城土默特《トムト》 一部二旗 佐領四九	左翼旗 右翼旗 } 佐領四九		元ト左右翼ノ旗ニ編シ各札薩克アリテ管セシガ乾隆年間罪ヲ以テ削ラレ現時一閑散輔國公アルノミ綏遠都統ニ隷ス
		青吉斯汗		青吉斯汗園寢看守ノ達爾哈特族ナリ、鄂爾多斯ノ札薩克賢能ナルモノ之ヲ管ス
綽羅斯	(14)阯京綽羅斯《チヨロス》	一部無旗		一閑散貝子(現爵郡王)アルノミ、部衆ヲ有セズ、蒙藏院直屬
外蒙古喀爾喀	(乙)外蒙古喀爾喀《ハルハ》	(俗稱ハ露文地圖ニ據ル)	(四盟四部外附牧二部八六旗外喇嘛五旗附六部落)	佐領一九〇 閑散王公一三 世爵札薩克王公八六
土什業圖	(1)土什業圖汗部《トシエトハン》 一部二〇旗 佐領七一 世爵札薩克王公 二〇	汗《ハン》山《ア》盟《リシ》 } 盟		

旗	(俗稱)	佐領	札薩克王公世爵(現爵)閑散王公
圖什業圖汗旗	(トシエト汗)	一	斡齊賚巴圖圖什業圖汗《ウオチライートトシエトハン》
中旗	(ダルハン親王)	四	固山貝子
中左旗	(トドブ公)	一	公銜一等台吉
中右旗	(チオ王)	三	多羅郡王
中次旗	(バドマチオル公)	一	一等台吉
中右來旗	(ナワンヲチオレン公)	一	輔國公
中左翼來旗	(ナムサライ王)	四	一等台吉
左翼中旗	(チオチヒンチヤプ王 或ハ墨爾根王)	一四	多羅郡王
左翼中左旗	(ナワントルザ公)	一	一等台吉
左翼前旗	(ビシリルト公或ハシンザイ公)	二	輔國公
左翼後旗	(土默特王 或ハハバチヤクドルチヤプ王)	四	鎭國公
左翼末旗	(リンクト公 或ハバドザヤルガル公)	一	一等台吉
左翼左中末旗	(オドリドクチ公)	一	輔國公
左翼右末旗	(岱青貝子)	五	一等台吉

- 右翼左旗（岱青王或ハ杭達親王）　七五　和碩親王
- 右翼右旗（ミハン公）　一　輔國公
- 右翼左後旗（チエン、チユン公）　二　一等台吉
- 右翼左末旗（ソドノム、ダルジヤ公）　一　一等台吉
- 右翼右末旗（タシドルヂ公）　一　輔國公
- 右翼右末旗（ルブサンハイドフ公）　一五　一等台吉

……（附）古羅格沁《クロコチン》　土什業圖汗旗ニ附シ獸獵ヲ業トス、卡倫附近ニ居ル

游牧喇嘛——哲布尊丹巴呼圖克圖《チオブツオンタンパホトクト》（庫倫活佛）所屬ヲ庫倫トイフ、中族境內、先頃獨立セルモノナリ

車臣汗

(2)車臣汗部——克魯倫巴爾城盟《クロロンパルボトガ》

一部二三旗

佐領五四

世爵札薩克王公　二三

閑散王公　三

- 車臣汗旗（車臣汗）　二　格根車臣汗……輔國公
- 中左旗（チエチユン王或ハサイトダラ王）　二、五　固山貝子
- 中右旗（喀爾喀王）　四　多羅郡王……多羅貝勒
- 中前旗（サムサライ貝子）　五　貝子銜一等台吉……鎭國公
- 中後旗（トンガラグ貝勒）　一、五　輔國公
- 中末旗（トルヂチオレン貝子）　三　固山貝子
- 中左前旗（ダムデンチヤブ公）　一　一等台吉
- 中右後旗（バライシル公）　〇、五　一等台吉
- 中末右旗（ルブサンチオグドフ公）　一　一等台吉
- 中末次旗（タシチオレン貝子）　一、五　一等台吉
- 左翼中旗（チ、トスルン親王）　二　和碩親王
- 左翼左旗（ポンチオケ公）　一、五　一等台吉
- 左翼右旗（ドムチオク公）　一　一等台吉

札薩克圖汗部

（3）札薩克圖《ザサクト》汗《ハン》部

二部一九旗

佐領二五

世爵札薩克王公　一九

閑散公　三

札克河源畢都哩《チヤクビテソチンビトリ》雄雅爾《ヤイル》盟

左翼前旗（チオレンニア貝勒 或ハサツハ貝勒）	一、五	鎮國公
左翼後旗（トルヂチヤブ公）	二、五	一等台吉
左翼後末旗（トルチユル貝子）	一、五	公銜一等台吉
右翼中旗（車臣王）	八	多羅貝勒
右翼中左旗（ルハモ公）	一	一等台吉
右翼中右旗（ナラヤンダ貝子）	一、五	輔國公
右翼中前旗（ミシク公）	一	一等台吉
右翼左旗（車臣公）	〇、五	一等台吉
右翼前旗（車林《チオレン》台吉）	一、五	一等台吉
右翼後旗（トドン公）	三	一等台吉
札薩克圖汗兼管右翼左旗	三	額爾德尼弼仃呼勒圖札薩克圖汗……公銜三等台吉
中左翼左旗（ナムハイ王）	二	郡王銜多羅貝勒
中左翼右旗（パエンチヤルカロ公）	一	輔國公
中右翼末旗（アーハイ公）	一	一等台吉
中右翼左旗（マニパチヤル公）	一	一等台吉
中右翼末旗（チヤロチン貝勒）	二	輔國公
中右翼末次旗（ダムデンパチヤ公）	一	一等台吉
左翼中旗（ダムデンスロン貝子）	一	鎮國公
左翼左旗（車臣《チオチエン》貝子）	一	公銜一等台吉
左翼右旗（額爾德尼《オルドニ》貝子）	一	鎮國公
左翼前旗（アチト貝子）	二	輔國公

三音諾顏部

- 左翼後旗（チロチンゲライ貝勒）　一　輔國公
- 左翼後末旗（アグワンチオレン貝勒）　一　一等台吉
- 右翼右旗（コンブスロン公）　一　輔國公
- 右翼前旗（ミチクトル、ゲ台吉）　一、五　一等台吉
- 右翼後旗（巴圖爾《パトル》貝子）　一　一等台吉
- 右翼右末旗（土默特公）　一　輔國公
- 右翼後末旗（トブトントルゲ台吉）　一　一等台吉
- （附牧）輝特部輝特旗《ホイト》　一　一等台吉

（附）鄂多克《オトク》

- 大和特輝特《ホトホイト》
- 小和特輝特《ホトホイト》
- 哈《ハ》柳《リウ》沁《ナン》
- 托《ト》斯《ス》
- 耆集《チヤオチ》努特《ヌト》

（一）中左翼末旗、中右翼末次旗、右翼右末旗ニ分隷ス

（二）鄂多克ハ烏梁海ノ一派ニシテ原ト明阿特ト合セテ六鄂多克ト稱シンガ後明阿特ハ一旗ヲ編制シテ科布多ニ隷シテヨリ現時五鄂多克ト稱ス

游牧喇嘛

- 那魯班禪呼圖克圖《ナロバンチヤンホトクト》左翼中旗、右翼後旗ノ東、三音諾顏部中後旗ノ西南ニ游牧ス

（4）三音諾顏部《サインノエン》

二部二四旗

佐領四〇

世爵札薩克王公　二四

閑散王公　七

齊々爾哩克盟《チエルリク》

- 三音諾顏旗《サイノエン》　四、五　和碩親王……鎭國公
- 中左旗（達賚王《ダライ》）　三　郡王銜多羅貝勒
- 中右旗（クルグムチヤブ王）　一　多羅郡王
- 中前旗（ドンドブチヤン王）　一　多羅貝勒
- 中後旗（ドガルチヤブ貝子）　一　貝子銜輔國公……輔國公
- 中末旗　一　鎭國公
- 中左末旗（即彥圖王《ナエントワン》）　四　和碩親王……固山貝子、輔國公（額公）、輔國公（洛公）

中後末旗（ダヤンチヤロバ公）　一　一等台吉

中右翼末旗（トプチンチヤマツオ公）　〇　一等台吉……輔國公

左翼中旗（ウルチンチヤプ公）　一　公銜一等台吉

左翼左旗（プルプチヤプ公）　二　輔國公

左翼右旗（ロプサンタシ公吉）　三　一等台吉

左翼左末旗（ロプサレハイドフ公）　二　一等台吉

右翼中左旗　四　輔國公

右翼中右旗（コンチユク公）　〇　一等台吉

右翼中末旗（チムトバロチン公）　一　一等台吉右

右翼前旗（コルン公）　一　輔國公

右翼後旗（モンゴルチル公）　一　一等台吉

右翼末旗（タジトルヂ公）　二　輔國公

右翼左末旗（チオレントルヂ台吉）　一　一等台吉……公銜三等台吉

右翼右末旗（チヤミヤントルヂ王）　二　多羅郡王

右末旗（ビルパラクチ公）　一　一等台吉

（附）額魯特旗
- 額魯特旗（チミト貝勒）　一　固山貝子
- 額魯特前旗（サンド貝勒）　一　固山貝子

游牧喇嘛
- 額爾德尼班第達呼圖克圖《オルドニバンテタホトクト》　三音諾顏旗ノ西、中右旗境内ニ左リ
- 札牙班第達呼圖克圖《チヤヤバンテタホトクト》　左翼左末旗及右翼前旗ノ西南、中左末旗ノ東右翼中右旗及右翼末旗ノ北ニ在リ
- 青蘇珠克圖諾們罕《チンスチユクトノメヌハン》　右翼末旗ノ西、右翼右後旗ノ東ニ在リ

額魯特蒙古
阿拉善反額濟納
科布多

(丙)額魯特《オロト》蒙古

九地方	札薩克ヲ有スルモノ	九盟(二一部七〇旗)	佐領	二五七	札薩克王公	七〇	閑散王公
	同有セザルモノ	(外喇嘛三旗四番七八部落)	同	一〇三	同	一	同
	計	(三九部一〇五旗)	同	三六〇	同	七〇	同

族　盟　部　旗

(1)阿拉善《フラシヤン》及額濟納《オチナ》……(盟ナシ)……西套額魯特部《シータオオロト》—阿拉善額魯特旗　隴東護軍使屬　八　札薩克世爵(現爵)和碩親王(親雙)外ニ閑散鎭國公二人
二部二旗　佐領九
世爵閑散王公二　世爵札薩克王公二、
額濟納舊土爾扈特部《オチナトルホト》—額濟納舊土爾扈特旗　一　多羅貝勒(郡王)

(2)科布多《コブト》—杜爾伯特《トルボト》—塞因濟雅哈圖《サインチヤハト》—左翼盟
二部一三旗
佐領二一、
世爵札薩克
王公　二

左翼盟—左翼杜爾伯特部

左翼杜爾伯特旗(ダライ汗)	一〇	特庫斯庫魯克達賴汗《トクスクロクダライハン》
中旗	一	多羅郡王
中左旗	一	多羅貝勒
中前旗	一	輔國公
中後旗	一	輔國公
中上旗	一	固山貝子
中下旗	一	一等台吉
中前左旗	一	一等台吉
中前右旗	二	固山貝子
中後左旗	一	一等台吉
中後右旗	〇	一等台吉

左翼盟—左翼輝特部《ホイト》

下後旗	一	一等台吉

右翼盟
二部四旗
佐領一七
世爵札薩克

右翼盟—右翼杜爾伯特部

前旗	一一	和碩親王
前右旗	二	多羅貝勒
中右旗	二	鎭國公

科布多參贊屬
ナルモ現ニ庫
倫ニ附隨

克王公 四

右翼輝特部―下前旗 一 一等台吉

札哈沁《ヤチハチン》部―札哈沁旗 四 元ト準噶爾守卞ノ人ナリ科布多南游牧ス總管ヲ以テ轄ス

(附)札哈沁貝子旗 一 元ト三等信勇公ノ轄スル部衆ナリ、札薩克ナシ閑散貝子一人

明阿特《ミンカト》部―明阿特旗 二 烏梁海ノ一派、元トノ六鄂多克ノ一ナリ、總管ヲ以テ轄ス

額魯特《オロト》部―額魯特旗 二 元ト台吉達木拜ノ部衆ナリ、達木拜罪アリテ、爵ヲ削ラレ、其ノ衆ヲ科布多ニ隷セシム札薩古ナシ

(3)阿《ア》爾《ル》泰《タイ》

阿爾泰辦事長官屬

新和碩特《ホシオト》……(盟ナシ)……哈弼察克和碩特《ハビチヤクホシヨト》部―哈弼察克新和碩特旗 一 一等台吉(輔國公)

新土爾扈特―青塞特奇勒圖盟―烏隆古土爾扈特部―左旗 二 固山烏察剌勒圖《ウチヤラロト》貝子

一部二旗、佐領三、札薩克王公二 ―右旗 一 多羅弼里克圖郡王(親王)

阿爾泰烏梁海……(盟ナシ)……左翼部―旗 一 散秩大臣

―旗 一 副都統

―旗 一 鎭國公

―旗 一 鎭國公

阿爾泰山ニ居ル、杜爾伯特ノ西一帯ニ散居ス元ト總管ヲ以テ管セシカ、蒙古待遇條例ニ依リ、民國元年十月札薩克ニ任セラレ下記ノ爵ニ叙セラル、旗ノ名稱詳カナラザルヲ以テ單ニ(一旗)トノミ記セリ

右翼部―旗 一 固山貝子

―旗 一 鎭國公

―旗 一 鎭國公

二部七旗、佐領七、札薩克王公 七

阿爾泰諾爾烏梁海(阿爾泰泊附近ニ游牧ス)……二旗 四 總管ヲ以テ管ス、近々札薩克ニ改メラルヽ筈

(4)唐努烏梁海《タヌウリヤンハイ》―定邊左副將軍所屬烏梁海―五旗(二五佐領)……二 德勒格爾河ノ東岸東ハ土謝圖汗右翼右末次旗ト界シ南ハ塞因諾顏部中末旗ト界ス

一部二旗、佐領四

四部五旗外二 ―二 庫蘇庫爾泊ノ東北

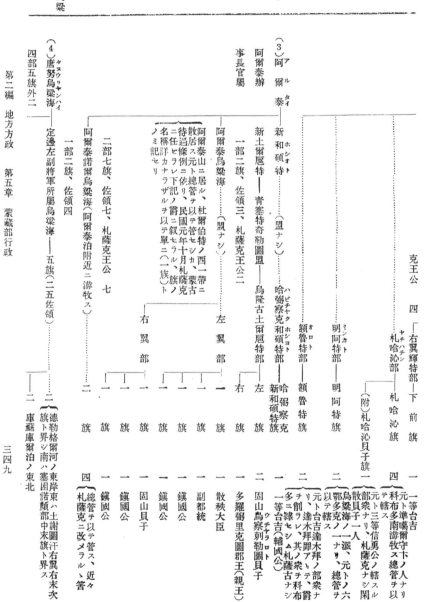

一佐領
佐領四五
舊定邊左副將
軍屬現ニ庫倫
ニ附隨

- 札薩克圖汗《チヤサクトハン》部所屬烏梁海《ウリヤンハン》(五佐領)
  - 四　貝克穆河西折ノ處
  - 三　護和北阿拉河源
  - 四　噶哥爾河源
  - 一〇　西北、阿勒泊河、阿穆哈河ニ跨ル以上各地方北ハ露西亞ニ界ス
  - 一　德勒格爾河西岸、南ハ札薩克圖汗部中翼末旗ト接ス
  - 一　北ハ貝克穆河ニ臨ミ西ト南ハ華克穆河ニ臨ム
  - 一　謨什河克ノ西
  - 一　札庫爾河源
  - 一　庫蘇克爾泊ノ北
- 賽因諾顏《サインノエン》部所屬烏梁海《ウイリヤンハイ》(一三佐領)……一三　南ハ依鄂爾鄂汗山ニ靠リ西ハ科布多斯屬ノ阿爾泰諾爾烏梁海二旗ト接シ露西亞ト接ス
- 哲布尊丹巴呼圖克圖《チオブツオンタレパトクト》門徒所屬烏梁海《ウイリセンハイ》(三佐領)……三　陶托泊北、西ハ華克穆河ニ臨ミ北ハ露西亞ニ接ス

伊犁

(5)伊犁《イリー》

新疆省長
伊犁鎮守使
分屬

- 舊土爾扈特《トルホト》——烏納恩素珠克圖《ウナエンソチユクト》
  - 南路盟——珠勒都斯爾扈特《チユロドストルホト》部
    - 卓里克圖汗旗　五四　卓里克圖汗
    - 中旗　二　多羅巴雅爾圖貝勒(郡王)
    - 左旗　一　一等台吉(輔國公)
    - 右旗　一　輔國公(鎮國公)
    - 一部四旗、佐領五四
    - 札薩克王公　四
  - 東路盟——濟爾哈朗土爾扈圖《チルハラントルホト》
    - 一部二旗、佐領七
    - 札薩克王公　二
    - 左旗　三　固山伊特格勒《イトゴル》貝子(貝勒)
    - 右旗　四　多羅華錫啥勒圖《ビシレト》郡王(親王)
  - 西路盟——精土爾扈特《チントルホト》部——西路旗　四　多羅濟爾哈朗《チルハラン》貝勒(郡王)
    - 一部一旗佐領四、札薩克王公一
- 伊犁和碩特《イリーホシヨト》——巴圖塞特奇勒圖《バトサイトチロト》——中路盟——珠爾都斯和碩特《チユルトスホシヨト》部
  - 中旗　四　固山阿穆爾貽貴《アムルリンツイ》貝子(貝勒)
  - 左旗　四　一等台吉(輔國公)
  - 一部三旗、佐領一一、札薩克王公　三

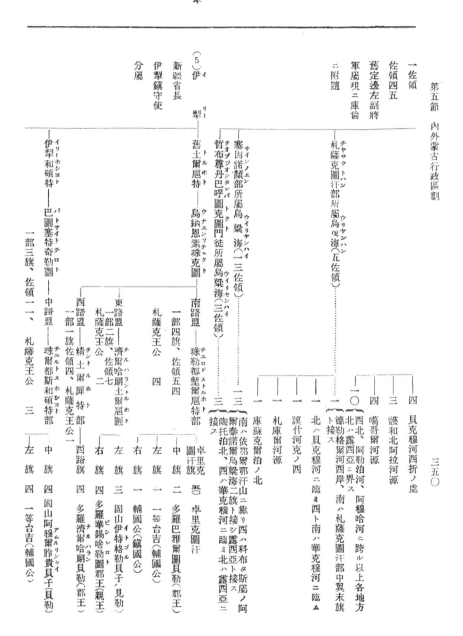

塔爾巴哈臺

青海

- 右旗　三　一等台吉（輔國公）
- 察哈爾《チャハル》 ── 左右翼八旗　一六　乾隆西征移セルモノ毎翼ニ總管一、毎族佐領三アリ
- 額魯特《オロト》
  - 上三旗　六
  - 下五旗　一〇
  - 沙畢即爾　四
  - 熱河達什達瓦額魯特ヲ移セシヲ上三旗トス、總管一、佐領六、準噶爾額魯特ヲ下五旗トス、總管一佐領一〇アリ、刺麻沙畢即爾額魯特副總管一佐領四、皆伊犁ノ南ニ牧ス
- 錫伯《シボ》 ── 一旗　左右翼ニ分千各防禦一アリ

（6）塔爾巴哈臺《タルバタイ》

- 舊土爾扈特《トルホト》 ── 烏納恩素珠克圖《ウナエンソチユクト》 ── 北路盟 ── 霍博克薩里《ホボクサリ》土爾扈特《トルホト》部
  - 北路旗　四　和碩布彥圖《ブエント》親王
  - 左旗　四　一等公吉（輔國公）
  - 右旗　六　一等公吉（輔國公）
  - 一部三旗、佐領一四札薩克王公　三
- 察哈爾《チヤハル》 ── 一旗　一　伊犁ノ察哈爾ト同時ニ移牧セシモノ西境ニ牧ス
- 額魯特《オロト》 ── 一旗　六　伊犁移牧額魯特ノ一部ナリ總管一佐領六
- 哈薩克《ハサーク》（又名キルギス）
  - 哈薩克旗　一
  - 賽布拉特《サイブラー》　一
  - 曼畢特《アンビト》（千戶長）二
  - 杜爾吐勒《アルトロ》（同）一
  - 根克勒依《ケンクロイ》（同）一
  - 乾隆四十四年一旗一佐領ヲ編セシガ、其後ノ投歸少カラザルヲ以テ千戶長或ハ百戶長ニ編ス
  - 西北一帶ニ居ル（キルギス）族ノ漢名ナリ

（7）青海《コヽノール》

青海辨事長官屬

- 青海盟
  - （一）五部
  - （二）原ト二十九旗アリシモ現
  - 青海和碩特《ボショト》部
    - 原ト前左翼次旗札薩克一等台吉ノ游地アリノモ嘉慶十一年廢シテ前
    - 前首旗　一一　多羅郡王（親王）
    - 東上旗　一　一等台吉（輔國公）
    - 西前旗　八　多羅郡王（親王）
    - 西後旗　九　多羅貝勒

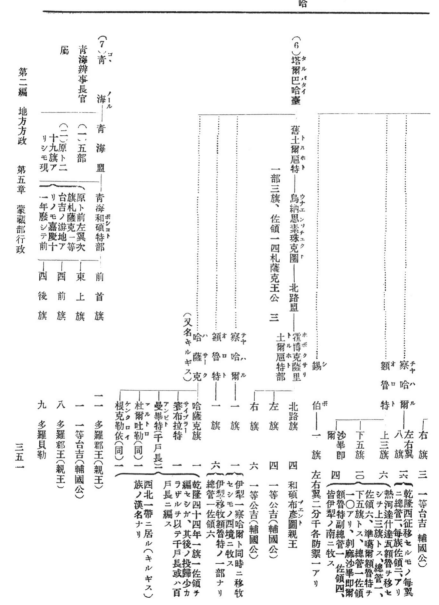

時二十八旗トナレリ

（三）附牧刺麻一族ヲ合セテ依然二十九旗ト稱スルコトアリ

左翼首旗ニ併合セラル

	北前旗	二	輔國公（貝勒）
	北左末旗	四	一等台吉（輔國公）
	北右末旗	二	一等台吉（輔國公）
	前左翼首旗	九	多羅郡王（親王）
	西左翼後旗	一	一等台吉（輔國公）
	西右翼中旗	一	公中一等台吉（輔國公）
	西右翼前旗	二	一等台吉（輔國公）
	西右翼後旗	一	一等台吉（輔國公）
	南左翼中旗	七	一等台吉（輔國公）
	南左翼後旗	一	輔國公（鎮國公）
	南左翼末旗	二	一等台吉（輔國公）
	南右翼中旗	五	一等台吉（輔國公）
	南右翼後旗	四	輔國公
	南右翼末旗	一	一等台吉　輔國公）
	北左翼旗	三	固山貝子（郡王銜貝勒）
	北右翼旗	六	固山貝子（貝勒）
青海綽羅斯部《チヨロス》	南右翼首旗	四	多羅貝勒（郡王）
	北中旗	二、五	固山貝子（貝勒）
青海土爾扈特部《トヨホト》	南中旗	四	一等台吉
	南前旗	一	一等台吉（輔國公）
	南後旗	三	一等台吉（輔國公）

西　旗　四　一等台吉（輔國公）
青海喀爾喀《ハルハ》部――南右翼旗　一　一等台吉（輔國公）
青海輝特《ホイト》部――南　旗　一　輔國公（鎭國公）
游牧喇嘛――察罕諾們汗《チヤーカンノメンハン》旗
商上堪布游牧――達賴刺嘛商上堪布游牧《タライラマシヤンシヤンカンブ》
　　　　　　　班禪額爾德尼商上堪布游牧《パンチヤンオルドニシヤンシヤンカンブ》

西番土司三十九部落（青海辦事長官（舊青海辦事大臣）所屬西番ハ寧藏七十九番民考ニ四十部落ト云ヒ光緒會典卷十五ニハ三十九部落ト云フ其名稱同ジカラザルモノ亦少カラズ今光緒會典ニ依下ニ示ス）
巴彥蠶謙　桑巴爾隆　東焯火爾　上阿里克　下阿里克　蒙古爾津
永沙普、玉樹、蘇魯克、尼牙木錯、固察、稱多、安圖
阿薩克列　玉阿、永葉爾吉、拉爾吉、典巴、隆布
多布領札武、巴爾通上札武、巴爾通下札武、班石　上阿拉克碩　下阿拉克碩　上隆壩
下隆壩　蘇爾莽　上格爾吉　中格爾吉　下阿拉克碩　洞巴　白利
哈爾受　吹冷多爾多　覺拉　巴拉布

（光緒會典卷一五）　一其四十族ト稱スルハ外ニ噶爾布ヲ含ム

（小方壺齋輿地叢鈔、第三帙、一）

（8）唐古特《タングト》（西藏ニ屬スレ共部旗關係上本項ニ併示ス一部二旗佐領八札薩克王公二西藏王公辦事二官屬）――達木《タム》蒙古……左翼旗　四　一等台吉
　　　　　　　　　　　　　　　　右翼旗　四　輔國公

（元ト八旗ニ編セラレ左右翼ニ閑散札薩克銜一等台吉一人アリ毎旗佐領アリシガ光緒ノ末年左右翼ノ二旗ニ編入シ、各札薩克ヲ設ケタリ、前藏ノ西北隅、後藏、青海、新疆ニ接スル地方ニ游牧シ西藏辦事長官ニ隷ス、内四左領ハ求喜湯地方ニ在リ二佐領ハ湯寧ニアリ一佐領ハ五佛山ニ在リ皆北ハ拉幹山ニ倚リ、南ハ前藏ト界チ接ス一佐領格拉ニ在リ、東北ハ哈拉烏蘇ニ濱シ、西ハ後藏ト界ヲ接ス）

（光緒會典事例卷九六六）

（光緒會典卷一五小方壺）
（齋輿地叢鈔第二帙ノ一）

西番土司三十九部落
- 瓊布噶魯　瓊布巴爾查　瓊布納克魯　勒納夥爾
- 色里瓊札寗塔克　色里瓊札尼查爾　色里瓊札參嘛布瑪　色里瓊札嘛魯
- 木朱特羊巴　布朱特勒達克　木朱特尼牙木查　木朱特利松嘛巴
- 木朱特多嘛巴　勒達夥爾　依戎夥爾移他瑪　查楚夥爾孫提瑪爾
- 巴爾達山木多門目桑　嘛拉布什嘛弄　窩柱特只多　窩柱特娃拉
- 彭楚克夥爾　彭楚克彭他瑪爾　彭楚克拉寨　盆索納克書達格魯克
- 沁體牙岡納克書畢魯　盆沙尼牙固納克書色爾查　巴爾達穆納克書奔盆　納格沙納克書拉克什
- 洛克納克書貢巴　三渣　三納拉巴　撲族
- 吉楚上岡噶魯　吉楚下岡噶魯　白綳上阿札克　白綳下阿札克
- 白臘札嘛爾　年絨土套爾樹　年絨下套爾樹

回部

（丁）回部―内外蒙古總計二七地方
- 札薩克ヲ有スルモノ一九盟　五三部　二〇八旗　佐領　一、七四二　札薩克王公　二〇八　閑散王公　四五
- 同有セザルモノ（外喇嘛九旗附部落）（西番七八部落）　三八部　七七旗　同　四二三　同　――　同　六
- 九一部　二八五旗　同　二、一六五　同　二〇八　同　五一

（1）吐魯番《トロフアン》回部……吐魯番旗　佐領一五　札薩克多羅郡王

（2）哈密《ハミ》回部……哈密旗　佐領一三　札薩克和碩親王

吐魯番ハ雍正年間ヨリ内附シ、哈密ハ康熙年間ヨリ内附ス、後部衆ヲ瓜州ニ移セシモ乾隆西征後、札薩克ニ列シテ舊領ヲ復セシメタリ二廳ヲ設ケテ管セシガ、民國二年縣ニ改メタリ

（3）南路各回城
- 喀什喀爾《カシカル》　閑散多羅郡王　一人（庫車）
- 葉爾羌《ヤルカント》　閑散固山貝子　一人
- 阿《ア》克《ク》蘇《ス》　閑散輔國公　一人
- 烏《ウ》什《シ》　閑散三等輕車都尉一人外ニ駐京回子二、郡王銜貝勒一人
- 和《コー》闐《タン》　二三等台吉三人アリ
- 庫《クル》車《シヤ》　蒙古正白旗ニ隷ス

（一）原ト參贊、辦事領隊各大臣ヲ以テ管シ伊梨將軍ニ隷セシガ光緒十年府廳州縣ニ改メ、民國二年全部縣ニ改メタリ（新疆省項參照）

（二）清初準噶爾ニ屬セルノ故ヲ以テ、準噶爾平定後、各城酋長ヲ質トシテ年々貢賦ヲ輸セシメ後之ヲ釋セリ、兩和卓木叛スルニ及討チテ之ヲ除キ、烏什貝子叛スルヤ亦之ヲ殄滅シ其回衆ヲ喀什喀爾、英吉沙爾、阿克蘇等ニ移シタリ

（三）各城回子ハ現ニ札薩克ナシ各地方官ヲ以テ管ス

─喀剌沙爾《カラシャル》
─（外ニ北城屯田回城……寧道城）

（4）内属布魯特《ブロト》（十九部）─喀什喀爾《カシカル》所属（十七部落）─沖巴噶什《チンパカン》部　胡什齊《ホンチ》部　奇里克《テリク》部　薩爾巴噶什《サルパカシ》部
薩雅克《サカク》部　察哈爾薩雅克《チヤハルサヤク》部　兵瓦什《ヨワシ》部　提依特《テイト》部
喀爾提金《カンテチン》部　奈曼《ナイマン》部　希里察克《シリチヤク》部　薩爾特額托克《サルトオトク》部
圖爾愛格《トルアイコ》部　巴斯奇斯《パスチス》部　額德格納《オトコヌ》部　素勒圖《ソロト》部
色哷庫勒《ソレクロ》部
─烏什所属（二部落）─胡什齊《ホシチ》部　奇里克《チクク》部

（一）烏什喀什喀爾英吉沙爾ノ各卡倫外ニ居ル、内附スルモノ十九部落アリ
（二）各部ニ長アリ之チ比ト日フ各部ノ事務チ理スル者チ哈拉克齊ト曰フ
（三）内附スルモノハ長ト屬トニ拘ラズ其清朝ニ對スル功績如何ニ依リ品銜項戴ヲ給セラレシガ現時尚之チ續保シツ、アルヤ疑問ナリ
（四）舊制毎歳伯勒克ト稱シ馬チ進貢セシメ喀什喀爾烏什チシテ之チ取次セシメタリ
（光緒會典巻六八）

西藏

西藏は康又は喀木、衛又は前藏、喀齊卽ち後藏、及阿里二分ち或は康及衛を前藏、藏及阿里を後藏といふ、西藏辨事長官之を管轄し拉薩に駐在す、（其他沿革項參照）

第六節　地方行政改良法如何

支那は歴代革命相亞ぎ現在に至つても尙ほ止まない、然るに支那は何故生きてゐるか疑問を起す

であらう、所が如何に中央は大變亂を起さうとも又地方の一部か內亂があらうとも支那は依然悠々として大盤若のやうに存在してゐるのは、全く中央政府と地方とが確乎とした連鎖がないからでもあり國家と沒交涉な自治をやつて來たからである、故に國家の政變や王朝の革命軍閥の戰爭は地方自治それ自身の上に大なる影響を及ぼしてゐない地方は地方自身にその地方的行政を行つて來てゐるのは支那が今日まで生きて來た機微の一は此處にもある、或邦人は曰く支那には「行政」などがありますか、と中央の變亂を常に耳にしてゐる人は恰も大地震のやうに支那全體は根本から覆されてゐるかのやうに思ふて此疑問を發するのであるが支那人は多年戰亂に馴らされて內亂は年中行事の一のやうに心得てゐるから大なる影響がない地方自治に就ては南通州の張謇が治むる理想鄉を始めとして兎に角各所に自治の立派なのを行ふてゐる、例へば公安保護に關する防衛自治でいふならば(內務行政概況の項參照)日本などは是等は國の行政に屬してゐるが支那は昔から英獨と同じく全くの自治で行ふてゐる。其他風化行政に於ても例へ寺小屋式であらうとも宗敎と訓育の力は市町村及個人の敎育費負担で行ふてゐる方が遙かに多い、救濟行政も行屆いた地方もあるが其他進步的な保健行政とか種々のものは遲れてゐるが行ふてはゐる、兎に角不完全であつても又た幼稚であつても國家の保護に依らず曲みなりにも「行政」と云ふものが行はれてゐる故に全國がそう亂れずに進んで來たのである、然し將來の支那は憲法政治を行ふ積りであるならば各地方の自治の本義に副ふやうなことを行政上に現はさなければならない將來の自治を開發せしむるには何うすればよいか(一)

即ち國民をして國の行政に參與せしめなければならない國民が自ら地方の公事に關係すれば一面には其公事に對して經驗を得官民一致の共同精神が政務に參與する、結果として起つて來る(二)名譽職を以て公同の事務に當らしむことである、是れ一方は團體の住民が團體の事務を自ら所理するに際して犧牲の精神を養成するからである、次に自治團體の監督が前述のやうに今日の如く放任に流れてもよくない尠くも現在の支那では政變は各團體をして自立自働せしむるやうに導かねばならない、更に市町村長に適任者を得ることが必要であるが、現在では村の金持とか名望家が殆んど選擧に依らずして任ぜられてゐる風がある、又團體員の公共心と共同一致の精神を缺いでゐる、即ち自覺せざる盲從を敢てしてゐるのは改善すべきことである。

次に地方事務であるが支那の各地方で人文の進步と共に複雜になりつゝあるに事務の細則を設けて聯絡統一を取つてゐるものは尠い從つて能率も餘りに上つてゐない其他事務の分配、書類の整理、事務所の位置構造及設備、執務の方法等幾多改良すべき點が多い、更に官吏の更迭が三年以上同地に就職しない習慣が在つて官吏をして治績を擧げせしむることが出來ない故に自己の行政管區內で能ふ限り民財を搾取して私腹を肥さうとするのは一は官俸が薄い爲めと恩給制度が備はつてゐない爲めに官吏をして自己の所得を正當以外に漁らしむる原因を作つてゐるのである、從つて薄給であれば官に仕へてゐて其地位を維持することが出來ない、恩給のないのは退官後身を安んずることが出來ないからである。

地方官の權限

地方官の權限は先進各國と其趣を異にし未だ封建制度の舊狀を改めない地方官は其管轄地方の內治外交に就て職務上獨立の範圍を有つて居り上記法制上では地方權力が縮少したやうであるが未だ中央政府の威令が行はれないこと屢々である爲め各省當局の權限の廣狹は其督辦又は當局者個人の實力如何に依つて決せられる實情である、從つて中央から越權の所置として所罰された例を見ない、要するに此弊を作つたものは前に述べたやうに中央政府と地方行省との連絡を常に破壞し、國家の統一を一層不可能ならしむる者は所謂群雄割據の弊であつて、政權を有するものが兵權を掌握し軍政と民治の區別が立たないからである、而して軍民分治の行はれない結果として生ずる弊害は此處に止まらないで斯の如き政治は必然的に軍閥の跋扈を招來するのである、廢督裁兵の聲も久しいものであるが、軍人が一切の政治を特別機關の主管に任す時代は今日の所前途遼遠である而も支那人通性の權勢慾から見て到底軍民分治は支那人自ら解決することは不可能のやうに見える、從つて督辦が公金を以て、土匪苦力を招募し、私兵を蓄へて、地方を武斷し北京の命令に從はないのは如何ともすること出來ない今日では別項(第二編)に述べるやうにローズ氏の共管を實現せしめなければ謂所統一ある自治にする事は困難であらう。

第三編　開市場行政

他國行政之部〔一般開市場　民留地鐵道沿線等〕

第一章　沿革及利權回收風潮

第一節　排外主義

左記は段執政々府が十五年春召集しやうと云ふ國民會議に提出せんとする國民黨一派の國際問題の草案である、本編即ち「支那國內に於ける他國行政」の沿革に代え且つ支那國民は如何に他國行政を呪咀し、其回收熱に燃えてゐるかの參考に資したい。

先づ五四事件以來喧しく唱へられ最近上海では暴動とまで化した排外問題は實に左に示する排帝國主義が唱へられてからである。

帝國主義の定義

一、「帝國主義」の定義、帝國主義とはどんなものを云ふのか多くの人は好く解らないやうであるが文字上の解釋から云へば帝國と云ふ二字は容易に皇帝の國家と解釋することが出來るのである、けれども其の實はそうでない、英國は君主であるが印度に對しては帝國主義を取つて居る、佛國は民主國であるが安南に對しては帝國主義を取つて居る、故に此の帝國と云ふ字を用ゐる所に於ては其の國體を指すのではなく其殖民地に對して用ゐる目的と手段とを指すのである、簡單に云へば帝國主義の對象は殖民地である、帝國主義の殖民地に對する其の手段と酷烈は國内の君主の人民に對することより甚だ慘酷なのである、殖民地とはどんなものを云ふのかと云へば人が隨意に一國家、一地方一民族の居る所に於て帝國主義を施行するのを殖民地と云ふのである、例へば南洋英領殖民地、新加坡、アラジヤ、ビンラン島の如きは英國の屬地と稱する、殖民地は固より大小がある、ジルンパ芙蓉パンカン等は英國の保護國或は保護地と稱する然れども馬來島には酋長があつても矢張殖民地である、又佛國の安南、西貢等に於ける如き佛國の屬地と稱するけれども固より殖民地である、然るに東京河(安南にある)内等の處の如きは佛國の保護國と云ふけれども未だ安南人の國王があるから矢張り殖民地である、名義上、國と否とを問はず事實上帝國主義の施行される處を皆殖民地と稱するのである、帝國主義者が何にが爲めに是等の殖民地を要するかと云ふ説明となると話が非常に長くなる、然れども最も近い最も顯著な事實を持つて來て言へば十九世紀以來工業先進國の資本制度に原因して居るのである、歐洲列强中英國は機械の發明と工場制度が發達した結果生產力が非常に膨脹して居る、又資本制度の結果資本は少數人の手の中に操縱され生產機關機械工場等の如きも少數人の手に依つて操縱されて居る、内に於ては少數の資本家と大多數の勞働者と兩階級を讓成して居るから資本の有る方は機械工場の主人になつて資本が益々多くなる從つて主人の勢力も益々大くなり資本のない方は只だ機械工場の奴隷になるのみである、爐中に燃へて居る石炭は非常に熱して居る其熱の盡きた後には其の灰を爐の外に掘出さなくてはならない勞働者の流す汗水は石炭の發する熱と同じであると同時に資本家の結構な營養品であるが勞働者の身體は石炭灰と同じ樣に汗水を流した後は工場外に逐ひ出されて誰一人御苦勞樣と云ふて吳れる者はない、資本制度が國內に於て斯樣な有樣で成功した後は生產力の膨脹の爲め機械工場から生產した商品は國內に於て皆賣り捌けない爲め廣く國外に於て此の澤山の商品を販賣する市場を探して居る、又此の商品を製造する原料は國內の原料だけでは供給するに足らないから矢張り廣く國外に於て天然の寶藏を求めて其原料供給地とするのである、是が殖民地を求める最大目的である、商品を販賣するのは他人の血汗を流して得た所の金錢と取り換へ或は其れ相當の貨物と取り換へるのである、其の供給物件は他人の所有地方の一切の土產物を搔き集めて他人の所有の勞力を牛馬同樣に使つて運搬するのである、人は又急に損することを欲しない、ならばどうするか？又一時は馬鹿でも何時も損をしたら必ず知つて來て其の後は種々の手段を思ひ出して抵抗し出したらどうするか？爰に於て帝國主義者は旣に打算を此處に及でほしてるのであるから認めた所の殖民地に對して第一扶植した政治上の優越な勢力を上面に置くのである、斯の如く政治上の優越な勢力を扶植してあるのだから懷柔手段を取つても容易に成功するのである。

此の懷柔手段が甘く行かなかつたら武力に訴へるのである、機關銃瓦斯砲等は彼等の特產物であつて所謂無道なる行爲は誰もどうすることも出來ないのである、是に由つて言へば武力は政治上優越勢力を扶植する爲めに要するものであつて政治上の優越勢力を扶殖することは市場を占領して原

滅種亡族

料を壟斷する爲めである、換言すれば經濟侵略の目的である政治上の優越勢力を扶殖することは經濟侵略の保障であり、武力政治上の優越勢力を扶殖する前鋒若くは後盾である、以上述べた所に依つて帝國主義は如何なるものであるかを知つたであらう、歴史上稱する所の窮兵黷武の目的は他の國家或は他の民族が我が權力の下に屈服することを以て滿足して居つた所が、今の帝國主義は總て經濟侵略を以て目的とするのである、故に從前は窮兵黷武の結果人の宗社を亡すに過ぎない今の帝國主義の結果は人の生計を困らすに過ぎないのである人の宗社がなくなるのは亡國とは云ふても人民は尙ほ存在して居るから將來回復する機會はあるが人の生計がなくなるのは滅種亡族と云ふ可きである、生計がなくなれば自立する術がなくなり國亡ぶれば民亦倶に亡ぶるのである、始終人の云ふ所に依れば「支那は亡びない立國已に四千年餘り其中間蒙古に亡ほされたのが九十年餘り四千年の內一瞬間に過ぎない亡びても未だ存在して居るから亡びないのと同じである故に、支那人は國家の滅亡を憂ふ必要はないと云ふて居る、噫！是何を云つて居るのであらう？支那は以前蒙古と滿洲に亡されたのは只だ武力の失敗であつて經濟上の失敗は毫もない故に國は亡ぼされても人民は尙ほ存在して居る徐々に武力と政治の恢復を圖つて復國する機會がある、今日のやうに帝國主義者に出會したら彼の目的は經濟侵略にあつて武力と政治は一種の手段に過ぎないのである、支那が若し經濟侵略に抵抗することが出來なくて失敗するならば經濟失敗の結果、生計が絕たれる、生計斷絕せばどう云ふ方法で生存する事が出來るか？故に支那が若し經濟侵略に抵抗する事が出來なかつたならば國

世界上に於ける勢力

が亡びる許りでなく種族が滅亡するのである、今日の支那人は之を最も注意しなくてはならぬ以上を總括して帝國主義の一定義を下せば「一國家が自己の政治上軍事上の優越なる勢力を利用して他の國家或は他の地方若しくは民族に對して經濟侵略を施行するもの」を帝國主義と稱するのである。

二、帝國主義の世界上に於ける勢力、帝國主義の性質は以上定義を見て知る可きであるが其の勢力は如何であるか此處にどう云ふ形容詞を持つて來て好いか好く知らない然し强いて云へば帝國主義勢力の大なることは最早や世界上五大人種を或は滅し或は奴隷にしたりして殆んど三大人種にして居る又世界上五大洲を三大洲に變へて居るのを見ても明かである、試に亞米利加洲、亞佛利加洲壕洲は歐洲人の殖民地ではないか壕洲は既に白壕と云ふて別色人種の入境を許さない亞米利加も今別色人種の入境を制限して居る又中央亞細亞、西亞細亞、印度等の處も一律歐洲人の殖民地になつて居る、所謂世界上五大洲を殆んど三大洲に變へたと云ふことは確かであるか何うかを云へば亞米利加の赤色人種亞佛利加の黑色人種、壕洲の棕色人種、中亞細亞の黃色人種は皆歐洲人の勢力下の奴隷になつて居る、畢竟奴隷の運命は長いものではない、奴隷の死亡率は益々增加し生殖率は益々減少する、歐洲人は此等の奴隷に對して時々虐殺する椿事が有るけれども無形的經濟侵略は有形的銃劔の虐殺よりも酷いのである、此の虐殺が時々削殺して不斷であるから此等の奴隷は生活を繼續することが出來なくなるのである、試に馬來半島の一帶地方を見れば最初馬來人は海岸地方では交通の便利や氣候の清涼なのを以て之を先きに占領して居住するから馬來人は中部地方に移つて居つた所が商業が段々繁昌して來た爲め此の中部地方にも住むことが出來なくなつて山の中に這入つて殆んど野蠻の生活をする様になつた然るに山谷には礦山の採掘や森林の伐採の爲め又英人が來て占領するから馬來土人は此の山の中にすらも身を安定することが出來なくなり遂に英人の下で鑛夫になつたり森林採伐の苦力になつたりして血汗を以て殘飯と取換へるのである、血汗が盡き切れたら路上に斃れた牛馬同様で誰一人見て呉れる者はない。試に彼等がどうして生きてゐるかどうして死なないかどうして馬來の土人はかやうにしてゐるか、又其他各處の人はどうしてかうでないかを考へて見れば亞米利加の赤色人種は既に人種傅物館の赤色人活模型になつて居る、其他各色の人種も此の路を走らうとして居る、故に所謂世界上五大人種が滅亡されて奴隷になつたと云ふことは確であるかないかが知れる。彼等が此の奴隷の悲運を挽回しやうとするには帝國主義に反抗する外他に方法がないのである、今土耳其人は命掛けで奮闘して居るが存亡未定である印度人も決死的になつて居る、以前オリタンボが斯く云ふた「官軍の生路には唯だ戰爭の死路あるのみ敵軍の死路には唯だ戰爭の生路あるのみ」と此の言を引例して帝國主義勢力の下にある奴隷に就て云へば彼等の實際の活路は唯だ帝國主義に抵抗することの生路あるのみである。

支那に於ける勢力

三、帝國主義の支那に於ける勢力、以上には帝國主義勢力は世界五大洲を三大洲に變へ五大人種は三大人種になつたことをば述べた、畢竟肥沃な東亞と餡麵麭（籠居の意）の様な東亞民族に對して特別に例外を作るであらうか？故に此主義は風に便り電に依つて印度から南洋一帶を席捲して來

日本も精神的に降伏してゐる

た、言ふさへ恥しいことである、比の時只だ日本が一つあつて强硬に抵抗して住んで居るが精神上は既に降參して其中間に入れられ大和民族も帝國主義化するに成功した、支那はどうかと云へば最早滅亡と奴隷の途上にあるのである、今私が帝國主義の支那に於ける勢力を一々物事に就て述べれば一部帝國主義の侵略史に過ぎない、此は本論の範圍と職務ではない、本論に要する所は帝國主義が支那に侵入以來今日まで其の勢力はどうであつたか其の變遷はどうであるか、系統的に見ることが出來るが條理を探し出す事が出來るか、是等が本論の範圍と職務である、帝國主義が支那に侵入して來て以來今日に至る迄でを劃分して五期に分ける。

第一期

第一期は鴉片戰爭から日支戰爭迄であるが之は帝國主義者の支那に於ける利權取得の時期である帝國主義者は軍事的勢力を以て支那を壓迫して種々なる政治上の優越勢力を取得して經濟侵略的基礎を扶殖したのである。

第二期

第二期は日支戰爭から團匪の役であるが之は帝國主義者の支那に於て權利競爭の時期である、各帝國主義者は後先を爭ふて軍事的勢力を以て支那に向つて或は恐喝の手段或は戰爭の手段を用ゐて種々政治上優越なる勢力を奪取して經濟侵略の基礎を扶殖したのである。

第三期

第三期は團匪後から歐洲大戰の初に至る迄である、是は帝國主義者が支那に於て權利を行使して經濟侵略を恣にした時期であるが此の時期に於ては支那は最早各帝國主義者に降參して仕舞つて再び抵抗する決心と勇氣とを有してゐない各國も亦軍事的勢力を以つて支那を壓迫する必要なく種々政治上優越な勢力は支那に於て己に根底が固つて居たから經濟侵略は忌憚なく行はれた、可憐な吾々支那人は彼の恐しい分割の嵐を脱した爲め靜かな風の恐るべき勢力局面の下に於て暮して居つたのである。

第四期

第四期は歐洲大戰の初から華盛頓會議迄である、之に日本帝國主義者の支那に於ける爭獨侵略時期である、此時には歐洲各國は互の鬪爭に疲れ果て支那を顧る遑がなかつたから日本は此の機會に乘じて欲しい儘に行ふても之を制するものは誰もなかつた爲め支那に對して軍事的恐喝手段或は輕描淡寫の手段を以て一にこの支那軍閥を傀儡として種々なる政治上優越勢力及經濟侵略の種々なる利便を增加した。

第五期

第五期は華盛頓會議から今日に至る迄である、之は各帝國主義者が支那に對して共同の步調を取つて經濟侵略を施行する時期である、各帝國主義者は歐戰期中に種々の狡猾なることを覺へて權利競爭のことを知つて居る爲めに侵略の時間を緩めて反つて相互間の不利益を釀して居る故に一面に於ては日本として既得權利を吐き出す樣に要求しながら他面に於ては英、佛、米、伊、日、荷、蘭、比、葡萄牙諸國を聯合して支那に對して同一の步調を取つて經濟侵略を施行して居る、憐れなる吾々支那人は各國が日本に迫つて既得權を吐き出さしめること丁度漁夫が鷺や鵜の喉の中から魚を取り出す樣なのを見て痛快に拍手することを禁じ得なかつた自己が今日では共管の穴の中に陷るのを恐れるやうになつた、此の五個時期を劃分してから帝國主義者の勢力の支那に於ける趨勢と變遷及其系統條理は大略知れたのであらう今再び左に述べやうとするのである。

第二節　鴉片戰より日支役迄

鴉片戰爭前の支那と各國との關係を云へば北方に露國あり南方に葡萄牙國があつた一六八九年露支の締結したニフチヨ條約的は未だ平等であつた葡萄牙が澳門を占領したのは支那に取つて大した損害であり又各國に對する其他の損害等は事實上の損害であつて條約上の束縛は未だ受けなかつた一八四〇年（前清道光二十年以下省略）から對鴉片戰爭後俄に一八四二年七月英支南京條約を締結するに至つた之が支那の對外戰爭失敗の第一幕で帝國主義の勢力が支那に侵入した意義を明かにする第一章である、鴉片戰爭の起源は極簡單で卽ち支那が英國の鴉片輸入を許さなかつた爲め英國は鴉片の輸入を强要したので是非曲直は解く事が出來る、外國人方面に在つては文言を飾つて鴉片戰爭は泰西各國が支那に對して外交商務の平等を要求するためであるとか何んかと云ふ事であつた支那をして害毒物の入境を禁止する自由すら有する事を許さないで平等だとは何事ぞと云ふものは何處にあつたらうか？最も悲しい事には我支那人の編輯した講義錄或は敎科書すらでも支那を咎めて英國との通商を停止せしめた事は更に言はないで他の事を云つてゐる只だ我が支那人中帝國主義の害毒が鴉片より甚しいと云ふ事だけは確かにいへる、鴉片戰爭から南京條約が發生し南京條約から其翌年の虎門條約が出來其れから米國も來るやら佛國も來るやらして米國條約は一八四四年六月に成立し佛支條約は仝年九月に成立した、此の四種の條約は一個系統的である、南京條約虎門條約は支那が對英戰爭に敗けた結果であり佛米とは如何なる干渉があつたかと云へば彼等も矢張り一樣であつた支那は戰敗後再び彼等と戰爭する勇氣がなかつた滿朝政府の亂れに乘じて滿朝宗室の老英等は賣國の名を得た此の二段の原因の外尤も英佛米等の國は權利兩得の初は共同行動的で相互に帮助して分虜物を取得した、權利を取得してからは競爭を免れなかつたと云ふのは分配物の均一ならざる爲喧嘩が始まつた、虎門條約第八條に規定して曰く將來新しい恩を各國に施し且つ及す場合には英國人のためにも均一に霑す事とし佛支條約第六條に規定して曰く「佛國商人は厚愛の國と異る事なし」として其後各國は紛々として之と同じ規定の例に倣つた是所謂「利益均霑」所謂「最惠國條欵」は明かに記憶しなくてはならない支那が若し一國に對する權利を喪失するのである以上所謂四種の條約は支那の喪失した所の權利であつて如何なる程度迄に至つて居るか其の大略を擧れば左の如きである

割地

一、割地、南京條約に依り香港全島を英國に割讓した之が支那の喪失した屬地の第一回である、英國は此香港を利用して來て支那の死命を制した。

賠償

二、賠償、南京條約に依り二千一百萬元を英國に賠償して四年に分ちて淸算した、英國軍隊は第一年の賠償額支拂を待つて撤退したが丹山鼓浪嶼二個所は賠償金全部支拂つて五港開放の後撤退した此が支那の賠償した軍費の第一回である、此れから以後と云ふものは單に賠償一項が支那をして永久に債務國の地位に置かしめられたのである。

居留地設定

三、外國居留地の設定、南京條約に依つて支那は廣州、福州、厦門、寧波、上海五個所を通商港

とした、多くの人が云ふには「支那は本來鎖國政策を採用してゐたから此の開港場は當然である」と云ふが通商港口を開放した爲め外國人に自由居住貿易の權利を許したことや或は建築した家屋を購買したり租借すること及び教會堂を建てること等より他は知らないのである之が圖々しくなるに從つて租界と變つて一歩一歩と支那の行政權は租界外に驅逐されて租界內は全然外國の行政權の支配する所となつた外國人が租界內で支那の管轄を受けない許りでなく甚しいことには、租界內に居る支那人も外國の管轄を受ける樣になつた。所謂租界は外國の領土と異ならないから支那境內に有る若干の租界は支那國境內の若干の外國領土となつたので帝國主義者は租界內に於て軍事警察權及民刑裁判權を行使する許りでなく尙ほ租界を利用して支那を侵略する策源地としてゐるのである。

領事裁判

四、領事裁判權の取得　領事裁判權とは何を云ふか簡單に云へば外國人が支那國境內に於て支那の法律的裁判を受けないで自已本國の領事の裁判を受けるのである、一方面に就いて云へば支那の主權を支那國境內に於て行使することの出來ないことであり他の方面に就て云へば外國の主權を支那國境內に於て行使することが出來るのである。之れはどう云ふ譯かと云へば帝國主義者が他の國家を侵略して使用する所の第一の武器は即ち領事裁判權である、從前は土耳其に於て施行して居つたが今は支那にまで迴つて來たのである。

英國の外裁判法

英國の國外裁判法には明かに規定して曰く「皇帝は領事裁判權を行使し割讓或は征服に依つて取得した領土に對しても亦其の方法同じ」と規定してある領事裁判權の及ぶ處は即ち主權の及ぶ處である故に之は他國が自已の領土內に於て領事裁判權を行使

外國人の紙幣發行

することを許容した國家であつて完全な主權國でなく半主權國位のものである、領事裁判權に關して南京條約には規定しないけれども佛支條約の第二十七條刑事裁判權に關しては米支條約の第二十四條二十五條民事裁判權に關しては皆明白に規定して利益均霑の例に倣つて英國は當然一緒にそれを受けて其後各國も一緒に享受する等は此處に餘り多く述べないが、領事裁判權は帝國主義者が他國を侵畧して使用する所の第一の武器であることは前に述べたが其の利害は單に國家の體面に關する許りでなく外國人が領事裁判權の保障を有する場合には支那の主權は無いものと同じである、前支那は外國人の國內通行を制限したから外國人は仕々野蠻と稱して居るが其の實外國人が支那の法律に服從するならば隨意に通行しても妨げないのであるが其の領事裁判權を有する外國人の行く所は領事裁判權の行く所であつて支那の主權が害を受ける所である、又外國人は領事裁判權を持つて來て自己の保障とする許りでなく領事裁判權を持つて來て支那を侵畧する道具にして居る、支那は外國人が支那境內に於て帝國主義を施行し支那を侵畧するのを瞭然と見て居てもどうすることも出來ない、例を擧げて云へば外國人が支那境內に於て銀行の設立紙幣の發行金融の操縱等をすることは支那の財政機關としては約束の出來ないことである、外國人が支那に於て學校を設立して彼等の殖民地に對する敎育を傳布して居ることは支那の敎育機關として約束の出來ないことである、外國人が支那で新聞雜誌通信社等を設立して帝國主義を宣傳しながら支那の不利を謀ることである、外國人が支那で商店を開設して支那の小商人を壓迫し工場を設立して支那の職工を虐待することは支那の農工商機關として約束の出來ないことである、外國人が支那で布敎の名義を利用して敎徒に左担し訴訟を庇護して善良を問はず魚肉にすることは支那の司法機關として約束の出來ないことである以上の種々な事項を法理上から云へば外國人は本より斯様な大權限を有しない、彼の領事裁判權が彼の手の中になかつたならば以上種々なことは言はなくとも理勢の明かな所であるが之は勢力のなす所である故に領事裁判權の支那を侵畧する程度は租界に比較して更に凶惡である、と云ふのは租界は個定的であつて領事裁判權は流動的であるからである、極簡單に言へば領事裁判權と租界との二者は帝國主義者に取つては丁度鳥の兩翼の様で支那境内で自由飛翔しながら支那の死を制して居つても支那は之を何とも制することの出來ないものである。

五、關稅の協定　凡そ一國家が對外貿易を有するならば必ず關稅制度を有するのであつて關稅制度は必ず國家が自主するものである、國家が關稅自主權を有するのは少くとも以下の二件を要するのである、一は稅率を規定して國庫の收入を増加し二は或種輸入貨物に高額の稅率を課して國內の工業を保護することである、第一は各國の關稅制度は各國皆同じで、第二は自由貿易政策と保護政策の論爭である、其實世界上自由貿易政策を採用する國家は英國あるのみであつて英國ばかりは本國の工業の發達した爲め人と自由競爭をすることを恐れないからである、が其の他の各國は關稅制度に關して保護政策を取らない國はない、保護政策に依つて外國貨物の入港を抑制して國內貨物の振興を助長する爲めである、之は工業後進國であるから保護政策を採ることは更に緊要である、工業後進國は機械工業資本制度工場組織等は先進國に比較して樣々幼稚であるから若し保護政策を採らずそれを培養しなければ驟然とやつて來る先進國との工業競爭と比較すれば小供と丁年者の角力を見ると一樣である、故に保護政策は工業後進國に於ては經濟侵略を防禦する深溝高壘である、鴉片戰爭以前支那の關稅權は自主であつたことは今更云つても珍しいことでもない總て各國の關稅權は皆自主である所が鴉片戰爭後南京條約に依つて關稅自主權は一便に變つて協定關稅になつた、南京條約第二條に「英國君主は領事事務官等を派して通商港に居住し專ら商賣を司らしめ各地方官と公文往復すること英人をして書類等の條件を討議せしめ、貨物稅關稅等の費用を納付すること」と規定してある、之が外國領事が我國の稅關を監視し始めた最も先例である、其後は外國領事、外國商人から稅金を徵收して支那の收稅官吏に交付して居つた第十條に「第二條」の規定に依り五個港口に居住する英人商人は輸出入の貨物稅を納めることを頒布して公平に英商に便ならしめること、又英國貨物は稅金を納めた後支那商人に依り各地方に運搬する時に他の稅關に於ては加稅するを得ず只だ賣價に照して一兩に付き何分に過ぎざること」を規定してゐる、此の公平な課稅義務を支那の身の上に加へて居る分關（小稅關也）又分關稅に對しても協定的制度を採つて支那の自主權をなくした、南京條約締結の翌年五月賣國者滿洲宗室の老英等は香港に於て英國と五港の輸出入の稅則の協定及通商規則を議定した、八月には虎門の條約を議定した、以上の議定に依れば輸入貨物は赤木、柴檀木、英楊木、白銅、黃銅及香料等の貨物は價額に依り百兩毎に十兩を引く外に其他は皆百分の五を引くことにした、茲に於て關稅の協定は成功した其後支那は關稅の自主權を失ふた、世界の經濟及國內の財政の現狀、稅金の增加國庫收入の增加の斟酌を語ることを出來ない、又保護政策を施行することも出來ない、是に於て支那の手工業は外國の機械工業に征服され支那の家庭工業制度は外國の工場制度に征服された、一旦征服された後は恢復して振興する機會がなく只だ日々に經濟は後へと遲れて深い穴の中に落ちた、憐れな支那人は「國貨提倡だの利權挽回だの」云ふて居るが人に手足を束縛された人が體操をして健康を增進しやうとするものと同じ譯で可笑しいことである。尙ほ憐れなことを云へば自から智識階級の人と稱する人は通商と稱して彼我兩利の事情であると云ふて居るが實際公平な通商ならば兩利であるけれども今彼等は自國內では關稅自主であつて支那に對しては不公平な關稅協定をして居るのである、何を以て彼我兩利と云ふことが出來るであらうふか？通商條約中に支那は片務の義務を負つたことが非常に多い而して最も危險なことを云へば支那を民窮財盡の途に步かせるのは關稅の協定である、以上、割地、賠償、外國居留地の設定、領事裁判權の取得、關稅協定の五項は四種條約から探し出した大きいものであつて、其他は今細述することが出來ない、此の五項を云へば支那の權利は重大な損傷を受けて居つて國際上平等の地位を得ることの出來ないことに至らしめたのである、割地、賠償は戰爭國の常有の事であるが外國人居留地の設定領事裁判權の取得、關稅協定の三項は皆歐洲人が自分の眼中に所謂野蠻人に對して設立することである、彼等は自分の國內に於ては決して此等の主權を喪失する事情を許さない、彼等は自分達が野蠻人と目する人民に對して經濟侵略を施行して是等樣々なことを遣り出して政治上の優越勢力を取得し此を得る爲めに武力に訴へ或は單獨侵略、或は共同行動を取る、故に鴉片戰爭發生以來英支米支佛支の四種條約は帝國主義の支那に侵入の始まりである、以上四種條約は各帝國主義が支那を堅く縛り付けたのである、一寸を得ては一尺を得やうとする貪慾を誰が知るであらうか？英佛の聯軍は一八五七年又支那と開戰した結果廣州を陷落して英佛の軍艦は米露の軍艦と會合し北上して白河口至つて大沽砲台を陷落したので一八五八年十月天津條約を締結した一八六〇年に至つて英佛聯軍は再び天津北京を陷落した、其年の九月北京條約を締結された此の兩種の條約は南京條約よりも支那に取つて非常に苦痛である割地に就て云へば香港の對岸にある九龍一角を英佛に各八百萬兩宛を皆償還してから英佛の駐屯軍を撤退した、通商に就て云へば南京條約に依る五港を除いて牛莊、芝罘、台灣、潮洲、淡水、瓊洲、南京、鎭江、九江、漢口、天津の各處を通商口に增した、天津、漢口と南京條約に依る上海には各國の租界を劃定して或は各國の共管であり、或は一國の專管あつて其繁華なることは各租界首位である、天津は支那北部の咽喉であり漢口は中部の咽喉であり、上海は南部の咽喉であつて此の三咽喉の處は外國の行政區域になつて居るから支那の危險は知るべきである、領事裁判權の取得に就て云へば南京條約より更に擴大して居る、英支天津條約第十六條の規定を見れば「英人の犯罪者は英國之を判決し支那人が英人を凌辱し或は損害を與へた場合には支那地方官之を判決し兩國の交涉案件は相互會合の上公平に處斷する」とある、會審制度は此に依りて確定されたのである、又漢文を混用した原文は民事刑事一律に看做すとあり、又奇怪な事は支那法廷の支那人被告に對する裁判には外國方面の會審を要し外國法廷の外被告に對する裁判には支那方面の會審を要しない此は實際道理のないことである、又天津條約の結果外人は自己領事の發した證明書があれば何處でも自由に遊歷するを許してゐる、北京條約の結果佛國は傳敎の自由並に牧師は內地の何處に於ても傳敎の爲め土地を租借し家屋を建築する事を得とあるから佛國が此の權利を得ると同時に他國も當然均一の例に倣ふて居る、故に此領事裁判權は支那全國に通行するに制限がないのである關稅協定に就て云へば南京條約に依り一切の輸入貨物に對しては價格百分の五の稅率を規定し、天津北京二次の條約の結果此の輸入稅の外分關(小稅關)半稅百分の二分五を納め沿途は檢査證に依りて重加しないこととしてゐる是に於て內地釐金は支那商人の貨物を攪亂するのみで外國物に對して攪亂することが出來ない外國貨物は外國の機械工業資本制度工場組織等樣々發達した爲め外國の貨物は性質及分量は皆支那の手工業及家庭工業の製造品の及ぶ所ではないから同日に語ることが出來ない、又支那貨物は沿途關所釐廠重ねて稅を課するけれども外國貨物は分關半稅を除いて別に係はる所はない、斯如き環境の下に於て支那の工業が外國工業と支那で競爭することが出來ると思ふだらうか？支那內地に於ても幻想であり世界上に於ても夢想である、天津條約と北京條約は支那が英佛聯合軍に戰敗した結果である、故に英佛兩國の取得した權利は略ぼ同じである、英國が九龍一角を得たことを除いては別に大した差異はない、又此の後の英佛を除いては其の間を彼此周施した露國と米國とがある、故に米國は賠償と割地に就ては無いけれども居留地を增加し領事裁判權を擴充し海關の稅率を修正する等の利益から云へは均しく取得して居る、其他各國も以前は遠慮しないで利益均霑の例に倣ふて同じく享受して居た所が露國は更に狡猾で共同の處品を取つた外に滿洲政府を小供の樣に玩弄して別の分處品を得たのである、畢竟一八六〇年十二月滿洲政府と條約を締結して兩國の沿岸烏蘇里、松江、阿察沙、興凱湖、白琳河、湖布圖河、琿春河、豆滿江を境界として東は露領、西は支那領と規定した又西疆に數へない所が又ある此の條約に依り支那は、拋失した所の領土は東西の廣さは二十經度餘りに及んで居り南北の長さは十緯度餘りに及んで居る露國は此の條約に依りアムル洲沿海洲を建設した、咄嗟の間平空に於て、此の廣大なる新領土を得た許りでなく支那の北部に侵略の基礎を樹立して力を發揮して征服を經營することを得たのである、天津北京兩條約締結後支那は帝國主義の勢力の下に屈服したのである、此の二つの條約は支那を束縛して今日迄繼續して來た此の條約は帝國主義の勢力を支那に扶植して不平等條約の中樞になつて居るのであるから支那人は之を輕視してはならないことである。

天津北京の條約締結後各國は任意に其勢力の及ぶ地方に於て權利の取得や種々な利益を得て居る此等の權利及利益は條約を根據として得たのでなく鐵砲を盜んだのであつて其後段々慣例になつて困まつたのである、例へば上海の居留地の如き行政の範圍や司法の範圍を極力擴張して上海を外國の領土たらしめたのである、又上海は劉麗の占領した後滿洲政府の派遣した官吏は逃けて仕舞つて稅關の事務を司る人が無い爲め英佛米は各々稅務官吏一名宛派遣して來て稅關を管理して居た之は一時的の假例であつたが其後は定制になつた、又英國の勢力が最大であつた爲め英人ウイトマンが總稅務官になつた、それから稅關の支配權は英人の手に落ちて今迄回收が出來ない、名目上總稅務官は理藩院(今の省)に屬して居つて各稅關には皆監督あつても只だ名義上の官僚に過ぎなく實權は總稅務官の手に操縱されて居て總稅務官は隱然として支那の財政を操縱する大權を有して居た、關稅が協定されて稅關を支配する權利は外人にあるから支那の財政が英の外人に依り掌握される許りでなく、支那國民の生計も外人に制されて居た所が自から智識階級の人と稱する人々は「支那は自から稅關を管理することが出來ないから外人に競つて利益を齊らし弊害を防ぐ」と云ふて居る、此の通りであるならば何んで稅關に限るのだらうか？支那全部を外人の共管にするならば撤底するではあるまいか？太平天國の戰事期間に權利及利益を摑んだのは各國皆同じであるが英國が甚しいのであるそれに加へて英國は軍隊を以て會國藩、李鴻章を援助して太平天國を打ち倒してから滿洲政府は南京條約及天津北京條約の大耻辱を招いて仕舞つて反つて英國を恩人と思ふた、英國は此の機會に乘じて經濟上政治上無限の便宜を取得した、故に一八六四年の貿易額は各國の總數を集めても英國の十分の一に及ばなかつた英國は之れで滿足した、又一八七六年支那に對して芝罘の條約締結を要求したのは誰も豫想の出來なかつた、其の口實は雲南視察員モーリが支那人に殺された事である、英國の要求する所は(一)雲南の大極府或は其他の適宜の所を調査して將來通商の地とする積りであつた(二)蕪湖、宜昌、温州、北海を通商港に増加し(三)重慶に商業視察員を置いて四川の經濟狀況を調査すること(四)探險隊を甘粛、青海、西藏に派遣する場合には支那は之を保護すること等であつた、以上の四項を除いて一八九〇年三月芝罘條約追加條約中に重慶を通商埠に規定した、是に於て英國の勢力は長江から下は上海、上海から一直に長江溯つて重慶に到つて西藏經營も此に依つて始まつたのである、以上述べた所は南京條約以來割地賠償外國居留地領事裁判取得關稅協定の五項內の事情に過ぎないが今再び一項を擧げれば以上の五項と同樣に重大である、卽ち藩屬の奪取である

藩屬の奪取

鴉片戰爭後日支戰爭前支那は三の藩屬を喪失した、一、安南は佛國攘奪する所となり、二、緬甸は英國の攘奪する所となつた、以下分けて述べる(1)佛國の安南略奪、安南は本より支那の藩屬であつて其の親密關係は遠い暹羅、緬甸、朝鮮と違つて居つた、佛國が略奪してから一八八四年佛支戰爭があつて同年五月媾和條約があつた、復た戰爭があつて一八八五年六月の條約があつた、其後一八八六年四月細則を規定し一八八七年六月界務專約及商務續約があつて以上各種の條約に依つて支那は安南に對して從來の宗主權を拋失して安南を佛國の保護國に承認した、其外支那は龍州、蒙自、蠻耗を通商埠にして將來南の數省に鐵道を敷設する場合には佛國人を雇ひ佛國の財斷を使用する樣に聲明した、是に於て支那の犧牲は安南に止らなかつた(2)英國の緬甸攘奪、佛國が安南を攘奪してから英國は安南から緬甸を窺ふに依つて印度に危險の及ぶことを恐れて遂に緬甸と開戰して其の國王を捕虜にして其の國を滅した、支那は緬甸が支那の藩屬である爲め英國に抗議したが英國は讓步し

ないのみならず反つて恐嚇を以て印度から西藏に出兵すると云ふた是に於て支那は緬甸を拋失した一八八六年英國と緬甸條約を締結して英國の緬甸攘奪を承認した(3)英佛兩國の暹羅攘奪、佛國が安南を奪取し英國が緬甸を奪取してから暹羅は英佛の間に介在して居るので自體を保つことが出來なかつた、それに英佛の勢力は又容易に衝突に接觸した、英佛は一八九三年暹羅を分割して管轄した所の南掌地方を暹羅に獨立を許した暹羅をして從來支那に朝貢した例を廢止さした、而して英佛は暹羅を緩衝地帶として何の軍隊も暹羅國境內に入ることを得なかつた其後暹羅は稍々自立を圖つて努力した結果遂に領事裁判權の撤退を得た安南緬甸が此の幸福を得ることは出來ないのみならず支那が未だ之を撤齊さすことも出來ないのである、支那が藩屬を喪失した事を述べる際に附帶の聲明を一句加へるのである別の國家が來て自已の藩屬を干涉することは本より不平等の事である、惟ふに現代の支那人の意思は喪失した藩屬を恢復しやうとする要求はなく只だ帝國主義者と奮鬪して平等の自由國家をなし此の國になつた後は支那の聯邦をなすことも支那人の自由意思に屬するのであつて支那は此等の期待を有して居る、決して强迫を以て行ふことは好まないのである、鴉片戰爭後日清戰爭に至る迄各帝國主義者の支那侵畧は以上述へた樣に大きい所を搜索してゐる、之に依つて帝國主義の支那に於ける勢力は如何なる程度迄入つて居るかを知るのであらう、其後取る所の政策は二ある一は急進的である、卽ち支那領土の分割を急いて其の分割した領土內に於て經濟侵畧を施行すること二は緩進的である、即ち支那の領土分割を急がないで各帝國主義者間の衝突を緩恕して以て支那人民の視聽を迷はせて而して取得した政治上の優越勢力を以て基礎となして支那の領土内に於て經濟侵畧を施行することである。

第三節　日清役より團匪事件迄

日清戰爭から唐子聯軍の役に至る迄日清戰爭以前支那に於て最も多く權利を獲得して勢力の最大なのは英國が首位で佛米が次ぎであつた露國は北方で軍事政治方面に於ては英國と抵抗が出來るが經濟方面に於ては遙に劣つて居つた、此の大略の情況は以上既に述べた、日清戰爭以後驟然の間日本も一つ加はつて駸々と英露と拘勢の道に就く樣になつてから佛米の及ぶ所でなかつた、抑も帝國主義東漸の始め日本は支那と同一の運命に陷つて領事裁判權と關稅協定の鎖りを各國が日本に加へて居つた、日本は此の鎖から脫離することに努力して一面には內政を治め他方には外交方針を確定して以下の三種の步調を取つた、第一附近の諸國琉球朝鮮の如き國を壓服して腋の隱患を除去したこと、第二支那を壓服し廣大なる富源を取得すること第三歐米に對抗して平等の地位を得ること等であつた、以上の三者は日本の對外方針の國是であつた、一八七一年十月台灣生蕃の問題に就て之を口實として支那と開戰しやうとした其後琉球を滅して沖繩縣と稱した後は專ら心を朝鮮に注いだ遂に一八九四年六月日清戰爭が在つて一八九五年四月馬關條約二十一個條を締結した其の重なものは次の通りである。

(1)朝鮮を獨立國と認めること

租借地要求

（2）日本に軍費二億萬圓を賠償すること
（3）遼東半島台灣及澎湖列島を日本に割讓すること
（4）日本の臣民に對しては最惠國の待遇をすること及沙市重慶蘇州杭州を通商埠にすること

其後露獨佛三國聯合して日本を强迫して遼東半島を支那に還さして其かわり賠償額三千萬兩を增加することにした、支那は此の一回の戰爭の損失で大巨額の賠償金の支拂と割地の外日本を最惠國の待遇をしたから南京條約以來各國が支那に於て權利を取得すれば日本も均霑の權を得る樣になつた是に於て歐米の帝國主義の外日本の帝國主義を加へた、加之各國は日本の此の一戰に莫大なる權利を獲得したのを見て先を爭ふて急進的侵略を採つて支那に租借地及勢力範圍の劃定を要求した、故に中日戰爭以後唐子聯軍の役以前は支那分割論の最も熾烈な時代であつた、今左に分けて述べる

一、租借地要求者に關して　一八九七年十一月山東曹州府鉅野縣で獨逸宣敎師二人が游勇隊に殺された爲め獨逸は之を口實として軍艦を派遣して來て膠州灣を占領した、即ち極東巡洋艦隊を派遣して來て支那を脅迫して一八九八年三月條約を締結した、其內容は膠州灣兩岸の屯域を九十九年の期限で獨逸に租借して遣つた、支那政府は租借期間租借地に對しては統治權を行使せず、獨逸に委任した此の外獨逸は膠州鐵道敷設權を取得した、鐵道沿線百里以內の礦山は獨逸の自由採掘權にした、又支那が山東省で新事業を經營する時外國の資本を仰ぐ場合には獨逸は優先權を有することにした、此の條約の規定に依り支那の喪失した所は膠州灣に限らず山東全省に亘つた譯である、膠州

灣を以て又各國が租借地を得た新例になつた、獨逸が此の例を始めたので其次は露國が一八九八年三月旅順大連灣の租借地條約を支那と締結した、其内容は租借期間を二十五年とした、此の外露國の東淸鐵道敷設の一條件と遼東半島沿海の地に於て支線を敷設して東淸鐵道と連絡するを得ることにした、同年七月又其の鐵道の支線を吉林に延長することの條約を補缺した、此處に於て英國は露國の旅順大連灣の租借したのを口實として一八九八年七月威海衛租借條約を支那と締結した、其租借期間は旅大と同じであつた、是に於て佛も一八九八年十一月廣州灣租借條約を支那と締約した、其期間九十九年であつた、此の外佛國は赤次安舖間の鐵道敷設及電線の架設することを支那は承認した、是に於て英國は佛國の廣州灣租借を口實として九龍半島全部を租借するを要述した佛支條約締結の翌月九龍租借條約が成立した、九龍半島全部及香港附近の大小島嶼四十個所餘り並に兩海灣及附近水面を九十九年の期間期として英國に租借して遣つた、租借地と割地は法理上區別は有つても事實上は全く同一である、而して各國の租借地に於ける最大目的は要塞及軍港を設立することにあつて支那は門戸を開放する許りでなく人に門戸を占領され家の奥深くまで道を踏み込まれた。

勢力範圍劃定

二、勢力範圍劃定者　に關して勢力範圍劃定説は歐洲帝國主義者の亞佛利加洲に對する方針から起つたのである、當時歐洲各國帝國主義者は亞佛利加に對して或は先を爭ふて占領又は衝突を防ぐ爲め各自の勢力範圍を劃定して相互に承認した、當時彼等は亞佛利加人を眼中に置かなかつた、勢力範圍劃定後所謂物には各々主有る故に此劃定は分割の準備と看做して間違ひはなかつた、支那に於ける各帝國主義者は其の當時事實上各自の勢力範圍を認定した例へば楊子江流域各省は英國が既に自分の勢力範圍と認定した、兩廣雲南等の省は英佛兩國が同時に認容したが爭執することは免れなかつた、又蒙古新疆滿洲及支那黃河以北は露國が自己の勢力範圍と認定した、但し日本が堀起した後は滿洲等の地點で露國と衝突を免かれなかつた、日本の福建、獨逸の山東は肉の細切りを禁ぜられた、以上の事實は斯く存するけれども明文の規定はなかつた、露國の外交は日に狡猾で只だ事實を以てする丈けで文字は必要としなかつた、佛國に至つては佛支戰爭後締結した條約に「南數省に將來鐵道敷設の時は必ず佛國人を採用すること及佛國の材料を使用すること」を規定し獨逸は膠州灣條約に「支那が山東省で新事業を經營する時外國の資本を仰ぐ場合は獨逸に優先權有ること」と規定した、此等の規定の意義を解釋すれば勢力範圍の意味が已に含んで居る、一八九八年英國は公然と楊子江沿岸の各省の地は租借抵當其他の名義を以て他國に讓與するを得ざることを支那と約定した、佛國は其の前海南島を他國に割讓するを得ざることを約定したが更に一歩進んで廣東廣西雲南を他國に割讓するを得ざることを支那に約定した、此に於て日本も亦福建省を他國に割讓するを得ざることを支那に要求した、此に於て各國の勢力範圍は明かに劃定されて支那は時を追ふて分割される樣になつた、以上述べた租借地及範圍兩項は皆日淸戰爭後新しく發生した事情である此の兩項から視察すれば帝國主義者が支那に對して急進的侵略政策を採用し、支那に於て軍事的勢力を發揮して急遽支那を自己の政治領域に變成して經濟侵略を施行しやうとしたのが知れるのである。

第四節　團匪事件より歐洲戰迄

庚子の役は帝國主義者の態度に對する重要な關鍵である、鴉片戰爭から庚子の役迄では帝國主義者に對して忍ぶことの出來ない時であつて支那は决心と勇氣を以て一戰に出たのである、鴉片戰爭の如き英佛聯軍の役の如き佛支戰爭の如き庚子聯軍の役の如きは支那は戰敗國に終つたに過ぎない庚子役の後支那は自分で再び帝國主義に對抗する能力の無いことを認めて一戰に出る勇氣は全く失つて仕舞つて只だ忍んで憐れな生涯を送つて居つた東三省に於ける日露戰爭の如き山東地方に支那の中立を破壞した日獨戰爭の如き日本の憐れな美しい宣書を以て二十一個條の承認を强迫した如きは若し庚子役以前の態度に照せば支那は一戰に出るを免れなかつた、然しながら其の當時支那は涙を呑んで忍んで居つた、實際を云へば前後の態度は二人に依つてゞあつた、前には滿洲政府あり後には袁世凱あつて外に媚びて自己の生存を圖つた、支那人民も耻を知つて居つた、帝國主義者の支那に對する態度は庚子の役が變遷の關鍵であることは以上既に述べたか日支戰爭後各軍は支那に對して總て急進的侵略政策を採用した所が庚子役を經過してから各國は急に直下して緩進的侵略政策を取つた、此中の原因は複雜であるが最も重要なのは兩端に過ぎない、第一各國の支那に於ける利害衝突は到る處に潛在して時々暴發する機會を睨つて居たが急進的侵略政策を採用してから此の利害衝突は尙ほ一層急激になつた、日清戰爭後支那は最早朝鮮の事を口にすること出來なかつた横から露

各國の急進政策放棄

國が干渉し始めた、日本は露國に對して近きは朝鮮遠きは滿洲に在つて兩立することの出來ない形勢であつた、露獨佛三國干渉で遼東半島を還付してからは恨を積んで露國を以て第二の大戰の國標として露國は庚子の後に乘じて東三省に增兵して滿洲を包括する態度や朝鮮を牽制する態度を明に示したので日本は遂に露國と開戰した其結果勿論露は大損害を日本も瀕死の境遇に陷つた、英國は日英同盟の關係佛國は露佛同盟の關係から波及の憂を免れなかつた、其他の各國も坐視することが出來なかつた、此に依つて各國が支那に對して急進的侵略政策を取つて各國の間の衝突を促進したことを證明することが出來る、此の强權的世界に於て强者が弱者に逢へば得意になつて「兼弱政昧取亂侮込」と云ひ强者が强者に逢へば「兵凶戰危」の戒心を抱かざるを得ない是が各國が一變して緩進的侵略政策を採用した一原因である、其後庚子役の結果各國が支那で勝利を得てゐるけれども支那の人民の抵抗力の烈しいこと及奮慨の烈しいことに鑑みて日清戰爭以來急進的侵略政策を取つた結果であることを知つた、經濟侵略を果すには急進政策を取る外に第二の方法は無いから自然と緩るくなつた、若し第二の方法も一樣に經濟侵略の目的を達することが出來るならば急進的政策を取る必要はない故に之に對し各國が一變して緩進的政策を取つたのも一の原因である、緩進的侵略政策とは何んであるかと云ふことは前に述べた所の「支那領土の分割を急がず各帝國主義者の衝突を緩和させると同時に支那人民の視聽を迷はせ而して既に取得した所の政治上優越勢力を基礎として支那領土内に於て經濟侵略を施行すること」である、此の定議に依つて緩進と急進との區別が解る只だ手段にあつて目的には變りはない委く云へば經濟侵略の目的は一樣であつて違ふ所は領土の分割を急ぐのと急がないのと差である。

分割を急ぐのは各國が分轄して得た領土内で經濟侵略を施行し分割を急がないのは各國が旣に取得した政治上優越勢力に依つて共同に支那領土内で經濟侵略を施行することである、前者は分割であつて後者は共管である、憐れな支那人は急進政策を聞いて心配し緩進政策を聞いては安心する、之は急性病は病氣であつて慢性病は病氣でないと云ふに異らない、虎列拉病には死ぬが肺病に死なゝいと云ふに異らない、以上を總括的に述べた所の庚子聯軍の役以後歐洲大戰の初めまでの間支那に對する各國の態度を左に分けて述べて見る。

各國の態度
庚子聯軍の役

一、庚子聯軍の役　義和團事件が一九〇〇年夏起つた、團黨は歷史的傳統に依つて「反淸復明」であつた而して鴉片戰爭以來支那人は帝國主義の制射を受けて居るので「滅洋仇敎」であつた、故に義和團の起つた初めの目標は「反淸滅淨」であつた、それが不幸にして滿洲太后王公の利用する所となつて一變して「扶淸滅洋」になつた滅洋の旗を樹てたので八個國聯軍は北京を陷落して一九〇一年支那と辛丑條約を締結した、其內容の重要なものは左の通りである。

イ、賠償四億五千萬兩　其前の英佛賠償金八百萬兩は海關より支拂つて同治四年にやつと濟んだ日淸戰爭後賠償額は遼東還附の分を併せて二億三千萬兩之も海關を以て主要の抵當品にした、其の次の賠償金は自然稅關から支拂ふ樣になつた、關稅は以上の賠償に對しては必ず先きに返付した、之に依つて見れば支那の關税は關税協定と外人が税關を管理する外關税の所得を先づ外に讓渡して喰はして其の餘りを支那が嘗めたに過ぎない。

ロ、支那は大沽砲台と北京天津間の軍隊を悉く撤去した、而して外國は北京天津間の安全を圖るため北京、黃村、廊房、楊村、天津、軍糧城、塘沽、蘆台、唐山、灤州、駐屯軍を置くことを得た而して天津二十里以內には支那軍隊を駐屯又は接近することが出來なかつた、試に問ひたい猛獸が家の奥に屯するに何の區別があるであらうか

外國武裝行政區域

ハ、北京公使館區域の劃定、此の區域內に於ける警察權は全く公使館に屬し並に駐屯軍隊及種々の軍事設備もそうである、故に北京公使館區域は外國の行政區域であるのみならず外國の武裝行政區域である、南の城壁には大砲を搆へ付けて何時でも北京を打破す樣に出來て居た玆に於て北京政府は各國の隨意に操縱される所となつた、東交民巷の各國公使館は侵々として北京の太上政府となつた、辛丑條約は支那の權利喪失と國辱で其類甚だ多いが以上の三項が其重要な例に過ぎない之に因つて見れば支那は又自由獨立の國家と看做すことが出來るだらうか?

庚子役以後の關係

ニ、庚子の役以後各國の相互的關係、露國は義和團事件を口實として滿洲に兵隊を置いて占領しやうとした、此の突飛猛進的態度は支那を眼中に置かないのみならず其他の各國に對しても傍觀無人であつたから各國は驚かざるを得なかつた、第一は英國であるが鴉片戰爭後支那に於ける貿易額は絕對の優越を占めて居るので露國が單獨に其の志を行ふことを容れることは出來なかつた、英國

領土保全とは

の陸軍勢力は支那で露國と均衡を有することは出來ないで從前の鴉片戰爭と英佛聯軍の態度は去つて仕舞つた、此處に於て急に一九〇〇年十月、獨逸と協約を締結し山東に於て獨逸が露國の一氣を串成することを防止した、又一九〇二年一月、日本と同盟條約を締結して日本の陸軍勢力に依賴して露國に抵抗したが圖らずも一九〇四年二月、日露戰爭が發生した米國は鴉片戰爭後利益均霑の例に依つて租界領事裁判權關稅協定等の權利に關しては各國と同樣に受けて居つたが單獨に支那と武器を交へた事なく領土の分割を得たことはない、一八九八年各國が紛々として支那に向つて租借地及勢力範圍を要求する時米國は支那分割の時自已の分の無いことを恐れた而して米國の國勢は支那に對して緩進政策を採ることを尤も利益とした米國の優る所は財力で省る所は兵力であつたからである故に急進的政策に對しては贊成することが出來なかつた、一八九九年九月から十二月迄國務卿ヘイ氏は日英佛露獨墺伊七個國に向つて支那の領土保全門戶開放機會均等を主張して通牒を發した、其の時各國は表面上は一致贊成した、庚子役の後日露戰爭と共に一變して實際に一致贊成した以上述べた所の日英同盟條約一九〇五年第二回の日英同盟條約、一九一一年の第三日英同盟條約一九〇七年の日佛協約一九〇七年の日露協約一九一〇年の第二回日露協約、一九〇八年の日米協商一九一七年の第二回日米協商等は領土保全門戶開放の機會均等を口にする許りであつた、之は緩進的侵略時代の產出した三個の名詞であるが丁度急進的侵略時代の產出した所の租借地、勢力範圍等の二個の題目と綏先輝いて居る、今此の三個の名詞の產出した名詞を下に解釋すると、領土保全とは何を云ふ

門戸開放

かと云へば領土分割に對して出來た言葉である、詳しく云へば支那を切々の小塊にして各國に分與しないで整然とした支那の大塊を各國が共同に享受することである。

門戸開放とは各國が支那に來て侵略主義を施行することを歡迎して少も碍げず少も抵抗せず邪魔せず各國の欲しい儘にして吳れと云ふことである。

機會均等

機會均等とは何んであるか之を換言すれば所謂「皆同じやうに分け前の有る」ことである、勿論何の國でも支那境內に設定した勢力範圍でも利益範圍でも兎に角其の範圍內に於ては其他各國の取得した權利及利益に損害を加へないことである、又將來支那に對して權利及利益を要求する機會があれば各國が均等に要することで何處も厚薄なく輕重なく同じ樣に受けることである「領土保全門戸開放機會均等」が何んで支那に大損害を及ぼすであらうか」と云ふことを人が若し聞くならば吾々は無疑無二の返答が出來る、卽ち各國が支那と澤山の不平等條約を締結し此の條約を根據として種々なる政治上の優越勢力を行使し以て經濟侵略を遂げるから此の領土保全門戸開放機會均等の結果此等の侵略範圍は日々益々擴張し其程度も日に益々增進するのであるから支那の大損害である譯なのである一例を擧げて云へば領事裁判權が無ければ澤山の外國人が支那に居つても構はないが領事裁判權を有する外國人が支那內地に一人殖へれば一害殖へることである、又一例を擧げれば關稅協定が無ければ澤山の通商埠があつても妨げないが關稅協定を有する此の通商埠が一個所殖へれば一害殖へるのである、其餘は類推すべきである。

投資

三、各國相互間の關係を協定した後支那に對して大投資各國相互間の關係は以上述べた通り遂一協定したのである、此に於て各國の利害衝突は大に緩和して來た而して支那は庚子役後外國の侵略に對して抵抗する勇氣と决心のないことが外國に看破された、此に於て各國は安心して支那に大資本を投下して其の經濟侵略の欲望を滿して居るのである、投資とは何んであるか簡單にいへば各國が支那の有利事業に對して資本を投下して利益を取得すると同時に本國の勢力を扶植するのである所謂有利事業とは種々あるが其の重要なのは鐵道事業である。

鐵道沿線

各國が鐵道事業を經營するのは此の時に始まつたのでなく又此時に盛に行はれたのでもない露國の東淸鐵道の如き、日本の日露戰爭後得た、南滿鐵道及安奉鐵道の如きは名義上及事實上鐵道は皆外國に屬して居るが鐵道は支那境內に在るから外國の領土に異らない卽ち外國の領土を支那領土內に延長して鐵道を保護する名義を以て警察と駐屯軍隊を設置し又鐵道沿線兩側の地方に劃出して所謂鐵道附屬地と稱して殆んど外國の行政區域になつて居るから支那は事實上領土を喪失したのである、此の外佛國の滇越鐵道獨逸の膠濟鐵道は假へ行政區域の權限を有しないけれども鐵道は外國に屬して居るから東淸安奉南滿鐵道と異らない以上の鐵道は外國が支那に對して經濟侵略の便利を有する許りでなく軍事行動の便利も有するのである、一例を擧れば若し支那が日本と開戰する場合には日本は南滿鐵道から軍隊を輸送して來て東三省に布置すると共に鐵道附屬地を以て軍事の策源地とするのである、鐵道の所有權に至つては支那に屬しても外國の投資者に依るのは京漢、奥漢、川漢、京奉、津浦、滬寧鐵道の如きである。

以上の鐵道の所有權は外國のものにする危險はないけれども或線の鐵道は或國の資本から敷設したのであるから此の線の鐵道上に於て某國は當然種々な便利を得て居る之に依つて經濟上の勢力を擴張するのみならず政治的勢力も是に依つて扶植するから鐵道事業に投資するのは外國資本家の優先を爭ふ所であるのみならず外國の政府も隱然として權謀術數を圖り或は顏を出し頭を露はして勝手なことをするのである、尙ほ一件極重要なことは鐵道投資の問題の爲めに銀行團の組織を起した結果各國聯合して支那に向つて財政的束縛を施行し財政の監督をすることは我々支那人の忘れてはならないことである、一八九八年米國は合辦會社奥漢鐵道の敷設及管理權を取得した一九〇五年に及んで支那回收の資金を準備した、其當時廣東の部分は私設、湖南の部分は官私合資湖北の部分は官營に決定した、其後兩湖は資本がない爲め遂に一九〇九年六月英佛獨に借欵してから三國銀行團が成立した、因に米國が抗議する爲め一九一〇年三月米國の加入を許容して四國の銀行團が成立した、借款の總額は六百萬パウンドであつたが米國が幣別借欵を發起した爲めに總額一千パウンドとして英佛獨三國の加入を勸誘して依然として四國銀行團が一切を操縦して一九一一年四月に成立した、民國元(一九一二)年三月日露兩國は正式に加入してから四國銀行團は六國銀行團になつた、數十年來帝國主義を以て我に臨む英露獨佛米日六國は協同の步調を取つて以て新生產の中華民國に對待した、不幸にして其時中華民國の政府を擔當した重任者は袁世凱であつた此處に於て六國銀行團は包圍して勸誘すること極りなかつた、米國は斯樣に支那の內政に干涉するのは米國の國是に違反するといつて銀行團から脫退した、而して殘る五ヶ國銀行團は依然として遠慮なしに民國二年（一九一三）四月大借欵團を組織した其總額二千五百萬ポンド償還期限四十七ヶ年として鹽稅を擔保品とし及び關稅を次の擔保品とし直隷、山東、河南、江蘇四省分担經費を臨時補充擔保品とし此外尚ほ公債優先權を取得した、此の一大借欵の成立したことに依つて各帝國主義者の方面は自然凱歌を高唱したことは多言を述べるに及ぶまい、支那內部方面に在つては洪水のやうに又烈火の如く侵入する外患を除いた外に國內無數の危機を付加した、其第一は大借欵の契約は國會を通過することが出來ず政府は約法に違反して國會を蔑視する惡例が始まつた、第二としては袁世凱は此の大借欵を得てから革命黨に宣戰して自から稱する帝制の張本を造り上げて政府は外に媚びる賣國の惡例が始まつた、云はゞ此の銀行團は實に人を害すること無限であつた、最も怪しいのは此銀行團の成立であつて是は鐵道借欵に起因してゐる、民國元年以後英國の提議に依つて銀行團の担任した所は政府借欵を限りとし實業借欵鐵道借欵は皆除外することに各國は等しく之に贊成した、是は何ういふ意味かと云へば、帝國主義の目的は經濟侵略に在つて此經濟侵略の口實とする所は政治上優越なる勢力に在るのであるから政治借欵に就ては各國が共同の行動を取つて均衡を得る譯である、其他の借欵は皆各國の單獨自由行動に放任してゐる、以上述べた各國の投資は鐵道事業を最大として鐵道に投資したので三國、四國、六國、五國の銀行團を惹起し其結果鐵道は政治借欵になつて其關係の重大となつて、此處に至つたのである此の外尚ほ若干の事實があるから附帶して左に説明することしやう。

(一)鑛山採掘權、炭礦鐵礦の如きであるが是等の權利は鐵道に附隨するもの一切を切つて遣つた

(二)森林採伐權、鴨綠江沿岸の伐木權を外人に讓り渡したこと

(三)牧場權及漁業權、露國が北滿黑三姓に於て廣大なる牧場を設立したこと

以上數種の權利は經濟的關係許りではない、政治關係(領事裁判權の如き)に伴ふた結果往々鐵道權利と同じで各國割據の狀態になつて居る、是は我々の必ず記憶して置かなければならないのであつて彼の「天然の富源を開發する事は相互の利益である」等の言葉と混同してはならないのである。

更に奇怪なことは河內航行權であるが一八九八年外國船舶の爲めに開放することを承認した、此處に於て楊子江の如きは外國船舶の航行頻繁の所となつて居る、陸地には鐵道、水面には汽船、縱橫に上下に思ふ儘にしてゐる、斯樣な門戶開放は特に支那に設けてゐる、他の世界各國には斯樣な類例はまだ曾て見ない、以上述べた種々なる權利は帝國主義者が强迫又は欺瞞の手段を以て條約及び契約等の形式なしに滅茶苦茶に獲得したのである、中には條約契約の形式を用ゐたものもあるがそれはホンの申譯的のものである、郵政權の如きはその一例であるが、支那は一度も聞き容れたこともないのに、外國も亦た何等の疑問なしにその權利を侵してゐたが華盛頓會議で漸く其取消の承認を得て一大破天荒の恩惠に浴した、斯樣な出鱈目の侵害は我支那人も何の說明なしに唯だ一驚を喫してゐたのである、以上述べたやうに各國が支那に投資した事實は庚子役以前には其萌芽があつ

たけれ共庚子役以後やつと發達したのである、尤も各國相互に關係協定以後は一射千里の勢を以て進行した、而してその進行中も各國は同一の步調を採ることに最も注意した、斯樣な緩進政策は軍事上から見れば緩進であるけれ共政治上でも經濟上から見れば恐らく分割論の熾烈な時代であつて尙ほ少からざる急激と見ることが出來る、各國の支那に對する此時代の特色は投資事業であつた、然し所謂分割政策も絕對に放棄したのではなかつた、機會さへあれば餘り努力しないで且つ各國相互間の衝突を惹起しない程度で猛烈に進行した、例へば民國元年(一九一二年)八月北京駐在英公使ジョールダン氏は突然外交部に照會を提出して西藏問題に關して左の如く要求した。

英國の西藏問題要求

(1)　英國政府は支那が西藏の內政に干涉するを許さゞること

(2)　英國政府は支那の官吏が西藏で擅斷に行政權を行使するを反對し支那が西藏を內地の各省と同一視するを反對すること

(3)　英政府は支那軍隊の西藏境內に駐在することを欲せざること

(4)　以上の各項を支那と協定したる後英國は民國を承認すること

之と同時に若し承認しなければ、英國は自ら西藏と直接交涉に出づることを要求した、英國は西藏を睨ふたこと旣に昔からで決して昨今ではない其野心は此處に至つて皆暴露した、最も惡むべきは以上四項を以て英國は民國を認める交換條件としたことである、民國は何で英國の承認を要したであらうか、民族の革命は漢滿蒙西藏等平等の結合を主旨とする所であるが開國の始めに當つて西藏を除外して之を英國に遣つて仕舞つて何の民國があらうか、然るに當時袁世凱は外國に媚びて英國を氣兼ねしてゐた爲に遂に民國二年(一九一三)一月以後英國と正式に文件交換した因つて同月十三日の中英藏の會議があつて翌年四月二十七日條約草案に共同で署名して文書を交換した、英國が西藏に對して斯樣な手段に出たから露國も蒙古に對して同樣に進行した民國元年(一九一二年)駐北京露國公使は庫倫に赴いて各汗王公も會議して十一月露蒙協約を左の通り締結した。

1. 露國は蒙古の自主權を保持せしめ同時に支那軍隊の蒙古に駐屯するを拒絕せしめ以て蒙古を援助すること

2. 蒙古政府は露國人に對して商業並に附屬議定書に列記した所の權利及特權を與へること

3. 蒙古政府が支那或は其他の國と條約を締結する必要有る場合に露國の同意を得ざれば本協約及附屬議定書に違背するを得ざること

其當時袁世凱の英國の西藏交涉に對することは上述の如くであるが露國の蒙古交涉に對しても例外は無かつた、是に於て民國二年(一九一三)十一月五日露支宣言が有り翌年九月ハクトに於て露支蒙三國代表者の會議が在つた、民國四年(一九一五)六月七日露支蒙の協約二十二個條が成立した五年(一九一六)以後露國は對獨戰に疲れて蒙古を顧る餘力がなかつた、六年(一九一七)以後露國は革命して對外態度はづつと變はつた、是に由つて見れば各國は投資時代に當つて瓜分の企劃を拋棄しなかつたことが分る、若し民國四年(一九一四)の秋歐洲大戰が起らなかつたならば支那の今日の情況は一つ別の樣子になつて居たに違ひない。

第五節　歐洲戰より華府會議迄

歐洲大戰は民國三年（一九一四）の秋に始まつて七年（一九一八）の冬に終つた、大戰の始めは同盟國方面の獨墺等の國と協商國方面の英佛露等の國の對抗であつたが其後各自兩方面から其他の各國を渦中に捲き入れて遂に歐洲大戰は世界の大戰になつた、大戰期内に於て歐洲各國は自然支那を顧る遑がなかつた爲めに日本の一人舞台となつた、武人や政客が平素の野心を現す許りでなく文人學者も絶へず「早く早く千載一時の此の機會を誤る勿れ」と叫んだ勿論日本は此の機會を失しはしなかつた、試に以下の文を見よ。

日本對獨宣戰

（1.）日本對獨宣戰は支那の中立を破壞する者で支那政府は歐戰の始めに當つて卽刻獨逸と交渉して膠洲灣の租借地を回收するか或は兵力を以て恢復するか先きに之を制してゐなければならなかつたのであつたが當時支那政府は袁世凱の盤居する所となつてゐて彼は此等の眼目と膽量とを有しなかつた、此處に於て日本は八月二十三日獨逸に宣戰した、日本の宣戰の目的は膠洲灣の租借地を掌握して山東に於ける獨逸の一切の權利を繼承することにあつたことは云ふ迄でもない、日本は日露戰爭後一九〇五年九月の日露講和條約に依り露國をして朝鮮に於ける勢力を放棄さすと共に旅順大連の租借地及長春から旅順大連間の鐵道敷設權及管理權を支那の承諾を條件として日本に讓る樣にした、日本は又同年十二月支那と北京條約を締結して其の條件を承諾する樣に支那を强迫した、日本は朝鮮を保護國にしてから幾年も立たない内に之を全然屬地にした樣に支那の東北一帶に於ても其の專橫なること限りが無かつた、今は更に一歩進んで獨逸經營の膠洲灣租借地を獲得して山東に於ける獨逸の一切の權利を繼承したから日本の支那に於ける勢力は東北を席捲するのみならず中原を窺ふて居るから日本の對獨宣戰の目的は獨逸に對する許りでもなく尤も支那に對仕することであつた、一面には獨逸に對して宣戰しながら一面に於ては支那の中立を破壞したことは確かに其の心が見へるのである、例へば維縣は戰爭區域外に在るが日本は九月二十五日軍隊を派遣して先づ其の停車場を占領し、續いて膠濟鐵道沿線に前進して又其の停車場を占領し十月六日濟南停車場を占領した其後兵隊を遣つてその近所の諸地方を攪亂した、從前獨逸が膠濟鐵道を經營する時には軍隊の駐屯が無かつたが日本が之を占領してからは深く山東省城迄兵隊の勢力が及んだ、斯樣な野蠻な擧動は獨逸軍隊の白耳義通過よりも更に甚しいではないか？支那の政府は依然として聲を呑んで忍んで居つた此處に於て、日本は更に一歩進んで二十一個條の要求をした。

（2.）　日本要求の二十一條、民國四年（一九一五）一月十八日北京駐在日本公使日置益は二十一個條の要求を袁世凱に面接提出した、確かな消息に依れば日置益は當時袁世凱に對して「日本の朝野上下は皆貴大總統が排日をすると常に懷疑し居るが若し貴大總統が此の要求を容れて呉れるなれば日本は貴大總統を非常に高陞と（芽目度）思ふと云ふた、袁世凱は「高陞」の二字を聞いて心中に喜んだ、此の表面の文章に從つて幾ヶ月間商量して五月七日日本は最後の通牒を發したが九日袁世凱は之に應じて調印した、五欵に分つ二十一個條の內容を分けて第一欵は山東に關する四ヶ條、第二欵は南滿洲東部內蒙古に關する七ヶ條、第三欵は漢冶萍公司に關する二ヶ條、第四欵は沿岸港灣及島嶼に關する一ヶ條、第五欵は普通的の七ヶ條等であつて其の原案は左の通りである。

第一欵　日本の政府及支那の政府は相互に東亞の平和を維持するを欲し並に現在兩國の友誼親善の關係を益々鞏固ならしむるため條欵を左の通り議定す

第一項　支那政府は後日、日本政府の獨逸政府に對して協定して有する所の所有及獨逸の山東省に關する條約或は其他の關係上から有した所の一切の權利及利益を日本に讓渡することを承認すること

第二項　支那政府は山東省內並に其沿海一帶の土地及各島嶼を如何なる名目に於ても他國に讓與又は租借せざることを承諾すること

第三項　支那政府は日本が烟台或は龍口より膠濟線に接する鐵道を敷設することを許すこと

第四項　支那政府は南滿洲及東部內蒙古の各礦山採掘權を日本の臣民に讓與し採掘の時には別に商議すること

第五項　支那政府は左記の各項に關して先づ日本政府の同意を經た後處理することを承諾すること

(1)　南滿洲及東部內蒙古に於て他國人が鐵道を敷設する時或は鐵道敷設の爲他國から借欵する時

(2)　南滿洲及東部內蒙古の各項課稅を抵當として他國から借欵する時

第六項　支那政府は南滿洲及東部內蒙古に於て政治財政軍事顧問を聘用する場合には必ず日本政府と商議すること

第七項　支那政府は吉長鐵道管理經營を日本政府に委任し其年限は契約調印の日から起算して九十九年を滿期とすること

第三欵　日本政府及支那政府は日本の資本家と漢冶萍公司との間密接な關係を有し且つ兩國共同の利益を增進するを欲して左の條約を議定す

第一項　兩帝約國は相互約定後將來相當の機會を待つて漢冶萍公司を兩國の合辦事業とすること並に日本政府の同意を經ずして既設公司に屬する一切の權利產業を支那政府は任意に處分するを得ざること

第二項　支那政府は漢冶萍公司各礦山の附近に屬する礦山を該公司の同意を經ずして該公司以外の人に採掘を許さざることを

承諾すること並に此の外凡て直接間接を問はず該公司に影響を及ぼす恐れあることを辦する場合には必ず先きに該公司の同意を得ることを承諾すること

第三欵　日本政府及支那政府は切實に支那の領土を保全する目的を以て左の一條を約定す

(1)　支那政府はあらゆる支那の沿岸港灣及島嶼を他の國に讓渡或は租借せざることを承諾すること

第一項　支那中央政府は必ず有力なる日本人を聘用して政治財政軍事等の顧問にすること

第二項　支那內地に於て設立したる日本の病院寺院學校等は皆其の土地の所有權を許すこと

第三項　日本より一定數量の軍器を購入すること或は日支合辦の兵工廠を設立並に日本の材料を購入すること

第四項　從來は日支兩國間の警察案件屢々起つて少からざる葛藤を釀して居るが今後必要なる地方に於ける警察は日支合辦とすること或は此等地方の官署に多數の日本人を聘用して一面支那の警察機關の改良を計ること

第五項　支那政府は武昌、九江、南昌、線路に連絡する鐵道及、南昌、杭州、潮州、各線鐵道敷設權を日本に許すこと

第六項　福建省內に於て鐵道礦山及海港(船廠在內)の整頓の爲め外國の資本を要する場合は先きに日本と協議すること

第七項　支那政府は支那に於て日本人の布敎權を許すこと

以上の五欵を並せて廿一ヶ條になるけれども相互に協議した結果多少改正したのもあるが大體に於ては已に成立したのである、最も遺憾とする所は緊要なる條件を條約上公然と承諾せずして照會に依り聲明したことである、第二欵第六項と第二欵は皆此の手段で承認したのである。

第五欵の各項は福建の一項を修正して承認した外に其他の各項に就ては日本は最後通牒を發する時今次の交涉から脫離して後日再び商議することを聲明した、支那が若し第五欵の各項を承認すれば卽ち亡國の宣告であることゝ思はれた、但し承認したのは山東、南滿洲、東部內蒙古、漢冶萍公司等を遣つて仕舞つた、全國の沿岸島嶼及港灣、山東省內並に其沿海一帶の土地及各島嶼は同一の

文字を以て規定して『概して他國に讓渡或は租借を許さず』と云ふて居たか一八九八年各國の勢力範圍を劃定した條約に依れば全國の沿岸港灣及島嶼も遣つて仕舞つたことが解るのである、斯樣に國家の生命を遣つて仕舞た條約は日本の最後通牒一枚の紙で輕々しく交換して行つた、一八九四年の日支戰爭を回想すれば實に尠からざる手足を費した、然るに支那と支那人民は始めから終り迄で此の條約を承認したことがあらふか、之は袁世凱と日本とが私力に授受したことであつて支那と支那人民は何等の關係が無かつた、法律上から云へば此の條約は國會を通過したことが無いから當然其の效力を發生することが出來ないのである、事實上から云へば其當時の袁世凱は中華民國の犯罪者であつて其の行爲は國家を代表する效力を有してゐなかつた、而して其時各國の人民は日本に對して非常に惡感を持つて救國貯金團を發起するが如き日本に對して經濟絶交を叫んだ如き總て支那人民の有する意向を表現した、故に予は敢へて言へば二十一ヶ條は支那と支那人民の承認したことでは無いと云ふのである。

日本の借欵及軍事協定

（3）日本の借欵及軍事協定、日本は袁世凱と私に相授受した結果日本は二十一ヶ條を得、袁世凱は當然『高陞』を得たのである、然るに民國五年は依然繼續した洪憲元年突然夭折した、袁世凱の生命も『高陞』の犧牲となつた、是に於て日本は忙手脚亂で種々な方法を用ゐて二十一ヶ條を保持して失墜に至らなかつた、其の用ゐた所の方法は約二端ある、一は各國に對すること他は支那に對することであつた。

各國に對しては如何であつたかと云へば日本は民國五年(一九一六)七月三日露國と新協約を協定した、其の內容は(一)日本は露國の政治協定或は團體に敵對して加入するを得ず、露國は日本の政治協定或は團體に敵對して加入するを得ず(二)一締盟國の遠東に於ける一切の領土權利及特殊利益が承認者から侵害を受ける時には日露兩國會商の上此等の權利及利益を保護する手段を取ること、是は一目瞭然たることであるが又其他に密約の有ることは誰も知らない、之には支那が日露第三國の勢力を敵視排除するを認定して日露兩國の利益の爲め又此の目的を達する爲め共同の行動を取ることを承認した、若し第三國が敵對行動を取る場合には日露兩國は一致した動作を取り講和も共同の動作を取ることを約した、此の新協約と密約は一方面には日露兩國の支那に於ける權利を承認し又は保護し他方面には日露兩國相約束して第三國の疾妬行動を防禦すること、其の防禦とは支那に於ける第三國を眼中に置かなかつた、民國六年(一九一七)二月以後支那一部分の人は米國と一致して獨逸を絕交することを主張して遂に對獨宣戰をした、其の意思は種々あつただらうけれども最も近い理由を云へば米國の援助を借りて來て日本に對抗することである、其の實は極端に起つた考へであつて丁度水中に溺れた人が一本の藁を摑んで生命を救はふとするのと同じである、然るに日本から見れば大した謀反であるから日本は山東處分に關し英國の同意を請求した、英國は日本の爲め支那參戰の交換條件に之を容許した、英國は其當時支那の參戰を非常に渴望して居つたから早速『日本政府は將來平和會議に於て山東に於ける獨逸の權利處分と赤道以北諸島の領土に關しては當然英國は日本の要求する所を維持すると共に保障を與へられ度いと英國政府に請求したから英國政府は欣然と承諾す』と返答した、日本は英國の承諾を得てから佛露伊三國にも同様の請求をした、露國は云ふまでもないが佛伊兩國は英露が承諾したのを見て一様の返答をした、仝年五月一切の公文を交換した、日本は是に於て支那の參戰を阻止して居た態度を一變して支那の參戰を許容した、日本の心理狀態の細密は斯樣である驚く可きことではないか？

日本は各國に對しても斯樣であるが支那に對して如何であるかと云へば支那は二十一ヶ條以後國恥紀念日として朝夕忘れないことは皆知つて居る通りである、又支那一部の人が參戰を主張したことも日本の知つて居ることである故に日本は此の時支那を丁度死に掛つた蛇の樣に見て棒で一打して殺せば復活は出來ないと思つた、即ち各國と妥協して各國の山東處分に對しても一致保障を得たから支那に一鞭を與へた、日本は曾て支那政府に向つて支那の對獨絶交宣戰は愼重を要すと諷示したことがある、又支那の對獨宣戰の塲合は日本の承諾を得なければならないと暗示したこともあつたが此の時ばかりは慨然と『汝若し參戰するなら借欵と軍器の供給に就ては俺に相談しなくてはならんぞ』と云ふた嗚呼支那一部人士の『對外には宣戰して戰はず對內には戰爭しても宣戰せざることと』は推測に苦しい、彼の一部人士の參戰を主張した目的は其の作用を失ふた許りでなく反つて其の反對になつた、參戰は米國の援助を得て日本に抵抗しなくてはならない所を反つて日本侵畧の道具になつて借欵と軍事協定は滔々として進行した『計りごとは計りごとにかゝつた』で『子の矛を以て子の循を打つ』と云ふことを日本は甘くやつたものだ而して支那はそれに當つたのだから痛くない筈はない、借欵に就て云へば參戰から歐戰休戰迄で我民國は一兵卒でも出したのであらうか？民國七年(一九一八)七月の參戰借欵二千萬元の外又仝年九月の滿蒙四鐵道借欵と山東兩鐵道借欵がある、所謂滿蒙四鐵道とは(一)開原海龍吉林間(二)長春洮南間(三)洮南熱河間(四)洮南熱河間の一地點から海港間に亘る一千里餘りの借欵二萬元である、所謂山東兩鐵道とは(一)濟南順德間(二)高密徐洲間延長四百里餘の借欵も亦二千萬元である、其他軍器借欵の如き零星借欵の如き皆數へ切れない、軍事協定に就て云へば參戰から歐洲休戰迄で獨逸の兵隊一人でも支那に來たことがあつただらうか？而して民國七年(一九一八)五月の陸軍々事協定と海軍々事協定が相續いて成立した其の當時は非常に秘密を守つて民國八年(一九一九)三月やつと公布したが當時秘密文件の數は知らないだらう？其の公布したものに就て見れば獨逸の勢力が露國に蔓延してから支那に入るを防ぐことを口實としたのである、其の實當時獨逸は歐洲戰爭に苦戰して居た爲め遠東を顧る餘力はなかつたから之は一笑する價値もない、而して協定の內容は日本軍隊の支那境內に駐屯するものを許容する迄に至つたのである、又共同防敵に要する軍器軍需品並に其の原料は兩國相互に供給すと明かに定めてある、相互二字は實に可笑しいことである、以前二十一ヶ條の第五欵第三項に當時最後通牒に稱した所の「後日を俟つて再び商量すべし」と云ふたことを今實行した譯である。

「支那に內亂がなかつたら參戰或は有名無實でなかつたかも知れん」と或人は云ふて居るけれど

も其れは日本が借欵と軍器供給を擔任した時に參戰はもはや有名無實で「對外には宣戰して戰はず對內には戰爭しても宣戰せざる」局面になつたことを知らない譯である、日本は一面に於ては支那の支那參戰の目的を破壞し他方に於ては支那の內亂を煽動した、此の種の嶄新的侵略手段は日本軍閥政客の一大發明である、其の當時若し西南で苦持して日本の侵略行動に反抗しなかつたら支那の生命は日本の悶棒の下に葬られたであらう。

日本軍閥の一大發明

パリー講和會議と日本

（4）巴里講和會議に於ける日本、日本の支那に對する單獨侵略行動は歐戰開始の時に始まつたのであるから歐戰結末の時に其の侵略行動も休息するのは當然の理勢である、故に民國七年（一九一八）十一月歐戰終つて巴里講和會議の始る時長い間日本の侵略行動に困つて居た支那人民は此の時を以て支那が危險から安全に至る一機會と思つた、此處に於て全國內智識あり血氣ある人民は巴里の講和會議を注視した尤も其の集中する視線は巴里講和會議に在る支那專使團に在つた。

支那の巴里講和會議に提出したのは何んであつたかと云へば（一）參戰國の資格を以て獨逸の山東に於ける一切の權利と利益を回收すること並に膠州灣の租借地を回收することであつた、之は名義上は獨逸に對してであり事實上は日本に對してであつた、故に是には日本が對獨宣戰の時支那の中立を破壞した事實と日本の膠濟鐵道沿邊に於て橫暴なる行動と二十一ヶ條の調印に及んでは强迫に出たことを歷述して各國の視聽を動かすと共に其の同情を得ることを期待した（二）公道と正義とを根據として各國に希望件を提出した、其の內容は勢力範圍を拋棄して外國の軍隊及巡警を撤退すること、外國の郵便局及有線無線電報機關を裁撤すること領事裁判權を撤廢すること、租借地及租界を返還すること及關稅の自主權等であつた、以上の諸項は皆支那の生死存亡の關係であるから希望とは云つたけれども自ら憐れに感じたことであつた、使用した所の文字は語氣を努めて雅馴して紳士の態度を失はない樣にして、實に憐れであつた。

巴里講和會議は支那の提出した所を如何に決定したかと云へば(一)對獨和約中第一五六條乃至一五八條に獨逸は一八九八年三月六日支那と締結した條約及山東省に關する其の他一切の協定並に取得した權利及特權の全部を日本のため拋棄すと規定した、獨逸の膠洲灣に在る國有動不動產を該所に於ける獨逸の直接間接各種の建設或は改良を負担費用の爲取得するを主張した、一切の權利は皆無償無條件で日本が之を取得して保持することになつた、獨逸は本條約實施後三ヶ月內に膠州灣地域內民政軍政財政司法及其他一切の記錄登記簿圖面證書及各樣の文書等を日本に交付することになつた(二)講和會議長佛國首相クレマソーの名義を以つて支那に對する希望條件を支那專使團に返答を與へた曰く『本會議は此項の問題の重要なることは認むれど平和會議の權限以內に在るとは認むる能はざれば萬國聯合會行政部の職權を行使する時に於て其の注意を促され度し』とあつた、以上は民國八年(一九一九)五月巴里講和會議に於て支那の得た所の結果である、支那は何が故に斯樣な結果を得たかは幾つかの原因がある。

(1)各國に關することを云へば　歐洲戰爭中協商方面の唱道した所の何んの『正義』だの『人道』だ

のと云ふたことは皆人の耳目を瞞着する飾り文章であつた、私は敢へて各國人民が眞に正義と人道を主張する人は無かつたとは言はないが、少くとも當時各國の政府は正義と人道の公敵であつた、彼等の對內の態度は此の戰勝の榮辱に乘つて國民を惑はせて後戾りさせて腐敗した保守の原の位置に歸つた、對外の態度は甲の帝國主義を以て乙の帝國主義を打倒して其の遺產を領受することであつた斯う云ふ思想を持つて居るから支那の希望條件を容れる筈がない、日本の支那に對する權勢と眼光とを持つて來て見れば一小弱國の爲めに一大强國を罪にする筈が無くなつて仕舞つて彼等は當然日本に左担したのである。

米大統領の對日本第

（２）米國に關して之をいへば　ウイルソンの十四ヶ條を發布する當時は一般小弱國民族は首を擧げて無限の希望を有つて居つたが巴里に來て各國の專使と會合するや頭と腦を昏まして十四ヶ條は忘れて仕舞つて一ヶ條も殘らなかつた、一般の小弱國民族に對して斯うであつたから單に支那にそうでない筈は無い、故に支那の希望條件は彼の心の中に記憶が無かつた、彼は日本に對しては米國と日本と利害衝突が甚だしかつたから之は忘れなかつた、初め巴里に來た時にクレマンソーと相談して西方の獨逸は已に打ち倒したから今度は東方の獨逸（日本）を打ち倒さなければならないと云ふた、クレマンソーは之に答へて曰く佛國は今非常に筋力疲勞して居るから戰後休息と永遠に獨逸を縛り付ける外には何にものにも手を出す暇が無いと云ふた、彼は此の冷淡な釘に打たれて又英國首相ロイドジョージと相談した、ロイドジョージは大に同意を之に表した風であつたから此の喜びは

日本

支那

限りなくよかつた、がロイドジョージが借りに彼の歡心を買つて置いて講和會議に於て彼が英國の爲め奔走することを望んだ丈けで其他の一切は皆放り出して仕舞つたことは誰も豫想出來なかつた日本と英佛伊の秘密に締結した所の山東處分に關する約束は未だ夢の中に在る、之を知る時には凡て假裝であることが知れる、それでも彼は支那專使團に勸告して對獨和約に調印するは支那に有利であるとよくも云つたものだ。

(3)日本に關して云へば　日本が歐戰期中に支那に於て獲得した權利の少くないことは各國の嫉妬する所であつた、各國は比時獨墺土、に對して忙しかつた爲め日本に對しては勘定する暇がなかつた、而して山東處分に關しては英佛伊の承諾を得たから只だ米國一國に對しては容易であつた。

(4)支那に關して云へば　支那は「對外には宣戰して戰はず對內には戰爭しても宣戰せざる」結果講和會議に於ても自然趣味が無かつた、而して二十一ヶ條は强迫に依るとは雖へども滿蒙の四鐵道と山東の兩鐵道の交換文は皆同じ意味で趣味がない許りでなく頭から侮辱であつた。

以上種々なことは皆巴里講和會議に於ける支那失敗の原因であつた、此の時人の心を强からしめたのは五月四日北京學生の運動が始つて全國の學生運動に廣がつたことである、內には家の賊を除き外には國權を保護すと云ふ旗幟を掲げて漸次軍閥と帝國主義を打倒せと唱へながら國民革命のため一本筋の道へと指し出た、而して對獨和約の際支那專使團は國內學生の激昂と巴里支那留學生の憤怒とに鑑みて仕方なく民意に從つて調印を拒絶した、此は鴉片戰爭以來帝國主義に對する支那の消極的抵抗の態度と云ふ可きであつた。

（5）新銀行團に於ける日本　巴里講和會議の時に一つ重大なる事件のあつたことは各國銀行の代表者であつて巴里會議開會の時に支那の借欵方法を決議した之が新銀行團の成立出發點である。本來米國銀行團は民國二年（一九一三）已に六國銀行團から引退し歐戰後英露獨佛四國は皆餘力なく實際上殘つたのは唯だ日本が單獨に支那に借欵した譯であつた、民國六年（一九一七）八月第一回の前貸金の契約が成立した、其の金額は一千萬元であつた、民國七年（一九一八）一月又第二回の前貸金契約が成立して其の金額も一千萬元であつた、米國は日本の斯くの如き自由行動を見同年十月米日英佛四國の銀行團を組織し發起せざるを得なかつた、其當時は米國の財力最も豐富であつたから英佛は其の供給を仰いで居つた爲め米國の威張つたことに對しては日本も知つて居つた、故に民國八年（一九一九）五月各國銀行代表者が巴里會議開會中日本銀行代表者は米國銀行代表者に滿蒙の除外を提議した、所謂滿蒙除外とは何にを云ふかと云へば日本の特殊利益を有する滿蒙の地方は當然新銀行團の所謂滿蒙地方とは日本の獨食であつた、米國も當然針鋒相對であつたが日本は讓歩しなかつた、民國九年（一九二〇）五月日本銀行團代表者は米國銀行代表者に先年六月滿蒙除外の提議を撤回して無條件で新銀行團に加入することを表明した、是に於て全年十月四國銀行團代表者は紐育開會の時新銀行團の規約を議決した、此の一回の交渉に日本は實際苦痛であつたと云ふのは歐戰中の極端な自由に比較すれば面影薄らいで居つたからである、然れども日本の讓步は餘り多く無かつた試に擧げて見れば(一)南滿鐵道及其の現在の支線と其の鐵道の附帶事業例へば鑛山の如きは四國銀行團に屬しなかつた、(二)洮南熱河鐵道及洮南熱河鐵道の一地點から海港鐵道に至る迄で四國銀行團規約の條項内に包含された、(三)吉林會寧間長春洮南間、開原海龍吉林間、吉林長春間、新民屯奉天間及四平街鄭家屯諸鐵道は四國銀行團共同活動の範圍外に在つた、是に依つて見れば日本の讓步した所は僅か第二項で其他は前の通りであつた、米英佛三國の方面に在つては民國八年五月巴里で決議した所の一切の企業に關しては尤も「其の鐵道は不可分の共同事業であつて部分的に處理する能はず」と認めた所までには未だ到達してない、我は此の新銀行團の成立の經過から通して仔細に考察すれば米英佛の繼續的經營投資の用心と日本の滿蒙に據る既有の用心とが見られるのである。

第六節　華府會議より今日迄

以上述べた所は各國の歐州戰期中及巴里講和會議の前後は未だ日本の支那に對する單獨侵略行動に對しては之を制することが出來なかつた之は各國が歡迎する所ではなかつたからである、帝國主義の國家は公道正義の爲めにも力を出すのを欲しないが自己の利益の爲めにも力を出すことを欲しなかつた、故に民國十年(一九二一)十一月米國が華盛頓會議を發起した次第である。

華盛頓會議は米國が發起したのであるが會議に參與した者は米英佛伊日和蘭及支那九ヶ國であつた、此の會議の討論決定した所は支那に關することのみではなかつたが支那に關することが此の會議の重要部分であつた、或人は『米國の上院は巴里講和會議の締結した所の和約の批準を拒絶したから別に此の會議を開催して支那を帮助する爲めであると云つた』此の會議の精神と目的は「公道」と「正義」とを根據として各國は只だ自已の利益を根據として支那を帮助するのでなく日本の歐戰期中支那に對する單獨急進的侵略を制して而して歐戰以前各國は支那に對する共同緩進的政策に再び歸へつたのであつた、斯樣に歐戰期中各國は競爭的敎訓を受けた所少くないのみならず相互間衝突の原因を知つて之を避ける爲めに共同行動が更に密切になつて來た、故に此の會議の結果は各國の支那に對する經濟侵略をして尙一層共同的軌道に入らしめた、之は會議の結果を見れば知れる、此の會議に對する支那の希望は巴里講和會議に於て得られなかつた、要求を此處で償ふとした、然し會議の結果支那が巴里講和會議に依つて始終保持して居つた所の「中日直接交涉反對」の主張を全く拋棄して仕舞つた、それでも言葉を飾つて「英米諸國は中間で紹介する」とか何んとか云つたものだ其の實は傍から壓迫したのであつた膠州灣租借地の還付を云へば日本が二十一ヶ條要求の時旣に提出照會したことである、日本も膠州灣租借地は之を占領して居つても還付しない理由はないことを知つて居つた、それでも還付の照會と二十一ヶ條の要求と同時に提出した、其照會の原文は『日本政府は現下戰役終結後膠州灣租借地を全然日本が自由に處分する時に當り左記の條件の下に諸租借地を支那に還付せんとす』とあつた、支那は二十一ヶ條を承認しなかつたから此の照會も承認しなかつた、而して參戰國の資格を以て巴里講和會議中で膠州灣租借地回收を獨逸に對して主張した、が今日本と直接交渉を迫るのは巴里媾和會議で日本が獨逸の權利を取得することを承認したから再び日本から支那に還付することになつた譯である、是は唯だ巴里和約の批準を拒絕した理由とも解し難い、其外に未だある日本は巴里和約の時獨逸の權利を取得することを承認した後意氣揚々となつて民國九年（一九二〇）一月支那政府に正式の會文を提出して巴里の和約を以て二十一ヶ條の保障となし膠州灣租借地還付の照會を以て二十一ヶ條の交換品となして日支直接交渉を要求した、支那が若し直接交渉を承認したならば巴里の和約を承認したことになるのみならず且又當時の照會と二十一ヶ條とを承認したことになるのであつた、故に日本の全權は民國十一年（一九二二）二月二日華盛會議極東總委員會で得意になつて『何れの國でも領土權或は其他重大な權利を他國に讓渡す時は固より躊躇すべきものであるが、一旦條約に依り讓渡した以上は廢棄する理由はない故に二十一ヶ條は前の通り維持す』と云ふた、此の種の論調は日本は得意であつたが支那は苦痛であつた、故に此の交渉に支那は二十一ヶ條の解釋上、膠州灣租借地還付の條件上と手續上、或便宜を得てゐるけれども全國が拒絕した所の巴里和約を承認し全國が痛心に國恥と感ずる所の二十一ヶ條を承認するに至つては莫大の損失と恥辱であつた、各國は何故に斯樣に支那を壓迫したのかと云へば各國の本意は日本をして呑み下した權利を吐き出さしめて各國の嫉妬の炎を打消し彼等の不滿を彌縫する爲めに正義だの、公道だの、支那を援助するとか何んのかんのと云ふたに過ぎなかつた。

日支交涉に對しては華盛頓會議の結果以上の如きに過ぎなかつた、支那の希望條件に至つては巴里會議の時は只だ萬國聯合會に推し付けた丈けで華盛頓會議の時は幾等も論議したけれども其中勢力範圍取消問題の如きは既往の事に屬した、外國軍警撤退の問題は北京駐在の各國代表に其の權利を一任すると共に各國の承認或は拒絕の自由を保留した、外國郵電裁撤の問題は僅か支那に在る郵便代辦所を取消す事を承認した許りで租借地或は特別規定の條約の如きは例外になつて居つた、之は敷衍した處置の方法であつた、最も支那を失望させたのは租界の還付、租借地の還付、領事裁判權の取消、關稅權回收、の四項であつた、之の四項は支那に取つた生死存亡の繫る所であつた、租借還付の一項は其の提起を絕對に取消さずと稱した、租借地還付の一項に就ては日本は斯く云ふた膠州灣は還付を決定したから旅順大連灣は保留すと又英國は斯く云ふた、威海衛は還付することが出來るが九龍は保留したいと、其後威海衛は未だ其の儘となつてゐる、佛國の廣州灣還付に對してもいゝ加減である、領事裁判權取消の一項は各國政府の組織した委員會に任して一切考察の上再び漸進的に或は其他の方法を以て定めると云つた、そこで支那代表團は各國に領事裁判權取消の期日を定める樣に申込んだが結果は矢張り駄目であつた、こんな無駄な話しは我々は一九〇二年九月五日英支條約第十二條に已に見慣れて居るから此の會議で何でも彼でも取れるとは思はなかつた、關稅權回收の一項だつてそんなものであつた、支那代表團の提出した辦法に現在の稅關の行政を變更しない(卽ち前の通り外國人の代辦)を聲明し又漸進の方法で關稅の自立的地步を主張した、之は我が國民の承認することの出來ない所であるが各國が未だ承知しないとは誰も知らない、一方には支那の主權の獨立と行政の完全を尊重すと云ひ、一方には支那の關稅の代辦を要すと云ふが是何んと云ふ勝手の言葉であらうか、支那は關稅自主權の回收も爭ふことが出來ない、關稅協定も撤廢することが出來ない支那の主張は失敗に歸したといつてよい、裁釐以後加稅の實行は從價百分の十二・五も迂餘曲節があつたから特別關稅會議何んかで推し付ける必要はあるまい、斯くなれば支那の希望條件は結局何にを得たことになるかといへば外國行政區域、(租界と租借地)の如き領事裁判權と關稅協定の如きは帝國主義者の支那に對して持保して居る利器であつて所謂支那に於て政治上優越の勢力を取得して經濟侵略を施行する重要條件であるから虎を見て皮を欲する考へは支那も止めなければならない、華盛頓會議を綜合して見れば支那の得た所はなにものもなかつた、最も恨めしいのは不平等條約廢止と國家の平等と自由とを恢復することであつたが華盛頓會議の結果支那の不平等條約は依然と存在し各國原有の讓與權專占權、經濟優先權は反つて九國條約に依つて正式の承認を得た、支那は九ヶ國の一で支那は自分で自分を制し各國は自分で自分を保障した又た彼等相互にも保障し合ふた、華府會議は實にこんなものを得たに過ぎなかつた、然るに或支那人は『支那は總勘定から見て安價であつた』と云ふて居る、我は以前英國の一滑稽な諷刺畫を見た所が一外人が一支那人の辮髮を引つ握まへて地上に倒してゐた、そして支那人は外人の着物の中から漏れ出た一釐錢を拾つて手の中に持つて居る繪であつた、嗚呼之は華盛頓會議中の支人を描寫したのであつた、あゝ是は殘念である許りでなく、又た憎くらしいことである、華盛頓會議の後には支那は日本の單獨急進的侵略政策から脱して各國の共同緩進的侵略政策に戻つて來たのである、此處に於て凡て支那問題に出會つたら各國は一致共同して支那に對するのである、例を擧げて云へば民國十二年(一九二三)の臨城事件の如きは固より大した事でも無かつた、土匪が外國人を捕へて往くのは僅か二十名で支那人は百名以上もあつた、支那人の命は外國人より格外に安いと見たのではあるまいか、外國の鐵道にも土匪の出沒があるではないか？　然るに英米佛日伊等の公使は北京政府に嚴重な質問をした一時は是等使館の消息と商會の議論が外國の新聞の記事になつて財政監督とやら全國水陸交通に外國兵の駐防を要すとやら、庚子の例に依つて援軍を支那に入れるとやら各鐵道は外人から警務を取るとやら何とか彼とか騷ぎ出した、其後外交團から正式に要求を提出した、(一)一人前八千五百元賠償のこと(二)護路警隊を特別に編制して外國軍官の下に管轄すること、(三)山東督軍田中玉以下皆免職すること等であつた曹錕が賄賂で成功してから公使團の承認を求める爲めに臨城案要求の承認を交換條件として急いで返事をする時第二項を略々修正した、之を以て左樣な尋常の掠奪案に對して共同一致して此の手段に出て來た、又同年三月中長江淀泊の英米日各國海軍々艦は聯合會を開いて長江聯合艦隊を組織して特別の警備方法に當ることを討論した、八月になつて日米兩國海軍司令は提議を續けて米國海軍司令は各國を代表して北京公使團と協議した、此の支那の內河を封鎖する野心は華盛頓會議の外國軍警撤退問題に對する眞意を全く暴露したではないか、又同年の各廣東政府は廣東海關の關税は廣東政府の所有に歸することを主張して北京政府に交付することは中央政府の主權を侵犯すと云ふた其の理由は正當であつたが駐北京英公使は駐廣東總領事及海關税務官の報告に據つて遂に北京外交團に願つて六國軍艦二十隻を廣州城外白鵝潭に調遣して廣東政府に威嚇を加へた、又民國十三年(一九二四)の夏廣州商團は戰爭する考へを以て先づ英國と軍器購入の密約をした

英國の內政干涉

が英國も秘密に賣つて税關を通る時に大抵檢査しなかつた、軍器が廣東政府管轄區城內に入つてから廣東政府の發見する所となつたが商團は英國を賴りにして公然と廣東政府に反抗した、而して駐廣州英總領事も公然と類似の美敦書の公文を廣州政府に送つて、若し廣州政府が商團を攻擊するならば英國海軍は發砲して廣州政府を攻擊すべしと云ふた、斯樣な無理な蠻行で支那の內政に干涉し

日紡事件

ても各國は皆何も言はなかつたではないか、又同年二月上海日本紡績工場職工が資本家の虐待に堪へられないことと職工の貧困なることの理由で罷工を始めたが租界の各警察では協力して職工を逮捕して懲戒した、其れと同時に公道を主張した新聞社も出版の自由を蹂躪されて主筆が拘留される樣な酷烈な手段に逢つた、又同年の冬支那人に不平等條約廢除運動が在つた、爲め北京外交團は一致行動で臨時執政に不平等條約を尊重するを以て臨時執政を承認する交換條件とした、這んな類は數へ切れない程澤山あるが其中最も支那新發生の國民運動と農工團體の解放要求運動が特色であつた、我々支那人は是等を仔細に觀察した後一言で斷案を下すことが出來る、華盛頓會議から今日に至る迄各國が支那に對して使用した所の侵略政策は庚子聯軍の役から歐洲大戰開始の時代迄よりも

更に一歩進んでゐる、彼等の注意點は專ら內政干涉に在つて支那民族の復興を禁止するのであるから我々は若し充分なる抵抗を以て之に當らなければ支那の存在は絕望である。

支那國民革命と帝國主義

支那國民革命の帝國主義抵抗、鴉片戰爭開始の時に支那人民の帝國主義に對する認識は未だ實際的でなかつたが帝國主義に抵抗する意志と感情とは非常に强固で極熱烈であつた、當時を回顧すれば兩廣總督林則徐が人民を督勵して虎門の一角を嚴守したから英國の海陸軍は廣東を容易ならぬと見て兵隊を分けて廈門定海を侵擾して太沽に至つた、滅茶な滿洲政府は兵隊を送つて防備しないで反つて敵の侵すべからざる林則徐を咎めて滅茶虫の如琦善と換へて英國に對したのだから一戰に敗けて仕舞つた、然し其後英國が廣州省城入城要求に際し英國の軍艦は既に省河に侵入して兩廣總督徐廣縉を捕へて人質にした、そこで廣州附近の田舍から集つて來た者十萬人以上が兩岸に陣取つて怒鳴つて居るので英人は恐しくなつて入城の事を言はず修好を請ふた、其當時徐廣縉と廣東巡撫葉名琛が能く兩廣人民を團結してゐたならばこそ防備の突行が出來たであらう英佛聯軍の役には斯樣な得意がなかつた、得意あつても容易ではなかつたのである。

太平天國の役に國藩李鴻章一班人が英國の援助を借りて太平天國を倒さうとしたけれども太平天國は滅亡して外國の助けを求めない强毅な精神で支那族の本色も失はなかつた佛支戰爭後に孫逸仙先生が國民革命運動に從事した、日支戰爭の翌年孫先生が第一次革命軍を廣州で起してから支那の國民革命運動は統率の領袖と引率の導師を有したのであつた、孫先生の國民革命運動は一面から云へば滿洲政府を改革して國內各民族の自由平等を求めることであり又一面から云へば帝國主義を革命して支那の自由平等を求めることであつた、孫先生が革命運動に從事したのを見れば佛支戰爭の後始めて第一次の革命軍は日支戰爭後明白になつて來た。

庚子の役は北方數省の義和拳が各國の侵略に憤慨して反抗を始めたことである、其の動機は好かつたが惜しいことには拳骨を以て敵の機關銃に當る方法を採つたから拙劣を免れなかつた、同時に又扶清の旗幟何んか立てゝ國民革命運動を迷惑さした、故に孫先生が第二次の革命軍を惠州で起して國民革命運動の意義を更に明白ならしめた。

第二次革命軍の役を經てから國內外の社會黨團體と智識階級は國民革命運動に漸次加入した、日露戰爭の時になつて國民革命の團體は十七行省に廣がつた、それからは不斷滿洲政府と奮鬪して居つたが遂に辛亥革命を造り上げたのであつた、當時は滿洲政府が又英國の援助を借りて太平天國を倒す故智に效ふかと顧慮して鴉片戰爭以來一切不平等條約を廢棄して各國が滿洲政府を援助することを防止する樣なことは宣布しなかつた、然しながら孫先生は民國元年(一九一二)臨時大總統に就職する際『文明國の盡すべき義務は當然盡し文明國の享く可き權利は當然享く』と宣布したのであるから先生の片務的義務の條約を推飜する決心は明白に表現した、清帝退位民國統一の後孫先生は專ら帝國主義に抵抗して以て國民革命の事業を完成しやうとした、故に先生は上海外人歡迎會に於て演說した時に租界の回收を主張した、續いて又鐵道政策を發表した、此處に於て帝國主義者は瞭然

帝國主義の各種成功

と孫先生の意志が滿洲政府を取ると同時に支那に於ける帝國主義の勢力を排除して仕舞つて平等自由の中華民國を樹立せんとすることに在ることを知つた、此に於て帝國主義者は孫先生を彼等の前途に於ける障碍物として極力破壞しやうとした、中華民國がやつと生まれたら六國銀行團が成立を告げて各國は一齊に辣手を出して新出產の嬰兒の咽喉を押へた民國二年になつて二千五百萬磅を袁世凱に借款さしてやつと反革命の用に供した、之が帝國主義の國民革命運動破壞に於ける第一次の成功である。

民國十二年以後は英國を始めとして各國は軍艦を廣東省河に派遣して種々示威運動を行ひながら廣州政府を脅迫した、それと同時に英國は軍器を供給しながら商團を使唆して廣州政府に反抗させた之が帝國主義者の國民革命運動の破壞に於ける第二次の成功である、然しながら帝國主義者の成功は皆僞であつた、之を如何にして知るかと云へば一面國民革命運動の領袖を導師としての孫先生は帝國主義者に對して始終奮鬪して民國六年先生は廣州で軍政府を組織してから民國十四年北京で死ぬ迄、先生は一文でも帝國主義者の外債を借りたことなく寸毫も帝國主義者の援助を願つたことなく常に帝國主義に抵抗する目的と精神とを表示しながら臨終三ヶ月前、先生は國民會議を提倡すると共に不平等條約の廢除を宣言するや中國、國民の心目の間に普及した、又臨終一日前先生は同志に遺囑して最近主張した所の國民會議の開催及不平等條約の廢止を短期間內に實現せしめなくてはならないと云ふたこともあるが先生は始終帝國主義に抵抗する使命を弛めたことはなかつた、一方には全國内外が國民革命運動に加入して日々多くなつて五四運動以後は軍閥と帝國主義を打倒せよと云ふ叫び聲が全國内外に普く廣がつた就中學生農夫職工等が之を感受し深く認識して帝國主義と國民革命は兩立の出來ないことが解つた、こうして見れば帝國主義成功の終結か？　帝國主義失敗の開始か？　である、中國々民革命運動が帝國主義に抵抗すること最も激烈なる時代に突然極有力な聲援が出來た、之は露國の革命であつた、露西亞の帝國は本より支那に對する急進侵略の猛將であつた、日露戰爭後其鋭鋒、稍や殺がれたとは云へ侵略政策は依然として進行した、例へ六國銀行團に加入の如き日本と種々な協商と密約を締結した如きは既に述べた所である、又民國以來種々方法を以て外蒙を民國から脱離させ英國と西藏に對して亦同じ步調を採つた、歐戰以後屢々の戰敗に餘力がなくなつても支那北部に於て種々狡猾手段を講じた、民國六年(一九一七)露國革命後になつて對内に君主專制政體を破壞し對外には從前の帝國主義態度を拋棄し且つ他國同樣の帝國主義に反對し始めた、革命の基礎が堅固になるに及んでは更に一步進んで世界上帝國主義の壓迫を受ける國家と民族に同情して其帝國主義抵抗に援助を與へて壓迫を解除せしめ以つて平等自由の他位に恢復せしめやうとした、支那に對しては屢々其の意志を表はした、遂に民國十三年(一九二四)の夏支那と締結した露支協定の重要なる内容は左の通りである。

有力なる聲援者

露支協約内容

第三條　兩締約國政府は前條所定の會議中に於て支那政府と前露帝國政府と議定した一切の公約條協定契約書類等を一切廢止することに同意す、平等と公平を努むる原則は一九一九年一九二〇年兩年勞農聯邦政府の宣言の精神に條約協約協定等が擧げられたことにある。

第四條　勞農政府は其の政策を根據として一九一九―一九二〇兩年の宣言に舊露帝國と第三者と締結した一切の條約協定等事項は支那の主權及利益に障碍あれば概れ之を無效とす、締約兩國政府は爾後何れの政府を問はず對手方の締約國の主權及利益を損する條約及協約は締結せず。

以上の二條は協定の原則である一方には以前支那と締結した、不平等條約を全然廢止し他方には新しい平等條約を締結した、此の外に重なもの二三條を列擧すると（皆原則を根據としたものである）左の通りである。

第十條　勞農政府は舊露政府が支那境內で各種の公約條約協定等に依つて取得した所の一切の租界等特權及特許を拋棄することを承諾す。

第十一條　勞農政府は露國特ち前の庚子賠償金を拋棄することを承諾す。

第十二條　勞農政府は治外法權及領事裁判權の取消を承諾す。

第十三條　兩締約國政府は本協定第二條所定の會議中商約の時兩締約國の關稅々則に就ては平等相互主義を採用して同時に協定することを認む。

以上の幾ヶ條は皆以前不平等條約中の重要なる內容である故に特別に此處に列擧して廢止を宣告した、此の外中東鐵道（卽從前東淸鐵道）に關する如き外蒙に關する如き所定の辦法は皆原則の精神であつた。

勞農聯邦政府が支那と此の協定を締結した所以は全く其の革命的主旨を貫撤するためであることが明白で他の疑議はない、此の協定と鴉片戰爭以來の條約とを比較し再び此の協定と華盛頓會議の決議案と相比較して見れば何れが帝國主義の實行で何れが革命の實行であるか又何れが支那に對する侵略政策で何れが支那に對する平等互助政策の實行であるかを立證出來るのである。

露國の利權放棄は主義の一端

所が或輕薄な人は『勞農露國は革命後國力振はず縱橫支那に於ける覇權を維持する能はず只だ人情を寄せる丈けだと云ふて居る』此の話こそ輕薄であるのみならず滅茶である現在勞農露國の國力は從前よりも一層强盛である、果して勞農露國の國力が前より劣つて居るならば少くとも利益均霑の例に倣つて各國一樣に不平等條約の權利を有しなくてはならない、荷蘭、西班牙、葡萄牙等の國は如何なる國力を以つて支那に覇權を有し何を以て支那に於て不平等條約の權利を有して居るか從來は强盜黨が多くあつて帝國主義者が利益均霑を創造したのが此の意味である、勞農露國が其の黨の中に入るならば各國は定めて歡迎する筈であつて露國が其の中に入らないのを恨むに違ひない若し露國が支那の承認を求めることを急ぐとすれば或は此の心が有るかも知れないが若し不平等條約の權利を維持しやうとするならば各國の黨內に入る可きであつて各國が先を爭ふて支那を圍ふて露國を承認させないのを恐れない筈である、又露國は何にが爲めに從前帝國が力征經營して何十年に亘つて獲得した特權及特許を一齊に抛棄して支那の承認を交換したのであらうか？ 從來の輕薄者の話は實際滅茶である、彼は自ら悧口聰明であると云ふけれども實は馬鹿であることが以上の話に依つて證明される。

又或人はかう云ふて居る『露國の此の擧動は過激主義の一端である』と、元來過激主義をかう解釋するから各國が支那國民の不平等條約廢止運動を過激主義と見るのも無理はない、鴉片戰爭以來一切不平等條約は過激主義と云ふたことがなく斯様な雙方平等で相互に主權を尊重する露支協定を過激主義と云ふからは、這は支那人を永遠に帝國主義の奴隷にしやうとするのではないか？　此處迄書いて來たら民國元年（一九一二）四月袁世凱が參議院で宣言したことが思ひ出される、其中には『邇來外人の吾に對する態度は皆平和と贊助の誠意を示し世界の文明に應じて更に友邦の睦誼を感せしむる、我が國民は此の義を體して鞏固なる邦交を重んじ從前締結條約は皆遵守すると共に締結して未た處理せざる事は迅速に處理せられ度し』と云ふた、成程之が反過激主義である、此種の宣言を北京政府が果して切實に遵守して今日に到つたから帝國主義者と異口同音に『平等條約萬歳』と云ふて居る。

支那國民は過激主義のなす所を一寸も知らない、そして顏を洗つて好く見て誰が不平等條約を維持し誰が不平等條約を廢止したかと云ふことを見ることも知らない、故に露支協定以後支那國民革命運動は更に過激になつた、孫先生の遺囑に好く謂はれた『民心を喚起して世界上平等を以て我を待する民族と聯合して共同に奮闘せよ』と此れが國民革命成功の不二の法門であるのだ。

帝國主義を打倒せ、軍閥を打倒せと云ふことは國民革命運動の稱號になつて居る、帝國主義を打倒することは軍閥を打倒すことよりも根本である故に最近歷史上種々なる事實が軍閥の帝國主義に依賴して生存することを證明してゐる軍閥は帝國主義の傀儡であるから帝國主義を打倒すことが出來なければ軍閥を打ち倒すことも決して出來ない、一つの傀儡を打ち倒せば第二の傀儡が上つて來るのである、之に反して帝國主義を打倒したら軍閥は自然打倒される、故に帝國主義を打倒すことが國民革命の根本の根本である、而して不平等條約を廢止することが帝國主義を打倒す最大の工作である。

或人は斯く云ふて居る『現在支那の國力では一國の帝國主義も打倒すことも出來ない況や各國の帝國主義を打倒することに於ておや、之は第二の義和團事件ではあるまいか』と然し義和團は排外的で國民革命は排外ではなく唯だ帝國主義を打ち倒すことであるから若し各國が自動的に帝國主義を廢止するならば我々は最も親愛敬重の朋友で平等互助で排外などをする暇がないではないか？現在各國は皆帝國主義の政府であるが必ずしも皆帝國主義の國民ではない、帝國主義の流毒を直接に受けるのは支那國民で間接に受けるのは各國民である、經濟現象を見れば明白である、故に各國の國民も帝國主義を打倒したい心は支那人に劣らない、支那國民が彼等と相呼應合力して帝國主義を打倒すことは各國民の切望する所である、帝國主義を打倒してから其利益を受けるものは支那の國民許りでなく各國も同樣に受けるのである、然らば國民革命の引いて對象するものは各帝國主義の政府である、支那國民の力量と各國々民の力量とが協力して帝國主義を打倒すならば出來ないことはないのである。

又或人は斯う云ふて居る『從來の對外問題は內力を充實にした後に於てこそ解決したのであるから今支那の要する所は內力の充實である、財政整理の如き實業の經營、政治の明正、敎育の振興、

先づ帝國主義を倒す理由

等の如き皆刻下の急務であるから若し此を先きに着手しないで外交問題解決に汲々とするならば後先顚倒である』と我々の答へは以上述べた通り軍閥を打倒す事、帝國主義を打倒す事、國民革命の根本としては帝國主義を打倒すことが根本の根本であると云ふた、若し判らなければ一々例を擧げ明白に說く、財政の整理は內力充實の第一條件でないことはない、然し軍閥が窮兵黷武で割據して法律を枉げて贓物を貪る結果財政は日々益々紊亂して來るから整理に手も付かない、故に財政整理の先決問題は軍閥を打ち倒すことである、然し軍閥と帝國主義と相結合して居るから全國人民が軍閥を制する方法を講じた時には帝國主義者は大借欵を軍閥に供給する軍閥は之を得て人民を制するに兵隊を募集して依然と自由自在に其の勢力に依つて人民を壓迫するから人民は只だ聲を呑み恨みを飮んで其のなす所に從ふ結果軍閥の橫行は日々增加し財政の紊亂は日々益々甚しくなる、それにも拘らず內力の充實何んかと云ふて居る、卽ち軍閥を打倒す先決問題は帝國主義を打倒すことである、斯う云ふて見れば何れが『後先顚倒』であらうか？　財政整理がこうであれば其他の實業經營政治及明敎育の振興等も類推して知る可きことである古人曰く『物には本末有り事には終始有る後先を知れば道に近い』と我々はそれでも對外問題を先きにす可きか後にす可きか？

又或人はこう云ふ『不平等條約の廢除に各國は十分欲しないから支那は相當の準備をしなくてはならない例へば領事裁判權の撤廢の如き支那が司法を改良して司法官の人格を養成しなければ撤消を欲しないであらう相當の準備をしないで徒に不平等の條約撤消を高唱するは何も役に立たないの

獨墺は今領事裁判權存在しない

みならず誰も服從する人はない』然し之は帝國主義者に欺されたのであると予は答へる、即ち領事裁判權を論ずるならば支那は一方司法を改良しながら司法官の人格を養成することは政治を廓清することであるが帝國主義者が軍閥を操縦する環境の下に政治を如何に廓清し得ることが出來るだらうか？　況して司法の改良と司法官の人格を養成することは皆程度問題であつて果して帝國主義者が眞に領事裁判權を拋棄しやうとするならば即ち目前の恐懼を慮る必要はないのである、勞農露西亞國は領事裁判權を拋棄した獨墺は戰後の財政の關係に依つて領事裁判權の存在を有しない、然らば此等の國は領事裁判權が無い爲めに安全なる保障を失つたことはない、之に反して帝國主義者か果して眞に領事裁判權を拋棄せんとするならば支那の司法改良如何を問はず司法官の人格養成の如何を問はず拋棄す可きであつて口實を持ち出す必要はないのである、故に支那は領事裁判權の撤廢に對しては司法改良及司法官の人格養成に相當の準備も必要であらうか尤も要する所は國民革命の一層著しい努力が必要である例へば土耳其のアンコラ政府は希臘と戰爭に勝つた爲めに土耳其國家を獨立自由にしてロサン會議に於て領事裁判權撤廢の期限を爭ふて得た、之は皆土耳其國民黨及國民の奮鬪の結果である、之が領事裁判權撤廢の根本の方法である、我々は之に著眼すれば帝國主義者の云ふ所の相當の準備何んのと云ふ言葉に輕々しく瞞される必要はない。

又或人は斯う云ふ『國際公法の原則に據れば條約は雙方の同意があつて締結されるものであるから片方の意思のみで輕く廢除することは出來ない』と此の言葉は大いに間違つて居ると予は答へる

鴉片戰爭以來締結したる所の不平等條約は皆帝國主義者が威力及詐術等種々の手段を以て取得したのであつて支那の國民は少しも同意したことはない、例へば南京條約は英佛聯合軍の造つたもので馬關條約では日支戰爭が造つたもので辛丑和條約は八國聯合軍が造つたもので武力で掠奪したことが明であつて支那國民の同意はない、又一八九八年の種々なる租借地條約及勢力範圍劃定の條約民國四年(一九一五)五月二十一ヶ條の如きは武力を以て脅迫して得たもので支那國民の同意はない、又濟順高順兩鐵道と滿蒙で鐵道の交換文の如きは「支那公使の」「欣然と同意」した何んと云ふ字があつて本當に同意した樣に見へるけれども實は一種の詐術を以て奪つたもので材料をなさない支那の政府を利用して撲り取りたことを支那國民は夢にも知らない又何んの同意なんかあつたものか?更に云へば滿洲政府が外國に媚びて自から私することが支那國民の堪へられない所であるから革命を起したのであるが滿洲政府の手から締結した條約に支那國民が同意することの出來ないことは一目瞭然である、革命以後北京政府の手で條約を締結したのは北京政府が約法に違反したことである北京政府が約法上の資格を失つた時には支那國民は最早や革命を起して其の締結した條約を有效と承認することは出來ないと宣言したから支那國民の同意を得ることは出來なかつたことは多言を俟たずして明かである、こう云ふて來たら雙方の同意何んと云ふことは實際子供欺しの話であるそれから國際公法は何んであるかと云へば强國が弱國に對する權利を保障する一種の道具に過ぎない、强國が威力及詐術を以て弱國から權利を取得して又公法を持つて來て取得した權利を保障しやうとするのは狼と羊を一樣に說くのである、狼には理由あつて羊には理由がないだらうか？　現時の帝國主義者の貪饕情況を見れば其の同意を得てから不平等條約を廢除するなどと云ふことは河の清くなるのを俟つのと同じである、人の壽命はどの位長いだらうか？　見よ日本の全權が華盛會議極東總委員席上で二十一ヶ條に關して演說したことが不平等條約廢除の明白な答へであるまいか。

第五　國民會議に於ける國際問題に關する提案の理由

我々が以上の種々な事實と自由を根據として國民會議に國際問題を提出すべき議決案を準備したのは左の如きである。

鴉片戰爭以來一切の不平等條約は概ね廢除して雙方平等で相互の主權を尊重する條約を締結すること。

以上は原則であるが原則を根據として列擧する條目は左の通りである。

1　一切既失の領土を回收すること
2　從前支那の藩屬朝鮮安南の如き皆其の既失の國家と其の國家の獨立平等を恢復して支那を聯邦とするや否や其の自由を聞くこと
3　一切の租界を回收すること
4　一切の租借地を回收すること
5　支那領土內に在る外國所有の鐵道並に鐵道付屬地を回收すること
6　現在の北京公使館區域制度を廢除し其の軍事設備及駐屯軍隊及警察權を撤廢すること
7　一切勢力範圍の規定を撤消すること

8　外國軍隊警察の支那領土以內に駐屯する許可を撤消すること

9　外國船舶の內河航行權を撤消すること

10　領事裁判權を撤消すること

11　關稅自主、所有從前の關稅協定及外國人の稅務官なるを以て民國以來關稅の收入を總稅務官の名義の下に稅務官より滙豐銀行に預入れて每月總稅務官より種々なる用途に分配する荒謬なる制度を一律掃除すること

以上の十一ヶ條は皆領土の完整と主權の獨立とに關して至極重要である、其他は悉く類推すべきである此の外又外債を整理しなくてはならない、どれが還すべきでどれが還すべきでないか又如何なる方法で還すかである、又各國に對して支那を侮辱する樣な領土保全門戶開放機會均等々の字を再び使用するを得ざる樣に聲明することを要するのである、我々は此の議決案を提出する際に大聲で高く叫ぶ。（本論廿一ヶ條問題に對しては第五章五節最近の商租權問題に著者の意見參照）

不平等條約廢除　帝國主義を打倒　中國國民革命成功　中華民國獨立平等自由萬歲

第七節　華府會議の議決九國條約　（一九二二年二月六日）

第一　支那國を除く各締約國は左の通り約定す

（一）支那の主權獨立並に領土的及行政的保全を尊重すべし

（二）支那に對し有力且安固なる政府の樹立及維持の爲最も完全且障碍無き機會を與ふべし

（三）支那の全領土に亘り各國民の商工業上の機會均等主義を有効に確立し且維持する爲め努力すべし

（四）友好國の臣民若は市民の權利を減殺すべき特殊權利若くは特典を獲得するが爲め支那に於ける政情を利用せず又右友好國の安寧を害する行爲を支持せざるべし

第二　締約國は前項に宣明せられたる原則に違背し若くは之を害すべき如何なる條約協定取極或は了解を相互間に又は各別若

くは協同に他の一國若くは數國と締結せざるべきことを約定す

第三　支那を除く各締約國は總ての國民の商工業の爲め支那に於ける門戸開放或は機會均等主義を一層有效に適用するの目的を以て左の通約定す

（イ）支那の如何なる特定の地域に於ても商業或は經濟の發展に關して自己の利益の爲何等一般的優越權を設定せむとする協定を求めず又其の人民の斯る協定を求むるを支持せざるべし

（ロ）他國民が支那に於て適法なる商工業を營むの權利及其種類の如何を問はず公共企業を支那中央政府若は地方官憲と共同經營するの權利を奪ふが如き或は其の規模期間若は地理的廣袤に依り機會均等主義の實際的適用を無効に歸せしむるが如き如何なる獨占權若は優先權を求めず又其の人民の之を求むるを支持せざるべし

但し本協定は特定の商工業若くは財業的企業の經營及發明並に研究の奬勵に必要なる財產若くは權利取得を禁ずるものと解釋すべからざるものとす

支那政府は本條約當事國たると否とに拘らず總ての外國政府又は人民より經濟權利及特權の出願ありたるときは之が取扱に方り前記協定の主義に準據することを約す

第四　締約國は各自國民相互間の約定にして支那領土の一定の地方に於て勢力範圍を創定し若くは實際上排他的機會の享有を規定せむとするものは支持せざることを約定す

第五　支那政府は支那に於ける全鐵道を通じ其の種類の如何を問はず不公平の差別待遇は爲し又は許容せざるべきことを約す例示せば旅客の國籍、出發國若は到着國、貨物の原產地、所有者積出國若は仕向國或は前記旅客若くは貨物が支那鐵道に依り輸送せらるる前若は後に於て之を運搬する船舶其の他輸送機關の國籍若は所有者の如何に依り運賃又は便宜に付直接にも間接にも何等差別を設けざるべし

支那國外の締約國は前記鐵道中右諸國又は其國民が許與又は特殊協定其の他に基き支配をなし得る地位にあるものに關し前項と同趣旨の義務を負擔すべし

第六　支那國を除き締約國は支那の參加せざる將來の戰爭に於て支那の中立國として有する權利を完全に尊重すべく支那國は

中立國たる場合に中立義務を遵守すべきことを約定す

第七　締約國は其の一國が本條約の定規の適用問題に關係し且右適用に關し討議をなすこと適當なりと認むる事態發生したるとき何時にても右目的の爲關係締約國間に充分且隔意無き交渉をなすべきことを約定す

第八　本條約の調印國にあらざる諸國にして本條約調印國に依り承認せられたる政府を有し且支那と條約關係を有するものは本條約に加入すべきことを勸誘せらるべし右目的の爲亞米利加合衆國政府は非調印國の必要の通牒をなし之より得たる回答を締約國に通告すべし他國の加入は米國政府が右に關する通告を接受したる時より効力を生ずるものとす

第九　本條約は各締約國の憲法上の手續に遵ひ批准せらるべく且成る可く速に華盛頓に於て行はるべき批准書全部寄託の日に於て効力を發生すべし亞米利加合衆國政府は批准書寄託調書の認證謄本を他の各締約國に送附すべし

本條約は英文佛文を以て認めたるものを以て正文とし亞米利加合衆國政府の記錄に寄託保存せらるべく其の認證謄本は同政府より他の各締約國に送付せらるべし

第二章　開市場及居留地行政の一般關係

第一節　一般通商埠地と行政關係

支那に於ける他國の行政を述べる前に當つて順序として一般通商埠地（即ち開市場）の關係を述べて置きたい、商埠地では支那行政權と不對等條約國の屬人的行政權とが併せて行はれてゐるのが原則となつてゐる、平等條約國も亦た或る程度迄屬人的の行政權の行使を許されてゐる、右の平等條約國の行政權は日本及歐米諸國等諸先進國相互間の行政權關係で律せられてゐる開港場は何れも支那の領土の一部であるから、支那國の主權は當然設地區域内で絶對に排他的に行使されなければならないのであるが、今日の支那は一般に不對等條約國に對しては支那主權行使に制限を附することを認容してゐる、是れ前章で支那人が主張する主權侵害と云ふものである是等の點から反帝國主義となつたのである、然し右の異例は獨り不對等條約國人に就て特有するものであつて其他の無條約國人及支那人に對しては支那國は其主權の行使に就て何等の制限を受けないのである、對等條約國人の地位は此推理から云へば支那人及無條約國人と等しいのが原則であるが特に條約等で例外を認めたものもある、然し法理上對等條約國人は條約の規定又は精神に抵觸しない程度では支那の主權に服從すべきである、一般商埠地の設定に就ては其條約協定其他の國際規約には同地域内で支那行政權を制限するやうな明文はない此點は後に述べる外國專管居留地又は共同居留地に關する取極と其意義を異にするからである、然し一般商埠地は一般に不對等條約國人の居住來往及業務の自由を認めた地域であるから支那國は勝手に之を制限することは出來ないのみならず一方不對等條約國人は支那國内に於ては治外法權を享有し支那の主權に服從しないのを原則としてゐる、從つて支那國の一般商埠地に於ける行政權の行使は消極的には制限される譯である。

若し支那國が居住來往及業務の自由に制限を加へやうとするならば先づ當該條約國との間に條約其他の規約を結ばなければならない、又外國人の治外法權は支那條約國人が支那國の統治權の支配を受けないことであつて又支那に在留するに拘らず其所屬國の法權に服することである、又不對等條約國人の使用人に對しても商埠地では慣例として支那官憲が不對等條約人の使用人たる自國に對して行政權を及ばさんとするに當つては先づ其理由を當該領事官に通告した後に其引渡しを受けなければならない、這は條約國人である雇主が商業其他正當なる業務を妨害せんが爲めに使用人に對し壓迫を加へる如きことが往々あつたが爲めである是と同じく不對等國人の家屋及船舶は不可侵とせられ其內に在る者は不對等條約國人以外の者でも一切支那國主權の行使を直接に受けることはないそれは千八百五十八年の英淸天津條約（第二十一條）は主として民刑事々件の被告に就てであるが支那の法制は司法々規と行政法規を往々混同する即ち司法事件と行政法規違反とを區別しないので此箇條が次第に擴大されたものであると云ふ。

此處に異例として此原則の適用されない商埠地がある、卽ち支那自身に關放した場所は外國人の居住及業務の自由に對して其治外法權に制限を加へてゐる、現に濟南は條約國人であつて同市商埠地に居住又は營業する者は常に支那の警察法令及商埠地規則を遵守しなければならないと定めてゐる、又東三省自開商埠總章及同租建條例には條約國人の支那法遵守の主義を定め右自開商埠總章の如きは其第二條に「自開商埠地內には其支那國商民及各訂約國商民一律居住し埠章を遵尊して一切正當なる營業を爲すことを得」と規定し第四條は「地內一切の事權は均しく支那の管理に歸す」と規定し第十二條には「本總章竝に警察、租建、課稅の條例及び辨理細則は各埠の內外國商民均しく一律に遵守すべし違反する者は夫々懲辦すべし」とある自開商埠地のみならず旣に日淸下關條約に依つて開市場とした蘇州でも支那地方官憲は條約を無視して「凡租界內、凡有約之商民均在此照章

警察權

租地、遵約建造屋宇機應」と規定してゐる如きは條約違反の好例である、先に述べたやうに居住權を已に認むる以上は之に伴ふ不對等條約國人が(一)自國人教育の爲めに必要な學校を設立し維持する權利を有するは當然であるが此教育に關する不對等條約國人の權利は一方より見れば支那の教育行政を消極的に制限するものであつて支那國は之に對し干渉する事は出來ない。(二)更に支那の衞生及國産業に關する行政權の範圍は大體之を人に對して行使する場合と物的行使とがある、人に對する場合例へば公衆の衞生保健の目的の爲めに各國人の行動を制限又は規定することで又物體に對し直接權力を行使する所の對象とするのであるが不對等條約は人に對しては全然之を及ぼすことが出來ない例へば天然痘の豫防の爲め牛痘を强制するが如きは其目的が一般商埠地の保健上必要であつて又内外人共に利益を受ける事でも不對等國人は之に服從する義務はないのである。又衞生行政上は不對等條約國人の所有又は占有に係るものに對しても直接に行政權を行使することが出來ない何となれば右條約國人は支那に於ては其の財産に對し不可侵權を有つてゐるからである産業行政の場合も亦た之と同じである。(三)交通行政の中鐵道及海底電線敷設の如き支那國の電信鐵道に關する行政權の行使を制限するものと見なければならない、又上海租界内の佛國無線電信も此例である。(四)次は通商埠地の支那警察權に對し不對等國人に就てのみ云へば勿論治外法權を有するのであるから之に服從する義務はないが此處に例外がある、例へば一般社會の平和生活に對し甚大の障害を與へ且つ現在に事實として明かであること、緊急の必要ある場合即ち急迫に臨んで條約上急迫必要

納稅義務問題

の手續を履行するときは其障害を除くことが出來ない場合又は他に障害を除く方策のないとき或は必要上已むを得ざるに出でた場合例へば不對等國人が多數を卒ゐて騷擾を爲した場合支那警察が當該外國官廳に通告して其取締を求めてゐては反つて擾亂は益々甚しくなり商埠地の公安秩序を紊亂することを避けられないと見た場合等である。(五)財務行政に就て不對等條約國人との關係を云へば不對等國人は支那に於ては租稅を納付する義務がないのである是は千八百五十八年佛清天淸條約第四十條の規定は卽ち此原則を表明するものに他ならない、今日迄不對等條約國人の納稅義務を定むる條約は關稅及噸稅に關するものである、其外營口、福州、天津、上海等の諸地で河川修築の費用に充つてゐる爲めに支那國政府が外交團の承認を受けて條約國人其他の者から徵收する關稅課稅である、然るに支那政府は從來不對等國人に對しても此種の租稅を賦課せんと試みたことは屢々である、大正二年及四年、六年印花稅を適用せんとして外交團に交涉し十二年に至つて此度は態度を變へ收入印紙を貼用するの義のみを(支那人に對して)願出で、やうやく許可を得た十四年十二月末には關稅會議にて(終項參照)釐金稅の廢止に代へて之を要求するに至つた。印花稅第六條に依ると「印紙を貼用すべき證書通帳にして若し本法に依り貼用せず或は捺取書判せざるものは相手方は直ちに之を返却し規定に照して定行せしむべし若し任意に該證書及通帳を收受せば法廷に於て合定の証據たる効力なきものとす云々」と規定してゐる又印紙を貼付すべき帳薄に付ても第七條を以て印紙無帖用のものゝ裁判上の證據力なき旨を規定してゐる、從つて印紙の貼用は裁判上法律行爲の證據の有無を以てするものであつて間接には不對等條約國人の法律行爲の自由を制限するものである卽ち不對國人の治外法權を侵害するものである十二年外交團が收入印紙のみ之を認容すと國際通商及外國人の地位を侵害せざることを條件としてゐるのは此爲めである。(六)又手數料(營造物の使用官務の提供)に對し特に此租借の原因となつた個人から收むるに對しても不對等國人は此種の手數料を支拂ふ義務はないのである。

青島の行政的性質

一、青島の行政的性質　青島の還附以后青島は如何なる種類の商埠地であるかは多く疑問を有つてゐる大正四年の日本公使と支那國外交總長との間に交換せられた文書に依ると(一)膠州灣全部を商港として開放すること。(二)日本國政府に於て指定する地區に日本專管居留地を設置すること。(三)列國にして希望するに於ては別に共同居留地を設置することを定めたのであつた然るに其后日本は前記居留地に關する權利を東洋大局の和平の爲めに拋棄するの主義を聲明した結局華盛頓に於ける山東問題日支直接交渉の際の決定となつた、而して大正五年の日支交涉二十二ヶ條中のものとは全然無關係のものとなつたけれ共日本として大正五年の日支協約が華盛頓會議の爲めに効力を失ふことのなかつたのは本書中に在る九國條約第二條支那關係國際約定締結問題討議の經過等に徵しても明かであるから青島は約定開市場として認められ之に對する外國人の地位は上海、南京、天津と別に異つた性質のものでない、現在では自治制もなく極めて曖昧であるが又華盛頓會議の際支那全權は青島の地方行政自治に對して外國人に公正なる代表權を得せしめることを宣言してゐるのであるから若し自治行政に參與せしめなければ外國人團體をして適當の代表權を行使せしめなければならない將來の青島は支那としても青島開放の目的に反する樣なことも出來ないから結局外國人の意見が事實上支那の施設を左右するに至るであらう。

支人の特別機關設置運動

殊に十四年末に至つて督辦等軍閥の苛政に飽いた青島支那人は特殊な市政を施き苛酷な軍閥の統治から免れやうと青島總商會、報界聯合會、商事公斷所、敎育會、青島辯護士會等の支那側有志の團體は連名を以て膠東戒嚴司令畢氏に對し速かに華府會議の結果に依る外人の市政參與を許し特別市政を施くことを請願するに至つた、是と同時に我が日本總領事館、居留民團、商業會議所等に對して諒解を求め此運動達成の日に日本側の援助を求めて來た、從來日本側でも外人の市政參與附與問題が解決するまでは納稅の理由なしとして納稅せず今日に至つたもので此問題に就ても愼重に研究する必要があるのであるが、大體に於て援助の傾向であり、既に日本民團及商業會議所は市政研究委員十名を擧げて目下研究してゐるか、實施されるとすれば外人側の市參事會員は多數を占める事に規定されるであらうし又警察權は當然市參事會員の手に歸するやうに立案されるであらう。

現に日本は邦人保護の爲め沿道巡査派出所を置いて一時問題となり支那の主權を侵すものであると抗議されたが日本巡査の宿泊所なりと辯じて今日に至つて居る。

二、青島の館令　青島が支那に還付せられてからは左の館令が發布された。

警察犯所罰令、旅宿、下宿屋、料理屋、飮食屋等營業取締規則、藝妓酌婦傭婦女取締規則、兵器彈藥、阿片、モヒ、コカイン其注射器等取締規則、理髪營取締規則、講會取締規則、原動機取締規則代書人取締規則、墓地及埋火葬取締仮規則、火葬場使用規則、牛乳營業取締仮規則、周施業取締規則、在外指定學校の職務竝に服務に關する規則、質屋取締規則、古物商取締規則、等。

二、青島居留民取締規則（大正十一年十二月十日附館令第二號）

第一條　當總領事館内に在留するものは到着後五日以内に左の事項を具し届出づべし
（一）本籍身分職業住所氏名生年月日　（二）兵役關係　（三）前住地　（四）到着年月日

第二條　在留者にして退去せんとするものは出發前又は住所を移轉したる時は三日以内に其旨届出づべし

第三條　在留者にして旅行をなし其豫定期限六ヶ月以上に亙り豫め歸着の期限を附し能はざるものは退去届をなすべし

第四條　前三條の届出は家族同居人被傭人又は借間人にありては戸主世帶主傭主又は貸間主に於て其手續を爲すべし

第五條　家族同居人被傭人又は借間人にして無斷退去し五日以内に歸家せず又は所在不明なるときは前條届出を爲す義務者は其旨届出づべし

第六條　前各條の届出義務者若くは營業主にして常住せず又は一定の期間其地を去らんとするときは代理者を定め届出を爲すべし代理者を解除したるときは亦同じ

第七條　本籍地身分其他に異動を生じたるときは戸籍謄本其他必要の書類を添へ届出づべし

第八條　在留者にして左記營業を爲さんとするものは當館に願出て許可を受くべし
（一）新聞紙雜誌其他出版物の發行　（二）銃器火藥電氣其他危險物取扱營業　（三）屠獸營業竝獸肉販賣業　（四）牛乳搾取販賣業　（五）病院開業　（六）醫業及産婆業　（七）藥劑師開業　（八）藥種業及賣藥業　（九）鍼炎按摩業　（十）運送業　（十一）印刷業　（十二）質屋業　（十三）古物商　（十四）清涼飲料水製造業　（十五）罐詰製造業（十六）機械を使用する諸工業　（十七）諸興業物　（十八）寄席又諸觀世物業　（十九）人力車馬車營業　（二十）交通機關營業　（二十一）印判及彫刻業（二十二）雇人口入業　（二十三）浴場　（二十四）銀行業　（二十五）保險業　（二十六）倉庫業　（二十七）宿屋下宿業　（二十八）料理屋及飲食店　（二十九）藝妓酌婦　（三十）貸席　（三十一）以上の外特に警察上取締を要する營業

第九條　前條以外の營業を爲さんとするものは豫め當館警察署に届出づべし

第十條　年前二條に依る營業の届出又は許可の願出には左の事項を具すべし
（一）營業の種類組織及其方法竝に會社名商號屋號營業所（二）資本額　（三）共同營業にありては其主任者及共同者の本籍身分職業住所氏生名年月日　（四）支店又は分張所なるときは本店の所在地及其屋號

第十一條　營業者其他在留者の賣買若くは授受物件にして左記各項の一に該るときは當該物件の賣買若くは授受を一時又は永遠に禁止し又は之を沒收することあるべし
(一)文書圖書類其他の物件にして公安又は風俗若くは日支兩國民の親交を害する虞あるものと認めたるもの　(二)飲食物は藥品類にして衞生上有害なりと認めたるもの　(三)密輸出入其他不正品と認めたるもの
第十二條　營業者にして屆出事項中變更ありたるときは三日以内に屆出づべし休業廢業したるとき亦同じ
第十三條　營業者にして組合を組織せんとするときは規約を設け役員の權限並選任の方法及組合費收支其他必要なる事項を定め當館の認可を受くべし之を變更したる時亦同じ取締上必要と認むるときは前項の組合規約を改正し又は役員の改選を命ずることあるべし
第十四條　無盡又は福引其特種の方法を以て金錢を集め又は物品を販賣せんとするものは其方法組織事販由等を具し當館の認可を受くべし
第十五條　取締上必要なる場合に於ては營業者に對し特に遵守すべき事項を命令し又は館員若くは警察を派し營業所を臨檢せしめ若くは營業に關する書類又は帳簿を檢閲せしむることあるべし
第十六條　本則又は本則に基く本則に基く命令に違反したるときは拘留又は科料に處す

附　則

本令は公布の日より之を施行す。本令に依る願屆にして本令施行前に青島守備軍發布の當該法規に依り其手續を爲したるものは總て本令に依り願屆をなしたるものと看做す

第二節　居留地

支那に於ける他國行政の範圍の中最も古き歷史を有し且つ主要なる地位を占めてゐるものは居留地である支那で現在商埠地又は開市場と稱してゐるものの中、(一)外國行政に屬してゐるものと、(二)外國及び支那の共同行政に屬してゐるものと、(三)支那の行政に屬してゐるものとの三種がある、吾々は外國行政に屬してゐるものを外國居留地と云ひ又支那では之を租界と云つてゐる、最後に支那の共同行政に屬してゐるものを共同居留地と云ひ支那人は共同租界と云つてゐる、外國の行政に屬してゐるものを自管居留地又は一般商埠地開市場と云ひ支那人は單に自租界又は租界と

呼んで居る、第一の外國行政に在る居留地の中にも唯單に壹ヶ國の行政の下にあるものと、諸國共同行政の下に居るものとの二種類になつてゐる、前者を專管居留地と稱し後者を他國共同居留地と云つてゐる。

居留地の中でも正式的居留地と自然的の居留地の二樣に觀ることが出來る、正式的の居留地と云ふのは支那政府と外國政府との特別の協約に依つて定められたもの又は支那政府の自發的意志に依つて定められたものである、其認諾に依つたものは多くは外管若くは外支共管となつてゐる、支那の自發的意志表示に依つたものは自管居留となつてゐる、自然的居留地と云ふのは是等の兩者又は一方の特別の意志表示無しに唯だ外人の社會生活の便宜上同類集つて居住をしてゐる區域を云ふのである。以上は發生的狀態より觀たのであるが、正式的居留地は其性質から云つても自ら其區域を確定せられ又法律關係も明白になつてゐるが、自然的居留地に至つては通常其區域の範圍も判然としてゐない。又外支何れの行政に屬してゐるか判然としない、又其性質上から見るも變則のものであるから前者のやうに開放地域内に設けられるのではなくして又開放地の近郊に發生したり或は全然開放地とは隔つた山間又は海濱江岸に避暑地乃至別莊地として次第に増加して來たやうである。

元來居留地の基礎的觀念は其名の示すやうに外人居住權の關係である、而して外人は開放地内に許された此居住を確實にするが爲めには土地の所有權或は之と同一の効力ある永代借權を獲得することが必要である、此要件を滿足せしむる爲めには從來二樣の方法が行はれてゐる、一は支那政府から地面の所有權乃至代租借權を外國政府に提供し外國政府からは更に各國人に拂下ぐるものと、他は唯區域が外國人の居留地として定められて其土地の所有權は支那人若くは支那政府が留保してゐるもので若し外國人が其地域内で所有權又は永代借權を取得しやうとするには、各自其權利者に向つて交涉をしなければならない、唯此塲合は幾分自國政府を經て支那政府に便宜を得るに過ぎない但し前者は政府から政府に地區の讓渡すは私法上の權利の一部と行政權のみであつて領土の割讓ではないことは云ふまでもない、後者の方法は單に外人が殖民してゐるものに過ぎないのでセッツルメントと云つて前者のコンセッションと區別しなければならないのであるが、今日では兩者混用せられるので判然と適確に云ふことは出來なくなつた、一般に外國の專管居留地に對してはコンシセスションと云ひ其他のものはセツルメントと呼んでゐる今其區別に就き從來の分類說を擧げると。

上海で佛國は早くからセッツルメントをコンシセスションと稱してゐた、英國は尙ほ今日でも其區別を明にしてゐる例へば、天津英租界などは土地全部の所有權を支那政府から英政府へ讓渡したものであるが英國人は之をコンシセスションと云つてゐる、其後の擴張したものに對しては此種の方法に依つたのではないからエキステンションと呼んで居る。上海にでも同樣此エキステンションとセッツルメントを區別してゐる。モアー氏の分類（一）ナショナルコンセッション、（二）他國行政下のインターナショナルセヅツルメント、（三）支那行政下のインターナショナルセッツルメントと稱してゐるに對して今井博士は特に、（イ）天津式、外國の正式的專管居留地であつて最も其數に富んでゐる、天津を以て模範とする、日英佛獨墺伊露白の八ヶ國の居留地である。漢口之に次ぎ英露佛獨日白の六個國專管居留地がある、廣東にも英佛兩國のがある、上海の佛國居留地、厦門の日英尙ほ此外に英國は鎭江、九江、營口に之を持ち、日本は蘇州、杭州、福州、沙市、重慶等に之を有してゐる。(ロ)安東縣式、安東縣、營口には鐵道附屬地内にも日本人が居住してゐる、重なる商業地は其以外に在る、正式には專管居留地の取り極めをしてゐないが日本の行政權下に在る、寧ろ自然的專管居留地の部類に入るであらう、曾て上海に生じた行政權の米國の居留地は此種の模範であつたが、後に共同居留地の内に合併した、今日でも奉天で滿鐵敷地と支那市街との間に之に屬する區域がある、(ハ)上海式、所謂洋涇浜居留地は正式的外國共管居留地の模範である、人口二百萬を出た堂々たる大市府、東洋貿易の中心點を爲してゐる、厦門、鼓浪嶼も同形のものである、(ニ)濟南式、自管居留地も今日では其數に富んでゐる、濟南、濰縣、周村、岳州、長沙、蘇州、杭州、南寧、雲南、安東縣等皆是である就中濟南及蘇州最も繁榮してゐる、(ホ)芝罘式、芝罘は正式的外支共管居留地の唯一の例である、(ヘ)福州式、福州の南台は自然的共管居留地の模型である汕頭も之に屬してゐる、(ト)北戴河式、是れは別莊式であつて開港場でもマーケットでもないのを特色としてゐる北方では北戴河は外人の避暑場である、南方では盧山、牯牛嶺は此例である、或は外人の開市場で木上の組合等あるやうであるが理論上支那の行政組織の下に在ると見なければならない、中には土地のない爲に領事の行政權を及ぼす餘地がないのである故に自然的自管居留地とでも云はなければなるまい。

居留地の外尙ほ近來他國行政地域として鐵道附屬地鑛山附屬地及び公使館區域のやうなものが發生した（團匪事件議定書七條及千九百五年ポーツマウス條約第六條日清北京條約第一第二條參照）鐵道及鑛山附屬地は其一外國の行政に屬するから自ら專管居留地に似てゐる、公使館區域は外國の共同行政に屬してゐるから共同居留地に酷似してゐる、故に其關係から更に外國行政區域を分類することが出來ると云つてゐる。

A　單獨的外國行政區域　（一）專管居留地、（二）鐵道附屬地、（三）鑛山附屬地

B　共同的外國行政區域　（一）外國共管居留地、（二）外支共管居留地、（三）公使館區域

凡て是等の區域に於て外國の行ふ所の行政權は屬地的觀念のものであるが、其領土權は依然として支那に在ることは云ふまでもない、而して其行政權の本質に就ても丁度外國裁判權に於けると同樣の條理に依つて、外國が支那の行政權を代理して行ふものではない、支那の行政權が是等の地域に對しては一時停止し外國行政權が其空所を滿たしてゐるものであつて、支那から見れば自國內に行はれてゐる他國の行政權である、是等行政權の運用は其單獨的のものである場合には當該國の隨意であるが、其共同的のものである場合には其權利に參與する諸國の協定を要し、彼の一九二五年の上海事件の如く、國際條約の性質を有する行政法規の問題を發生するに至るものである。

第三節　領事官の行政的權限

行政的性質

一、在支領事官の行政的性質、支那に駐在する各國の領事館は歐米諸國に於ける外國領事館と其性質を異にして單に通商のみを目的として代表するのではなく、種々特殊の公權を行使すると共に地方的行政及政治問題に關しては各自公使と同樣の權限を行ふものである。

若し領事官が專管居留地に就て支那地方官と交渉することがあつても本國政府が之を認めた以上其定約したものは有効である、然し各國皆此制度ではない例へば英國の制度に就て云へば北京公使の監督の下に在つて其指令に依らなければ其定約は効力を生じない日本は(別掲)明治三十三年四月勅令領事官職務規則第一條に依ると「領事館は外務大臣の指揮監督及其駐在國に在る帝國公使の監督を受く」を原則とし唯「外務大臣が特定の事項に關して領事官を指揮することを其駐在國に在る帝國公使に命したるとき」に限り「領事官は該事項に關して帝國公使の指揮を受く」るに止まつて在支領事官は原則として外務大臣の指揮を受けるが駐支帝國公使は之に對して指揮することが出來ない、其處に又外交官としての妙味がある、過般の上海事件の如き領事官の報告と北京公使の報告及其方策見解が異つてゐたやうにも聞いてゐたが斯んな場合に此システムに妙用があると思はれる這は一般官吏の服務規律と異つた領事官の特權である。

領事官の監督、國家の監督機關としての作用から云へば最も在支民に接してゐるものは何れの國も領事官である茲に云ふ領事官と云ふのは專管居留地所在地方を管轄する專管領事であつて、總領事、領事、副領事等である、我居留民團法施行規則には明かに之を示してゐる

認可

(一)領事官の認可、自治體の利害に特に重大の關係があつて之を自治體の自由決定に委ぬるに於ては其利益に大なる危險の虞ある事項に付ては法令は特に國家に認可權を留保し認可を受けるのでなければ自治體の意志の効力を生ずることが出來ないやうにしてある、又自治體の獨立の人格者として爲した其決定を法律上有効に成立せしめ又執行せしむるが爲めには監督官廳の同意を要件としてゐる、

又領事官の認可の權限を全然認めないものは露西亞である我居留民團法施行規則は領事官の認可權を要件とすることは英國のやうに廣くはないが同規則第六十七條に(一)居留民團條例を定むること、

課金

(二)居留民の課金、使用料、手數料及加入金を新設し又は變更すること、(三)居留民の一部若くは民團地區の一部に費用を負担せしめ又は不均一の賦課を爲すこと、(四)同規則に依り民團課金又は其他の負担し若くは一部を免除すること、(五)一時の借入金を爲すこと、(六)不動産に關し權利の得喪を目的とする行爲を爲すこと(七)基本財産の處分に關すること、(八)寄附又は補助を爲すこと、(九)豫算費の支出を爲すこと等である。(別項民國規則參照)

許可

(二)領事害の許可、領事官は一般の禁止事項を或る特定の場合に於て解除することを得之を許可と云ふ許可と認可の差異は日常語は混同してゐるが全然別のものである、許可を要する事項として(一)行政委員が己むを得さる事故の爲め辭任する場合等。

命令

(三)領事官の命令、專管地自治體に對する監督權に基いて領事官は自治體に對して必要なる命令

處分

決定

を發する權限を有つてゐる右命令の範圍に就ては各國同一でない最も狹いのは英國の制限である卽ち領事は自治體の機關の決議を認可し又は認めざる權限を有する他は之に對して積極的行爲又は不行爲を命ずることが出來ない、命令權は單り北京英國公使に屬してゐる佛國は英に比して稍廣い例へば自治體決議機關に對して公益上必要な事項に就いて其決議を命じ又總ての決議機關の執行を命ずることが出來るやうなものである、我國の監督權は大部分領事官に與へられてゐる公使などの命は殆んど例外的に自治の監督をする實狀であつて各國中最も廣く領事館の命令權を認めてゐる。

（四）領事官の處分、民團施行規則第六十五條には民團の行政を監督する爲めに必要なる處分を爲すことを得とあるのは其處分權である然し居留民團の行爲又は不行爲を强ゆるのが目的でない、唯民團の過去の行爲の效力を失はしむるを意味する例へば民團法施行規則五十二條の規定が有るに拘ず居留民の一部を利する考へで營造物の收入を先づ其費用に充當することなく之を其關係者に負擔しやうとしたとするならば此場合領事官は處分權に依つて右費用の賦課を無効ならしめるが如き又民團吏員が賄賂を受けて不當の民團工事請負を契約したとか土地を不當に高く買收したとの場合該契約を無効ならしめるやうなものである。

（五）領事官の決定、領事官は行政委員會居留民會等の處置に就て團員に異議ある場合は之に決定を與へることが出來る、例へば居留民會議員名薄に就て關係者に異議ある場合又民會議員名薄に登錄されたる者の中議員たるの資格を有せず又は有せざるに至つたとき行政委員會よりその旨の通知

を受け本人が領事官に對し行政委員會の處分に不服を申立て其決定を求むる場合

居留民團課金の賦課に違法又は錯誤ありと認めたる本人が行政委員會の決議に異議を申立て其決定を求むる等である。

指揮

（六）領事官の指揮、民團施行規則四十五條の如き監督權限に基いて民團の機關を指揮する事が出來る居留民會は民團の決議機關であるが若し決議をなさゞるに於ては民團は爲めに其行動をなすことが出來ないからである。

領事官の職務

（七）領事官ノ職務ニ關スル件（明治三十二年三月廿日法律第七十號）

朕帝國議會の協贊を經たる領事官の職務に關する法律を裁可し茲に之を公布せしむ

第一條　條約中特に領事官の權限に屬せしめたる事項に關しては法律に抵觸せざる範圍に於て命令を以て其の制限を設くることを得

第二條　條約中領事官の職務に關し法律の規定を要する事項に付法律の規定なきときは命令を以て必要なる規定を設くることを得

第三條　領事官其の他本法に依りて職務を行ふ者は法令及條約の規定に從て其の職務を行ふへし但し國際法に基因する慣例又は駐在地特別に慣例に從ふことを得

前項に依り難きときは命令を以て特別の規定を設くることを得

第四條　外國に於ける施行期日を定めさる法律に付ては命令を以て其の施行期日を定むることを得

第五條　領事官の職務に關する管轄區域は命令を以て之を定む

第六條　條約又は慣例に因り領事裁判權を行ふことを得る領事官は第七條乃至第十七條の規定に從ひ訴訟事件並非訟事件に關する事務及登記事務を行ふ

第七條　前條の事務に關しては領事官は法令條約及慣例に抵觸せさる範圍に於て地方裁判所及區裁判所の職務を行ふ

第八條　領事官は重罪の公判を爲すことを得す

輕罪の裁判に付ては豫審を須ゐす

第九條　領事官の豫審を爲したる重罪の公判は長崎地方裁判所之を管轄す

第十條　領事官の管轄に屬する刑事に關し國交上必要あるときは外務大臣は其の事件を管轄すへからさることを領事官に命し且被告人を内國の監獄に移送せしむることを得前項の場合に於て司法大臣は其の事件地方裁判所の權限に屬すへきものなるときは長崎控訴院檢事をして裁判管轄指定の申請を其の

控訴院に爲さしめ其の事件區裁判所の權限に屬すべきものなるときは長崎地方裁判所檢事をして裁判爲轄指定の申請を其の地方裁判所になさしむべし

第十一條　前條の申請及裁判に關しては刑事訴訟法第三十三條の規定を準用す

第十二條　地方裁判所の權限に屬する事項に關し領事官の爲したる裁判に對する控訴又は抗告は長崎控訴院之を管轄す

區裁判所の權限に屬する事項に關し領事官の爲したる裁判に對する控訴又は抗告は長崎地方裁判所之を管轄す

第十三條　領事官は領事館員又は警察官をして檢事又は裁判所書記の職務を行はしむべし

裁判所書記の職務を行はしむへき前項の官吏なきときは領事官は其の管轄區域内に在留する帝國臣民中より選任して臨時其の職務を行はしむることを得

第十四條　領事官は領事館員又は警察官吏をして執達吏の職務を行はしむべし

前項の職務を行ふ者は自己の責任を以て自ら適當と認むる者に臨時其の職務の執行を委任することを得

第十五條　法令の規定に依るものを除く外訴訟代理人又は辯護人たらんとする者は領事官の許可を受くることを要す

第十六條　通常裁判所に於ける忌避又は回避に關する規定は領事官其の他本法に依りて職務を行ふ者には之を適用せす

第十七條　第十三條及第十四條に掲けたる職務を行ふ者なきときは外務大臣は同一國内の他の領事館官吏を派遣し其の職務を行はしむることを得

第十八條　領事館の設置なき地に限り命令の規定を以て本法其の他の法律中領事官の取扱ふへき事項は領事官にあらさる者をして之を取扱はしむることを得

第十九條　本法其の他の法律中單に領事又は領事官と稱するは名譽領事にあらさる領事及其の代理を謂ふ

第二十條　本法施行の爲必要なる規定は命令を以て之を定む

第二十一條　清國並朝鮮國駐在領事裁判規則は本法施行の日より之を廢止す

三、領事官職務規則（明治三十三年四月十九日勅令第百五十三號）

朕樞密院顧問の諮詢を經て領事官職務規則を裁可し茲に之を公布せしむ

領事官職務規則

第一條　領事官は外務大臣の指揮監督及其の駐在國に在る帝國公使の監督を受くへし

外務大臣か特定の事項に關して領事官を指揮することを其の駐在國に在る帝國公使に命したるときは領事官は該事項に關して帝國公使の指揮を受くへし

第二條　領事官は駐在國に於て日本臣民を保護し帝國の通商航海に關する利益を維持增進すへし

第三條　領事官は駐在國か條約又は國際法に依り帝國に對して負ふ所の義務の遵守を視察し日本臣民の利益又は帝國と通商航海に關する利益を害せられたる場合に於ては駐在國の官廳に對して必要なる措置を爲すへし

第四條　領事官は其の駐在國に在る帝國軍艦に對して必要なる

幫助を爲すべし

第五條　領事官は其の管轄區域内に在る日本臣民の救助又は取締の爲必要なる措置を爲すべし

領事官は救助又は取締の爲必要なるときは日本臣民の送還を日本船舶の船長に命することを得

第六條　領事官は其の管轄區域内に於て日本臣民の財産又は遺産の保護管理に必要なる措置を爲すべし

第七條　領事官は其の管轄區域内に在る日本臣民の名簿を備へ居住及身分に關する屆出を受理し屆出又は其の他の事實に依り確知したる日本臣民の居住及身分に關する事項を該名簿に登錄すべし

第八條　領事官は其の駐在國に在る日本船舶及其の船員に對して必要なる保護及取締を爲すべし

第九條　領事官は帝國軍艦其の他日本船舶の乘組員か脱船したるときは艦長又は船長の請求に因り脱船者を復役せしむる爲必要なる措置を爲へし

第十條　領事官は其の駐在國の官廳又は公署の發したる文書の眞正を證明することを得

第十一條　領事官は日本臣民又は外國人の申請に因り其の職務上取扱ふへき事項及職務を行ふ際知り得たる事實の認證を爲すことを得

第十二條　領事官は日本臣民に旅券を付與し又は其旅券を査證することを得

領事官は日本に旅行せんとする外國人の申請に因り其の旅券を査證することを得

第十三條　領事官は其管轄區域内に於て日本臣民又は外國人の申請に因り日本臣民又は日本に在る土地に關する法律行爲に付公證を爲すことを得

第十四條　領事官は日本臣民相互間又は日本臣民及外國人の間に生したる民事上の爭論に關し和解を爲さしめ又は仲裁を爲すことを得

第十五條　條約又は慣例に依り領事裁判權を行ふことを得る領事官は其の所轄事務に付命令を發することを得

領事官の發する命令には五十圓以內の罰金若は科料又は拘留の罰則を附することを得領事官の發する命令の公布に關する規程は領事官之を定む（四十一年勅令第二百九十三號を以て本項中改正）

第十六條　外務大臣は領事官の發したる命令にして條約若は法令に違反し又は公益に害ありと認むるときは其取消を命することを得

領事官の駐在國に在る帝國公使は領事官の發したる命令にして條約若は法令に違反し又は公益に害ありと認むるときは其の施行停止を命することを得但し此の場合に於ては直に其の旨を外務大臣に報告することを要す

前項の施行停止は三箇月を經過するときは其效力を失ふ

第十七條　領事官は其の職務上必要あるときは帝國軍艦に幫助を求むることを得

第十八條　領事官は其の職務上の事項に付外務大臣に報告すべし

第十九條　領事官は豫め外務大臣の認可を得たる場合の外帝國

の他の官廳又は公署と直接通信を爲すことを得

第二十條　領事官の徵收する手數料及出張費用に關する規程は外務大臣之を定む

第二十一條　名譽領事及貿易事務官は外務大臣の訓令に基き本令其の他領事官の職務に關する法令及條約の規定に準依して其の職務を行ふ

第二十二條　本令の施行期日は外務大臣之を定む（此期日は三十三年外務省令第四號を以て三十四年一月一日と定めらる）

第二十三條　日本帝國領事規則及明治二十三年勅令第二百五十八號は之を廢止す

四、淸國在留帝國臣民取締法

第一條　淸國駐在の領事は在留の帝國臣民該地方の安寧を妨害せんとし又は該地方の風俗を壞亂せんとする者あるときは一年以上三年以下在留することを禁止すべし

第二條　在留を禁止せられたる者は十五日以內に退去すべし若し十五日の期限內退去し難き正當の理由ありて其旨を申立つる時は領事は相當の猶豫期限を與ふることを得

第三條　在留禁止の命令を受けたる者其命令に對し不服あるときは命令を受けたる日より三日以內に領事を經て外務大臣若は駐剳帝國公使に該命令取消の申請を爲すことを得但し此の場合に於ては其命令の執行を停止せず

第四條　前條の申請を受けたるときは外務大臣若は剳駐帝國公使は其事實を審査し領事の命令を認可し若は之を取消すべき命令を爲すべし其命令は確實のものとす

第五條　在留を禁止されたる者營業上若は其他の關係に於て其地を去り難き事情ありと認むる時は領事は其期限間相當の保證金を出さしめ在留せしむることを得

第六條　保證金を出し在留の許可を得たる者其期限內再び第一條の擧動ありと認定する時は其保證金を沒收し仍ほ在留を禁止すべし

第七條　在留禁止を命ぜられたる者改悛の狀あるときは領事は何時にても職權に依り又は所轄地方長官の證明に依り該命令を取消すことを得

第八條　退去期限若は猶豫期限內に退去若は猶豫期限內に退去せざる者及禁止期限を犯したる者は十一日以上一月以下の重禁個に處し二圓以上百圓以下の罰金を附加す

五、居留民團法施行規則（大正十三年十二月十七日外務省令第九號）

第一章　總則

第一條　居留民團の設立、廢止、分合又は其の地區の變更は外務大臣之を定む

前項の處分に付財產處分を要するときは設立の場合を除くの外關係ある居留民會の意見を徵し直接上級監督官廳の認可を得て領事之を定む

第二條　居留民團の地區內に住居する帝國臣民又は該地區內に事務所を有する帝國法人は居留民團の財產及營造物を共用する權利を有し負擔を分任する義務を負ふ

第三條　居留民團は其の地區內に住居する帝國臣民又は該地區域內に事務所を有する帝國法人の居留民團に對する權利義務、

居留民團の事務、居留民團の財産及營造物に關する事項に付條例を設くることを得

條例は一定の公告式に依り之を告示すべし

第四條　本規則に依る領事館令は公使を經て外務大臣の認可を受くべし但し居留民團法第五條第一項但書の場合に於ては公使を經ることを要せす

第五條　本規則に於て領事と稱するは居留民團の地區を管轄する總領事、領事及其の代理者を謂ふ

第六條　居留民團の地區内に住居せす又は事務所を有せすと雖六月以來第九條に規定したると同樣の居留民團課金を負擔する帝國臣民又は帝國法人に付ては本規則中居留民團の地區内に住居する帝國臣民又は該地區内に事務所を有する帝國法人に關する規定を準用す

第七條　帝國專管居留地内に於て土地又は家屋を所有し若は占有し物件を所有し使用し若は占有し又は特定の行爲を爲す外國人又は外國法人にして自國領事官の公の認許書を得て居留民團に關する帝國の法令及條例に從ふものは本規則中帝國臣民又は帝國法人に關する規定を準用す

帝國專管居留民所在地方の當該國住民若は法人又は該地方に領事官を有せさる國の臣民、人民若は法人にして帝國專管居留地内に於て土地又は家屋を所有し若は占有し、物件を所有し使用し若は占有し又は特定の行爲を爲す者に對しては居留民團に關する帝國の法令及條例を準用す

第二章　居留民會

第一款　組織及選擧

居留民會組織及選擧

第八條　居留民會議員は選擧に依り之を定む

居留民會議員の定數は左の範圍内に於て領事館令を以て之を定む

人口五千未滿の居留民團	四十人
人口一萬未滿の居留民團	五十人
人口三萬未滿の居留民團	六十人
人口三萬以上の居留民團	七十人

前項の人口とは居留民團の地區内に住居する帝國臣民の數を謂ひ帝國專管居留地を有する所に在りては同居留地内に住居する外國人の人口をも合算するものとす人口は領事館の調査に依る

第九條　左に掲くる者は選擧權を有す

一、居留民團の地區内に住居する帝國臣民にして六月以來居留民團課金を負擔する成年以上の者

二、居留民團の地區内に事務所を有する帝國法人にして六月以來居留民團課金を負擔する者

前項課金の種類は領事館令を以て之を定むることを得

第十條　左に掲くる者は選擧權を有せず

一、禁治產者及準禁治產者

二、家資分散又は破產の宣告を受け其の確定したるときより復權の決定確定するに至る迄の者

三、六年の懲役又は禁錮以上の刑に處せられたる者

四、六年未滿の懲役又は禁錮の刑に處せられ其の執行を終り又は執行を受くることなきに至る迄の者

五、租稅又は公課滯納處分中の者

六、陸海軍の現役に服する者及其の他の兵役に在り戰時又は事變に際し召集せられたる者

第十一條　本規則に依り選擧權を有する年齢二十五年以上の男子は被選擧權を有す

第十二條　左に掲くる者は居留民會議員たることを得す

一、在職官吏

二、居留民團の有給吏員

三、神官、神職、僧侶、其の他諸宗教師

四、小學校教員

第十三條　居留民會議員の任期を二年とす

居留民會議員は過半數帝國臣民たることを要す

第十四條　行政委員會は毎年一定の時期の現在に依り選擧人の資格を記載せる選擧人名簿を調製すべし

選擧人名簿調製の時期は領事館令を以て之を定む

選擧人名簿は調製後少くとも五日間居留民團事務所に於て關係者の縦覧に供すべし

關係者に於て異議あるときは縦覧期間内に之を行政委員會に申立つることを得、行政委員會は其の申立を受けたる日より七日以内に決定し之を本人に通知すべし仍修正すへきものは之を修正し其の要領を公告すべし

行政委員會の決定に異議あるときは領事の決定を求め仍其の決定に不服ある者は更に上級監督官廳の決定を求むることを得

選擧人名簿は縦覧期間經過後二十日を經て確定し確定の日より一年以内に於て行ふ選擧に之を用ふ但し前項の決定確定したる場合に於ては名簿を修正し其の要領を公告すへし

確定名簿に登錄せられさる者は選擧に參與することを得す

確定名簿に登錄せられたる者選擧權を有せさるときは選擧に參與することを得す

第十五條　選擧の期日は領事之を定む

行政委員會は選擧期日前少くとも七日間選擧會場若は投票の場所、投票の日時、選擧すべき議員數及連記投票の場合には一票中に連記すへき被選擧人數を告示すべし

第十六條　行政委員會長は選擧長と爲り選擧會を開閉し其の取締に任す

領事は選擧人中より二人以上の選擧立會人を指名すべし

選擧立會人は名譽職とす

第十七條　選擧は等級を分ち又は分たすして之を行ふことを

等級選擧に關する規定は領事館令を以て之を定む

第十八條　選擧は無記名投票を以て之を行ふ

投票は一人一票に限る

選擧人は選擧の當日投票時間内に自ら選擧會場に到り選擧人名簿の對照を經て投票を爲すべし

選擧人は選擧會場に於て投票用紙に自ら被選擧人一人の氏名を記載して投函すべし

等級を分たさる選擧の場合にありては連記投票の法を用うることを得連記投票に關する規定は領事館令を以て之を定む

法人は其の法定代理人又は其の委任を受けたる者を代人とし書面に依り其の資格を證することを要す但し一人にして二以

上の法人の代人と爲ることを得ず

第十九條　左の投票は之を無效とす

一、成規の用紙を用ゐさるもの

二、被選擧人の何人たるかを確認し難きもの

三、被選擧權なき者の氏名を記載したるもの

四、被選擧人の氏名の外他事を記入したるもの但し爵位、職業、身分、住所又は敬稱の類を記入したるものは此の限に在らず

五、被選擧人の氏名を自書せさるもの

一票中に記載を要する定數以上の氏名を記載したるものは末尾に記載したる超過氏名の部分のみ無效とす

連記投票の場合本條第一項第二號乃至第四號に該當するものは其の部分のみを無效とす

第二十條　投票の拒否及效力は選擧立會人之を決定す可否同數なるときは選擧長之を決すへし

第二十一條　居留民會議員の選擧は有效投票の最多數を得たる者より順次定數の當選者を定む但し議員の當選に必要なる最少得票數は領事館令を以て之を定む得票の數同しきときは其の順位は選擧長抽籤にて之を定む

第二十二條　選擧長は選擧又は投票の顚末を記載したる選擧錄を調製し立會人と共に之に署名すへし

選擧錄は行政委員會に於て選擧人名簿其他の關係書類と共に保存し投票は選擧及當選の效力確定するに至る迄之を保存すへし

第二十三條　當選者定まりたるときは行政委員會長は直に當選者に當選の旨を告知し且選擧錄の謄本を添へ當選者の氏名を領事に報告すへし

當選者當選を辭せむとするときは前項の告知を發したる日より五日以内に之を行政委員會長に申立つへし

前項の期間を經過したるときは行政委員會長は其の旨領事に報告すへし

領事は確定したる當選者の氏名を公告すへし

第二十四條　當選者其の當選を辭し死亡し又は資格を有せさりしとき若は當選擧無效と確定したるときは行政委員會は直に得票の順位に依り更に當選者を定め本人に告知し且之を領事に報告すへし

前項の規定に依り當選者を定むること能はす若は議員の定數に足る當選者を得ること能はさるときは其の不足の員數に付更に選擧を行ふへし但し本項の選擧は關係ある選擧又は當選に關する異選申立期間又は異議の決定確定せさる間之を行ふことを得す

第二十五條　當選人其の選擧に關し本規則又は其の他の法令に依り禁錮以上の刑又は罰金に處せられたるときは其の當選を無效とす

第二十六條　選擧の規定に違反することあるときは選擧の結果に異動を生するの虞ある場合に限り其の選擧の全部又は一部を無效とす

選擧無效と確定したるときは更に選擧を行ふへし

第二十七條　選擧人選擧又は當選の效力に關し異議あるときは選擧に關しては選擧の日より當選に關しては當選公告の日よ

り七日以内に領事に申立つることを得
領事は選擧人中より審査委員五人を指名し十四日以内に審査決定を爲さしむ
前項の決定に不服ある者は更に領事の決定を求むることを得
領事に於て選擧若は當選の効力を認めさる場合にありては第二十三條第一項の報告を受けたる日より十四日以内に職權を以て其の決定を爲すことを得
領事の決定に不服ある者は直接上級監督官廳の決定を求むることを得
居留民會議員は選擧又は當選に關する決定確定する迄は會議に列席し議事に參與するの權を失はす

第二十八條　居留民會議員にして被選擧權を有せさる者は其の職を失ふ
前項の場合に於て行政委員會は之を本人に告知すへし其の告知を受けたる者不服あるときは三日以内に領事に申立つることを得
第二十七條第二項、第三項及第五項の規定は前項の場合に之を準用す
本人異議を申立てす若は前項に依る決定確定したるときは行政委員會は議員失職の旨を公告すへし

第二十九條　居留民會議員已むを得さる事故あるときは領事の許可を得て辭任することを得
議員中闕員を生したるときは領事は選擧後一年以内を限り第二十一條の規定に依る得票者中より其の順位に依り補闕議員を定むへし
選擧後一年を經過したるとき又は前項に依り補闕を爲す能はさるときは補闕選擧を行ふことを得
補關議員の任期は前任者の殘任期間とす
第三十條　選擧區又は選擧分會を設くるの必要あるときは領事館令を以て之を定む

第二款　職務權限

第三十一條　居留民會の議決を經へき事項の概目左の如し
一、居留民團條例を定むること
二、歲入出豫算を定むること及決算報告を認定すること
三、居留民團の課金、使用料、手數料及加入金の賦課徵收に關すること
四、不動産に關し權利の得喪を目的とする行爲を爲すこと
五、基本財産の設置、管理及處分に關すること
六、歲入出豫算を以て定むるものを除くの外新に義務の負擔を爲し又は權利の拋棄を爲すこと
七、財産及營造物の管理及處分の方法を定むること
八、居留民團に係る訴訟又は和解に關すること
九、教育に關すること殊に幼稚園、學校及圖書館の設立維持に關すること
十、消防及義勇隊に關すること
十一、貧民救助に關すること
十二、衞生に關すること殊に傳染病豫防及良水の供給、下水の排泄竝市場、病院、墓地及火葬場等に關すること
十三、交通に關すること殊に道路、護岸等の維持、改修、街燈の設備竝交通機關に關すること

十四、公園又は公衆の娯樂に供すべき設備に關すること
十五、其の他法令及條約に依り居留民會の權限に關する事項

第三十二條　居留民會は領事の認可を得て其の權限に屬する事項の一部を行政委員會に委任することを得

第三十三條　居留民會に於ては日本語を用う
居留民會議員にして日本語を解せさる者あるときは議長の許可を得て通譯者を用ゐることを得
居留民會の議事は之を議事錄に存すべし

第三十四條　居留民會は居留民團の公益に關する事件に付意見書を監督官廳に提出することを得

第三十五條　居留民會は監督官廳の諮問あるときは意見を答申すべし

第三十六條　居留民會の意見を徵して處分を爲すべき場合に於て居留民會其の意見を呈出せさるときは當該官廳は其の意見を俟たすして直に處分を爲すことを得

第三十七條　居留民會は帝國臣民たる議員中より議長及副議長を選擧すべし議長及副議長の任期は議員の任期に依る
議長事障あるときは副議長之に代はり議長及副議長共に故障あるときは帝國臣民たる議員中より假議長を選擧し議長の職を代行せしむべし
議長は會議を總理し議場の秩序を維持す
居留民會議長及副議長の選擧ある迄の間又は本條第二項假議長の選擧に當りては議長の職は帝國臣民たる出席議員中の年長者假に之を行ふ

第三十八條　居留民會は通常會及臨時會とし領事之を招集す
通常會は毎年一回之を開き其の會期は七日以內とす
臨時會は領事必要と認めたるとき又は行政委員會若は居留民會議員三分の一以上の請求ありたるとき之を開き其の會期は三日以內とす
領事必要と認めたるときは會期の延長を命することを得
居留民會の議事に付すへき事件は少くとも開會の一週間前に之を告知すへし若し急速を要する場合は此の限に在らす

第三十九條　居留民會は議員定數の半數以上出席し帝國臣民たる議員其の過半數を占むるに非されは會議を開くことを得す
但し同一の事件に付集會再回に至るも仍議員定數の半數に滿たすして帝國臣民たる議員其の過半數を占むるときは此の限に在らす

第四十條　居留民會の議事は出席者の過半數に依り之を決す、可否同數なるときは議長の決する所に依る

第四十一條　居留民會は會議規則及傍聽人取締規則を設け領事の認可を受くべし

第四十二條　居留民會に書記を置く
書記は議長の指揮を受け庶務を處理す

第四十三條　本章に規定するもの丶外居留民會に關し必要なる規定は領事館令を以て之を定む

第三章　行政委員及吏員

行政委員及吏員

第四十四條　居留民團に行政委員及豫備行政委員を置く
行政委員及豫備行政委員は名譽職とす
行政委員及豫備行政委員は毎年居留民會に於て議員中より選擧し領事の認可を得て之を定む

行政委員は十人以下豫備行政委員は其の半數以下とし其の定數は領事館令を以て之を定む但し特別の必要あるときは外務大臣の許可を得て之を増加することを得第十三條第三項の規定は行政委員及豫備行政委員に之を準用す

第四十五條　行政委員及豫備行政委員の選擧は無記名單記投票を以て之を行ふ

行政委員及豫備行政委員は前項の選擧に依り有効投票の最多數を得たる者の內より之を定む但し三個以上の得票あることを要す

行政委員及豫備行政委員の定數に足る當選者を得ること能はさるときは其の不足の員數に付更に選擧を行ふへし

當選者を定むるに當り得票の數同しきときは同點者に就き決選投票を爲さしめ仍同數なるときは居留民會議長抽籤にて之を定む

第四十六條　行政委員及豫備行政委員確定したるときは領事は直に之を各行政委員及豫備行政委員に通知し且之を公告すへし

行政委員及豫備行政委員は重任することを得

第二十九條第一項の規定は行政委員及豫備行政委員に之を準用す

第四十七條　行政委員中資格の喪失其の他の事由に依り闕員を生し領事之か補闕を必要と認むるときは豫備行政委員中より之を補ふへし

前項の規定は行政委員の選擧ありたる後領事の認可を得さる者あるか爲定數の行政委員を得ること能はさる場合に之を準用す

豫備行政委員以て行政委員の補闕を爲すこと能はさるに至りたるときは補闕選擧を行ふことを得

第四十八條　行政委員は行政委員會を組織し帝國臣民たる行政委員中より行政委員會長及副會長を選擧すへし

會長故障あるときは副會長之に代はり會長及副會長共に故障あるときは帝國臣民たる行政委員中より臨時代理者を選擧し會長の職を代行せしむへし

會長は議長となり會議を總理し議場の秩序を維持す

會長は行政委員會を代表し居留民團の事務を總理す

行政委員會組織せられ會長及副會長の選擧ある迄の間又は本條第二項臨時代理者の選擧に當りては議長の職は帝國臣民たる出席委員中の年長者假に之を行ふ

第四十九條　行政委員會は行政委員定數の半數以上出席し帝國臣民たる行政委員其の過半數を占むるに非らされは議決を爲すことを得す但し特に領事の承認を得たる場合は此の限に在らす

行政委員會の議事は出席委員の過半數に依り之を決す可否同數なるときは議長の決する所に依る

第五十條　第三十三條の規定は行政委員會に之を準用す

第五十一條　行政委員會は其の執務章程を定め領事の認可を受くへし

第五十二條　行政委員會は必要に應し特別委員會を設くることを得特別委員會の組織、權限其の他必要なる事項は行政委員會に於て之を定め領事の認可を受く

第五十三條　行政委員會は居留民團を代表し且居留民團の事務を處理す
行政委員會の處理する事務の概目左の如し
一、居留民會の議決を經へき事件に付其の議案を發し及其の議決を執行すること
二、財産及營造物を管理すること
三、收入支出を命令し及會計を監督すること
四、證書及公文書類を保管すること
五、居留民團の課金、使用料、手數料及加入金等を賦課徵收すること
六、其の他法令及條約に依り行政委員會の權限に屬する事項
第五十四條　行政委員中一人を會計主任とし帝國臣民たる行政委員中より行政委員會に於て之を選擧す
會計主任は居留民團の出納其の他會計事務及第五十七條に關する團の出納其の他會計事務を掌る
會計主任故障あるときは行政委員會は行政委員中より速に其の代理者を選擧し故障の繼續する間其の職を代行せしむへし
第五十五條　居留民團に理事を置くことを得理事は有給とす
理事は行政委員會長を補佐し居留民團の事務を掌理す
理事は居留民會又は行政委員會に出席し發言することを得
理事は行政委員會の決議及領事の認可を得て之を定む
理事の任期は五年以內とす
理事の任免、任期及懲戒に關する規定は居留民會之を定め其の他の規定は行政委員會に於て之を定め領事の認可を受くへし
第五十四條第三項の規定は理事故障ある場合に之を準用す
第五十六條　前條に規定する者の外居留民團に必要の吏員を置き理事に附屬せしむ理事なきときは行政委員會に附屬せしむ
前項吏員の定數、任免、職務、任期、給與及懲戒に關する規定は行政委員會に於て之を定め領事の認可を受くへし
第五十七條　行政委員會は法令、條約又は領事の委任に依り居留民團の地區內に於ける國の行政事務を掌る
前項の事務を執行する爲必要なる費用は特別の規定ある場合を除くの外居留民團の負擔とす
第五十八條　行政委員會は居留民會其の議決すへき事件を議決せさるときは領事の指揮を請ひ其の議決を經へき事件を專決處分することを得、緊急の事件に付居留民會の議決を經るの遑なきとき亦同し
前項の處分は居留民會に之を報告すへし
第五十九條　行政委員會長、副會長及會計主任の選擧、行政委員及豫備行政委員の離任其の他行政委員及豫備行政委員に關し必要なる規定は領事館令を以て之を定む

第四章　居留民團の財務

第六十條　居留民團は不動産又は積立金等を以て一般又は特別の基本財産と爲し之を維持すへし
領事は必要と認むるときは額を定めて基本財産の蓄積を命することを得
第六十一條　居留民團は必要なる費用竝法令及條約に依る費用を負擔すへし

居留民團は其の公益上必要ある場合に於ては寄附又は補助を爲すことを得
第六十二條　居留民團は課金、使用料、手數料及加入金等を賦課徴收することを得
第六十三條　國の用に供する土地、家屋又は物件に對しては居留民團は國に課金を賦課することを得す
第六十四條　居留民の一部を利する營造物の建設、維持の費用は其の關係者に負擔せしめ居留民團の地區の一部を利する營造物の建設、維持の費用は其の部內に於て課金を納むる義務ある者に負擔せしむることを得但し營造物の收入あるときは先づ其の費用に充つへし
居留民の一部又は居留民團の地區の一部に對し特に利益ある事項に關しては不均一の賦課を爲すことを得
第六十五條　居留民團の地區內にして帝國專管居留地以外の地方に住居する帝國臣民又は該地方に事務所を有する帝國法人にして外國の政府又は公共團體若は之に準すへきものに課金を納付する者に對しては其の同種の居留民團課金又は其の他の負擔の全部若は一部を免除することを得
第六十六條　居留民團課金の賦課を受けたる者其の賦課に付違法又は錯誤ありと認むるときは納入の告知を受けたる日より一月以內に行政委員會に異議を申立つることを得使用料、手數料又は加入金等の徴收に關し亦同し
居留民團の財產又は營造物を使用する權利に關し異議ある者は之を行政委員會に申立つることを得
本條の異議は行政委員會之を決定す其の決定に不服ある者は領事の決定を求むることを得
第六十七條　居留民團の課金、使用料、手數料及加入金等を定期內に納めさる者あるときは行政委員會は國稅の徴稅に關する規定に遵據して之を處分すへし但し該規定に據り難きときは領事館令を以て特別の規定を設くることを得
居留民團課金の賦課を受けたる者の中無資力者あるときは行政委員會の意見を以て會計年度內に限り納入の延期を許すことを得其の年度を超ゆる場合に於ては居留民會の議決に依る
第六十八條　居留民團は其の負債を償還する爲居留民團の永久の利益となるへき事業の爲又は天災事變等已むを得さる場合に限り居留民會の議決を經て居留民團債を起すことを得
居留民團債を起すに付居留民會の議決を經るときは併せて起債の方法、利息の定率及償還の方法に付議決を經へし其の變更を要するとき亦同し
居留民團は豫算內の支出を爲すに付必要あるときは居留民會の議決を經て一時の借入金を爲すことを得此の借入金は其の年度の收入を以て償還すへし
第六十九條　行政委員會は每會計年度歲入出豫算を調製し年度開始前に居留民會の議決を經へし居留民團の會計年度は政府の會計年度に同し
等七十條　行政委員會は居留民會の議決を經て既定豫算の追加又は更正を爲すことを得
第七十一條　豫算外の支出又は豫算超過の支出に充つる爲豫備費を設くへし
豫備費は居留民會の否決したる費途に充つることを得す

居留民團の監督

第七十二條　居留民團費を以て支辨する事件にして數年を期して施行すべきもの又は數年を期して其の費用を支出すべきものは居留民會の議決を經て各年度の支出額を定め繼續費と爲すことを得

第七十三條　居留民團は條例を以て特別會計を設くることを得

第七十四條　豫算は居留民會の議決を經たる後直に領事の認可を受くべし既定豫算の追加又は更正に付ても亦同し

前項の場合に於て領事は理由を示し更正して認可することを得但し不服ある居留民團は直接上級監督官廳の決定を求むることを得

本條領事の認可確定したるときは行政委員會は豫算又は其の追加若は更正を公告すべし

第七十五條　會計主任は行政委員會の命令に依るに非されは支拂を爲すことを得す

第七十六條　居留民會は毎年帝國臣民たる議員中より二人以上の會計檢査委員を選擧し居留民團の會計を檢査せしむへし

會計檢査委員は名譽職とす

會計檢査委員は檢査の結果を領事及居留民會に報告すへし

第七十七條　居留民團の會計檢査、出納閉鎖の期限、決算報告豫算調製の式其の他財務に關し必要なる規定は領事館令を以て之を定む

第七十八條　居留民團設立の際其の地區內に居留する帝國臣民の共同財産にして慣例に依り公共の目的の爲存するものは之を居留民團の財産に編入することを得

居留民團設立の際其の地區內に居留する帝國臣民の公共の目的の爲存する從來の負債は之を居留民團の負債に編入することを得

本條の處分の爲必要なる事項は領事館令を以て之を定む

第五章　居留民團の監督

第七十九條　監督官廳は居留民團の監督上必要なる命令を發し又は處分を爲すことを得

上級監督官廳は下級監督官廳か居留民團の行政に關して爲したる命令又は處分を停止し又は取消すことを得

第八十條　居留民團債を起し並起債の方法、利息の定率及償還の方法を定め又は之を變更するときは領事、公使及外務大臣の認可を受くへし但し居留民團法第五條第一項但書の場合に於ては公使を經ることを要せす

第八十一條　左に掲くる事項は領事の認可を受くべし

一、居留民團條例を定むること

二、居留民團の課金、使用料、手數料及加入金等を新設し又は變更すること

三、第六十四條に依り居留民の一部若は居留民團の地區の一部に費用を負擔せしめ又は不均一の賦課を爲すこと

四、第六十五條に依り居留民團課金又は其の他の負擔の全部若は一部を免除すること

五、一時の借入金を爲すこと

六、不動產に關し權利の得喪を目的とする行爲を爲すこと

七、基本財產の處分に關すること

八、寄附又は補助を爲すこと

九、豫備費の支出を爲すこと

第八十二條　監督官廳の認可又は許可を要する事件に付ては監督官廳は認可又は許可申請の趣旨に反せすと認むる範圍内に於て更正して認可又は許可を與ふることを得

第八十三條　本規則に依り異議を申立て又は監督官廳の決定を求むるは別に期間を定めたるものを除くの外處分又は決定を爲したる日より十日以内に之を爲すべし

第六章　罰　則

第八十四條　居留民會議員の選擧に關しては刑法其の他法令の規定に依るもの丶外三月以下の禁錮又は百圓以下の罰金の範圍内に於て衆議院議員選擧に關する罰則の規定を準用す

第八十五條　居留民會議員の選擧に關し本規則又は其の他の法令に依り禁錮以上の刑又は罰金に處せられたる者は裁判確定の日より二年間選擧權及被選擧權を失ふ

帝國臣民に非さる者にして前項の刑罰に該當する行爲を爲したる者は五年間選擧權及被選擧權を失ふ

附　則

本令は大正十四年一月一日より之を施行す

本令施行の際直に本令の規定に依り難き條項は領事の決定に依り仍舊規定に依らしむることを得

本令施行の際現に居留民會議員たる者の任期は本令に依り新に居留民會議員の選擧ある迄とす但し現に行政委員及豫備行政委員たる者の任務は本令に依る行政委員確定したる時を以て終了するものとす

本令に依り第一回に調製したる選擧人名簿は次回の選擧人名簿確定の日迄に行ふ選擧に之を用ふ

本令に依り第一回の選擧したる議員の任期は次回の總選擧迄とす

居留民團設立せられ始めて居留民會成立し及行政委員就任するに至る迄の間其の職務は領事の指命する者に於て一時之を施行すべし

六　居留民團法施行細則（明治四十一年領事館令特第一號　大正十四年一月十六日改正）

第一章　居留民會

第一條　居留民會議員の定數は六十人とす

第二條　選擧人名簿は毎年十二月三十一日の現在に依り翌年一月末日迄に調製すべし

天災其の他の事由に依り選擧人名簿を喪失したるときは領事の指定したる期日の現在に依り選擧人名簿を調製すべし但し本項に依る選擧人名簿は次回定期に調製する選擧人名簿確定の日迄に行ふ選擧に之を使用す

第三條　選擧人名簿には選擧人の氏名、現住所、出生の年月日職業、以上法人にありては法人の名稱、事務所の所在地、事務所開設の年月日並に課金の種類、課金負擔額、引續き負擔せる課金最初納付の年月を記載すべし

第四條　選擧會場に出頭したる選擧人は之を選擧人名簿と對照し其の本人なることを確め投票せしむべし

投票時間内に選擧會場に入たる選擧人は其の時間を過くるも投票を爲すことを得

投票用紙は行政委員會に於て定めたる一定の式を用ふべし自ら被選擧人の氏名を書すること能はざる者は投票を爲すこと

を得す

第五條　選擧會場に於て演説討論を爲し若は喧擾に渉り若は投票に關し協議若くは勸誘を爲し其の他選擧會場の秩序を紊す者あるときは選擧長は之を制止し命に從はさるときは之を會場外に退出せしむへし

前項の規定に依り退出せしめられたる者は最後に至り投票を爲すことを得但し選擧長は會場の秩序を紊すの虞なしと認むる場合に於て投票を爲さしむることを得

第六條　居留民會議員の選擧は選擧すへき議員數を以て選擧人名簿に登錄せられたる人員數を除して得たる數の七分の一以上の得票あることを要す

行政委員會

第七條　居留民會議長、副議長又は假議長の選擧は無記名投票に依り有效投票の過半數を得たる者を以て當選者とす過半數を得たる者なきときは最多數を得たる者二人を取り之に就き決選投票を爲さしむ其の二人を取るに當り同數者あるときは年長者を取り年齢同しきときは議長抽籤にて之を定む此の決選投票に於ては多數を得たる者を當選者とす

同數なる時は年長者を取り年齢同しきときは議長抽籤にて之を定む領事は議員中より本條に關する選擧立會人二人を指名すへし投票の拒否及效力は選擧立會人之を決定す可否同數なるときは議長之を決定す

居留民會議長、副議長又は假議長確定したるときは其の氏名を領事に報告すへし

第八條　選擧分會を設くるの必要あるときは行政委員會に於て其の區域を定め領事の認可を受くへし

各選擧分會に其の區域内居住者の選擧人名簿抄本を備ふへし

選擧分會長は行政委員中より之を選擧し當該分會に於て選擧長の職務を執行せしむ

選擧立會人は選擧分會毎に二人とし選擧人中より領事之を指名す

選擧分會の投票は選擧分會に於て開票し選擧分會長より選擧錄を添へ其の結果を選擧長に報告すへし

選擧分會に於ける得票數は本會場の分と之を合算するものとす

特に規定せるものの外選擧分會に於ては本會場の規定を準用す

第二章　行政委員會

第九條　行政委員の定數は七人とし豫備行政委員の定數は三人とす

第十條　行政委員及豫備行政委員の選擧を終りたるときは居留民會議長より選擧の結果を領事に報告し認可申請の手續を爲すへし

第十一條　行政委員會長、副會長及其の代理者並に會計主任及其の代理者の選擧に關しては居留民會議長の選擧に關する規定を準用す

行政委員會長、副會長及會計主任並に其の代理者確定したるときは其の氏名を領事に報告すへし

第十二條　行政委員は後任の行政委員確定したるときを以て離任す

但し行政委員會長及會計主任は後任者決定したるときは速に事務引繼を爲すべし

第十三條　行政委員引續きたる事故又は旅行の爲一時闕員を生し委員會の成立に支障あるときは領事は豫備行政委員を以て一時之か補闕を爲すことを得

本條及居留民團法施行規則第四十七條に依る補闕の順序は同施行規則第四十四條末項の規定に抵觸せさる限り當選の順位に依る

第十四條　居留民團法施行規則第五十八條に依り處分を爲したるときは次回の居留民會に之を報告すべし

第三章　財　務

第十五條　總豫算を居留民會に提出するときは併せて居留民團事務報告書及財產明細表を提出すべし

第十六條　居留民團の會計は一年度を四期に分ち每終了後成るへく速に檢査を行ひ其の結果を領事に報告すべし

一年度を通したる會計檢査の結果は決算報告と同時に居留民會に之を報告すべし

會計檢査委員の選擧に關しては行政委員の選擧に關する規定を準用す

會計檢査委員確定したるときは居留民會議長より其の氏名を領事に報告すべし

第十七條　居留民團の出納は翌年度六月末日を以て閉鎖すべし

第十八條　決算報告書は翌年七月末日迄に調製し證憑書類を添へ會計主任より之を行政委員會に提出すへし行政委員會は之を審査し意見を附し次の居留民會通常會に報告すべし

第十九條　行政委員會は決算報告及之に關する居留民會の議決を議事に報告し且其の要領を公告すべし

第二十條　會計主任及其の代理者の就任及離任は其の期日を明確にし之を領事に報告すべし

第二十一條　豫算の調製は別冊の樣式に依るべし

附　則

本令は公布の日より之を施行す

七、領事館所在地及各館令表（本表には既掲上海と共通のものは省略せり）

一●在間島帝國領事館館令
○間島龍井村居留民會規則
○局子街居留民會規則
○琿春居留民會規則
○頭道溝居留民會規則

二●在吉林帝國總領事館々令
○居住、轉居、出發及旅行屆出規則
○諸營業取締規則
○吉林居留民會規則
○南滿洲鐵道株式會社設立吉林尋常高等小學職員の職務及俸給に關する件
○辯護士事務所開設に關する件

三●在長春帝國領事館々令
○長春居留民取締規則
○新聞紙取締規則

四●在哈爾賓帝國總領事館々令
○同業組合規定
○結社團結取締規則
○藥品營業取締規則
○哈爾賓居留民會規則
○兩替業及仲立業取締規則

○哈爾賓日本尋常高等小學校職員職務並に服務及俸給に關する規定

五●齊々哈爾帝國領事館々令

○齊々哈爾居留民會規則

○證明願に對する保證及手數料に關する規程

六●在滿洲里帝國領事館々令

○居留民會規則

七●在鄭家屯帝國領事館々令

○射倖行爲取締規則

八●在鐵嶺領事館々令

○消防組規則

○清潔保持規則

○鐵嶺居留民會規則

○理髪營業取締規則

九●奉天帝國總領事館々令

○魚鳥獸肉販賣取締規則

○監獄作業規程

一〇●在遼陽帝國領事館々令

○遼陽居留民會規則

一一●在安東帝國領事館々令

○人力車營業取締規則

○傳染病患者發生轉歸報告樣式

○演劇興行取締規則

○牛乳營業取締規則

○雇人口入業取締規則

○土木建築請負營業取締規則

○石油取締規則

○屠獸及獸肉取締規則

○生河豚販賣貯藏禁止

○代書業取締規則

○古物商取締規則

○罌粟栽培禁止

○艀船營業取締規則

○鴨綠江採木公司關係の木材賣買に關する件

○自轉車取締規則

○湯屋營業取締規則

○理髪營業取締規則

○乘用馬車營業取締規則

○借地權に關する契約公證規則

一二●在牛莊帝國領事館々令

○斃鼠取扱に關する件

○牛莊防疫部職務規則

○營口商業會議所規則

○自動車取締規則

○原動機取締規則

一三●在赤峯帝國領事館々令

○赤峯居留民會規則

一四●在張家口帝國領事館々令

○營業取締規則

一五●在天津帝國總領事館々令

○專管居留地內の土地家屋賣買讓與に關する件

一六●在芝罘帝國領事館々令

○芝罘尋常高等小學職員職務竝服務及俸給に關する規定

○芝罘居留民會規則

一七●在濟南市國領事館々令

○濟南消防組規程

○鐵道沿線に於ける驢輸送取締規則

○濟南居留民會の所屬權利義務に關する件

一八●在青島帝國總領事館々令

○青島守備軍より發布せられたる軍令布令の適用に關する件

○古物商取締規則

○原動機取締規則

一九●在上海帝國總領事館々令

（全部既に記す）

二〇●在蘇州帝國領事館々令

○蘇州帝國居留地地所借用假手續

○行商人取締規則

○蘇州居留民會規則

二一●在杭州帝國領事館々令

○杭州居留民會規則

二二●在南京帝國領事館々令

○南京居留民會規則

二三●在蕪湖帝國領事館々令

（省略）

二四●在九江帝國領事館々令

○九江居留民取締規則

二五●在漢口帝國總領事館々令

○漢口檢疫規則

○在漢口日本商業者組合規則

○專管居留地地區拂下規則

○漢口帝國專管居留地警察規則

○漢口專管居留地土地及工作物規則

○漢口居留民團立明尋常高等小學校職員の服務及職務

○漢口帝國專管居留地醫師取締規則

○漢口日本義勇消防隊規則

二六●在長沙帝國領事館々令

○長沙居留民會規則

○長沙日本尋常高等小學校校長教員の職務及服務規程

二七●在沙市帝國領事館々令

○在留規則

二八●在宜昌帝國領事館々令

○宜昌居留民取締規則

二九●在重慶帝國領事々館令

○富籤類似の儲蓄債券に關する取締規則

三〇●在成都帝國總領事館々令

（省略）

三一●在福州帝國總領事館々令

○支那形船舶屆出手續

○福州居留民會規則

○福州臺灣公會規則

三二●在厦門帝國領事館々令

○同業組合規定

○在厦門日本居留民會規則

○厦門臺灣規則

三三●在汕頭帝國領事館々令

○清國內地旅行執照下附及渡臺證明書下附出願手續

三四●在廣東帝國總領事館々令

○興業取締規則

○廣東日本人小學校職員の職務竝服務及俸給に關する規則

○在廣東日本居留民會規則

○護照、國籍證明、在留證明等下附願に關する件

三五●在雲南帝國領事館々令

（省略）

第三章　專管居留地

第一節　行政的性質

行政的性質

一、屬地的單獨行政專管居留地、風俗人情を異にした外支各國人の一般商埠地に於ける雜居に伴ふて生ずる生活上及業務上の不便と不利を除く爲めに設置せられたものであつて支那が開放した都

市の一部分であつて、或る一外國の行政が屬地的に之を支配するものである、此關係は通商條約及び特別の居留地協約に依つて定められる、然しながら之と同様の關係に在るものは例へば安東縣及び營口に於ける鐵道附屬地以外の日本市街地域のやうに、特に專管居留地の取極書がないもので其名稱がないけれ共法理上から觀れば此中に含まれてゐるものである。

此地域内で他國の行政を排斥して專管の意の儘に行政を管轄する狀態から見れば共同居留地に於けるよりも更に外國の領土のやうに觀られるものである。

元來居留地關係は單に行政權の關係に過ぎないと云つてゐるが、尙ほ行政國は一般の屬人的裁判權を有つてゐるのであるから、此區域内に於ては其國人は自國の裁判に服し、司法行政何れの關係に於ても本國に在るものと同様である、云ひ換へると此區域に對して行政國は支那人及び第三國人を被告とする訴訟關係を除いて他は殆んど凡ての關係に於て其欲する政治的施設をなすことが出來るのである、此處に於て支那に於ける專管居留地なるものは法理上之を專管國の殖民地中に算へられる次第である。

專管居留地は法律關係から分類して國法上の殖民地と國際法上の殖民地と云ひ得るならば專管居留地は被保護國と共に國際法上の殖民地である、故に殖民地である他國の領土に占據して自國の通商政策の基點とする最も簡便の制度である、之が爲めに各國は競ふて其利權の獲得に努め、天津の如きは八個國、漢口の如きも六個國の各專管居留地が有つて各國の殖民政策の競技場を見るの感がある其他上海、廣東、厦門、鎭江、蘇州、杭州等の商埠地には殆んど此制度が行はれてゐると今井博士は解釋してゐるが這は要するに專管居留地の權利を廣義に解釋したもので博士も云つてゐるやうに「專管居留地の目的より定まる」に重きを置かねばならない。

土地私有權と居住權

二、土地私有權及び居住權との關係、支那人は一般に居留地と云はずして「租界」と云つてゐる、租界とは賃借をした地域の意義である、支那人の舊式法律思想では公法私法の關係を混同してゐる又借主の外國個人である場合と外國政府であるものとの區別をしてゐない、爲めに外國個人の私法的租借權を有する地方に對して外國政府が公法上の權力を行使しても之を怪まない、之が爲め遂に居留地を變じて一種の外國行政區域と爲すに至つたものであらうが、今日吾々は居留地に就て法理を研究するに當つては此公法關係と私法關係とを嚴重に區別して考へなければならない、云ふ迄もなく是等の地方で外國政府の有つてゐるものは公法關係の行政權であり個人の有つてゐるものは私法關係の土地所有權乃至永借權である。

コンセッション

彼のコンセッションの方法は其初め外國政府が個人的資格に於て全部土地私權を有してゐるけれ共後に之を人民に拂ひ下げたときはセッツルメントと同一の性質となる、セッツルメントの方法に於ては土地私權は當初から或は第三國の個人若くは政府に屬し、或は又支那の個人若くは政府に屬するのを妨げない、而も之が爲に行政關係に何等の障害とはならないのである。

尙ほ專管居留住地は主義としては之を專管國人民の用に使用するのであるが此爲めに其居留地以

外に於ては其國人民の居住を許さないと云ふ消極的の意味を有するものではない、外國人は原則として内地雜居を禁じてゐるけれ共一千八百五十八年英國天津條約に於ては「條約港」の後に他の場所の字を加へてゐる、是れは外人の居住が居留地內に限られてゐる嫌ひがあるから特に之を避けやうとしたものである、然し之を開港地外にも及ぼすと云ふ意味ではない、開港地外では露國人の蒙古鮮人の間島に在るもの等を除いては之を許さない筈である、但し宗敎事業の爲めにする場合は前述のやうに早くから佛蘭西との條約以來認められてゐる。

三、裁判權との關係、專管居留地に對する專管國の行政權は屬地的の觀念のものであるけれ共是れ單に行政關係に止まつて司法權には關係がないものである、從つて第三國が條約上一般的に有してゐる屬人的裁判權を害することはないばかりか、支那が此種裁判權をも承認しなければならないのは云ふまでもない、然るに此原則は從來屢々危殆に瀕したことがある、殊に彼の英佛聯合戰の後に於て支那は其戰敗に重ぬるに內亂があつた際、他國は之に乘じて各種の方面に於て條約上有する利權に就て不當に擴張して之を解釋しやうと試みた、就中當時行はれた、コンセッション、ドクリンは此問題に大關係がある、即ち此說に依れば居留地なるものは領土の割讓に等しいものであつて、專管國は其地域內に於ては自國人ばかりでなく、凡ての人に對して裁判權を有つてゐる、特に支那人の如きは之に服從しなければならないとした、然るに米國公使バーリンガム氏は支那に好意を寄せて其不當の解釋を排斥しやうと力めた、日淸戰後でも佛蘭西は上海專管居留地を擴張した際に、其裁判權を凡て其地域に對しても屬地的に行使しやうとして、英米領事の反對に因つて中止となつた、獨逸が曾て天津及び漢口の專管居留地に前述のやうに、其地域內に土地私權を有する他國人は、其土地の關係及び自治體に對する地位上の關係に於ては獨逸の法律及び裁判權に服すべき旨規定してゐた、此規定を文字通りに貫徹するときは他國の條約上の權利を侵害するものであることは云ふまでもない。

要するに今日正確の解釋では裁判權の關係は居留地の內外に依つて區別あるものではない、支那全土に對して一樣に遍在するものである、但し居留地では專管國の行政權の範圍頗る大きい爲めに全體の法律關係は假りに居留地を以て專管國の領土と見做し之に對して第三國が領事裁判權を有ち支那も亦た之を有つてゐるが如きは、其地位を顚倒したやうに觀へる、從つて支那に在る居留地制度と裁判制度は兩々相俟つて、或國の居留地と第三國の居留地と普通の支那領土との間に於て夫れ〳〵學者の所謂雙務的領事裁判制度を行ふと同樣なる作用を生ずる次第である、(上海他國司法行政の項參照)

行政權の範圍

四、專管國行政權の範圍、居留地で專管國の有つてゐる行政權には制限がないと云ふ說と主義に依つて定まるとの二說がある若し制限があるとすれば其範圍は何うであるかと云ふに、各國との間の條約取極及慣例に依つて定まる所であつて此點に就ても最惠國條欵の適用あるべき筈であるから諸國の行政法には夫々差別があつても支那から得る所の行政權の範圍に付ては同樣である(日本の

蘇州取極書第十三條、漢口第十一條、重慶第二十一條、又墺國の天津取極書十一條、白耳義天津取極書十條參照）

尠くとも同一地に於て並立する各國の居留地に付いては同一でなければならない。此問題に就て一般的の規定を爲したものは日清通商航海條約に追加した協約である、明治二十九年十一月日清北京議定書第一條に

新開通商市港に日本專有の居留地を置くことを妥定し通路管轄及び地方警察の權は日本領事に專屬するものとす。

尙ほ個々の取極書中殊に重慶厦門福州專管居留地の取極書は最も廣く行政範圍を定めてゐる其第三條に（居留地内の警察權道路管轄權及び其他一切の行政事宜は日本領事館の管理に歸す）との規定がある。

以上國中一切の行政事宜とは何物を指してゐるものか、之を內地のやうに無制限の行政權と解釋してはならない、例へば專管國が其地方で築城をして支那若くは第三國に對する軍事上の目的とするが如き行動は許してゐない、又居留地の沿岸稅に關を設けて專管國の爲めに特別の輸入稅を徵收するやうなことは條約違反であるから出來ない。殊に支那は居留地に對して財務行政權の一部を留保してゐると云ふ根據がある、卽ち居留地內に釐金其他の內地通過稅を課することをしないと云ふ條約はしてあるけれ共、例へば其地域內の土地に對して地租を徵收してゐる（上海工部局の如き）

或は借料として政府から政府に支拂ひ、又は土地權利者が領事館の手を經て支那政府に納めるものもあるけれ共、是れ純然たる私法上の借賃ではない、セッツルメントの方法に依る場合に於ては、各土地所有者若くは永借者は明かに支那政府に租税を拂つてゐる、殊に支那人所有者の如きは從來に比べて變化はない、若し此場合土地を標準として居留地自治體からも課税を命ずるならば其間に國税と市町村税の如き關係か生ずるものと云へる、又領事から取纒めて支拂ふ場合、各權利者に相等の額を課し、其中の一部は支那政府に對する支拂ひに充て、殘餘は居留地の公共事業に用ゐる例もある是兩種の税を併合するものである、是等の土地權利の中支那人の有するものと同樣な所有權があり、而も所謂借料を納めてゐる所有權に付て私法上の借料はある筈がないのである、然らば行政權の範圍を何う確定するか、今井博士は專管居留地なるものゝ目的から自然に定まると云つてゐる卽ち支那が他國に對して特に居留地を設け其管理を行はしむる譯は其國をして此區域に依つて支那人と雜居に基く不便不利を避け安全に居住貿易の目的を達せしめ集合生活を維持せんとするの精神である、從つて行政權の範圍も此目的以上に擴充することは許されないものとなつてゐる、之を例せば道路、溝渠、阜頭、其他市街的設備の土木事項は最も必要なものである、此上に行ふ警察、衛生、及び自國居住民子弟の敎育に關する事務の如きものも此中に含まれるであらう、尙是等の事業を經營する爲めに要する費用を凡ての住民に對して適當に分課する徵稅權も認めなければならない、但し居留地內の外人の納税義務に就ては從來必しも紛議はないとは云へない、例へば千八百八十一年米人レイドは上海居留地で市税を支拂ふことを拒んで、彼は米國合衆國議會の通過した法律に依る他納税の義務はないのであると主張した之に對して米國法廷は共同居留地ランド・レグレションズ其他居留地規則は米國公使及び間接には國務卿の承認を經て治外法權に對する條約及び國會の法律の効力に依り法力を有せしめたものであつて、此居留地内居住する米人も亦た之に從はなければならないとの理由で此規則に基く納税負担の義務あるものとした、然し此理由は上海の如き共同居留地の外他國の專管居留地に對して適用してはならない、然しながら今日實際に於ては各國專管居留地に對しては何れも國法を以て之に居住してゐる第三國人の納税の義務あることを規定してゐる、而して第三國も亦た其恩澤に浴すべき自國人の此束縛に對しては異議を挿挾まないことになつてゐる、殊に一般の慣例として第三國人が居留地に土地權利を取得する場合に於ては、其居留地規則に服從することを誓約し之に對する自國の領事の承認を記載した文書を差入れしめて以て後日の紛議のないやうに計つてゐるのである。(納税義務の項參照)

憲法と居留地

憲法が殖民地にも行はれるか何うかに付ては各國憲法の主義に依つて必ずしも一樣でない、日本では台灣、朝鮮のやうな自國の領土である殖民地に對しても色々學者間に說があるが、憲法は特別の規定がない場合では殖民地に之を行はないのを立憲政治の本義であると思はれる、立憲政治は文化の程度が之に適するに至つて初めて施さるべきものである、未開の地域が立憲國の領土となつたからと云つて直ちに然うであると云ふことは出來ない、領事裁判の如き地域も此の如き程度に達しないものと觀てよい、況して權利國の領土でないのであるからである。此關係は行政の作用の一部に止まつてゐる居留地行政權を行ふ爲めに決して變更さるゝものでない、故に專管居留地に對しては憲法は行はれないものである、從つて主權者は居留地統治に就ては條約以外何物をも束縛を受けてゐない自由の行動が出來る、其統治の爲めにする法規を定めるのにも內國に於けるやうに立法の形式に拘泥する必要はないのである、又裁判制度に就ても裁判官として憲法上の保障がない領事を以てしても違法ではないのである。

次に一般法令の關係は何うかと云ふと、此問題に就ては司法に關係あるものと行政に屬するものと區別して觀ることが出來る司法の法的關係は居留地の內外に依つて區別せず領事裁判の決する所である、從つて居留地內で在つても獨り專管の法規許りが行はるゝのでなくして、其住民の國籍に依つて各本國法が之と並立して行はれるのである、行政法關係に就ては專管國行政權の範圍內では全然專管行政法規の定むる所に依るのである、然しながら專管國內地の法令が當然に居留地に行はるゝと云ふものではない、其法規の性質上內地に限らず此地にも行はれるべきものは格別普通の內國行政法規は居留地の立法者が特に之を此地に行ふことを規定しなければ行はれない（居留民團施行規則第三十六條）の如きはその一例である。

五、專管自治行政、專管居留地は其存立の必要に依つて其行政を行ひ又自ら其官吏をして之を行はしめ又は自治體をして之を行はしめてゐる、然して何れの居留地でも住民に多少でも自治權を認められないのはない、例へば英國の居留地には未發達の居留地に付ても早くから土木協會のやうなものを設けさして自營の方法を取つてゐる他國の主義も多くは之に習つてゐる、就中自國人口が特に少いのに支那人居住者の多い場合は支那人に事務を委任する例もある、例へば舊天津墺國居留地のやうな所では領事が一名の白人理事と重なる支那人住民六名に公共事業を委任してゐる。

其居留地の少し發達したものに至つては純然たる自治制度を施いて、居留地行政の事務の大部分は之に一任してゐる、領事は只緊要なる一部の權利を留保して之を監督するに過ぎない、斯くして生じた自治體は公法人として人格を有し公私法上權利義務の主體として何れの國よりも承認せられるのである（日本居留民團法第二條）而して此自治體は其根抵を支那領土に置くものであるけれ共その自治體は支那法人でなくして專管國の自治體であり法人であるのは云ふまでもない。

元來此制度は土耳其に於て佛蘭西が初めて設けたネイションの組織に範を取つたものであつて土地の外に人に重きを置く傾がある。歐州人は中世サラセン人の領土の中にファクトリーを有つてゐたが、土耳古でも當初は之と同樣であつたが、次第に開港制度が壞れた、例へば露國が千七百八十三年のキャピチユアレーションに於て其欲する土地に領事を置く權利を得たやうに歐州人は自由に各地に散在することゝなつた、從つてファクトリーの如きものも其本來の意味を失ひ土地よりも人に重きを置くやうになつた、佛は以上のやうにネイションの言葉を用ゆるやうになつた、其制度の概畧を云ふと各地のネイションは其地領事の監督の下に在る公共團體であつて自治權を有つてゐて領事の權能に對しても幾分の拘束を加へてゐる、千七百八十一年の法律に依ると是等の人民は民會を設け其地の領事及び公使と雖も重大事件に付ては此等議會の意見を聽いて事を決しなければならない、而して民會は毎年末一人若くは二人の代表者を選擧して此者は平素人民の利益を代表し領事はネイションの事柄に就て之と相談する義務がある、又代表者は必要あらば何時でも民會を招集することが出來る、尙ほ當初に於ては領事裁判の倍席者も亦た領事が此等民會の議員中から選ぶものとしてゐる、支那では原則として內地雜居は許されてゐないから特に專管居留地が繁榮する特色がある、從つて領事裁判と共に此種の自治制度も土耳古に於けるものに範を採つたのであるが其組織は必ずしも之と相同じきものでない寧ろ地方自治體たる性質を有するものと見るべきである。

日本法では民團の文字を用ひ、其區別を公共組合の一種となすものと又專管居留地を基礎とする場合は寧ろ地方自治體と見るのと兩樣ある。(後者今井博士)

民團法施行地

六、民團法、元來民團法令は廣く朝鮮及び支那に行ふ爲め制定せられたものであつて是等の地方に於て日本人は歐米人に比較すると土人と容易に雜居し其區域も廣く散在し邦人の團體を組織せしむる主旨に基いたものである、支那でも現在民團法を施行する地方は、人口五千以上の在留の地方で、天津、漢口、營口、安東縣、及び上海の五ヶ所である就中上海では日本人は約二萬居住してゐるけれ共日本人の爲めに特別の專管居留地の設けはない、共同居留地其他の場所に他國人と雜居してゐるから是等の日本人ばかりを以て組織する民團は人的團體である公共組合と見なければならない、然るに天津其他の專管居留地のある地方では其事情が之と同じではない、之等の地方には專管居留地があるから日本人は他の場所に住居するもの寥々であつて其最大部分は此中に住居する方が便利であるから民團は專管居留地の民團であるが如き觀を呈してゐる。（美濃部法博士行政總論參照）

從來日本居留民團法施行規則には自治體の團員に就て次の階級を設けてゐる、（一）專管居留地內に住する日本人は絕體に民團法の適用を受ける、（二）居留地外であつても所謂民團施行區域內に住する日本人は大體之と同樣である、唯其地に於ける支那若くは第三國の行政機關に納稅するものは課金の全部若くは一部を免ぜられる、（三）民團施行區域外の日本人は團員である義務はないけれ共任意六個月の課金を納めて其資格を得られる、（四）居留地に一定の關係を有つてゐる條約國人は其國領事の承認を得て居留地規則に服從する場合に於て日本人に準ずる、（五）支那人及び無條約國人は是等の形式を履ましめない。

とあつて以上のやうに專管居留地內に居住する支那人及び第三國人も當然民團の支配を受けるのである、從つて民團は寧ろ專管居留地を本位とする土地的團體たるの性質を有するものである、換言すれば專管居留地は民團法令の力に依つて地方自治體となつたものと解することが出來る、但し之には其專管居留地外に居住する日本人も之に參與するの變例があるけれ共其地位は必ずしも居留地內の居住者と同じでない、國家が領土外にある者を依然として自國の國民とし、又彼の支那の國會制度に見るやうに在外の所謂華僑が本國の國會に參與する權利を與へてゐるのも國家其物が土地

天津の居留地

的關係である性質を失はないのも同理由であつて專管居留地自治體が其地域外に在る自國人を以て團體の分子に加へ又其自治制に參與せしむるのも地方自治體である性質に反することはないのである、此點に於て歐州人の專管居留地に就ては殆んど疑ふ餘地のないまでに皆本國の市府に準じた制度を設いてゐる、日本の居留民團施行規則は專管居留地であるのと、ないものとに依つて自ら區別をして專管に對しては內地の市町村制に似た規定を設けてゐるが、其他に就ては其趣を別にしてゐる。

是等居留地自治制度は本國法に範を取つたものであつて、例へば天津居留地のやうなものは丁度世界文明諸國の地方自治行政がパノラマである觀を呈してゐる、是等自治體の權限に屬する事務は何うであるかと云ふに、其性質上多少條約慣例の制限を受けてゐるけれ共、何れも各本國市府の自治制に於けると同樣である、從つて其範圍は內務行政に屬するものに限られ土木財政を以て主要なるものとして警察權の如きは之を自治體に與へてゐるけれ共又之を領事に於て留保してゐるものもある英國の如きは最も廣く自治體の權限を認め領事は殆んど其地方の裁判官である外、普通文明諸國に於けると同樣の職務を行ふのに止まつてゐる。

自治體の行政機關

自治體の行政機關は民會と行政委員會である、民會は所謂意志機關であつて、今日の狀態は未だ大市府に正儔すべきものでないから何れも公民の總會合である、卽ち特に公民中から民會議員を選出するのでなかつたが日本は大正十三年十二月之を改正して公民權を有するものから選出することにした一般に其資格に就て多少の制限がある、之には大體居留地內の土地私權を有するものを本位とするものと、一定額の納稅者を本位とするものと、是等の兩者を併せ取るものとの二樣となつてゐるが要するに其土地の事情に應じ地方重要の人民を網羅しやうとするのである而して是等の條件に叶ふ者は其國籍の區別なく參政權を有することは此種自治體の特色である、然し支那人は原則としては民會議員の資格は與へられない、唯日本の法制に於てのみ支那人にも此權利を與へることになつてゐる、是は支那人懷柔の政策に出でたものであらうが今日では事實支那人は民會に出席したものは尠い、出席しても會議は日本語に依るのであるから邦人と拮抗して議論を上下することが出來ない然しながら今日のやうに支那人の有權者が益々增加するに及んでは一朝利害相反する事があれば其表決權に依つて紛議を釀すことはないとも云へない。

行政委員會は所謂執行機關である、而して外部に對して自治を代表するの權利を有つてゐる、其委員は民會で選擧する民會議員たるものは之に選擧せられる資格を有つてゐる、然しながら各國の規定を見ても皆此執行機關の組織に付ては自國の利益を顧慮したやうである、即ち第三國人と雖も此委員に擧げられる資格あるべき筈であるが、例へば其委員の半數は專管國人たるべしとか、或は同一の第三國人の多きを禁じ或は其委員會議長を專管國人として自國人に牛耳を執らしめやうと計つてゐる。

唯英國丈けは此種の制限を設けてゐない、實際上支那では英人の執力大であるから之を必要としないのである、議長及び委員の半數を自國人との例は英國以外皆此方法を取つてゐる。尙ほ佛國天津居留地の如きは領事を議長として九名の委員から成つて其中五人は佛人でなければならない、他の四名は外國人を以てすることゝなつてゐるがそれも同一國籍人二名以上に至ることを許してゐない茲に上海の共同居留地では英國は事實に於て支那人所有の土地を自國人の名義として有權者を多くして大多數英國人の有權者を以て之に當つてゐる。

監督

日本は民會議長を民會に選擧するが他國は領事を以て之を議長としてゐる日本民法に於て議長は行政委員を兼ねることを禁ずるの規定はないが是等他國の制度に鑑み又自治制の居留地自治體の行政は領事公使及び外務行政主長の順序を以て監督せられてゐる、日本は其居留地の地位に依つて第二次の監督を省略することが出來る、北京よりも本國に連絡する方が便利とずる場合に備へるものである、監督權の最も寬裕なのは英國であつて何等の干渉を加へないやうである、最も嚴密なのは佛國であつて例へば民會の決議は凡て領事の認可を經なければならないものとしてゐる、又行政委員會停止を命じ、公使は其解散を行ふことを得べき權能を有つてゐる、此中間に位するものは日本と獨逸であるが獨逸は新政府樹立以來此方法を變更すると云ふことである、日本は民會の通過せる事項も條例豫算行政委員の選任の如き重要なるものは領事の認可を經なければならないとしてゐる

警察行政

七、警察行政、專管警察權を自治體に專屬せしめたのは露西亞の制度である露西亞自治體で警官を任命し且つ維持して全然領事館の命令權と獨立してゐる、領事官は其地位に伴ふ自治體の機關で

ある資格として參與してゐる他領事官としては自治體に對する監督權を以てゐるに止まつて直接警察權に關與しない、又英國は領事及自治體警官の兩者に分屬せしめてゐる。

元來警察は專管國に屬してゐるから其意の儘に行使し得べき筈であるけれ共領事裁判制度其他諸般の條約慣例に依つて內國のものとは多少の相違はある、從つて其最も趣を異にしてゐるものは司法警察關係である、支那人が居留地內で犯罪を爲した場合には之を捕へ取調べの上其罪狀を明記したる送致書を添へて支那官憲に引渡すことになつてゐる、第三國人が犯罪を爲した場合には條約國人であるときは其所屬官憲に引渡し、無條約國人である時は支那人に準じて支那官憲に引渡すことになつてゐる、犯罪は各居留地で爲されたものであつても其犯人は居留地內に逃入して現在してゐる場各には犯人所屬の外國官憲は直に居留地內に踏み込んで之を逮捕をすことが出來ない、何となれば專管國の居留地行政權を侵害するものであるからである、故に斯の如き場合には先づ專管國の領事に交涉し其令狀に奥書を受け專管國警察の共助を以て逮捕し得るのである、此事は支那との間には夫々居留地取極書に規定してあるが條約國相互の間には特別の條約はない、唯居留地に關する國際慣例に依つて領事裁判制度に對する斯る特別の變化を生じたものである。

專管居留地は居留地に對して任意の行政警察關係を定め、殊に大體內國の規定に倣ひ支那の事情を斟酌して警察犯所罰令を設け、內外人の區別なく之を遵守せしめる領事は往々にして居留地の內外を分たない自國人をして服從せしむべき、此種の規則を發する事があるが、元來居留地に對しては屬地的に行ふべき規定を設けられる筈で、居留地外、他國行政の下に在る自國人に對する屬人的の效力とは之を區別しなければならない。

然しながら實際上此規則の違反者を生じた場合に於ては、之に對する處分に就ては內外人の間に多少の相違がある專管居留地內で警察權を有する以上警察犯處罰に就ては普通の司法的犯罪に對するのと違つて終始任意の處置をなすことが出來る筈であるが元來警察犯と普通司法犯との區別が明瞭でないので各國夫々見る所が異つてゐる從つて專管國で警察犯と見る所のものでも他國は之を司法犯と解釋し之に對する專管國の處分の管轄を不當として從來往々外交上の紛議を生じた事がある其處で次第に警察犯の處分に就ては純粹の理論に拘泥せず其狀態か自ら司法犯に於けるものと類似するやうになつて必ずしも專管國が任意に終始しないやうな慣例を馴致して來た、故に今日一般に行はれてゐる慣例は、其犯則者が條約國人である場合は之に對し拘留刑なぞを加へず、犯則者を外國官憲に引渡して其處置に一任し、又之を科料に處すべき場合でも直接に之を徵收しないやうである、然し支那人に對しては他國人に比較して何れの國も幾分嚴重な傾きがある、即ち拘留罪のやうなものは普通之を實行しないで支那官憲に渡してゐるやうであるが、科料の場合には內國人と同樣に之を徵收してゐる、殊に其犯則者の身分が車夫苦力の如き下層勞働者のやうな場合は拘留さへも實行し甚しいのになると科料を納めない間身體の拘束をする所もある、然して凡て是等警察犯人の引渡しを爲した場合に於て其所屬官憲が果して尙ほ之を自國の法規に違反するものとして處置するか何うかは各國の自由であつて何うすることも出來ないのである、寧ろ一般的の慣例を見ると決して勵行してゐるとは云へない時々所謂外交上の手心に依つて、犯則者に説諭を加へて解放し或は居留地外に放逐するに止まる位でそれもホンの申譯的のものが多い。

警察權を何人に屬せしめ又如何なる方法に依つて之を運用すべきかは全然專管國の國内治的關係であつて其任意に定むることが出來る、從つて是に就ても夫々國に依つて異つてゐる、日本、佛蘭西、露西亞は如何なる場合でも領事の手中に掌握してゐる主義のものと、英國や舊獨逸のやうに居留地自治體ある場合に就ては之に事務を委任する主義とある、前者は今云ふの必要ないが後者は法律關係が簡單でない、裁判權は領事が握り之を自治體に委してはならないのは云ふまでもない、通常犯罪人に對する强制所分は裁判權を有してゐるものから令狀を得て始めて警察官吏の執行する所であるが、此點に就て領事と自治體警察吏との關係を明かにしなければならない、舊獨逸は天津及び漢口の居留地自治體令中に最も明瞭に此關係と規定してゐる。

尙ほ居留地警察の特色として目を引くものは下級官吏に多數の支那人及印度人の巡捕を雇用してゐる、彼等は俸給低廉であつて素養も餘り多く有たない、唯體格と常識を標準として採用してゐる殊に支那人巡捕は土民の事件を處理するに便宜だとされてゐる、印度人も性質温順で用ひ易く而も容貌魁偉看板としては理想的である、然しながら實際の場合に於て彼等は何の益にも立たない、從つて彼等に與へてゐる權能も極めて小である、唯主として路上に配置し看視に任せしめ、土人以外の人に對しては急迫の必要ある場合の他は强制處分を加へることが出來ないものとされてゐる。

居留地の警察は專管國の手に屬してゐる居留地は純粹の支人領土に介在してゐなから支那の警察力の及ばない所であるから、從來の居留地は常に革命運動の策源地となつてゐる、各國との居留地取極書中に火藥其他の爆發物を居留地內に收藏せしめないことを切言してゐるのは此顧慮から來てゐるのである。

居留地は元來支那領土であつて外國の領土ではないから政治犯人と言つても此中に逃入する場合國際法上政治犯人の引渡しを爲さゞる原則の保護に浴することが出來ないのである、然しながら其事情が他國に逃れた場合に類似してゐる、專管國人の同情を受け支那官憲が前述のやうな正規の手續を履んで引渡しを求めるまでには何れかへ逃亡して去り、既に其影さへ留めないのを常例としてゐる、又新聞紙も支那政府の壓政を慮つて外國居留地內に其發行所を設けて誰れ憚る所なく言論の矢を放つてゐる、專管國は直接に自國の利益を害しない以上は之に干涉を試みないのである、凡て居留地警察の目的とする所は專管國の利益保護であつて支那當路者の便宜乃至此國の秩序の爲めに存するものでないからである、從つて居留地なるものは支那當路者の爲めには最も好まざる所謂要意地方であつて在野政黨の爲めには事ある場合に國中身を措くべき唯一の自國鄉土であるのである

上海事件の元兇が佛租界に在つて盛んに指揮した如きは最近の一例である。

八、稅務行政、は專管居留地內で徵稅するの權利あることは前述の通りであるが、是等は土木事

戰爭事變關係

業其他敎育等居留地經營の目的の爲めにするものとであつて之に依つて專管本國の國庫の收入增加を計るやうなことがあつてはならない、故に居留地自治制度を認むる場合に於ては其事務は自治體の權限內に加へられるものである、其如何なる稅目を定め如何なる徵稅方法に依るかは若し自治制度がなければ領事が之を定めて、領事の監督の下に自治體議會の議決する所に依るのである。

今日實際に行はれてゐるものは不動產稅、營業稅を主要なるものとして、埠頭を設けた場合は其使用料を徵收してゐる、日本は所得課金と稱するものが所得稅の重要な地位を占めてゐる、其徵收の實務は自治體のある所は行政委員が其任に當つてゐる、納稅の義務ある者が其徵稅に應じない場合は如何にするか、之に就ては先づ專管國人民であるのと他國の人民であるとに依つて區別して考へなければならない、前者の場合では全然專管國の定むる所の法規に依るものである。普通に行はれてゐる方法は其納稅義務を私法上の債權と同視して、專管國の領事裁判所に訴訟を提起して救濟を求むる手續である、日本の如きは內國に於ける國稅徵收に關する規定に準據して處分してゐる從つて訴訟手續を經ずして直ちに義務者の財產の差押競賣を爲すものである。

九、專管行政權と戰爭事變關係、戰時及事變に於ける專管行政權の性質に就て如何なる決定を見るかと云ふに是も(一)支那と專管國交戰である場合(二)支那と第三國の交戰場合、又第三國が專管國である場合(三)內亂に於ける場合等に依つて夫々異つてゐる。

(一)卽ち支那と專管國との戰爭の場合は開戰の効果として兩國間の通商條約及專管居留地取極書

特別行政區域發生

等の條約等は當然消滅するのである、例へば最近の例に依ると獨支開戰の際に於て支那國の執つた方針は是であつて當時大總統は特に總統令を出して支那は「支那と獨墺間に締結した條約及契約其他の國際條欵及國際協議等支獨支墺間の關係に屬するものは悉く國際公法上及慣例に依つて一律に廢止す」云々と宣明し聯合各國は何れも此の措置に對し異議を挿まず之を是認した、其の結果支那は獨墺兩國專管居留地を回收して所謂特別行政區域とした、且つ獨墺兩國及其の臣民に屬する同居留地內に在る一切の不動產を敵國人財產管理規則に依つて之を管理し又處分した、是に就ては學者間に種々議論があるやうであるが支那の開戰の際に於ける主義方針と見て專管國に對する開戰が該國居留地を消滅せしめ行政權も亦之と共に消滅するのは既定の事實である(二)專管國と第三國との戰爭の場合、元來專管國居留地は專管國人諸般の經濟的活動の根據地として設定せられたものであるから專管國は該外國專管居留地を此の目的以外に利用することは出來ない又專管國は支那國の中立を尊重する義務があるのであるから專管國が其居留地で敵國に對する攻擊の準備をしたり其他直接戰爭の遂行に關係ある軍事行動を取ることがあれば是れ專管居留地本來の目的に反するのである卽ち居留地地方行政權の範圍を超越するものであるから支那は之に對して或は抗議を提起し其不法行爲を繼續するやうであれば必要止むを得ない程度では專管行政權を一時的に侵害することが出來る然し是は其不法行爲が止むと同時に專管行政權の侵害は停止されるものである。

第三國と支那が戰爭の場合は支那該專管居留地又は專管行政權を尊重するの義務がある卽ち專管

國が戰爭當時國でない事實に照しても云ふまでもないことである及支那が戰爭の止むを得ない必要上外國居留地を利用することは必ずしも不當でない何となれば元來居留地は支那の領土であつて支那は之を他の自國領土と同樣戰爭の爲めに使用することが出來なければならない又支那國の存立及運命に重大な關係がある戰爭には其全領土に於て行ふことの自由あるのは其獨立權の反映である、殊に第三國が外專管居留地の附近に在る軍略的地點を占領する場合の如きは其顯著なる必要の一である又第三國間の戰爭が外國居留地に及ぼす影響も亦支那國との關係上原則として居留地が支那國領土の一部として交戰國に依つて尊重せらるゝことが必要であるが交戰國の一方が支那國領土を交戰の目的の爲めに占領した場合他方交戰國が之に對抗する目的を以て必要程度の軍事行動を支那國に於て開始することが出來る卽ち此目的の爲め已むを得ない場合は交戰國は外國專管居留地をも其軍事行動の地域とすることが出來るものである(三)支那內亂の場合は外國居留地の地位は叛徒が專管國に交戰團體として承認せられてゐるか何うかに依つて同一でない。

支那內亂の場合

若し叛徒が交戰團體として專管國の承認を得て居ない場合は支那國及叛徒の團體は共に外國專管居留地を尊重して該區域內で戰爭行爲をすることが出來ないのは云ふまでもなく其他內亂を名として如何なる權力も專管居留地內で行使することは出來ない此例は長髮の賊亂及第一革命江浙戰爭等の內亂の際に各專管國が執つた方針であつて支那國及叛徒又は革命黨は此方針を尊重したのである彼の長髮の亂に際し賊徒が漸く上海に迫つた時英國は其居留地を保護するの目的で叛徒の侵入を禁

止し且つ實力を以て之を防止し次で官軍に對しても亦同様の處置を取つた、是が先例となつて第一革命の際に於ても同様各地で行ふた最近の江浙戰爭に際しても共同租界は義勇隊を召集し領事團より江浙兩軍に對して戒告を與へ陸戰隊の上陸準備をして租界との境を閉鎖し苟くも武裝した軍隊又は將士は居留地内に入る事を禁止した。

此の如く内亂に際しては專管居留地は中立たる理由の一は支那内政上の特殊なる政治上に根據するは勿論であるが又他に條約上當然條約國人の生命財產保護の義務として中立を認めなければならないのである。

第三の理由として專管居留地は特定國の專管行政權の行使せられる區域であるからである、支那政府及叛徒は内亂に際して常に外國人の生命財產の保護を宣言するけれ共兵士の規律は行はれないで往々不法の行爲があつて此宣言は殆んど信頼するに足りない、此の如き事情に在つて專管國が自ら其實力を以て自國專管居留地を防衛するのでなければ慘禍は實に意外の所まで及ぶのである、故に各國が内亂に際して自國專管居留地の中立を宣言して其實力を以て之を支持するのは專管警察權の正當なる行使である、尙ほ之に足りない場合は自國の兵力を用ひても差支ないのである勿論此防衛は居留地其ものの安寧秩序の維持に必要な程度を超ゆることは出來ないのは云ふまでもない從つて前に揭げた最近華府會議に成立した九國條約第一條支那に關する軍隊に就ての決議は「同國に在る外國人の生命財產の保護を保障するの意志及能力あることを聲明したる」事實を前提として成立

各國の狀況

したものであつて若し支那國が右の聲明に拘らず外國人の生命財産を保護する意志がないか又有つても其能力のない場合は右決議は死文である。

一〇、現在專管留居地各國の狀況

專管國	所在地	面積（坪）
日本	杭州	一三〇、一〇〇
日本	沙市	一一七、六〇〇
英國	蕪湖	一三二、〇〇〇
英國	鎭江	二〇、八一九
佛國	上海	三、〇〇一、三九八
英國	天津	一、一三四、六〇〇
佛國	同	三九三、三九〇
露國	同	一、一一〇、六〇六
日本	同	三九八、二二六
（舊獨）	同	（一三九、三八二）
（舊墺）	同	（一八八、二三二）
伊國	同	日本ヨリ稍小
白耳義	同	不明
日本	福州	二四、九五〇
英國	厦門	一二、〇〇〇
日本	重慶	一四三、〇八〇
日本	漢口	一二四、一六二
英國	同	一八八、九五九
露國	同	八四、五三七
佛國	同	一〇九、二八六
（舊獨）	同	（一六二、一四〇）
英國	九江	不明
日本	蘇州	一五〇、〇〇〇
英國	廣東	一一、〇一八
佛國	同	四二、八四六
日本	營口	一六九、二〇八
日本	安東	四〇〇、〇〇〇

右に依れば專管居留地は日本最も多きも實際に專管居留地の實あるものは（天津、漢口、安東及營口）の四地に過ぎない。

自治執行機關權限

一一、專管自治執行機關の權限

執行機關の權限は何れも列擧主義を取つてゐる其內容各地同一でないが大體に於て各國の主義に大差ない、今我居留民團施施行規則に基いて云へば同法第四十一條第一項は「行政委員會は居留民團を代表し且つ居留民團の事務を處理す」と規定し又た第二項は處理事項として六項に擧げ其末項を以て同委員會の事務に就ても授權事項を設けてゐる。

イ、自治體代表事務、我が民團執行機關である行政委員會の最も主要な職務の一は自治體代表事務である自治體代表事務とは自治體そのものを外部に代表するものであつて自治體の行爲又は不行爲が外部に表現せらるゝ爲めには常に行政委員會を經由することが必要である元來行政委員會は民團の機關であつて獨立の人格を有してゐないから民團と行政委員會との間には公法人と其機關との關係存在するに止まつて獨立人格者間の相對的關係を生ずることはない、既に行政委員會が居留民團を代表すると云ふのは委任に依つて外部に對して之を代理するものではない、卽ち居留民團の機關として之を代表するものに外ならないのである。執行機關の自治體は常に自治體と自治體以外の者との間の關係に就て存在するのであつて自治體と其機關又は構成員との關係に就ては執行機關が事實に自治體を代表することはあつても純然たる內部關係であつて代表關係ではない。執行機關の自治代表事務は自治體と外部との一切の關係に於て存在するのを原則とするけれ共自治體の規則の中殊に主要なものに就て特別の規定を設けてゐるものもある、自治體を原告又は被告とする訴訟の當事者となり又土地買收公用徵收等に就て買賣の當局となり又は徵收の任に當ることなどは其例である、自治體の意志を外部に對して發表する權限は執行機關のみに存してゐる議決機關に此權限はないのを原則としてゐるが、例外として議決機關に此權限を有つてゐるものもないではない、例へば公益に關する事件に付て意見書を監督官廳に提出するが如き、同官廳の諮問に對する意見の答申の如きものの如き夫れである、殊に法令が領事官の事務執行に就て議決機關の意見を徵する者を規定してゐる場合には議決機關に執行機關を經由しないで其意見を外部に對して發表することが出來る、然し此場合は外部に對する意見の發表に限られ議決機關の議決であつて自治體員又は之に準する者を拘束するやうな法規又は處分に在つては議決機關は常に執行機關を經由して之を爲すことゝされてゐる。

議決の執行

ロ、議決機關の議決の執行、執行機關は議決した事項を執行する職務を有してゐる、此職務は代表事務と共に執行機關の職務の本體を爲すものである、議決機關の決議か有効に成立し又は執行力を生するが爲めに必要條件が備ふて執行力を生ずるに於ては執行機關は其裁量を以て忠實に執行しなければならない、又決議の內容に依つて如何なる事項が執行機關の權內に在るかは定まるのであるが、決議は大體の方針を決定するものであつて實務の方針其他に就ては何等規定しないのを常としてゐる、此場合執行機關決議の主義方針に反しない範圍內で其裁量をする權限がある故に議決機關の議決と執行するの權限は殆んど全部に及んでゐる例へば收入支出命令事務とか課金使用料の徵收の如き事項に就て右命令權若くは徵收權は執行機關に在つても此權限を行ふ場合は常に議決機關の議決の主旨に副ふことである。

發議案權

ハ、發議案權、議決機關に對し議案を發することも亦た執行機關の權限に屬してゐる、發案は監督官廳の認可を受ける必要はないが、發案すべき事項は議決機關の權限內の事項でなければならない、又公益に反し若くは條約法令の規定に違反する發案をすることは出來ない發案事項の重なものは豫算であつて第五十七條五十八條の民團施行規則にある通りである然し自治條例又は規則の制定權及議決機關の決議の發案は執行機關に專屬するのを原則とする議決機關には此權限はないから、議決機關は特定事項に就ては執行機關の發案を要求し又は發案を延期し停止することを要求することは出來る。

財產及營造物の管理

ニ、財產及營造物の管理、執行機關は自治體の財產及營造物を管理する職務がある、自治體の財產及營造物でなくして法令の規定に依つて執行機關に委任されたものは其法定の規定に依る職權であつて專管行政權の範圍ではない、財產及營造物の管理方法に就て議決機關の決議あるときは該決議は執行力を有してゐるものであるならば之に從はなればならぬ、決議中何等定めてない事項であれば決議の本旨に反しない範圍内で執行機關は其裁量を以て之を處理することが出來る、但し現金の保管は其歲入出豫算に關係するものに在ては其會計主任之か保管の責に任じてゐる然うでないものは執行機關か其執務章程に從ふて之を保管するものである。

會計監督

ホ、會計監督、執行機關は自治體の收入支出を命令する、執行機關の命令を承くる者は會計の實務を担當する吏員又は會計主任である我民團規則六十三條は會計主任を以て命令を受くるものとしてゐる。

會計檢查

會計檢查は民團施行規則第三十條は居留民團の出納檢查に關して必要事項は領事館令を以て定む

る規定である、漢口民團に關する同地館令に依ると「出納は毎年六月、九月、十二月、三月の四回檢査を爲すべし前項の檢査は民會に於て選擧したる二名以上の委員之を行ふ前項の選擧に關しては居留民會議員の選擧に關する規定を準用す」の規定がある。各國の專管居留地でも多數は會計檢査に關する規定がある。英國は檢査吏員制度を設けてゐるが露國は之を設けてゐない執行機關が收支計算を議決機關に提出するのである。

公文書保管事務

ヘ、證書及公文書保管事務、自治體の公文書及公務必要諸證書の保管も亦た執行機關の權限事項である。

賦課徵收事務

ト、課金使用手數料及加入金の賦課徵收事務、自治體の課金使用手數料及加入金賦課徵收の決定は議決機關か之を爲して之が爲めに條例を發布さる場合に於て條例制定權なるものに於て此事務に當るのである。而して之が爲めには監督官廳の認可を要するは云ふまでもない。

チ、滯納所分、執行機關に滯納處分の權限がある。

第二節　專管居留地各行政法規

警察行政法規

一、專管警察行政法規、專管居留地警察法規を制定するに各國皆其機關に依つて同一でない英國の如きは在支那公使及居留地自治體兩者を機關として前者はキングレグレーションを發布し後者はバイ、ロースを發布するのである其他專管居留地の憲法にも似たランドレグレーション中にも往々此法規を含むものがある然るに佛國及日本の制度では領事官が制定すのを原則とし自治體は特に領事官から居留民會の討議に附した場合の他警察に關する法規を制定するの權限はない然るに露國の制度は此點に就ても自治主義を採つてゐる、英國の法規に依ると其制裁に就ては千九百四年及び千九百七年改正令の定むる所に依ると犯罪に關する物件の沒收五十磅以下罰金若くは三ヶ月以內の懲役に處せられるのである、我國に於ては警察法規に伴ふ制裁は今日の實際より多くは前掲職務規則第十五業第二項に依つて罰則は五十圓以內の罰金若くは科料又は拘留に止まるものである。

而して專管警察命令と國內命令との間に相違點の在るのは專管警察命令は執行所分であること比較的尠く其大部分は裁量處分であつて國內同種法規に比べて不完全であることは云ふまでもない前揭領事官職務規則第二條及第五條は之を明にしてゐる。

而して天津漢口露國の如きは警察權か自治體に專屬してゐるから凡ての許可は自治體警察吏員が與へてゐる今佛國の上海專管地法規の一例を擧げると左の通りである。

二、佛國專管居留地工部局警察道路取締規則（佛國の警察は同國領事官の手に在るにも拘らず費用は居留地自治體で支辨してゐる）

佛國警察道路規則

牛馬

第一條　牛馬諸獸は之を繫留し又は監視人を附して其逸走を防ぎ若くは柵を以て圍繞するに非ざれば廣地に放置するを禁ず

如何なる場合と雖も牛馬諸獸を河溝に沿ひ又は街路の附近及び通路に供せられたる曠地に放置すべからず

放棄せられたる諸獸は之を留置すべし

第二條　公然家畜獸を驅役し及び濫使虐待するを禁ず

第三條　豚及其他の獸類は繁華なる街路上を驅御することを禁ず而して公衆の嫌惡を招き若くは危險の狀態にあらざらしむるを要す

第四條　禽鳥の販賣は三月一日より十月一日に至る迄は之を禁止し狩獵は二月十五日を以て期限とす

但水禽の販賣は四季を通して之を許可す

狩獵

第五條　狩獵は佛國專管居留地及其附近に於て爲すことを禁ず

第六條　左記の武器は其裝置の如何を問はず之が携帶を禁ず

武器

銃　單發拳銃、連發拳銃　刀劍類　利刃を有するもの　尖鋒を有するもの　打擊すべきもの

第七條　軍用及獵用の銃器彈藥の販賣は營業人が保證金を納めて所持すべき數量を規定せられたる許可書（特別認許證）又は之と同樣なりと認めたる場合の外は之を禁ず

第八條　何人も規定の令狀を所持し又は佛國警察官の援助を要求せずして人を逮捕監禁し又は審問することを許さず

自轉車

第九條　自轉車は凡て交通に關する諸規則を遵守すべし

車體には呼鈴又は呼笛を附すべし

日出及日沒時に於ては點燈を附すべし

人道を通行すべからず

雜沓せる道路に於ては搭乘するを禁ず

第十條　家屋內に於て祭典を施行せんとする者にして式典中奏樂を爲さんとする場合は許可を受くべし

此許可證は警察署より之を下附するものにして夜間十時を超ゆるべからず

行列

第十一條　行列は許可出願人より通路及時間を指明して屆出で之に對し警察署より下付したる豫定許可證を携帶するにあらざれば居留地內を通行するを許さず

武裝せる團體にして佛國領事又は其館員より交付せる許可證を携帶せざるときは何人と雖も公衆道路を通行することを得ず

佛國軍隊は豫定許可證なくして通行するを得

交通

第十二條　行商及其他道路上の呼賣人は工部局稅務部より交付せる許可證を携帶するに非ざれば公衆道路上に於て營業すべからず許可證は工部局員又は警察官吏の要求ありたるとき點每に之を提示するを要し其證書に指定せられたる以外の地はに於ては如何なる場合と雖も之を許さず

公衆道路上の販賣は夜間十時を超ゆることを得す

第十三條　交通に妨害を與へ又は諸電線の障害を來たすべき狀態に於て公衆道路上に紙鳶を飛揚するを禁ず

第十四條　自由を制限し若くは通路を遮斷すべき性質を有する器物或は商品の突出せるもの及び公衆道路上に於ける奏樂は晝間は記標を揭げ夜間は赤色の燈火を着けざるべからず

第十五條　死屍は居留地域內に埋葬するを禁ず

第十六條　凡て店鋪の看板は通行人の防碍とならざる適當の高度を保ちて揭げ且公衆道路の美觀を損傷せざる程度に於て店鋪の前面に必要なる場合を擇むを要す、而して人道上に於ては最低二米五十を下らず道路に面する突出は八十ミリメートルを出でざるを要す且つ如何なる場合と雖も町名及番地の表示を隱蔽すべからず

何人も警察より證明されたる工部局土木部の許可を受けずして看板を揭くるを許さず

第十七條　四季を通じて公路上に煙火の打上を絕對に禁止す

但船舶、艀、舢板等解纜の特別なる場合は此限りにあらず

許可請願者は警察署より地點を規定して煙火の打上を爲すべきを許可せらるべく而して此請願は夜間十時を超ゆへからざるものとす

四季を通じて爆竹の點火を禁止す

煙火の貯藏は支那家屋に在りては一包二十五淸斤を超過すべ

住居

からず

第十八條　支那建家屋に在りては一時に十匣の石油を保存すべからず二十「トーグ」を以て制限量とす

第十九條　一軒の支那家屋に在りては燐寸は最大限一箱千二百個を包容する餞葉製罐六箱を容れたる三大梱以上を貯藏すべからず

第二十條　支那建家屋に在りては一時に貳把以上の藁を貯藏すべからず

藁を廚房内に貯藏し又は有蓋物内或は竈の如き個處に放置するを禁ず

租界地内に於ては藁の販賣店を許さず

硝石カルシューム

第廿一條　工部局行政委員の許可なくして硝石及硫磺の貯藏又は販賣を禁止す

此等の販賣人は出來得る限り其量を制限するは勿論其貯藏個所及商店の容地は工部局當該官吏の検査に合格すべきものとす

第廿二條　カルシユーム混合物の販賣及貯藏は左の各項を遵守するに依りて許可せらる

一、商店及貯藏個所は工部局よりの許可検査に合格するを要す、而して蒸溜器は「カルシユーム」を容れたる儘實驗し得るものたるべし

二、「カルシユーム」の貯藏量は如何なる場合にも二百五十キログラムを超ゆるを許さず而して蒸溜器は一個に付五十キログラム以上を容るべからざるものとす

三、「カルシユーム」を容るべき蒸溜器は金屬製のものたるを要す實質は銅を除きて濕氣の混入を防ぐべき充分の構造を要し且つ之れに濕氣を避くべき記號を漢字又は佛語を以て表示すべく器の口は溶解して密封し置くべし

四、少量の容器は之を小賣品とし或は通常食料品として人家に保存することを得

五、「カルシユーム」を移動せんとする時は以上の各項を遵守すべし

「アセチユリン」溶液の製造及貯藏は之を禁止す

等廿三條　如何なる公の建築も工部局委員の許可を得るにあらざれば行ふことを得ず公の建築を爲さんとする者は何人も工部局規則を遵守し且つ自己の許可書に明記せられたる事項に適合せざるべからず

公の建築は日沒以後事業繼續の場合には燈火を其場所の上部に揭示し午後十二時には消燈すべきものとす、但工部局警察署長に建築責任者より規定時間以外に延長するを願出て丶許可せられたる場合は此限りにあらず

明かに酩酊したる者は如何なる公の建築の地域内にも入るを禁止す

出火

第廿四條　出火の場合には警察署長より交付せられたる許可票を所持する者に限り警察非常線内を通行することを得

警鐘は「セント、ジョゼフ」寺院に於て之を鳴らし初め二分間警鐘を連打したる後左の規定に依り其地域を公示す

一點鐘　東部區域

東部郵便局より給水塔に至る

二點鐘　中央區域
給水塔より工部局通りに至る
三點鐘　西部區域
工部局通りより西部河岸に至る
四點鐘　エキステンション地域
西部河岸より松江路に至る
五點鐘　外部地域
松江路より徐家匯に至る

第廿五條　明白に認め得べき酩酊者を禁ず
小賣商人は凡て酩酊の狀態に在る者に對し飲料を與ふるを禁ず

彩票

第廿六條　恥づべき行爲及金錢の輸贏は之を禁止す
彩票の販賣は絕對に之を禁止す

第廿七條　乞丐を禁止す警察官吏は乞丐の街路に在りて佇立し及著しく衰弱を裝ひて通行人の憐みを招き或は創傷若くは苦難を呈示する者を所罰す

公園

第二十八條　街路に於て卑猥なる著作物若くは刋行物の陳列及販賣を禁止す
卑猥なる唱歌及見世物も亦同し

清潔

第廿九條　街路に於て羣衆を成し不正の目的を遂げんとする公娼を禁止す彼等は廉恥の風姿を裝ひて通行人の注目を惹くを得ず　宜しく穩當なる服裝を着用せざるべからず
公娼は公然客を誘ふべからず、而して醜行の目的に於て客を呼留め又は之を牽引すべからず、室內に於ては言語、容姿、遊戲及其他の動作を以て街路上の通行人を惹き留むべからず

明かに自已の身分を表示し及室內に於て或は羣衆の裡に於て周圍の嫌忌を買ふが如き行爲あるべからず

第三十條　凡て第二十九條に類以する行爲は街路に於て之を禁止す

第卅一條　夜間は音響及大聲を發するを禁ず

第卅二條　工部局警察署より交通に障礙を與へさるへき尺度を指定したる許可書を有せずして如何なる街路に於ても繞垣を爲すべからず

第卅三條　危險物又は重量あり且つ通路を阻碍すべき性質の物品を運搬せんとするときは其時刻及運搬の狀態を指定したる警察署の奧書ある土木局の許可書を有せざるべからず

第卅四條　正當と認められたるものに非ざれば總て賦租の徵收を許さず

第卅五條　道路上の設備公園植物及工部局の建築物に危害を加ふるを嚴禁す

第卅六條　道路上に在りても毛氈を振ひ又は打ち拂ふ時刻は五月一日より九月三十日までは午前七時、十月一日より四月三十日までは同八時以後は之を禁止す

第卅七條　市街及通路の住民は毎朝自已の家屋及附屬地を隈なく掃除すべし而して掃除したる汚物は路次の出口なる街路の傍に設置されたる泥又は「セメント」にて木蓋を有する埃溜內に剔入すべし　毎朝工部局の雇夫は此埃溜內の汚物を掃除し道路上に停めたる荷車に運搬するものとす而して路次番は直ちに其の埃溜に多量の水を灌ぐべきものとす
街路に面せる家屋に在りては其住民は其住民及附屬地內に蓄

を有する取扱易き埃溜を設備し晝間其等使用の下婢をして汚物を收容せしむるを要す、此等の容器は毎朝住民の手に依りて荷車の通過すべき時刻に先ち人道に搬出すべし而して工部局雇夫は之を所屬荷車の中に排泄すべし

第卅八條　汚穢荷車の毎朝街路を通過する時刻を規定すること左の如し

四月一日より九月三十日まで　六時より九時に至る

十月一日より三月三十一日まで　七時より九時に至る

第卅九條　街路及家屋の周圍に硝子又は陶器の破片を放棄し及高處の建物又は窓口等より通行人に危害を加ふべき原因を有する物品の放擲を禁ず

第四十條　特に規定せられたる地域以外に於て大小便を爲し又は之を放棄するを禁ず殊に曠地及河濠の中に爲す事を許さず

第四十一條　住家の内外を問はず臭氣を發散し近隣に不快を感ぜしめ又は公衆衛生を害すべき性質の物を財藏するを嚴禁す

第四十二條　何人を問はず汚物又は惡臭を傳播すべき物質を運搬せんとするときは密閉したる容器中に之を納め公衆衛生を害せざる總ての必要なる設備を爲すことを要す汚物の芟除は四季を通じて午前九時を以て限りとす

第四十三條　何人を問はず住家の前方に標柱踏段廂其他通行の自由及安寧を害すべき突出したる設備を爲すことを許さず

第四十四條　何人も濫りに商品其他の物品を店舗内に持運び又は家屋内に於て整理すること能はざる口實の下に之を規定時間以外に街路上に放置するを許さず

且如何なる塲合と雖も通行の自由及安寧は保障せざるべからず

第四十五條　總て人の死亡したるときは二十四時間内に警察署に屆出づべし而して棺柩は警察署の證明ある衛生局許可書を有せずして全三日以上を住家に留置するを許さず

第四十六條　凡て車輛は其種類を問はず工部局行政部より交付せられたる許可書を携帶するに非されば通行を許さず

第四十七條　本規則の違犯者は第六、第七、第八、第廿六、第廿八、第三十及第卅四條に該當する者を除き之を二十五弗以下の罰金に處す　再犯の塲合は更に之を加倍す而して違犯者が警察署長より拘引せられて前記の罰金を完納したる時は他の附役を免除すべし、然らざれば警察署は所轄裁判所に正式の告訴を提起すべし

第四十八條　第六、第七、第八、第廿四、第廿八、第三十及第卅四條の違犯者は司法官に於て體刑の必要を認めさるときは五百弗以下の罰金に處す、再犯者は之を加倍す

三、漢口諸法規

イ、日本居留地取極書（漢口）

大日本帝國の上海在留總領事代理小田切萬壽之助大清國欽命二品頂戴任湖北按察使司按察使湖北漢徳進監督江漢關税務兼辦通商事宜瞿廷土地永代借用の爲め約を立つ現に日本の商務日に盛なるに因り漢口に在つて新に居留地の設立を請求せしが爲湖廣總督部堂張之洞は本監督を派して本總領事代理に立會ひ土地を實檢して境界を定めたる上左の通り條款を議定す。

一、日本居留地は漢口鎮獨逸國居留地の北部より起り獨逸國居留地境界に沿ふこと百丈南界は東の方揚子江沿岸より起り獨逸國居留地境界に沿ひ西の方鐵道地界迄西界口鐵道地界を以て境となし北界は東北の北端なる揚子江沿岸より起り、西界の北端なる鐵道地界迄直線を劃きし界内を日本專管居留地となし此取極書を定めたる該員を派して立會ひ界標を設くべし。

一、右界内の道路隄塘溝渠波止場及警察の權は日本領事館に屬し又其道路隄塘溝渠波止場は日本帝國領事に於て法を設け修築するものとす道路隄塘溝渠公共需要の地内若し官街官地あらば借地料租稅を免除し又民地なれば借地料のみを交附し租稅を納むるに及ばす。

一、右界内の地所借用者より滯付する租稅は一割每に地丁銀一錢一分七厘及糟米二升八合四勺にして米一石に付銀三兩の割合を以て換算取立て每年四月日本帝國領事より漢陽縣に送附するものとす日本臣民の未だ借用せざる地區は清國地主自ら租稅を納付すべし。

一、右界内に於て日本の商工業者は此取極書に依り地所を借入れ家屋店舖を建造するを得べし日本人が清國の地主より地所借用の際支拂ふべき借地料は過去三年間の平均地價を標準として公平に取極むべし江漢關監督は清國地主の其時相場を高く騰ぐるを許さず日本臣民も無理に値切るを得ざるものとす日本臣民の借用せんとする地所内に官地ある時は別に商議の上其借地料を格別抵廉ならしむべし。

地所借用は日本帝國領事に願出て地方官に照會して實地檢査の上地券三枚を造り日本帝國領事は之に加印し一枚は地所借用

者に與へ一枚は日本帝國領事館又一枚は清國地方官衙門に取置くものとす一たび借用せし地所は此取極書に依り借用者に於て永遠借用するものにして何國何人と雖も强て立退き讓渡しを行はしむるを得ず地券の式は既に成例あるを以て別に之を議せず

一、清國人民の身元なき者は私に居留地内に於て居住し若くは店舖倉庫を開設するを得ず違反する者は夫々處分せらるべし若し身元確實品行方正の人なれば此界内に於て居住營業するを許すされども右清國人民は單に居住するに止まり地所を借用するを得ず若し行跡疑ふべく本分に安んぜず規則を遵奉せざる者ある時は清國地方官より日本帝國領事に照會し又は日本帝國領事より清國地方官に照會し立會取調べの上清國地方官より處罰すべし之を見逃し又は包庇するを得ず。

一、借用の地所は其借用者に限り居住するを許す若し借用者事故ありて自身に居住する能はざる時は親戚友人店員同業者等身元ある者に託して代て管理せしむべし若し已むを得ざるの事故ありて借地權の移轉を要する場合には其移轉前に於て日本帝國領事より清國地方官に照會し地券を書替ふべし。

一、居留地内に現存する人民の家廟祠堂及組合會館公衆寺庵の敷地借料は特別に相談取極むべし永代借用地區内に家屋墳墓あるときは瓦屋草葺を區別し價値を估計し且つ轉宅移葬の費用を夫々支給すべし其價値を交付せし後は直ちに地所を渡引すべし地所内に在る家屋に關しては更に移轉の期限を定むべし其移轉前に清國地主に於て内地を使用する場合には本人並に其家族に限り居住耕作するを得と雖も他用の途に供し又は家屋を再造するを得ず又清國地方官は告示を出して界内に新に墳墓を造り棺柩を置く事を禁止すべし將來別に地區を選び日本人民の墓地を設けんと欲せば日本帝國領事より清國地方官に照會して相談の上取計ふべし。

一、日本居留地の設立以前に外國人の清國地主より借用せし地所は別に差支なし他國居留地の例に依り之を取扱ふべし尤も界内の區域窄狹に過ぐるを以て此取極書を定めたる後は日本人民に限り地間を永借することゝなし清國地主の外國人に對して地所を抵當に充て又は讓與するを許さゞるものとす違反する者は清國地方官より最重に處罰すべし若し身元確實なる外國人にして界内に居住を望む者は居住に差支なきも地所の借用を爲すを得ず。

一、日本開設の居留地は漢口港の通商地區域の內に在るものとす若し波止場を建造せんとするときは先づ江漢關監督と相談して地勢を檢査し清國及外國船舶の往來に差障りなきときは之を建造するを得べし

一、日本居留地內に在る清國に領事を派駐せざる外國の人民若くは清國人民の訴訟は清國官吏より取扱ひ員を派して居留地內に於て取捌くべし若くは領事を派遣せざる外國人竝に日本人民若くは其他の外國人にして清國人民より受けたる不法の行爲に對して告訴する場合又は清國人民の居留地內に於て規則に違反せし場合には清國官吏は日本國領事若くは領事の派出する官員と立會取調ぶべし若し清國審判官の判決不條理なるときは日本帝國領事より江漢關監督に照會して覆審すべし重大なる事件ある時は地方官之を取扱ひ兩國交渉事件は條約に依り處分すべし

一、外國居留地及將來開くべき外國居留地の施設事宜にして別に優處あれば日本居留地も亦同じく均霑すべし、

一、今回定めたる日本居留地の區域は窄狹に過ぐるを以て將來商家充滿せば臨時に情形を酌量して日本帝國領事は江漢關監督と隨時相談し丹水池以下の地に於て適當の地所を購入して後日製造場設立の便を圖るべし若し丹水池以下の地方にして既に外國人の借用せし場所あるときは丹水池より沙口等各所に至る地方に於て江岸水深く船舶の停繫に適當なる地を選び之に代ふべし總て鐵道に近き地方を以て主となすべし其借地に關する手續は成るべく此取極書に依り取扱ふべし。

以上の條欵を以て借地取極書二通を作り華押を置き兩國上役の批准を俟ちて加印の上證據となすべし。

上海在勤總領事代理　小田切萬壽之助

ロ、在漢口日本商業者組合規則

（明治三十八年五月一日附館令第五號）

第一條　在漢口日本商業者にして同種又は類似の營業を爲す者は同業者相集り同業組合を組織することを得但營業の種類に依りては領事に於て其同業組合組織を命ずることあるべし

第二條　同業組合は組合員協同一致して營業上の弊害を矯正し其利益を增進するを以て目的とす

第三條　組合を設置せんとするときは同業者半數以上の同意を得て組合會を開き組合規約を作り領事の認可を受くべし

第四條　同業組合は組長一名を選擧し領事の承認を受くべし

第五條　組合規約中には組合の目的組長の權限集合決議の規定

費用の負擔並規約違背者に對する制裁等の事項を設くることを得

第六條　漢口に於て組合員と同種の業を營む者は其組合に加入すべきものとす但し營業上特別の情況に依り領事に於て加入の必要なしと認むる者は此限にあらず

附　則

第七條　本則は明治三十八年五月一日より之を施行す

地區拂下規則

八、管居留地區拂下規則

（明治四十一年十二月十九日附館令第十二號を以て改正）

第一條　專管居留地內の官有地區の拂下を受くるは帝國法人又は帝國臣民に限る

第二條　拂下くべき地區尺量及最低地價は少くとも一箇月間之を公告し公告期間は拂下申込を受理す

第三條　拂下を受けんとするものは一定の用紙に希望の地區及拂下價格及地價上納方法を明記し封緘の上專管居留地經營事務所長宛差出すべし、經營事務所長は見込により申込保證金の納入を命ずることあるべし前項の保證金は拂下決定後遲滯なく返附すべし

第四條　同一地區に對し一箇以上の申込あるときは申込期間滿了後最高申込價格を關係各申込者に通知し期間を定め第二回申込を爲さしむ第二回申込一箇以上あるときは更に最終申込を爲さしむ

第五條　前二條の申込者及其希望の地區は拂下決定に到る迄發表せず

第六條　拂下地區價格の納入は左記方法の一に依る

一、地區引渡後三箇月以上に全額を納入するもの

二、取極後一箇月以上に拂下金額の四分の一を納入し殘額を七箇年に越へざる年賦方法に依り納入するもの

第七條　前條第二號の方法による拂下者に對しては地區引渡と共に假地劵を交附し全額納入の上本地劵と引換ふ未納金額に對しては一箇年百分の一の利子を附す、帝國領事は未納金額に對し擔保の提供を拂下者に命ずることあるべし

第八條　拂下地區は總て埋立の上之を引渡し其面積大量及土量は經營事務所の測定に據り公差及沈下の損益は拂下者の負擔とす

第九條　拂下地區に對しては引渡後十八箇月以上に建築及必要なる地上の設備を完了することを要す前計は豫め帝國領事の承認を得べし

第十條　本則により拂下を受けたる地區は外國の法人又は人民に賣渡し又は抵當權を設定することを得ず又帝國の法人又は臣民に賣渡し又は抵當權を設定する場合には帝國領事の承認を得るを要す

第十一條　拂下者にして本規則に違背したる者は無償且無條件にて該地區を沒收し當時現存する建築物其の他の設備は所有者の費用を以て指定の期間內に取除かしめ若くは取除き其費用を所有者に辨償せしむ

附　則

本規則は發布の日より施行す

二、漢口專管居留地土地及工作物規則

（明治四十二年七月七日附館令特第二號）

第一章　總　則

第一條　居留地取極書の規定に依る專管居留地內の土地永借權は土地所有權と見做す

第二條　專管居留地內の不動產に關する登記に付ては本令に規定するものの外不動產登記法の規定を準用す

前項登記の事務は領事官之を行ふ

第三條　居留地經營事務所より地區の拂下を受けたる者地價の全部を完納する迄は其の土地の承繼人又は抵當權者は明治四十年二月八日館令第一號專管居留地々區拂下規則に從ひ一切の義務を繼承することを書面を以て明示したる後に非らざれば自已の權利を登記することを得ず

第四條　淸國條約關係を有する外國の臣民若くは人民又は法人にして帝國專管居留地內の不動產に關する權利を取得せるものは自國官憲の公認可書を得て本令其他帝國專管居留地に關する一切の法令及條例を遵守すべきことを書面を以て明示するに非ざれば其取得せる權利を登記することを得ず

第五條　本令に依り登記すべき不動產に關する權利にして本令施行前の取得に係るものは從來登記するにあらざれば之を以て第三者に對するを得ず

第二章　公の營造物

第六條　居留民團は專管居留地內の道路街燈橋梁溝渠護岸埠頭其の他一切の公の營造物の管理維持の責に任し其費用を負擔すべし

第七條　貨物揚卸護岸附著の泥土の採集其他護岸を利用せんとするものは其都度豫め居留民團の許可を受くべし

但し居留民團に願出て護岸使用權を取得したる者は此限りに在らず、護岸使用權の期間は居留民團一會計年度を超ゆることを得ず前項の期間は之を更新することを得

第三章　家屋其地の工作物の制限

第八條　家屋、倉庫、工場其他一切の建物を專管居留地內に建設せんとするものは左の規定に從ひ豫め圖面及仕樣書を添へ居留民團の許可を受くることを要す

一、建物の構造は別表第一號及第二號に從て之を設計すべし

二、建物の屋根は瓦、亞鉛又は「スレート」葺たること要す

三、一切の建物には相當防火設備あることを要す木造家屋は凡て周圍に防火牆を設くることを要す

四、防火壁區劃內に建造せられたる支那式長屋の揀割は七戶を超ゆることを得ず

本條の規定に準據せざる建物は居留民團に於て其改築又は取壞を命ずることを得

第九條　公共の溝渠に通ずる私用溝渠は排水に適當なる勾配を附して築設することを要す惡臭を放ち又は衛生上有害なる汚水は凡て暗渠に由るの外公共溝渠に排出するを得ず、該設備は豫め居留民團の許可を受け其監督の下に工事を爲すことを要す溝渠又は暗渠にして前二項の規定に違反し又は其構造若くは保存の不完全なるに由り公の衛生に有害なりと認めらる

る、ものは居留民團に於て其改造又は取毀を命ずることを得

第十條　建物其の他の工作物の構造又は保存不完全なるに由りて住來の妨害又は危險を生し若くは公の衞生に有害なりと認めたるときは居留民團は該工作物の改造又は取毀を命ずることを得

第十一條　工作物の所有者又は占有者が前三條の規定に依り命令せられたる行爲を該命令期間内に實行せざるときは居留民團は自ら其行爲を爲し又は第三者をして之を實行せしめ其費用を該所有者又は占有者より徵收することを得

第十二條　本令に依り居留民團に委任したる事項に關し居留民團の處分に不服ある者は處分を受けたる日より二十日以内に領事の裁決を請ふことを得

前項裁決の申請は處分の執行を停止せず

第四章　附則

本令は明治四十二年七月八日より之を施行す、明治四十年館令第八號建築規則は本令施行の日より之を廢止す

醫師取締規則

ホ、漢口帝國專居留地醫師取締規則

（大正三年七月四日附館令第一號）

第一條　帝國專管居留地に於て醫術を行ふ外國醫師は豫め其所屬領事官に於て登錄を受けたるものなることを要し支那醫師にありては少くとも帝國總領事館の許可又は他國居留民團役所の一に於て登錄を受けたるものなることを要す

第二條　帝國專管居留地に於て傳染病患者の發生を知りたる醫師は即時當館に屆出づべし

第三條　第一條の規定に違背する者は過怠一日毎に第二條の規定に違背する者は過怠一件毎に各支那銀十兩に相當する邦貨金額以下の科料に處す、本規則は發布の日より之を施行す

日本義勇隊規則

ヘ、漢口日本義勇消防隊規則

（大正八年五月十五日附館令第一號）

第一條　火災の警戒及防備の任に當らしむる爲め漢口居留民團に漢口日本義勇消防隊を置く

第二條　消防隊は左の人員を以て組織す、隊長一名、副隊長一名、隊員若干名

第三條　隊長は隊員を指揮統轄し副隊長は隊長を補佐し隊長事故あるときは之を代理す、隊長副隊長ともに事故あるときは隊員中年長者之に代る

第四條　隊長以下隊員の任免は漢口居留民團行政委員會の推選に依り領事官之を行ふ

第五條　隊員を志願せんとする者は漢口居留民團地域内に居住する滿十八才以上の帝國臣民たる男子にして左記各項の資格を具備する者たることを要す

一、一定の職業を有する者

二、身體强壯なる者

三、酒癖其他粗暴の行爲なき者

四、前科又は豫戒令若は在留禁止の處分を受けたる事なき者

第六條　隊員職務上顯著なる功勞あるときは領事館之を保償す

第七條　隊員にし服務上の義務に違背し若は職務を怠りたる時又は職務の内外を問はず其體面を汚辱する行爲ありたるとき

は領事館は懲戒處分を行ふ其處分は譴責停職免職とす
第八條　隊長又は其代理者は隊員褒賞懲戒及職務上の進退に關し行政委員會議長を經て之を領事館に申請することを得、行政委員會議長は隊長又は其の代理者の褒賞懲戒及職務上の進退に關し之を領事官に申請することを得
第九條　隊長以下隊員は職務の執行に際し規定の制服を着用すべし
第十條　消防隊に關する一切の費用は漢口居留民團の負擔とす

隊員の制限、手當、死亡吊祭料、家族扶助料、傷痍手當療治料等の給與其他本規則施行に關する細則は領事官の認可を經て漢口居留民團行政委員會之を定む但し領事官は必要に應じ何時にても其全部若くは一部の改廢を命ずることあるべし

附則

本規則は公布の日より之を施行す、明治四十三年館令第十六號漢口消防組規則施行の日より之を廢止す

四、天津の行政概況

イ、天津租界狀況　一千八百五十八年天津條約締結せられてから各締盟國は天津に領事館を設置し治外法權の下に各自國民に對して自國の法令規則を適用し當該國民は夫々自由に居を構へて各種の事業を營む事となつたから天津に專管居留地を設定してゐる各國は日英獨佛を始めとし墺露伊白の四國を加へ其數八ヶ國に達してゐる。(但し獨墺は歐戰後特別行政區域となつた)

以上八ヶ國の設定せる總面積は三百萬坪であつて現時の支那市街より遙かに大であるが市街を形成してゐる區域は其一少部分に過ぎない、然れども其坦々たる道路巍然たる大厦は勿論各種の機關を完備して上海と共に歐米文明諸國の縮圖を見るの感がある。

今各國租界を區劃するに當つて便宜上白河の兩岸を以て順次に之を示すと其支那市街に接して白河の右岸に在るものを日本租界(三十餘萬坪)とし其下流に沿ふて佛(四十萬坪)英(四十萬坪)獨(五十五萬坪)の三租界順次に隣接し更らに左岸在りて日本租界と相對する、(墺二十五萬坪)伊(二十

萬坪）及び露（七十萬坪）白（六萬坪）亦順次下流に沿ふて連接してゐる上各國租界中伊墺白の三租界を除くの外は何れも大道四通八達して三層四層の大厦高樓巍然として相櫛比し電燈瓦斯水道等諸般の設備完からさるなく就中英國租界の如きは租界中の白眉であつて其經營の善美なる嶄然として一頭地を拔いてゐる、英租界に亞いて經營宜きを得たのは佛及び日の兩租界である、日本租界の如きは其位置直ちに支那市街に接し現今三十萬坪以外更らに四十萬坪の豫備居留地を有つてゐて將來の發展如何に依つては外國租界中最も有望の地と稱せられてゐる、左に天津の日本人行政法規の特種なるものを擧げると次の通りである左記揭げたる他、居住移轉及營業に關する規則、學校職員服務規定、飼犬取締規則、警察犯處罰令、賴母子講の取締、熱性患者屆出の件、射幸行爲取締規則、通關代辨業取締規則、北京小學校規定、物品賣買の件、荷造取締規則、建築取締規則モルヒネ兵器彈藥等あれども共通のものは省略して特異重要なもののみ揭ぐことゝした。

各國の稅源

ロ、稅　源

天津各管行政の稅源を示すと左の通りである

英國專管居留地

特別區域稅、營業用人力車稅、船舶稅、自用人力車稅、碼頭使用料、手押車稅、波止場稅、支那人手押車稅、公衆建物稅荷車稅、洗濯場稅、營業馬車稅、公會堂使用料、鑑札稅、土地稅、貸付稅、Feuduty、未開墾土地稅、特別區域稅、鑑札料人力車鑑札料（營業用、自用の別あり）手押車、支那人、手押車、荷車、馬車、（營業用、自用）自働車、自働自轉車、自轉車等の各種車輛鑑札料、旅館及飲食店鑑札料、犬鑑札料、行人鑑札料等を主とす

佛國專管居留地

土地稅、同附加稅、確定取得課金、暗渠稅劇場等に於ける飲料小賣許可手數料、人力車鑑札料、小車鑑札料、二輪車鑑札料、馬車自働車鑑札料、路上物品販賣稅、歐羅巴人特許稅、支那人特許稅、畜犬稅、國際橋梁收入、電車會社納金、雜收入、電氣局收入

伊國專管居留地

土地税、貸付税、未開墾地税、營業税、河川交通料（碼頭使用料、帆船碇泊料、艀船碇泊料）支那人船税（一等乃至六等）貨物陸揚税、車税（自働車、自働自轉車、馬車、闘輪騾車、窄輪騾車、人力車、二輪手車、單輪手車等の諸税あり）

露國專管居留地

鑑札料（營業用、自用人力車、支那人荷馬車、一輪車、自用馬車、旅客用支那人車及石炭家具運搬用外國荷車、自働車、自働自轉車等の各鑑札料。畜犬、支那人盆持呼賣、支那人籠持賣等鑑札料）特許料、旅館及飲食店、支那人旅館、飲食店及店舗支那人茶屋、外國劇場、音樂場、曲馬、其他演奏娯樂建物等特許料、土地税、貸付税、未開墾地税、雜收入（碇泊税、艀船税、曳船税、支那人「ボート」税筏税）諸收入

不動産行政

八、天津不動産行政

一、專管居留地内の土地家屋賣買讓與に關する件（明治三十四年一月二十三日附館令第一號）

日本臣民は在天津日本專管居留地内の土地家屋を直接濟國人と賣買讓與の契約を爲すことを禁ず、此禁令を犯したる契約は無效とす

永借權登錄規則

二、在天津帝國專管居留地内永借權登錄規則（明治三十五年七月二十六日附館令第五號）

第一條　帝國臣民にして在天津帝國專管居留地内土地永借權の拂下を受けたる者は本人又は正當代理人より其の登錄を在天津帝國總領事舘に申請すへし

第二條　申請書には左の事項を記載し申請人之に署名捺印することを要す

一、土地所在地の町名及土地の區劃番號

二、土地の限界及坪數

三、拂下價格

四、申請人の氏名住所

五、拂下を受けたる旨及其の日附

六、天津帝國總領事の表示

七、年月日

若し申請人か代理人なきときは申請書の外に本人よりの代理委任狀を提出することを要す

第三條　申請人は登錄を申請すると同時に登錄料として金三圓を納むるを要す

第四條　官廳又は公署の永借權に關する權利を取得したるときは本規定に準據して其囑託す爲すことを要す

第五條　總領事館には別紙雛形の通登錄簿を備へ置き區劃の土地毎に一用紙を用ゐ之を登錄番號欄を設け各區に事項欄順位番號欄を設く、永借權に關する登錄は前項甲區に之を爲し永借權以外の權利に關する登錄は前項乙區に之を爲す

第六條　永借權登錄の申請けたるときは登錄簿登錄番號欄に登錄の順序に從ふ番號を記し表題部表示番號欄に表示番號を記し表示欄に土地の表示を爲し甲區順位番號欄に登錄の順序に從ふ番號を記し事項欄に登錄權利者の氏名住所及申請書受付

の年月日を記し表示欄竝事項欄共總領事館員署名捺印す

第七條　本規定の永借權を賣渡し又は讓渡したるときは當事者雙方又は其の正當代理人は總領事館に出頭し其の賣買讓渡を證するに足るへき書類を提出して之か登錄を申すへし

第八條　前條第一項の申請を受けたるときは登錄簿表示番號欄に繼續の新番號を記し表示欄に賣渡又は讓渡を了したる旨及其年月日を記し甲區順位番號欄に繼續の新番號を記し事項欄に買受人又は讓受人の氏名住所及買受又は讓受を爲したる年月日を記し前名義人の氏名を朱抹し尙ほ表示欄事項欄は總領事館員署名捺印す前條第二項の申請を受けたるときは乙區順位番號欄に順位の番號を記し事項欄に設定したる權利の目的種類範圍設定者の氏名住所及權利設定の年月日を記し總領事館員署名捺印す

前項の規定によりて爲したる登錄を抹消する申請ありたるときは其申請者の氏名住所申請の年月日及抹消の事由を明記して前登錄を朱錄を朱抹し總領事館員署名捺印す

第九條　登錄を完了したるときは申請書の副本に登錄番號申請書受附の年月日順位番號及登錄濟の旨を記載し總領事館の館印を押捺し之を登錄權利者に還附す

第十條　何人と雖も手數料を納付して登錄簿の謄本又は抄本の交附を請求し又は所要の部分丈け登錄簿の閱覽を請求することを得謄本及抄本の請求には一枚に付金一圓を納むへく閱覽料は一回金五十錢を納むるものとす

第十一條　帝國臣民にあらすして本規程の永借權を獲得せるものは本規程に準し其登錄を在天津帝國總領事館に申請すへし但し此場合には權利の獲得に關し帝國總領事の認可を證するに足る書類を提出することを要す

第十二條　登錄權利者竝登錄義務者は登錄濟證の交付を請求することを得此場合には手數料金一圓を納むるものとす

第十三條　本令は明治三十五年八月一日より之を施行す

不動產買收規則

三、不動產買收に關する規則（大正十三年三月十七日附館令第一號）

第一條　不動產買收條例第七條及第八條に遵はさるものあるときは在天津領事官は居留民團をして其規定に依る義務を執行せしめ其費用は義務者より徵收せしむることを得

第二條　本令は公布の日より之を施行す

不動產買收條例

四、不動產買收條例（十三年三月十日公布）

第一條　天津日本專管居留地域内に於て敎育、衞生、軌道、道路の擴張、橋梁、護岸、埠頭、火道、下水、市場、電氣瓦斯裝置其他公共の利益となるべき事業のため必要なる不動產は本條例の規定に依り居留民團之を買收せらるべき土地の上に在る物件は移轉料を補償して之を移轉せしむることを得

第二條　本條例は不動產に關する所有權以外の權利の買收を爲す場合に之を準用す

第三條　居留民團は不動產を買收又は使用せんとするとき居留民會の議決を經たる後該事業の計劃書及買收又は使用すべき不動產の細目、區域、所有者及占有者の氏名竝に買收の時期又は使用の間を定め在天津帝國領事館に其認可を申請するものとす

第四條　居留民團は前條の申請に付在天津領事館の認可を得たる時は該事業の種類、買收又は使用すべき不動産の細目、區域、並に買收時期又は使用の期間を告示す

第五條　買收又は使用せらるべきの不動産の買收價格、使用料又は移轉料は居留民團之を支拂ふ

第六條　行政委員會は前條の買收價格使用料又は移轉料及其の支拂方法に關し不動産の所有及占有者と協議決定す

前項の協議調はざるとき又は協議すること能はざるときは其事情を具し在天津帝國領事館に之が裁決を申請す

第七條　買收又は使用せらるべき不動産の所有者及占有者は第四條の告示に記載せる期日迄に該不動産を居留民團に引渡すべし

第八條　買收又は使用せらるべき土地の上に在る物件の所有者及占有者は第四條の告示に記載せる期日までに該物件を他に移轉すべし

附　則

本令は發布の日より之を施行す

二、天津衛生行政

天津下水道規則（大正九年四月二日附館令第十一號）

第一條　本令に於て下水道と稱するは汚水、雨水を流通するの目的を以て布設する暗渠露渠其他の工作物を謂ふ

第二條　下水道を分ちて公設下水道及私設下水道とす

公設下水道は通路に布設せらるゝ幹線支線の下水道を謂ひ天津日本居留民團の經費を以て施設管理す　私設下水道は公設下水道に至る迄の下水道を謂ひ土地永借權者若は所有者の費用を以て施設管理す

私設下水道は契約に依り建物所有者の費用を以て施設管理することを得

第三條　私設下水道前は溜桝を設くべし、

土地の狀況其他已むを得さる事情にて條項に依り難き場合は總領事館の許可を受くるを要す

第四條　袋地其他の土地の狀況上已むを得ざる場合に於ては之を拒むことを得ず

第五條　土地永借權者若は所有者は私設下水道の公益上改修の避くべからざる場合に於ては之を改修し其の不用となりたる場合には之を撤廢すべし改修又は撤廢に際シ前條の結果として生じたるものと認むべき費用は要役私設下水道所有者に於て之を負擔すべし

第二條第四項の場合に於て建物所有者の費用を以て布設したるが私設下水道なりと雖已む得ざる事由に依り管理撤廢の義務を履行し能はざるに至りたるときは土地永借權者は所有者にて之を履行すべし

第六條　施工義務者は施工する場合施工の爲已むを得ざるに出する行爲は何人と雖之を妨くることを得ず、但し之に依りて生したる損害は被害者に於其賠償を請求することを得

第七條　私設下水道は之を暗渠とすべし但し專ら雨水排除の用に供するものは此限に非す

第八條　私設下水道は石煉瓦の釉薬を施したる陶管「セメント

モルタール」「モメンコンクリート」其他不滲透質の材料を用ひ其底は圓形又は卵形として構造すべし

第九條　私設下水道布設及撤廢は當總領事館の認可を受くるに非ざれば施行すべからず

私設下水道布設又は撤廢の認可申請書には布設又は撤廢下水道の圖面を添付することを要す

第二條第四項の場合は認可申請書に土地永借權者若は所有者の連署土他契約を證するに足る書面の添付を要す、第四條の場合に於ては承諾を證する認可申請書に其承役私設下水道所有者の連署を要す若し其の連署を得ざるときは其事由を添記するを要す

第十條　左の場合には天津居留民團に命じ之を施工せしむることあるべし

一、私設下水道を正規に布設せざるとき

二、私設下水道破損し之が修理を命せられたるも其の施工を爲さざるとき

三、撤廢すべき私設下水道を撤廢せざるとき

前項の場合に於て其の所要經費は民團に於て施工義務者より徵收することを得

第十一條　公設下水道附近の土地永借權者は若は所有者は私設下水道を布設する義務を負ふ

第十二條　本令又は本令に基く命令に違反したるときは五十圓以下の罰金又は科料に處す

第十三條　本令は公布の日より之を施行す

第四章　共同居留地

第一節　行政關係

支那の共同居留地の重なるものは上海、厦門及び芝罘の三個處がある、今日では何れも自治制度を布くの程度に達してゐる、就中上海は最も完備に近く、厦門は上海に模倣して此制度を設けたものである、芝罘は事情是等と違つて、前二者の外國共同行政に屬してゐるに反して寧ろ外支共同行政に屬するものである、故に先づ前二者から述べて芝罘に及ぶことにする。

自治制度の準則として上海では千八百九十八年改正のランドレグレーションがあり、厦門では千

九百二年創定のランドレグレーションかあるか何れも其地に於ける各國領事が支那道台其他の官憲と交渉して作つたもので北京の外交團及び支那中央政府の承認を經たものである、故に是等の規則は條約の性質を有するものであつて右作製と同樣の形式を經るのでなければ之を改正することが出來ない、自治體の意志機關はゼネラルミーテングと云ふ市會である、市會議員となるものは居留地内居住の主要なる外國人であつて支那人は外國に歸化してゐる者でも議員たるの權利がない、其資格は上海では土地所有、納税額及び家賃を標準としてゐる、五百兩以上の價格ある土地所有し年額十兩以上家賃五百兩以上厦門では唯土地と納税額を標準として（千元以上土地所有年額五元以上納税）其額にも差はあるけれ共何れも此資格を有してゐる公民の直接總會であつて、更に議員を選擧するものでないのは專管居留地と同樣である、民會は每年一回通常會を開き、尙ほ領事團、各領事行政委員會及び一定數の議員の請求がある時は臨時市會を開くのである、議長は領事團の首席領事を以て之に充てゝゐる、決議すべき事項は大體普通の自治體のと大差はない、財政の事項が主要なものである、其決議は領事團の承認を經て居留地内居住の凡ての人を拘束するのである、又每年通常公會市參事會員の選擧を行ふてゐる。

市參事會員は執行機關であつてミニシパル、カウンシルと云つてゐる、上海では現在九名からなつて英六米二日一の割合である、厦門は七名から成り其六名は市會から出し他の一名は特に支那人であつて道台が之を指名してゐる、厦門共同居留地は上海の樣に繁榮してゐないから外人は少數であつて勢力も大きくない、而も其自治制度は支那が自覺してから後に出來上つたのであるから以上の様に支那人分子を交ゆるに至つたのである、然しながら居留地は事實外國領事團の監督の下に在つて未だ之が爲めに外支共同居留地の實は擧がつてゐない、上海市參事會員の資格は地租又は家屋税或は兩者を合せて年額五十兩以上を納むる者、家賃年一千二百兩の家屋に居住する者の制限がある

厦門

厦門では五百元以上の土地所有者、不動産借料年額四百元以上の賃借者である、市參事會員の任務も普通の自治體と大差はない、唯此機關に左のやうな權能がある（一）バイロウを作る權あること但し市會及び領事團の承認を要する（二）ランドレーション若くはベイロウの反則者に對して租税若くは罰金の强制徴收をする爲めに其反則者を領事裁判所に起訴するの權がある（三）土木、經濟上の事務の他警察權を握つてゐる、尙ほ上海では義勇隊消防隊を指揮するの權能がある、此外に上海では土地委員と云ふのがあつて、道路其他公用地に關する事務を掌るものである、其員數は三名であつて各種の利益を代表せしむるのである、其中一名は工部局から出し他の一名は市會から殘る一名は市會議員になる資格にまだ達しない小地主から選擧するのである。

警察制度

居留地の警察制度は英國式である卽ち自治體に屬する、唯警察規則の立法は市會の決議を經た上領事團の承認を要するものとなつてゐる、其實務は市參事會と其任命及び監督に屬する居留地警察公署に於て行ふのである、從つて犯罪人に對する强制所分の如きも自治體警察吏の手に握つてゐて各國領事館及び支那裁判所である會審衙門の警察官は自國の犯罪者に對しても直接に獨立して逮捕

することが出來ない、又外國人が居留地內で犯罪を爲した場合に於て現行犯と非現行犯とを區別しなければならない、現行犯の場合は自治體警察吏は令狀を俟たずして直ちに之を逮捕して犯人所屬國官憲に引渡すことになつてゐる、非現行犯の場合では其所屬國領事若くは正式判事の令狀に依つて、所屬國警察と共に逮捕して其官憲に引渡すのである。

居留地外で罪を犯した者が居留地に逃げ込んで潛伏してゐる場合も同樣である、支那人か居留地內で犯罪した場合も現行犯に就ては云ふまでもなく自治警察官吏か直ちに之を逮捕して會審衙門の裁判所に送る非現行の場合には會審衙門、支那裁判官の令狀に首席領事が證書した上警察吏が之を執行することになつてゐる、若し犯人が外國人に使用せられる者であるときは其令狀に其外人所屬國領事の奧書をも必要とする、尙ほ支那人が居留地外で犯罪を構成し、居留地內に遁げ込んだ場合も其地方裁判官の令狀に對して同樣の手續を取るものである、然し條約國人の犯罪者が其國人の家屋內に在るやうな場合は、自治體警察吏の共助を待たずして直接に其國官憲が獨立して逮捕することが多い上海では自治體警察の外治安維持の爲め義勇隊の組織がある、長髮の賊が起つた當時から時々起つて來る大小の動亂に際して居留地の安寧を保護するに成功してゐる、現在步騎砲の三兵種から成つてゐる各國の紳士壯丁を以て編成してゐる、

居留地の特色

一、共管居留地の特色、上海及び廈門の共同居留地は英國の色彩が濃厚である、從つて五卅事件の如き自治警察官の命令で印度巡捕か發砲したものを英國人が發砲せしめたといふことに解し排英

運動が起つた如きはその一例である、而して其外國居留地の性質上專管居留地に於ける諸關係と更に其趣を異にしてゐる點か多い。

今其主要な點を擧げると

外國の共同監督

イ、諸外國の共同監督の下に在ると云ふことである自治體行政は各條約國領事團の監督を受け其上を北京の公使團が監督してゐる、專管居留地の地方でも共同利益を計る爲めに領事團か活動することはあるが、上海厦門の兩地では其居留地か共同である爲め領事團の價値勢力が一層大きいやうである、是等の監督は元來團議に依つて定めるものであるけれ共、比較的重大でない事項は平常首席領事に委任して處決してゐる。

獨立國家に似てゐる

ロ、獨立國家の體面を有つてゐること、居留地か或一國に專屬してゐない爲めに自治體の權限か大に擴張せられてゐる、卽ち居留地の行政には領事の干涉することは極めて少い、前項の監督權のやうなものは殆んど實行したことはない有名無實である、況して支那に對しては諸列國の共同利益であるか爲め其威勢大であつて、居留地制度の性質上支那政府に留保せらるゝ權能までも侵蝕包有するに至つてゐる、殊に上海共同居留地の如きは面積廣く其人口も頗る多くあつて、宛然世界文明國の保護下にある永世局外中立小共和國の觀かある、上海居留地は當初の面積に比較して現在では非常に大を成してゐる、而も尚は絕えず事實上に於て膨張しつゝある、工部局は銳意城外の道路を買ひ込み八方に道路を進めてゐる支那人及外人は之に沿ふて家屋を建て水道其他の設備を延長して警察官吏も派遣してゐる、然し支那は裁判權(會審公堂)と關稅を課する權利ある外、尙ほ土地に對する稅權を留保してゐる、卽ち支那政府は外人の永借してゐる土地に就いて每年十二月五日までに翌年分の地稅を取立てることが出來る、怠納者は本國領事法廷に訴へるやうになつてゐる。

法的關係平等

ハ、居住者の國籍は法律關係に影響はない、居留地に於ける各國人の地位は平等である只英人が事實上勢力を有つてゐるばかりである、居住民は專管居留地に在ると同じく司法關係では各本國の裁判に服するけれ共、行政關係では等しく居留地行政權に服さなければならないのである、然し其國籍の如何に依つて參政權には相違はない、唯支那人は參政權を與へられないで代表的顧問を置いてゐる、而し土地は有つことが出來るが其取得に就て多少制限されてゐる、凡て土地の取得及び讓渡の方式は支那道台の地券の發給に依るのである(ランドレグレーション二―六及上海英法美租界租地章程上海會丈局酌議定章參照)專管居留地のやうに異國籍人に對する讓渡を制限してゐないから此種の讓渡は頻發に行れてゐる。然して其場合必ず支那官憲の地券が要るのであるが動もすれば土地の流通を阻害する恐れがあると云ふので千九百〇三年日英間の協約では兩國人間の讓渡は地券の書替を正式とするけれ共、支那官憲が其書替に故障を唱へた場合は、唯原地券を利用して、之に名義書替を爲し、領事館に備へてある土地台帳に抹消及び記入をして其手續を終了するものとしてゐる。

自治體が被告の場合

ニ、自治體が被告たる訴訟に付ては特別の裁判所を設けてゐる、共同居留地は法人であるが國際法人であつて特に或國の國籍を有つてない、從つて之に對して訴訟を起す場合は之を管轄すべき法廷がない、此處に於て千八百七十年以來上海では之が爲めに特にコートオブコンサルと云ふ裁判所を設けて、領事團から三名の領事を選出して其事務に當らしめてゐる、又千九百二十五年五月卅日の所謂五卅事件には六國公使團の調査交渉委員を派遣し更に、日、英、米、佛、伊、白、和蘭、丁抹諸威、ポルトガル、スペイ、瑞典十二ヶ國政府の要請に依つて、日、米、英の三委員が上海に出張して來たが支那政府及上海支那人商業會議所は上海事件の再調査に反對の意を宣言した。

第二節　支那人の他國行政參與問題

彼の大正十四年五卅事件卽ち上海事件を引懸りとして支那政府は南京路事件の責任及損害賠償會審衙門の回收、と共に上海工部局の市政參與權を要求した、就中此上海工部局參政權に對しては北京公使團も或程度までは認むるやうであるが、其程度たるや現在の顧問の中から代表的に參加せしむるものであるか一般に開放するのであるかは明かでない、元來公共居留地內の支那人市參事會選擧權を要求したのは一再でない、殊に大正八年市參事會で工部局が土地及家屋税を引上げたのと工部局の職員であつて歐州戰に參加した英國人の爲めに參戰期中給料の半額を支給せんとして六月より九月までの税金を增加する決議をした所が支那側は增税する以前に何等相談を受けなかつたのと歐州戰爭に何等關係がなく、之に參加した工部局英人にまで救護金を支給する爲めに增税するのは不當であるとして反對を申出で、尙ほ支那人は租界內に於て實際に居留地內で最大額納税市民であるにも拘らず課税問題に就て一應の相談も受けないのは多大の不服であつた。そこで大正九年春の納稅期に納稅拒絕同盟を結んで工部局の納稅に應じなかつた、結果工部局は支那人に對して强制手段に出で彼等を一々ミキストコート(會審衙門)に羅致する等種々の方法を以て威嚇した、其結果現在の顧問設置となつたのであつた。

元來此問題は千八百六十二年北京外交團は There shall be a Chinese element in the municipal system, to whom reference shall be made, and assent obtained to any measare affecting the Chinese residents, 云々と決議してゐるのを見ても居留地の他國行政に參與を許すべき旨を規定したのは支那人の各外國專管居留地に於ける納稅義務に鑑みて最も公正であつて、且つ近代政治思想に適合したものである。

上海共同租界は實に此主義に依つて組織せられ居留地規則の制定及變更に就ても支那地方官との協議及北京政府の承認を必要としたこと等はランドレグレーション第二十八條に規定してゐる所を見ても明かである、又プリンシプルとしても居留地在住の支那人は居留地規則に納稅の義務あるものとせらるゝに拘はらず全然居留地行政に參與することを許されないのは納稅ある所常に代表ありとの近代世界政治上の一大原則に反するものである、又最大納稅市民たる支那人を議決機關構成分子たらしむるを以て公正なる處置と考ふるものである。況して大正九年の英本國の爲めに增稅を爲すか如きは條約違反である

之に對し工部局平常の意見は租界は最初から外人專用地に定められて居り支那人が多數入込んだのは一は生命財產の保護を受け多大の便利を得る點もあり單に其數が增加したからと云つて代表權

を强要するのは理由にならない不當であると又事實から云つても條約の改正をしなければ工部局としては如何ともし難いと剔ねつけてゐた此處に於て今度は公使團の手を經て要求するに至つたものである上海工部局の云ふことは正當であるや否やは殆んど議論の餘地か無いと思ふ、露西亞のオストロゴロスキの云つてゐるやうに「善政は國民の良心に歸着する者であつて之より他に善政はない、地球が地軸を中心として廻轉するやうに總て政治行政は國民の良心を中心として運轉しなければ善い成績は得られぬ、其良心で出來る政治でなければ本當の立憲政治と云ふことは出來ぬ」と勿論是は中央政治に就て云ふた言葉であるけれ共地方自治に就ても全くその通りである、況して自治團體の公益を進める上に於て別けて此住民の良心と云ふものが與つて來なければ本統の善い自治は出來ない良心都市人は共同租界の如きを萬國平等の都市たらしめなければならない、今回の五卅事件が各國平等に參政權あるものとすれば宛然中立共和國であるが故に平等にその責を頒ち單り英國のみが責任を負ふの必要がないのみならず自治體全體の責任として萬國が之に當ることゝなるから一本の矢よりも多數束ねた矢は强くて又威力を持つ譯で幾等支那でも萬國を相手にして抗爭しやうとはしないであらう。

此點に於て日本は各專管國の先例に倣はず居留民團法施行規則に於て明かに支那人の居留民會議員たるの資格を認めてゐるのは支那人に對する公正な良心から出たものであり、現に天津の如きは實行してゐるのである。

第三節　上海の他國行政概況

一、上海の沿革、上海は千八百四十二年南京で締結せられた英支通商條約に依つて開港せられた五港の一である、開港當時は實に微々として振はなかつた一寒村に過ぎなかつたが、英人は夙に地理上大なる發展を見るべきを豫想して常に注目してゐたのであつた。通商條約以前でも英人は數回上海に上陸して貿易を開始しやうと企てたのであつたが、支那人の激烈なる反對に會ふて其意を達することが出來なかつた、然るに英國は尙ほ引繼き上陸を計ら遂に呉淞砲台から發砲せられたので遂に英國も之に應戰し上海に陸戰隊を上陸せしめて占領し進んでは南京條約となつたのである、是が支那に於ける通商條約を締結した初めである條約當時の英總司令官サーヘンダソン・ボンチガー氏は直ちに上海に對して位置選定に取りかゝつた上海港が貿易港として完全に開放せられたのは一八四三年十一月十七日であつた、此時始めて領事として赴任したのはバルフォア氏で當時の領事館は城內に設けられて在つたが、時の道台と協議の上居留地區域を左のやうに決定した、南、洋經濱、西デフエンス・クリーク、北現在の北京路、全區域內は未だ畑地で家屋も無く船舶多數投錨はしてゐたが廣漠たる荒地であつた。一八四五年十一月二十九日に最初のレグレーションを協定したが是は全く粗雜なもので主として行政、課說、土地買入、居留民の保護等に關する條項で多く支那道台の意見を採用したから寧ろ外人には餘り利益でない條文が多くあつた、唯最初から上海を純然たる外人居留地となすべしと明瞭に書いてあつたのは事實で當時支那人家屋を居留地域內に建設するのさ

義勇隊の起源

へ禁じてあつたのである、英國居留地が撰定してから佛蘭西も洋經濱から城内に至る場所を居留地とすることを許され、又米國は今の虹口を自國居留地とすることに決定した、外人は凡て開港當時は城内の東に當る南市に居住し貿易を營んでゐたが、其數は寥々たるもので開港後一ヶ年僅かに二三人に過ぎなかつた、其れから追々居留地に新家屋を建設して移轉したものである、當時貿易品の主要なものは輸出品は絹に次で茶であつた又輸入品の重なものは阿片であつた、長髮の亂、南清から起つて南京を陷し遂に上海に迫つたその結果として上海は明狀すべからざる混沌修羅の巷と化して殆んど收拾出來ない狀態となつた。然るに其時の英國領事は非常な敏腕家であつたから彼は此狀を見て直ちに憤起し種々折衝した結果一八五四年七月英佛米の三租界を一の行政の下に之を統轄する事とした長髮の亂上海を脅かした結果一八五三年始めて居留民から義勇兵を募集して大に其防禦に努めた、爲めに上海在留民としては從前よりも比較的枕を高くして眠られるやうになつた、斯樣にして上海は開港當初から純然たる外國人の居留地として決定せられ貿易の隆盛に趨くに伴ふて支那人も追々入込むやうになつた、是は一方射利を目的とした許りでなく殊に長髮の亂の結果、居留地が安全地帶であると云ふことを知り此處に入つて保護を受けんとして急激にその數を增加したのである、外人專用地たる此地は漸次支那人町と化して來た、此傾向を觀た領事團は時の道台に、支那人の居留地内に居住することを禁ずる布告を出した、然るに支那人は居留地外に引揚げやうとする模樣なく依然として居据はつてゐるのである又外人側も支那人に家屋や土地を賃貸して利益を獲得しつつあつたのであるから、支那人が居留地內に居住することを意としなかつた寧ろそれを私かに喜んでゐたもの〻やうであつた、斯んな仕末であるから其後領事團から道台に對し退去を要求したが道台もお座なりに布告も出したが一向利目がなく遂に一八五五年の支那地方裁判所の强制的布告に依つて居留地外に放逐し家屋を破壞せしめたのでやうやく一段落を告げた之が爲め一時排外思想を煽つて喧しい騷ぎとなつた、其後道台から種々交涉があつた結果支那人で租界內に居住せんと志望する者は先づ自己の履歷と租界內に居住する理由を詳細に述べた書類を領事團に出して一々許可を受くることとし許可された者は其家族が殖える每に年齡姓名を委敷屆出づる規定となつた若し之に違反した者は第一回は五十弗の罰金、第二回は居留地外に放逐せらるること〻なつた、斯く峻烈な條件の下に支那人の居住を許したのであるが終に此の制限も功を奏しないで支那人は踵を接して入込み益々增加した、居住支那人の激增に伴ふて種々の問題が起つた、其結果時の英國領事は一名の專任市參事會議長を置き其統下の吏員と共に支那政府から給料の補給を受け租界內に於ける歲出歲入土地警察其他の事務を統轄することを北京公使に提出した、又一八六二年時の市參事會議長は支那人保護の爲め尠からざる費用を要すると云ふので其補充策として上海關稅の一部を支那政府から市に提供するやうにと發起した又或る一部の有志からは上海を四大强國保護の下に獨立市と爲すこと進んでは其附近をも加入して支那に於ける最大市と爲すと云ふ變つた提議も出たが何れも英國公使迄提出された丈けで實行するに至らなかつた、此の如く市政は時々底氣厭を感じ紛擾亦た絕えない

支那人を域外に放逐

特別の者入界許可

奇拔な提案

佛租界の獨立

ので佛租界は一八五四年共同統轄から離脫し再び舊に歸り專管居留地を單獨に管轄するに決し今日に及んだ、

米國の提議

此時米國公使は諸外國公使の承認を得て大に親支的提議を發表した、卽ち租界內の支那人の總てを支那各市に於けるやうに支那官憲の直轄とすること及び行政上にも支那人の權利を認めて支那人に關する事項は必要ある每に其承認を得る事等であつた、是に對し一八六三年に上海外人市民から支那政府が租界內に課稅するのを反對し更に租界內の支那人に權利を賦與することは危險であると指摘した。此の如く上海の市政に改善すべく努力する所があつたが英國公使の態度依然として煮え切らざるため何事も停滯して實行されず混沌狀態は其儘に持續された支那人は日を追ふて增加して來る之に伴ふて種々の事件發生したが如何ともする事が出來ないと云ふのは判決機關が無かつたからである外人も之に困却した結果遂に一八六四年に至つてミクストコートが組織され對支那人の裁判をする事となつた、

ミクストコート

是より先一八六三年米租界は公共居留地に合併するに至つた、其翌年にはランドレグレションの改正が行はれ一八六九年に各國公使は之を批准したが從來のものよりは稍や完備に近づいた、其後領事團から支那人三名を道台に選拔させ市會行政に相談しては何うかとの提議かあつて市參事會も同意したのであつたが公使團の許可を得ることが出來ないで實行するに至らなかつた以上のやうに歷史的に上海行政の成行を研究して來ると租界は最初から純然たる外人居住として撰定され貿易其他の關係で支那人の居住を增加して來たことは明かである

支那市政參與

民國三年に至つて支那人は市參事會に選擧權及び代表權を要求し時の市參事會は支那諮問委員を設け必要に應じ

工部局の組織

て相談することにしたが彼等は恰も自分の市であるかのやうに自分が市政を司るかのやうに大看板を掲げて横暴の風があつたので市參事會は此制度を廢止するに至つた。(別項支人參政問題參照)

二、現行上海租界行政、現在行政分掌を示すと左の通りである。(工部局の組織)

土地規則第二十三條に依り執行委員會委員は各自に事務を分担し(一)財政、(二)工部(道路、橋梁建物、公園等)、(三)警務(普通警察、義勇隊、消防隊)、(四)衛生、(五)教育、(六)電氣、(七)音樂、(八)風教の八委員を設け各三名を以て之を組織してゐる各特別委員會の下に有給吏員を置き事務を處理してゐる、其分課は

(一)書記課
- 秘書役
- 計算係
- 税務監督係
- 車輛監査係
- 收税係

(二)工務課
- 監督—技師—書記
- 印刷係
- 建築係
- 公園係
- 公用地取締係
- 市街清潔係
- 巡察係

- 警視
- 副警視
- 警視補
- 支那巡捕教育係
- 警部

(四)衛生課
- 課長
- 次長
- 市場取締
- 附屬病院醫員

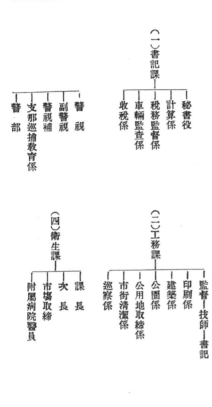

(三)警務課―探偵長
　　　　　―保安係
　　　　　―究問係
　　　　　―訓練係
　　　　　―倉庫係
　　　　　―醫　員

(五)電氣課―技　師
　　　　　―技　手
　　　　　―器械師長
　　　　　―料金取立掛

(六)典獄課、(七)音樂隊課、(八)消防隊、(九)義勇隊、(十)學校係(公立學校支人學校を管理す)

土地委員會(道路其他公共用土地に關する公用徵收事を掌る)

歳入歳出

三、過去四年間ノ工部局歳入歳出額

	歳入	歳出
	Ordinary Income	Ordinary Expenditure
1922	両6,700,588,—	両6,474,580,—
1923	7,429,805,—	7,027,737,—

	歳入	
1924	Ordinary Income	両8,430,891,73
	歳出	
	〃 Expenditure	7,963,324.68
	Surplus to 1925	467,567.05
		両8,430,891.73

	歳入	
1925	Estimated Ordinary Income	両8,936,800,—
	Surplus from 1924	497,570,—
		両9,404,370,—
	歳出	
	Estimated Ordinary Expenditure	両9,181,170,—
	Estimated Surlus to 1926	223,200,—
		両9,404,370,—

以上經常費の内譯を示すと左の通り

書記課	五十万兩	義勇隊	十五万兩
財政部	二十五万兩	電氣課	
圖書館	六千兩	特別委員費	三万兩
學校係	五十万兩	雜　費	二十万兩
音樂課	十四万兩	利子及手數料	百三十万兩
工務課	二百四十万兩	公債償却	三十万兩
衛生課	七十万兩	備　品	四十万兩
警務課	二百五十万兩	計約一千万兩金(約二千万圓)	
消防隊	四十万兩		

四、共同租界内の各國の總人口はどの位いあるか

毎五年目に行はれる上海共同租界の戸口調査は大正十四年末月行はれたがその結果はやつと大正十四年末工部局報にて發表された、最大は日本で一萬三千八百四名で最小はエヂプト人の一名であつた、各國人の總人數は二萬九千九百四十七名で國數は四十三ヶ國で一九二〇年よりは十ヶ國の人が增加してゐる同年は三十二ヶ國で總人口は二萬三千三百七人であつた今之を國別に示すと次の如くである。

國別	本年	一九二〇	一九一五	一九一〇	一九〇〇
▲日本	二、三八〇四	一〇二一五	七、六六九	三三六一	七三六
▲英國	五八七五	五三四一	四八二二	四四六五	三六九一
▲露國	二七六六	一二六六	三六一	三一七	四七
▲米國	一九四二	二二六四	一三〇七	九四〇	五六二
▲葡國	一三九一	一三〇一	一三二三	一四九五	九七八
▲獨逸	七七六	二八〇	一一五五	八一一	五二五
▲佛國	二八二	三一六	二四四	三三〇	一七六
▲波蘭	一九八	八二	—	—	—
▲伊國	一九六	一七一	一一四	一二四	六〇
▲西班牙	一八五	一八六	一八一	一四〇	一一一
▲丁抹	一七六	一七五	一四五	一一三	七六
▲希臘	一三八	七三	四一	三六	六
▲スイス	一三一	八九	七九	六九	三七
▲チェツク スロバツク	一二三	六五	—	—	—
▲諾威	九九	九六	八二	八六	四五
▲和蘭	九二	七三	五五	五二	四〇
▲朝鮮	八九	四六	二〇	—	—
▲ラトビヤ	八八	四三	—	—	—
▲ルーマニヤ	六九	四七	一六	一五	—
▲瑞典	六三	七八	七三	七二	六三
▲墺太利	四一	八	一二三	一〇二	八五
▲匈牙利	二七	八			
▲エストニヤ	三五	四七	—	—	—
▲白耳義	三四	三〇	一八	三一	二三
▲トルコ	三三	九	一〇八	八三	四一
▲ブラジル	二七	八	五	七	三
▲ペルシヤ	二〇	七	三九	四九	二
▲アルメニア	一三	六	五	—	—
▲リズアニア	一二	—	—	—	—

▲シリア	一二	―	―	―	―
▲セルビヤ	一一	―	―	―	―
▲フイン	一〇	―	―	―	―
▲アラビヤ	七	二	―	一四	―
▲亞爾然丁	四	―	―	―	―
▲ベルビア	四	―	―	―	―
▲智利	二	―	―	―	―
▲ジユゴースラブ	二	―	―	―	―
▲埃及	一	二	八	一一	―
▲バルガリヤ	―	一	二	―	―
▲モンテネグロ	―	―	二	―	―
▲ベネズエラ	―	―	―	―	七
▲印度	一、一五四	九五四	一〇〇九	八〇四	二九六
▲マレー	―	二八	―	―	一五七
▲雜	一一	―	一三	九	一七

尙ほ工部局調査に依る日本人は公共租界內一万三千〇八十四名、租界外に三千八百十八名、浦東に百六十名、佛租界に百七十六名計一万千百七十八名在留とあるが日本總領事館の調査に依ると二万〇八百の總人口となつてゐるが實際は是以上の豫想である。

公共租界內の支那人數及地方別

工部局は一九〇〇年以來五年毎に調査を行つてゐるが十四年末の調査に依ると

中央區	十三万九千八百六十一人	北區	十六万九千八百四十八人
東區	二十九万五百二十五人	西區	二十一万六千〇四十五人
計	八十一万二百七十九人		

之を省別に內譯すると

江蘇人	三十万八千〇九十六人	浙江人	二十二万九千五十九人
廣東人	五万五千三百六十五人	安徽人	二万六千五百人
直隷人	一万五千八百三人	湖北人	一万四千八百九十四人

福建人	一万二千四百六十四人	山東人	一万〇五百〇六人
江西人	七千四十九人	河南人	七千四十九人
湖南人	六千六百九十四人	四川人	五千〇〇二人
山西人	三千七百四十七人	雲南人	三千五百四十七人
貴州人	二千四百二十二人	甘肅人	二千〇十三人
滿洲人	百十人	計	八十一万二百七十九人

以上の他に佛租界の二十八万九千百六十八名及城內、閘北滬西浦東の近郊を入れると約二百万人となる。

第四節　他國の司法行政

一、他國の司法權、元來支那の司法權は支那に於て支那人、無條約國人及對等條約國人に對して行使せらるべきものであるが、共同租界に在つては支那と關係諸外國との特別協定に依り又は慣習に依つて諸般の制限を受けるのである、而して此種の制限司法事件が共同居留地內に於て發生した場合と、該居留地以外の支那國領土で發生したとに依つて同一でない、共同租界內で起つた事件に就ては、上海共同租界と厦門租界は、何れも會審制度を設けて支那人を被告とする外國人關係事件に就て外國領事館の立會權を認めてゐる、此立會裁判の制度は共同租界特有のものでないのは、支那國と不對等條約國との條約が何れも裁判に關する條項中に「會同審判」の四字を挿入してゐるに徵しても明白であるが、過去に於て支那は右の規定を無視し、支那人被告人事件に就ては一切を自國の官吏ばかりで裁判し權利國官憲の立會を求めなかつたから、外國人の居住者最も多數を占め且つ

外支裁判事務頻繁に起る上海共同租界で會審制度を確立するに至つたものである、其後厦門居留地も此例に倣ふてゐる

上海佛租界にも此制度が實行されてはゐるが訴訟手續が上海共同租界のやうに完備してゐない、又我沙市日本專管居留地取極書第十五號の如きは「淸國地方官憲は日本領事官と商議し居留地內に立會裁判所を設くべし其規則は上海の例に倣ふ」と規定してゐるが、まだ有效に實行された事はない

上海共同居留地の會審制度は千八百六十四年の創設で其後千八百六十九年に至つて外交團と支那政府との間に會審裁判規則十ヶ條協約が成立したが要旨は左の通りである

這は千八百六十六年の英淸芝罘條約第二節第三條の被告主義の原則が會審制度の一根本原則となつたのであるが年月を經るに從ふて外國官吏の立會は一切の事件に及ぶに至つた殊に支那第一革命の際會審裁判所が領事團の支配の下に立つに至つて此事實は愈々確立した次で千九百二十一年該裁判所を支那に引繼いだ際引繼條件の一として純然たる支那人民間の民事々件も領事團から出してゐる會審官を立會はすやうにした、厦門も同樣支那關係が一切の事件に就て外國人を立會することを實行してゐる、立會の意義如何は芝罘條約に規定せるやうに外國人たる原告の本國官憲が支那國の裁判に立會ひ其判決の公平を期せしむる目的に出たものであつて支那裁判官が支那國法律に依つて處置するのであるから法理上支那國が自國人に對する裁判の實體に消長はないやうであるが之を實際に就て見ると立會外國官憲の意見が事實判決を左右することは往々ある元來會審制度は司法管轄

の問題であるから本書の目的とする共同租界行政とは關係がないのであるが共同租界行政權と離るべからざる沿革上の理由があるので特に記入した。

二、上海會審衙門、會審衙門の組織及權限及裁判手續は一八六九年會審章程及一九〇二年商定の追加章程に依るものであるが不備の點が尠くないので現在では實際上聊かその適用を異にしてゐる

會審衙門章程

組織

イ、組織、上海に在る會審衙門は二とす一は佛國專管居留地所屬のものであつて一は各國共同居留地專屬のものである。

佛國專管居留地專屬の會審衙門は特立の衙門を有つてゐないが佛國總領事館內に之を設け隨時開廷し審理を爲してゐる其審理に際し支那側は判官として同知格の者一人（道員の任命に係る）佛國側では副領事陪審の上審理することになつてゐる。

共同居留地は專屬の特定衙門を有つてゐる別に留置所の設備がある支那側からは判事三名並に留置所委員及差役を置いてゐる判事一名は同知格、二名は知事格の者であつて元來道台から任命する所のもの而して當番外國領事立會の上審理することになつてゐる當番外國領事は英米獨日の四國副

早堂

領事輪番出廷する慣例である同法廷の審理は早堂、午堂、晩堂の三に分れてゐる、早堂(一)居留地內に於て起つた刑事、(二)居留地內に住する外國人に關する刑事、(三)居留地に住する支那人に關する刑事又午堂は外國人から支那人に係る民事々件で、此場合には判事は支那人一名外國人當事者

晩堂

の所屬領事員の陪席がある。晩堂、居留地內に在る支那人間の民事。此場合は辯護人の出廷は無い又外國領事館からも列席はない。

訴訟手續

ロ、訴訟手續、早堂に於ける刑事々件の訴訟手續は多くは被害者から居留地警察に告訴した所の被告或は居留地警察に於て逮捕した被告支那人を警察から直ちに會審衙門に送り支那判事一名出廷し當番外國領事一名立合の上審理判決するものである、當番外國領事は慣例上英國米國及(獨逸)(今は日本)三國の總領事館から輪番出廷するものであつて英國領事館からは一週二日出廷し會審するものである然しながら其事件であつて英米(獨)日三國以外の外國人に關して其被害者から自國領事の會審を請求したる場合では其被害者所屬國の領事に移牒し更に會審判決を爲さしめ、又刑事々件であつて各國領事の手を經て告訴狀を會審衙門に提起するときは會審衙門は直ちに呼出狀を發し拘引の手續を爲し前記の形式に基いて會審判決をする、又居留地內に於て支那人間に係る刑事々件であつて現行犯の場合は警察の手を以て之を拘引すべきものであるが事件の輕微なるもの或は嫌疑犯であつて逮捕拘引せんとする者は必ず會審衙門の逮捕狀發行してから後でなければ例へ居留地警察と雖も之に對し逮捕拘引を執行することが出來ないものである、此場合に於ては其逮捕狀呼出狀には其關係領事及び筆頭領事の簽印を必要とする、重罪の場合では前と異つた慣例がある、卽ち刑事々件であつて殺人犯放火犯等の如き重罪の刑に當る犯罪は本と上海知事衙門に於て知事自ら審理をなすべき規定であつたから如此事件が起つたならば支那官憲は之を會審衙門に於て審理判決する事を欲しない、直ちに之を上海知事に引渡し審理せしむべきものであると主張した、然れ共其事件であつて英米日三國以外の外國人に關し其被害から自國領事の會審を請求した場合に於ては其被害者所屬國の領事に移牒し更に會審判決を爲さしめてゐる、又刑事々件であつて各國領事の手を經て告訴狀を會審衙門に提起するときは會審衙門は直ちに呼出狀を發し拘引の手續をなし前記の形式に基いて會審判決を爲すものである、又居留地內に於て支那人間に係る刑事々件であつて現行犯の場合には警察官の手を以て之を拘引すべきものであると云つても事件の輕微なるもの或は嫌疑犯で逮捕拘引せんとする者は必ず會審衙門の逮捕狀を發行した後でなければ例へ居留地警察であつても逮捕拘引を執行することが出來ないものとなつてゐる。

此場合では其逮捕狀、呼出狀には其關係領事及筆頭領事の簽印を必要とする、重罪の場合は前と異つた慣例を有つてゐる、卽ち刑事々件であつて殺人放火犯等の如き重罪の刑に當る犯罪は本と上海縣知事衙門に於て知事自ら審理を爲すべき規定であつたので如此事件が起つたならば支那官憲は之を會審衙門に於て審理判決する事を欲しない直ちに上海縣知事に引渡し審理せしむべきものであると主張した然しながら此の如き事件に關しては一々支那官憲をして其審理に任してゐたならば外國人の不利及害は大きいのであるから十年前の領事會議で審理した結果其犯罪であつて重罪犯と認むべき者は之を知事に引渡すべきものとした、此決議によつて道台との交涉の末是等の事件でも一度は會審衙門ですることゝなつてゐる。

午堂

午堂では外國人支那人に係る民事々件に關して訴訟を起さうとする時は原告外國人は先づ其所屬領事に告訴し領事の手を經て訴狀を會審衙門に提出する、然うすると同衙門は其告訴に對して被告である支那人に向つて呼出狀を發して召喚の上法廷で審理をすることになつてゐる、然し被告中に確實な保證人が有つて保釋を求むる者がある場合は卽時之を保釋し拘引を免れる、事件は番號に從ふて會審判決するやうになつてゐる、但し遁逃の疑ひある者又は特別の理由ある者又衙門の呼出しに應じない者は會審衙門から拘引狀を發し之を拘引し留置場に留置することが出來るのである、此場合に衙門から被告支那人に向つて發する呼出狀に領事團の筆頭領事及外國人所屬領事の簽印を受ける必要がある、且つ居留地警察の協力を得て同衙門の差役が此呼出執行の任に當るのである此場合に用ゐる呼出狀を信票と云つてゐる、若し又居留地外に起つた事件でも外國人に關係するものである場合は外國人所屬の領事は之を會審衙門で審理判決することが出來るのである此場合には當該領事の請求に依つて支那地方官に其協力を得て被告支那人を召換し或は逮捕し會審衙門で審理する

民事

事が出來る晩堂は全く支那人間に於ける民事々件を裁判するものであつて其手續は普通のものと同じである。

各國居留地及佛國專管居留地裁判管轄　各國共同居留地及佛國專管居留地間の裁判管轄は犯罪當事者が支那人であると外國人であると、又犯罪者の居住する場所に依つて兩會審衙門の管轄を異にしてゐる、

一、民事々件にして原被兩告共に支那人に關するものなるときは原告は被告所在地の會審衙門に告訴し同衙門に於て審理すべきものとす。

二、刑事々件にして原被兩告支那人なる時は犯罪行爲地の會審衙門に於て審理すべきものとす、此場合に於ては被害者より告訴したるもの又行爲地警察に於て逮捕したるものは卽ち其行爲地の會審衙門に於て審理するものなり。

三、外國人對支那人間の民事々件であるときは次の規定がある。

（イ）原告外國人にして佛國人にあらず而して被告共同居留地に住する支那人なる時は卽ち共同居留地會審衙門に於て審理すべきものなり。

（ロ）原告佛國人にして被告佛國居留地に住する支那人なる時は佛國會審衙門に告訴すべく同衙門に於て審理すべきものとす。

（ハ）原告外國人にして佛國人にあらず原被佛國居留地に在住する支那人なる場合は共同居留地會審衙門に告訴すべく又同衙門にて審理すべきものとす、此場合に於て支那官衙より發する逮捕狀及呼出狀は先づ佛國領事の簽印を經たる後佛警に會同し處辦すべきものにして先きに佛會審衙門に於て審理すべからざるものとす。

（ニ）原告佛國人にして被告共同居留地に住する支那人なる時は佛會審衙門に於て審理すべきものとす。

此場合に於て佛國會審衙門より發する逮捕狀及呼出狀は先づ各國領事團の筆頭領事の簽印を經たる後共同居留地の警察に會同して處辦するものにして先きに共同租界の會審衙門に於て審理をなすべからず。

四、刑事々件の場合に原告外國人にして佛國人にあらざるときは共同居留地の會審衙門に於てのみ審理すべきものとす若し原告佛國人なるときは卽ち佛會審衙門に於てのみ審理すべきものとす。

八、用語及法律、會審衙門に於ては總て支那語を以てす、而して其法律慣例は條約に依つて淸國法律を適用さるべき規定であるけれ共之を一貫しやうと欲するならば法律慣習を異にせる外國人の爲めに不利の點か尠くないから自然參酌しなければならない、現在早堂及午堂では陪審官である外國領事の主張する法理慣習は遺憾なく準用されてゐる、改修上海會審章程第九條に會審事件にして支那法規の存せざる時は其商慣習により公平に處斷すとなつてゐる。

第五節　共同租界法規及警察

上海共同租界の諸行政法規中(一)工部局設立に關するもの(二)地界及租價並に租用方法の契約樣式に關するもの(三)消極的に租界を制限したもの(四)工部局市參事會員選擧に關するもの(五)市街の建築、管理、懲罰に關するもの等あるが(一)上海佛英租界地租規則十五ヶ條は專ら租地の方法、租價、地税の限界と賣買契約(道契)の樣式であるが行政に關係がないから此處に省略する、次に上海新定虹口租界規則合計八ヶ條之も租價を限界し並に工部局の建物收税權の行使を消極的に制限したものであたる、上海洋涇浜北首租地規則廿九ヶ條は工部局及び市參事會並に市參事會員等を規定し之に市政一部分の管理懲罰收税の權利を附與し且つ納税人會議及び工部局市參事會には外人を指命してゐる等である、以上の他左に行政上在留人に直接關係深きものを擧げると左の通りである。

一、共同租界工部局規則

第一條　上海共同居留地内に於ける公共下水溝渠及び街路に敷設したる下水溝渠に關する工事并に材料は總て工部局の管理に屬す

第二條　工部局は市街の排水設備を完全にする爲め下水の敷設、貯水池、閘、機關の設置及修理等の工事を爲し必要なる場合に於ては孰れの街路を問はず之れに工事を延長することを得、因て生じたる損害は規定の手續に依り賠償す相等の豫告を爲したる上前記の賠償金を土地所有者に支拂ふに於ては其の工事を私有地内に延長し又は通過せしめることを得べし工部局は河川に排水し、下水より排出する汚物を衛生上適當の方法に據り農業其他の用途に充てんが爲め採集賣却に最も便宜なる場所に蒐むることを得

第三條　工部局は必要に應じ衛生上適當の措置を爲したる上下水の擴張若くは改廢の工事を爲すことを得

第四條　工部局使用人以外の者にして工部局の管理に屬する下水溝渠等に排水設備を連絡したるときは百弗以下の罰金に處す、場合に依りては改造を加へ之れが費用を賠償せしむることあるべし

第五條　下水溝渠を新設し又は工部局所屬の下水溝渠に工事を爲さんとするときは豫め工部局の承認書を受くべし若し其の手續を爲さずして工事を爲したるときは撤去を命じ必要の費用を辨償せしむることあるべし

第六條　工部局所屬并に私有下水溝は各管理者に於て惡臭の發散を防ぐに足るの防備を爲すべし

第七條　下水の管理及掃除に要する費用は市制第十一條の賦課金より支出す

第八條　建物を新築又は改築せんとするときは近接道路と平均して敷地の他揚を爲し且つ排水設備を爲すを要し豫め工部局の承認を得たる後にあらざれば工事に着手することを得ず若し本則に違反して工事に着手したるときは各犯則行爲毎に二百五十弗以下の罰金に處し規定に適せしむるまで工事を中止せしむべし私設下水線の幅、勾配、材料等に關し工部局に於て承認するに足る設備を爲すにあらざれば排水工事を爲すべからず、公共下水又は工部局の管理權を有する下水にして敷地より百呎以内の場所にあるときは私設下水線は工部局の指圖に從ひ之れを連續すべし若し右の距離以上に前示の下水存

在せるときは建設者の撰擇に任せ工部局指定の最近下水、留池、又は其他の場所に排出の裝置を爲すべし、此の規定に違反して建物の新築改築又は排水工事を爲したるものは反則行爲毎に二百五十弗以下の罰金に處す排水設備を有せず又は其不完全なる建物を發見したる場合に於て公共下水及工部局の管理權を有する下水が其建物より百呎以内に在る時は工部局は書面を以て家主又は居住者に敷設すべき下水枝線の數大さ其勾配材料、連續すべき下水等を指定し改造を命ずることあるべし、此の命令に從はざるときは時宜に因り工部局自ら工事を爲し家主又は居住者より其の費用を賠償せしむ

建物の新築及改造を爲さんとするときは十四日前に左記事項を明瞭に記載したる建築設計書を工部局に差出し認可を受くべし

一、最寄の公道の中央と比較したる敷地の高さ

二、該建物に附屬して新たに敷設すべき下水溝及已設下水溝の位置及幅員

三、防火壁の位置及幅員

四、道路の上又は道路に突出すべき建築物の幅員

願書受理後十四日以内に工部局は認可又は不認可（理由と共に）の通知を爲すべし

認可の通知を受けざる間は工事に着手するを得ず

但し期間内に認可又は不認可の通知を爲さざることあるときは認可を受くるの必要なきものと見做し隨意に工事に着手することを得

第八條の二　本則に基き建築工事の設計又は仕樣書を提出したるときは工部局は技師に交付し認可又は不認可を出願者に通知すべし規則に違反し建築したる建物の撤去改造等に要したる費用は建築者は工事擔當者より罰金と同樣の手續に因り徵收す

市制第三十條に依り左の場合は孰れも新築工事と看做す

第一階以下を取毀はし改築する場合

人の住家にあらざりし建物を住家に改造する場合

一戸の住家なりしものを二戸以上に改造する場合

墻壁の高さを增加する場合

市制第三十條に基き規定を設くるときは左の罰金を附することを得

一個の犯則行爲に對しては二十五弗以下繼續犯の場合は一日十弗以下

第九條　工部局に限り共同居留地内の總ての道路を測量するの權利を有す

第十條　公道の管理、敷設、改修、人道幷に車道の敷石、建造物、器具其他の物件にして公道の爲めに設備したるものは總て工部局に屬す

第十一條　工部局は溝渠下水の新築又は修繕工事中相當期間内道路の交通に制限を加ふことを得但し其の工事區域内の住宅より出入するは此限りにあらず

第十二條　工部局の管理に屬する道路の敷石疊石又は其他の材料を工部局の承認を經ずして故意に拔取り、毀損したる者は廿五弗以下の罰金及其の拔取り又は毀損したる場所一平方尺毎に一弗以下の罰金に處す

第十三條　道路に埋設せる瓦斯管又は水管の位置を變更するの必要ある時は工部局は其の所有者に對し該工事に過度の損害を蒙らしめざる程度に於て之れか變更を命ずることあるべし其の費用及損害は課金より出支す若し工部局から命令する如く變更を行はざるときは工部局自ら行ひ其費用は命令を拒みたる水管瓦斯管所有者より罰金と同樣の手續により徵收す

第十四條　道路に接近せる家屋の居住者は工部局の告知を受けたるときは其の翌日より起算し十四日以內に家根より地上に達する樋を新設し又は之れに修善を加へ家屋より水を道路通行者に落下し若しくは人道に流溢せしむべからず若し違犯者ありたるときは其の犯行繼續の間一日十弗以下の罰金に處す

第十五條　工部局の命令に據るものと否とに據らず路上に建築材料又は其他の物件を推積し若しくは道路を堀鑿したるときは其の周圍に墻を設け夜間は點燈し危險豫防に必要なる措置を爲すべし若し違犯する者は廿五弗以下の罰金に處し尙ほ其の犯行繼續の間一日十弗以下の罰金に附加す

第十六條　必要の期間を過ぎ前條の建築材料又は其他の物件を放置し又は堀鑿の跡を存するものは廿五弗以下の罰金に處し犯行繼續の間一日十弗以下の罰金を附加す

第十七條　道路に接近したる建物又は凹處にして修理又は危險防の不完全なる爲め行人に危險を及ほす虞あるときは工部局は必要なる修理又は豫防の設備を爲し該土地建物所有者をして其費用を支辨せしむ

第十八條　工部局は街路及步道の塵芥汚物を掃除し時々厠及汚水留等の清潔法を行ふ

第十九條　工部局は本則に基き步道掃除義務者に其方法を指定することを得

第二十條　工部局技師に於て家屋墻壁にして倒壞せんとするの狀態に在りて行人又は隣家に危險を及ぼさんとするの慮あることを發見したるときは直ちに其所有者所轄領事官に通知すべし該領事官は其所有者又居住者に對し一定の期間內に改築修繕其他危險豫防に必要なる措置を取るべきことを命ずるものとす若し其期間內に履行せざるか又は所有者若しくは居住者の判明ならざる場合に於ては工部局代執行し一切の費用は所有者をして支辨せしむ

第二十一條　前條の所有者にして該費用の支辨を拒み又は怠りたるときは强制執行をなし徵收すべく當該領事官は工部局の請求あるときは執行命令を發するものとす

第二十二條　前條の所有者所在不明なるか又は差押財產總價格要求額に達せざるときは工部局は二十八日間の豫告を與えたる後該建物の全部又は取毀したる部分を公賣處分に附し其賣得代金を以て不足額塡充し若し剩餘あるときは請求により該建物所有者に還付す

第二十三條　工部局は道路の交通に障害ありと認めたるときは門戶、立關、家根、椽、宜揩段、穴藏、看板、墻壁、其他家屋より突出せる建造物、取除け又は改造を命ずることあるべし此の命令を受けたる日より十四日以內に指示せられたるが如く取除又は改造をなさざるときは十弗以下の罰金に處し工部局自ら該建造物取拂ふことあるべし此の場合に於ける費用は居住者より徵收す但し障害物にして家屋所有者の設置したる

たるものなるときは借家人該費用を家賃より差引くことを得

第二十四條　物品又は建築材料を公道又は步道に放置し交通の障害をなす者は二十四時間毎に十弗以下の罰金に處す該物件の所有者に通知をなしたる後ち二十四時間を經過するも取片附をなさす又所有者若くは關係者を發見し能はざるときは工部局は自ら該物件を取片附け其費用を完納する迄之れを抑留し相當の期間を經過したる後ち該物件を公賣に附し其賣得金を以て罰金幷に諸費に充當し殘額ありたるときは權利者の爲めに之を保管することを得、建築工事が交通に障害を及ぼすの虞ありと認めたる場合其所有者か柵又は圍ひを施すことを怠り又は拒みたるときは工部局代執行し其費用を追徵す

第二十五條　土地家屋の使用者は告知を受けたる後必要ある每に表通りの步道、其前後左右にある溝渠を掃除し塵芥汚物を除去すべし該家屋か部屋貸なるときは貸主を使用者と見做す

第二十六條　工部局は便器、便所の掃除及汚物運搬の時間を制限し之れを告示す

一定の時間外に便所便器の掃除汚物の運搬を爲す者、汚穢物の漏泄、臭氣の發散を防くに足る覆蓋を裝置せざる容器又は運搬車を使用したる者、故意に汚穢物を漏泄したる者及汚穢の在りたる場所を丁寧に掃除せざる者は十弗以下の罰金に處す、犯行者判明ならざるときは運搬車輛の馭者又は番人を犯行者と見做す

第二十七條　自已の所有又は居住する土地家屋內に衞生上有害なる汚水を滯溜せしむべからず、工部局の告知を受けたる後ち四十八時間を過くるも其儘に爲し置く者、廁圊又は汚水留より汚穢物を溢出さしたる者、又は住宅內に於て豚を飼養して近隣に迷惑を及ぼしたる者に十弗以上の罰金に處し其犯行繼續する間一日每に一弗以下の罰金を附加す工部局は衞生上有害なる溜池等の排水又は掃除を行ふことを得工部局吏員及人夫此の目的の爲めに相當の時間內に人の住宅及私有地內に立入ることを得べし之れが爲めに要したる費用は反則者又は所有者より追徵す

第二十八條　廐舍及蓄舍の排泄物又は不潔物は牧場の外工部局に於て禁止したる場所に七日以上（一噸を超過する場合は二日以上）堆積すべからず若し工部局吏員が命令したる後ち二十四時間以內に取片附をなさゞるときは之れを市の所得となし賣却又は適宜の處分を爲し若しくは其所有者に對し費用を辨償せしむることあるべし

第二十九條　工部局衞生吏員又は共同居留地內在住醫師二名以上前條の排泄物不潔物堆積し衞生上有害なる旨證明したるときは工部局書記は二十四時間以內に取片附を命すべし若し之れに從はざるものあるときは前條の處分を爲す

第三十條　工部局衞生吏員又は醫師二名以上より家屋、便所、水溜、溝渠等にして衞生上有害なりと認めたるときは工部局は使用者又は所有者に命して淸潔法を行はしむ此の命令に從はざるものあるときは懈怠一日每に十弗以下の罰金に處し若し工部局自ら淸潔法を行ひたる場合は其費用を追徵す

第三十一條　臘燭製造所、化製所、石鹼製造所、居獸場、肥料製造所、養豚場、堆積肥料法の廁圊其他諸製造場の建物又は營業所にして衞生吏員又は醫師二名以上より衞生上有害なり

と證明したるときは所有者所屬國領事官に其旨を通牒す當該領事官は調査の上有害の事實ありと認めたるときは其使用を停止し又は相當期間内に改造を命ず

第三十二條　土地家屋の居住者にして工部局の使用に係る汚物掃除人の出入を拒み又は其業務を妨げたるものあるときは二十五弗以下の罰金に處す

第三十三條　居留地内には藁、竹其他燃燒し易き材料を以て家屋を建築し并に生命身體に危險を及ぼすの慮ある、禁制品及商品仮令は火藥、硝石、硫黄、多量の酒精石油其他爆發性の瓦斯及液を普通住宅に貯藏することを禁す違反したるものは初犯三百五弗再犯五百弗以下の罰金に處し該物品を沒收す

上記の貨物を共同居留地内に輸入したるときは輸入者、荷受人、又は所有者より工部局に屆出すべし工部局書記は之れか貯藏の場所を指定するものとす該吏員の指圖に從はざるときは各個の犯則行爲に付き二百五十弗以下の罰金及犯行繼續の間二十四時間毎に百弗以下の罰金に處す

本則に規定したる罰金は總て違返者所屬國領事官及裁判所に訴へ徴收の手續を爲すべし

第三十四條　居留地内に於て左に列記の營業を爲さんとする者は工部局に願出て許可を受くべし出願者外國人なるときは所屬國領事官の奥書を要す

市場、遊技場、芝居寄席、劇場、曲馬、玉突、投球、舞踏場妓樓、質屋、牛乳搾取所、洗濯屋、酒類、藥種、富籤、鳥獸肉類、行商及販賣店、屠獸場、廐舍、自家并に營業用短艇車馬及畜犬

工部局は前記各免許狀に付き遵守すべき條項を定め保證金又は手數料を徴收することを得本條に違反したる者は一行爲毎に百弗以下の罰金及犯行繼續の間二十四時間毎に百弗以下の罰金を附加す

第三十五條　銃砲を放ち故なく喧擾を釀し疾驅し、馬を路上に牽き廻し運動せしめ又は他の嫌厭を招くべき行爲ありたる者は十弗以下の罰金に處す

第三十六條　日沒一時間前燈火なくして車馬を驅る者は五弗以下の罰金に處す

第三十七條　領事館員、當然職權を有する工部局の吏員、海陸軍武官、義勇兵、制服着用の各國陸軍兵を除く外如何なる理由あるを問はす銃器は刀劍、仕込杖、ナイフ其他の凶器を携ふることを許さず違反する者は十弗以下の罰金又は七日以下の重禁錮に處す但し狩獵の爲めに銃器を携帶するは此の限にあらず

第三十八條　此の細則に抵觸する犯人にして住所姓名の不明なる者は工部局吏員并に助力を求められたる者に於て勾引狀を要せす之れを逮捕監禁し速かに犯人所屬國領事官に引渡すべし

第三十九條　公安又は衛生に害あるものと認め領事官か營業の禁停止若しくは其改良を命したるとき之れに從はさるものは其犯行繼續の間一日毎に二十五弗以下の罰金に處す

第四十條　地方慣習法に抵觸する行爲は本則規定の有無に拘はらす處罰を免るることを得ず

第四十一條　本則規定の罰金又は沒收にして執行の方法を定め

さるものは當該領事官に求刑し之れが取立を爲す當該領事官は罰金沒收及相當と認むる裁判費用を言渡すものとす

第四十二條　本則は印刷し工部局書記は納稅者中請求あるときは無償にて交付し一部を工部局の見易き處所に揭げ置くべし

二、共同租界警察行政

共同租界地警察法規は土地規則及附屬條約の定むる所であつて何れも外支間の取極に係つてゐるから共同居留地自治體は其規定に準據するを要し若し之を變更する時は外支雙方の協定に依らなければならない上海はランドレグレーションの第二十八條厦門は同十六條に定めてゐる所であつて是れ專管居留地と其趣きを異にする點である、警察法規は多岐多樣であるから上海と厦門でも同一でないから主なるもの丈け示すこと。

一、交通警察法、交通警察には水上と陸上の二種あるが共同租界警察は現行居留地法規上から云つて陸上警察丈けであつて水上は支那と諸外國との條約規定に從ふて一部は支那海關の管掌に屬し他は條約國殊に不對等條約國に屬し共同居留地警察官の管掌に屬するものは水上交通機關に關するものに止まつてゐる、陸上警察中現行共同居留地規則の規定せるものは道路警察を主としてゐる道路警察は道路が公衆の自由通行に供せらるる事實に基いて其通行を安全ならしめ且つ公安衞生又は風俗を害すべき行爲が道路上に行はることを防止するが爲めに行ふものである、道路警察の目的の爲めにする共同居留地規則の重なるものは左の通りである。

（一）交通を妨ぐる虞ある行爲の禁止（上海第二十四條十二條厦門第三條）、（二）危險豫防の裝置を爲さしめ又は其他の處置を爲すること（上海第十七條）、（三）交通の制限及禁止（上海第十一條）、（四）

交通妨害の虞ある行爲に警察許可を受けしむること（第十二條）（厦門十五條上海第三十四條及三十六條）

二、營業警察法規、不對等條約國人の支那に於ける營業の自由は支那國に對する限り條約が之を保障してある從つて共同租界地內に於ける營業も亦原則上自由又は權利の範圍を超ゆることは出來ない唯共同居留地內に於ける公安及私利を保護する爲めに同居留地規則を以て之に對し制限を加へたのに過ぎない從つて不對等條約國人と其他の者との間に共同租界に於ける營業權に廣狹の差あるのは勿論であるが事の居留地に關する限り右權利の如何に拘らず一律に取締られるものである、共同居留地自治體は必要に基き外支人の營業に對し警察は或種の營業を特許するの權能がある、上海條例第三十四條厦門條例第十五條の規定はそれであるその規定に基いて執行委員會は各種特許營業に關する特許條件を定め且つ業體に依つて必要な保障金を徵收して居る而して又這は風俗警察にも關聯するのである、一例を云へば上海居留地に於けるマーケット特許條件の如きものである風俗警察の廓淸は主として敎育及社會的制裁の力に待つべきもので警察は唯善良の風俗を害すべき行爲が公然行はれやうとする場合は始めて之に干涉するのみであつて共同居留地行政の中最も著しいものを列擧すると「風俗を害する廣告の禁止」「風俗上の取締を要する興業物に關する取締法規、此種法規は一面に災厄豫防、衞生、公安保持の爲めにすると同時に一面には善良の風俗を維持することを目的とする劇場、王突場、「ダンシングホール」、活動寫眞館、寄席、「サーカス」其他の公衆見世物に關する取締規則中に此種の警察法規を設けてゐる、賣笑婦取締は亦た風俗警察に屬してゐるが上海共同租界では Women loitering in any thoroughfare or public place for purposes of prostitution or solicitation to the annoyance of any inhabitant or pedestrian are liable arrest and prosecution と規定してゐる、風俗を害する虞ある營業の取締、前記劇場の取締の外茶店、下宿屋、飮食店に對しても亦た嚴重な取締を行ふて居る。

風俗を害する虞れある行爲の取締此種の取締法規としては富籤店の開設及富籤發行禁止等がある

三、通常保護警察法規、現行共同租界法規の中通常保安警察事項は危險物警察、建築物警察、集會警察の三者を以て主となす危險物警察は火藥。其他の爆發物銃器刀劍等の取締に關するものを先づ(一)火藥、硝石、硫礦、石油、揮發油。其他の爆發物を私宅に貯藏することを禁止し違反者に罰金を科し且右物件を沒收す。而して此種の物件は共同居留地內に搬入されたときは輸入者、荷受人又は所有者から速かに執行委員會書記に屆出て書記は其保管物を指定し指定に從はないものは(上海第三十三條)(厦門條例第十四條)罰金を科せられる、(二)領事官、執行委員會の吏員、制服を着け又は職務執行中の海陸軍人を除くの他何人と雖も共同居留地內で小銃、短銃、刀劍、仕込杖其他之に類似の武器を携帶することを禁じ、(上海三十七條)(厦門十七條)、(三)共同居留地で銃砲又は短銃を發射し馬車又は車輛を不適當に驅馳し運動の爲め公路に馬を驅り又は他人に迷惑なる行爲をすることを禁し(上海第三十五條厦門第十六條)建築建物警察に關する現行法規は(一)共同居留地內で藁葺竹屋、其他可燃性材料を以て建築を爲すことを禁止し(上海三十三條)、(二)執行委員會は隨時規則を發卽し新築家屋の安定、火災豫防及保健上の目的を以て壁、基礎工事及屋根の構造樣式を定め空氣の流通を十分ならしむる爲め建築の周圍に留保すべき空地の地積を定め其他建物內部の通風、下水、便所、其他の不淨物置場等に就き規則を定め且つ住居に不適當な建物を一時的又は永久的に閉鎖し又は使用を禁することが出來る、又執行委員會は右規則の實施の爲めに建築設計書の提出及檢査の規則を定め反則家屋の取除き、改築移轉せしむることが出來る、而して以上の規則は發布后六ケ月を經過せざる限り施行の効力ないものである。(上海土地規則三條)、(三)家屋其他建造物を建築せんとする者は豫め設計書を執行委員會に提出し書面を以て其認可を受けることを要する若し違反したものは罰金を科せられる(厦門第十三上海八條)、(四)交通其他に危險ある建物あるときは建物監督吏員から當該領事官に申立て領事館は期間を定め其取毀、改造其他監督吏員が滿足する程度の處分を命せられる之に違反した場合は執行委員會に代執行の權利があつて義務者は其費用を負担しなければならない、(上海第二〇條三二條)、(五)集會に關する保安警察事務も亦た共同租界警察事務として行はれてゐるのであるが日本は講話論議の爲めに多數の一時又は定期の會合にして政治的と否とを問はないが共同居留地警察の目的とするのは政治上の集合に限られ共同居留地警察當局の許可を受けるを必要とし保安の爲めに必要であるときは警察吏員は集合の解散を命ずることが出來る又公開の政談集合又は安寧秩序を害するの虞れあるときは集會に警察吏員を臨檢せしめ且つ集會に於ける言論か共同居留地の公安を害するものと認めたるときは警察吏員は其者の論議を中止せしむることが出來る、以上の他執行委員會の許可なくして劇場。王突塲「ダンシングホール」等にて政治的集合を禁止してゐる、(六)火災豫防の警察事務は共同租界執行委員會は各般の消防設備を爲し且つ劇場其他公衆建築物の建設又は營業の許可條件として防火設備を備へ、且つ消防署に火災告知を爲すに必要な設置を爲さしむる等を命するの他一般在留者に對しても亦時に防火及消防に必要な通達を爲し花火爆竹等の使用に付き警察の許可を受けしめ其他必要な所置を講じてゐる而して失火又は放火の際警察官は消防隊の作業を除去する爲め一般在留者の火災現場の通行を禁止してゐる。

三、工部局警察取締規則

自轉車

自　轉　車

自轉車には交通及車輛に關する規則を準用す

自轉車には接近の信號を與ふる爲め鈴を附すべし相當の信號なくして通行人又は車輪を追越すべからず又日没より日出迄の間は點火したる洋燈を裝置すべし

自轉車に乘り人道を通行し又は人道に自轉車を運搬すべからず

警報信號として號角を用ゆべからず

地籍

地　籍　課

本課は領事館に登記すべき居留地內に於ける土地の總括記錄を作る爲め領事團の承認を經て千九百年に設置したるものなり當時に決定したる手續法左の如し

土地登記の願書を受理したる領事は一應調査の上直に之を道台に送付すべし領事は道台代理より該土地測量日限の通知を受けたるとき其旨地籍課並に願人に通知するを要す、地籍課は其測量に從事する爲め係員一名を派遣すべし

道台より地劵及支那圖面を受取たるときは領事は其圖面の寫を地籍課に送付するを要す

右圖面は七日間內に返戻すべきを以て其間は領事は地劵を下附せざるものとす

土地所有許可に關し又は面積、境界、墳墓、通行權、其他に關し注意すべき事項あるときは地籍課は其圖面返戻するとき之を通知すべし

此注意を採用すると否とは領事の任意とす領事此の注意を相當なりと認むるときは道台と再び交渉するを要す

若し之に反し地籍課の故障を相當と認めざるとき又は別に注意すべき事項なきときは遲滞なく地劵を下附すべし

領事は居留地規則第七條を遵守すべき旨記載ある覺書を願人に

家畜　動物虐待　羽毛　墓地及火葬　出火

送付するを要す之れと同時に領事は地券下渡又は裏書の覺書を地籍課に送付すべし領事の地券に裏書（所有權の變更、面積の更正、分割其他）したる場合にも其覺書を送付するを要す
圖面を返戻するとき地籍課は土地面の地籍番號を通知するを以て領事は該地券に其番號を記入するものとす千九百四年に於ける追加取極により地券は地籍課より境界石建設終了證明書を發したる後之を下付することを決定す地籍課は手數料を徴收すべからず

家　畜

南京路、福州路又は山東路より東の中央區の道路は豚、羊、山羊、又は牛類を牽くべからず
但し山東路、河南路間の北京路及北京路より蘇州河に至る間の河南路は之の限にあらず
百老匯は牛類を牽くべからず
通行人に危險或は迷惑を及ぼすべき方法にて工部局道路に於て水牛を牽くべからず

墓地及火葬場規則

第一條　墓地又は火葬に關する願書は葬儀營業者、工部局墓地係り又は衛生局長に差出すべし
第二條　埋葬及火葬の登錄及び墓地の圖面は保存し公衆の閲覽に供す
第三條　埋葬及火葬は衛生局長の死亡證明書を差出さゞれば之を許可せず
第四條　墳墓は許可なくして之を建設し取除け又は修繕すべからず
其許可書は願出に因り衛生局長より下附す
第六條　工部局料金左の如し

火葬	普通の骨壺及壺置場	銀五十兩
墓地	一等	銀二十兩
同	二等	銀十兩
豫約		銀十兩
穴掘	普通	銀五兩
同	窖形	銀廿五兩
同	窖形（二分の一大）	銀十二兩半

動物虐待

警察吏員は上海動物虐待防止會を補佐す
同會の諸手續きは英國に於ける帝國動物虐待防止會の爲めに法律により規定せられたる諸規則を準用す

羽　毛

通路を運搬すべき羽毛の俵は飛散し妨害を惹起せざる樣荷造りすべし
荷造り不完全なる羽毛の俵は警察吏員之を領置し違反者は之を告發すべし

出　火

消防組員の外非常線内に入ることを許さず財產に對し危險の切迫せる者、瓦斯、水道、電話、電車の諸會社電氣局の代表者は現場にある警部に申出て非常線通過の許可を受くべし
出火警鐘信號は最初三十秒間其の後十秒間毎に之を打鳴し出火の地域は左の點數に依り之を示す
第一區　一點鐘

病院
避病院
煙火

蘇州河の北西華德路、閔行路、呉淞路まで劃したる線の東
第二區　二點鐘
　前記の線の西
第三區　三點鐘
　蘇州河と南京路の間
第四區　四點鐘
　南京路と洋涇浜の間
第七區　七點鐘
　西新租界
第八區　八點鐘
　浦東及黃浦江繫留の船舶
兩區境界線附近の出火は兩區の警鐘數を交互に打鳴し之を示す
晝夜は左記旗夜間は左記の燈火を火の見櫓に揭げ火出信號とす
第一區及二區は米國々旗又は赤燈
第三區及第四區は英國々旗又は綠燈
第七區は英國々旗の其下に紅色長流又は白燈二個
浦東稅關信號台より前同一の信號を揭示するも普通船舶の信號と區別する爲め赤色長流の上に其信號旗を附す
出火に對する電話報知は中央巡捕署に通話すべし（電話番號五六）

煙　火

何種の煙火又は爆竹を問はず之を道路、路次、函船、棧橋、其他公開の場所に於て投げ又は燈火すべからず
私邸内に於ける爆竹を點火し錫箔紙を燃さんと欲する者には警察許可證を下附すべし何れの場合を問はず爆彈に點火することを禁す

病　院

避病院

（外國人傳染病に罹りたる場合）

入院料
一等（一人一室）一日銀六兩
二等（共　用　室）一日銀二兩
貧窮者は無料寢台を請求することを得
但し當地在留醫師が推薦し且つ治療を爲すものは入院許可す
看病人は患者又は患者の知人之を用意すべし
入院願出は隔離病院看護婦長に差出すべし（電話三〇三八）

支那人避病院

（支那人傳染病に罹りたる場合）

入院料
一等（專用室）一日銀一兩より四兩
二等（共用室）同　無料
患者は自己の醫師（支那人又は外國人）の治療を受くるも妨げなしと雖も看病人は衛生局長より無料にて附添せしむべし
入院願書は支那人隔離病院看護婦長に差出すべし（電話番號三〇四一）

ヴイクトリヤ看護婦院

入院料（食事洗濯藥劑患者衣を含む）
一等（一室一人）　一日銀六兩
一等（一室二人）　一日銀四兩

二等　一日銀二弗

院外看護婦料

看護婦一人　一日銀四兩
産婆術の場合　一日銀五弗
毎日の出張　一日銀半兩

但し一日半時間以内

院の内外を問はず産婆術其他に關し十四日間を超過せざる期間内看護婦を雇入れんとする者は普通料金の外約束料として銀二十五兩を前納することを得

上海以外の地に於て看護婦を雇入れんとするときは上海出發の日より上海皈着の日を算入し旅費の外に日當銀五兩を支拂ふべし

院の内外を問はず看護婦に看護せらるる場合は患者又は患者の知人は必ず看病人を附添はしむべし

傳染病の場合には患家の依頼あるも日々看護婦を派遣することを得ず

貧窮者には無料寢台四個を準備す

但し當地在留醫師が推薦し且つ其治療を為すものは入院を許可す

入院患者は看病人の承諾を得たる時は毎日午後四時半より同六時半の間に於て訪問することを得右時間外に於ても至急を要する場合亦同し

看病人推薦ありて之れを認可したる場合は前掲の料金を減額することを得

看護婦の雇入れ及入院願書はヴイクトリヤ看護婦院長に差出すべし願書には疾病の性質を記入すべし(電話三〇四三)

精神病々院

患者に對し直接の責任者甲號様式ヴイグトリヤ療養看護婦長に宛て署名して差出し入院許可を得べし

其様式左の如し

甲號様式

何某儀今般御院に入院致し度御許可の上は所要の料金を支拂ひ看病人を雇入れ法律上より生ずる裁判所の命令を履行し入院後六ヶ月を經過したるときは患者は退院可為致候間入院御許可相成り度く此段奉願候也

年　月　日　住所署名

看護婦長宛

但し特に認可したるときは之を減額す

出願人入院料一日銀三兩を支拂ふ能はさるときは入院前に領事の指揮を要す此の場合には乙號様式(看護婦長より受くる事を得)に記入すべし

甲號様式に遵ふ能はざるときは乙號様式を差出すべし

患者か貧窮者なるか又は直接の責任者なきか又は其の責任者か入院料及看病人雇入費として毎一日銀三兩を支拂ふ能はす且つ該患者か公衆に危害を及ぼす虞ありて監置を要する場合は所屬國領事の署名を要するものとす

乙號様式

今般何某を貴院に収容することを委托致候に付ては本人又は其直接責任者より一日銀三兩以内の割合にて所要料金を支拂ひ必要の看病人を雇入れ法律上より生ずる裁判所の命令を履行せざ

猥褻廣告

汚物取締

衛生試驗所

不法逮捕

るときは本官之れが責に任し尚又六ケ月を經過するときは患者は退院可爲致候也

年　月　日　何國總領事

看護婦院長宛

傷病人運搬

（傷病人運搬馬車の準備あり）

工部局附屬諸病院へ送院し又は諸病院より患者を運搬するの用に供す其の料金は一回銀三弗とす手押運搬車は無料にて之を使用することを得

急病人の場合は各巡捕署備付の手押運搬車を使用することを得

汚物取締

夏期は午前六時に冬期は午前七時に搬出するに便利なる適當の容器に納め置くべし道路又は路次上に汚物を投棄すべからず

住宅の塵芥は適當の容器に入れ便利の場所に置くときは掃除人之を取去るべし

植物類、紙糞等の如き燃質の塵芥は居住者に於て燒棄すべし

居住者は其家屋に魚鳥肉類又は糞便の容器を備付くべし、此の容器は衛生局にて拂下を受くることを得

不法逮捕

不法逮捕とは不適法にして且つ職權なき官公吏が人民を逮捕するを云ふ此の語は當地に於て特殊の意義を有するものとす其解說左の如し

當各國共同居留地境界內に於て正式の逮捕狀又は共同居留地警察吏員の補助なくして佛蘭西居留地工部局吏員及會審衙門の吏員又は他の支那官憲に屬する吏員は人民を逮捕するを得ざるものとす

前記の各吏員が不法逮捕をなしたるときは卽時其の者を逮捕し當該官憲に引渡すものとす

猥褻なる廣告

猥褻若しくは淫靡なる性質の繪畫又は文書若しくは印刷物を家屋或は建設物の壁に貼付し又は人に交付し示し又は家屋若しくは店舖の窗に揚くべからず

石　油

支那建家屋には一時に拾箱以上の石油を貯藏すべからず

紙鳶飛揚

街路若くは公開の場所にて紙鳶を飛揚し通行人の妨害を爲し又は電信、電話、電車、其他電線の支障を爲すべからず

衛生試驗所

公衆の爲めに左の手續により分析及試驗を行ふ

一、公益上分析の必要を認めざる見本は之を謝絕することを得

二、公衆衛生に影響を及ぼすべき食料の品質に關し疑ひあるときは衛生局長の見込に依り公定料金を以て之を分析す

三、標本を發送し來りし地方は明瞭に記載すべし

四、粉碎したる標本は分析用として之を受理せず

五、分析したる標本は工部局所有とす

六、工部局分析の結果より生ずる請求を承認せざるものとす

分析用として提出するを要する分量は左の如し

乳汁及酒類	一パイント
バ　タ	一ポンド

水　一ガロン

細菌檢査を要するときは極寒の季節の外は其の水を氷詰にして送付すべこ

分析手數料

水(化學的及細菌試驗)　銀五十兩　牛乳　銀五兩
バタ　銀三十兩　酒類　銀四十兩
鑛物、合金、金屬其他
構成物の定性試驗　銀十兩　完全定性分拆　銀廿五兩
定量分拆(構成物毎に)　銀卅五兩

石炭

一般的分拆　銀卅五兩　火力試驗　銀十五兩
ペトロール、ベンジン、石油、機械油其他

油類

一般的分拆　銀五十兩　發火點試驗　銀五兩
建築材料、セメント、モルタル、石炭其他
化學的及理學的定性試驗　銀五十兩

毒藥學的檢査

定性　銀五十兩　定量　銀百兩
五回分牛痘々菌一管に付　銀三十仙　牛痘々菌(容器なし)一瓦に付　銀六弗
實布的利亞抗毒素一瓶に付　銀二弗　破傷風抗毒素一瓶に付　銀四弗
アンチストプコチカス血精一瓶に付　銀四弗
鼠疫血精ヤルシン一回分　銀一弗　ツベルクリン種立方に付　銀一弗
マルレイン　同　銀一弗　パスチユール氏咬鼠齧治療　銀五十兩

實扶斯熱、マルタ熱、結核病、實扶的利亞、マラリヤ、鼠疫瘋疾、球菌、等の檢査一件に付　銀二兩

腫瘍檢査　銀五兩

以上列記以外の檢査料及其他の情况は之を問合すべし

痘菌及血精は冷暗なる場所に貯藏すべし實扶的利亞又は結核病の細菌診斷に對しては針線に殺菌綿を捲きたる箒を咽喉に插入し唾液等を受け殺菌したる硝子管又は硝子壜に容れて送付すべし殺菌したる箒は衛生試驗所にて之を下附す

突扶斯又はマルタ熱に對しでは硝子板面に二三大滴の血液を滴らし之れを乾燥したるもの又は毛細管に新細なる血液を容れて送付すべし

マラリヤに對しては血液の薄皮を送付すべし

瘋疾球菌に排泄物の稀薄塗抹其他の排泄物糞便膿汁等は殺菌したる箒管に容るるか又は毛細管に容れ密封して之を送付すべし

斷面用病理學參考品の運搬には大さ吋四方厚八分の一吋のものを「フォルマリン」の二分液又は酒精と水と半分液に容る可し可成腫瘍の全部も共に送付すべし

衛生試驗所檢査用參考品運搬完全器及抗毒薬注射器も亦之を拂下くべし

釐金税

工部局に於て適法に賦課する課金は租税の外如何なる種類の税金をも課税することを禁ず

支那官憲又は其屬員か釐金税卽ち何程の貨物に對しても課税し又は課税したるときは直ちに之を逮捕し當該官憲に引渡さるべし釐金局又は其の分局を設置することを禁ず其設置しあること

富籤

マーケット規則

を發見したるときは警察吏員直ちに之を閉鎖し局内の財産全部を差押へて之を沒收し關係者を逮捕し當該官憲に引渡すべし

富　籤

富籤店を許可せず又た富札の販賣を禁ず

富籤店舖を發見したるときは直ちに之を閉鎖し關係者を逮捕し之を告發することあるべし

富札を販賣し又は販賣せんとしたる者は直に之を逮捕し告發すべし

小菜市場規則

一、市場は毎日午前五時より正午まで開場すべし

二、使用料

陳列臺　一台につき毎月銀二弗半（該台は長さ六呎巾三呎以内にし脚附にし臺下は自由に水にて洗ひ得る樣にし各自の支辦たるべし）

（注意長五呎六巾二呎五位を最良とす）

三、市場以外にて新鮮なる食料品を呼び賣する事を許さす

四、鑑札主は少なくも一日一回は陳列台及附屬品を洗滌すべし

五、檢査又は分折のため衞生局員の要求ありたる時は標本を提出すべし、販賣のため陳列せる或は貯藏せる食料品が不良にして健康上有害なる混雜物あるとき又は不適當なりと認めたる時は之を沒收し鑑札主を告發し又は退場せしむべし

六、市場に於て使用する度量衡は定規に之を檢査す不正の度量衡を所持し又は不正に計量して物品を交附したる者は之を告發すべし、外國食料品に對しては英國衡器を使用すべし

七、食料品に蠅又は塵芥の觸れざる樣適當の方法を執るべし

八、市場の床上に唊唾を吐出すべからす

九、賣店内又は卓子上に偃臥又は睡眠すべからず

十、市場に犬等を牽き入るべからず

十一、生きたる豕羊山羊又は牛を市場内に入るべからず

十二、賣店の使用届は衞生局吏員に差出すべし

二注意日本人は更に鑑札許可後帝國領事にも届を提出すべし

衞生局吏員の許可なくして陳列臺を出願者一人にして二個以上の使用を許さず

十三、賣店は他人に讓渡し轉貸又は株賣するを許さず

（注意殊更に此の項注意せらるべし）

十四、賣店場所卓子の番號及び其の他の位置を衞生局吏員は變更することあり

十五、賣店又は陳列臺其の他より蒙りたる損害は其の鑑札主の責任たるべし

十六、鑑札主及其の使用人は種痘及其の他相當の傳染病豫防方法を施すべし

十七、傳染病を發生したる時は其の鑑札主及使用人の市場に入り又は食料品を取り扱ふを許さず

十八、煮沸調理せずして食用に供する果實蔬菜其の他肉類等は蠅等の觸るを防ぐため切り又は皮を剝ぎたるまゝ販賣すべからず

十九、獸肉出賣店は市場閉鎖後賣れ殘りの肉類を工部局屠獸場に預け置くべし

二十、雉子は二月十五日より九月三十日まで鹿兎鷓胡其の他の小鳥類は三月一日より九月三十一日までの期間内は之を販賣

するを許さず

二十一、鑑札主は公衆衛生上の必要に應じ衛生局吏の要求する設備をなし營業すべし

二十二、退場又は告發せられたるに原因し又は其の他の理由に依り市場内に於て喧噪するを許さず

二十三、工部局員に贈與すべからず

燐　寸

取扱に因りて發火し又は生命に危害を及ほし若くば損害を生ずる如き燐寸の貯藏は左の制限に依る

一、小店舗(支那家屋一戸)にては三箱迄

二、大店舗(支那家屋二戸)にては六箱迄

(一箱は六罐一罐は千二百個入)

泥　土

五月一日より九月三十日迄は河川及千浮又は濱より泥土を取り搬ふことを禁す

但し衛生局長の認可あるときは此の限りにあらす

傳染病屆

傳染病患者(國籍を問はす)診斷後十二時間以内に屆出づへし

患者か病院の在院者なる場合は患者の所在地及入院の月日をも併せて屆出つることを要す

傳染の經過に對する見込をも可成記入すへし

醫者は患者ありたる場合には衛生局長に屆出て又け病人に對し其屆出を爲すへき旨注意するを要す

尙は迅速に消毒を施すへきものとす

傳染病患者は外國人及支那人共可成工部局避病院に送るへし

上海開業醫と工部局間の契約書式

左記病症を治療したるとき及其以外の病症にて衛生試驗所の材料として必要と思惟したるときは手數料を支拂ひ其の旨工部局に屆出つへく候也

妨　害

街路又は公開の場所に於て普通の意義に於て妨害と認む可き行爲ありたる者は直ちに拘引し之を告發すへし

公園及公開の場所

工部局所管の左の公園及公開地は公園委員と稱する特別顧問の補助により之を管理す黃浦灘及蘇州路河岸公衆花園、豫備公園支那公園、崑山公園、虹口運動場、ブンナン公開地公立運動場は此の限りにあらす

公　園

公園取締規則左の如し

一、犬又は自轉車を入るへからす

二、步行者は通路のみを步行すへし

三、鳥巣を捜し花草を摘取り其の外樹木芝草類を毀損する事を禁す

兒童の親又は附添人は斯る惡戲を爲さしめさる樣注意すへし

四、音樂堂又は其周圍の柵内に入ることを禁す

五、支那人は入園すへからす但し外國人の從者は此の限にあらす

六、外國人の伴はさる小兒は豫備公園内に入るを許さす

七、不體裁なる服裝の印度人は入園すへからす

公立運動場

公立運動場

公立運動場の管理は運動場資金保管の委員の内より借地權契約に關し毎年選擧せらる委員に委托す

一、運動資金保管委員は末尾に添付したる圖面に示すか如く上海競馬場内側の土地全部を貸與し工部局は之を借入する事を約定す　但し圖面綠色の部卽ち上海球戲俱樂部、上海レクレション俱樂部、上海遊泳浴場俱樂部内側調馬場及游泳浴場の南端圖面上淡綠色の小部分は之を除外とす

此の契約は一ヶ年の借地料上海銀六百兩にして千八百九十四年九月一日より向ふ五ヶ年間有効とす其借地料支拂期間は一年を四回に分ち毎年十二月一日三月一日六月一日九月一日とす

二、左の地面は上海在留外國人の公園又は運動場として使用することを得

工部局は公園又は運動場を作る目的を以て道路步道を設け樹木花草を植へ建築物を設置し馬場の展望を妨けさる限り其他適宜の設備を爲すことを得

但し運動資金保管委員は障碍飛越競技場の現形の儘保存する權利を設け上海競馬俱樂部員は後段に揭くる實行委員の決議したる時日に右障碍飛越競技場を使用する權利を有す

四、工部局は現在運動資金保管委員の同意なくして此の約定書に記載したる土地其他の物件を轉貸すへからす

五、該土地の管理は毎年工部局の選擧する實行委員會に委托す

其委任會は三人より少からす五人より多からす委員を以て組織し一人は希望に從ひ必す現在運動資金保管委員の一人より一人は必す上海競馬俱樂部理事の一人より他の一人は必す工部局員なることを要す殘餘の委員は工部局に於て戶外遊戲に趣味を有する上海外交團體員の内より選擧す委員會は上海外交團體により該土地に對する使用娛樂野外遊戲實習其他目的に必用且つ便利なりと認らる細則及諸規定を設くる事あるへし

他の目的に向ても類似の場合に於ては細則及諸規定を設くることを得

此細則及諸規定は工部局の認可を受くるものとす

六、工部局か一ヶ月借地料の支拂を遲滯せるとき又は上記の條件に違反するときは現任運動資金保管委員會は其土地を使用し此の契約書の期限は廢棄せらるるものとす

追　加

イ、運動資金保管委員會より工部局に對する競馬場内側地面貸與契約と千八百九十九年八月三十一日滿了したるにより更に同年九月一日より千九百四年八月三十一日に滿了すへき五箇年間の期限を延長することを茲に雙方契約す

ロ、運動資金保管委員より工部局に對する競馬場内側地面貸與契約は千九百四年八月三十一日滿了に付き更に同年九月一日より千九百十四年八月三十一日に滿了すへき十箇年の期限を延長することを茲に雙方約諾す

公立運動場取締規則左の如し

一、運動場一般の管理は名譽委員の管掌に屬す

二、運動場は競馬當日及委員會に於て閉鎖するを適當なりと認めたる日の外公開す

閉鎖するときは其旨各入口に揭示すへし

新公園

三　諸車輛は龍飛橋より運動倶樂部入口の通路又は特置の停車場の外通行すへからす
四、運動場内に於て馬を運動せしめ又は調教すへからす
五、場内を使用する諸倶樂部に屬するもの外國人に隨伴するもの外支那人の入場を禁す
六、不體裁なる服裝をなしたる印度人の入場を禁す
七、場内の一部分の貸切又は使用許可は委員會の名譽書記長より之を得るものとす
八、場内に於て敷物を打叩くことを許さす

虹口運動場

工部局參事會の認可を經たる左の假規則を施行す
一、運動場一般の管理は公園委員の管掌に屬す
二、運動場は五月一日より十月十五日迄は午前五時より正午迄十六日より四月三十日迄は午前六時より午後七時迄公開す
三、外國人に隨伴する家僕の外支那人の入場を禁す
四、不體裁なる服裝を爲したる印度人の入場を禁す
五、馬、車輪、自轉車の入場を禁す
六、散歩者は道路のみを歩行すへし
七、適當の口輪を施し且つ革紐を以て繫きたる犬にあらされは入場せしむへからす
八、鳥巣を捜し花卉を摘取り其外樹木、芝草類を毀損すへからす
兒童の親又は附添人は斯る惡戲を爲さしめざる樣注意すへし
九、「クリケット」「ゴルフ」「ロンテニス」「ボールス」「フートボール」「ホツキー」は其遊戲の爲めに特設の地面に於て許可す
「フートボール」「ホツキー」の季節は略ぼ十月十五日に開始し三月十五日に終了し「クリケット」「ロンテニス」「ボールス」は五月一日に開始し十月十五日に終了するものとす
十、名譽書記長に宛て願書を差出すときは競技又は遊戲を行ふ爲め地面を貸切りさすることあるへし
十一、委員長は場内の狀態不適當なりと認むるときは遊戲を許さゞることあるへし
其の場合は其旨入口に揭示すへし
十二、クリケット及フートボル、ホツキーは每日曜日午後一時迄之を許さす
十三、ロンテニスコートの位置は委員長之を選定す「コート」を使用するものは護謨底沓を穿つへし
十四、「ゴルプ」は常に之を許可す
但し土曜日、日曜日、午後三時迄は此の限にあらす
十五、射擊、短艇漕き、短艇帆走、煙火及水浴は嚴禁す
十六、場内に於て敷物を打叩くことを禁す
十七、警察吏員は此の規則を執行することを命令せらる
左は上海在留日本臣民の行爲に關する取締規則第二十二條の原文なり
（千九百八年九月五日日本總領事館告示第三號）

許可

諸公園に入る日本人の男子は必す洋服又は羽織袴を着用すへし

建築工事

左の行爲を爲さんとするときは先つ工部局土木課に願出て許可を受くへし

建築物

道路又は路次内梯子を使用する如き家屋の修繕又は其他の工事
排水の爲め又は種類の如何を問はす管又は針線を埋設する目的を以て道路又は路次を掘立つる工事
道路に接して垣圍、板圍、看板其他の建設物の工事
道路に突出すへき設計にて雨覆日除洋燈の裝置其他建設物工事
函船、棧橋、道路より建築材料を陸揚すること河川或は干瀉及濱より泥を運ふこと許可手數料左の如し

外國風建築物

(イ)一建坪千平方呎を超えす一階建より高からさる煉瓦建物　銀五兩
(ロ)一階を加ふる毎に　銀一兩
(ハ)建坪百平方呎又百平方呎以下を加ふる毎に　銀半兩
(ニ)一戸建に對する手數料は銀二十五兩を超過することなし
(ホ)平家建坪千平方呎を超ゆる建物　銀二兩半
(ヘ)前各項以外建物の許可手數料は前掲料金の半額とす
(ト)既に許可したる圖面の變更は　銀一兩
(チ)現存の建物改築　銀三兩
(リ)圖面か長屋建なるとき第一の一戸を前掲の割合を以て計算し其他の家屋は一戸に付き前掲料金の半額を徴收す
但し一棟に付き銀五十兩を超過することなし

支那風建築

住宅店舗又は商館

家屋三戸又は其以下但し附屬建物とも　銀五兩
家屋一戸を加ふる毎に　銀一兩の十分
其他の建物　銀十兩

注意

通常支那家屋は凡て二十四呎、十二呎に設計せらる其の袖は凡そ一戸の二分の一に當するを以て之を半戸と算し二十四呎の梁を横に使用するときは之を二戸と算す

雜

最少建築事　銀一兩
河岸造築　銀二兩
半家屋修繕の爲め梯子を掛けること　銀半兩
看板洋燈又は垣圍を設くること　銀半兩
泥埋等　銀半兩
儀式用アーチ　銀五兩
儀式用アーチに十五呎の街路を横斷する場合　銀五十兩
街路を覆ふ「カリコ」製日除
一「フオング」毎に　銀半兩
手數料最少額　銀半兩
街路を覆ふ筵製日除
一「フラング」毎に　銀二兩
手數料最少額　銀二兩

許可なく前掲の工事を爲したることを發見したるときは告發すへし

行列

行列

許可を受たる場合の外支那人の婚姻、葬儀其他の行列は街路上を通行することを禁す許可願は少くとも三日前警察部長に差出すへし
河南東方路の中央區内に行列の通行を許さす

左記時間内は小沙渡路東方の南京路又は靜安寺路内に行列の通行又は横斷するを許さす

午前八時より午前九時三十分迄

正午より午後二時三十分迄

午後四時より午六時迄

列行中に武裝したる團體を包含したるときは工部局參事會に特に願書を差出すへし

公告

公　告

適當の權限なく又た工部局の承認と印章なき公告を居留地内に掲示することを禁す

支那官憲より公布する公告は首席領事を經工部局へ送付すへし領事團の承認を經首席領事之れに調印し工部局印章を押捺し而して警察吏員之を掲示するものとす

賣淫

密　賣　淫

賣淫又は誘惑の目的を以て街路又は公開の場所に彷徨し通行人の妨害を爲したる婦女は之を拘引し告發すへし

公衆衛生上の注意

天然痘、虎列刺、下痢、猩紅熱、痲疹、窒扶的利亞、肺病、ペスト、及マラリヤの如き傳染病は公衆衛生及各個人の注意により豫防し得へきものなり

左に其注意事項を示さん

公の手續

家屋の衛生檢査を受けんとするものは河南路第一號衛生局に願出するときは無料にて之を施行すへし

保健上危險の慮ある事柄は衛生局に申告せらるへし

危險なる傳染病の隔離の爲めに靶子路に避病院を設けあり

其用病室の入院料は一日銀二兩にして專用室は一日銀六兩とす

貧困者の爲めに無料の寢台を設く

傳染病發生したる構内は衛生局に請求するときは無料にて消毒を施行す

各個人の注意事項

上海に特に流行する所の豫防し得へき性質の疾病か多くの場合病毒に汚染したる食料に原因するを以て厨房の注意を嚴重にするを要す

可成食料部屋（調理せさる食物を貯藏する場所）厨房、切出部屋等を別々にすへし切出部屋は「ベルケエンルド」或は水漉、水箱食卓用、諸道具、流し、煮沸牛乳、飲料、麵麭、バタ、果實、及總て調理したる食料品を貯藏すへし

調理及煮沸するときは傳染病毒は撲滅するものなり

土地に接して生したる蔬菜及果實は腸窒扶斯、虎列刺、赤痢、其他内臓の疾患の病毒を傳染し易きか故に調理の前には必す切り出し部屋の外に置き調理したる食物と接觸せしむへからす

牛乳は配達を受けたるときは直ちに煮沸し切り出し部屋に置くへし

飲料水は煮沸し又はバークフヰルド氏濾過器にて濾過し之を飲用すへし

蚊及蠅は傳染病毒を取次ぐものなり故に調理したる食物には蠅除を覆ふへし蚊に咬まるときは「マラリヤ病」に罹ることあり蚊張の使用を忽にすへからす殊に内地村落にありては最も其必要あり水溜に石油を撒布するときは蚊の繁殖を妨くものなるも寧

ろ住家の附近に汚水を滯溜せしめさるに如かす
鼠は鼠疾菌を取次ものなるか故に厨房婢僕部屋、厩舎より鼠疾を驅逐し猫を飼養し罠を設け又は毒藥を與へ若くは家屋に防鼠的裝置を施し鼠族に食物を加へさる樣注意するを要す
塵埃は適當にして容易に開閉し得る亞鉛鐵の容器を備ふへし
婢僕用は勿論一切の便器は密閉し得る樣裝置すへし
適當の便器は衛生局に於て拂下を受くるを得
內庭及溝渠は常に良く修理し撒水を爲すへし
種痘は三年毎に施行すへし

看板

看　板

街路に揭くる所の取外し得る支那風の看板に對し左の規則を適用す

一、看板は總て地上より七尺半より低く揭くへからす
二、人道ある道路に在りては看板は境界石より突出すへからす
三、人道なき道路即ち境界石か墻壁に附着せる道路にありては看板は覆壁より三呎以上を突出すへからす
四　看板の大さは長さ廿四呎五寸幅一呎五寸を超過すへからす
五、看板は街燈の燈火を妨くる如き位置に揭くへからす

屠獸物

屠　獸　場

工部局屠獸場規則左の如し

一、獸類は屠殺又は搬出前二十四時間工部局家畜小家に繫留するを要す
二、寢藁は工部局に於て供給すへし
三、工部局は獸類の亡失又は斃死に付其責に任せす
四、免許の獸肉商の外特許なきものは屠獸場を使用することを得す
五、熟練したる者の外獸を屠殺すへからす
六、衛生監督に於て食料として不適當なりと認むるときは屠殺を拒絶すへし死體は檢查濟の上工部局の檢印を受くるにあらされは屠獸場より搬出すへからす
七、居留地內にて獸肉を運搬するときは之を清潔なる帛布にて覆ひ運搬中は肉の上に乘るへからす臟物は適當の蓋を備ふる容器に納め速かに之を取去るへし
八、特許ある場合の外屠殺時間は十月一日より三月三十一日迄は午前十時より午後四時迄其の他は午前十時より午後六時迄とす
九、獸肉店及其苦力は獸肉供給に對する保健上衛生監督の指圖に從ふへし
十、何品たりとも工部局員に贈與すへからす

此の規則に違反したるときは許可を取消すことあるへし

一、繫留小家使用料

屠殺牛	一頭に付	八十五仙
羊	一頭に付	十　仙
小牛	一頭に付	二十五仙
豚	一頭に付	二十　仙

時間外屠殺

牛一頭に付き十仙、羊一頭に付き五仙、小牛一頭に付き五仙
豚一頭に付き二十仙を添加す

檢查を受け繫留小家より搬出するもの

牛一頭に付き七十五仙牛一頭に付き五仙小牛二十仙

汽笛
獸肉及内藏一頭分洗滌水料二仙

汽　笛

職工召集の爲め諸製造所に於て吹鳴らす滊笛の最長時間は十秒を超ゆへからす

藁類
藁　類

支那家屋又は店舗内に貯藏し得へき最大限量は一時に二ピクルとす厨房内又は煖爐若くは火氣ある室内には藁を貯藏すへからす各國居留地内に於て藁類の店舗を許可せす

游泳浴場
游泳浴場

北四川路に設置したる公立游泳場は千九百七年五月二十五日之を開始し工部局の認可したる左の規則を適用す

一、浴場は午前六時より午後八時之を開始す

二、浴場は日曜日の外午前九時より午後一時三十分迄婦女及兒童の專用に供す責任ある保護者附添はさる兒童は入場を禁す

三、十六年以上の男兒は午後六時三十分に浴場より退出すへし

四、游泳浴場に入る前に入浴者は必す灌水浴を爲すへし

五、入浴者は適當の衣を着用すへし

六、入場料十仙を入口に於て支拂ふへし

七、浴衣及手拭又は貴重品は入浴中係員に預くることを得、係員に於て相當の注意を加ふへきも紛失品ありたる場合其責に任せす

交通
交　通

街路交通に關しては左の規則を遵守すへし此の規則に違反したる者を告發すへし

一、御者は通路の左則を通行し電車の外他の車輛を逐超さんとするときは其車輛の左側を通行すへし

進行若しくは停車中の電車を逐越さんとするときば可成其左則を通行すへし

二、進行遲き重量の車輛及人力車は道路の中央を速力ある車輛に讓り路傍を通行すへし

三、角、橋梁、十字街及街角を通過するときは徐行すへし街角を左に廻るときは可成小曲りを爲し右に回るときは大曲をなすへし

四、同一方向に進行する車輛を逐越さんとするとき及ひ街角を通過するとき前方を見通し能はさるときは殊に規定の側を通行すへし

五、道路進行中の車輛の御者は停止せんとするときは暫時頭上に擧手し街角を曲らんとするときは其方面を指し續行者に其の意を示すへし

六、乘客を昇降せしめむとするときは車輛を可成人道に近く輓き寄すへし

七、乘客を降車せしめたる後は家屋の入口に車輛を止め又は交通を妨け次に到着するものを妨くへからす出入口を塞かさる距離に車輛を移し巡捕の指圖する場所に之を置くへし

八、車輛の行者は交通整理に從事する巡捕の相圖に從ひ停車の命令あるときは速かに停止すへし

九、車輛の御者は人の生命身體に危險を及ほすか如き急激なる速度を以て車輛を進行すへからす

十、重量なる車輛を輓く馬又は其他の獸類は通常歩行の速度よ

電車
警察

り速かに進行すへからす

十一、車輛を輓くと否とに拘はらす馬又は其他獸類は相當の取扱人なくして放置すへからす

其取扱人は手綱を以て馬又は其他の獸類を自由に取扱ひ得る位置に在るを要す

十二、馬車を取扱ふ間は睡眠すへからす

十三、荷車は午後三時より夜半十二時迄は福建路より山東路間の福州路の東方を通行すへからす

十四、車輛は江西路の東、南京路の狹隘なる部分に停車すへからす

十五、支那人か取扱ふ所の空車は人力車、馬車、自働車とも午前八時より午前十時迄正午より午後二を午後四時より午後六時迄の間に勞合路の東方の南京路を使用すへからす

十六、馬又は其他獸類か輓くと否とに拘はらす馬車、人力車、手輓小車、小車其他の車輛は前物を積卸し又は乘客を昇降せしむる必要の時間より以外に停止すへからす

停車場に客待する馬車人力車は之の限りにあらす

馬車、荷車、人力車、手輓小車、小車又は馬其他獸類を以て故意に十字街の交通を妨け又は道路の防害を爲し若くは巡捕の相當なる要求により他に移し能はさる行爲は爲すへからす

十七、道路に於て馬を狂奔せしめ又は調教すへからす

十八、馬又は其他の獸類を道路に於て牽くときは手綱を短く把り右側を通行すへし

十九、道路に於て馬に馬具を施し又は取外すへからす

二十、日沒後馬を牽く馬夫は燈火を携ふへし

二十一、黃浦江及蘇州河の棧橋、函船の交通は棧橋に雜踏し函船に群集し其他公衆の接近を取締る命令を受けたる巡捕の管掌に屬す

稅關波止場函船の北方揚け場は乘客のみに使用し蘇州河及洋涇濱間の棧橋及函船の荷物の揚卸のみに使用す

電　車

電車開通に付左の規則及細則を工部局に於て認可したり

警察取締規則

一、公衆に危害を及ほす如き速力を以て電車を進行せしむへからす

二、非常の場合を除き警察部長の認可したる公認停留場に停留すへし

其停留場に左の如く記載したる建札又は張札を設くへし

A、白地に赤記號を付したる必す停車するを示す

B、白地のみの札は乘客の昇降する際のみ停車する事を示す

三、電車は交叉路を横斷し又は街角を曲るときは徐行且つ注意すへし

非常の場合の外交叉點の反對側に停車すへからす又終點の外乘客の昇降の時間の外永く停車すへからす

四、電車の前後不要の昇降口は必す之を閉鎖し置くへし

五、日沒より日出の間は電車の前方に一個後方に一個の燈火を點し車輛の番號を明かに示すへし破損の場合使用する爲め電氣を要せさる危險信號洋燈二個を備ふへし

六、各車輛には警鐘を備へ十字街に近づきたるとき又は必要の場合に運轉手之を鳴らすへし

電車會社規則

但し必要なくして之を鳴すへからす

七、終點若くは不得已場合の外同一軌道に於ては各車輛は八十碼以内に近接すへからす

八、事故ありたるときは速かに警察吏員に届出つへし車輛内に於て發見したる物品は之を電車會社に引渡し電車會社は之を警察吏員に届出つへし

九、乘客中傳染病に罹りたるものを發見したるときは電車會社員之を電車外に搬出し該會社は其旨衛生局長に届出て同局長の許可ある迄其車輛を使用すへからす

十、車輛を取扱ふものは故意に電車の軌道を通行し電車の進行に妨害を爲すへからす

十一、運轉手、車掌、切符檢査係勤務中は番號又は番號票を付したる制服を着用すへし

十二、乘客か本則に違反し電車會社の規則を犯したるときは警察吏員は電車會社及其の會社員を保護すへし

一、電車會社則

イ、電車進行中は昇降すへからす

ロ、昇降口の外昇降すへからす

ハ、電車外に身體を出すへからす

ニ、喫煙室の外喫煙すへからす

ホ、昇り段又は昇降口に居るへからす

ヘ、電車内に於て卑猥の言語を用ひ啖唾を吐き車内に於て又は他の車輛に對して若しくは通行人に對して故意に妨害を爲すへからす

ト、電車の機械、軌道、附屬物に觸れ損し又は移動すへからす

チ、進行中に運轉手に談話を交ゆへからす

リ、酩酊したる者は電車に乘るへからす酩酊したるものを車中に於て發見したるときは車掌の差圖により退出せしむへし

ヌ、車掌か他の乘客の衣服を汚染し又は他の乘客に迷惑を及ほすものと思量したるときは其乘客は車内に入らしめ又は車内に停まらしむへからす

一度乘車を拒絶せられたる者は他の電車に乘車すへからす若し其既に乘車したるものを發見したるときは已に賃金を支拂ひある場合には其賃錢を返戻し退出せしむへし

ル、傳染病に懼りたる者は電車に乘り又は車内に停ること許さす

ヲ、重量千磅又は容積一立方尺以上の物品又は他の乘客或は電車の財產に不便迷惑又は危險を及ほす虞ある物品を携帶して乘るへからす

手に提け得るものは此の限にあらす

但し一切本人の責任とす

ワ、犬又は他の動物を車内に連れ込むへからす

カ、進行中、電車内にて樂器を奏すへからす

ヨ、裝彈したる銃器を携帶して乘車すへからす

タ、電車又は電車會社の軌道に關する職務に從事する會社員の執務を故意に妨害し又は遲滯せしむへからす

二、乘客は賃金表に從ひ相當の賃錢を支拂ふへし

三、乘客は車掌又は會社の係員より要求ありたるときは切符を示し又は切符し若くは乘車距離に相當する賃錢を支拂ふへし

四、滿員のときは其汽車輛入口に看安き文字にて掲示すべし

五、此の社則に違反したる者は管轄權を有する裁判所に於て相當の罰金に處せらるべし

種痘

種　痘

支那人及ひ貧困なる外國人に對し毎日午後二時河南路衛生局に於て毎日午前九時避病院に於て無料種痘を施行す

種痘、は善感せさる迄三年毎に種痘すべし

許可書

許可に關する條件、保證金及手數料

(收入を目的として下附する許可書)

條　件

旅館及飲食店

一、外國人旅館及飲食店

一、許可書は他に讓渡す可からす

二、此條件に違反したるときは工部局參事會は許可を取消し又は停止を命し保証金の全部若くは幾分を沒收し許可名義人を告發することあるへし

三、檢査若くは分析の爲め衛生局長より要求ありたるときは見本を提出すへし而して該見本か飲食に不適當なりと認められたるときは此の條件の違反と看做し其有害物は沒收せらるへし

四、營業の場所は夜半十二時に閉鎖し午前六時まで開くへからす日曜日午前十一時より午後一時まで閉鎖すへし

(一納税期毎に六十五兩を納付する二等旅館又は飲食店は午後十時に閉鎖すへし)

五、營業の場所の重なる出入口を開放しある間暗き時は其出入口の上に完全なる燈火を點すへし

六、構内を適當の衛生狀態に保ち公衆衛生上衛生局長か滿足する樣營業すへし

七、營業の場所は工部局參事會の許可書なくして他に貸與すへからす

八、許可名義人は警察吏員の要求あるときは宿泊人の職業等を可成細記して提出すへし

九、構内に於て酩酊喧噪暴行賭博懸賞試合若くは拳鬪競爭なさしむへからす

十、性行不良の風評ある者又は擧動不審の者は構内に留むへからす

十一、失踪者逃亡海員又は其所屬國領事の正式解雇證書を有せさる者は營業の場所内に入らしむへからす

十二、勤務中の警察吏員及衛生局員は自由に出入せしめ何時にても許可證の檢査を受け得る樣爲し置くへし

(勤務中の警察吏員衛生局員は第三號の場合の外酒類を購買し又は得くる事を得す)

十三、何品たりとも工部局員に贈與すべからず

保證金　百兩

手數料　營業場所の等級に因り一納期毎に四十五兩より百二十五兩を前納すべし玉突台一台ボーリングアレー一箇所に付一納期毎に三兩を前納すべし

外國酒類販賣業

二、外國酒類販賣業

外國製葡萄酒類、酒精類、麥酒類の卸小賣

條　件

一、許可證は他に讓渡すべからず

料理店
玉突業

二、此條件に違反したるときは工部局參事會は許可を取消し又は停止を命じ保證金の全部若くは幾分を沒收し許可名義人を告發することあるべし
三、一瓶より小量を販賣すべからず
四、販賣したる酒類を構内に於て飲用せしむべからず
五、分拆の爲め衛生局長より要求ありたるときは酒類の見本を提出すべし該酒類か分拆の結果不良不純有害又は飲用に不適當なりと認められたるときは無償にて其の酒類を沒收し且つ工部局の命令に遵ひ處分すべし
六、構内に於て喧嘩暴行若くは賭博を爲さしめ又は性行不良の者を留むべからず
七、勤務中の警察吏員及衛生局員は自由に出入せしめ何時にても許可證の檢査を受け得る樣爲し置くべし
（六號七號は支那人の許可名義人のみに適用す）
八、何品たりとも工部局員に贈與すべからず保證金、工部局の見込にて之を定む手數料、一納稅期每に銀四十兩を前納すべし
相當保證書を差出したる時は藥種商は虛弱者に「ポート」及「ブランデー」を販賣するは此の限りにあらず

三、料理店

條　件

一、許可證は他に讓渡すべからず
二、此の條件に違反したる時は工部局參事會は許可を取消し又は停止を命じ保證金の全部若くは幾分を沒收し許可名義人を告發することあるべし
三、日常の食事及ひ宴會等の場合の外構内に於て酒類を販賣し若くは飲用せしむべからず
四、構内に於て酩酊喧噪暴行猥褻行爲又は賭博を爲さしむ可からず
五、營業場所の重なる出入口を開放しある間暗き時は其の出入口の上に完全なる燈火を點すべし
六、構内を適當の衛生狀態に保ち公衆衛生上衛生局長か滿足する樣營業すべし
七、檢査若くは分拆の爲め衛生局長より要求ありたる時は見本を提出すべし而して該見本か飲食に不適當なりと認められたる時は此の條件の違反と看倣し其有害物は沒收せらるべし
八、營業の場所は午後十時三十分に閉鎖すべし
九、勤務中の警察吏員及衛生局員は自由に出入せしめ何時にても許可書の檢査を受け得る樣爲し置くべし
（勤務中の警察吏員及衛生局員は第七號の場合の外食物又は酒類を購買し又は受くる事を得ず）
十、性行不良の風評ある者又は擧動不審の者は構内に留むべからず
保證金　工部局の見込に依る
手數料　一納稅期每に銀三十兩を前納すべし

四、玉突營業及（バラリングサルン）

條　件

一、許可證は他に讓渡すらべかず
二、此の條件に違反したる時は工部局參事會は許可を取消し又は停止を命じ保證金の全部若くは幾分を沒收し許可名義人を

告發することあるべし

三、構内に於て酩酊喧噪暴行若くは賭博を爲さしめ又は性行不良の者を留むべからず

四、營業の場所は夜半十二時に閉鎖し午前六時迄は開くべからず日曜日午前十一時より午後一時迄閉鎖すべし

五、營業の場所の重なる出入口を開放しある間暗き時は其出入口の上に完全なる燈火を點ずべし

六、營業の場所は衛生上便利なる裝置を設くべし

七、勤務中の警察吏員は自由に出入せしめ何時にても許可證の檢査を受け得る樣爲し置くべし

八、何品たりとも工部局員に贈與すべからず

保證金　工部局の見込に依る

手數料　一納税期毎に玉突台一台バウリンアレー一個所に付銀三兩を前納すべし

支那人クラブ

五、支那人倶樂部

條件

一、許可書は他に讓渡すべからず

二、此條件に違反したる時は工部局參事會は許可を取消し又は停止を命じ保證金の全部若くは幾分を沒收し許可名義人を告發することあるべし

三、構内は午前二時に閉鎖すべし

四、營業の場所の重なる出入口を開放しある間暗き時は其の出入口の上に完全なる燈火を點ずべし

五、倶樂部員は三十名を超ゆべからず

六、營業場所は衛生上便利なる裝置を設くべし

七、構内の看易き場所に倶樂部員の各職業住所營業の場所を掲示すべし

八、倶樂部員にあらざる者を入場せしめ又は入場料を出して入場せしむべからず

九、酩酊喧噪暴行若くは賭博を爲さしむべからず骨牌《カード》及麻雀《ドミノー》の賭戯は此の限りにあらず

十、構内に於て阿片又は酒類を販賣若くは飲用せしむべからず

十一、勤務中の警察吏員は自由に出入せしめ何時にても許可證の檢査を受け得る樣爲し置くべし

十二、何品たりとも工部局員に贈與すべからず

保證金　無し

手數料　一納税期毎に銀二十五兩を前納すべし

下宿屋

六、支那人下宿屋

條件

一、許可書は他に讓渡す可からず

二、此條件に違反したる時は工部局參事會は許可を取消し又は停止を命じ保證金の全部若くは幾分を沒收し許可名義人を告發することあるべし

三、營業の場所は衛生上便利なる裝置を設くべし

四、内部の壁は少くも一年一回石灰塗を爲すべし

五、居住者家屋内に於て傳染病に罹り又は死亡したる時は直ちに衛生局長に屆出づべし

六、止宿人は家屋内に居住する者の年齢職業前住所及ひ行先きを宿帳に記載し常に警察吏員の檢査を受け得る樣に爲し置くべし

支那菜館
支那飲食店

七、銃器其他危險の武器を携帶する止宿人ある時は直ちに警察吏員に屆出づべし

八、構內に於て酩酊喧噪暴猥褻行爲又は賭博を爲さしむべからず

九、盜罪を犯したる者又は性行不良の者なることを知り之を止宿出入又は屋內に集合せしめ若くは所持品を置かしむべからず

十、構內を適當の衛生狀態に保ち公衆衛生上衛生局長が滿足する樣營業すべし

十一、勤務中の警察吏員及衛生局員は自由に出入せしめ何時にても許可書の檢査を受け得る樣爲し置くべし

十二、何品たりとも工部吏員に贈與すべからず

保證金　工部局の見込に依る

手數料　一納稅期每に營業場所の等級に因り銀二兩より十二兩を前納すべし

七、支那人飲食店

條　件

一、許可書は他に讓渡すべからず

二、此條件に違反したる時は工部局參事會は許可を取消し又は停止を命じ保證金の全部若くは參分を沒收し許可名義人を告發することあるべし

三、營業の場所は夜半十二時に閉鎖すべし

四、構內に於て酩酊喧噪暴行又は賭博を爲さしむべからず

五、營業の場所に使用する洋燈瓦斯燈其他の燈火は木造の部分より二尺以上を隔つべし

六、營業の場所の門扉は外側に開く樣裝置すべし

七、營業場所に於て外國海員に酒類を販賣し又は飲用せしむべからず

八、出火の際營業の場所にある者にして避難せしめ得らるる適當の設備を爲すべし

九、課稅金額を查出する爲稅務監督若くは該目的の爲め工部局より任命せられたる其他の吏員は相當時間に於て自由に營業の場所に出入することを得

十、勤務中の警察吏員は自由に出入せしめ何時にても許可書の檢査を受け得る樣爲し置くべし

（勤務中の警察吏員は酒類を購買又は受くることを得す）

十一、何品たりとも工部局員に贈與すべからず

保證金　工部局の見込に依る

手數料　一納稅每に銀三兩より四十兩を前納すべし

八、支那菜館

條　件

一、許可書は他に讓渡すべからず

二、此條件に違反したる時は工部局參事會は許可を取消し又は停止を命じ保證金の全部若くは幾分を沒收し許可名義人を告發することあるべし

三、夜半十二時に閉店すべし

四、構內に於て酩酊喧噪暴行又は賭博を爲さしむべからず

五、營業の場所に使用する洋燈瓦斯燈其他の燈火は木造の部分より二尺以上を隔つべし

六、營業場所の門扉は外側に開く樣裝置すべし

劇場音樂場等
支那劇

七、出火の際營業の場所に在る者をして避難せしめ得らるる適當の設備を爲すべし
八、構內を適當の衛生狀態に保ち公衆衛生上衛生局長が滿足する樣營業すべし
九、構內に於て食料を呼賣することを許さず
十、調査の爲め稅監督若くは該目的の爲め工部局より任命せられたる其他の吏員は相當時間に於て自由に營業の場所に出入することを得
十一、勤務中の警察官吏及衛生局員は自由に出入せしめ何時にても許可書の檢査を受け得る樣爲し置くべし
（勤務中の警察吏員若くは衛生局員は酒類を購買し又は受くることを得ず）
十二、何品たりとも工部局員に贈與すべからず
保證金　工部局の見込に依る
手數料　營業場所の等級に因り一ヶ月每に一卓子に付十仙より二十仙を前納すべし

九、外國劇場、音樂場、曲馬場、舞踏場見世物場

條　件

一、許可書は他に讓渡す可からず
二、此條件に違反したる時は工部局參事會は許可を取消し又は停止を命し保證金の全部若くは幾分を沒收し許可名義人を告發することあるべし
三、猥褻若くは不體裁なる演藝を上場すべからず
四、營業場所の門扉は外側に開く樣裝置すべし
五、構內に於て酩酊喧噪暴行又は賭博を爲さしむべからず
六、營業場所に於て懸賞試合若くは拳鬪競爭を爲さしむべからず
七、出火の際入場者をして場外に避難せしめ得らるる樣適當の設備を爲すべし
八、營業場所の重なる出入口を開放しある間暗き時は其の出入口の上に完全なる燈火を點ずべし
九、營業の場所は衛生上便利なる裝置を受くべし
十、開演中は勤務中の警察吏員を自由に出入せしめ何時にても許可書の檢査を受け得る樣なし置くべし
十一、構內は夜半十二時に閉鎖すべし
十二、活動寫眞顯影器は亞鉛鐵若くは鐵葉を以て張り詰め一回六本以上の「フイルム」を其の室內に貯ふべからず
（活動寫眞は許可のみに適用す）
十三、何品たりとも工部局員に贈與すべからず
保證金　工部局の見込に依る
手數料　營業の場所の等級に因り開場の一晝若くは一夜每に二十分より五兩を前納すべし

十、支那劇

條　件

一、許可書は他に讓渡すべからず
二、此條件に違反したる時は工部局參事會は許可を取消し又は停止を命じ保證金の全部若くは幾分を沒收し許可名義人を告發することあるべし
三、劇場は夜半十二時に閉鎖すべし
四、營業の場所の重なる出入口を開放したる間暗き時は其の出

入口の上に完全なる燈火を點すべし

五、猥褻若くは不體裁なる演藝を上場すべからず

六、構内に於て酩酊喧噪暴行賭博懸賞試合若くは拳闘競爭を爲さしむべからず

七、近隣の住民に迷惑を及すか如き銅羅金を鳴らし若くは其他の喧噪を爲すべからず

八、營業場所に使用する洋燈瓦斯燈其他の燈火は木造の部分より二尺以上を隔つべし

九、營業場所の門扉は外側に開く樣裝置すべし

十、營業場所は衛生上便利なる裝置を受くべし

十一、出火の際の營業の場所にある者をして避難せしめ得らる樣適當の設備を爲すべし

十二、勤務中の警察吏員は自由に出入せしめ何時にても許可書の檢査を受け得る樣爲し置くべし

十三、何品たりとも工部局員に贈與すべからず

保證金　銀五十兩

手數料　營業場所の等級に因り一個月毎に銀六兩より六十兩を前納すへし

十一、支那質屋

條　件

一、許可書は他に讓渡す可から

二、此條件に違反したる時は工部局參事會は許可を取消し又は停止を命じ保證金の全部若くは幾分を沒收し許可名義人を告發することあるへし

三、質に取り買入れ又は受取りたる物品は凡て日付貸付金額及利子の割合又は買入金額と共に正しく帳簿に記入すへし

四、前項の帳簿は何時にても警察吏員の檢査に供し不正行爲に依り得たる疑ある物品に就ては可成詳細の説明を記入し要求ある時は其物品を警察部長に供托すへし、

五、毎物品に對し入質の日付質屋の名稱物品の種類貸付金額利子の割合流期を記載したる質札を質置主に交付すへし

六、外國人のみ使用する衣服又は物品は質に取り又は買入るへからす

七、種類の如何を問はす銃器は質に取り又は買入るへからす

八、盜品の疑ある物品を質入れ又は賣却せんとする者ある時は警察吏員に通知を終る迄其の者を留め置くへし

九、店鋪は午後十時に閉鎖し午前七時迄は開店すへからす

十、課税金額を查定する爲め税務監督又は該目的の爲め工部局より任命せられたる吏員は毎納税期の終りに營業帳簿を自由に檢査することを得

十一、何品たりとも工部局員に贈與すへからす

保證金　工部局の見込に依る

營業税金

一ヶ月に付利子を百分の一より百分の二以下受くる質屋は營業高百分の一の五分の一以上、百分の二以上百分の三受くる質屋は營業高百分の一の四分の一以上、百分の三以上百分六の受くる質屋は營業高百分の一の二分の一以下、百分の六以上百分の九受くる質屋は營業高百分の一の四分の三百分の九以上を受くる質屋は營業高の百分の一を四分の一期間毎に納税すへし

阿片商

十二、阿片商

條件

一、許可書は他に讓渡すへからす

二、此條件に違反したる時は工部局參事會は許可を取消し又は停止を命し保證金の全部若くは幾分を沒收し許可名義人を告發することあるへし

三、夜半十二時に閉店すへし

四、調査の爲め稅務監督若くは該目的の爲め工部局より任命せられたる其他の吏員は相當時間に於て自由に營業の場所に出入することを得

五、勤務中の警察吏員を自由に出入せしめ（阿片を購買又は受けしむへからす）何時にても許可書の檢査を受けらるゝ樣爲し置くへし

六、何品たりとも工部局員に贈與すへからす

保證金　工部局の見込に依る

手數料　營業場所の等級に因りて一ヶ月毎に銀十兩より四十兩を前納すへし

阿片喫煙

十三、阿片喫煙店

條件

一、許可書は他に讓渡すへからす

二、此條件に違反したる時は工部局參事會は許可を取消し又は停止を命し保證金の全部若くは幾分を沒收し許可名義人を告發することあるへし

三、夜半十二時に閉店し翌午前六時迄開店すへからす

四、婦人及小兒は店舖に出入せしむへからす

五、構內に於て酩酊喧噪暴行又は賭博を爲さしむへからす

六、營業場所に使用する洋燈瓦斯燈其他の燈火は木造の部分より二尺以上を隔つへし

七、店舖は衞生上便利なる裝置を爲すへし

八、店舖の門扉は總て外側に開く樣設備すへし

九、出火の際店舖に在る者をして避難せしめ得らるゝ樣設備すへし

十、調査の爲め稅務監督若くは該目的の爲めに工部局より任命したる其他の吏員は相當時間に於て自由に店舖に出入する事を得

十一、勤務中の警察吏員を自由に出入せしめ（阿片を購買又は受けしむへからす）何時にても許可書の檢査を受けらるゝ樣爲し置くへし

十二、何品たりとも工部局員に贈與すへからす

保證金　工部局の見込に依る

手數料　使用の阿片洋燈一台に付一ヶ月毎に五十仙を前納すへし

運送船

十四、運送船

條件

一、許可書は他に讓渡すへからす

二、此條件に違反したる時は工部局參事會は許可を取消し又は停止を命し保證金の全部若くは幾分を沒收し許可名義人を告發することあるへし

三、棧橋に勤務する警察吏員及港務官吏か交通規則に違ひ命令する時は船の取扱者は速かに之れに從ふへし

四、荷役中棧橋に群集し又は交通の妨害を爲すへからす
五、荷役中にあらさる時は港務官吏指定の場所に繫留しポントゥーン又は棧橋に繫くへからす
六、船取扱者の懈怠より生したる損害は許可書名義人の責任とす
七、許可書は何時にても警察吏員及港務官吏の檢査を受けらる樣爲し置くへし
八、何品たりとも工部局員に贈與すへからす
保証金　工部局の見込に依る
手數料　積載量二十噸以下の舟は一ヶ月毎銀一弗五十仙

十五、渡船及端舟

條件

一、許可書は他に讓渡す可からす
二、此條件に違反したる時は工部局參事會は許可を取消し又は停止を命し保證金の全部若くは幾分を沒收し許可名義人を告發することあるへし
三、棧橋に勤務する警察吏員及港務官吏か交通規則に遵ひ命令する時は船の取扱者は速かに之れに從ふへし
四、船內に於て發見したる物品は直ちに最寄の巡捕署に屆出つへし
五、警察吏員及港務官吏の要求ある時は船の取扱者は其の船の番號及行先を答申し且つ許可證は何時にても檢査し得らる樣爲し置くへし
六、船取扱者の懈怠より生したる損害は許可書名義人の責任とす
七、何品たりとも工部局員に贈與すへからす
保證金　工部局の見込に依る
手數料　命令に遵ひ一ヶ月毎に銀二弗を納むへし

十六、小蒸汽船

條件

一、許可書は他に讓渡す可からす
二、此條件に違反したる時は工部局參事會は許可を取消し又は停止を命し保證金の全部若くは幾分を沒收し許可名義人を告發することあるへし
三、棧橋に群集し又は交通の妨害を爲すへからす
四、棧橋に勤務する警察吏員及港務官吏か交通規則に遵ひ命令する時は小蒸汽船の取扱者は速かに之れに從ふへし
五、要求ありたる時は小蒸滊船取扱者は許可鑑札を提出すへし
六、棧橋又は其の附近に於て棧橋附近の住民に迷惑を及ほす如き不必要なる汽笛を鳴らし又は煤烟を噴出すへからす
七、船取扱者の懈怠より生したる損害は許可書名義人の責任とす
八、何品たりとす工部局員に贈與すへからす
保證金　工部局の見込に依る
手數料　一月毎に銀二弗を前納すへし船客を運搬するものは一ヶ月毎に銀五弗を前納すへし

十七、支那船

條件

一、許可書は他に讓渡す可からす
二、此條件に違反したる時は工部局參事會は許可を取消し又は

停止を命し保證金の全部若くは幾分を沒收し許可名義人を告發することあるへし

三、棧橋に群集し又は交通の妨害を爲すへからす

四、棧橋に勤務する警察吏員及港務官吏か交通規則に遵ひ命令する時は小蒸汽船の取扱者は速かに之れに從ふへし

五、船内に於て發見したる物品は直ちに最寄の巡捕署に屆出つへし

六、要求ありたる時船の取扱者は許可鑑札を提出すへし

七、船取扱者の懈怠より生したる損害は許可書名義人の責任とす

八、何品たりとも工部局員に贈與すへからす

艀板

十八、艀板（通ひ船）

保証金　工部局員の見込に依る

手數料　等級に因り一ヶ月毎に百文より、六百文を督促に從ひ納むへし

條　件

一、許可書は他に讓渡す可からす

二、此條件に違反したる時は工部局參事會は許可を取消し又は停止を命し保證金の全部若くは幾分を沒收し許可名義人を告發することあるへし

三、艀板は棧橋の側へ一例に繋留すへし

四、棧橋に勤務する警察吏員及港務官吏か交通規則に遵ひ命令する時は船の取扱者は速かに之れに從ふへし

五、艀板の取扱者は其の船内に事故ありたる時は速に警察吏に屆出つへし

六、艀板の看易き個所に許可鑑札を釘付すへし

七、艀板に於て發見したる物品は直ちに最寄の巡捕署に屆出つへし

八、警察吏員の要求ありたる時は艀板の取扱者は其の番號及行先を答申すべし

九、艀板は日沒より日出の間其の許可鑑札の番號を明記したる燈火を看易き場所に揚くべし

十、艀板の取扱者は左表以外の賃錢を請求し又は正當の理由なくして當港内は何時たりとも旅客の輸送を拒むことを得す

十一、何品たりとも工部局員に贈與すへからす

渡船賃

距　離　半哩若くは其の以下四十五文若くは五仙
次の半哩毎に四十五文若くは五仙

時　間　十五分間若くは以内九十文若くは十仙

保證金　工部局の見込に依る

手數料　二箇月毎に銀一弗督促に因り納むべし

馬及車輛

十九、自家用馬、駒、騾馬、驢及車輛

條　件

一、許可書は他に讓渡す可からす
動物及車輛は許可名義人の所有なることを要す

二、此條件に違反したる時は工部局參事會は許可を取消し又は停止を命し保證金の全部若くは幾分を沒收し許可名義人を告發することあるべし

三、許可名義人は現行警察諸規則を遵守すへし

四、車上に於て銅鑼號角又は特種の警報器を使用すべからす

五、警察吏員又は車輛検査員の要求ありたる時は車輛取扱者は其の許可鑑札を提出すべし

六、日没より日出の間車上前方に白燈一個後方に赤燈一個を點づへし

七、動物又は車輛の取扱者の懈怠より生したる損害は許可名義人の責任とす

八、何品たりとも工部局員に贈與すべからず

保證金　工部局の見込に依る

手數料　馬、駒、騾馬、驢一頭に付一納税期毎に銀一弗五十仙を前納すべし車輛一台に付一納税期毎に銀四弗五十仙を前納すべし

注意

許可書の寫は其の費用を別に納付するにあらざれば之を下附せず

許可書は佛蘭西居留地内に於ても有効なり

二十、車馬賃貸業

條　件

一、許可書は他に讓渡す可からず

二、此條件に違反したる時は工部局參事會は許可を取消し又は停止を命じ保證金の全部若くは幾分を沒收し許可名義人を告發することあるべし

三、車輛檢査吏員又は車輛檢査の爲め工部局より任命せられたる吏員は何時にても廐舍諸動物車輛を檢査することを得
檢査吏員の證明なくして動物又は車輛を使用せしめ又は賃貸するを得ず

四、毎車輛の外面看易き個所に許可鑑札を釘付し讀み易く覆はれざる樣爲し置くべし

五、車輛検査係の許可なくして許可書以外の動物又は車輛を構内に置くべからず

六、車輛検査係に於て十分なりと認むるまで廐舍を清潔にし排水光線の射入換氣法を適當に設備すべし

七、馭者は强壯健康にして制服を用意し車輛を馭する時は之を着用し其の服裝は清潔にして見苦しからざるを要す

八、二輪車は馭者共に四人以上四輪者は馭者共に五人以上乘車すべからず、六人以上運搬する乘合馬車は二頭を以て之を曳かしむべし

九、日没より日出の間は車上前方に白燈一個後方に赤燈一個を點ずべし

十、車輛の取扱者は現行諸規則を遵守すべし

十一、車輛の取扱者の懈怠より生したる損害は許可名義人の責任とす

十二、何品たりとも工部局員に贈與すべからず

保證金　工部局の見込に依る

手數料　賃貸用の馬、駒、騾馬、驢は一頭に付一納税期毎に銀三弗
車輛は一台に付一納税期毎に十二弗を前納すべし

賃金表

（時間）最高速度を一時間六哩とす

二人乘車半時間若くは以下　五十仙

同　半時間以上一時間以下　七十五仙

自轉車
荷車

同　一時間毎に　七十五仙
一人を增す毎に一時間に　二十五仙
（距離）一哩若くは以下　二十五仙
最少賃金　五十仙
夜半後は倍增し
歸路の空車に對しては賃金を出すべからず

二十一、自轉車、蒸汽、油又は電氣を以て進行する車輛

條　件

一、許可書を他に讓渡す可からず車輛は許可名義人の所有なることを要す
二、此條件に違反したる時は工部局參事會は許可の取消又は停止を命じ保證金の全部若しくは幾分を沒收し許可名義人を告發することあるべし
三、許可名義人及車輛の取扱人は現行警察諸規則を遵守すべし
四、許可書の番號は之を車輛の後方看易き場所に揭くべし
五、日沒より日出の間車輛は二個の洋燈を點ずべし白燈一個を前方に赤燈一個を尾燈として（許可番號を明かに讀み得る位置）裝置すべし又た常に警報器として號角を裝置すべし
六、運轉手は工部局より任命したる委員の試驗を經て下附せられたる證明書を携帶すべし
七、行進の速度は交通の模樣に隨ひ尚十字街街角及狹隘なる道路に於て加減すべし
八、公衆に迷惑を及ぼす如き排氣を爲さざる樣排氣管に適當の注意をなすべし
九、運轉手は警察吏員又は車輛檢査係の要求あるときは許可書を提出すべし
十、車輛取扱人の懈怠より生じたる損害は許可名義人の責任とす
十一、何品たりとも工部局員に贈與すべからず
保證金　工部局の見込に依る
手數料　一納税期毎に銀六兩を前納すべし
注　意　許可書は佛蘭西居留地にも有効なり

二十二、荷　車

條　件

一、許可書は他に讓渡すべからず
二、此條件に違反したる時は工部局參事會は許可を取消し又は停止を命じ保證金の全部若くは幾分を沒收し許可名義人を告發することあるべし
三、車輛は常に道路の左側を通行し他の車輛を追越さんとするとき其右側を通過すべし
四、車輛は堅牢に建造し清潔に保存し適當の修繕を加へ車軸は油の切れざる樣注意すべし
五、手輓車は各車輪に齒留を付すべし其標本は虹口巡捕署にて一覽すべし
六、車輛には少くも二人を付すべし
七、日沒より日出の間は許可番號を記したる洋燈一個を車輛に點ずべし
八、車輛の取扱人は強壯健康にして清潔なる衣服を着用すべし
九、交通に危險を生じ又は道路の妨害となるべき長大且つ過重にして取扱に不便なる荷物又は車輛取扱人か各方を看通し難

き容積の荷物を車輛に積載すべからず
十、荷物を積載したる車輛は午前八時より午后八時迄南京路を通行すべからず
但し南京路に於て荷物を積卸しするは此の限りにあらず此場合に於ては最近の横町より出入すべし
十一、車輛の取扱人は警察吏員又は車輛檢査係の要求ありたる時は許可鑑札を提出すべし
十二、車輛取扱人の懈怠より生したる損害は許可名義人の責任とす
十三、何品たりとも工部局員に贈與すべからず
保證金　工部局の見込に依る
手數料　等級に因り車輛一臺に付一ヶ月毎に銀半兩より六兩を前納すべし
但し許可番號札は之を包含せず

自用人力車

二十三、自用人力車

條　件

一、許可書は他に讓渡すべからず車輛は許可名義人の所有なることを要す
二、此條件に違反したる時は工部局參事會は許可の取消又は停止を命し保證金の全部若くは幾分を沒收し許可名義人を告發するこそあるべし
三、日沒より日出迄の間は洋燈一個を車輛に點し又は其取扱人之を携帶すべし
四、銅鑼、號角又は特種の警報器を車輛に使用すべからず
五、許可名義人は現行警察規則を遵守すべし

六、車輛取扱人は警察吏員又は車輛檢査係要求ありたるときは許可鑑札を提出すべし
七、車輛取扱人の懈怠より生したる損害は許可名義人の責任とす
八、何品たりとも工部局員に贈與すべからず
保證金　工部局の見込に依る
手數料　一納税期毎に銀三弗を前納すべし
注　意　許可書の寫は別に手數料を納むるにあらざれば之を下附す
許可書は佛蘭西居留地にも有効なり

營業人力車

二十四、所有主の納税すべき營業人力車

條　件

一、許可書は他に讓渡すべからず車輛は許可名義人の所有なることを要す
二、此條件に違反したるときは工部局參事會は許可の取消又は停止を命し保證金の全部若くは幾分を沒收し許可名義人を告發することあるべし
三、人力車は警察吏員又は工部局に於て任命したる吏員の檢査を受くべし其吏員の使用證明なくして之を使用し又は質貸すべからず
四、許可番號札は總て人力車の後方の鏡板に釘付し常に讀み易く蔽はれさる樣爲すへし
五、人力車は虹口巡捕署に在る標本に從ひ堅牢に建造し常に清潔に保存し適當の修繕を加へ前掛を備ふへし
六、日沒より日出の間は洋燈一個人力車に點するか又は其取扱

人之を携帶すへし
七、人力車輓は強壯健康にして制服を用意し雇はれたるとき之を着し清潔に不體裁ならさる樣注意すへし
八、老人、不潔なる者、阿片吸飲者又は小年は人力車を輓くへからす
九、人力車輓は乘車を勸むへからす并に乘車人なきときは定設停車場に留るへし
十、人力車輓は左の賃錢表以外の賃金を請求すへからず又た正當の理由なくして居留地內は何時たりとも乘車人の乘車を拒むへからず
十一、人力車中に於て發見したる物品は直ちに最寄巡捕署に屆出づへし
十二、人力車輓は現行警察諸規則を遵守すへし
十三、人力車輓か盜を行ひたるとき又は其の懈怠に依り生したる損害は許可名義人の責任とす
十四、何品たりとも工部局員に贈與すへからす

距離及人力車賃錢

一哩又は其以內　四十五文又は五仙
次の半哩又は以內　四十五文又は五仙

時間

一時間又は以內　二十五仙
次の一時間又は以內　二十仙

保證金　工部局の見込に依る
手數料　人力車一臺に付一個月每に二弗を前納すべし
但し許可番號札は之を內に包含せす

二十五、自由轎子

條　件

一、許可書を他に讓渡す可からす轎子は許可名義人の所有なることを要す
二、此條件に違反したるときは工部局參事會は許可を取消し又は停止を命し保證金の全部若くは幾分を沒收し許可名義人を告發することあるへし
三、日沒より日出迄の間は洋燈一個を轎上に點するか又は前方を擔く轎夫をして之を携帶せしむへし
四、許可名義人は現行警察諸規則を遵守すへし
五、轎夫は警察吏員又は車輛檢查係の要求ありたるときは許可鑑札を提出すへし
六、轎夫の懈怠より生したる損害は許可名義人の責任とす
七、何品たりとも工部局員に贈與すへからず

保證金　工部局の見込に依る
手數料　一納稅期每に銀三弗を前納すへし

二十六、營業轎子

條　件

一、許可書は他に讓渡すへからず
二、此條件に違反したる時は工部局參事會は許可を取消し又は停止を命し保證金の全部若くは幾分を沒收し許可名義人を告發することあるへし
三、轎子は警察吏員又は工部局に於て任命したる吏員の檢查を受くへし其の吏員の使用證明なくして之を使用し又は賃貸すへからす

四、轎子の看易き個所に許可番號札を掲くへし其番號は常に讀み易く蔽はれさる樣爲すへし

五、轎子は堅牢に建造し清潔に保存し適當の修繕を加ふへし

六、日沒より日出迄の間は轎夫をして洋燈一個を携帶せしむへし

七、轎夫は强壯健康にして制服を用意し傭はれたる時は之を着用すへし制服は清潔にして不體裁ならさるを要す

八、老人不潔なる者、阿片吸飲者又は少年は轎夫たることを得す

九、轎夫は他に乘轎を勸むへからす

十、轎夫は賃金以外の金錢を請求すへからす又正當の理由なくして居留地内に於ては何時たりとも客の乘輿を拒むへからす

十一、轎内に於て發見したる物品は總て直ちに最寄巡捕署に屆出つへし

十二、轎夫は現行警察諸規則を遵守すへし

十三、轎夫の盜罪又は懈怠より生する損害は許可名義人の責任とす

十四、何品たりとも工部局員に贈與すへからす

保證金　工部局の見込に依る

手數料　轎子一臺に付一納税期毎に銀六弗を前納すへし

但し許可番號札の手數料は之の内に包含せす

二十七、小　車

條　件

一、許可書を他に讓與すへからす

二、此條件に違反したる時は工部局參事會は許可を取消し又は停止を命し保證金の全部若くは幾分を沒收し許可名義人を告發することあるへし

三、小車は常に道路の左側を通行し他の車輛を逐ひ越す時は其の右側を通過すへし

四、小車は堅牢に建造し常に清潔に保存し適當に修繕を加へ車輛の油の切れざる樣注すへし

五、小車苦力は强壯健康にして清潔の衣服を着用すへし

六、小車苦力は小車の使用を勸誘し公衆に迷惑を及ほすへからず

七、日沒より日出までの間は洋燈一個を小車の轅に揭くへし

八、交通に危險を生し又は道路の妨害となるとき長大且つ過重にして取扱に不便なる荷物又は車輛取扱人か各方を看通し難き容積の荷物を車輛に積載すへからず

九、小車は四百五十斤又は六百磅以上を積載すへからす

十、荷物を積載したる車輛は午前八時より午後八時迄南京路を通行すへからず

但し南京路に荷物を積卸するは此の限りにあらず此場合に於ては最近の横町より出入すへし

十一、小車苦力は警察吏員又は車輛檢査係の要求ありたる時は許可鑑札を提出すへし

十二、小車苦力は現行警察諸規則を遵守すへし

十三、何品たりとも工部局員に贈與すへからず

保證金　工部局の見込に依る

手數料　一個月毎に銀半兩を前納すへし

但し許可番號札は之の内に包含せす

銃砲火藥

二十八、銃砲火藥商

條　件

一、許可書を他に讓渡すへからず

二、此條件に違反したる時は工部局參事會は許可を取消し又は停止を命し保證金の全部若くは幾分を沒收し許可名義人を告發することあるへし

三、許可名義人は帳簿を備へ之に輸入、收受販賣したる銃砲火藥の取引の月日及買取人の住所氏名を記入すへし

四、勤務中の警察吏員又は工部局より任命したる吏員は相當の時間内に其帳簿を檢閱することを得

五、當地に於て銃砲火藥類を買取らんとする者は許可名義人より交付する證明書に買取人の住所氏名職業使用の目的仕向先を記入すへし

支那人は別に信用ある外國人の證明を要す

六、住所氏名判明せざる者疑はしき性行職業の者又は居留地の治安を害するの虞ある者には銃砲火藥類を賣渡すへからず

七、何品たりとも工部局員に贈與すへからず

保證金　銀二百五十兩

手數料　輸入卸商一納稅期毎に銀百五十兩を

小賣商銀七十五兩を前納すへし

飼犬

二十九、飼　犬

條　件

一、許可書は他に讓渡すへからず

二、此條件に違反したる時は工部局參事會は許可を取消し又は停止を命し飼犬を捕へ巡捕署に檻置し許可名義人を告發することあるへし

三、飼犬を捕へたる後飼主より三日以内に請求せざる時は之を拂下げ又は撲殺し若くは工部局の指示に基き處置すへし此の場合に於て賠償を爲さず

四、許可名義人に發行したる金屬番號札は常に飼犬の頸輪に附着すへし

五、許可書及番號札は警察吏員の要求ありたる時は提出すへし

六、街路又は公衆の通行すへき場所に於ては飼犬の呼吸と飲水とを妨けざる方法にて口輪を施すへし

七、何品たりとも工部局員に贈與すへからず

保證金　工部局の見込に依る

手數料　壹ヶ年又は其以内銀一弗を納むへし

注　意　許可の副札は金壹弗を納付する時は之を發行す

警察吏員の捕へたる飼犬は飼主より銀十弗を納付する時は之を返付す許可書は佛蘭西居留地内にも有効なり（公衆衛生を目的として無手數料にて下付する許可書）

工部局衛生規則

四、工部局衛生規則

パン

（一）麵包製造所

條　件

一、許可書は他に讓渡すへからす

二、本條件に違反したるときは工部局參事會は許可を取消し停止を命し許可名義人を告發することあるへし

三、近隣及ひ接觸する周圍は健康的なるを要す

四、構内は衛生吏員の指圖に隨ひ建設し適當の衛生狀態を保つへし
五、壁及天井は毎年六月及十二月白色塗料を塗るへし
六、製造場に於て飮食、睡眠、棲居すへからす
七、傳染性疾患に罹りたる者を雇ひ又は構内に留むへからす
八、職工は身體及衣服を清潔になすへし
九、職工及其家族は種痘及其他相當の傳染病豫防方法を施し置くへし
十、配達中に汚染せさる樣適當の注意を加へ配達人は配達切符を携帶すへし之を携帶せさるときは製品を沒收す
十一、店内に唉唾を吐かす蠅類の集まらさる樣適當の豫防法を施し製品に唾液の散せさる樣にし公衆衛生上の必要に應し衛生局長の滿足する設備を整へ營業すへし
十二、許可名義人は調査に供する爲め購客の氏名を記し置くへし
十三、衛生局員を自由に出入せしむへし
十四、檢査若くは分拆の爲め衛生局長より要求ありたるときは見本を提出すへし其見本か食料として不良、不純、健康上有害、夾雜物なき又は不適當なりと認めたるときは之の條件の違反と看做し其有害物を沒收することあるへし
十五、何品たりとも工部局員に贈與すへからす

（二）牛乳搾取場

一、許可書は他に讓渡すへからす
二、本條件に違反したるときは工部局參事會は許可を取消し停止を命し許可名義人を告發することあるへし
三、搾取場の近隣及接觸せる周圍は健康的なるを要す
四、構内は衛生吏員の指圖に隨ひ建設し適當の衛生狀態を保つへし
五、壁及天井は毎年一月及七月白色塗料を塗るへし
六、搾取場に於て飮食、睡眠又は棲居すへからす搾取場を棲居の場所と直接に交通すへからす
七、傳染病疾患に罹りたるものを雇ひ又は構内に留むへからす
八、搾取人は身體及衣服を清潔にし搾取前に手を洗滌すへし
九、職工及家族は種痘及其他相當の傳染病豫防方法を施し置くへし
十、桶、瓶、濾器其他器物は使用後直に熱湯に浸し再度使用するまては牛乳置場に之を保存すへし
十一、牛乳は牛舍より直に取出て配達するまて牛乳置場に保存すへし
十二、牛乳、乳脂、バタは總て封印を施し其の搾取場の印を捺し配達車、配達籠其他の配達具には其搾取場名を記し此記號ある賣品は許可名義人の責任とす配達人は心當の配達切符を携帶すへし若し之を携帶せさるときは其品物を沒收すへし
十三、許可名義人は調査に供する爲め購客の氏名を記し置くへし
十四、搾取所内に唉唾を吐かす蠅類及塵芥の集まらさる樣適當の豫防方法を施し公衆衛生上の必要に應し衛生局長の滿足する設備を整へ營業すへし
十五、衛生局員を自由に出入せしむべし
十六、檢査若くは分拆の爲め衛生局長より要求ありたるときは

栽縫業
洗濯業
食料店

見本を提出すへし其見本か品質不良、夾雜物あり又は飮食に不適當なりと認むるときは之を沒收し許可名義人を告發することあるへし

十七、何品たりとも工部局員に贈與すへからす

(三)洗濯業

一、許可書は他に讓渡すへからす

二、本條件に違反したるときは工部局參事會は許可を取消し停止を命し許可名義人を告發することあるへし

三、洗濯場の近隣及接觸せる周圍は健康的なるを要す

四、構內は衞生吏員の指圖に隨ひ建設し適當の衞生狀態を保つへし

五、壁及天井は每年五月及十一月に白色塗料を塗るへし

六、洗濯場に於て飮食、睡眠、又は棲居すへからす洗濯場は棲居の場所と直接に交通すへからす

七、傳染性疾患に罹りたるものを雇ひ又は構內に留むへからす

八、職工は身體及衣服を淸潔にすへし

九、職工及其家族は種痘及其他相當の傳染病豫防方法を施し置くへし

十、毛織物の外總て衣服は沸騰點の熱氣を受けしむへし

十一、衣服には口より霧を吹き又は場所に咳唾を吐くへからす又公衆衞生上の必要に應し衞生局長の滿足なる設備を施し營業すへし

十二許可名義人は調查に供する爲め購客の氏名を記し置くへし

十三、衞生局員を自由に出入せしむへし

十四、何品たりとも工部局員に贈與すへからす

(四)栽縫業

條　件

一、許可書は他に讓渡すへからす

二、本條件に違反したるときは工部局參事會は許可を取消し停止を命し許可名義人を告發することあるへし

三、近隣及接觸する周圍は健康的なるを要す

四、構內は衞生吏員の指圖に隨ひ建設し相當の衞生狀態を保つへし

五、壁及天井は每年六月及十一月に白色塗料を塗るへし

六、仕事部屋に於て飮食、睡眠、又は棲居すへからす仕事部屋は棲居の場所と交通を存すへからす

七、傳染性疾患に罹りたるものを雇ひ又は構內に留むへからす

八、職工は身體及衣服を淸潔になすへし

九、職工及其家族は種痘及其他相當の傳染病豫防方法を施し置くへし

十、許可名義人は調查に供する爲め購客の氏名を記し置くへし

十一、衣服には口より霧を吹き又仕事部屋にて咳唾を吐くへからす又公衆衞生上の必要に應し衞生局長の滿足する設備を施し營業すへし

十二、衞生局員を自由に出入せしむへし

十三、何品たりとも衞生局員に贈與すへからす

(五)外國食料店

一、二、三及四は前項に同し

五、壁及天井は每年四月及十月に白色塗料を塗るへし

六、店舖又は貯藏場に於て飮食、睡眠、起臥すへからす又店舖

又は貯藏場は住宅と直接に交通すへからす

七、八及九は前項同斷

十、英國の度量衡を使用すへし若し不正なるものを使用したるときは之を沒收し許可名義人を告發することあるへし

十一、調理せすして食用に供する果實又は蔬菜は蠅類の觸るるを防く爲め切り又は皮を剝きたる儘販賣の爲め陳列すへからす

十二、二月十六日より九月三十日までの間は雉子三月一日より九月三十日までの間は鹿、野兎、鳩鷸、又は小鳥を販賣すへからす

十三、肉商は工部局屠獸場に於て屠殺せさる獸肉を販賣すへからす食料として不適當なりと認め 2nd Quality. の記號ある獸肉は肉商の店舖內にあると住宅にあるとを問はす之を沒收すへし市場肉商小菜場閉鎖後殘りの獸肉を工部局屠獸場に預け置くへし

肉商は工部局屠獸規則を遵守すへし

十四、店內に咳唾を吐かす蠅類の集まらさる樣相當の豫防法を施し製品に唾液の飛散せさる樣にし衞生局長の滿足する樣設備を整へ營業すへし

十五、許可名義人は調査に供する爲め購客の氏名を記し置くへし

十六、衞生局員を自由に出入せしむへし

十七、檢査若くは分拆の爲め衞生局長より要求ありたるときは見本を提出すへし其販賣の爲めに陳列又は貯藏せる食料が不眞、不純、健康上有害なるとき夾雜あるときは又は不適當なりと認めたるときは之を沒收し許可名義人を告發することあるへし

十八、何品たりとも工部局員に贈與すへからす

（六）支那食料店

條件

一、許可書は他に讓渡すへからす

二、本條件に違反したるときは工部局參事會は許可を取消し停止を命し許可名義人を告發することあるへし

三、近隣及接觸せる周圍は健康的なるを要す

四、構內は衞生吏員の指圖に從ひ建設し適當の衞生狀態を保つへし

五、壁及天井は每年三月及九月に白色塗料を塗るへし

六、傳染性疾患に罹りたるものを雇ひ又は構內に留むへからす

七、職工は身體及衣服を淸潔になすへし

八、職工及家族は種痘及其他相當の傳染病豫防方法を施し置くへし

九、調理せすして食用に供する果實又は蔬菜は蠅類の觸るるを防く爲め切り又は皮を剝きたる儘販賣の爲め陳列すへからす

十、店內に咳唾を吐かす蠅類の集まらさる樣適當の豫防法を施し製品を唾液の飛散せざる樣にし衞生局長の滿足する設備を整へ營業すへし

十一、衞生局員を自由に出入せしむへし

十二、檢査若くは分拆の爲めに衞生局長より要求ありたるときは見本を提出すへし食料として不適當なりと認めたるときは之の條件の違反と看做し其不眞なる食料品を沒收すへし

十三、何品たりとも工部局員に贈與すへからす

炭酸水製造所

（七）炭酸水製造所

條　件

一、許可書は他に讓渡すへからす
二、本條件に違反したるときは工部局參事會は許可を取消し停止を命し許可名義人を告發することあるへし
三、近隣及接觸せる周圍は健康的なるを要す
四、構內は衛生吏員の指圖に隨ひ建設し適當の衛生狀態を保つへし
五、壁及天井は每年四月に白色塗料を塗るへし
六、製造場內に於て飮食、睡眠、起臥すへからす製造場及貯藏場は住宅と直接に交通すへからす
七、傳染性疾患に罹りたるものを雇ひ或は構內に留むへからす
八、職工は身體及衣服を淸潔に爲すへし
九、職工及其家族は種痘及其他相當の傳染病豫防を施し置くへし
十、炭酸水は淸水—少くも一週間壹回煮沸消毒したる防菌濾過器を以て濾過したる水道の水を以て製造すへし
十一、舍利別等は沸騰して殺菌したる上密閉したる器に貯ふへし
十二、罎は栓と共に適當に洗滌し罎詰する少時間前に殺菌し正確に封印し又は札紙を貼付して需用者に交付すへし
十三、構內に於て唾を吐くへからす蝿類及塵芥の集まらさる樣適當の豫防方法を施し公衆衛生上の必要に應し衛生局長の滿足する設備を整へ營業すへし
十四、許可名義人は調査に供する爲め購客の氏名を記し置くへし
十五、衛生局員を自由に出入せしむへし
十六、檢査若くは分析の爲め衛生局長より要求ありたるときは見本を提出すへし若し飮料として不良、不純、健康上有害なるとき夾雜物あるとき又は不適當なりと認めたるときは之の條件の違反と看做し其有害なる材料は之を沒收することあるへし
十七、何品たりとも工部局員に贈與すへからす

氷製造及氷店

（八）氷製造場及氷店

條　件

一、許可書は他に讓渡すへからす
二、本條件に違反したるときは工部局參事會は許可を取消し停止を命し許可名義人を告發することあるへし
三、近隣及接觸せる周圍は健康的なるを要す
四、構內は衛生吏員の指圖に隨ひ建設し適當の衛生狀態を保つへし
五、製造所又は店舖內に於て飮食、睡眠、起臥し又は畜類を使用すへからす
六、傳染性疾患に罹りたる者を雇ひ又は構內に留むへからす
七、職工は身體及衣服を淸潔になすへし
八、職工及其家族は種痘及其他相當の傳染病豫防方法を施し置くへし
九、天然氷を製すへき場所の水は十分淸潔になし置くへし
十、配達中汚染せざる樣適當の注意を加へ配達人は配達切符を

携帯すへし之を携帯せさるときは製氷を沒收すへし

十一、製造場又は店舗に於て啖唾を吐かす公衆衛生上の必要に應し衛生局長の満足する設備を整へ營業すへし

十二、許可名義人は調査に供する爲め購客の氏名を記し置くへし

十三、衛生局員を自由に出入せしむへし

十四、檢査若くは分拆の爲め衛生局長より要求ありたるときは見本を提出すへし其製氷にして不純、健康上有害なるとき又は使用に不適當なりと認めたるときは之を沒收し許可名義人を告發することあるへし

十五、何品たりとも工部局員に贈與すへからす

（九）アイスクリーム、氷水店

條　件

一、許可書は他に讓渡すへからす

二、本條件に違反したるときは工部局參事會は許可を取消し停止を命し許可名義人を告發することあるへし

三、近隣及接觸せる周圍は健康的なるを要す

四、構内は衛生吏員の指圖に隨ひ建設し適當の衛生狀態を保つへし

五、壁及天井は毎年五月に白色塗料を塗るへし

六、仕事部屋に於て飲食、睡眠、又は棲居すへからす

七、傳染性疾患に罹りたるものを雇ひ又は構内に留むへからす

八、職工は身體及衣服を清潔になすへし

九、職工及其家族は種痘及其相當の傳染病豫防方法を施し置くへし

十、アイス、クリームは純良の原料にて之を作り氷結前少時間煮沸すへし

十一、アイス、クリーム製造器及配達器は使用前之に煮沸、湯煎、又は其他の殺菌法を施すへし

十二、アイスクリームを製造するには良質の水を使用し周圍の氷と接觸せしむへからす

十三、配達中に汚染せさる樣適當の注意を加へ配達人は配達切符を携帯すへし之を携帯せさるときは製品を沒收す

十四、店内に啖唾を吐かす蠅類の集まらさる樣適當の豫防法を施し製品に唾液の飛散せさる樣にし公衆衛生上の必要に應し衛生局長の満足する設備を整へ營業すへし

十五、衛生局員を自由に出入せしむへし

十六、檢査若くは分拆の爲めに衛生局長より要求ありたるときは見本を提出すへし其製造又は原料か飲用として不良、不純健康上有害又は不適當なりと認めたるときは之を沒收し許可名義人を告發することあるへし

十七、何品たりとも工部局員に贈與すへらす

危險物貯藏

（十）危險物貯藏場

危險物とは發火或は爆發により生命財産に危害を及ほすものを云ふ即ち火藥及ひ之に類する硝酸鹽混合物「ダイナマイト」爆發膠、炭化物、綿火藥、無烟火藥「ピクリク」酸及ひ之れに類する硝酸化合物、鹽素酸鹽混合物、雷酸鹽物、花火、彈藥「ベンジン」其他「コールタール」より採取したる猛性揮發物及ひ可燃性物、石油類「ガゾリン」及ひ其他石油より採取したる猛性揮發物及ひ可燃性物「アシチリン」「カルシヤムカーバイド」

黄燐又は前記の物品を危險の分量を用ひて作りたる物の如し

條　件

一、許可書は他に讓渡すへからす

二、本條件に違反したるときは工部局參事會は許可を取消し停止を命し許可名義人を告發することあるへし

三、構内には公衆及財産に對する危險を避け且つ衛生局長の要求に從ふて建築設備して營業すへし

（尚は特別條件を付する場合あるへし）

四、當該吏員の要求ありたるときは貯藏したる危險物の數量及性質を記載したる書面を提出すへし

五、何品たりとも工部局員に贈與すへからす

注意　自用として「ペトロール」「カルシヤムカバイド」彈藥等の少量を貯藏するは許可書を要せす

義勇隊の性質

五、義勇隊の性質、 專管居留地及共同居留地に於ける義勇兵は一般に居留民を以て編成され支那に於て内亂强盜等の勃發の際居留地の安寧を保持防護する爲めに組織せられたる自衛團である、元來日本及歐米諸國では國内の秩序備はつて政府の威令行はれて外人保護は平時であつても非常時でも當該國に於て之に任ずるのであるから生命財産の保護の爲めに自ら團體を組織する必要はないばかりでなく國際法上の原則から云つても許容し難いものである。

但し支那に在つては事情全く之と異つて中央地方の政權確立しないのみか事變の際自力を以て外人を保護するの實力がない從つて通商航海條約では何れも條約國人が支那に在つて支那官憲の保護を受けることを規定しても、平時に於てさへ外國人の被害續出し生命財産の安固を期し難いことは往々である、況して變時の際に於ては外國人か自衛の爲めに團體を組織し直接强力を用ふるは實に已むを得ないものである、而しながら原則として個人が團體を組織して直接强力を用ゐると云ふのは條約の認めない所である、例へば過般上海事件の際に某々紡績會社及虹口某町民が自衛團を組織

したが若し此團體が積極的行動を取つた場合は國際問題を惹起するものであつて暴徒か闖入したる場合に正當防衛として之に對抗するのは彼の上海內外綿會社の職工顧正紅死殺事件に對しても會審衙門は正當防衛の判決を下したのに見ても明かである、故に自衛團の組織及之に依る强力の行使に當該領事官から權力行使に對する補助機關として認められたものでなければならない。

各國專管居留地に在つて義勇隊又は之に類似する制度を設けてゐるのは皆此主旨からである、我居留民團法施行規則にも居留民團に對し義勇隊の事務行使の權限を與へたのは此見地からである

イ、沿革、上海の義勇隊は長髮亂の際即ち千八百五十三年九月上海が危殆に頻して始めて設けられたもの(一)で爾來千八百六十年六月蘇州に長髮賊が起り同地を占領したので又々出動し其翌年十二月には賊軍は寧波を占領したがゴルドン將軍等の功績に依つて暴徒は鎭定した、千八百七十年六月天津で事變が起つたので愈々居留民大會となり其結果上海も常備的に義勇團を編成して、砲兵騎兵歩兵の三個中隊を作ることに一決した、千八百七十二年四月の調査に依ると當時の騎兵(三十六名砲兵三十三名ミンホロング銃隊七十九名第一隊五十九名第二隊六十名第三隊六十六名であつたが千九百年(明治三十三年)團匪事件が北淸に起つて上海方面も相當物騷となり義勇隊を增員する必要が生じた此時に日本人が加はるに至つたのである當時の陣容は左の通りである。

本部附九名	獨逸隊八一名	騎兵隊四六名	稅關隊九二名	砲兵隊七六名
日本隊六二名	A隊一四一名	B隊八一名	豫備隊四三名	衛生隊八一名

以上の如き狀況であつたが現在では隊員總數も千八百名となり武器も新式を用ゆるに至つた、現在の隊容は左の通りである。

騎兵	砲兵	米國騎兵	工兵	稅關隊	機關銃隊
A隊	B隊	C隊	米國隊	葡萄牙隊	日本隊
支那隊	蘇格蘭隊	伊太利隊	豫備隊	海員隊	

以上の陣容で例の上海事件には租界防備のため在留外人に對し多大の寄與を吝まなかつた。

ロ、上海各國居留地市參事會
上海義勇團規程

義勇隊規定

第一條　上海義勇團は居留地規則に據り市參事會の付與したる權限及命令の下に行動す市參事會の會長は本團に行政長官たる職責を有す

第二條　本團は純然たる軍隊組織にして團員の軍紀に違反せる行爲は總て現役陸海軍人と同等の軍律を以て之を論す

第三條　市參事會は本團を編成し其兵力兵器及武裝を定め一般軍人又は義勇兵員の內より司令官を選任し並に將校の員數を定む

第四條　本團又は其一部隊の戰務に服するは市參事會の命令を會長又は其代理者より司令官に傳達したるときに限る此場合に於て司令官は全力を盡して該命令の目的を遂行せんことに努むへし

第五條　本團の訓練技能に關しては現行合格兵資格規程の命するか如く市參事會に對し司令官獨り其責に任す

第六條　司令官は團務の全班に涉り年報を市參事會に提出すへし

第七條　隊長は隊員の員數、合格資格、各種教練の回數及其出勤員數乃至各階級射擊其他射擊の模樣並に隊の內治に付き年報を司令官に提出すへし

第八條　司令官は團務に關しては行政長官と直接に通信すへし

第九條　將校は市參事會之を任命す但常置の隊長を任命せんとするときは豫め其隊員の同意を得んことを要す將校候補者として市參事會に推薦せらるるものは規定の試驗を經ることを要す

第十條　市參事會は何時にても將校にても罷免することを得

第十一條　將校の任期は三年以內とす重任者の席次は其前任に遡りて之を定む

第十二條　新任の將校は市參事會より辭令を下付したる後にあらされは制服を着用することを得す

第十三條　本國將校にして大尉適任證書を得んか爲め英國補充及義勇將校練習學校又は（スクールオブマスケトリー）に入學し若くは同國兵營に於て練習するものある時は市參事會は之に對し練習費として同國政府か其義勇將校に支給する同額（被服費を除く）の手當を支給す即一ヶ月の學科に對し一日十二志六片の割合を以て之を定むへし但し上海に歸着後六ヶ月以內に於て再ひ本國に復歸し少くとも一回の總練習に服役し檢閱を受くることを必要條件とす

前項の學校又は兵營に於て練習せんとする將校は各自所屬隊長の推薦に依り司令官の承認を受くへし

第十四條　本國退職將校にして九ヶ年間團務に服役し又は拔羣の勤勞ありたるものに對しては市參事會は司令官の推薦に據りて將校待遇を與へ制服着用を許すことを得

第十五條　本國司令官は市參事會の許可なくして二十四時間以上上海の地を離るへからす若し此場合に於て市參事會々議を開く能はさるときは市參事會長代りて許可することを得

第十六條　將校は司令官の許可なくして上海の地を離るを得す

第十七條　司令官は將校に對し三個月以內の期間に於て休暇を與ふることを得

第十八條　將校にして三月以上の休暇を得んとするものは其職を辭すへし

第十九條　將校の賜暇期間を終り服務せさるものは官職を免するものとす

第二十條　隊長は部下の下士卒に對し練習期外に於て相當の期間を限り休暇を與ふることを得

第二十一條　團員にして六週間以上許可なくして引續き上海を去るものは充分其事由を疏明するに非れは團員たるの資格を失ふ

第二十二條　司令官は團令を以て前各條の賜暇を停止し又は六週間に限り許可を要せさる賜暇期間も之を伸縮することを得

第二十三條　本國の被服及各武裝に關しては常設の被服部之を管理し其變更に該部の承認を經市參事會の許可を得たる後にあらされは效力を有せす

被服部は左の役員を以て之を組織す

部長　司令官之に任す
部員　副司令官
同　參謀
同　步兵大隊副官
同　砲兵騎兵の各隊長
同　醫官一名（軍醫部長之を任命す）
書記　經理部長之に任す

第二十四條　凡て制服及徽章に關しては本國定むる所の服制規程を嚴守すへし

第二十五條　各部隊の規定に依り選任せられたる隊員候補者は團員たると同時に其部隊に隊員たることを得但該候補者にして現に他の部隊に屬するか又は以前に屬せしことあるときは選任前各其隊長の承認を受くへし

隊長は隊員候補者の履歴を審査すへし若し司令官の承諾を要すへき場合に於て隊長の懈怠又は其他の事故に因り之を受くること能はさりしときは該選任は無效に歸し爾後承諾を求む

るこさを得す但相當の理由あるさきは再任するこさを妨けす

第二十六條　司令官は團員中命令に違犯し職務を懈怠し又は品行不良等充分懲戒を要すへき行爲ありたるさきは將校を除くの外何人を問はす之を除名するこさを得但市參事會は之に對して適宜の方法に依り意見を發表し又は指令を下すこさを妨けす

第二十七條　團員こ爲り制服、兵器及裝具を交付せられたる時は各自書面を以て團務に服役し引續き三期の訓練を受けて合格兵さ爲るへき旨を誓約すへし血疾病又は已むを得さる事故に因り上海の地を離れたるか爲め不合格さなりし場合は此限にあらす

第二十八條　本則の規定に遵ひ團員を除名したる時は團令を以て其理由を付し之を公示すへし

第二十九條　下士官は成規の試驗を經て所屬隊長之を任命す但隊長は何時にても該任命を取消すこさを得

第三十條　司令官は何時にても將校會議を召集するこさを得

第三十一條　司令官は將校三名以上より請求ありたる時は其請求受理の日より十日以内に前條の會議を召集すへし

第三十二條　將校會議は少くさも將校總員三分の一の出席ありたるさきに限り其過半數の可決に依り該會議の名により司令官を經て市參事會に建議するこさを得此場合に於て小數者も市參事會に對し書面を以て其多數者の決議に不同意なる理由を開陳するを得

第三十三條　將校會議は已に本則に規定せる條項に關し議決するこさを得す但市參事會に對し建議の形式を以てするものは此限にあらす

第三十四條　隊長は司令官に隊員は隊長に書面を以てするの外團務に關し異議を唱ふるこさを得す隊長の受理したる異議は之を司令官に進達し司令官の受理したる異議は要求に應して之を市參事會に轉達すへし

第三十五條　團員は團務に關して公の刊行物に通信し及隊長射擊係官又は射的場係官の許可なくして團務若くは射擊競技に關する事項に付き出版するこさ得す

第三十六條　各部内治に關し隊員の必要さ認めたる規則を設定するこさを得但該内規は本則の規定に準據せんこさを要す

第三十七條　市參事會は何時にても本團の全部又は一部の解散を命するこさを得

第三十八條　本則に規定せさる事項發生し又は條文に付き疑義を生したるさきは市參事會は其採るへき方法を決定す

六、上海日本領事館令

イ、教員職務規定

教育職務規定

館令第三號（明治四十一年、七月六日）

當地日本尋常高等小學校及教員の職務規程左の如く相定む

第一條　學校長及教員は教育に關する勅語の趣旨を奉體し法律命令に從ひ誠實に其職務に服從すべし

第二條　學校長は校務を整理し所屬職員を統督す

第三條　正教員は兒童教育を担任し且之に屬する事務を掌る

第四條　准教員は本科正教員の職務を助く

第五條　學校長及教員は擅に其職務を離れ又は職務上居住すへ

き地を離るることを得す、但監督官廳の認可を受けたるときは此限にあらす

第六條　學校長及教員は營利を目的とする會社の業務執行社員取締役監査役となり又は營利を目的とする業務に干與することを得す

ロ、宿屋營業取締規則（明治三十七年十月十日附館令第五號）

第一章　通則

第一條　宿屋營業を分ちて左の二種とす

一、旅人宿

二、下　宿

第二條　宿屋營業を爲さんとする者は左の事項を具し戸籍謄本を添へ總領事館に願出免許を受くへし

（明治四十三年館令、第三號を以て改正）

一、族籍住所氏名年齢並屋號あるものは其屋號

二、營業の種類及營業の場所

三、營業用家屋の構造及圖面並客室の坪數前項第二第三の事項を變更せんとするときは更に許可を受くへし

（明治四十三年館令、第五號を以て改正）

第三條　宿屋營業者公安を害し若くは風俗を紊る虞あり又は他人に名儀を假すの事實ありと認むるときは其免許の失効を命することあるへし

第四條　宿屋營業者は同家内に於て料理店飲食店營業を兼ぬることを得す

第五條　族籍住所氏名屋號に異動を生し又は休業若くは廢業したるときは五日以内に屆出つへし

第六條　雇人を雇入れ又は解雇したるときは其族籍住所氏名年齢を記し三日以内に屆出つへし

第七條　宿屋營業者は營業の種類住所屋號氏名を明記したる看板を店頭又は門戸に揭出すへし

但夜間は標を以て之に代ふへし

第八條　宿屋營業者は宿泊料の額を定め帳場に揭出すへし

第九條　宿泊人の求めさる飲食物を供して宿泊料以外の金錢を請求し又は遊興を勸め金錢を濫費せしむへからす

第十條　宿屋に於て藝妓を招致すへからす

第十一條　宿泊人の承諾なくして他人を濫りに室內に入らしむへからす

第十二條　宿泊人疾病に罹りたるときは醫藥食物其需に應し懇切に取扱ふへし

第十三條　宿泊人變死傷又は其所持品紛失したるときは速に帝國總領事館警察署に屆出つへし

（明治四十三年館令、第四號を以て改正）

第二章　旅人宿下宿

第十四條　宿屋營業用の家屋は客室の總數二十五坪以上あるものに限る但し下宿は此限りにあらす

（明治四十三年館令、第四號を以て改正）

第十五條　客室の構造は十分光線を取り空氣を流通せしむるに適當なる裝置をなすへし

第十六條　室內に設けたる押入又は箪笥戸棚には堅固なる錠前を附すへし

但し錠前は各其鍵を異にすべし

第十七條　便所は臭氣の客室に及はざる所に各二個以上を設け日々清潔に掃除をなすへし

第十八條　客室には每室の入口に番號を標記すべし

第十九條　雙方の承諾なきもの又は同伴者にあらざる男女を同室に宿泊せしむべからず

第二十條　旅人營業者は第一號樣式に從ひ宿泊人名簿を製し其紙數を記し當館の檢印を受くべし

但し該名簿は使用終りたる後一ヶ年間保存すべし

第二十一條　宿泊人名簿は餘白を置かす順次記入し若し誤寫等あるも其紙葉を除却すべからず

宿泊人の族籍住所職業氏名年齡は其本人をして自書せしむべし若し自書し得さる時は代書するも妨なし

第廿二條　宿泊人の發着は每日午後四時迄午后四時よりは翌日午前十時迄に第二第三號樣式に於て屆出つべし

第廿三條　下宿轉宿又は出發したるものあるときは二十四時間內に第四號樣式に從ひ正副二通の屆書を差出し一通に檢印を受け之を編綴保存すべし

第廿四條　下宿屋營業者は下宿人の族籍姓名を明記し店頭又は門戶に揭示すべし

第廿五條　下宿人外泊三日に及び其所在不明なるときは二十四時間以內に屆出つべし

第三章　罰則

第廿六條　此規則に違反したものは科料又は拘留に處す

（明治四十三年館令、第四號を以て改正）

（三十七年十月二十日施行）

藝妓營業取締

八、藝妓營業取締規則（明治三十八年七月二十六日付館令第三號）

一、藝妓營業をなさんとするものは族籍身分住所氏名年齡を詳記し保證人二名の連署を以て帝國總領事館に願出免許を受くべし

但し出願人の戶籍謄本を添付するものとす

（四十三年館令、第六號を以て改正）

二、（四十二年一月削除）

三、風俗を害する虞ありと認むるときは其營業を停止し又は其許可を取消すことあるべし

四、族籍身分住所氏名に異動を生じ又は廢業したるときは五日以內に屆出べし

五、夜間十二時後歌舞音曲を爲すことを得す

六、事故の爲め外泊せんとする時は帝國總領事館警察署に屆出て許可を受くべし（明治四十三年館令、第二號を以て改正）

七、故なく三ヶ月以上休業し又は旅行したるものは免許の效力を失ふものとす

八、本則の規定に違反したるものは科料又は拘留に處す

（前改正に同し）　（三十八年七月二十六日施行）

料理屋營業取締

ニ、料理屋營業取締規則（三十九年三月二十八日附館令第一號）

第一條　料理屋營業を爲さんとするものは左の事項を具し總領事館に願出許可を受くべし

第二、第三、の事項を變更せんとするときは亦同じ

一、族籍住所氏名年齢並屋號あるものは其屋號
二、營業の場所
三、營業用家屋の構造及其圖面並客室の坪數

第一條の二　飲食店を營業せんとするものは左の事項を記載したる書面を以て總領事館に願出て許可を受くべし
族籍住所氏名及生年月日
屋號及營業の場所飲食物の種類別

第一條の三、飲食店に於て酒類を販賣せんとするときは上海工部局に願出總領事の奥書を得免許狀を受くべし

第一條の四、飲食店に雇女を置く時は營業者は原籍氏名生年月日從前の住所職業を記載したる書面を以て本人と共に三日以内に屆出づべし異動ありたるときは亦同じ

第一條の五　飲食店營業者は客の求めざる飲食物を供し代金を請求すべからず

第一條の六　飲食店に藝妓を招き又は雇女をして藝妓類似の所業をなさしむべからず

第一條の七　氷水營業店に對しては飲食店營業者に對する規定を準用す

第二條　料理屋營業者飲食店營業者は公安を害し若くは風俗を紊るの虞あり又は他人に名義を假すの事實ありと認むるときは其許可を取消すことあるべし

第三條　族籍住所氏名屋號に異動を生じ又は休業若くは廢業したるときは五日以内に屆出づべし

第四條　藝妓を同居せしめ又は雇人を雇入れ或は之に異動を生じたるときは其族籍住所氏名年齢を記し三日以内に屆出べし

第五條　料理屋營業者は屋號及氏名を入口に明記し夜間は門戸に標燈を點すべし

第六條　客人の求めざる飲食物を供し又は藝妓を客席に出し濫りに金錢を浪費せしむべからず

第七條　夜間十二時後歌舞音曲をなすことを得ず

第八條　客人にして酩酊午前一時後仍ほ立歸らざるものありたるときは翌朝宿泊屆を出すへし

第九條　客人變死傷又は所持品紛失及不審の物品を携帶するか若くは不相應の金錢を浪費する等其他擧動怪しむべきあるときは速に總領事館警察署に屆出づべし

（四十三年館令、五號を以て改正）

第十條　客室の構造は充分光線を取り空氣を流通せしむるに適當なる裝置をなすべし

第十一條　便所は臭氣を客室に及ぼさざる處に二個以上を設け日々清潔に掃除をなすべし

第十一條の二　飲食店に對しては本則第四條第六條第七條第九條第十條及第十一條を適用す

第十二條　本則に違反したる者は科料又は拘留に處す

（四十三年館令、第五號を以て改正）

（三十九年三月二十八日施行）

ホ、賣藥行商取締規則（明治三十九年五月十五日附館令第二號）

第一條　賣藥行商をなさんとする者は族籍、身分住所氏名年齢を詳記し身元確實なる保證人一名連署を以て帝國總領事館に願出免許を受くべし

警察犯處罰令

賣藥取締規則

但賣藥品目錄を添付するものとす

第二條　賣藥行商者は一ヶ年毎に第一條の手續をなし更に免許鑑札を受くべし（明治四十三年館令、第八號を以て改正）

第三條　族籍身分住所氏名に異動を生し又は廢業したるときは五日以内に屆出つべし

第四條　賣藥品に增減をなしたる時は二日以内に其目錄を添付して屆出つべし

第五條　他人に鑑札を貸與へ又は借受け自ら行商或は他人を以て行商せしめ及期限を過ぎたる鑑札を以て行商することを得ず

第六條　鑑札を遺失し又は水火盜難によりて毀失したる時は其仔細を詳記し當館に屆出再び之を願受くべし

第七條　行商者は濫りに人の門戶を叩き之を强賣し或は慈善喜捨の名義を藉り之を賣るべからず

第八條　本則の規定に違反したるものは罰金又は拘留に處す

（三十九年五月十五日施行）

ヘ、賣藥取締規則（三十九年六月十五日附館令第五號）

第一條　賣藥を調製販賣せんとする者は藥味分量用法服量効能を詳記し見本を添へ願出許可を受くべし

第二條　賣藥を輸入販賣し又は請賣をなさんとする者は賣藥免許證寫に見本を添へ願出許可を受くべし

但免許なき賣藥に對しては前條を適用す

第三條　許可を受けたる賣藥品にして藥味分量用法服量等を變更せんと欲する者は更に前二條に照し其手續をなすべし

第四條　賣藥の檢査又は試驗の爲め必要なる分量は隨時無償にて之を納付せしむることあるべし

第五條　許可を受けたる賣藥品と雖も衛生上の危害を生ずる虞ありと認めたる時は其調製及發賣を禁止し之が廢棄を命じ又は許可證の返納を命ずることあるべし

第六條　（四十三年館令七號を以て削除す）

第七條　本則に依り許可を得ずして賣藥を販賣したるものは其藥品を沒收することあるべし

第八條　本則に違反したる者は罰金又は拘留に處す

（三十九年七月一日施行）

ト、警察犯處罰令（明治四十二年二月九日附館令第一號）

第一條　左の各項に該當する者は科料又は拘留に處す

（明治四十二年館令第二號を以て改正）

一、故なく人の居住若くは看守せざる邸宅建造物又は船舶內に潛伏したる者

二、密淫賣を爲し其媒合若くは容止を爲したる者

三、一定の居住又は生業なくして諸方に徘徊する者

四、故なく面會を强請し又は强談威迫の行爲をしたる者

五、合力喜捨を强請し又は强て物品の購買を求めたる者

六、乞丐を爲し又は爲さしめたる者

七、濫りに寄附を强請し又は收利の目的を以て强て物品入場劵等を配付したる者

八、入札の妨害を爲し共同入札を强請し若くは落札人に對し其事業又は利益の分配若くは金品を强請したる者

九、他人の業務に對し惡戯又は妨害を爲したる者
十、新聞雜誌其他の方法を以て誇大又は虚僞の廣告を爲し不正の利を圖りたる者
十一、新聞雜誌其他の出版物の購讀又は廣告掲載に付强て申込を求めたる者
十二、申込なき新聞雜誌其他の出版物を配付し又は廣告を爲し其代料を請求したる者
十三、祭事の祝儀又は其行列に對し惡戯又は妨害を爲したる者
十四、自已占有の場所内に老幼不具又は疾病の爲め扶助を要する者若くは人の死屍死胎あることを知りて速かに警察官吏に申告せさる者
十五、公衆の自由に交通し得る場所に於て喧噪し又は横臥し又は泥醉して徘徊したる者
十六、公衆の自由に交通し得る場所に於て濫りに車馬舟筏他其の物件を置き又は行通の妨害となるへき行爲を爲したる者
十七、夜間制止を肯せす歌舞音曲其他喧噪し他人の妨害を爲したる者
十八、劇場寄席其他公衆會同の所に於て會衆の妨害を爲したる者
十九、人を誑惑せしむへき流言浮説又は虚報を爲したる者
二十、妄りに吉凶禍福を說き又は祈禱符呪等を爲し若くは守札類を授與して人を惑はしたる者
二十一、病者に對し禁厭祈禱符呪等を爲し又は神符神水等を與へ病療を妨けたる者
二十二、濫りに催眠術を施したる者
二十三、自已又は他人の身體に刺文したる者
二十四、官職位記勳爵學位を詐り又は法令の定むる服飾徽章を濫用し若くは之に類似のものを使用したる者
二十五、官公署に對し不實の申述を爲し又は其義務ある者にして故なく申述を肯せさる者
二十六、故なく官公署の召喚に應せさる者
二十七、本籍住所姓名年齡職業等を詐稱し投宿又は乘船したる者
二十八、飮用に供する淨水を汚穢し又は其使用を妨け若くは其水路に障碍を爲したる者
二十九、河川溝渠又は下水路の流通を妨くへき行爲を爲したる者
三十、水火災其他の事變に際し制止を肯せすして其現場に立入り若くは其場所より退去せす又は官吏より援助の求めを受けたるに拘らす傍觀して之に應せさる者
三十一、出入を禁したる場所に濫りに出入したる者
三十二、濫りに他人の標燈又は社寺道路公園其他の公衆用の常燈を消したる者
三十三、他人の田野園囿又は公園等に於て菜菓を採摘し又は花卉を採折したる者
三十四、使用者にして勞役者に對し故なく其目的を妨け又は苛酷の取扱を爲したる者
三十五、濫りに他人の身邊に立塞り又は追隨したる者
三十六、他人の身體物件又は之に害を及ほすへき場所に對し物件を抛澆し又は抛射したる者

三十七、神祠佛堂禮拜所碑表形像其他之に類する物を汚瀆する者
三十八、人の死屍又は死胎を隱慝し又は他物に紛はしく擬裝したる者
三十九、許可なくして人の死屍死胎を解剖し又は之が保存を爲したる者
四十、許可なくして人の死屍死胎を埋葬又は火葬したる者（四十二年館令、第二號を以て改正）
四十一、墓地火葬場の管理者にして許可證なき人の死屍死胎の埋葬又は火葬を爲したる者（四十二年館令、第二號を以て改正）
四十二、公の墓地火葬場以外の地にて私に埋葬火葬を爲したる者
四十三、一定の飮食物に他物を混して不正の利を圖りたる者
四十四、濫りに他人の繫きたる舟筏牛馬其他の獸類を解放したる者
四十五、公衆の目に觸るへき場所に於て袒裼裸體し又は股脚を露はし其他醜態を爲したる者
四十六、洋服若くは羽織袴を著用せすして公園に入りたる者
四十七、公園又は道路に於て濫りに屎尿を爲したる者
四十八、濫りに銃砲の發射を爲し又は火藥其他劇發すへき物を玩ひたる者
四十九、家屋其他の建造物若くは引火し安き物の近傍に於て濫りに火を焚く者
五十、石炭其他自然發火の虞ある物の取扱を忽にしたる者
五十一、開業の醫師產婆故なく病者又は姙婦の招きに應せさる者
五十二、無屆又は許可なくして營業を爲したる者
五十三、濫りに禽獸の死屍又は汚穢物を棄擲し又は之が取除の義務を怠りたる者
五十四、監置に係る精神病者の監護を怠り屋外に徘徊せしめたる者
五十五、屋外にある自巳の飼犬に口輪を箝入せさる者
五十六　狂躁の癖ある獸類を屋外に徘徊せしめ又は疾病外傷ある牛馬を使用したる者
五十七、濫りに牛馬其他の獸類を嗾し又は驚逸せしめたる者
五十八、濫りに牛馬其他の動物を虐待したる者
五十九、職務上必要の者の外銃鎗仕込杖其他の武器を携帶し道路を步行する者
　但し獵銃は此限りにあらす
六十、濫りに他人の家屋其他の工事物を汚瀆し若くは之に貼紙を爲し又は他人の標札招牌賣買屋札其他の榜標の類を汚瀆し若くは撤去したる者
六十一、道路なき他人の田圃を通行し又は此に牛馬諸車を牽入れたる者
六十二、前諸項の外地方警察規則上海居留地規則中に揭けたる罰則に違反したる者
六十三、傳染病豫防に關する當該官公吏の命に服せさる者
六十四、警察取締上の命令に服用せさる者
第二條　本令に規定したる違反行爲を敎唆し又は幇助したる者

頼母子講取締
在留規則

は各本條に照し之を罰す但狀情により其刑を免除することを得

附　則

本令は發布の日より之を施行す

チ、頼母子講無盡講及類似ノモノ取締規則

（明治四十二年五月十九日第令第六號）

第一條　公衆を會して頼母子講無盡及之に類似のものを擧行せんとするときは左記の事項を具し規約書を添へ十日以前に發起人より總領事館に願出て許可を受くへし

一　講金高
二　加入者の住所氏名
三　會場
四　開會の年月日

第二條　本則に違反したる者は拘留又は科料に處す

附　則

一　本則は發布の日より施行す
二　本則の發布以前に既に擧行中のものは本則第一條第一第四の事項滿講期限を具し規約書を添へ一月以內に發起人より總領事館に屆出つへし

リ、在留規則館令第一〇號

在留規則左の通り相定む

第一條　當總領事館管內に在留せんとするときは到着後三日以內に左の事項を屆出つへし

原籍　身分　住所　年齡　到着の月日

第二條　當總領事館管內に於て居住の場所を移轉したるときは三日以內に轉居先を屆出つへし

第三條　三個月以上當總領事館管外に旅行せんとするときは其旅行豫定期間を出發前に屆出て又旅行より歸着したるときは三日以內に其旨を屆出つへし

旅行豫定期間後六ヶ月以上を經過し歸着せさる者は退去したる者と見做す

第四條　當總領事館內を退去せんとするときは出發前退去先を屆出つへし

第五條　出生　死亡　其他身分上に異動ありたるときは三日以內に屆出つへし

但戶籍法に依り其屆書を當總領事館に差出すときは此限りにあらず

第六條　前各條の屆出は本人又は關係者より之を爲すへし

第七條　旅行出發後豫定期間を經過し歸着せさる者あるとき若くは無斷移轉又は退去したる者あるときは戶主其他關係者より速かに之を屆出つへし

第八條　在留の意志なく一時當總領事館管內に滯在せんとする者は第一條に從ひ速かに其旨を屆出つへし

移轉又は退去せんとするときも亦同し

前項の滯在者を宿泊せしめたる者は本人に代り其事實を屆出つへし

第九條　本則の屆出は口頭又は書面を以て當總領事館警察署に之を爲すへし

女學校職員

居留民會會議規則

女學校職員給與

第十條　本則に違背したる者は拘留又は科料に處す

附　則

本則は發布の日より施行す

ヌ、日本高等女學校職員俸給規程

大正九年四月一日領事館令第二號

上海居留民團立日本高等女學校職員の俸給は公立學校職員俸給令に據る本令は發布の日より之を施行す

ル、日本高等女學校職員給與規程

大正九年四月一日認可、大正九年十一月十六日改正

第一條　本校職員(講師を除く)には俸給の外在勤手當及住宅料を支給す

第二條　本校講師には手當を支給す

第二條　前二條の金額は行政委員會に於て之を定む

第四條　本校職員公務を帶び旅行する時は旅費を支給す

第五條　本校職員死亡したるときは其在職中さ休職中さに係らす最終俸給月額三個月分を其遺族に支給す

第六條　本校職員在職滿三年以上にして退職したるものには左の標準に據り退職一時金を給與す

一、滿三年以上、退職現時の俸給半個月分に其在職年數を乘したる額

二、滿五年以上、退職現時の俸給壹個月分に其在職年數を乘したる額

三、滿十年以上、退職現時の俸給壹個月半分に其在職年數を乘したる額

但懲戒に依り解職したるものは此限りにあらす

第七條　在職中死亡したる者の遺族には前條の規定を準用し死亡給與金を給與す

第八條　本規程に規定せさるものは上海居留民團給與規程、同俸給支給規程、同旅費規程及日本尋常高等小學校職員俸給支給規程を準用するものとす

A、上海居留民會會議規則(明治四十一年四月十四日認可)

第一章　居留民會の召集及成立

第一條　議員は召集の日時に指定の會議場に參集し名刺を居留民會書記に通すへし

第二條　居留民團法施行規則第十條及第十一條に據り代人として會議場に參集するものは左の區別に從ひ書面を民會書記に呈出すへし

一、議員不在又は疾病の爲め代人の委任を受けたるものは本人の署名又は捺印したる委任狀

二、法人、未成年者、禁治產者、妻又は准禁治產者の代人は其資格を證すへき書類

三、未婚の女子、寡婦又は法定代理人にあらさる法人の代人は本人又は法定代理人の署名若くは捺印したる委任狀

第三條　居留民會書記は議員の名刺又は前條規定の書面を審查し議員名簿に對照すへし

第四條　居留民團法施行規則第二十五條に據り民會の成立したるときは議長及假議長を選擧すへし

第五條　議長又は假議長にして辭任又は其他の原因により闕員を生したる場合は其都度選擧すへし

第六條　議長又は假議長の選擧ある迄議長の職は居留民團法施行規則第二十三條に據り假に出席議員中の年長者之を行ふ

第二章　會　議

第七條　會議の開始、休憩、中止及散會は議長之を宣告す

第八條　會議は公會とす　但監督官の指揮又は出席議員過半數の同意あるときは秘密會となすことを得

第九條　會議時間は午後五時より午後十時までとす　但議事の都合により議長は時間の伸縮又は變更を命することを得

第十條　議長は開會の初に議員の異動及諸般の報告をなすへし

第十一條　開議定刻後一時間を經るも出席議員定數に充たさるときは議長は延會を宣告することを得

第三章　議　事

第十二條　議案の順序は議長之を定む

第十三條　議案の順序變更の動議又は監督官の請求あるとき若は議長に於て必要と認むるときは出席議員に諮ひ討論る用ゐのして之を變更することを得

第十四條　議員議案を發議せんとするときは其案を具へ理由を付し三名の贊成者と共に連署して之を議長に差出すへし

但緊急若く簡易の事件は口頭を以て之を爲すことを得

第十五條　動議は一人以上の贊成者を待ちて議題となすへし

第十六條　會議には議事錄を調製し左の事項を記載す

一、開會及閉會に關する事項及年月日

一、出席者及闕席者の氏名

一、議長報告の要領

一、會議に付したる議案、議題となりたる動議及其提出者並に議決要領

一、特に議事錄中に記載すへしと決定したる事項

第十七條　議事錄は議長又は當日會議を整理したる假議長之に署名すへし

第四章　讀　會

第十八條　議事は三讀會を經て之を議決す　但出席議員過半數の同意あるときは讀會を省略す

第十九條　議案の説明及質議は第一讀會に於て議案朗讀後直に之を爲すへし

第二十條　議案の朗讀は議長書記に命して之を爲さしむ　但出席議員過半數の同意あるときは之を省略することを得

第二十一條　議案を審査委員に付託すへき動議は第一讀會に於て之を提出すへし

第二十二條　第一讀會に於て議案の質議及大體に付き討論したる後第二讀會を開くへきや否やを決すへし

第二十三條　第二讀會は第一讀會を終りたる後直に之を開くへし

第二十四條　第二讀會に於ては議案を逐條審議するものとす

但議長は出席議員に諮ひ討論を用ゐすして逐條審議の順序を變更し又は數條を併合し或は一條を分割して討論に付することを得

第二十五條　議案に對する修正の動議は其案を具へ第二讀會前又は其繼續中に提出すへし　但第十八條に據り讀會を省略し

たる場合は直に提出するを要す

委員の報告に係る修正は贊成を待たすして議題となすへし

第二十六條　第三讀會は第二讀會の翌日又は其以後に之を開くへし　但緊急を要する場合は議長は出席議員に諮ひ時日を短縮し又は第二讀會と同日に之を開くことを得

第二十七條　第三讀會に於ては議案全體の可否を決議すへし

第二十八條　第三讀會に於ては算數の正誤又は字句を更正するの外修正の動議をなすことを得す、但議案中互に牴觸する事項又は現行の法律、條例若くは規定と牴觸する事項あることを發見したる場合は此限にあらす

第二十九條　前條の修正は特に修正委員に付託して之を爲さしむることを得

第五章　討論

第三十條　通告をなさすして發言せんと欲する者は起立して議長と呼ひ自己の氏名又は番號を唱へ議長の許可を待ちて發言すへし

第三十一條　二人以上同時に發言を求むるときは議長は先起立者と認むるものに發言せしめ同時の起立なるときは議長の指定に從ふ

第三十二條　議員は同一の議題に付發言三回を過くることを得す　但質議應答は此限にあらす

第三十三條　議長自ら討論に與からんと欲するときは假議長をして代て議長席に就かしむへし

第三十四條　議長討論に與りたるときは其議題に關しては採決に至るまて議長席に復することを得ず

第三十五條　會議中無禮の言を用ゐ又は他人の身上に渉りて言論し若くは議場の秩序を紊す議員あるときは議長は之を制止し發言を取消さしめ命に從はさるときは退場を命することを得

退場を命せられたる議員は當日の會議を終るまて入場することを得す

第三十六條　議長は討論の終結を宣告す

第三十七條　發言者未た盡きすと雖議員は討論終結の動議を提出することを得此の場合に於ては議長は出席議員に諮ひ討論を用ゐすして之を決すへし

第三十八條　本規則の疑義は議長之を決す　但議長は出席議員に咨ひ討論を用ゐすして之を決することを得

第六章　採決

第三十九條　議長採決をなさんとするときは其議題を宣告すへし

前項の宣告を終りたる後議員は其議題につき發言することを得す

第四十條　採決の順序は廢案を先とし修正案を次とし原案を後とす

議員の提出したる修正案は委員の提出したる修正案に先ちて採決すへし

數個の修正案あるときは其趣旨の原案に最も遠きものより先にす若し議員の異議ありたるときは其贊成者あるを待ち討論を用ゐすして之を決すへし

第四十一條　採決は起立の方法に依り出席議員及代人の有する

議決權の過半數を以て之を決す　但議長の採決に對し異議を申立つる者あるとき又は議員十名以上の要求あるときは議長は記名若くは無記名投票を以て採決すへし

可否同數なるときは議長之を決す

第四十二條　議案に對し發言するものなきときは議長は採決の手續を履ます全會一致を以て可決したるものと宣告することを得

第四十三條　緊急又は先決の問題は他の問題に先ち採決することを要す

緊急又は先決の問題なるや否やに關する異議は討論を用ゐすして之を決す

第七章　委　員

第四十四條　議案、動議、請願其他の事件につき審査を要するときは民會は委員を選定し其審査を付託すへし

委員の數及其選定の方法は民會にて之を決す

第四十五條　委員に選定せられたる者は正當の事由なくして其任を辭することを得す

第四十六條　委員會は委員長一名を選定すへし

第四十七條　委員會の議事は出席員の過半數を以て決す可否同數なるときは委員長の決する處に依る

第四十八條　委員會は民會の會議時間に於て之を開くことを得す　但民會の許可を得たるときは此限にあらす

第四十九條　委員會は其付託を受けたる事件に關し意見を有する議員又は發案者は意見を聞くことを得

第五十條　議長は何時にても委員會に出席して發言することを得　但議決の數に加はらす

第五十一條　民會は期限を定め委員會をして審査の報告をなさしむることを得

第五十二條　委員會の審査終りたるときは委員長より報告書を議長に提出すへし

第五十三條　委員會の報告書は議長に於て特に秘密と認むるもの外之を議場に發表すへし

第五十四條　委員會に於て廢棄せられたる意見にして其同意者出席委員の三分の一以上あるときは委員會の報告と共に其意見を報告することを得

第八章　請　願

第五十五條　民國の地區內に住居する帝國臣民又は事務所を有する帝國法人は民會に對して請願をなすことを得

第五十六條　請願をなさんとする者は其住所、身分、職業、年齡を記し自ら署名又は捺印したる請願書を作成し議員一名以上の紹介を經て之を議長に差出すへし法人の請願書は代表者之に署名し法人の印章を捺すへし

第五十七條　請願を紹介する議員は請願書の一端に紹介議員某と書すへし

第五十八條　議長は請願書を受理したる時は出席議員に諮ひ討論を用ゐすして民會の會議に付すへきや否やを決定すへし

但委員の審査に付託することを妨けす

第九章　紀　律

第五十九條　議員會議に列する場合は洋服又は羽織袴を着用すへし

第六十條　議場内に於ては吸煙を許さす

第六十一條　議長號鈴を鳴らすときは沈默すへし

第六十二條　議場内の秩序に關する問題は議長之を決す

第六十三條　議員左の行爲ありたるときは民會は懲罰委員の報告に基き決議を以て懲罰に付すへし

一、秘密會の議事を漏洩したる者

二、第三十五條第一項に該當する者

懲罰委員の數又選定方法は居留民會にて之を決す

第六十四條　懲罰は左の三種とす

一、公開したる議場に於て譴責す

二、公開したる議場に於て適當の謝辭を表せしむ

三、一定の期間出席を停止す

第六十五條　議員は十名以上の贊成を以て懲罰の動議を爲すことを得

懲罰の動議は事犯ありし後二日以内に之を爲すへし

第六十六條　前條の場合に於ては議長は討論を用ゐすして民會の決を取り之を懲罰委員に付すへし

第六十七條　懲罰事犯の議事は秘密會議とす

第六十八條　議員は自己の懲罰事犯の會議に列席することを得す　但議長の許可を經て自ら辯明することを妨けす

墓地火葬規則

B、墓地火葬場規則（明治四十四年四月七日上海居留民團條例第五號 大正十三年三月二十七日改正）

第一章

第一條　埋葬又は火葬をなさんとする者は總領事の認許證を民團事務所に差出し且つ左記の事項を屆出つへし

死者の本籍住所族稱職業

戸主にあらさるときは戸主との續合

氏名生年月日

死亡の年月日及死亡の原因

第二章　墓　地

第二條　墓所の一ヶ所の幅員は左の如し

長　七呎

幅　四呎

第三條　墓所の貸下を受んとする者は民團事務所に申出て規定の料金を納付し許諾を受くへし

第四條　墓所の貸下料は左の如し

一等地　參拾弗

二等地　貳拾弗

墓所の等級は行政委員會に於て之を定む

第五條　墓所二ヶ所以上の貸下を受んとする者は一個所は前條の金額を、外一個所以上は倍額を納付すへし

第六條　墓所内には民團の許諾なくして樹木花卉類を栽植すへからす

第七條　墓所内の埋葬、墓標、燈、花立其の他吊祭の設備等に就ては民團に於て制限を付することあるへし

第八條　墓所は他に移葬したるときは民團に返付したるものと見做す

但し已納貸下料は還付せす

第三章　火　葬

第九條　火葬をなさんとする者は民團事務所に申出規定の料金

を納付すへし
第十條　火葬の料金は左の如し
但し貧困にして料金を納付する能はさる者は無料とす
日本人死屍一個に付十弗
外國人死屍一個に付五十弗
第十一條　五歳未滿の小兒の火葬は規定料金の半額とす
第十二條　火葬の時間は日沒後とす
第十三條　火葬の骨上は翌朝午前八時とす
第十四條　火葬中は民團吏員其他民團の許諾を得たる者の外場内に出入するを得す

救濟基金條例

C、救濟基金條例（大正六年三月九日上海居留民團條例第八號）

第一條　本民團地區内に在留する帝國臣民にして救濟を要する者の爲めに救濟基金を設け特別會計と爲す
第二條　本民團が上海日本人協會より引續きたる墓地管理基金慈善基本金及寄附金其他の收入を以て救濟基金とし其利息を以て救濟費に充つ
第三條　救濟費は行政委員會の決議を經て支出するものとす

獎學資金條例

D、獎學資金條例（大正七年三月十五日上海居留民團條例第九號）

第一條　學事獎勵を目的とする寄附金を以て獎學資金とす
第二條　獎學資金は委行政員會之を保管し其利息を以て獎學費に充つ
第三條　獎學費の用途は毎年度始めに於て行政委員會之を決定す
第四條　獎學費は行政委員會の決議を經て之を支出す

E、課金調査委員（明治四十年九月二十三日上海居留民團條例第七號）

第一條　本民團に課金調査委員を置く課金調査委員の員數は行政委員會之を定む
第二條　課金調査委員は毎年行政委員會に於て課金を納むる民團員中より推薦し行政委員會議長之を囑托す
第三條　課金調査委員は名譽職とす
第四條　課金調査委員は行政委員會議長の定むる所に從ひ民團員の所得、營業、所有財產、其他課税の標準を決定するに必要なる事項を調査す
第五條　課金調査委員にして職務上必要により納金義務者の住所又は營業場に臨み帳簿物件の檢査を求め推問を爲したるときは之を拒むことを得す
第六條　課金調査委員の職務執行に關する方法は行政委員會之を定む

課金手數料

F、課金、手數料に關する規程（明治四十一年五月上海居留民團條例第二號 大正四年三月十八日改正）

第一條　本民團の地區内に住居する帝國臣民又は帝國法人は本條例により課金又は手數料を負擔する義務を有す
第二條　課金は所得課金、營業課金及土地課金の三種に區別す
第三條　俸給報酬其他定まりたる收入により生計を營む者には所得課金を賦課し商業工業製造業其他營利の事業に從事する者には營業課金を賦課す

本民團地區内に土地を所有する者に土地課金を賦課す

第四條　所得課金は納金義務者の資産、所得及生計程度を標準として之を定む

第五條　營業課金は左の事項を標準として之を定む

一、所有不動産の種類及價格

二、營業の種類及體様

三、營業の資本及賣上高

四、使用人の員數

五、資産及所得高

六、營業場の位置構造及賃貸借價格

第六條　左の營業に從事する者には手數料を賦課す

一、藝　妓

二、幇　間

三、興行主

四、其他之に類似する營業

第七條　課金及手數料を納むる者の等級及其負擔額は行政委員會に於て之を定む

第八條　課金及手數料は毎月之を徴收す

土地課金は年貳回に之を徴收す

第九條　新に納金義務を生したるものにして一ヶ月に滿さるものは十五日以前にありては其月の全額十五日以後にありては其月の半額を賦課す

第十條　所得課金及營業課金を賦課すへき業務を兼業する者は收入高を一方に就て第級を定め尚一等を繰上けて之を賦課す

課金及手數料を賦課すへき業務を兼業する者は各別に之を賦課す

第十一條　納金義務者にして民團區域外に旅行するときは民團區域内に住居する者を以て納金代人と定め本民團に届出へし

第十二條　行政委員會は納金義務者の所得又は營業に著しき異動を生したりと認定するときは翌月より其納額を増減することを得

第十三條　居留民會又は行政委員會は賦課上必要と認むる事項に關し何時にても届出を命することを得

前項の場合に於て虚偽の届出をなし又は届出をなさすして義務を遁れたる者は行政委員會の認定により其賦課金額を定めて之を追徴す

第十四條　行政委員會議長は納期間に其義務を履行せさるものに對し督促令狀を發す督促令狀を發したるときは一通毎に督促手數料拾仙を徴收す

第十五條　行政委員會に於て課金又は手數料を納むる資格なしと認めたる者及祝祭又は慈善の爲めにする演劇其他の興行に對しては賦課を免除することを得

第十六條　課金又は手數料を滯納したる者は國税の徴收に關する規定に遵據して之を處分す

課金手數料等級

G、課金、手數料の等級並金額

（明治四十一年五月二十九日　上海居留民團條例第三號　大正四年三月十八日改正　大正九年三月二十四日改正）

第一、課金

一、所得課金

等級	月額
一等	五十弗
二等	四十弗
三等	三十弗
四等	二十五弗
五等	二十弗
六等	十六弗
七等	十三弗
八等	十弗
九等	八弗
十等	六弗
十一等	五弗
十二等	四弗
十三等	三弗
十四等	二弗五十仙
十五等	二弗
十六等	一弗五十仙
十七等	一弗
十八等	七十仙
十九等	五十仙

二、營業課金

等級	月額
一等	壹千弗
二等	九百弗
三等	八百弗
四等	七百弗
五等	六百弗
六等	五百弗
七等	四百弗
八等	三百弗
九等	二百五十弗
十等	二百弗
十一等	百五十弗
十二等	百二十弗
十三等	百弗
十四等	八十弗
十五等	七十弗
十六等	六十弗
十七等	五十弗
十八等	四十弗
十九等	三十五弗
二十等	三十弗
二十一等	二十五弗
二十二等	二十弗
二十三等	十五弗
二十四等	十弗
二十五等	七弗
二十六等	五弗
二十七等	四弗
二十八等	三弗
二十九等	二弗五十仙
三十等	二弗
三十一等	一弗五十仙
三十二等	一弗
三十三等	五十仙

三、土地課金

一、各國共同居留地佛國專管居留地内所在地　年額工部局税額百分の拾

一、各租界外所在地　年額毎畝に付銀壹弗

第二、手數料

一、演藝者

等級	月額
一等	一弗
二等	五十仙

二、興行

等級	日額
一等	二弗
二等	一弗
三等	五十仙

三、藝妓

等級	月額
甲種藝妓	
十三歳以上	六弗

十三歳未滿　三　弗
乙種藝妓　四　弗

四、幇間　二　弗
等級　月額

第五章　外支共管居留地及鐵道沿線行政

第一節　外支共管居留地

支那と外國との共同行政に屬してゐる居留地の標本としては芝罘を擧げねばならぬ、元來芝罘には當初から正式のコンセッション又はセッツルメントなるものがなかつた、地形上北方の突角である爲め自然的に諸外人雜居の集團を生じて之を支那政府が承認したものである、而して之を行政するのに久しい間特別の自治體が出來なかつた、唯ゼネラル、バアポス、コミテーと云ふのが外人間に設けられて、任意に醵出する所の金錢に依つて土木、衛生等の事業を經營してゐるに過ぎない、而もその負擔は住民に强制することが出來ない、其怠る者に對しては所屬領事から忠告を煩はすばかりである、又支那人に對しては何等の負擔を課することはしなかつた、然るに千九百十年一月の國際協議に基いて、外支聯合の自治機關インターナショナルコミティを設けるに至つた、其制度の大要を述べると。

一、團體の區域は從來の外人雜居地に之を近接せるもの、即ち第六區と名ける支那街の部分を包含すること
二、委員會は十二人より成り、其中の半數は外國人から選出し、他の半數は支那の會社及び個人商人から選出する
三、委員會には書記を任命する、（外人でも支那でも制限はない）

四、事業は從來のやうに土木、公安、衛生等であつて之を經營する爲め住民から租税を徴税し、人力車及び荷車に對して課税する

五、支那住民に對する課税は、委員會より推薦する所に依り支那道台が任命し俸給を給する所の官吏をして徴收せしむる

尙ほ之に付き他と異つてゐるのは此委員會は警察權を有してゐないことである、其結果として警察權は依然として從來の方針を繼續するものと見做される、從つて支那街では支那警察權が行はれ外人雜居地では頗る曖昧であるが夫々外國領事館の警察權に屬するものと解される、之を他と比較すると芝罘の制度は上海のやうな共同居留地と支那行政の下に在る自管居留地との中間に位するものである。

元來外人の自然的共同雜居地が發達すれば上海式の制度となる筈であるが、近來支那人の自覺利權回收熱の影響に依つて自然之に支那分子を加味するに至つたものである、福州、汕頭のやうな未發達の雜居地は將來隆盛に趨いても此形式を取るの他はあるまい。

一、芝罘の行政概況、芝罘の開港せられたのは今から六十年前清朝の同治二年であつて一八五八の天津條約に基く結果である、芝罘と稱するのは外國人許りで支那人は烟台と稱してゐる、芝罘が實質的の發達を遂げたのは日支戰后であつて露國の滿州計劃が與つて力あるのである、露國が旅順大連を首めとして滿州の經營は芝罘から絕えず勞力物資を供給して富を得たのであつた。

元來此地は居留地の設定がなかつたから外人は各々隨所に居を定めて支那人と雜居してゐる、然

しながら此間外人の居留地域は自ら一區劃を成した、即ち港の埠頭から各國領事所在地である煙台山を包容して東方海岸に沿ふて東砲台に達する延長一哩半に亙る區域である、而して在留各國人は相互共同の利益を計らんが爲めに、萬國委員會（インターナショナルコミテイ、）を組織して前記居留地内の公共事業、道路橋梁の修繕、街上の點燈、下水汚水掃除等を管掌してゐる。

萬國委員會

尚ほ在留歐米人、當地に在留せる歐米人の大部分は商人、宣教師、官吏及其家族等である、是等外國人の總數は平時に於て八百二、三十名を算したが、歐戰開始後交戰國人中歸國從軍するあり又獨墺人全部退去する等あつて最近著しく在留外國人の員數を減したので現在の總數は七一一名であつて國籍を區別すれば左の通りである。

國籍	人口
英吉利人（學校兒童を含む）	四五四
北米合衆國（同上）	一八〇
佛蘭西人	三〇
獨逸人	一
露西亞人	二九
西班牙人	一
土耳其及希臘人	八
丁抹人	一
諾威人	一
以太利人	一
瑞典人	一
白耳義人	一
和蘭人	一〇
合計	七一一人

此他在留日本人戸數百人口参百〇四内男百十三女六十一名

（大正九年調）

今萬國委員會の規定を擧げ其自治行政を示すと次の通りである

二、芝罘萬國委員會規則

第一條　本會は第一區（支那官憲の指定に係る）在住の華洋人（支那人及外國人）に依りて組織するものとす委員は華洋雙方より各六名を選擧して本會の事務を執り辨理せしむ本會は街路、橋梁及溝渠等一般公道の修築並に衞生上に關する一切の施設例へば撒水、滌淨、溝渠の疏通及點燈等の事務を管掌す但し區內の巡警に關する事宜は委員之れに干渉するを得す但し巡警にして曠職違則の行爲あるときは委員は隨時(所管)官長に報告すべし

第二條　區內に於ける一切の經費は區內の各商店又は營業主及區外國人の捐金(實際は捐金と賦課金)を以て之れに充て委員等は其の收支を處理す本區內に於ける一切の捐金事務及公益事業即ち第一條に記載の街路、橋梁及溝渠の修築竝に撒水、滌淨、點燈等の各事項は委員自ら酌量辨理し重大事件を除く外は當該華洋官長に協議するを要せず

第三條　毎年華洋の各捐金者は一回の總會を開きて各般の事項協議す當日は前年度に於ける全會計の收支決算に對して一度查核を經たものを一般に告知を行ひ同時に又來年度の所要經費に對し豫算を查定して之れを一般に周知せしむ尙ほ當日前年度に於ける捐金者中より委員を選擧す委員の任期は一ヶ年とす但し滿期前辭職するときは其の後任者の選擧せらるゝ迄を任期とし其の後任者は被選當日より委員の職を辨理するものとす(委員は十二名とす)

第四條　委員華、洋の別なく、事務員一名を使用す該事務員は委員の支配を受けて本會一切の事務及各外國人より捐金の徵收方を司る、委員は又膠東道尹より委任し且つ給料を發給する支那人一名を推擧して支那人よりの捐金を監督す支那側及外國側の捐金全部を徵收次第委員に交付し委員は之れを中國銀行又は外國銀行に預金し以て費用に備ふ

第五條　區內一切の道路は元來區內の徵收金を以て修築すべきものなるを以て區內を往來する人力車に對しても捐金を納付せしめ以て修路費の不足を補ふべきものとす故に委員等は其の規定を設定して車輛より捐金を徵收し以て道路修築費に充つべし

第六條　委員等は規則を制定して各自之れを恪守すべし又區內に於ける旅館及酒場等に對して改良を要すべきことあるときは隨時意見を開陳し以て公安を維持す

此の種の意見は膠東道尹及首席領事の認可を經て之れを施行するものとす

第七條　外國人委員は倘し外國人側にして其專管する各種外國人會の財產例へば娛樂場及墓地等の管理を託する者ある時は其依託に應ずることを得又支那人委員は倘し支那人側にして其專管する支那人會の公共財產の管理方を託するものあるときは其依託に應ずることを得

支那歷宣統元年十一月十九日制定
西歷一千九百〇九年十二月三十一日
中華民國四年三月一日修訂

三、歳入捐額規程

一、財產捐、華洋人の區別なく其所有財產にして河西にあるものは其見積價額千弗每に七弗五十仙を其河東にあるものは同じく千弗每に三弗七十五仙を徵收す。

一、公益捐、一名屋號捐と稱し年十弗を徴す本捐は卽ち個人の名譽と公益上の見地に基くものなればくせい其區域内にある者は固より負擔の義務あるものにして區外に居住する者も亦意納捐して以て本會經常費の補給に資せんことを冀望す。

一、人力車捐、自用者と賃借車とに論なく一律に每月大洋五十仙を納付すべきものとす。

一、小車捐、本捐は警察廳の手を經て每年銅貨二百吊文を徴收するものとす。

一、洗濯業、牛乳業註冊捐(登記税の如き)として每月二十五仙を納付するものとす。

若し特別の事故ある場合は臨時徴捐方を酌量し本規則に依らざるものとす。

備考　前記萬國委員會の經常費として每年約一萬八千弗を計上して居る。

第二節　鐵道附屬地の行政

滿州に於ける露西亞の東清鐵道及び日本の南滿鐵道、安奉鐵道の附屬地に對しては支那の普通の鐵道と異つて、露西亞及び日本の行政權か行はれてゐる、元來鐵道に要する地所は軌道の爲めにする長き線狀の地帶と、各停車場の爲めにする稍々廣き數地とから成るものである、然るに滿鐵沿道では此外停車場の在る地方で鐵道役員の居住の爲め及び商人の營業の爲めに廣い地面を取つて附屬地中に編入されてゐる、其面積には其地方の支那都邑の狀況と其他將來發展の見込み如何に依つて大小がある、就中南滿線の奉天、長春、東淸線の哈爾賓などは頗る廣大であつて、殊に哈爾賓は南滿鐵道附屬地の全面積よりも大であると云はれてゐる、尙ほ是等鐵道事業に從屬するものとせらるゝ採礦事業の爲めにも所謂礦山附屬地を生じ之も廣き意味に於て鐵道附屬地中に包括せらるべきものである（南滿の千金寨、北滿の諾爾の如き石炭採掘の爲めに廣き附屬地がある）

是等附屬地に對する鐵道國の行政權は千八百九十六年八月支那と露清銀行との間に締結した鐵道敷設條約に根據を有つてゐる、卽ち會社は單に事業の經營に止まらずして行政權を有し而も其行政權は支那の領土より獨立して同時に他の行政權の行はるゝことを排斥するものを意味してゐる、又此行政權は鐵道が之を行ふと云ふも、實は露國政府の行ふものであることは云ふまでもない、尙ほ同年十二月發布せられた東清鐵道條約に於ても强く此意味を宣明してゐる、例へば第八條の如きは鐵道會社卽ち露國政府は鐵道附屬地內の秩序安寧を保護する爲めに警察吏を任命し、又警察規則を制すべきことを規定してゐる、而して實際の事實は露國政府は此地域に對して行つたのは單に警察に止まらずして凡ての行政に兵力さへも之に配備した、支那は之を默許して爲すが儘にした、但し露國の經營法は從來の裁判關係までを侵害するのではなかつた、單に行政の範圍に止まつた、斯くして完成せられた行政地域は日露戰の結果一部長春以南は日本に移轉し、又之に準ずる安奉線行政地域を見るに至つたのである。

鐵道國は附屬地に對して如何なる行政方法を取るべきかは其國の自由である露國の東淸鐵道附屬地に對する方針は、至大の權力を有する鐵道長官を置いてゐたが、それには軍人を以て任じ、會社の地位としては一役員に過ぎないけれ共附屬地に對する軍事上及び政治上の全權を一手に掌握してゐた、但し行政上の方面に對しては、其一部屬として民政部を設け、之に一切の事務を取らしめてゐた、又哈爾賓、滿州里、海拉兒及び橫道河子には其大小に應じて自治制を布き其住民をして適當の市町村政を行はしめてゐた、就中哈爾賓の自治制は最も完備したものであつて之が爲めに國際上の紛議を釀し一般附屬地域に關する行政權の問題を惹起した位である、其特別な點を擧げると先づ市の權限に屬する事務の範圍は、土木、衞生、教育、公安に關するものであつて此爲め必要な課稅を爲すの權利がある、然し警察權は鐵道に留保して外交に關する事務も鐵道長官の同意を要することになつてゐる、其他市の機關の行動は鐵道長官と在露鐵道本社の監督を受けるものとしてゐる、市の機關は市會及び市參事會である、市會は居留地に於けるやうに公民直接の總會合でなくして、其中から特に選擧した市會議員から成つてゐる、選擧權及び被選權は納稅額不動產短期賃借料を以て標準とし國籍宗教の如何に拘らず、(一)選擧及被選擧權は年十留以上の納稅を爲すもの(二)評價千五百留以上の不動產永借人(三)借賃六百留以上の不動產短期借人の三種あつて支那人と雖も其資格を有つてゐる、選擧の方法は候補者を定めて可否の投票を爲し、過半數の可票を得たものゝ高點者六十名を當選とする、之に充たない場合四十名に達したならば之を以て市會を組織する、四十名に及ばない時は更に之に達する補缺を選擧し尙ほ之に達しない時は鐵道長官が之を選任するとなつてゐる、參事會は參事會長及び五名の參事會委員から成つてゐる、參事會長は市會で選擧し、市會議長を兼ねた露人でなければならぬ制限がある、市參事會委員の三名は市會で選擧し他の二名は鐵道長官が鐵道社員若くは普通の公民中から任命する、參事會の決議は其全出席者の一致にかゝるものは直ちに實行することが出來るが、そうでないものは鐵道長官の異議のないものであることを必要とし、異議かあれば市會の決議に附することになつたゐる、是等の市制及び其機關の定めた諸規則は其市制實施の區域内に在る凡ての住民及び團體を拘束する力あるものとせられ、殊に外人も之に依つて定められた不動產稅、營業稅、戶別割等の課稅に服し、凡て其强制手續は裁判の方法に依らないで、露國警察官吏の幇助を得て市の持別徵稅吏に依つて實行せらるゝものとしてゐる、外人が地域内に土地を借受くる場合には、附屬地の露國行政規則に服從すべき旨の誓約を要し、若し此地に領事があつて第三國人である場合は、其領事の承認を經た証明を提出すべきものとしてゐる、(哈爾賓市制第八條五十二及三條等は專管居留地と同一)

一、露國が哈爾賓に右のやうな自治制を實施したので由來滿州に野心のあつた米國領事の首唱に依つて此に一大紛爭を惹起したことがある、米國領事フイシャー氏は哈爾賓が今日各國に對する支那の開市場である以上その鐵道附屬地と云つても商業地區を以て露國の意の儘に任ずべきでない、殊に課稅問題の如きは各國領事の會議で決すべきものであると云つてゐた、行政權の中でも主要なものは警察權と課稅權であるが當時の支那側の主張に依ると警察權は支那の手に回收して、課稅問題の方は領事團會議で議決すべきものとした、卽ち支那警察治下の共管地域を設けやうとするの意見であつた、要するに哈爾賓を上海のやうな列國の共同居留地としやうとするものであつた、日本は此點では露國と利益一致したので、最初から露國の施設に賛同の意を表した、明治四十一年二月哈爾賓總領事は「東淸鐵道會社は淸國政府との條約に據つて鐵道附屬地內に行政權を有する次第なるに付其旨を心得べし」と公示して邦人に對して露國の爲す所に從ふべきことを訓示した、其後此事件は各國領事か自國人の納稅義務を承認しないが、露國は警察力を用ゐて納稅をしない支那人の店舖を閉鎖せしめて强壓手段に出でたが、遂に之を北京の談判に移し、鐵道長官も哈爾賓首台も北京に行く形勢となつて一時天下の耳目を聳動した、然るに此談判の結果は形式上では露國の大なる讓步に終り千九百九年五月「豫備協約」と稱するものを見るやうになつた其主要點は(一)支那政府は既存の條約を害しない範圍で自國主權の行使を爲すことを妨げない、各種の法令規則を執行することを得ること、(二)凡て各國人の地位は平等であつて、行政委員長を兼ねてゐる市町村會議長の如きも國籍の如何を問はないことにする(三)支那交涉局總辦は露國鐵道長官と並立して自治制に對する監督權を行ひ委員及び議員の任命權其他或種の決議に對する認可權の如きも鐵道長官と共に右總辦も亦之を有するものであるとした。

然しなから露國は此問題に就ても名を捨てて實を取るの慣用手段に出で、右のやうに文面では大讓步をしたが其所謂細則と云ふものを何時までも遷延して從來行政の効力を維持し支那總辦の監督權及び支那委員加入の如きも有名無實に終らしめた、而して各國殊に抗議を唱へた淸國も漸く其態度を改め、依然夫々從來通り自國民の爲す所に放任せしめた。

南滿鐵附屬地の行政關係

二、南滿鐵附屬地の行政關係、日本は露國鐵道長官に屬せしめた權限を兩分し、其軍事、警察及び監督の權は之を關東都督に屬せしめ、其他は滿鐵社長に屬せしめた、又各地の駐在領事は從來のやうに附屬地外の邦人に對する事務と共に附屬地內の邦人に關する裁判事務を司り又外交の事務を管掌してゐた、以上のやうに三頭政治でするものであるから其統一を害するものとして世の非難を被つたのであつた。

滿鐵會社の行政權は所謂殖民會社に對する委任行政の觀念で以て明治三十八年遞相藏相外相の三大臣聯合命令第五條に、「其社は政府の認可を受け鐵道及び附帶事業の用地內に於ける土木、敎育、衞生に關し必要なる施設を爲すべし」又第六條に「前條の經費を支辨する爲め其社は政府の認可を受け鐵道及附擊事業、用地の居住民に對し手數料を徵集し其他必要なる費用の分賦を爲すことを得」滿鐵會社は此命令の趣旨に基き、其居住民に對して諸規則を守り、公費を負擔すべきこと、及び公益を害するものは警察官の援助を得て退去せしむべきことを定め、又各國人に對しては其居住を許し平等の取扱ひを爲すべき旨宣言した、而して附屬地の事務は中央機關として地方課を在大連本社に置き、地方機關として各地に經理係を設けた、而して一般施設の狀態は此等附屬地內の住民に對して頗る穩便の方針を取つてゐて丁度私法關係を處理するやうに柔かい觀がある、然し露國のハルビンに於けるやうに昨今では大連市のやうに自治制を認めて次第に之が增加する傾向がある。

三、最近の商租權問題、日露戰後我國と特殊の關係を有つやうになつた南滿州でも鐵道附屬地以

空証文の土地所有權

外には外國人が土地を所有し賃借し、若くは營業の自由を許されない狀態で、戰後此地に移住した十數萬の邦人は僅かに帶のやうな滿鐵附屬地と、猫額の如き旅順大連の一小區域に跼蹐して、所謂同胞共食ひの窮屈な生活を營まなければならない狀態であつた、其處で民國四年五月（一九一五）我政府は支那政府との間に種々接衝を重ねた結果、其後彼の問題となつた二十一ヶ條、條約の第二項として滿蒙新條約なるものを締結して先づ「日本國民は南滿州に於て各種商工業に建築物を建設し、又は農業を經營する爲め必要なる土地を商租とすることを得」との取極をした、更に「日本國民は南滿州に於て自由に居住往來し、各種の商工業其他の業務に從事することを得」との條項を加へたので、玆に初めて南滿州に於ける本邦人の土地商租權乃至自由に居住往來し、各種の商工業其他の營業權の行施を爲し得ることゝなつたのである、然るに其後南滿州の邦人土地商租權狀態は遺憾ながら從前と餘り變化がないのは誠に心細い次第である、旣に述べた日支條約は十年を經過してゐるにも拘らず之が施行細則が懸案として支那政府からは殆んど放棄して顧みられない狀態に陷つてゐる、此間政府は絕えず機會を捉へて支那政府に會商する所があつたが常に言を左右に托して是に應じない爲め、折角の條約も有名無實に終らうとする狀態で、我政府は奉天領事をして奉天交涉使に對し、局部的交涉をするやうに再提議したが、張作霖は土地商租問題は支那人に對して惡評を釀成せしめつゝある許りでなく、之に依りて日本人の發展恐るべきものあることを豫見して、細則協定成立の責任者となることを肯んじない等の事情から協定會議の開催も有耶無耶の裡に葬り去られむとしたのである此處に於て日本政府は駐日民國代理公使張元節に對し、北京外交部から奉天交涉使に對して會商せしむるやう命令されたき旨を要求したのであるが、北京外交部は啻に之を聞き入れないのみか、却つて呼倫貝爾の程督辦及び奉天交涉使に對して、日本人に對する土地商租權の附與を禁止するとの命令を發したと傳へられ、現に東支沿線では、水田其他農耕用土地を朝鮮人又は日本人に貸與する事を禁じ既に貸與せるものは卽時之を取消さしむべしとの布告が發せられ又「商

商租須知

租須知」なる支那側單獨の規定にかゝる商租規則を制定し、商租年限三十年を僅々一ヶ年に短縮し、徹底的に日本人の商租を不可能ならしむべく努力しつゝありと傳へられて居る、以上述べたやうに邦人は南滿州で商租に依つて農耕地を獲得して農業を經營し得る權利が附與されてゐるのであるが、之が施行細則の協定が未だ目鼻もつかざるのみならず、却つて支那官憲は協定成立に對して拒否的態度を持してゐる現狀であるから、邦人の企業は益々困難となり農業の開發商工業の發展に一頓挫を與へてゐる、加ふるに民國政府內務部は先年「商租須知十四條」を制定し其註譯を附して秘密裡に地方官に布告し、更に會辦に對しては「日支合辦東部內蒙古農業及附屬業規則十四條」及び同須知を內達する所があつたのである、勿論理論上からすれば此の商租須知も合辦規則も日支間に認められたものでないが事實上支那官憲及び國民は之に依つて拘束され制限を受けてゐるので切角の土地商租權も行施する機會なく空文に化さんとしてゐる。

遷延の原因

以上の如く商租權問題を有耶無耶に葬り去らんとする支那政府從來の態度に徵して察すると之を

强制に基いたもので止むを得ざる意志であるとして二十一ヶ條問題の無効を主張する意志の表現であるが、元來國際條約其他の取極は程度の差異こそあれ例でも强制に基かないで成立したものは少い、殊に支那と外國の條約は殆んど全部が精神上物質上の强制に基いてゐるのである、支那の政治條約は云ふまでもなく現行支那通商條約の骨子となつてゐる千八百二十四年英淸南京條約及千八百五十八年英淸天津條約千八百七十六年英淸芝罘條約の如きは何れも英國が支那に對して多大の强制を加へた結果ではないか、卽ち南京條約及天津條約は夫々阿片戰爭及英佛聯軍戰の後外國は兵を支那に屯し戰勝の餘威を籍つて極度まで支那政府に高壓を加へた結果締結したものである、又芝罘條約は雲南事件の善後處置として英國が開戰の意氣を示して締結したものであることは本編第一章國民黨の草案に支那側自ら告白する所である、若し外國の强制を以て支那の意志表示無効の理由とするならば是等の條約は何れも無効でなければならない、又之に依りて開市した上海廣東天津以下の各開市場は其存在を許されないものである、然るに各國のは之を許し獨り日本の鐵道沿線の商租權問題を等閑にする如きは責任感の缺陷を示すものであつて殆んど國家としての存立の如何を疑はざるを得ない、而も日本は支那の爲めに遼東半島を還附して大隈内閣當時の還附宣言を實行したのにも拘らず、斯ることあるは法理上のみならず國際道德上許すべからざるものである、我政府は之に對し强硬に提議しなければならない終に臨み反帝國主義に就て一言を加へたい、排外運動卽ち反帝國主義の最も具體化したのは彼の五四運動以來であるが、最近は又全世界の耳目を聳動せしめた上海事件がある、此反帝國主義の運動に勢付けたものは共產主義の宣傳運動であつたのを忘れてはならない、今左にその所說を述べると。

反帝國主義に對して

四、反帝國主義に對して、本編第一章の劈頭に掲げた國民黨の國民會議に提出すると云ふ草案の示した所に依つて見ると各國が支那に植民地的計畫を進めることは是帝國主義である、是等の主義に對しては軍閥を倒すよりも前に之を打破せねばならぬ軍閥拔扈の背景は是等帝主義國であるとしてゐる、若し國民黨の言ふが如きものが帝國主義であるならば支那は先づ滿、蒙、藏、青海及土司を放棄すべきである、其理由は云ふまでもなく既に行政史に述べた通り支那が往時帝國主義に依つて取得したものであるからである、卽ち遠くはなくとも清朝時代の制度にしても藩部と稱してゐるのは內服であつて理藩院の管轄に屬してゐる、又朝貢國と稱するものは外服で禮部の管轄に屬してゐたのである、此藩部は清朝に服屬はしてゐたが、支那の內地、純然たる領土であるとは如何に口舌の士である國民黨と云へども主張することは出來ない、殊に朝貢國に至つては全く帝國主義の露骨なる表れであつて實際は獨立國を武力に依つて抑へてゐたに過ぎないではないか故に支那は各國に對し帝國主義を攻擊する前に先づ隗より始めなければならないではないか。

支那の矛循否國民黨の矛循は未だある、彼等は盛んに利權回收を叫んでゐるが、一方に於ては之と全然兩立しない、露西亞の共產主義を歡迎して勞働者を使嗾し彼の有名な上海事件を起させたではないか、彼等の行動は唯事變を好むものであつて何等主義も理想もない土匪に等し故に私は敢て之を黨匪と呼ぶ次第である。

財務行政管理問題

五、(附錄)最近他國財務行政管理問題

共管問題、支那の經濟的行政は將來共管にすべきものであるとの說はブラレト氏ドーズ氏其他外人間にも多く唱へられ、我日本でも實業同志會の武藤山治氏などは此說の贊成者である就中最近唱へられた英國公使館付商務官アキバルト、ローズ氏の共管論は各方面の注意を惹いたが最も參考に價する今其要旨を述べると、支那の鐵道、鹽政、酒監督を現在の關稅監督と同樣の制度に置くと云ふのである、此財源よりの收入は擔保無担保に拘らず、現在の借欵の仕拂ひに使用するものである、然して剩餘金の割當は國際聯盟から任命される委員が之に當る事にする、內亂を惹起する者は罰せられる、委員は何の省から侵略を初めたものかを裁斷することにする、外にロ氏の提案による事由は支那の財政を外國が完全に管理することであつた、尙ほロ氏が是に就て說明する所に依ると同氏の提案が明白に實施さるゝことゝすると、內亂は立所に止み他の障害が起きない、內亂は實際政事でないから該提案實施の曉は大規模の戰爭は非常に困難となり、武力に訴へることは侵略者に取つて得る所も無く非常に危險を冒すことになる、從つて個人の爲めに大なる軍隊を組織することは漸次

私軍組織不能なり

不可能となり內國の秩序を維持する丈けの必要の程度まで軍隊が減じて來る、若し現在の相互戰爭の爲めの軍隊の組織を土匪の討伐に用ゐる程度に減ずる場合平和は漸次恢復するに至るであらう、是以外の計劃は爭亂を減ずる事不可能である、吾々の計劃は確實に省政府を承認するもので省と中

央政府との將來關係は如何であつても充分適當に處理し得ると思ふ財政の改革に至つては前途益々有望を示すもので可成り新收入を適當の管理を以て擧げ得るのみならず、農商業は絶ねず妨げられる危險なくして局面を一新する事が出來る、且つ借欵の保障を別にして支那自身の財源から其必要な丈けの基金を得るであらう又日本は支那の次に考慮へ入れなければならぬ、支那の爲めに此新協定が成立した塲合、日本の地理的接近、日本の對支貿易關係並に日本國の人民が海外貿易に依つて存在する理由を別にしても黃色人種は太平洋を境として白人から排斥されて來た、故に黃色人種には地球上の黃色人種の領域的秩序が整頓した塲合特殊的考慮を拂はるべきものである、吾人は日本人に對し總ての地理的なる讓與をしなければならぬ、三人の監督の中尠くとも一人は首席監督に日本人を選ぶべきものである、無擔保外債二億二千萬元中一億四千萬元は日本人が債權者である、無担保借欵の保障は考慮を拂はるべきものである、又日本は滿州に於ける其の特種地位に鑑み考慮さるべきものである、滿州は何れの省よりも困難が發生すべき恐れがあり武力に備ふる必要を生ずる事も多い、原則としては一つ國家が此困難に對抗する事は列國の會議乃至國際聯盟の委員に委するよりも解決が容易である、故に滿州に於ける日本の優越權地位を以てその局面に對せしめる事は實際上利益がある、特に山海關と奉天の鐵道區間は事實上京奉鐵道より分離してゐたが問題となつて居らぬ、此管理權を日本に與へる、英支協力して財政管理を爲すの必要はあるが之が爲め甚しい困難が生ずるとは思はれない第三に重要なのは米國である、米國はあまりに富み餘りに支那の實際と利害關係が薄い、從來米國は德義上に立つて之を開いてゐる、米國は移民法と連關して黃色人種に恥辱を與へたから之を償ふ爲めに黃人の領域內に於ける安寧の增進に出來る丈け盡すべき義務を負ふものである勿論經濟的には世界は一であつて世界の人々の五分の一は支那人である、而して世界中最も進步すべき可能性がある、支那人は商工業に對する才能的天性を有してゐる過去廿五年間の事情がなかつたならば、進步躍進したに違ひない。それ故に鞏固なる中央政府は徐々に出現するもので無く若し上述の計劃が實施されたとすると、一足飛びに躍進するは疑ひない所である、斯くして國の信用は高まり貿易は發達し外國の生產品を需用する結果我が英國の失業問題をも解決せしむるまでに至るのである云々。

以上のやうにロ氏は述べてゐるが然し外國人が海關稅や鹽稅を管理して成績を擧げ得たやうに、外國人か共同管理してゐる間は相等の成績を擧げ得るかも知れぬが、何時までも支那の手に渡さぬ譯には行かない支那が統一の共和政が確立されることになれば支那人が自分の手でやるやうになるが此時果して支那人が一變して正廉な心を以て行くか何うか、最近借款鐵道か外國人から支那人に移された例に依つて見ると外國人の時は經營良好であつたものが支那人となつて公金費消成績不良等に陷つて早くも契約上支那に回收した權利は實際空文になつて實權は矢張り外國人に歸してゐる狀態から見ても將來の一般財政又は一部行政の管理を外國人に委任しても之を繰り返すに過ぎないではないか、私は寧ろ歐米國人の唱ふる共管論は支那の主權を害すると云ふ點を離れても其實質に

在支外人課税問題

行政權の惡弊

於て其主旨に戻ることとなるを憂ふるものである。

六、在支外人課税問題、十四年十二月十日北京關税會議委員會の席上王正廷氏は支那在住外人納税に關し左の提案を爲した、支那が列國と通商關係を結んで以來何れの條約にも在支外人(租界内外共)に免税の權利を與ふる條項はない、然るに最近支那政府が租税法を施行せんとした場合外國人は租界在住又は本國政府よりの訓令に接せざるを口實として納税義務を果さうとしない、其他鐵道附屬地在住外人も同樣の態度を示した、是等外國人の例は不幸にして租界內又は鐵道附屬地內に住む支那人にも口實を與へ納税を怠らしむる傾きがある、斯る變態は啻に支那政府の行政權のみならず列國と支那の貿易にも弊害を及ぼすものである、是國際法上乃至華府會議の精神から見ても許すべからざるものである、歷史的に租界なるものを見るに千八百六十三年四月八日英國外相ラッセル伯は當時の駐支公使サー、フレッドリック、ブルース宛英國租界に住する土地は疑もなく支那の領土だから支那人にして單に租界内に居住を有すると云ふことを以て彼等の當然の義務を免ずるものに非ずと述べた更に同年北京の列國會議は上海の外國租界改造に關して「領土權は租界內の警察、市參事會用の爲めの課税の如き市政に關する問題外に出でざること」等の決定をなしてゐる、以上の決定に見ても上海の外國租界は單に市政上に關する事項及び市政用の課税に權利を有するのみで之を支拂ふべきである、而已ならず支那在住外人が其所有する土地に對し納税せるの事實は支那の國税に對し內外人均しく其義務を果すべきものだと云ふ事を立派に說明してゐる、更に最近に於ては印花税、收入税、鹽酒税の如き新税に對し租界內外は本國政府の訓令に接してゐないのを口實に納税を拒む爲め支那人も是等の税に對し同樣の態度を取り納税は一律なるべきを出張してゐる、故に釐金廢止をするならば支那政府としては如何にしても舊税に代ゆるに新らしき合理的な税を課する必要がある、今日の如く種々の制限に束縛されてゐる間は租税問題の解決は不可能であるが、以上の理由に依つて支那政府は租界內外及び鐵道所屬地內外の外國人が支那人同樣納税義務を果すべしとの說明をなし本會議例席各國代表が、此聲明の合理的なことを諒察されたい云々。(之に對しては四三四頁參照)

大正十五年一月二十三日印刷
大正十五年一月二十五日發行

定價金四圓五十錢

版權所有

著者　宇高寧

發行者　坂本甲午郎

印刷者　上海海寗路十四號　蘆澤多美次

印刷所　上海海寗路十四號　蘆澤印刷所

發行所　東京神田區通神保町九番地　合資會社　富山房
振替口座東京五〇一番
電話大手六三七〇番

法學博士 一木喜德郎氏題字
内務省社會局長 長岡隆一郎氏序

宇高寧著

支那勞働問題

菊版總布七五〇頁
金五圓八十錢
書留料二十七錢

本書發行されて既に一千部は賣盡された、日本の大阪朝日、毎日、東京朝日、報知時事、萬朝等は異口同音に賞讚の批評を加へてゐる。

就中讀賣新聞は簡單にして要を得た批評を試みてゐる

本書は支那一般社會狀態より筆を起し支那勞働階級の生活を評說して昨今の總罷業と共に世界的の一大問題となり來れる支那に於ける近代的な勞働問題の各般に涉つて思想的立場から或は政治經濟上の立場から縱横に其實狀を論述したもので資料の斬新にして論說の卓越なる時節柄得難き一大文獻である云々。

(内容一班)

◎支那一般社會狀態▲思想▲生活▲勞働者の金融機關▲勞働制度▲不精練勞働▲精練勞働▲各地勞働狀況◎賃銀時間及能率▲各業の賃銀▲各地産業平均勞銀▲勞働時間▲婦人勞働及幼年工▲能率◎勞働風潮及運動爭議◎邦人紡績の大罷業▲内外綿事件▲工會の内容▲人物及行動▲陣容▲宣傳對策▲各會社罷業狀況▲大罷業事件の結果▲天津紡績襲擊▲上海事件の詳細等

東京日本橋數寄屋町
大阪屋號
振替東京一三七五

發兌

上海文路
日本堂書店

地方自治法研究復刊大系〔第360巻〕
現行支那行政〔大正15年初版〕
日本立法資料全集 別巻 1570

2024（令和6）年12月25日　復刻版第1刷発行　7770-8:012-005-005

著　者　　宇　髙　　　寧
発行者　　今　井　　　貴
　　　　　稲　葉　文　子
発行所　　株式会社信山社

〒113-0033 東京都文京区本郷6-2-9-102東大正門前
　　Ⓣ03(3818)1019　Ⓕ03(3818)0344
来栖支店〒309-1625 茨城県笠間市来栖2345-1
　　Ⓣ0296-71-0215　Ⓕ0296-72-5410
笠間才木支店〒309-1611 笠間市笠間515-3
　　Ⓣ0296-71-9081　Ⓕ0296-71-9082
印刷所　　ワ　イ　ズ　書　籍
製本所　　カ ナ メ ブ ッ ク ス
用　紙　　七　洋　紙　業

printed in Japan　分類 323.934 g 1570

ISBN978-4-7972-7770-8 C3332 ￥68000E

JCOPY 〈(社)出版者著作権管理機構 委託出版物〉
本書の無断複写は著作権法上での例外を除き禁じられています。複写される場合は、
そのつど事前に(社)出版者著作権管理機構(電話03-5244-5088,FAX03-5244-5089,
e-mail:info@jcopy.or.jp)の承諾を得てください。

日本立法資料全集 別巻　**地方自治法研究復刊大系**

改正 市制町村制義解〔明治45年1月発行〕／行政法研究会 講述 藤田謙堂 監修
増訂 地方制度之栞 第13版〔明治45年2月発行〕／警眼社編集部 編纂
地方自治 及 振興策〔明治45年3月発行〕／床次竹二郎 著
改正 市制町村制正解 附 施行諸規則 第7版〔明治45年3月発行〕福井淳 著
改正 市制町村制講義 全 第４版〔明治45年3月発行〕秋野沆 著
増訂 農村自治之研究 大正2年第5版〔大正2年6月発行〕／山崎延吉 著
自治之開発訓練〔大正元年6月発行〕／井上友一 著
市制町村制逐條示解〔初版〕第一分冊〔大正元年9月発行〕／五十嵐鑛三郎 他 著
市制町村制逐條示解〔初版〕第二分冊〔大正元年9月発行〕／五十嵐鑛三郎 他 著
改正 市町村制問答説明 附 施行細則 附正増補3版〔大正元年12月発行〕／平井千太郎 編纂
改正 市制町村制註釋 附 施行諸規則〔大正2年3月発行〕／中村文城 註釈
改正 市町村制正文 附 施行法〔大正2年5月発行〕／林甲子太郎 編輯
増訂 地方制度之栞 第18版〔大正2年6月発行〕／警眼社 編集 編纂
改正 市制町村制詳解 附 関係法規 第13版〔大正2年7月発行〕／坪谷善四郎 著
改正 市制町村制 第5版〔大正2年7月発行〕／修文堂 編
細密調査 市町村便覧 附 分類官公衙公私学校銀行所在地一覧表〔大正2年10月発行〕／白山榮一郎 監修 森田公美 編著
改正 市制町村制 及 附属法令 第6版〔大正2年11月発行〕／市町村雑誌社 編纂
改正 市制 及 町村制 訂正10版〔大正3年7月発行〕／山野金蔵 編輯
市制町村制正義〔第3版〕第一分冊〔大正3年10月発行〕／清水澄 末松偕一郎 他 著
市制町村制正義〔第3版〕第二分冊〔大正3年10月発行〕／清水澄 末松偕一郎 他 著
改正 市制町村制 及 附属法令〔大正3年11月発行〕／市町村雑誌社 編著
府県制郡制釈義 全〔大正3年11月発行〕／栗本勇之助 森惣之祐 著
以呂波引 市村便覧〔大正4年2月発行〕／田山宗堯 編輯
改正 府県制郡制 訂正21版〔大正4年3月発行〕／山野金蔵 編輯
市制町村制 昭和4年初版〔大正4年7月発行〕／山野金蔵 編輯
改正 市制町村制講義 第10版〔大正5年6月発行〕／秋野沆 著
市制町村制実例大全〔第3版〕第一分冊〔大正5年9月発行〕／五十嵐鑛三郎 著
市制町村制実例大全〔第3版〕第二分冊〔大正5年9月発行〕／五十嵐鑛三郎 著
市町村名辞典〔大正5年10月発行〕／杉野耕三郎 編
市町村史員提要 第3版〔大正6年12月発行〕／田邊好一 著
改正 市制町村制と衆議院議員選挙法〔大正6年6月発行〕／服部喜太郎 編輯
新旧対照 改正 市制町村制新釈 附 施行細則 及 執務條規〔大正6年5月発行〕／佐藤貞雄 編纂
増訂 地方制度之栞 第44版〔大正6年5月発行〕／警眼社編輯部 編纂
実地応用 町村制問答 第2版〔大正6年7月発行〕／市町村雑誌社 編纂
帝国市町村便覧〔大正6年9月発行〕／大西林五郎 編
地方自治講話〔大正7年12月発行〕／田中阿左右衛門 編輯
最近検定 市町村名鑑 附 官国幣社及諸学校所在地一覧〔大正7年12月発行〕／藤澤衛彦 著
新旧対照 改正 市制町村制新釈 附 施行細則 及 執務條規 大正7年3月5日発行〕／佐藤貞雄 編纂
農村自治之研究 大正8年再版〔大正8年8月発行〕／山崎延吉 著
市制町村制講義〔大正8年1月発行〕／樋山廣業 著
改正 町村制詳解 第13版〔大正8年6月発行〕／長峰安三郎 三浦通太 野田千太郎 著
改正 市制町村制 及 附属法令 第12版〔大正8年8月発行〕／市町村雑誌社 編著
改正 市制町村制註釈〔大正10年6月発行〕／田村浩 編集
大改正 市制 及 町村制〔大正10年6月発行〕／一書堂書店 編
改正 市制町村制 第10版〔大正10年7月発行〕／井上圓三 編輯
市制町村制 並 附属法 訂正再版〔大正10年8月発行〕／自治館編集局 編纂
市制町村制 改正の趣旨 増訂三版〔大正10年10月発行〕／三邊長治 序 外山福男 著
改正 市制町村制詳解〔大正10年11月発行〕／相馬昌三 菊池武夫 著
増補訂正 市制町村制詳解 第15版〔大正10年11月発行〕／長峰安三郎 三浦通太 野田千太郎 著
地方施設改良 訓論演説集 第6版〔大正10年11月発行〕／鹽川三江 編輯
改正 市制町村制 大正11年初版〔大正11年2月発行〕／関信太郎 著
市制町村制逐條示解〔大正11年増補訂正51版〕第一分冊〔大正11年3月発行〕／五十嵐鑛三郎 他 著
戸数割規則正義 大正11年増補四版〔大正11年4月発行〕／田中廣太郎 著 近藤行太郎 著
東京市会先例彙輯〔大正11年6月発行〕／八田五三 編纂
最近検定 市町村名鑑 訂正3版〔大正11年7月発行〕／藤澤衛彦 伊東順彦 増田穆 関惣右衛門 共編
市町村国税事務取扱手続〔大正11年8月発行〕／広島財務研究会 編纂
改正 地方制度法典 第13版〔大正12年5月発行〕／自治研究会 編著
自治行政資料 斗米遺粒〔大正12年6月発行〕／樫田三郎 著
市町村大字読方名彙 大正12年度版〔大正12年6月発行〕／小川琢治 著
地方自治制要義 全〔大正12年7月発行〕／末松偕一郎 著
北海道市町村財政便覧 大正12年初版〔大正12年8月発行〕／川西輝昌 編纂
東京市政論 大正12年初版〔大正12年12月発行〕／東京市政調査会 編纂
帝国地方自治団体発達史 第3版〔大正13年3月発行〕／佐藤亀齢 編輯
自治制の活用と人 第3版〔大正13年4月発行〕／水野錬太 述
改正 市制町村制逐條示解〔改訂54版〕第一分冊〔大正13年5月発行〕／五十嵐鑛三郎 他 著
改正 市制町村制逐條示解〔改訂54版〕第二分冊〔大正13年5月発行〕／五十嵐鑛三郎 他 著
台湾 朝鮮 関東州 全国市町村便覧 各学校所在地 第一分冊〔大正13年5月発行〕／長谷川好太郎 編纂
台湾 朝鮮 関東州 全国市町村便覧 各学校所在地 第二分冊〔大正13年5月発行〕／長谷川好太郎 編纂
市町村特別税之栞〔大正13年6月発行〕／三邊長治 序文 水谷平吉 著
市制町村制実務要覧〔大正13年7月発行〕／梶康郎 著
正文 市制町村制 並 附属法規〔大正13年10月発行〕／法曹閣 編輯
地方事務叢書 第三編 市町村公債 第3版〔大正13年10月発行〕／水谷平吉 著
市町村大字読方名彙 大正14年度版〔大正14年1月発行〕／小川琢治 著
通俗財政経済体系 第五編 地方予算と地方税の見方〔大正14年1月発行〕／森田久 編輯
市制町村制実例総覧 完 大正14年第5版〔大正14年1月発行〕／近藤行太郎 主纂
町村会議員選挙要覧〔大正14年3月発行〕／津田東章 著
実例判例 市制町村制釈義 再版〔大正14年4月発行〕／梶康郎 著
実例判例文例 市制町村制総覧〔第10版〕第一分冊〔大正14年5月発行〕／法令研究会 編纂
実例判例文例 市制町村制総覧〔第10版〕第二分冊〔大正14年5月発行〕／法令研究会 編纂
増補訂正 町村制詳解 第18版〔大正14年6月発行〕／長峰安三郎 三浦通太 野田千太郎 共著
町村制要義〔大正14年7月発行〕／若槻禮次郎 題字 尾崎行雄 序文 河野正義 述
地方自治之研究〔大正14年9月発行〕／及川安二 編纂
市町村 第1年合本 第1号-第6号〔大正14年12月発行〕／帝國自治研究会 編輯
市制町村制 及 府県制〔大正15年1月発行〕／法律研究会 著

信山社

日本立法資料全集 別巻　**地方自治法研究復刊大系**

訂正増補 議制全書 第3版〔明治25年4月発行〕／岩藤良太 編纂
市町村制実務要書続編 全〔明治25年5月発行〕／田中知邦 著
地方學事法規〔明治25年5月発行〕／鶴鳴社 編
増補 町村制執務備考 全〔明治25年10月発行〕／増澤鐵 國吉拓郎 同輯
町村制執務便覧 全〔明治25年12月発行〕／鷹巣清二郎 編輯
府県郡制便覧 明治27年初版〔明治27年3月発行〕／須田健吉 編輯
郡市町村史員 収税実務要書〔明治27年11月発行〕／荻野千之助 編纂
改訂増補鼇頭参照 市町村制講義 第9版〔明治28年5月発行〕／蟻川堅治 講述
改正増補 市町村制実務要書 上巻〔明治29年4月発行〕／田中知邦 編纂
市町村制詳解 附 理由書改正再版〔明治29年5月発行〕／島村文耕 校閲 福井淳 著述
改正増補 市町村制実務要書 下巻〔明治29年7月発行〕／田中知邦 編纂
府県制 郡制 町村制 新税法 公民之友 完〔明治29年8月発行〕／内田安蔵 五十野譲 著述
市制町村制註釈 附 市制町村制理由 第14版〔明治29年11月発行〕／坪谷善四郎 著
郡制注釈 完 再版〔明治30年6月発行〕／岩田徳義 著述
府県制郡制註釈〔明治30年9月発行〕／岸本辰雄 校閲 林信重 註釈
市町村制新旧対照一覧〔明治30年9月発行〕／中村芳松 編輯
町村至宝〔明治30年9月発行〕／品川彌二郎 題字 元田肇 序文 桂虎次郎 編纂
市町村制應用大全 完〔明治31年4月発行〕／島田三郎 序 大西多典 編纂
傍訓註釈 市制町村制 並二 理由書〔明治31年12月発行〕／筒井時治 著
改正 府県郡制問答講義〔明治32年4月発行〕／木内英雄 編纂
改正 府県制郡制正文〔明治32年4月発行〕／大塚宇三郎 編纂
府県郡制〔明治32年4月発行〕／德田文雄 編輯
改正 府県制郡制講義 初版〔明治32年4月発行〕／樋山廣業 講述
郡制府県制 完〔明治32年5月発行〕／魚住嘉三郎 編輯
参照比較 市町村制註釈 附 問答理由 第10版〔明治32年6月発行〕／山中兵吉 著述
改正 府県制郡制註釈 第2版〔明治32年6月発行〕／福井淳 著
府県制郡制釈義 全 第3版〔明治32年7月発行〕／栗本勇之助 森惣之祐 同著
改正 府県制郡制註釈 第3版〔明治32年8月発行〕／福井淳 著
地方制度通 全〔明治32年9月発行〕／上山満之進 著
市町村新旧対照一覧 訂正第五版〔明治32年9月発行〕／中村芳松 編輯
改正 府県制郡制 並 関係法規〔明治32年9月発行〕／鷲見金三郎 編纂
改正 府県制郡制釈義 再版〔明治32年11月発行〕／坪谷善四郎 著
訂正 市制町村制 附 理由書〔明治33年5月発行〕／明昇堂 編
改正 府県制郡制釈義 第3版〔明治34年2月発行〕／坪谷善四郎 著
再版 市制町村制例規〔明治34年11月発行〕／野元友三郎 編纂
地方制度実例総覧〔明治34年12月発行〕／南浦西郷侯爵 題字 自治館編集局 編纂
傍訓 市制町村制註釈〔明治35年3月発行〕／福井淳 著
地方自治提要 全〔明治35年5月発行〕／木村時義 校閲 吉武則久 編纂
市制町村制釈義 全〔明治35年6月発行〕／坪谷善四郎 著
市町村制問答詳解 附 理由書 及 附属法令〔明治35年10月発行〕／福井淳 著述
帝國議会 府県会 郡会 市町村会 議員必携 附 関係法規 第一分冊〔明治36年5月発行〕／小原新三 口述
帝國議会 府県会 郡会 市町村会 議員必携 附 関係法規 第二分冊〔明治36年5月発行〕／小原新三 口述
五版 市制町村制例規〔明治36年5月発行〕／野元友三郎 編纂
地方制度実例総覧〔明治36年8月発行〕／芳川顯正 題字 山脇玄 序文 金田謙 著
市制村是〔明治36年11月発行〕／野田千太郎 編纂
市制町村制釈義 明治37年第4版〔明治37年6月発行〕／坪谷善四郎 著
府県郡市町村 模範治績 附 耕地整理法 産業組合法 附属法例〔明治39年2月発行〕／荻野千之助 編輯
自治之模範〔明治39年6月発行〕／江木翼 編
改正 市制町村制〔明治40年6月発行〕／辻本末吉 編輯
実用 北海道郡区町村案内 全 附 里程表 第7版〔明治40年9月発行〕／廣瀬清澄 著述
自治行政例規 全〔明治40年10月発行〕／市町村雑誌社 編著
改正 府県制郡制要義 第4版〔明治40年12月発行〕／美濃部達吉 著
判例挿入 自治法規全集 全〔明治41年6月発行〕／池田繁太郎 著
市町村執務要覧 全 第一分冊〔明治42年6月発行〕／大成会編輯局 編輯
市町村執務要覧 全 第二分冊〔明治42年6月発行〕／大成会編輯局 編輯比較研究
自治要義 明治43年再版〔明治43年9月発行〕／井上友一 著
自治之精髓〔明治43年4月発行〕／水野錬太郎 著
市制町村制講義 全〔明治43年6月発行〕／秋野沅 著
改正 市制町村制講義 第4版〔明治43年6月発行〕／土清水幸一 著
地方自治の手引〔明治44年3月発行〕／前田宇治郎 著
新旧対照 市制町村制 及 理由 第9版〔明治44年4月発行〕／荒川五郎 著
改正 市制町村制 附 改正要義〔明治44年4月発行〕／田山宗堯 編輯
改正 市制町村制問答説明 明治44年初版〔明治44年4月発行〕／一木千太郎 編纂
改正 市制町村制正〔明治44年4月発行〕／田山宗堯 編輯
新旧対照 市制町村制 及 理由 初版〔明治44年4月発行〕／荒川五郎 著
旧制対照 改正市町村制 附 改正理由〔明治44年5月発行〕／博文館編輯局 編
改正 市制町村制〔明治44年5月発行〕／石田忠兵衛 編輯
改正 市制町村制詳解〔明治44年5月発行〕／坪谷善四郎 著
改正 市制町村制註釈〔明治44年5月発行〕／中村文城 註釈
改正 市制町村制正解〔明治44年6月発行〕／武知彌三郎 著
改正 市制町村制講義〔明治44年6月発行〕／法典研究会
新旧対照 改正 市制町村制新釈 明治44年初版〔明治44年6月発行〕／佐藤貞雄 編纂
改正 市町村制詳解〔明治44年8月発行〕／長峰安三郎 三浦通太 野田千太郎 著
新旧対照 市制町村制正文〔明治44年8月発行〕／自治館編輯局 編纂
地方革新講話〔明治44年9月発行〕／西内天行 著
改正 市制町村制釈義〔明治44年9月発行〕／中川健蔵 宮内國太郎 他 著
改正 市制町村制講義 附 施行諸規則 及 市町村事務摘要〔明治44年10月発行〕／樋山廣業 著
村制正解 附 施行諸規則〔明治44年10月発行〕／福井淳 著
改正 市制町村制講義 附 施行諸規則 及 市町村事務摘要〔明治44年10月発行〕／樋山廣業 著
旧比照 改正市制町村制註釈 附 改正北海道二級町村制〔明治44年11月発行〕／植田鹽恵 著
改正 市町村制 並 附属法規〔明治44年11月発行〕／楠綾雄 編輯
改正 市制町村制精義 全〔明治44年12月発行〕／平田東助 題字 梶康郎 著述

信山社

日本立法資料全集 別巻　**地方自治法研究復刊大系**

仏蘭西邑法 和蘭邑法 皇国郡区町村編制法 合巻〔明治11年8月発行〕／箕作麟祥 閲 大井憲太郎 譯／神田孝平 譯
郡区町村編制法 府県会規則 地方税規則 三法綱論〔明治11年9月発行〕／小笠原美治 編輯
郡吏議員必携三新法便覧〔明治12年2月発行〕／太田啓太郎 編輯
郡区町村編制 府県会規則 地方税規則 新法例纂〔明治12年3月発行〕／柳澤武運三 編輯
全国郡区役所位置 郡政必携 全〔明治12年9月発行〕／木村陸一郎 編輯
府県会規則大全 附 裁定録〔明治16年6月発行〕／朝倉達三 閲 若林友之 編纂
区町村会議要覧 全〔明治20年4月発行〕／阪田辨之助 編纂
英国地方制度 及 税法〔明治20年7月発行〕／良保両氏 合著 水野遵 翻訳
籠頭傍訓 市制町村制註釈 及 理由書〔明治21年1月発行〕／山内正利 註釈
英国地方政治論〔明治21年2月発行〕／久米金彌 翻譯
市制町村制 附 理由書〔明治21年4月発行〕／博聞本社 編
傍訓 市町村制及説明〔明治21年5月発行〕／高木周次 編纂
籠頭註釈 市町村制俗解 附 理由書 第2版〔明治21年5月発行〕／清水亮三 註解
市制町村制註釈 完 附 市制町村制理由 附〔明治21年初版〔明治21年5月発行〕／山田正賢 著述
市町村制詳解 全 附 市町村制理由〔明治21年5月発行〕／日疋豊作 著
市制町村制釈義〔明治21年5月発行〕／壁谷可六 上野太一郎 合著
市制町村制詳解 全 附 理由書〔明治21年5月発行〕／杉谷脩 訓點
町村制詳解 附 市制及町村制理由〔明治21年5月発行〕／磯部四郎 校閲 相澤富蔵 編述
傍訓 市制町村制 全 附 理由書〔明治21年5月発行〕／鶴聲社 編
傍訓 市制町村制 並 理由書〔明治21年5月発行〕／東條種家 編纂
市制町村制 附 理由書〔明治21年5月発行〕／狩谷茂太郎 著
市制町村制 並 理由書〔明治21年7月発行〕／萬字堂 編
市制町村制正解 附 理由〔明治21年6月発行〕／芳川顯正 序文 片貝正皆 註解
市制町村制釈義 附 理由書〔明治21年6月発行〕／清岡公張 題字 樋山廣業 著述
市制町村制釈義 附 理由 第5版〔明治21年6月発行〕／建野郷三 題字 櫻井一久 著
市町村制註解 完〔明治21年6月発行〕／若林市太郎 編輯
市町村制釈義 全 附 市町村制理由〔明治21年7月発行〕／水越成章 著述
再版増訂 市制町村制註釈 附 市制町村制理由 増補再版〔明治21年7月発行〕／坪谷善四郎 著
市制町村制義解 附 理由〔明治21年7月発行〕／三谷軌秀 馬袋鳩之助 著
傍訓 市制町村制註解 附 理由書〔明治21年8月発行〕／鯰江貞雄 註解
市制町村制註釈 附 市制町村制理由 3版増訂〔明治21年8月発行〕／坪谷善四郎 著
傍訓 市制町村制 附 理由書〔明治21年8月発行〕／同盟館 編
市町村制正解 明治21年第3版〔明治21年8月発行〕／片貝正皆 註釈
市制町村制註釈 完 附 市制町村制理由 第2版〔明治21年9月発行〕／山田正賢 著述
傍訓註釈 日本市制町村制 及 理由書 第4版〔明治21年9月発行〕／柳澤武運三 註釈
籠頭参照 市制町村制註解 完 附 理由書及参考諸令〔明治21年9月発行〕／別所富貴 著述
市町村制問答詳解 附 理由書〔明治21年9月発行〕／福井淳 著
市制町村制註釈 附 市制町村制理由 4版増訂〔明治21年9月発行〕／坪谷善四郎 著
市町村制 並 理由書 附 直接間接税類別 及 実施手続〔明治21年10月発行〕／高崎修助 著述
市町村制釈義 附 理由書 訂正再販〔明治21年10月発行〕／松木堅葉 訂正 福井淳 釈義
増訂 市制町村制註解 全 附 市制町村制理由挿入 第3版〔明治21年10月発行〕／吉井太 註解
籠頭註釈 市町村制俗解 附 理由書 増補第5版〔明治21年10月発行〕／清水亮三 註解
市町村制施行取扱心得 上巻・下巻 合冊〔明治21年10月・22年2月発行〕／市岡正一 編纂
市制町村制傍訓 完 附 市制町村制理由 第4版〔明治21年10月発行〕／内山正如 著
籠頭対照 市町村制解釈 附理由書及参考諸布達〔明治21年10月発行〕／伊藤寿 註釈
市町村制俗解 明治21年第3版〔明治21年10月発行〕／春陽堂 編
市町村制正解 明治21年第4版〔明治21年10月発行〕／片貝正皆 註釈
市制町村制講義録 第壱號-第弐號 合本〔明治21年10月発行〕／片貝正皆 註釈
市制町村制註釈 完 附 理由書 初版〔明治21年11月発行〕／綾井武夫 校閲 殿木三郎 註釈
市町村制詳解 附 理由 第3版〔明治21年11月発行〕／今村長善 著
町村制実用 完〔明治21年11月発行〕／新田貞橘 鶴田嘉内 合著
町村制精解 完 附 理由書 及 問答録〔明治21年11月発行〕／中目孝太郎 磯谷群爾 註解
市町村制問答詳解 附 理由 全〔明治21年11月発行〕／福井淳 著述
訂正増補 市町村制問答詳解 附 理由 及 追輯〔明治22年1月発行〕／福井淳 著
市町村制質問録〔明治22年1月発行〕／片貝正皆 編述
傍訓 市町村制 及 説明 第7版〔明治21年11月発行〕／高木周次 編纂
町村制要覧 全〔明治22年1月発行〕／浅井元 校閲 古谷省三郎 編纂
籠頭 市町村制 附 理由書〔明治22年1月発行〕／生稲道蔵 略解
籠頭註釈 市町村制 附 理由 全〔明治22年2月発行〕／片野続 校閲 片野続 編釈
市町村制実解〔明治22年2月発行〕／山田顯義 題字 石黒馨 著
町村制実用 全〔明治22年3月発行〕／小島鋼次郎 岸野武三 河毛三郎 合述
実用詳解 町村制 全〔明治22年3月発行〕／夏目洗蔵 編集
理由挿入 市町村制俗解 第3版増補訂正〔明治22年4月発行〕／上村秀昇 著
町村制市制全書 完〔明治22年4月発行〕／中嶋廣蔵 著
英国市制実見録 全〔明治22年5月発行〕／高橋達 著
実地応用 町村制質疑録〔明治22年5月発行〕／野田藤吉郎 校閲 國吉拓郎 著
実用 町村制市制事務提要〔明治22年5月発行〕／島村文耕 輯解
市町村条例指鍼 完〔明治22年5月発行〕／坪谷善四郎 著
参照比較 市町村制註釈 完 附 問答理由〔明治22年6月発行〕／山中兵吉 著述
市町村議員必携〔明治22年6月発行〕／川瀬周次 田中迪三 合著
参照比較 市町村制註釈 完 附 問答理由 第2版〔明治22年6月発行〕／山中兵吉 著述
自治新制 市町村会法要談 全〔明治22年11月発行〕／高嶋正載 著述 田中重策 著述
国税 地方税 市町村税 滞納処分法問答〔明治23年5月発行〕／竹尾高堅 著
日本之法律 府県制郡制正解〔明治23年5月発行〕／宮川大壽 編輯
府県制郡制註釈〔明治23年6月発行〕／田島彦四郎 註釈
日本法典全書 第一編 府県制郡制釈〔明治23年6月発行〕／坪谷善四郎 著
府県制郡制義解 全〔明治23年6月発行〕／北野竹次郎 編著
市町村役場実用 完〔明治23年7月発行〕／福井淳 編纂
市町村制実務要書 上巻 再販〔明治24年1月発行〕／田中知邦 編纂
市町村制実務要書 下巻 再販〔明治24年2月発行〕／田中知邦 編纂
米国地方制度 全〔明治32年9月発行〕／板垣退助 序 根本正 纂訳
公民必携 市町村制実用 全 増補第3版〔明治25年3月発行〕／進藤彬 著

━━━ 信山社 ━━━